윤성우의 **열혈** 자료구조

저자소개

윤성우(ripeness21@gmail.com)

벤처회사에서 개발자로 일하던 저자는 IT분야의 집필과 강의로 처음 이름이 알려졌으며, 2004년부터 지금까지 OpenGL-ES 그래픽스 라이브러리의 구현과 3D 가속 칩의 개발 및 크로노스 그룹(모바일 국제 표준화 컨소시엄)의 표준안에 관련된 일에 참여하였다. 또한 핸드폰용 DMB 칩의 개발에도 참여하였으며, 현재는 (주)액시스소프트의 CTO로 있으면서 웹 기반 솔루션 개발에 관심을 갖고 있다.

윤성우의 열혈 자료구조

2012년 1월 16일 1쇄
2023년 10월 20일 6쇄

지은이 | 윤성우
발행처 | 오렌지미디어 / 서울시 성동구 아차산로 92 광명타워 1020호

출판기획 | 이주연
디자인 | 조수진
표지디자인 | MIX STYLE STUDIO
표지일러스트 | 아메바피쉬

무단 복제 및 무단 전재를 금합니다.
전 화 | 050-5522-2024
팩 스 | 02-6442-2021
등 록 | 2007년 9월 20일 제 2011-000015호
ISBN 978-89-960940-6-7

정가 27,000원

http://www.orentec.co.kr

윤성우의 열혈 자료구조

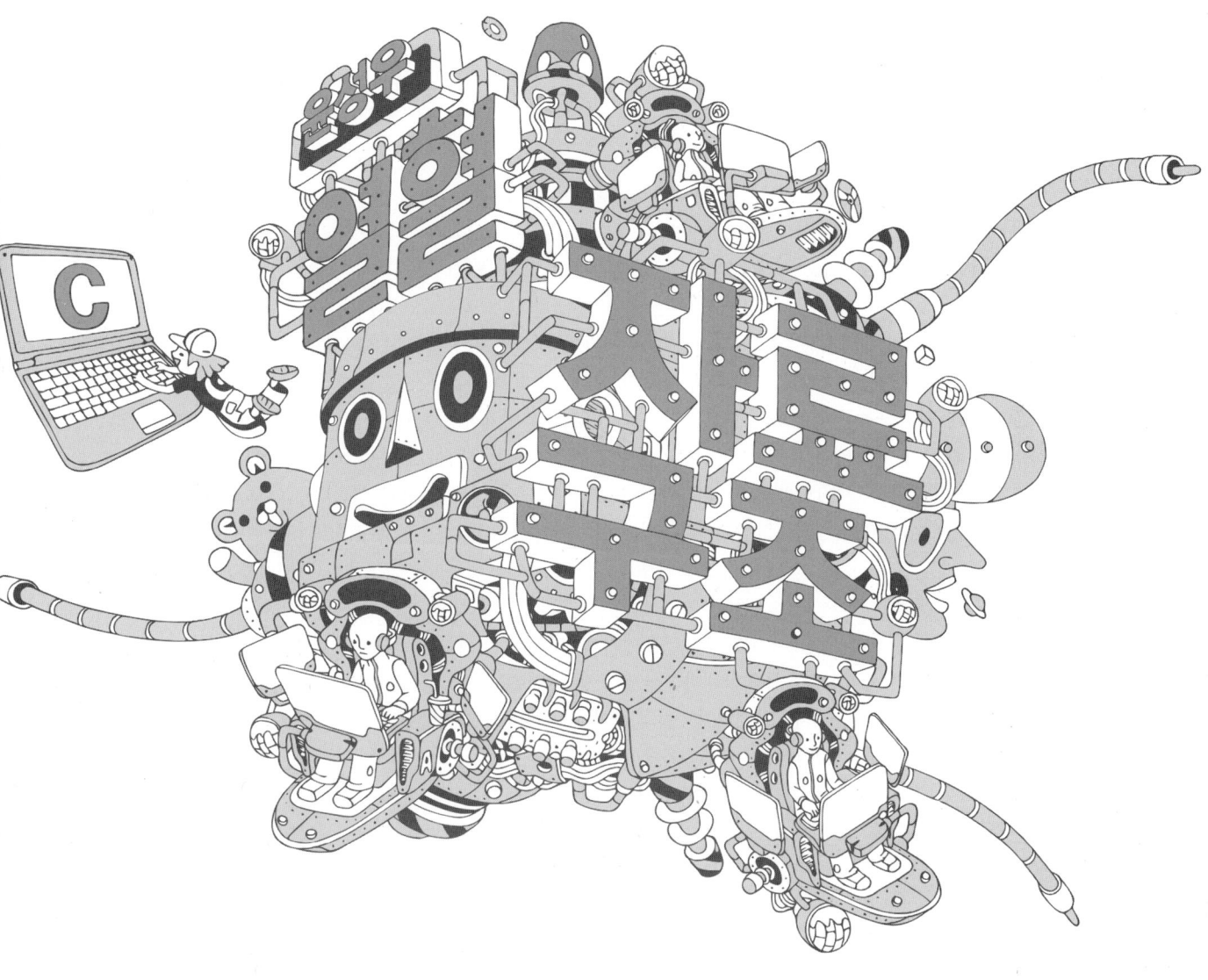

저자 **윤성우**

*2023년 7월 1일부로 모든 강의가 무료로 개방되었습니다. cafe.naver.com/cstudyjava 에서 무료 강의를 수강하세요.

머 리 말

자료구조의 학습에는 많은 의미가 있습니다. 여러분이 자료구조 서적을 선택했다는 것을 여러 가지 의미에서 긍정적으로 생각합니다. 하지만 자료구조를 공부하는 것이 쉬운 일은 아닙니다. 만약에 자료구조를 쉽게 공부한 사람이 주변에 있다면 그분은 다음 세가지중 한가지에 해당한다고 보면 맞습니다.

- 말은 안 했지만 사실은 자료구조를 공부한 경험이 있다.
- 자료구조의 학습경험은 없지만 프로그래밍 경력이 어느 정도 된다.
- 천재적인 두뇌의 도움으로 컴퓨터에 관한 학습속도가 원래 빠르다.

따라서 여러분이 위의 세가지중 한가지에 해당하지 않는다면, 필자가 자료구조를 처음 공부할 때 들였던 시간과 노력의 분량만큼을 여러분도 쏟아 부어야 합니다. 하지만 자료구조를 공부하는 것에는 그만한 가치가 있습니다. 자료구조를 공부하게 되면 프로그래머로서 운영체제를 깊이 있게 이해할 수 있는 기반이 갖춰집니다. 만약에 여러분이 운영체제의 커널이나 오픈 소스에 관심이 있다면 자료구조를 피해가면 안 됩니다. C++을 좋아하고 STL과 같은 라이브러리를 효율적으로 활용하고자 한다면, JAVA의 Object 클래스의 멤버인 hashCode 메소드를 제대로 이해하고 활용하고 싶다면 자료구조에 대한 이해가 필수입니다.

자료구조를 공부할 필요가 있긴 하지만 프로그래머가 되기 위해서 반드시 해야 하는 것은 아니라는 말을 들어보셨을 겁니다. 어느 정도는 동의합니다. 실제로 제 주변에는 자료구조를 공부하지 않고 프로그래머로 일을 하는 사람들이 있습니다. 그러나 한 권의 책을 정하여 공부하지 않았을 뿐, 그들과 일을 하다 보면 업무와 관련된 자료구조 지식이 갖춰져 있음을 알게 됩니다.

자료구조에 대한 정보와 설명은 자료구조 서적에서만 찾아볼 수 있는 게 아닙니다. 네트워크 서적에도 조금 있고 JAVA 서적에도 조금은 있습니다. 각종 문서에서도 접할 수 있습니다. 결국 문제는 시간을 내어서 자료구조를 공부하느냐, 아니면 필요한 만큼의 정보를 곳곳에서 조금씩 얻어가느냐의 차이입니다.

자료구조의 학습에 필요한 프로그래밍 능력. 보통은 자료구조를 공부하면서 구현능력의 향상을 기대합니다. 잘못된 기대는 아닙니다. 하지만 접하지 못했던 수준의 코드를 접하는 과정에서 향상되는 것 일뿐, 자료구조가 직접적으로 구현능력을 키워주지는 않습니다. 그리고 구현능력의 향상이 자료구조 학습의 본질은 더더욱 아닙니다.

오히려 구현능력이 많이 부족하면 학습에 큰 부담이 될 수 있습니다. 따라서 여러분이 그런 상태라면 본서의 학습시기를 늦추기 바랍니다. 긴 시간을 늦추라는 것이 아닙니다. 1~2개월 정도의 시간만 투자해

머리말

서 본서에서 제시하는 코드의 분석에 부담이 없을 정도의 수준이 되어달라는 뜻입니다. 그렇게만 된다면 본서를 공부하면서 여러분의 구현능력은 한 단계 더 성장할 것입니다.

본서의 특징과 그에 따른 학습방법. 본서는 국외에서 출간된, 많은 양의 자료구조를 빠짐없이 소개하는 서적들과는 그 성격이 다릅니다. 하지만 프로그래머로서 알아야 할 수준의 내용을 충분히 담았습니다. 따라서 본서의 내용을 완전히 이해한다면, 본서에서 소개하지 않은 유형의 자료구조들도 쉽게 이해하고 활용할 수 있습니다.

본서에서는 자료구조를 최대한 일반화해서 구현합니다. 그리고 다른 자료구조를 구현하는데 있어서 이전에 구현한 자료구조를 활용하는 방식을 취합니다. 한가지 예를 들자면 본서의 마지막 Chapter에서 크루스칼 알고리즘이 적용된 트리를 구현하는데, 이때 앞서 다른 Chapter에서 구현해 놓은 연결 리스트와 스택과 우선순위 큐를 그대로 활용합니다. 때문에 '해당 자료구조의 구현에 집중할 수 있다'는 장점이 본서에는 있습니다. 그리고 이러한 구현의 모델을 경험하는 것은 의미가 있습니다. 이러한 경험을 통해서 코드를 보는 여러분의 눈이 조금 더 성숙하리라 믿습니다.

여러분도 알다시피 본서에서도 강의가 제공됩니다. 하지만 자료구조는 강의로만 학습할 수 있는 과목이 아닙니다. 손으로 자료구조의 모델을 수십 번 그려보고 이를 코드로 옮기면서 의미를 찾으려고 노력해야 합니다. 그래야 본서를 공부했다고 할 수 있습니다. 아마도 강의를 하면서 이러한 사실을 여러 번 강조하게 될 것 같습니다. 그만큼 중요합니다.

조바심을 가질 필요가 없습니다. 저 역시 자료구조를 공부하는데 오랜 시간이 걸렸습니다. 그리고도 수차례 반복해서 공부했던 대표적인 과목이 바로 자료구조입니다. 그러니 한번 시작하면 끝장을 봐야 한다는 각오도 조금은 내려놓으시기 바랍니다. 완벽히 이해하는데 1년이 걸려도 좋고 2년이 걸려도 좋습니다. 꾸준하게 공부할 자신만 있다면, 기분 좋은 날만 골라서 공부해도 좋습니다. 하지만 본서를 택하였으니 제가 여러분에게 전하고자 하는 내용을 모두 이해했으면 좋겠습니다. 되돌아 보면 저 역시 자료구조를 강의하는 수준에 이르기까지 대학을 졸업한 후로도 몇 년이 더 걸린 것 같습니다. 늦은 걸음에 조바심을 낼 필요가 없습니다. 제가 증인입니다.

끝으로 아빠가 쓴 책의 내용은 모르지만 표지만 봐도 반가워하는 딸과 아들, 나의 부족한 부분을 채워주고 인내해주는 아내에게 고맙다는 말을 전하고 싶습니다. 그리고 머리말의 끝에 꼭 넣는 '하나님 감사합니다'에 대한 이런저런 얘기를 듣긴 하지만 그래도 집필과정을 되돌아 보면 어쩔 수 없습니다. 여전히 제게는 하나님이 유일한 '스페셜 땡스 투'입니다.

저자 **윤 성 우**

Chapter 01. 자료구조와 알고리즘의 이해   011

     01-1. 자료구조(Data Structure)에 대한 기본적인 이해   012
     01-2. 알고리즘의 성능분석 방법   016
     프로그래밍 문제의 답안   045

Chapter 02. 재　　귀(Recursion)   049

     02-1. 함수의 재귀적 호출의 이해   050
     02-2. 재귀의 활용   056
     02-3. 하노이 타워: The Tower of Hanoi   064

Chapter 03. 연결 리스트(Linked List) 1   073

     03-1. 추상 자료형: Abstract Data Type   074
     03-2. 배열을 이용한 리스트의 구현   079
     프로그래밍 문제의 답안   101

Chapter 04. 연결 리스트(Linked List) 2   105

     04-1. 연결 리스트의 개념적인 이해   106
     04-2. 단순 연결 리스트의 ADT와 구현   122
     04-3. 연결 리스트의 정렬 삽입의 구현   144
     프로그래밍 문제의 답안   152

Contents

Chapter 05. 연결 리스트(Linked List) 3 — 157
- 05-1. 원형 연결 리스트(Circular Linked List) — 158
- 05-2. 양방향 연결 리스트 — 178
- 프로그래밍 문제의 답안 — 193

Chapter 06. 스택(Stack) — 203
- 06-1. 스택의 이해와 ADT 정의 — 204
- 06-2. 스택의 배열 기반 구현 — 207
- 06-3. 스택의 연결 리스트 기반 구현 — 213
- 06-4. 계산기 프로그램 구현 — 219
- 프로그래밍 문제의 답안 — 247

Chapter 07. 큐(Queue) — 251
- 07-1. 큐의 이해와 ADT 정의 — 252
- 07-2. 큐의 배열 기반 구현 — 254
- 07-3. 큐의 연결 리스트 기반 구현 — 264
- 07-4. 큐의 활용 — 272
- 07-5. 덱(Deque)의 이해와 구현 — 278
- 프로그래밍 문제의 답안 — 287

Chapter 08. 트리(Tree)   289

    08-1. 트리의 개요   290
    08-2. 이진 트리의 구현   299
    08-3. 이진 트리의 순회(Traversal)   309
    08-4. 수식 트리(Expression Tree)의 구현   320
    프로그래밍 문제의 답안   337

Chapter 09. 우선순위 큐(Priority Queue)와 힙(Heap)   339

    09-1. 우선순위 큐의 이해   340
    09-2. 힙의 구현과 우선순위 큐의 완성   344
    프로그래밍 문제의 답안   370

Chapter 10. 정렬(Sorting)   373

    10-1. 단순한 정렬 알고리즘   374
    10-2. 복잡하지만 효율적인 정렬 알고리즘   386
    프로그래밍 문제의 답안   421

Chapter 11. 탐색(Search) 1   423

    11-1. 탐색의 이해와 보간 탐색   424
    11-2. 이진 탐색 트리   433
    프로그래밍 문제의 답안   466

Contents

Chapter 12. 탐색(Search) 2   467
     12-1. 균형 잡힌 이진 탐색 트리: AVL 트리의 이해   468
     12-2. 균형 잡힌 이진 탐색 트리: AVL 트리의 구현   480

Chapter 13. 테이블(Table)과 해쉬(Hash)   497
     13-1. 빠른 탐색을 보이는 해쉬 테이블   498
     13-2. 충돌(Collision) 문제의 해결책   513

Chapter 14. 그래프(Graph)   531
     14-1. 그래프의 이해와 종류   532
     14-2. 인접 리스트 기반의 그래프 구현   542
     14-3. 그래프의 탐색   548
     14-4. 최소 비용 신장 트리   577
     프로그래밍 문제의 답안   599

Index   601

Chapter 01

자료구조와 알고리즘의 이해

[01-1] 자료구조(Data Structure)에 대한 기본적인 이해

자료구조 서적의 첫 장을 열었다는 것만으로도 의미가 있다고 필자는 말해왔다. 하지만 그 의미가 열매로 맺어지려면 마지막까지 포기하지 않아야 한다. 그리고 포기하지 않으려면 다급한 마음을 버려야 한다. 자료구조 학습에는 충분한 시간이 필요하다. 이 사실을 잊지 말고 첫 Chapter의 문을 열자!

▢ C언어의 문법과 관련해서 여러분이 알고 있다고 가정하는 부분

여러분도 알다시피 본서는 C언어를 도구로 하여 자료구조를 설명한다. 때문에 C언어를 잘 이해하고 있다고 가정한다. 가정하는 수준의 정도는 다음과 같다.

- 구조체를 정의할 줄 알고 구조체 대상의 typedef 선언을 할 줄 안다.
- malloc 함수와 free 함수를 사용할 줄 알고, 이는 메모리의 동적 할당과 관련 있음을 이해한다.
- 포인터 변수의 선언과 포인터 연산에 부담이 없다.
- 헤더파일이 필요한 이유를 이해한다.
- 헤더파일을 정의할 줄 알고 헤더파일에 들어가야 할 것들이 무엇인지 알고 있다.
- 헤더파일의 정의에 사용되는 매크로 #ifndef ~ #endif 의 의미를 알고 있다.
- 하나의 프로그램을 둘 이상의 소스파일과 헤더파일에 나누어 담을 줄 안다.
- 재귀함수의 동작방식을 안다. 그리고 재귀함수와 관련된 아주 간단한 예제는 분석할 수 있다.

솔직히 말해서 위의 내용을 본서에서 다시 한번 언급하는 것은 어렵지 않다. 왜냐하면 필자가 집필한 C 기본서에서 조금만 추리면 되기 때문이다. 그러나 그렇게 하지 않을 생각이다. 기본적으로 여러분이 가지고 있는 C기본서에서 모두 설명하는 내용들이기 때문이다.

"그럼 위의 내용을 완전히 알고 이 책을 공부해야 하나요?"

본서를 공부하면서 부족한 부분을 별도로 보충해도 되지만, 필자는 여러분이 위의 내용들을 잘 알고 본서를 공부했으면 좋겠다. 만약에 본서를 공부하는 과정에서 여러분이 문법적으로 막히는 부분이 있다면 위의 내용들 중 하나일 확률이 높으니 위에서 언급한 내용을 참고하여 부족한 부분을 보충하기 바란다. 참고로 본서를 통해서 자료구조를 공부하다 보면 C언어에 더 익숙해지고 또 그러다 보면 이전에는 정확히 이해되지 않았던 것들이 이해되기도 할 것이다.

자료구조란 무엇인가?

우리가 공부할 자료구조라는 것이 무엇인지 이야기해 보자. 자료구조에서는 데이터를 표현하고 저장하는 방법에 대해서 설명한다. 아마도 여러분은 C언어를 공부하면서 다음과 같은 이야기를 접한 적이 있을 것이다.

"프로그램이란 데이터를 표현하고, 그렇게 표현된 데이터를 처리하는 것이다."

위에서 말하는 '데이터의 표현'은 '데이터의 저장'을 포함하는 개념이다. 그리고 이렇듯 '데이터의 저장'을 담당하는 것이 바로 자료구조이다. 물론 여러분은 데이터를 저장한 경험이 있다. 사례를 들면 다음과 같다.

"정수를 저장하기 위해서 int형 변수를 선언한다."

"개인정보를 저장하기 위한 목적으로 구조체를 정의한다."

넓은 의미에서 int형 변수도, 구조체의 정의도 자료구조에 속한다. int형 변수도, 구조체도 데이터를 표현 및 저장하는 하나의 방법이기 때문이다. 뿐만 아니라 여러분은 배열을 선언해서 다양한 정보를 저장한 바 있다. 즉, 배열도 자료구조의 일종이다.

물론 우리가 본서에서 공부할 자료구조는 이렇듯 단순하지 않다. 우리는 보다 복잡한 형태의 자료구조들에 대해 이야기할 것이다. 그리고 이러한 자료구조는 기본적으로 다음과 같이 분류할 수 있다.

▶ [그림 01-1 : 자료구조의 분류]

위 그림에서 보이듯이 파일도 데이터를 저장하는 도구이기 때문에 파일의 구조도(파일이 데이터를 저장하는 방식도) 자료구조에 포함이 된다. 하지만 본서를 통해서 공부할 대상은 선형구조와 비선형구조, 다시 말해서 '선형 자료구조'와 '비선형 자료구조' 이 두 가지이다.

선형 자료구조는 그 이름이 의미하듯이 자료를 표현 및 저장하는 방식이 선형(linear)이다. 공대생이라면 '선형'이라는 단어를 접하는 순간 슈퍼포지션(superposition)과 호모지니어스(homogeneous)를 떠올릴지 모른다. 그러나 여기서는 그런 어려운 단어를 떠올릴 필요가 없다. 선형이라는 단어의 뜻 그대로 '선의 형태'로 이해하면 된다. 즉, 선형 자료구조는 데이터를 선의 형태로 나란히 혹은 일렬로 저장하는 방식이다. 그래서 여러분이 공부하기에 상대적으로 수월할 것이다. 반면 비선형 자료구조는 그 이름이 의미하듯이, 데이터를 나란히 저장하지 않는 구조이다. 따라서 선형 자료구조에 비해 상대적으로 수월하지 않을 것이다.

"에이 그래 봤자 트리, 그래프 두 가지뿐이네요."

두 가지뿐이지만, 이 둘을 기준으로 파생되는 이야기가 적지 않으니 약간의 각오가 필요하다. 그리고 자료구조를 공부한다고 하면, 보통 선형 자료구조인 리스트와 스택, 큐 정도까지는 잘 공부한다. 하지만 그 이후에 등장하는 비선형 자료구조에서 무너지는 경우가 허다하다. 여러분은 비선형 자료구조까지 공부할 수 있기를 바란다. 필자가 이 책에서 추구하는 바가 바로 그것이니 말이다.

본서에서 자료구조를 설명하는 방향

시중에는 번역서를 포함하여 적지 않은 수의 자료구조 서적이 출간되어 있다. 그리고 필자는 이러한 자료구조 서적들을 다음과 같이 두 부류로 구분한다.

- 자료구조의 모델 자체에 대한 이해를 강조한 서적
- 코드 레벨에서 자료구조의 구현을 강조한 서적

대부분의 학생들은 위에서 두 번째로 언급한, 구현적 측면을 강조한 서적을 좋아하는 것으로 알고 있다. 이러한 유형의 서적에서는 각 자료구조의 구현 코드를 중심으로 설명을 전개해나간다. 필자가 집필한 본서에서도 모든 자료구조의 구현을 가급적 상세히 설명하려고 노력하였다. 하지만 자료구조의 모델 자체에 대한 이해가 부족하다면 이는 큰 힘을 발휘하지 못한다. 때문에 본서는 자료구조의 모델 자체를 강조한 서적이라고 말하고 싶다. 실제로 그러한 서적이 되기를 바라는 마음으로 집필을 하였다.

실무에서는 본서에서 설명하는 자료구조를 직접 구현하지 않고 검증된 라이브러리를 가져다 쓴다. 그리고 그것은 합리적인 선택이다. 검증된 라이브러리를 활용하는 것이 안전성에서나 성능 면에서나 우월하기 때문이다.

하지만 라이브러리를 잘 가져다 쓰려면 리스트가 무엇이고 트리가 무엇인지 알아야 한다. 그냥 아는 것이 아니라 각각의 특성을 정확히 이해해야 한다. 친구들의 주소와 전화번호 정보를 저장하기 위한 자료구조를 선택한다고 가정해보자. 이는 리스트로도 가능하고 트리로도 가능하다. 그렇다면 여러분은 무엇을 선택하겠는가?

선택을 하려면 각각의 자료구조를 잘 이해하고 있어야 한다. 선택을 하는데 있어서 자료구조의 구현 능력은 그리 중요하지 않을 수 있다.

"그럼 각종 자료구조를 가져다 쓸 수 있을 정도로만 이해하면 되는 거 아니에요?"

전혀 틀린 말은 아니다. 코드 레벨에서 이해하지 않아도, 그림의 형태로 자료구조를 이해하고 설명할 수 있을 정도만 되어도 큰 의미가 있다. 하지만 코드 레벨에서 자료구조를 구현한 경험이 있다면 자료구조를 더 잘 알게 된다. 자료구조를 보는 깊이가 달라진다고 할 수 있다.

뿐만 아니라, 자료구조의 구현 경험은 여러분의 프로그래밍 능력을 향상시켜 줄 것이다. 혹시 아직 C언어에 익숙지 않은가? 이 책을 끝까지 공부하고 나면 C언어에 능통하게 될 것이다. 사실 이 책을 공부하는 동안 프로그래밍 실력이 향상되지 않으면 이 책을 끝까지 공부하는데 무리가 따를 것이다.

자료구조와 알고리즘

앞서 말했듯이 자료구조가 '데이터의 표현 및 저장방법'을 뜻한다면, 알고리즘은 이렇듯 표현 및 저장된 데이터를 대상으로 하는 '문제의 해결 방법'을 뜻한다. 예를 들어서 다음의 배열 선언은 자료구조적 측면의 코드이다.

```c
int arr[10] = {1, 2, 3, 4, 5, 6, 7, 8, 9, 10};
```

반면 배열에 저장된 모든 값의 합을 더하는 다음 반복문의 구성은 알고리즘적 측면의 코드이다.

```c
for(idx=0; idx<10; idx++)      // 배열 arr과 변수 sum, idx가 선언되었다 가정
    sum += arr[idx];
```

위의 반복문은 '배열에 저장된 모든 값의 합을 구하는 알고리즘'이라 할 수 있다. 이렇듯 자료구조와 알고리즘은 밀접한 관계를 갖는다. 자료구조가 결정되어야 그에 따른 효율적인 알고리즘을 결정할 수 있기 때문이다. 만약에 값이 저장된 자료구조가 배열이 아니었어도 위에서 보이는 바와 같이 반복문과 인덱스 값을 이용한 순차적 접근을 진행했을까? 배열이 아니었다면 그 방법은 분명 달라졌을 것이다. 아니 달라져야 한다! 더 타당하고 합리적인 방법으로 말이다. 그럼 다음 문장을 보면서 필자의 질문에 답을 하기 바란다.

"여기 상자가 제법 많이 쌓여 있지요? 이 상자들 중 어딘가에 넣어 둔 머그컵을 찾으셔야 합니다."

위의 문장에서 '쌓여있는 상자'는 자료구조이다. 그렇다면 이 상자들을 대상으로 머그컵을 찾는 알고리즘은 어떻게 구성해야겠는가?

"딱 봐서 머그컵이 있을법한 상자를 꺼냅니다. 맨 아래에 있는 상자라도 말이죠."

위와 같이 답한 분은 없으리라 믿는다. 상자가 쌓여 있으니 가장 위에 있는 상자부터 순서대로 내려서 찾아봐야 할 것 아닌가? 이제 필자가 하고픈 말이 무엇인지 완전히 이해했을 것이다.

"자료구조에 따라서 알고리즘은 달라집니다."

"알고리즘은 자료구조에 의존적입니다."

때문에 자료구조와 알고리즘은 분명 다른 과목임에도 불구하고 매우 많은 연관성을 지니고 있다. 그래서 본서에서는 자료구조를 설명하고 그와 관련이 있는 알고리즘을 더불어 소개한다. 그렇다고 해도 본서는 자료구조를 설명하는 책이지 알고리즘을 설명하는 책은 아니다. 여느 자료구조 서적들과 마찬가지로 말이다.

01-2 알고리즘의 성능분석 방법

자료구조와 알고리즘을 공부한다고 하면 '수학' 때문에 부담스러워 하는 친구들을 많이 본다. 때문에 수학적인 접근이 전혀 없는 것을 선호하는 경우도 간혹 보아왔다. 실제로 수학적 접근 없이도 의미 있는 학습이 가능하다. 그런데 수학을 조금만 보태면 더 많은 의미를 부여해가면서 공부할 수 있다. 그래서 필자는 약간의 수학을 가미할 생각이다. 혹시 걱정이 앞서는가? 걱정하지 말자. 여러분이 다음과 같이 느끼도록 할 테니 말이다.

"저자가 언제 수학적으로 자료구조를 설명한 적 있어?"

이는 필자의 바람이므로 사실과 조금 다를 수 있다. 하지만 간혹 수학적인 설명이 진행된다 하더라도 부담 갖지 말자. 부담 없는 정도의 설명으로 일관할 테니 말이다.

▣ 수학과 관련해서 여러분이 알고 있다고 가정하는 부분

본서를 공부하는 분들이라면 다음과 같은 정도의 지수식과 로그식 정도는 알고 있을 것이다.

- 지수식 $y = 2^x$
- 로그식 $y = \log_2 x$

만약에 공부한지 오래되어 기억이 나지 않는다면, 이들의 기초적인 특성만이라도 파악하기 바란다. 위의 두 식을 좌표평면상에 나타내면 대략 다음과 같은 형태가 된다는 사실과 이것이 어떤 의미를 갖는지를 이해하는 정도면 충분할 것이다.

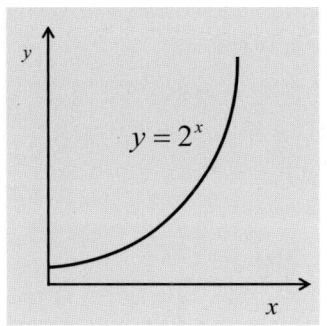 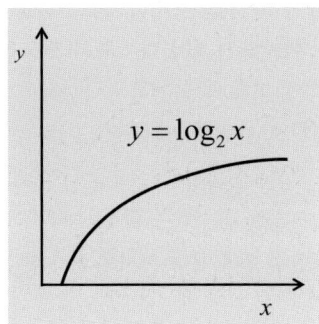

▶ [그림 01-2: 지수함수와 로그함수의 그래프]

물론 이것 이외에도 추가로 필요한 수학적 배경지식은 있지만 수학적 배경지식이 부족하여 이 책을 공부하지 못하는 일은 없을 것이다.

시간 복잡도(Time Complexity)와 공간 복잡도(Space Complexity)

그저 잘 동작하는 자료구조와 알고리즘을 찾는 것이 목적이라면 기능별로 자료구조와 알고리즘을 하나씩만 알아도 된다. 하지만 우리는 잘 동작하는 것은 물론이거니와 좋은 성능까지 보장받기를 원한다. 때문에 우리는 자료구조와 알고리즘을 분석하고 평가할 수 있어야 한다. 모든 경우에 있어서 항상 우월한 성능을 보이는, 만능 키와 같은 자료구조와 알고리즘은 존재하지 않기 때문이다(이하 '자료구조와 알고리즘'을 '알고리즘'으로 총칭합니다). 알고리즘을 평가하는 두 가지 요소는 다음과 같이 정리할 수 있다.

"어떤 알고리즘이 어떠한 상황에서 더 빠르고 또 느리냐?"

"어떤 알고리즘이 어떠한 상황에서 메모리를 적게 쓰고 또 많이 쓰냐?"

이렇듯 하나는 '속도'에 관한 것이고 다른 하나는 '메모리의 사용량'에 관한 것인데, 속도에 해당하는 알고리즘의 수행시간 분석결과를 가리켜 '시간 복잡도(time complexity)'라 하고, 메모리 사용량에 대한 분석결과를 가리켜 '공간 복잡도(space complexity)'라 한다.

사실 메모리를 적게 쓰고 속도도 빨라야 최적의 알고리즘이라 할 수 있다. 그런데 일반적으로 알고리즘을 평가할 때는 메모리의 사용량보다 실행속도에 초점을 둔다. 대개는 속도에 관심이 더 많고, 또 중요한 요소로 판단되기 때문이다. 물론 특정 알고리즘에 대해서 상대적인 우월성을 입증해야 하는 경우에는 메모리의 사용량도 함께 고려가 되지만, 이미 검증이 끝난 알고리즘의 적용을 고려하는 경우에는 속도에 초점을 두어 적합성 여부를 판단하게 된다.

"그럼 어떻게 속도를 평가할 수 있나요?"

매우 좋은 질문이다. 그런데 이거 시계를 가져다 놓고 수행시간을 재고 앉아 있을 수도 없는 일이다. 혹 시간을 잴 수 있어도 큰 의미를 부여하기 어렵다. 처리해야 할 데이터양의 변화에 따른 속도의 증가 및 감소의 정도도 알아야 하는데, 이를 위해서 조건을 달리하여 수백 번, 수천 번 실행해가면서 시간을 잴 수는 없는 일이기 때문이다. 그래서 알고리즘의 수행속도를 평가할 때는 다음과 같은 방식을 취한다.

"연산의 횟수를 셉니다."

"그리고 처리해야 할 데이터의 수 n에 대한 연산횟수의 함수 $T(n)$을 구성합니다."

말 그대로 연산의 횟수를 통해서 알고리즘의 빠르기를 판단한다. 물론 연산의 횟수가 적어야 빠른 알고리즘이다. 그리고 '데이터의 수 n에 대한 연산횟수의 함수 $T(n)$을 구성한다'는 것은 데이터의 수를 함수에 입력하면 연산의 횟수가 바로 계산이 되는 식을 구성한다는 뜻인데, 이렇듯 식을 구성하는 이유는 다음과 같다.

"식을 구성하면 데이터 수의 증가에 따른 연산횟수의 변화 정도를 판단할 수 있습니다."

즉 알고리즘 별 연산횟수를 함수 $T(n)$의 형태로 구성하면, 다음 그림에서 보이는 바와 같이 그래프를 통해서 데이터 수의 변화에 따른 연산횟수의 변화 정도를 한눈에 파악할 수 있으며, 이로 인해서 둘 이상의 알고리즘을 비교하기가 용이해진다.

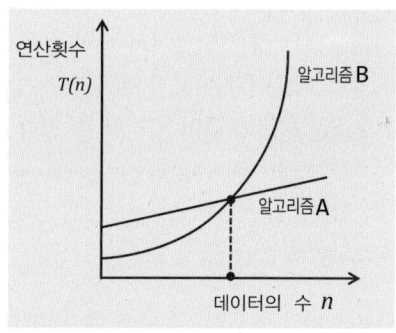

▶ [그림 01-3: 알고리즘의 수행속도 비교]

자! 그럼 이번에는 위 그림에서 보이는 것이, 동일한 기능을 제공하는 서로 다른 두 알고리즘의 성능을 비교한 결과라고 가정하고, 이 두 알고리즘의 비교결과를 나열해 보겠다.

"오~ 데이터의 수가 적으면 알고리즘 B가 더 빨라!"

"근데 데이터의 수가 좀 늘어나면 알고리즘 A가 훨씬 더 빨라지는데!"

위의 분석결과를 토대로 다음과 같이 판단할 수도 있다.

"데이터의 수가 적은 경우에는 알고리즘 B를 적용하고, 데이터의 수가 많은 경우에는 알고리즘 A를 적용해야 한다."

뭐 잘못된 판단은 아니다. 나름 합리적인 판단이고 실제로 이렇게 판단하고 적용하기도 하니 말이다. 하지만 데이터의 수가 적은 경우, 속도 차가 나봐야 얼마나 나겠는가? 중요한 것은 데이터의 수가 많아짐에 따른 연산횟수의 증가 정도에 있다.

"그렇게 놓고 보면 알고리즘 A가 훨씬 좋은 알고리즘이네요."

그렇다! 알고리즘 A가 훨씬 좋은 알고리즘이다.

"그럼 알고리즘 B는 없다고 생각하는 게 좋겠는데요."

큰일 날 소리다! 대게 A와 같이 안정적인 성능을 보장하는 알고리즘은 B와 같은 성격의 알고리즘에 비해서 구현의 난이도가 높은 편이다. 따라서 데이터의 수가 많지 않고 성능에 덜 민감한 경우라면 구현의 편의를 이유로 B와 같은 알고리즘을 선택하기도 한다.

"그럼 알고리즘 분야에는 정답이 없는 건가요?"

정답이 없는 것이 아니라 상황에 맞게 답을 내려야 하는 것이다. 따라서 필자는 여러분이 알고리즘의 구현능력에만 관심을 두는 것을 바라지 않는다. 어찌 보면 구현보다 중요한 것은 종합적으로 사고하고 판단하는 능력이기 때문이다.

순차 탐색(Linear Search) 알고리즘과 시간 복잡도 분석의 핵심요소

그럼 이번에는 '순차 탐색 알고리즘'이라는 매우 간단한 탐색 알고리즘 하나를 여러분에게 소개하고 이를 대상으로 시간 복잡도를 계산해 보고자 한다. 먼저 순차 탐색 알고리즘을 적용한 예를 여러분에게 보이겠다.

✤ LinearSearch.c

```
1.    #include <stdio.h>
2.
3.    int LSearch(int ar[], int len, int target)    // 순차 탐색 알고리즘 적용된 함수
4.    {
5.        int i;
6.        for(i=0; i<len; i++)
7.        {
8.            if(ar[i] == target)
9.                return i;        // 찾은 대상의 인덱스 값 반환
10.       }
11.       return -1;        // 찾지 못했음을 의미하는 값 반환
12.   }
13.
14.   int main(void)
15.   {
16.       int arr[] = {3, 5, 2, 4, 9};
```

```
17.     int idx;
18.
19.     idx = LSearch(arr, sizeof(arr)/sizeof(int), 4);
20.     if(idx == -1)
21.         printf("탐색 실패 \n");
22.     else
23.         printf("타겟 저장 인덱스: %d \n", idx);
24.
25.     idx = LSearch(arr, sizeof(arr)/sizeof(int), 7);
26.     if(idx == -1)
27.         printf("탐색 실패 \n");
28.     else
29.         printf("타겟 저장 인덱스: %d \n", idx);
30.
31.     return 0;
32. }
```

✤ 실행결과: LinearSearch.c

```
command prompt

타겟 저장 인덱스: 3
탐색 실패
```

위 예제의 LSearch 함수에서 보이는 것은 C언어를 공부하면서 한 번 정도는 구현해 봤을법한 순차 탐색 알고리즘이다. 맨 앞에서부터 순서대로 탐색을 진행하는 알고리즘이기에 순차 탐색이라는 이름이 붙어있다. 그럼 순차 탐색 알고리즘을 실제로 구현하는 코드만 별도로 떼어 놓고 보자.

```
for(i=0; i<len; i++)
{
    if(ar[i] == target)
        return i;      // 찾은 대상의 인덱스 값 반환
}
```

이제 위의 코드를 토대로 시간 복잡도를 분석해서 데이터의 수 n에 대한 연산횟수의 함수 $T(n)$을 구해보자.

"이 알고리즘에서 사용된 연산자는 <, ++, == 이렇게 세 개네요. 얘네들이 얼마나 많이 수행되는지를 분석하면 되는 거죠?"

물론 연산횟수를 세라고 하였으니 모든 연산자를 대상으로 연산횟수를 세어야 할 것 같은 느낌이 들 수 있다. 그렇다면 다음 질문에 답을 해보자.

"어떠한 연산을 적게 수행하는 탐색 알고리즘이 좋은 탐색 알고리즘이겠는가?"

답을 하였는가? 그렇다! 값의 동등을 비교하는 == 연산을 적게 수행하는 탐색 알고리즘이 좋은 탐색 알고리즘이다. 즉, 탐색 알고리즘에서의 핵심은 동등비교를 하는 비교연산에 있다. 비교연산의 수행횟수가 줄어들면 < 연산과 ++ 연산의 수행횟수도 줄어들고, 비교연산의 수행횟수가 늘어나면 < 연산과 ++ 연산의 수행횟수도 늘어나기 때문이다. 정리하면, 다른 연산들은 == 연산에 의존적이다.

따라서 우리는 == 연산의 횟수를 대상으로 시간 복잡도를 분석하면 된다. 이렇듯 알고리즘의 시간 복잡도를 계산하기 위해서는 핵심이 되는 연산이 무엇인지 잘 판단해야 한다. 그리고 그 연산을 중심으로 시간 복잡도를 계산해야 한다.

"알고리즘마다 핵심이 되는 연산을 찾는 것도 쉬운 일은 아닌 것 같은데요."

맞다! 사실 객관적인 근거를 마련해서 알고리즘의 성능을 분석하는 것 자체가 쉬운 일이 아니다. 그러나 흔히 하는 일은 아니니 부담을 갖지는 말자. 필자와 함께 알고리즘의 성능을 한두 차례 분석해 봤다는 데에도 의미가 있으니 말이다.

그럼 다시 본론으로 돌아와서 순차 탐색 알고리즘의 비교연산횟수를 계산해보자. 그런데 순차 탐색 알고리즘을 봐서 알겠지만, 운이 좋아서 찾고자 하는 값이 배열의 맨 앞에 저장되어 있으면 비교연산의 수행횟수는 1이 되고, 운이 없어서 찾고자 하는 값이 배열의 맨 마지막에 저장되어 있거나 찾고자 하는 값이 아예 저장되어 있지 않으면 비교연산의 수행횟수는 n이 된다(탐색의 대상이 되는 요소의 수가 n이라고 가정). 이렇듯 모든 알고리즘에는 가장 행복한 경우와 가장 우울한 경우가 각각 존재하며, 이를 전문용어로 '최선의 경우(best case)' 그리고 '최악의 경우(worst case)'라 한다.

그런데 알고리즘을 평가하는데 있어서 '최선의 경우'는 관심대상이 아니다. 어떠한 알고리즘이건 간에 최선의 경우는 대부분 만족할만한 결과를 보이기 때문이다. 즉, 다음과 같이 말도 안 되는 고민은 하지 않는다.

"이 알고리즘은 최선의 경우 두 번의 연산을 진행하는데, 저 알고리즘은 최선의 경우 다섯 번의 연산을 하네. 이거 속도 차 무지 나는구먼!"

반면 [그림 01-3]의 그래프를 통해서도 알 수 있듯이, 데이터의 수가 많아지면 '최악의 경우'에 수행하게 되는 연산의 횟수는 알고리즘 별로 큰 차이를 보인다. 따라서 알고리즘의 성능을 판단하는데 있어서 중요한 것은 '최악의 경우'이다.

"최악도 최선도 아닌 평균적인 경우를 따져야 하는 것 아닌가요? 그게 더 현실적인 것 같은데요."

정확한 지적이다! 실제로 '평균적인 경우(average case)'는 시간 복잡도를 평가하는 정보로 의미를 지닌다. 하지만 문제는 이를 계산하는 것이 쉽지 않다는데 있다. 이를 계산하기 위해서는 다양한 이론이 적용되어야 하고, 분석에 필요한 여러 가지 시나리오와 데이터를 현실적이고 합리적으로 구성해야 하는데,

이는 쉽지 않은 일이다. 간단히 말해서, 기본이 되는 다음 질문에 답을 하기조차 쉽지가 않다.

"무엇이 평균적인 상황이냐?"

때문에 '평균적인 경우'라고 주장하기 위해서는 다양한 자료들이 광범위하게 수집되어야 한다. 결국 일반적인 알고리즘의 평가에는 논란의 소지가 거의 없는 '최악의 경우(worst case)'가 선택될 수밖에 없다. 참고로 위에서 보인 순차 탐색 알고리즘의 '평균적인 경우'를 계산하는 것은 어렵지는 않다. 그래서 잠시 후 순차 탐색 알고리즘의 '평균적인 경우'를 계산해 볼 것이다. 하지만 알고리즘이 이보다 조금만 더 복잡해져도 '평균적인 경우'를 계산하는 것은 쉽지 않은 일이 된다.

☐ 순차 탐색 알고리즘의 시간 복잡도 계산하기1: 최악의 경우(worst case)

그럼 순차 탐색 알고리즘의 시간 복잡도를 계산해보겠다. 물론 '최악의 경우'를 계산해보겠다. 그런데 계산할 것이 사실상 없다. 이 알고리즘의 흐름을 소스코드상에서 이해했다면, 다음 사실을 바로 파악할 수 있기 때문이다.

"데이터의 수가 n개일 때, 최악의 경우에 해당하는 연산횟수는(비교연산의 횟수는) n이다."

따라서 순차 탐색 알고리즘의 '데이터 수 n에 대한 연산횟수의 함수 $T(n)$'은 다음과 같다. 물론 이는 최악의 경우를 대상으로 정의한 함수이다.

$T(n) = n$ 최악의 경우를 대상으로 정의한 함수 $T(n)$

너무 간단해서 놀랐는가? 만약에 조금 더 세련되고 수학적인 접근을 기대했다면 실망했을지도 모르겠다. 하지만 이처럼 최악의 경우는 생각보다 쉽게, 코드의 분석을 통해서 구할 수 있는 경우도 많다.

☐ 순차 탐색 알고리즘의 시간 복잡도 계산하기2: 평균적인 경우(average case)

이번에는 평균적인 경우를 대상으로 $T(n)$ 함수를 정의해볼 텐데, 이는 수학적인 사고를 요하는 부분이 조금 있으니 이해가 되지 않더라도 너무 부담을 가질 필요는 없다. 그냥 '평균적인 경우의 시간 복잡도를 계산하는 것은 역시 쉽지 않구나!'라고 느끼기만 해도 이후의 내용을 공부하는데 지장은 없으니 말이다. 그럼 평균적인 경우의 연산횟수 계산을 위해서 다음과 같이 두 가지 가정을 하겠다.

- 가정 1. 탐색 대상이 배열에 존재하지 않을 확률을 50%라고 가정한다.
- 가정 2. 배열의 첫 요소부터 마지막 요소까지, 탐색 대상이 존재할 확률은 동일하다.

그럼 배열에 탐색 대상이 존재하는 경우와 존재하지 않는 경우를 나눠서 연산횟수를 계산해 보자. 먼저 배열에 탐색 대상이 존재하지 않는 경우이다. 이때는 데이터의 수가 n개일 때, 총 n번의 비교연산을 진행해야 한다. 총 n번의 비교연산이 끝나야 비로소 탐색 대상이 존재하지 않음을 판단할 수 있기 때문이다. 따라서 배열에 탐색 대상이 존재하지 않는 경우의 연산횟수는 다음과 같다.

- 탐색 대상이 존재하지 않는 경우의 연산횟수 n

그럼 나머지 50%의 확률에 해당하는, 탐색 대상이 존재하는 경우의 연산횟수를 계산해 보자. 이 경우에는 가정 2에 의해서 다음과 같이 계산이 된다.

- 탐색 대상이 존재하는 경우의 연산횟수 $\dfrac{n}{2}$

위의 식이 어떻게 등장했는지 예를 들어서 설명하겠다. 데이터가 담긴, 길이가 7인 배열이 있다. 그런데 각각의 배열요소에 탐색 대상이 존재할 확률이 동일하므로(가정 2에 의해서), 이 배열을 대상으로 총 7회의 탐색이 진행된다면 모든 위치에서 한 번씩 탐색이 되어야 한다. 따라서 각 위치에서 탐색 대상을 찾았을 때의 비교연산횟수는 다음과 같이 정리할 수 있다.

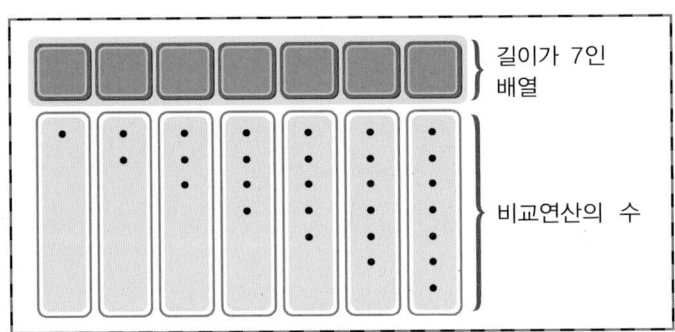

▶ [그림 01-4: 길이가 7인 배열의 비교연산횟수]

위 그림에서 가장 위에 그려놓은 것이 배열이고 각 배열요소의 위치에서 탐색 대상이 찾아질 때 진행이 되는 비교연산의 횟수가 아래에 점으로 표시되어 있다. 즉, 첫 번째 요소에서 탐색 대상이 발견되면 1회의 비교연산을 진행하게 되고, 마지막 위치에서 탐색 대상이 발견되면 총 7회의 비교연산을 진행하게 된다. 어떤가 각 요소별 평균적 비교연산의 횟수가 $n/2$임을 알 수 있지 않은가?

"딱 $n/2$은 아닌데요. 이보다는 몇 번 더 연산을 하는 것 같은데요."

맞는 말이다! 계산해보면 정확히 $n/2$이 아님을 알 수 있다. 하지만 이 경우에는 근사치 계산을 한다. 근사치 계산을 함으로써 수식이 간결해지고 또 배열의 길이가 길어질수록 근사치 계산결과에 더 가까워지기 때문이다. 그럼 결론을 내리기 위해서 평균적인 경우의 비교연산횟수를 정리해 보자.

- 탐색 대상이 존재하지 않는 경우의 연산횟수 n
- 탐색 대상이 존재하는 경우의 연산횟수 $\dfrac{n}{2}$

그런데 탐색 대상이 배열에 존재하지 않는 경우와 존재하는 경우의 확률이 각각 50%이니(가정 1에 의해서) 다음과 같이 이 둘을 하나의 식으로 묶어야 한다.

$$n \times \frac{1}{2} + \frac{n}{2} \times \frac{1}{2} = \frac{3}{4}n$$

1/2씩 곱해서 더한 이유는 탐색 대상이 존재하지 않을 확률과 존재할 확률이 각각 50%이기 때문이다. 이로써 끝이 났다! 따라서 순차 탐색 알고리즘의 평균적인 경우의 시간 복잡도 함수는 다음과 같다.

$$T(n) = \frac{3}{4}n$$

지금까지 평균적인 경우의 시간 복잡도를 함께 계산해 보았는데, 어떤가 마음에 드는가? 사실 매우 쉬운 예에 해당하기 때문에, 수학에 자신이 있는 친구들은 할만하다고 생각할 것이다. 하지만 최악의 경우에 비해서 상대적으로 시간 복잡도를 구하는 것이 쉽지 않다는 사실에 주목하기 바란다. 뿐만 아니라 우리가 구한 평균적인 경우의 시간 복잡도 함수는 신뢰도가 높지 않다. 앞서 우리가 함께 정의한 두 개의 가정을 뒷받침할 근거가 부족하기 때문이다. 프로그램의 성격에 따라서 그리고 데이터의 성격에 따라서 배열에 탐색 대상이 존재할 확률은 50%보다 높을 수도 있고 높지 않을 수도 있는데 이러한 부분이 전혀 고려되지 않았다. 때문에 우리가 계산한 평균적인 경우의 시간 복잡도는 '최악의 경우'의 시간 복잡도보다 신뢰도가 낮다. 이제 '최악의 경우'를 시간 복잡도의 기준으로 삼는 이유가 충분히 이해되었는가?

이진 탐색(Binary Search) 알고리즘의 소개

이번에는 앞서 설명한 순차 탐색보다 훨씬 좋은 성능을 보이는 이진 탐색 알고리즘을 소개하고자 한다. 훨씬 좋은 성능을 보인다고 하니 관심이 집중되고도 남을 것이다. 그리고는 순차 탐색 알고리즘을 잊고 싶을지도 모른다. 하지만 배열을 대상으로 이진 탐색 알고리즘을 적용하기 위해서는 다음의 조건을 만족해야만 한다.

"배열에 저장된 데이터는 정렬되어 있어야 합니다."

즉, 이진 탐색 알고리즘은 정렬된 데이터가 아니면 적용이 불가능하다(정렬의 기준 및 방식과는 관계없다). 때문에 이진 탐색 알고리즘보다 성능이 덜한 순차 탐색 알고리즘도 우리에겐 유용한 알고리즘이다. 그럼 이진 탐색 알고리즘의 원리를 설명하고 그 다음에 이를 적용한 예제를 소개하겠다. 우선 길이가 9인 배열에 다음과 같이 정렬된 상태로 데이터가 저장되어 있다고 가정하자.

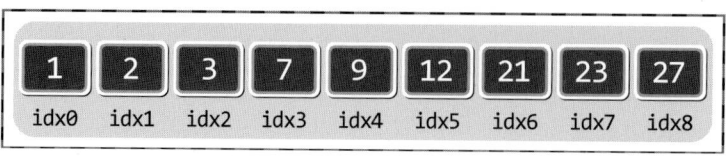

▶ [그림 01-5: 정렬된 배열]

위 그림의 배열 이름을 arr이라고 가정하고, 이 배열을 대상으로 숫자 3이 저장되어 있는지 확인하기 위해서 이진 탐색 알고리즘을 적용해 보겠다. 그럼 시작하자. 이진 탐색 알고리즘의 첫 번째 시도는 다음과 같다.

> 📚 **이진 탐색 알고리즘의 첫 번째 시도:**
> 1. 배열 인덱스의 시작과 끝은 각각 0과 8이다.
> 2. 0과 8을 합하여 그 결과를 2로 나눈다.
> 3. 2로 나눠서 얻은 결과 4를 인덱스 값으로 하여 arr[4]에 저장된 값이 3인지 확인한다.

즉, 다음 그림과 같이 배열의 중앙에, 찾는 값이 저장되어 있는지 확인하는 것이 이진 탐색 알고리즘의 첫 번째 시도이다.

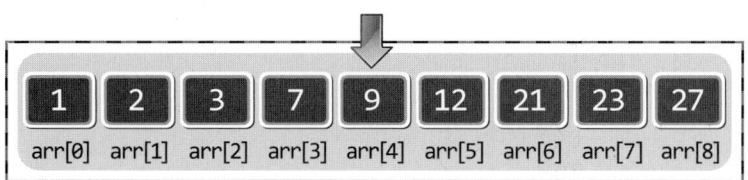

▶ [그림 01-6: 이진 탐색의 첫 번째 시도]

첫 번째 시도를 통해서 arr[4]에 3이 저장되지 않았음을 확인하였으니 두 번째 시도를 진행할 차례다. 이진 탐색 알고리즘의 두 번째 시도는 다음과 같이 진행이 된다.

> 📚 **이진 탐색 알고리즘의 두 번째 시도:**
> 1. arr[4]에 저장된 값 9와 탐색 대상인 3의 대소를 비교한다.
> 2. 대소의 비교결과는 arr[4]>3이므로 탐색의 범위를 인덱스 기준 0~3으로 제한한다.
> 3. 0과 3을 더하여 그 결과를 2로 나눈다. 이때 나머지는 버린다.
> 4. 2로 나눠서 얻은 결과가 1이니 arr[1]에 저장된 값이 3인지 확인한다.

두 번째 시도 과정에서 주의 깊게 살펴볼 것은 탐색의 대상을 반으로 줄였다는 사실이다. 이는 어디까지나 배열에 데이터가 정렬된 상태로 저장되었기 때문에 가능한 일이며, 이것이 바로 이진 탐색 알고리즘의 핵심이다! 두 번째 시도 내용을 그림으로 정리하면 다음과 같다. 이 그림에서 색이 바랜 부분은 탐색의 대상에서 제외되었음을 의미한다.

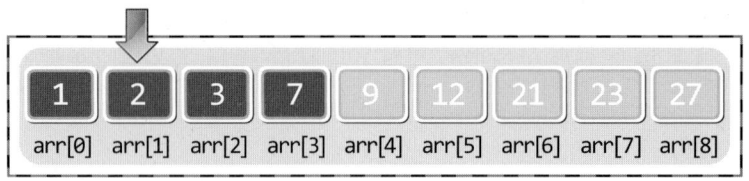

▶ [그림 01-7: 이진 탐색의 두 번째 시도]

arr[1]에도 3이 저장되어 있지 않았으니 이진 탐색 알고리즘의 세 번째 시도를 다음과 같이 진행해야 한다. 참고로 세 번째 시도의 과정은 두 번째 시도의 과정과 별반 다르지 않음을 짐작할 수 있을 것이다.

📧 이진 탐색 알고리즘의 세 번째 시도:

1. arr[1]에 저장된 값 2와 탐색 대상인 3의 대소를 비교한다.
2. 대소의 비교결과는 arr[1]<3이므로 탐색의 범위를 인덱스 기준 2~3으로 제한한다.
3. 2와 3을 더하여 그 결과를 2로 나눈다. 이때 나머지는 버린다.
4. 2로 나눠서 얻은 결과가 2이니 arr[2]에 저장된 값이 3인지 확인한다.

이렇듯 두 번째 시도 이후부터는 탐색 대상을 찾을 때까지 동일한 패턴을 반복할 뿐이다. 하지만 세 번째 시도를 진행하면서 탐색 대상인 3을 찾게 되니, 이로써 탐색은 마무리가 된다. 마지막으로 진행이 된 세 번째 시도의 내용을 그림으로 정리하면 다음과 같다.

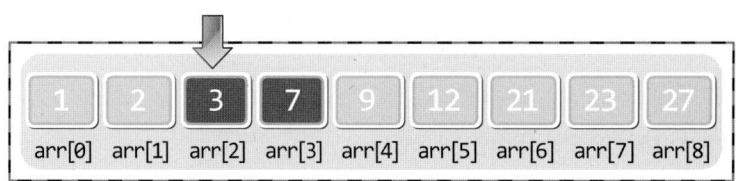

▶ [그림 01-8: 이진 탐색의 세 번째 시도]

자! 그럼 이진 탐색 알고리즘을 기반으로 한, 총 3회의 탐색과정에서 탐색 대상의 범위가 어떻게 줄었는지 그림을 통해 정리해보겠다.

▶ [그림 01-9: 이진 탐색 알고리즘의 탐색 범위 감소 형태]

이렇듯 이진 탐색 알고리즘은 탐색의 대상을 반복해서 반씩 떨구어 내는 알고리즘이다. 때문에 앞서 소개한 순차 탐색 알고리즘에 비해 좋은 성능을 보인다.

이진 탐색(Binary Search) 알고리즘의 구현

이제 이진 탐색 알고리즘의 구현을 여러분께 보이고자 한다. 참고로 이진 탐색 알고리즘은 개념적으로 매우 간단하고 또 구현을 위해서 많은 양의 코드를 필요로 하지는 않지만 구현 시 신경 쓸 부분이 없지는 않다. 그럼 구현에 앞서 탐색의 범위가 줄어드는 형태를 다음 그림을 통해서 다시 한번 관찰하자.

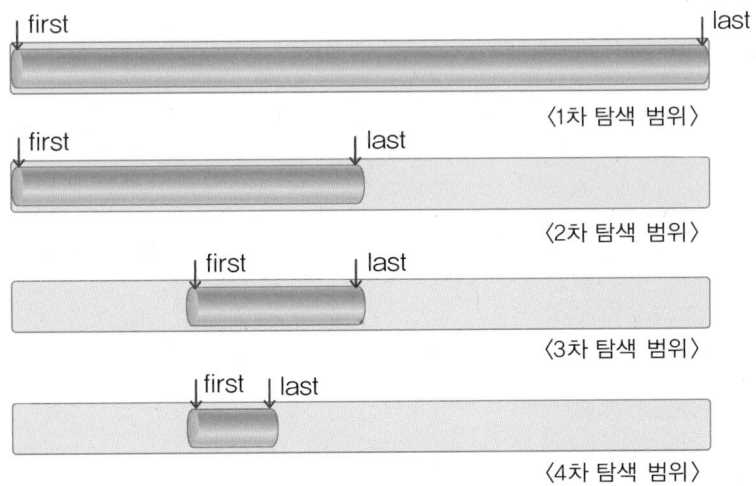

▶ [그림 01-10: 이진 탐색 알고리즘의 탐색 시작과 끝 위치의 변화]

위 그림에서는 탐색의 시작위치에 해당하는 인덱스 값을 first, 탐색의 마지막 위치에 해당하는 인덱스 값을 last로 표시하고 있다. 이 그림에서 보이는 바와 같이 이진 탐색 알고리즘이 진행됨에 따라서 first 와 last는 가까워진다. 그 거리를 반씩 줄여가며 가까워진다. 그렇다면 이진 탐색 알고리즘은 언제까지 계속되어야 하겠는가?

"first와 last가 만날 때까지요! first와 last가 만나면 탐색의 대상이 존재하지 않음을 뜻하니 탐색의 과정을 종료해야 합니다."

이는 그럴듯한 답변 같지만 잘못된 답변이다! first와 last가 만났다는 것은 탐색의 대상이 아직 하나 남아있음을 뜻하기 때문이다. 따라서 이진 탐색은 first〈last 인 상황에서는 물론이거니와 first==last 인 상황에서도 계속되어야 한다. 때문에 이진 탐색 알고리즘은 다음과 같은 형태로 반복문이 구성된다.

```
while(first <= last)      // first <= last 가 반복의 조건임에 주의!
{
    // 이진 탐색 알고리즘의 진행
}
```

그리고 이는 다음의 결론으로 자연스럽게 이어진다.

"first가 last보다 큰 경우 탐색은 종료된다. 그리고 이렇게 종료가 되었다는 것은 탐색에 실패했음을 뜻한다."

그럼 지금까지 한 이야기를 토대로 이진 탐색 알고리즘을 구현해보겠다. 이 예제에서 정의하고 있는 BSearch 함수가 이진 탐색 알고리즘의 구현에 해당한다.

✤ BinarySearch.c

```
1.   #include <stdio.h>
2.
3.   int BSearch(int ar[], int len, int target)
4.   {
5.       int first = 0;           // 탐색 대상의 시작 인덱스 값
6.       int last = len-1;        // 탐색 대상의 마지막 인덱스 값
7.       int mid;
8.
9.       while(first <= last)
10.      {
11.          mid = (first+last) / 2;    // 탐색 대상의 중앙을 찾는다.
12.
13.          if(target == ar[mid])      // 중앙에 저장된 것이 타겟이라면
14.          {
15.              return mid;            // 탐색 완료!
16.          }
```

```
17.        else            // 타겟이 아니라면 탐색 대상을 반으로 줄인다.
18.        {
19.            if(target < ar[mid])
20.                last = mid-1;       // 왜 -1을 하였을까?
21.            else
22.                first = mid+1;      // 왜 +1을 하였을까?
23.        }
24.    }
25.    return -1;         // 찾지 못했을 때 반환되는 값 -1
26. }
27.
28. int main(void)
29. {
30.     int arr[] = {1, 3, 5, 7, 9};
31.     int idx;
32.
33.     idx = BSearch(arr, sizeof(arr)/sizeof(int), 7);
34.     if(idx == -1)
35.         printf("탐색 실패 \n");
36.     else
37.         printf("타겟 저장 인덱스: %d \n", idx);
38.
39.     idx = BSearch(arr, sizeof(arr)/sizeof(int), 4);
40.     if(idx == -1)
41.         printf("탐색 실패 \n");
42.     else
43.         printf("타겟 저장 인덱스: %d \n", idx);
44.
45.     return 0;
46. }
```

✤ 실행결과: BinarySearch.c

```
command prompt

타겟 저장 인덱스: 3
탐색 실패
```

앞서 이진 탐색 알고리즘의 원리를 설명하였으니 코드가 눈에 쉽게 들어올 것이다. 그런데 위의 예제 20행과 22행을 다음과 같이 구성하지 않고,

```
if(target < ar[mid])
    last = mid;
else
    first = mid;
```

다음과 같이 구성한 이유를 알겠는가?

```
if(target < ar[mid])
    last = mid-1;
else
    first = mid+1;
```

이렇듯 값을 하나 빼거나 더해서 그 결과를 변수 last와 first에 저장하지 않으면, mid에 저장된 인덱스 값의 배열요소도 새로운 탐색의 범위에 포함이 된다. 그런데 이는 불필요한 일이다. mid의 배열요소에 탐색 대상이 저장되어 있는지 검사가 이미 끝난 상태이기 때문이다.

"그까짓 거 탐색 대상 하나쯤 더 추가한다고 해서 크게 문제 될 것은 없지 않나요?"

맞다! 그냥 탐색 대상이 하나 늘어나는 정도라면 문제삼지 않을 수 있다. 하지만 이 경우에는 다른 문제 도 존재한다. 위 예제의 19~22행을 다음과 같이 변경해서 재실행해 보기 바란다. 어떠한 문제가 발생하 는지 확인하기 위해서 말이다.

```
if(target < ar[mid])
    last = mid;
else
    first = mid;
```

실행해 보았는가? 그렇다면 다음과 같은 문제가 발생함을 확인하였을 것이다. 문제는 탐색의 대상이 배 열에 존재하지 않는 경우에 발생한다.

✤ 소스코드를 수정한 상태에서의 실행결과: BinarySearch.c

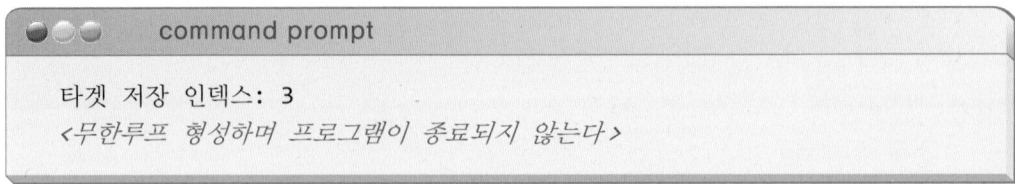

탐색의 대상이 배열에 존재하지 않을 경우 first에 저장된 값이 last보다 커져서 반복문을 탈출할 수 있어야 하는데, 위와 같이 코드를 수정하고 나면 결코 first에 저장된 값은 last보다 커질 수 없다. 때문에 무한루프를 형성하게 되는 것이다.

"그런데 왜 first에 저장된 값이 last보다 커질 수 없는 거죠?"

간단히 생각해보자. 기본적으로 세 변수에 저장된 인덱스 값은 항상 다음의 식을 만족하도록 알고리즘이 디자인되어 있다.

first ≤ mid ≤ last

그런데 기껏 하는 연산이 mid에 저장된 값을 가감 없이 first 또는 last에 저장하는 것이 전부인데, 어떻게 first에 저장된 값이 last보다 커질 수 있겠는가?

이진 탐색 알고리즘의 시간 복잡도 계산하기: 최악의 경우(worst case)를 기준으로

사실 이진 탐색 알고리즘의 시간 복잡도 계산은 순차 탐색 알고리즘에 비하면 상대적으로 복잡한 편이다. 그래도 수학적 계산능력이 아닌 수학적 사고를 요하는 정도이니 함께 계산해 보기로 하겠다. 먼저 다음 이진 탐색 알고리즘의 일부를 보면서 연산횟수를 대표하는 연산이 무엇인지 찾아보자.

```
while(first <= last)
{
    mid = (first+last) / 2;    // 탐색 대상의 중앙을 찾는다.
    if(target == ar[mid])       // 중앙에 저장된 것이 타겟이라면
    {
        return mid;
    }
    else        // 타겟이 아니라면
    {
        . . . .
    }
}
```

찾았는가? 이 역시 탐색 알고리즘이니 순차 탐색 알고리즘과 마찬가지로 == 연산을 연산횟수를 대표하는 연산으로 볼 수 있다. 자! 대표하는 연산도 찾았으니 이제 최악의 경우에 대한 시간 복잡도 계산은 술술 풀릴 것 같다. 그럼 다음 질문에 여러분이 직접 답을 해보자.

"데이터의 수가 n개일 때, 최악의 경우에 발생하는 비교연산의 횟수는 어떻게 되는가?"

답이 딱 나오는가? 사실 답이 딱 나오지는 않는다. 바로 '몇 번이요'라고 답을 했다면 틀렸을 확률이 높다. 그렇게 간단히 나오지 않기 때문이다. 비교연산의 횟수는 딱 떨어지게 말을 할 수 없다. 그리고 이것

이 이진 탐색 알고리즘의 시간 복잡도 계산에 대한 어려움이다. 그럼 필자가 한번 세어보겠다. 데이터의 수가 n개일 때 비교연산은 총 몇 회가 진행되는지 말이다.

- 처음에 데이터의 수가 n개일 때의 탐색과정에서 1회의 비교연산 진행
- 데이터의 수를 반으로 줄여서 그 수가 $n/2$개일 때의 탐색과정에서 1회 비교연산 진행
- 데이터의 수를 반으로 줄여서 그 수가 $n/4$개일 때의 탐색과정에서 1회 비교연산 진행
- 데이터의 수를 반으로 줄여서 그 수가 $n/8$개일 때의 탐색과정에서 1회 비교연산 진행
  . . . . . n이 얼마인지 결정되지 않았으니
  이 사이에 도대체 몇 번의 비교연산이 진행되는지 알 수가 없다! . . . . .
- 데이터의 수를 반으로 줄여서 그 수가 1개일 때의 탐색과정에서 1회의 비교연산 진행

이제 문제가 무엇인지 알겠는가? 최악의 경우, 탐색 대상의 데이터 수가 n개로부터 시작해서 반씩 줄어서 마지막에는 1개가 되는데, 반씩 줄어드는 과정을 몇 번 거치는지 알 수 없다는 것이 문제이다. 그래서 다음 질문에 쉽게 답을 할 수가 없다.

"데이터의 수가 n일 때, 최악의 경우에 발생하는 비교연산의 횟수는 어떻게 되는가?"

따라서 지금으로서는 위의 질문에 다음과 같이 답을 하는 것이 최선이다.

"데이터의 수 n이 $n/2, n/4, n/8$ . . . 이렇게 줄어서 1이 될 때까지 비교연산을 한 번씩 진행하고, 마지막으로 n이 1일 때 비교연산을 한 번 더 진행하게 됩니다. 그리고 그것이 탐색 대상이 존재하지 않는 최악의 경우의 비교연산 횟수에요. 그러니까 데이터의 수 8개였다면 8, 4, 2, 1 이렇게 줄어드니까 총 4회 비교연산이 진행되는 거죠."

잘 답하였지만 폼이 안 난다. 그리고 이 정도의 정보는 성능의 분석 및 비교에 사용할 수 없다. 이 정도의 정보를 가지고 앞서 보인 순차 탐색 알고리즘과의 객관적 성능 비교가 가능하겠는가?

"그럼 어쩌란 말입니까!"

조금 답답하다! 그래서 뭔가 해결책을 제시만해 준다면 받아들일 수 있을 것 같은 생각도 든다. 그 해결책이 조금 부담스러워도 말이다. 그렇다면 수학을 조금만 아주 조금만 활용하자.

조금 전에 데이터의 수가 8개인 경우를 예로 들었다. 8이 1이 되기까지 2로 나누는 과정을 총 3회 거쳐야 했다. 그래서 데이터의 수가 8개인 상황에서의 비교연산 횟수는 다음과 같이 정리할 수 있다.

- 8이 1이 되기까지 2로 나눈 횟수 3회, 따라서 비교연산 3회 진행
- 데이터가 1개 남았을 때, 이때 마지막으로 비교연산 1회 진행

그리고 이는 데이터의 수 n을 대상으로 다음과 같이 일반화할 수 있다.

- n이 1이 되기까지 2로 나눈 횟수 k회, 따라서 비교연산 k회 진행
- 데이터가 1개 남았을 때, 이때 마지막으로 비교연산 1회 진행

이로써 비교연산의 횟수를 구하였으니, 최악의 경우에 대한 시간 복잡도 함수 $T(n)$은 다음과 같이 정리가 된다.

- 최악의 경우에 대한 시간 복잡도 함수 $T(n) = k+1$

물론 이것이 끝이 아니다. k를 구하는 문제가 남아 있다. 그런데 n이 1이 되기까지 2로 나눈 횟수가 k이니, n과 k에 관한 식을 다음과 같이 세울 수 있다.

$$n \times \left(\frac{1}{2}\right)^k = 1$$

이 수식에 당황하지 말자. 2로 나누는 것은 1/2를 곱하는 것과 같다는 단순한 사실만 알면 이해할 수 있는 수식이니 말이다. 이는 2로 몇 번을 나누어야 1이 되는가에 대한 답을 주는 수식일 뿐이다. 실제로 위의 수식에서 n에 8을, k에 3을 대입하면 식은 성립한다. 이제 위의 식을 k에 관한 식으로 나타내기 위해서 다음과 같이 정리해야 한다.

$$n \times \left(\frac{1}{2}\right)^k = 1 \quad \blacktriangleright \quad n \times 2^{-k} = 1 \quad \blacktriangleright \quad n = 2^k$$

이제 남은 일은, 정리된 최종 수식의 양 변에 밑이 2인 로그를 취하는 것이다. 그럼 식은 다음과 같이 정리가 된다.

$$n = 2^k \quad \blacktriangleright \quad \log_2 n = \log_2 2^k \quad \blacktriangleright \quad \log_2 n = k \log_2 2 \quad \blacktriangleright \quad \log_2 n = k$$

이렇듯 k는 $\log_2 n$이다. 따라서 이진 탐색 알고리즘의 최악의 경우에 대한 시간 복잡도 함수 $T(n)$은 다음과 같다.

$$T(n) = \log_2 n$$

어떤가 여러분도 위의 결과에 동의를 하는가?

"최악의 경우의 비교연산 횟수는 $k+1$이잖아요. 그러니까 $T(n) = \log_2 n + 1$ 아닌가요?"

옳은 지적이다. 그런데 +1은 중요하지 않다. 중요한 것은 데이터의 수 n이 증가함에 따라서 비교연산의 횟수가 로그적(logarithmic)으로 증가한다는 사실이다. 앞서 성능분석과 관련해서 다음과 같이 언급했던 것을 기억할 것이다.

"식을 구성하면 데이터 수의 증가에 따른 연산횟수의 변화 정도를 판단할 수 있습니다."

즉, n에 대한 식 $T(n)$을 구성하는 목적은 데이터 수의 증가에 따른 연산횟수의 변화 정도를 판단하는 것이므로 +1은 중요하지 않다.

"그럼 +1이 붙어있건 +102가 붙어있건 별로 신경 쓸 필요 없는 거네요?"

좋은 질문이다. 그런데 필자는 이 질문에 대한 답을 빅-오 표시법(big-oh notation)의 소개로 대신하고자 한다.

빅-오 표기법(Big-Oh Notation)

사실 데이터의 수 n과 그에 따른 시간 복잡도 함수 $T(n)$을 정확히 그리고 오차 없이 구하는 것은 대부분의 경우 쉽지 않다. 따라서 오차를 허용하지 않겠다면, 앞서 우리가 '+1을 넣는 게 맞네 틀리네' 하면서 옥신각신 한 것처럼 다음과 같이 고민할 수도 있다.

"이 알고리즘의 시간 복잡도 함수 $T(n)$은 n^2+n+1 아니면 n^2+2n+1일 텐데"

하지만 자료구조를 먼저 공부한 친구녀석은 이러한 고민을 하는 우리들에게 다음과 같이 한마디 툭 던질지 모른다.

"그냥 빅-오만 따져!"

빅-오가 무엇일까? 혹시 O가 매우 크다는 뜻? 농담 같지만 농담이 아니다! 빅-오라는 것은 함수 $T(n)$에서 가장 영향력이 큰 부분이 어딘가를 따지는 것인데, 이때 사용되는 표기법에 대문자 O, 그러니까 큰 O가 사용되기 때문에 빅-오라 하는 것이다. 빅-오에 대한 설명을 위해서 다음 시간 복잡도 함수를 보자.

$T(n)=n^2+2n+1$

앞서 필자가 시간 복잡도 함수 $T(n)$을 구하는 이유에 대해서 수차례 설명하였으니, 이는 다음과 같이 간략화, 조금 더 수학적으로 표현하면 근사치(approximation) 식을 구성해도 문제가 되지 않음에 동의할 것이다.

$T(n)=n^2+2n$

그렇다! 여러분의 생각대로 +1쯤이야 라고 생각하고 즐거운 마음으로 생략할 수 있다. 그렇다면 다음과 같이 간략화를 한차례 더 진행해도 무리가 없을까?

$T(n)=n^2$

이러한 상황에서 다음과 같이 생각하는 것은 매우 당연하다.

"와우! 과감하게 $2n$을 빼버렸네! $2n$을 그냥 빼도 되는 거 맞아? 지나친 거 아냐?"

그럼 다음 표를 통해서 $T(n)=n^2+2n$에서 n^2이 차지하는 비율을 확인해 보자. 그럼 $2n$을 빼도 되는지 나름의 판단이 설 것이다.

n	n^2	$2n$	$T(n)$	n^2의 비율
10	100	20	120	83.33%
100	10,000	200	10,200	98.04%
1,000	1,000,000	2,000	1,002,000	99.80%
10,000	100,000,000	20,000	100,020,000	99.98%
100,000	10,000,000,000	200,000	10,000,200,000	99.99%

[표 01-1: n^2이 차지하는 비율의 증가]

표에서 보이듯이 n^2이 차지하는 비율은 절대적이다. n이 조금만 증가해도 이내 n^2이 차지하는 비율은 99%를 넘어선다. 이렇듯 다음 식에서,

$T(n) = n^2 + 2n + 1$

n이 증가함에 따라서 $2n+1$이 미치는 영향은 미미해지므로 다음과 같이 간략화 할 수 있다.

$T(n) = n^2$

그리고 이를 빅-오 표기법으로 표현하면 다음과 같으며,

$O(n^2)$

이는 다음과 같이 읽는다.

"빅-오 오브 n^2(Big-Oh of n^2)"

정리하면 함수 $T(n) = n^2 + 2n + 1$의 빅오는 n^2이며, 이는 n의 증가 및 감소에 따른 $T(n)$의 변화 정도가 n^2의 형태를 띰을 의미한다.

단순하게 빅-오 구하기

그렇다면 수식을 보고서 빅-오를 구하는 방법은 무엇일까? 수학적인 접근 없이도 다음 사실을 알면 어렵지 않게 빅-오를 구할 수 있다.

"$T(n)$이 다항식으로 표현이 된 경우, 최고차항의 차수가 빅-오가 된다."

몇몇 예를 들면 다음과 같다.

- $T(n) = n^2 + 2n + 9$ ▶ $O(n^2)$
- $T(n) = n^4 + n^3 + n^2 + 1$ ▶ $O(n^4)$
- $T(n) = 5n^3 + 3n^2 + 2n + 1$ ▶ $O(n^3)$

그리고 이를 일반화하면 다음과 같다.

- $T(n) = a_m n^m + a_{m-1} n^{m-1} + \cdots + a_1 n^1 + a_0$ ▶ $O(n^m)$

즉, 다항식으로 표현된 시간 복잡도 함수 $T(n)$에서 실제로 큰 의미를 갖는 것은 '최고차항의 차수(n^m)'라는 이야기다. 그런데 이와 관련해서 다음과 같은 내용이 궁금할 수도 있다.

"그렇다면 시간 복잡도 함수가 n^2인 경우에도, 그리고 $9999n^2$인 경우에도 $O(n^2)$이라는 얘긴데, 그러면 n^2이 억울하지 않을까요?"

물론 억울하다고 생각할 수 있다. 데이터의 수가 5개인 경우, 연산의 횟수가 각각 $5^2 = 25$와 $9999 \times 5^2 = 249975$로 이 둘의 차이가 크니 말이다. 하지만 빅-오는 '데이터 수의 증가에 따른 연산횟수의 증가 형태(패턴)'을 나타내는 표기법이다. 즉, 빅-오의 관점에서 다음 둘은 동일하다.

"데이터의 수가 2, 3, 4개로 늘어날 때 연산횟수는 4, 8, 16으로 두 배씩 늘어났다."

"데이터의 수가 2, 3, 4개로 늘어날 때 연산횟수는 99, 198, 396으로 두 배씩 늘어났어"

따라서 다음이 의미하는 바는

$O(\log n)$

다음의 같이 이해해야 옳다.

"데이터 수의 증가에 따른 연산횟수의 증가 형태를 좌표평면상에 그려놓으면, 증가하는 추세가 둔화되는 형태를 띤다. 다시 말해서 로그 그래프와 유사한 형태를 띤다."

아직은 빅-오가 못마땅하게 느껴질 수 있다. 하지만 본서의 후반부를 공부하다 보면, 성능 분석에 좋은 도구가 된다는 사실을 느낄 수 있을 것이다.

문제 01-1 [빅-오 구하기]

Question

아래의 식들을 대상으로 빅-오를 판단해보자. 참고로 여러분은 아직 빅-오를 정확히 판단할 마음의 준비가 되어 있지 않을 것이다. 따라서 지금까지 공부한 내용을 근거로 마음 가는 대로 판단해보기 바란다. 빅-오를 정확히 판단할 정도는 되지 않았어도 판단을 위해서 충분히 고민을 한다면 이것도 나름의 의미가 있으니 말이다.

$3n+2$ $\quad$ $7n^3+3n^2+2$ $\quad$ 2^n+n^2

$n+\log n$ $\quad$ $n+n\log n$ $\quad$ 2^n+n^3

판단해 보았는가? 뒷부분에 실린 답안에서는 여러분이 현재 생각할 수 있는 범위 내에서 해설을 진행하니, 이를 읽고 여러분의 판단과 비교하기 바란다.

❏ 대표적인 빅-오

이렇듯 '데이터 수의 증가'에 따른 '연산횟수의 증가 형태를 표현한 것'이 빅-오이다 보니, 대표적인 빅-오 표기가 다음과 같이 존재하니 이를 알아둘 필요가 있다.

- $O(1)$

    이를 상수형 빅-오라 한다. 이는 데이터 수에 상관없이 연산횟수가 고정인 유형의 알고리즘을 뜻한다. 예를 들어서 연산의 횟수가 데이터 수에 상관없이 3회 진행되는 알고리즘일지라도 $O(3)$이라 하지 않고 $O(1)$이라 한다. 이렇듯 $O(1)$에는 연산횟수가 고정인 유형의 알고리즘을 대표한다는 의미가 담겨 있다.

- $O(log n)$

    이를 로그형 빅-오라 한다. 이는 '데이터 수의 증가율'에 비해서 '연산횟수의 증가율'이 훨씬 낮은 알고리즘을 의미한다. 따라서 매우 바람직한 유형이다. 참고로 로그의 밑이 얼마냐에 따라서 차이가 나긴 하지만, 그 차이는 알고리즘의 성능관점에서 매우 미미하기 때문에 대부분의 경우에 있어서 무시가 된다.

- $O(n)$

    이를 선형 빅-오라 한다. 이는 데이터의 수와 연산횟수가 비례하는 알고리즘을 의미한다.

- $O(n log n)$

    이를 선형로그형 빅-오라 한다. 이는 데이터의 수가 두 배로 늘 때, 연산횟수는 두 배를 조금 넘게 증가하는 알고리즘을 의미한다. n과 $log n$을 곱한 형태라서 난해해 보이지만, 알고리즘 중에는 이에 해당하는 알고리즘이 적지 않다.

- $O(n^2)$

    이는 데이터 수의 제곱에 해당하는 연산횟수를 요구하는 알고리즘을 의미한다. 따라서 데이터의 양이 많은 경우에는 적용하기가 부적절한데, 이는 이중으로 중첩된 반복문 내에서 알고리즘에 관련된 연산이 진행되는 경우에 발생한다. 달리 말하면 중첩된 반복문의 사용은 알고리즘 디자인에서 그리 바람직하지 못하다고 할 수 있다.

- $O(n^3)$

    데이터 수의 세 제곱에 해당하는 연산횟수를 요구하는 알고리즘을 의미한다. 이는 삼중으로 중첩된 반복문 내에서 알고리즘에 관련된 연산이 진행되는 경우에 발생한다. 이 역시 그냥 적용하기에는 무리가 있는 알고리즘이다.

- $O(2^n)$

  이를 지수형 빅-오라 한다. 이는 사용하기에 매우 무리가 있는, 사용한다는 것 자체가 비현실적인 알고리즘이다. '지수적 증가'라는, 매우 무서운 연산횟수의 증가를 보이기 때문이다. 처음 알고리즘을 개발했을 때 이러한 성능을 보인다면, 개선의 과정을 거쳐서 현실적인 연산횟수를 보이는 알고리즘으로 수정되어야 한다.

지금까지 설명한 빅-오 표기들의 성능(수행시간, 연산횟수)의 대소를 정리하면 다음과 같다.

$O(1) < O(\log n) < O(n) < O(n \log n) < O(n^2) < O(n^3) < O(2^n)$

이들 중에서 대표적인 빅-오의 '데이터 수의 증가에 따른 연산횟수의 증가율'을 그래프로 정리하면 다음과 같다.

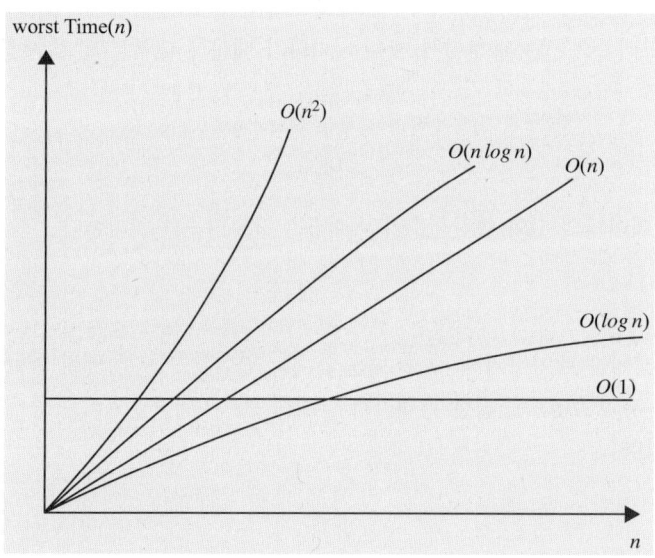

▶ [그림 01-11 : 시간 복잡도 함수의 그래프]

이제 대표적인 빅-오를 알았으니 [문제 01-1]을 다시 한번 풀어보자. 아마도 빅-오를 판단하기가 훨씬 수월할 것이고 보는 순간 판단이 되는 경우도 있을 것이다.

순차 탐색 알고리즘과 이진 탐색 알고리즘의 비교

우리가 앞서 공부한 두 탐색 알고리즘의 빅-오를 판단하는 시간을 갖겠다. 이를 위해서 먼저 두 탐색 알고리즘의 $T(n)$ 함수를 살펴보자. 물론 최악의 경우에 대한 $T(n)$ 함수이다.

- $T(n) = n$ 　　　　　순차 탐색 알고리즘의 $T(n)$ 함수
- $T(n) = \log_2 n + 1$ 　　이진 탐색 알고리즘의 $T(n)$ 함수

지금까지 설명한 내용을 잘 이해했다면 특별한 설명 없이도 각각의 빅-오 표기는 다음과 같음을 알 것이다.

- $T(n) = n$ 　　　　　▶　　$O(n)$
- $T(n) = \log_2 n + 1$ 　　▶　　$O(\log n)$

그리고 각각의 그래프 유형도 알고 있으니, 성능의 차이가 어느 정도인지 나름의 판단이 설 것이다.

"그런데 $O(n)$과 $O(n^2)$ 정도 되어야지 성능을 비교할 맛이 나지 않을까요?"

사실 여러분은 큰 차이가 없다고 느낄 수도 있다. 하지만 잘못된 생각이다. $O(n)$의 알고리즘을 $O(\log n)$의 알고리즘으로 개선시키는 것은 약간의 개선이 아닌, 혁신적인 성능의 개선으로 간주되기 때문이다. 이에 대한 이해를 위해서 $O(n)$와 $O(\log n)$의 성능을 보이는 두 알고리즘의 비교연산횟수를 수치적으로 비교해 보겠다. 비교를 위한 실험의 원칙은 다음과 같다.

- 최악의 경우를 대상으로 비교하는 것이 목적이니 탐색의 실패를 유도한다.
- 탐색의 실패가 결정되기까지 몇 번의 비교연산이 진행되는지를 센다.
- 데이터의 수는 500, 5000, 50000일 때를 기준으로 각각 실험을 진행한다.

$O(n)$인 순차 탐색 알고리즘의 경우 실험을 통하지 않아도 비교연산의 횟수가 500, 5000, 50000임을 알 수 있지 않은가? 데이터의 수만큼 비교연산을 진행하니 말이다. 따라서 다음 예제를 통해서 $O(\log n)$인 이진 탐색 알고리즘을 대상으로만 비교연산의 횟수를 확인해 보겠다.

✦ BSWorstOpCount.c

```c
1.  #include <stdio.h>
2.
3.  int BSearch(int ar[], int len, int target)
4.  {
5.      int first = 0;
6.      int last = len-1;
7.      int mid;
8.      int opCount = 0;        // 비교연산의 횟수를 기록
9.
10.     while(first <= last)
11.     {
12.         mid = (first+last) / 2;
13.
14.         if(target == ar[mid])
15.         {
```

```c
16.             return mid;
17.         }
18.         else
19.         {
20.             if(target < ar[mid])
21.                 last = mid-1;
22.             else
23.                 first = mid+1;
24.         }
25.         opCount += 1;        // 비교연산의 횟수 1 증가
26.     }
27.     printf("비교연산횟수: %d \n", opCount);      // 탐색실패 시 연산횟수 출력
28.     return -1;
29. }
30.
31. int main(void)
32. {
33.     int arr1[500] = {0,};        // 모든 요소 0으로 초기화
34.     int arr2[5000] = {0,};       // 모든 요소 0으로 초기화
35.     int arr3[50000] = {0,};      // 모든 요소 0으로 초기화
36.     int idx;
37.
38.     // 배열 arr1을 대상으로, 저장되지 않은 정수 1을 찾으라고 명령
39.     idx = BSearch(arr1, sizeof(arr1)/sizeof(int), 1);
40.     if(idx == -1)
41.         printf("탐색 실패 \n\n");
42.     else
43.         printf("타겟 저장 인덱스: %d \n", idx);
44.
45.     // 배열 arr2를 대상으로, 저장되지 않은 정수 2를 찾으라고 명령
46.     idx = BSearch(arr2, sizeof(arr2)/sizeof(int), 2);
47.     if(idx == -1)
48.         printf("탐색 실패 \n\n");
49.     else
50.         printf("타겟 저장 인덱스: %d \n", idx);
51.
52.     // 배열 arr3를 대상으로, 저장되지 않은 정수 3을 찾으라고 명령
53.     idx = BSearch(arr3, sizeof(arr3)/sizeof(int), 3);
54.     if(idx == -1)
55.         printf("탐색 실패 \n\n");
56.     else
57.         printf("타겟 저장 인덱스: %d \n", idx);
58.
59.     return 0;
60. }
```

위 예제는 앞서 보인 BinarySearch.c에 연산횟수를 세기 위한 코드를 일부 삽입하고, 최악의 경우에 대한 연산횟수를 세기 위해서 main 함수를 조금 수정한 것이다. 추가 및 수정된 코드에 대해서는 주석을 통해서 설명하였다. 자! 그럼 실행결과를 보자.

✤ 실행결과: BSWorstOpCount.c

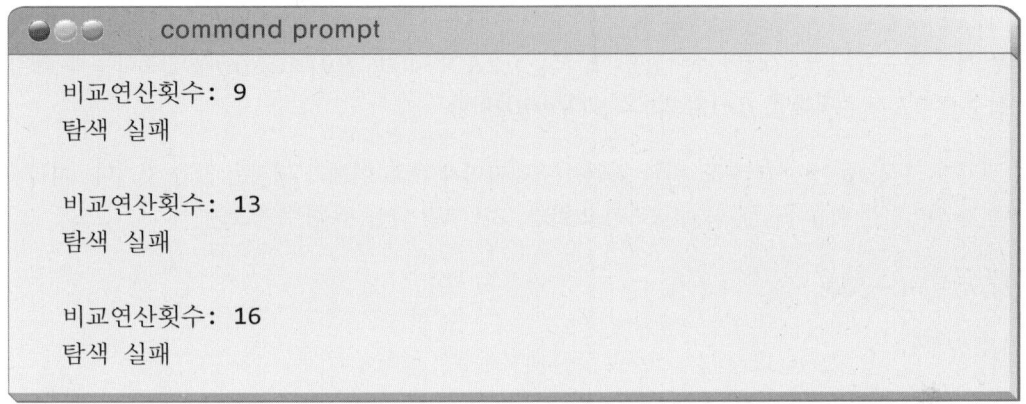

위의 실행결과를 근거로 순차 탐색 알고리즘과 이진 탐색 알고리즘의 연산횟수를 다음과 같이 정리할 수 있다.

n	순차 탐색 연산횟수	이진 탐색 연산횟수
500	500	9
5,000	5,000	13
50,000	50,000	16

[표 01-2: 두 알고리즘의 비교연산횟수 비교]

위의 표에 정리된 결과는 $O(n)$의 알고리즘과 $O(log n)$의 알고리즘의 연산횟수에 얼마나 큰 차이가 있는지를 보여준다. 이로써 우리가 이번 Chapter에서 하고자 하는 이야기는 어느 정도 마무리가 되었다.

빅-오에 대한 수학적 접근: 이해가 되지 않으면 다음 기회에 공부하자!

시중에는 빅-오의 수학적 판별법을 소개하는 자료구조 서적들의 수가 적지 않게 존재한다. 달리 말하면 수학적 판별법을 소개하지 않는 자료구조 서적들도 적지 않다는 뜻이다. 때문에 지금 이에 대한 관심이 없다면 다음 Chapter로 넘어가도 좋다. 하지만 빅-오의 수학적 판별법을 공부하면 빅-오에 대한 이해도가 더 깊어지기 때문에, 이 책에서는 빅-오의 수학적 판별법을 소개한다.
참고로 지금부터 설명하는 내용은 어려운 편이다. 그리고 자칫 여러분이 힘들게 이해한 빅-오의 개념에 혼란을 줄 수도 있다. 따라서 이 내용은 집필 과정 내내 부록으로 뺄까 고민도 했었다. 따라서 부담이 된다면 공부의 시기를 늦추기 바란다. 특히 본서를 개인적으로 선택해서 학습하는 독자라면 이 부분을 건너뛸 것을 추천한다. 필자라도 그렇게 하겠다. 그래도 계속해서 진도를 나가는 데 무리가 없으니 말이다. 혹 여러분이 나중에 빅-오의 수학적 판별법을 꼭 알아야 하는 상황에 처했을 때, 그때 아래의 내용을 참고하기를 개인적으로는 바라고 있다. 그럼 빅-오에 대한 수학적 정의를 시작으로 빅-오의 수학적 판별법에 대한 설명을 시작하겠다.

> "두 개의 함수 $f(n)$과 $g(n)$이 주어졌을 때, 모든 $n \geq K$에 대하여 $f(n) \leq Cg(n)$을 만족하는 두 개의 상수 C와 K가 존재하면, $f(n)$의 빅-오는 $O(g(n))$이다."

과거 필자가 그러했듯이, 여러분도 위의 정의를 접하자마자 바로 이해가 되지는 않을 것이다. 따라서 위의 정의가 의미하는 바를 지금부터 설명하려고 한다. 자! 그럼 다음 두 함수를 보자.

- $f(n) = 5n^2 + 100$
- $g(n) = n^2$

이 상황에서 $f(n) \leq Cg(n)$을 만족시키기 위한 C를 여러분이 직접 선택해보자.

> "n이 얼마이든 항상 만족해야 하는 건가요?"

아! 필자가 깜빡 했다. $f(n) \leq Cg(n)$을 만족시켜야 하는 조건으로 $n \geq 5$을 제시하고자 한다. 마음에 드는가? 만약에 5라는 숫자가 너무 작아서 부담스럽다면 $n \geq 12$도 좋고 $n \geq 200$도 좋다. 그럼 적당히 $f(n) \leq Cg(n)$을 만족시켜야 하는 조건으로 $n \geq 12$를 선택하겠다.

> "n이 12일 때, $f(n)$은 820이고 $g(n)$은 144이니까 $g(n)$에 6배를 하면, 그러니까 C가 6이라고 한다면..."

아니다! 그렇게 꼼꼼하게 계산하지 않아도 된다. 과감하게 C를 선택하자! 500? 아니 더 과감하게 3500을 선택하자. 물론 그 이상도 좋다. 그러면 n이 12보다 같거나 클 때 다음 식이 성립한다.

$f(n) \leq Cg(n)$ ▶ $5n^2 + 100 \leq 3500n^2$

즉, 빅-오의 정의에 해당하는 C와 K가 3500, 12로 각각 존재하니 $5n^2 + 100$의 빅-오는 n^2이다.

$f(n) = 5n^2 + 100$ ▶ $O(n^2)$

그럼 지금까지 전개한 내용을 빅-오의 정의와 연결시켜 보겠다.

> "두 개의 함수 $f(n)$과 $g(n)$이 주어졌을 때"
>
> ◯ 두 개의 함수 $f(n) = 5n^2 + 100$, $g(n) = n^2$이 주어졌을 때

"모든 $n≥K$에 대하여"

◐ 모든 $n≥12$에 대하여,

"$f(n)≤Cg(n)$을 만족하는 두 개의 상수 C와 K가 존재하면"

◐ $5n^2+100 ≤ 3500n^2$을 만족하는 $3500(C)$과 $12(K)$가 존재하니,

"$f(n)$의 빅-오는 $O(g(n))$이다."

◐ $5n^2+100$의 빅-오는 $O(n^2)$이다.

빅-오의 수학적 정의를 근거로 빅-오 판별의 예를 보였지만, 여러분은 아직도 다음 사항이 궁금할 것이다.

"상수 C와 K는 정말로 크게 잡아도 되는 건가요? 그럼 $n≥K$에 대하여 $f(n)≤Cg(n)$을 만족시킨다는 것에 무슨 의미가 있나요!"

먼저 K값에 대해서 이야기하겠다. $f(n)≤Cg(n)$를 만족하는데 있어서 $n≥K$라는 식의 범위제한을 둔 이유는 다음과 같다.

"n이 계속 커진다. 그러다가 어느 순간 이후부터 $f(n)≤Cg(n)$을 항상 만족하기만 하면 된다."

즉, 빅-오를 판별하는데 있어서 $f(n)≤Cg(n)$을 만족하는 n의 값은 중요하지 않다. 중요한 것은 n의 값이 계속해서 커지면서 어느 순간부터는 $f(n)≤Cg(n)$을 항상 만족해야 한다는데 있다. 그래서 K를 아무리 크게 잡아도 상관없었던 것이다.

그렇다면 $f(n)≤Cg(n)$에서 C를 크게 잡아도 상관없는 이유는 무엇일까? 이는 다음의 빅-오 판별결과를 가지고 이야기하겠다.

"$5n^2+100$의 빅-오는 $O(n^2)$이다."

이는 다음의 뜻으로 해석할 수 있다.

"야! $5n^2+100$! 네가 아무리 연산횟수의 증가율이 크다고 한들 증가율의 패턴이 n^2을 넘지 못해!"

즉, 빅-오는 증가율의 상한선을 표현하는 표기법이다! 따라서 '~의 증가율 패턴을 넘지 못한다.'라는 것을 증명하기 위해서, n^2의 증가율 패턴을 보이면서 C가 큰 수식을 만드는 것이다.

"어째 앞서 설명했던 것과 빅-오가 개념적으로 다르게 느껴지네요."

충분히 그럴 수 있다. 앞에서는 빅-오를 다음과 같이 설명하였는데,

"데이터 수의 증가에 따른 연산횟수의 증가 형태를 표현한 것"

이제는 다음과 같이 이야기하니 말이다.

"데이터 수의 증가에 따른 연산횟수 증가율의 상한선을 표현한 것"

하지만 이 둘은 관련이 있다. 연산횟수 증가율의 상한선이 n^2인 경우, 연산횟수의 증가 형태는 n^2의 형태(패턴)을 못 벗어나기 때문이다. 즉, n^2이 증가 패턴의 기준이 되는 것이다.

그리고 앞서 보인 빅-오의 정의에서 n은 데이터의 수이고 $f(n)$과 $g(n)$은 연산횟수에 대한 수식이므로 모두 0 이상이라는 다음 내용이 정의에 포함되어야 한다.

"$n \geq 0$, $f(n) \geq 0$, $g(n) \geq 0$"

다만 위의 내용을 정의에 바로 추가하면 혼란스러울 것 같아서 이를 제외하고 정의를 내린 것임을 알기 바란다.

문 제 01-2 [빅-오의 증명]

Question

아래에서 보이는 두 개의 식 $T(n)$과 그 식의 빅-O 판별결과가 옳음을 빅-오의 수학적인 정의를 근거로 증명해보자.

- $T(n) = 3n + 2$ ▶ $O(n)$
- $T(n) = 7n^3 + 3n^2 + 2$ ▶ $O(n^3)$

[01] 프로그래밍 문제의 답안

문제 01-1의 답안

이 문제가 제시되기에 앞서 다음 사실이 설명되었다.

"$T(n)$이 다항식으로 표현이 된 경우, 최고차항의 차수가 빅-오가 된다."

그리고 이 내용만 가지고도 어느 정도 빅-오의 판별이 가능하다.

- $3n+2$

최고차항이 $3n$이므로 3을 제외한 차수 n이 빅-오가 된다.

- $7n^3+3n^2+2$

최고차항이 $7n^3$이므로 7을 제외한 차수 n^3가 빅-오가 된다.

- 2^n+n^2

식에서 2^n과 n^2중에서 무엇이 영향력이 더 큰지를 먼저 따져야 한다. 그런데 언뜻 보아서는 판단이 안 선다. 이러한 경우에는 다음과 같이 n에 몇몇 숫자를 넣어서 그 결과를 정리해 보면 된다.

n	2^n	n^2
1	2	1
10	1,024	100
50	1,125,899,906,842,624	2,500

위의 표에서 보이듯이 n이 50만 되어도 n^2은 무시할 수 있을 정도로 차지하는 비율이 작아진다. 따라서 2^n이 빅-오가 된다.

- $n+logn$

$logn$의 그래프 유형을 기억한다면 굳이 숫자를 넣지 않아도 n이 더 영향력이 있음을 판단할 수 있다. 즉, 빅-오는 n이다.

- $n+nlogn$

n과 $nlogn$, 이 둘 중 무엇이 더 영향력이 큰지 판단이 안 설수 있다. 그런데 $logn$의 n이 증가함에

따라서 그 값은 1 이상으로 증가한다. 따라서 n이 큰 경우 $logn$에 n을 곱한 결과가 그냥 n보다 크다. 즉, 영향력은 $nlogn$이 더 크기 때문에 빅–오는 $nlogn$이다.

- 2^n+n^3

앞서 식 2^n+n^2에서는 2^n과 n^2을 비교해 보았다. 그런데 이번에는 2^n과 n^3을 비교해야 한다. 이전에 마찬가지로 n에 몇몇 숫자를 넣어서 그 결과를 정리해 보겠다.

n	2^n	n^3
1	2	1
10	1,024	1,000
50	1,125,899,906,842,624	125,000

위의 표에서는 n^3로도 2^n에 대적할 수 없음을 보이고 있다. 즉 빅–오는 2^n이다.

문제 01-2의 답안

- $T(n) = 3n+2$ ▶ $O(n)$

문제에서 $f(n)=3n+2$, $g(n)=n$이라 놓으면, $n \geq K$에 대하여 $f(n) \leq Cg(n)$이 만족하는 K와 C가 존재함을 보이면 된다. 이를 위해서 C를 4이라 하자(마음에 안 들면 더 큰 수를 C로 정한다). 그러면 $3n+2 \leq 4n$이 된다. 따라서

$3n+2 \leq 4n$
  ○ $2 \leq 4n-3n$
  ○ $2 \leq n$

즉, K가 2이상이면 $3n+2 \leq 4n$을 항상 만족한다. 따라서 $T(n)=3n+2$의 빅–오는 $O(n)$이다. 참고로 K를 위와 같이 산술적으로 구하지 않아도 된다. 넉넉하게 큰 수를 C로 정하고 나서 조건의 만족여부를 확인해도 된다.

- $T(n) = 7n^3+3n^2+2$ ▶ $O(n^3)$

문제에서 $f(n)=7n^3+3n^2+2$, $g(n)=n^3$이라 놓으면, $n \geq K$에 대하여 $f(n) \leq Cg(n)$이 만족하는 K와 C가 존재함을 보이면 되는데 그 방법이 정해져 있는 것은 아니다. 필자는 먼저 $f(n)$과 $g(n)$을 참조하여 다음과 같이 총 세 개의 식을 세웠다.

- $n \geq 0$인 경우 $7n^3 \leq 7g(n)$을 항상 만족
- $n \geq 3$인 경우 $3n^2 \leq 3g(n)$을 항상 만족

- $n \geq 2$인 경우 $2 \leq 2g(n)$을 항상 만족

따라서 위의 세 식을 종합하면,

  $n \geq 3$인 경우 $7n^3+3n^2+2 \leq 12g(n)$을 항상 만족

이로써 K와 C가 각각 3과 12로 존재함을 확인하였다. 따라서 $T(n)=7n^3+3n^2+2$의 빅-오는 $O(n^3)$이다.

Chapter 02

재 귀(Recursion)

02-1 함수의 재귀적 호출의 이해

재귀는 자료구조와 알고리즘에 있어서 매우 중요한 요소이고, C언어는 이렇듯 중요한 재귀를 지원하는 언어이다. 여러분이 처음 C언어를 공부하면서 어렵게 재귀를 공부한 기억이 있을 것이다. 당시에는 그저 재귀의 동작방식을 이해하는데 초점을 맞춰서 공부했다면 자료구조에서는 재귀의 적용을 중심으로 공부하게 된다.

■ 재귀함수의 기본적인 이해

앞서 Chapter 01에서 여러분이 재귀함수의 동작방식을 알고 있고 재귀함수와 관련된 아주 간단한 예제를 분석할 수 있다고 가정하였다. 하지만 재귀함수를 설명하지 않는 C언어 서적도 있고 또 재귀와 관련해서는 복습을 한 차례 진행하는 것도 나쁘지 않다고 판단이 되어서, 복습을 겸하여 여러분에게 재귀에 대해서 한 차례 설명을 진행하고자 한다. 참고로 지금부터 하는 이야기의 전반부는 필자가 집필한 '열혈 C 프로그래밍'에서 재귀함수를 설명한 부분을 거의 그대로 옮긴 것이다. 이는 필자가 오랜 시간 재귀함수를 잘 설명하기 위해서 고민한 결과이기 때문에 그 내용을 그대로 옮기는 것이 좋겠다고 생각하여 그리한 것이니, 이 점에 오해가 없었으면 좋겠다. 자! 그럼 시작해보자. 재귀함수란 다음과 같이 함수 내에서 자기 자신을 다시 호출하는 함수를 의미한다.

```
void Recursive(void)
{
    printf("Recursive call! \n");
    Recursive();        // 나! 자신을 재 호출한다.
}
```

그렇다면 위 형태의 함수호출은 어떻게 이해해야 할까? 다음 그림은 매우 단순해 보이지만, 그림의 내용대로 재귀함수를 이해하는 것이 쉬운 일은 아니다

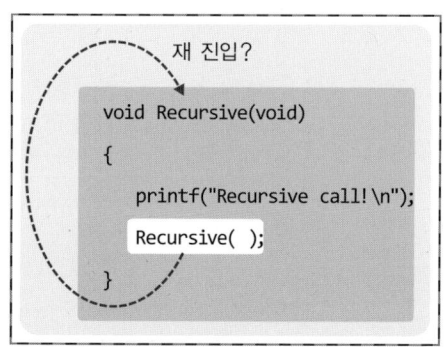

▶ [그림 02-1: 재귀함수의 호출 이해하기]

위의 그림이 잘못된 것은 아니다. 제대로 된 그림이다. 그리고 필자 역시 위 그림의 내용대로 재귀함수를 공부하였고 이 때문에 다음 질문에 대한 답을 찾기 위해서 참으로 많은 노력을 하였다.

"완료되지 않은 함수를 다시 호출하는 것이 가능한 거야?"

위 질문에 대한 대답은 Yes! 이다. 그러나 이어서 다음의 질문이 등장할 수 있다.

"그것이 어떻게 가능해! 논리적으로 이치에 맞지 않는 것 같은데?"

게다가 위의 방식으로는 재귀함수의 흐름을 파악하기가 쉽지 않다. 따라서 다음과 같이 이해하길 권한다. 다음 그림은 Recursive 함수가 호출되면, Recursive 함수의 복사본이 만들어져서 복사본이 실행되는 구조로 재귀함수의 호출을 설명하고 있다.

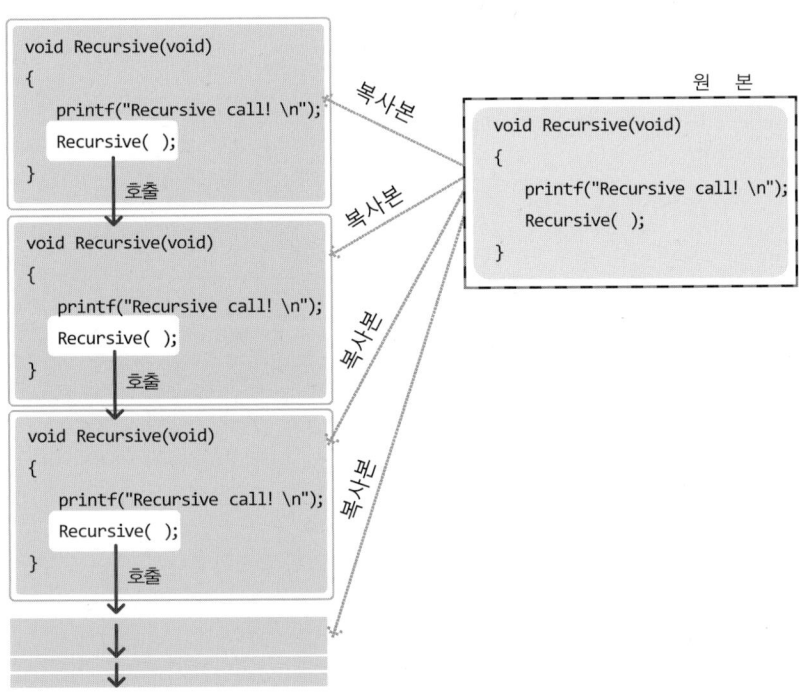

▶ [그림 02-2: 재귀함수의 흐름 이해하기]

위의 그림이 더 복잡해 보이지만 실제로는 훨씬 이해하기 좋은 구조이다. 함수가 호출되면 해당 함수의 복사본을 만들어서 실행하는 구조이기 때문에 다음과 같은 논리적인 이해가 가능하다.

"Recursive 함수를 실행하는 중간에 다시 Recursive 함수가 호출되면, Recursive 함수의 복사본을 하나 더 만들어서 복사본을 실행하게 됩니다."

위 문장의 내용은 재귀적인 형태의 함수호출이 가능한 이유를 충분히 설명하고 있다. 실제로 함수를 구성하는 명령문은 CPU로 이동이 되어서(복사가 되어서) 실행이 된다. 그런데 이 명령문은 얼마든지 CPU로 이동이(복사가) 가능하다. 따라서 Recursive 함수의 중간쯤 위치한 명령문을 실행하다가(Recursive 함수의 실행을 완료하지 않은 상태에서) 다시 Recursive 함수의 앞 부분에 위치한 명령문을 CPU로 이동시키는 것은 문제가 되지 않는다. 그래서 재귀적인 형태의 함수호출이 가능한 것이다.

자! 그럼 실제 예제를 통해서 재귀함수의 호출 결과를 확인해 보자. 그런데 앞서 정의한 함수 Recursive는 한번 호출되면 계속해서 호출되는 문제가 있다. 이러한 문제는 Recursive 함수에 '재귀의 탈출조건'이 없다는데 원인이 있다. 그럼 탈출의 조건을 추가해서 예제를 완성해 보겠다.

✣ RecursiveFunc.c

```c
1.  #include <stdio.h>
2.
3.  void Recursive(int num)
4.  {
5.      if(num <= 0)          // 재귀의 탈출조건
6.          return;           //재귀의 탈출!
7.      printf("Recursive call! %d \n", num);
8.      Recursive(num-1);
9.  }
10.
11. int main(void)
12. {
13.     Recursive(3);
14.     return 0;
15. }
```

✣ 실행결과: RecursiveFunc.c

```
command prompt
Recursive call! 3
Recursive call! 2
Recursive call! 1
```

위의 예제에서 Recursive 함수의 '탈출조건'에 해당하는 5행을 보자. Recursive 함수에 전달되는 인자의 값이 0이하인 경우 함수가 종료되도록 정의되어 있다. 따라서 위 예제 13행의 함수 호출문은 다음의 순서로 실행이 된다.

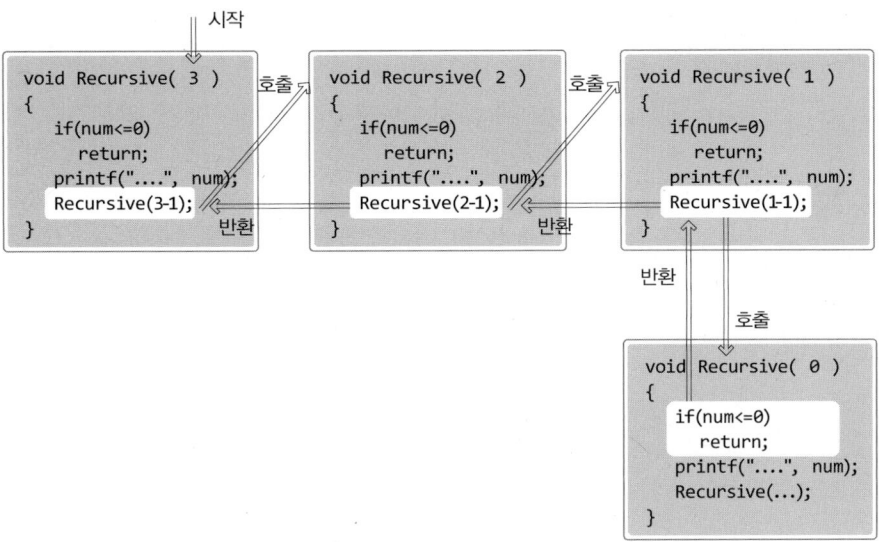

▶ [그림 02-3: 탈출조건을 구성한 Recursive 함수의 호출과정]

위 그림에서 보이듯이 재귀적으로 호출이 이뤄지고 있는 Recursive 함수에 0이 전달되면서 '재귀의 탈출조건'이 성립되어 함수가 반환하기 시작한다. 반환하는 과정이 마치 엉켜있는 실타래의 한 매듭이 풀리자 전체가 풀리는 듯한 느낌을 준다. 이렇듯 재귀함수를 정의하는데 있어서 탈출조건을 구성하는 것은 매우 중요한 일이다.

이로써 재귀함수에 대한 기본적인 설명은 다하였다. 이제 남은 것은 위에서 제시한 예제 및 그림을 보면서 여러분 나름의 이해를 완성하는 것이다.

재귀함수의 디자인 사례

재귀함수는 자료구조나 알고리즘의 어려운 문제를 단순화하는데 사용되는 중요한 무기이다. 무엇보다도 재귀함수가 있기에 재귀적인 수학적 수식을 그대로 코드로 옮길 수 있다. 그럼 이러한 재귀함수의 특징을 보이기 위해서 팩토리얼(factorial) 값을 반환하는 함수를 재귀적으로 구현해 보겠다. 정수 n의 팩토리얼은 $n!$로 표시하며, 이는 수식적 의미는 다음과 같다.

$n! = n \times (n-1) \times (n-2) \times (n-3) \times \ldots \times 2 \times 1$

따라서 3!은 $3 \times 2 \times 1$이며 5!은 $5 \times 4 \times 3 \times 2 \times 1$이다. 그럼 프로그램의 구현을 위해서 알고리즘을 디자인해 보겠다.

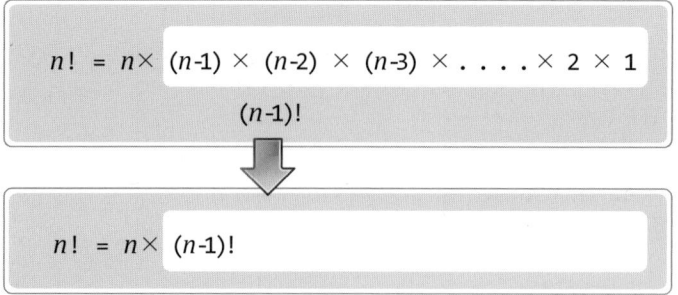

▶ [그림 02-4: 팩토리얼의 재귀적 특성]

위 그림에서 보이듯이 정수 n팩토리얼은 정수 n과 $n-1$팩토리얼의 곱으로 표현할 수 있으므로, n팩토리얼 $f(n)$은 수식적으로 다음과 같이 표현할 수 있다.

$$f(n) = \begin{cases} n \times f(n-1) & \dots\ n \geq 1 \\ 1 & \dots\ n = 0 \end{cases}$$

위의 식에서도 보이듯이 $f(0)$에 해당하는 0!이 1이므로 이것이 재귀함수의 탈출조건이 된다(수학적으로 0!과 1!은 모두 그 값이 1로 동일하다). 따라서 이제 위의 식은 재귀함수를 이용해서 그대로 코드로 옮길 수 있다.

인자로 전달된 정수의 팩토리얼 값을 반환하는 함수의 이름을 Factorial이라 할 때, n이 1이상인 경우의 수식 $n \times f(n-1)$은 다음과 같이 표현이 된다.

```
if(n >= 1)
    return n * Factorial(n-1);
```

그리고 n이 0인 경우의 결과값 1은 다음과 같이 표현이 된다.

```
if(n == 0)
    return 1;
```

따라서 Factorial 함수에 0 이상의 값만 전달된다는 가정을 하면, 위의 두 if문은 다음과 같이 하나의 if~else문으로 묶을 수 있다.

```
if(n == 0)
    return 1;
else
    return n * Factorial(n-1);
```

이로써 팩토리얼 값을 반환하는 Factorial 함수를 완성한 셈이다. 위의 if~else문이 Factorial 함수의 몸체에 해당하니 말이다. 그럼 예제를 통해서 실제로 정확히 계산을 하는지 확인해보자.

❖ RecursiveFactorial.c

```c
1.  #include <stdio.h>
2.
3.  int Factorial(int n)
4.  {
5.      if(n == 0)
6.          return 1;
7.      else
8.          return n * Factorial(n-1);
9.  }
10.
11. int main(void)
12. {
13.     printf("1! = %d \n", Factorial(1));
14.     printf("2! = %d \n", Factorial(2));
15.     printf("3! = %d \n", Factorial(3));
16.     printf("4! = %d \n", Factorial(4));
17.     printf("9! = %d \n", Factorial(9));
18.     return 0;
19. }
```

❖ 실행결과: RecursiveFactorial.c

```
command prompt
1! = 1
2! = 2
3! = 6
4! = 24
9! = 362880
```

실행결과는 우리가 함께 구현한 Factorial 함수가 잘못되지 않았음을 보여준다. 참고로 지금까지 보인 Factorial 함수의 정의 과정은 여러분이 앞으로 재귀함수를 구현하는데 있어서 중요한 모델이 된다. 그러니 함수의 코드만 이해하려 하지 말고 그 과정을 이해하려고 노력하기 바란다.

[02-2] 재귀의 활용

재귀함수는 이해하는 것도 중요하지만 잘 정의하는 것도 중요하다. 그리고 재귀함수를 잘 정의하기 위해서는 사고의 전환이 필요하다. 그래서 사고의 전환을 위한 연습을 진행하고자 한다.

❏ 피보나치 수열: Fibonacci Sequence

우선 간단한 것에서부터 시작하자. 피보나치 수열은 재귀적인 형태를 띠는 대표적인 수열로서 다음과 같이 전개가 된다.

0, 1, 1, 2, 3, 5, 8, 13, 21, 34, 55 . . . .

흔히 하는 말로 '앞엣것 두 개 더해서 현재의 수를 만들어가는 수열'이다. 때문에 처음 두 개의 수 0과 1이 주어진 상태에서 수를 만들어 가게 된다. 첫 번째, 두 번째 값 0과 1을 더해서 세 번째 값 1이 결정된다. 그리고 두 번째, 세 번째 값 1과 1을 더해서 네 번째 값 2가 결정된다. 이렇듯 수열의 첫 번째와 두 번째가 아닌 n번째 값은 다음과 같이 결정된다.

수열의 n번째 값 = 수열의 $n-1$번째 값 + 수열의 $n-2$번째 값

따라서 피보나치 수열의 n번째 위치의 값을 반환하는 함수는 수학적으로 다음과 같이 표현이 된다.

$$fib(n) = \begin{cases} 0 & \ldots\ n=1 \\ 1 & \ldots\ n=2 \\ fib(n-1)+fib(n-2) & \ldots\ \text{otherwise} \end{cases}$$

그럼 이를 코드로 옮겨보겠다. 피보나치 수열의 n번째 값을 반환하는 함수 Fibo는 다음과 같이 정의가 된다. 참고로 이는 위의 수식을 그대로 옮긴 것에 지나지 않음을 알기 바란다.

```
int Fibo(int n)          // 피보나치 수열의 n번째 값 반환
{
    if(n == 1)
        return 0;
    else if(n == 2)       // 피보나치 수열의 첫 번째 값을 요구하면,
        return 1;
    else                  // 피보나치 수열의 두 번째 값을 요구하면,
        return Fibo(n-1) + Fibo(n-2);
}                         // 피보나치 수열의 세 번째 이후의 값을 요구하면,
```

중요한 것은 수학적 재귀의 표현이 그대로 코드로 옮겨졌음을 인식하는 것이다. 그럼 완성된 예제를 통해서 위 함수가 제대로 정의된 것인지 확인해보자.

❖ FibonacciFunc.c

```c
1.  #include <stdio.h>
2.
3.  int Fibo(int n)
4.  {
5.      if(n == 1)
6.          return 0;
7.      else if(n == 2)
8.          return 1;
9.      else
10.         return Fibo(n-1) + Fibo(n-2);
11. }
12.
13. int main(void)
14. {
15.     int i;
16.     for(i=1; i<15; i++)
17.         printf("%d ", Fibo(i));
18.
19.     return 0;
20. }
```

❖ 실행결과: FibonacciFunc.c

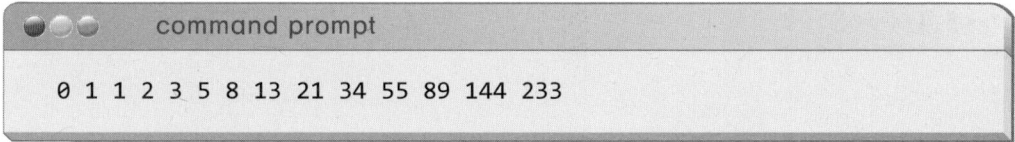

```
0 1 1 2 3 5 8 13 21 34 55 89 144 233
```

위 예제에서는 피보나치 수열의 1번째 값부터 14번째 값까지를 출력하고 있다. 그리고 출력결과를 통해서 Fibo 함수의 정의가 적절했음을 알 수 있다. 그런데 여기서 한가지 짚고 넘어갈 것이 있다. 보통 우리는 소스코드를 다음과 같은 형태로 분석한다.

"이 함수가 호출이 되고, 그 다음에 저 함수가 호출이 되면서, 마지막으로 요 함수가 호출이 되네."

즉 함수의 호출순서가 파악이 되지 않으면 코드를 이해했다고 생각하지 않거나 찜찜해하는 경향이 있다. 그래서 위 예제와 같이 재귀적으로 정의된 함수의 호출 순서도 100% 완벽하게 나열하려고 노력하기도 한다. 하지만 이로 인해서 여러분의 혼란이 가중될 수 있으니 주의해야 한다. 앞서 우리는 피보나치 수열을 수식적으로 표현하였다. 그리고 이를 코드로 옮겼다. 이 과정에서 문제가 되거나 이해되지 않은 부분이 있었는가? 없지 않았는가? 그럼 된 것이다. 이로써 여러분은 코드를 완전히 이해한 셈이다.

"그래도 코드의 실행흐름을 완전히 정리하지 않으면 좀 찜찜한데요."

시간이 지나서 재귀함수에 익숙해지면 누구나 함수의 호출순서에 신경을 쓰지 않게 된다. 하지만 지금은 함수의 호출순서에 신경이 쓰일 것이다. 필자도 여러분의 이러한 생각을 충분히 이해한다. 그래서 위 예제를 약간만 변경해서 다시 실행해 보고자 한다. 이는 Fibo 함수의 호출 순서를 정리하기 위한 것이다.

❖ FibonacciFunc.c

```c
1.  #include <stdio.h>
2.
3.  int Fibo(int n)
4.  {
5.      printf("func call param %d \n", n);
6.
7.      if(n == 1)
8.          return 0;
9.      else if(n == 2)
10.         return 1;
11.     else
12.         return Fibo(n-1) + Fibo(n-2);
13. }
14.
15. int main(void)
16. {
17.     Fibo(7);
18.     return 0;
19. }
```

❖ 실행결과: FibonacciFunc.c

```
command prompt
func call param 7
func call param 6
func call param 5
func call param 4
func call param 3
func call param 2
func call param 1
```

```
func call param 2
func call param 3
func call param 2
func call param 1
func call param 4
func call param 3
func call param 2
func call param 1
func call param 2
func call param 5
func call param 4
func call param 3
func call param 2
func call param 1
func call param 2
func call param 3
func call param 2
func call param 1
```

위 예제에서 보이듯이 재귀함수는 매우 많은 수의 함수호출을 동반한다. 피보나치 수열의 7번째 값의 출력을 위해서도 25회의 함수호출이 동반되었다. 때문에 성능상의 불리함은 분명 존재한다. 그럼 어떠한 순서대로 함수의 호출이 진행이 되는지 정리해 보자. 앞서 본 예제의 main 함수가 호출이 되면 Fibo 함수가 호출되면서 인자로 7이 전달되고 이어서 Fibo 함수 내에 존재하는 다음 문장이 실행된다.

```
return Fibo(n-1) + Fibo(n-2);        // return Fibo(6) + Fibo(5);
```

즉 두 개의 Fibo 함수가 다시 호출되는데, + 연산자의 왼편에 있는 Fibo 함수호출이 완료되어야 비로소 + 연산자의 오른편에 있는 Fibo 함수호출이 진행이 된다. 때문에 다음의 순서대로 재귀적으로 함수의 호출이 진행된다. 참고로 그림 안에 쓰여진 숫자는 함수의 호출순서를 의미한다.

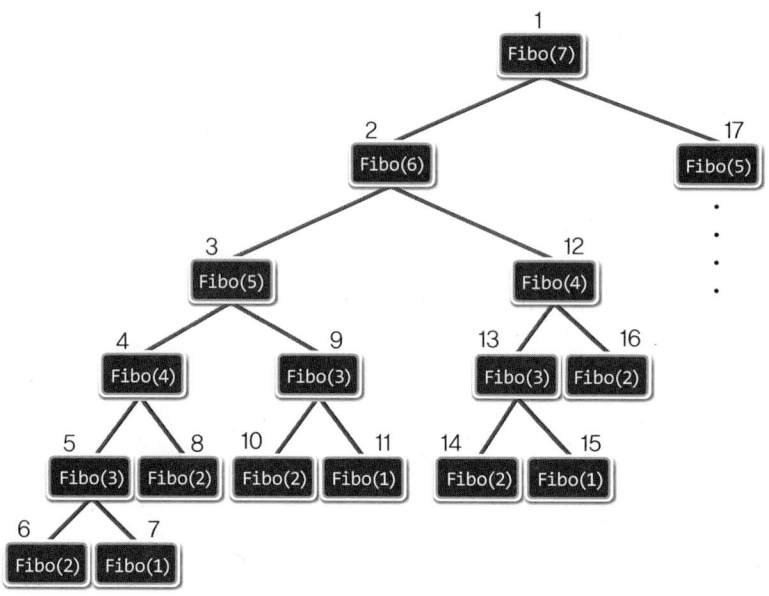

▶ [그림 02-5: Fibo 함수의 호출순서1]

위의 그림과 앞서 보인 예제의 실행결과를 비교하면서 함수의 호출순서에 대한 이해를 갖기 바란다. 자! 그림 이어서 17번째 이후의 함수호출 순서를 정리해 보겠다.

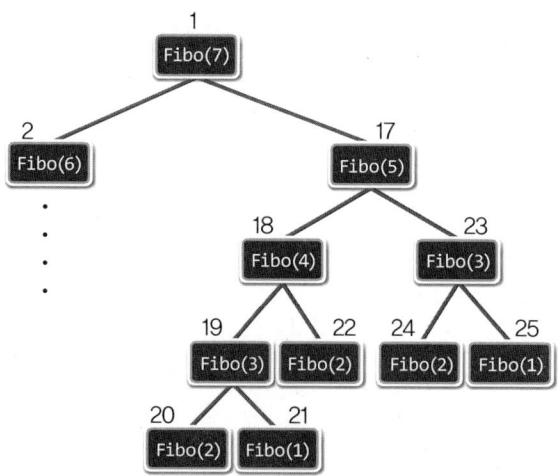

▶ [그림 02-6: Fibo 함수의 호출순서2]

참고로 재귀함수의 호출순서를 정리하는 것은 한번이면 족하다. 이는 호출되는 순서를 정리하는 것이 큰 의미가 없음을 뜻한다. 실제로 잠시 후에 보이는 몇몇 재귀함수들 중에는 호출순서를 정리하는 것이 쉽지 않고 매우 귀찮은 경우도 있다. 그러니 재귀함수 자체를 이해하도록 노력하자!

🔲 이진 탐색 알고리즘의 재귀적 구현

이번에는 앞서 Chapter 01에서 구현한 이진 탐색 알고리즘을 재귀함수 기반으로 재 구현하고자 한다. 이 알고리즘을 수식적으로 표현하기는 부적절하지만 알고리즘의 논리 자체는 재귀적이기 때문에 충분히 가능한 일이다. 필자가 이진 탐색 알고리즘을 설명하면서 다음과 같이 말한 적이 있음을 기억할 것이다.

"이렇듯 두 번째 시도 이후부터는 탐색 대상을 찾을 때까지 동일한 패턴을 반복할 뿐이다."

동일한 패턴을 반복한다고 하지 않았는가! 즉 알고리즘 자체는 재귀적인 성격을 지니고 있다. 때문에 재귀적으로 정의가 가능하다. 그럼 이진 탐색 알고리즘의 반복 패턴을 정리해보자.

1. 탐색 범위의 중앙에 목표 값이 저장되었는지 확인
2. 저장되지 않았다면 탐색 범위를 반으로 줄여서 다시 탐색 시작

앞에서는 보다 세분화해서 이진 탐색 알고리즘을 설명하였지만, 사실 위의 두 단계로 정리할 수 있다. 그리고 탐색의 실패가 결정되는 시점은 다음과 같다.

"탐색 범위의 시작위치를 의미하는 first가 탐색 범위의 끝을 의미하는 last보다 커지는 경우"

이것이 재귀함수의 탈출조건이 된다. 재귀함수의 탈출은 탐색 대상을 찾았거나 탐색 대상이 배열에 존재하지 않는 경우에 이뤄지기 때문이다. 그렇다면 위의 세 가지 정보를 가지고 다음 함수를 채워나가 보자.

```
int BSearchRecur(int ar[], int first, int last, int target)
{
    . . . .
}
```

우선 함수의 매개변수 선언이 이전에 정의한 BSearch 함수와 차이가 있다. 이는 탐색의 범위를 줄여가면서, 다시 말해서 first와 last에 저장된 값을 변경해가면서 재귀적으로 함수를 호출해야 하기 때문이다. 그럼 먼저 탈출조건을 삽입하자. 참고로 여러분이 Chapter 01의 이진 탐색 알고리즘 구현을 경험했다고 가정하고 있으니, first가 무엇인지 last가 무엇인지 별도로 설명하지는 않겠다.

```
int BSearchRecur(int ar[], int first, int last, int target)
{
    if(first > last)
        return -1;     // -1의 반환은 탐색의 실패를 의미
    . . . .
}
```

이번에는 앞서 정리한 반복패턴 중 첫 번째에 해당하는 다음의 문장에 관련된 코드를 삽입해 보자.

"탐색 범위의 중앙에 목표 값이 저장되었는지 확인한다."

삽입을 하면, 그 결과는 다음과 같다.

```
int BSearchRecur(int ar[], int first, int last, int target)
{
    int mid;
    if(first > last)
        return -1;              // -1의 반환은 탐색의 실패를 의미

    mid = (first+last) / 2;     // 탐색 대상의 중앙을 찾는다.
    if(ar[mid] == target)
        return mid;             // 탐색된 타겟의 인덱스 값 반환
    . . . .
}
```

이제 마지막으로 앞서 정리한 반복패턴 중 나머지 하나에 관련된 코드를 삽입해 보자.

"저장되지 않았다면 탐색 범위를 반으로 줄여서 다시 탐색을 시작한다."

삽입을 하면, 그 결과는 다음과 같다.

```
int BSearchRecur(int ar[], int first, int last, int target)
{
    int mid;
    if(first > last)
        return -1;              // -1의 반환은 탐색의 실패를 의미
    mid = (first+last) / 2;     // 탐색 대상의 중앙을 찾는다.

    if(ar[mid] == target)
        return mid;             // 탐색된 타겟의 인덱스 값 반환
    else if(target < ar[mid])
        return BSearchRecur(ar, first, mid-1, target);
    else
        return BSearchRecur(ar, mid+1, last, target);
}
```

마지막으로 추가된, 탐색의 범위를 반으로 줄여서 다시 BSearchRecur 함수를 호출하는 다음 두 함수 호출문이 재귀의 핵심이다.

```
BSearchRecur(ar, first, mid-1, target);
BSearchRecur(ar, mid+1, last, target);
```

그럼 실제로 탐색이 제대로 이뤄지는지 완성된 예제를 통해서 확인해보겠다.

✤ RecursiveBinarySearch.c

```c
1.  #include <stdio.h>
2.
3.  int BSearchRecur(int ar[], int first, int last, int target)
4.  {
5.      int mid;
6.      if(first > last)
7.          return -1;                  // -1의 반환은 탐색의 실패를 의미
8.      mid = (first+last) / 2;         // 탐색대상의 중앙을 찾는다.
9.
10.     if(ar[mid] == target)
11.         return mid;                 // 탐색된 타겟의 인덱스 값 반환
12.     else if(target < ar[mid])
13.         return BSearchRecur(ar, first, mid-1, target);
14.     else
15.         return BSearchRecur(ar, mid+1, last, target);
16. }
17.
18. int main(void)
19. {
20.     int arr[]={1, 3, 5, 7, 9};
21.     int idx;
22.
23.     idx = BSearchRecur(arr, 0, sizeof(arr)/sizeof(int)-1, 7);
24.     if(idx == -1)
25.         printf("탐색 실패 \n");
26.     else
27.         printf("타겟 저장 인덱스: %d \n", idx);
28.
29.     idx = BSearchRecur(arr, 0, sizeof(arr)/sizeof(int)-1, 4);
30.     if(idx == -1)
31.         printf("탐색 실패 \n");
32.     else
33.         printf("타겟 저장 인덱스: %d \n", idx);
34.
35.     return 0;
36. }
```

✤ 실행결과: RecursiveBinarySearch.c

```
command prompt

타겟 저장 인덱스: 3
탐색 실패
```

이로써 이진 탐색 알고리즘을 재귀함수 기반으로 구현 완료하였다.

"그런데 이진 탐색 알고리즘을 재귀함수 기반으로 구현하는 이유가 뭔가요? 성능도 떨어진다면서요"

재귀함수에 익숙해지는데 그 목적이 있다. 아직은 반복문을 기반으로 구현된 이진 탐색 알고리즘이 더 친근하게 느껴질 것이다. 그러나 재귀함수를 기반으로 구현된 위의 이진 탐색 알고리즘도 자연스럽게 이해할 수 있을 정도가 되어야 한다. 그래야 본서를 끝까지 공부하는데 부담이 없다.

[02-3] 하노이 타워: The Tower of Hanoi

하노이 타워 문제는 재귀함수의 힘을 보이는 대표적인 예로 꼽는다. 때문에 필자는 완벽한 이해를 돕기 위해서 매우 자세한 설명을 진행하려고 한다. 하지만 자세한 설명만큼 여러분 역시 집중해야 하고 또 많이 고민해야 한다. 널리 알려진 주제이지만, 그냥 쉽게 이해되는 주제는 아니다.

☐ 하노이 타워 문제의 이해

이번에 소개하는 주제는 앞서 보인 예제들과 달리 재귀적으로 접근하지 않으면 해결이 쉽지 않은 문제이다. 일명 하노이 타워 문제로 알려진 이것은 1883년도에 프랑스 수학자에 의해서 처음 소개가 되었으며 오늘날에는 수학에 재미를 더하는 문제로 소개가 되고 있다.

"정말로 재미를 더하나요? 그런가요?"

하노이 타워 문제 자체는 재미를 더한다고 볼 수 있다. 아이들을 위한 하노이 타워 교구가 존재할 정도니 말이다.
하지만 우리는 위와 같은 장난감이 아닌 프로그래밍으로 문제를 해결해야 하기 때문에 재미를 더한다고 만은 할 수 없다. 그러나 이 문제를 무리 없이 풀거나 이해하면 재귀함수에 어느 정도 익숙해졌다고

볼 수 있으니 의미는 있는 문제이다. 자! 그럼 재귀함수를 대표한다고도 볼 수 있는 하노이 타워 문제를 소개하겠다.

하노이 타워 문제는 '하나의 막대에 쌓여 있는 원반을 다른 하나의 원반에 그대로 옮기는 방법'에 관한 것이다.

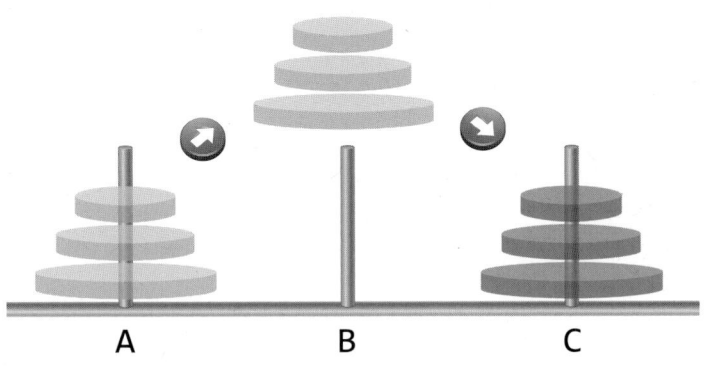

▶ [그림 02-7: 하노이 타워 문제]

그런데 위 그림에서 보이듯이 막대가 두 개가 아닌 세 개가 존재하는 이유는 원반을 옮기는데 있어서 다음의 제약조건을 만족시켜야 하기 때문이다.

"원반은 한 번에 하나씩만 옮길 수 있습니다. 그리고 옮기는 과정에서 작은 원반의 위에 큰 원반이 올려져서는 안됩니다."

때문에 모든 원반을 막대 A에서 막대 C로 옮기기 위해서는 막대 B의 도움이 필요하다. 자! 그럼 앞의 그림을 대상으로 모든 원반을 막대 C로 옮겨보자. 연습장을 활용해서 문제를 풀기바라며, 문제 자체를 즐기기 바란다.

옮겨보았는가? 이를 놓고 '아! 자료구조는 정말 어렵네!' 라고 말하면 안 된다. 하노이 타워의 문제 자체는 자료구조와 상관이 없으니 말이다. 사실 이는 퀴즈로 생각할 수 있는 재미있는 문제이다. 자! 그럼 문제해결의 과정을 필자가 그림으로 정리해 보겠다.

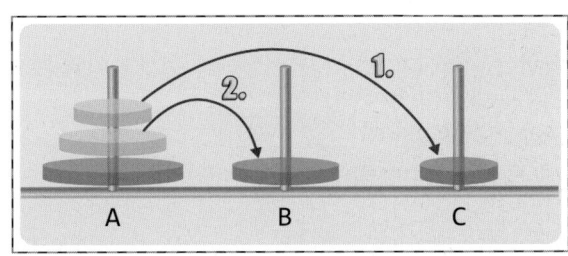

▶ [그림 02-8: 문제해결 1/5]

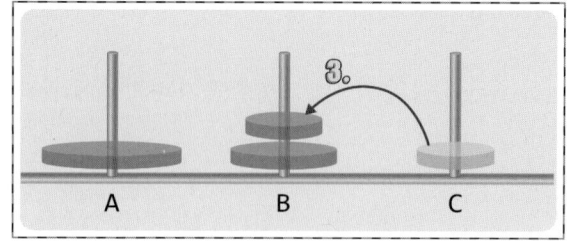

▶ [그림 02-9: 문제해결 2/5]

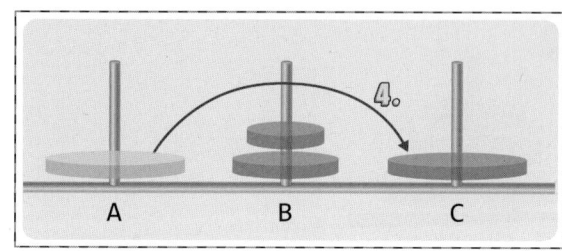

▶ [그림 02-10: 문제해결 3/5]

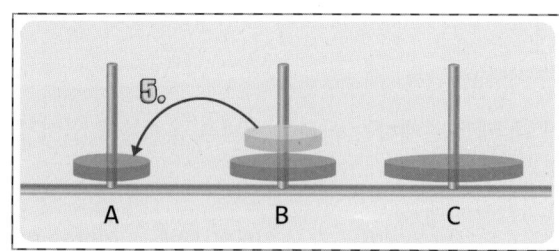

▶ [그림 02-11: 문제해결 4/5]

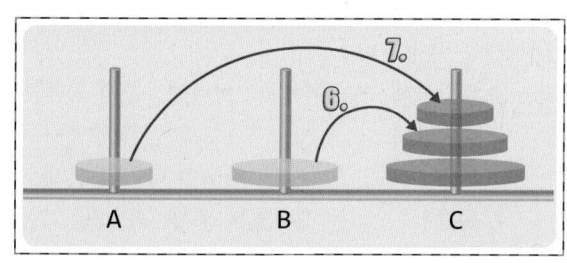

▶ [그림 02-12: 문제해결 5/5]

원반이 3개밖에 없기 때문에 조금만 고민하면 누구나 해결할 수 있다. 그렇다면 원반의 수가 4개, 7개, 10개로 늘어나도 해결할 수 있겠는가?

원반의 수가 늘어나면 부담을 갖기 마련인데 해결방법에는 차이가 없다. 다만 원반의 수가 늘어날수록 일련의 과정을 더 많이 반복해야 할 뿐이다.

"일련의 과정을 반복한다고? 재귀구나! 그렇다면 그 일련의 과정만 파악하면 되겠네"

그렇다! 그 일련의 과정만 파악하면 된다. 자! 그럼 이를 위해서 다음 그림을 보자. 이는 앞서 풀었던 원반을 막대 C로 이동하는 문제의 초기상태이다.

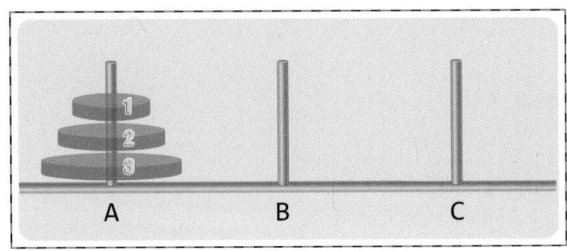

▶ [그림 02-13: 원반이 3개인 하노이 타워]

여러분은 위의 그림을 보았을 때 문제의 해결을 위해서 어떠한 생각을 하였는가? 혹시 다음과 같이 생각하지는 않았는가?

"우선 3번 원반을 C에 가져다 놔야 하는데 1번과 2번 원반 때문에 안되네, 이 두 원반을 막대 B에 가져다 놓으면 3번 원반을 C에 가져다 놓을 수 있는데"

이렇듯 1번과 2번 원반을 막대 B에 옮겨다 놓으면 3번 원반을 막대 C에 옮길 수 있으므로, 1번과 2번 원반을 막대 B로 옮기는 방법에 대해서 우선 고민해야 한다. 단순하고 당연한 생각이지만 이것이 하노이 타워 문제해결의 핵심이다! 세 개의 원반을 막대 C에 옮기는 문제를 해결하기 위해서는 두 개의 원반을 막대 B에 옮기는 문제부터 해결해야 한다는 점이 말이다.

■ 하노이 타워의 반복패턴 연구

자! 그럼 이번에는 다음 그림을 보면서 4개의 원반을 대상으로 우리의 생각을 확장해보자.

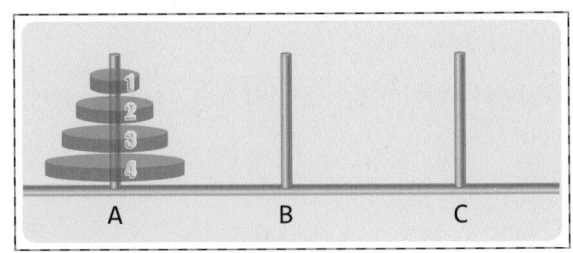

▶ [그림 02-14: 원반이 4개인 하노이 타워]

원반 전체를 C로 옮기려면, 숫자 4가 적힌 원반을 막대 C로 옮기는 것이 우선이니 숫자 1, 2, 3이 쓰여진 원반을 다음 그림과 같이 막대 B에 옮겨야 한다.

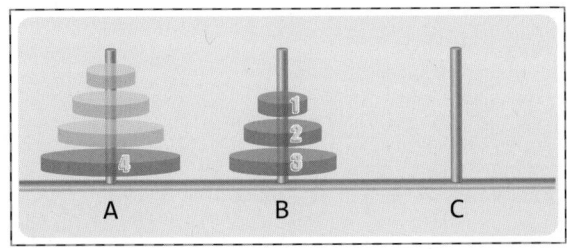

▶ [그림 02-15: 반복패턴 1/3]

그러면 다음과 같이 원반 4를 막대 C로 옮길 수 있다.

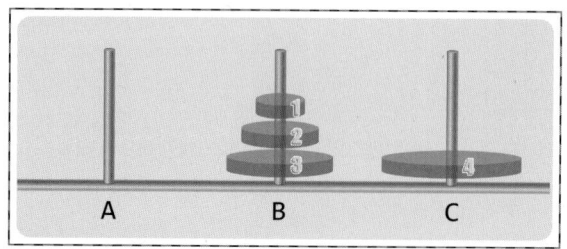

▶ [그림 02-16: 반복패턴 2/3]

그리고 나서는 원반 1, 2, 3을 다음과 같이 막대 C로 옮기면 문제는 끝난다.

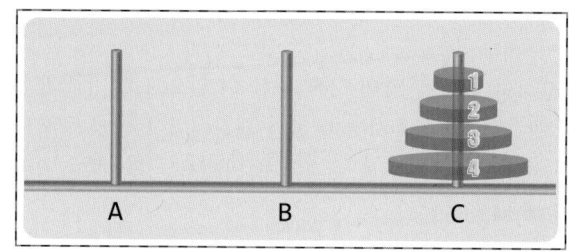

▶ [그림 02-17: 반복패턴 3/3]

이걸로 4개의 원반을 옮기는 문제도 해결을 하였다.

　"농담이겠죠. 원반 1, 2, 3을 막대 A에서 B로 그리고 막대 B에서 C로 옮기는 과정을 언급하지 않았잖아요!"

그러고 보니 원반 1, 2, 3의 이동과정을 언급하지 않았다. 하지만 앞서 보이지 않았는가? 세 개의 원반을 다른 막대로 옮기는 과정을 말이다!

　"아! 그런 거군요!"

이런 감탄사가 바로 이 시점에서 나오면 더할 나위 없이 좋겠지만 그렇지 못했어도 실망할 필요는 없다. 그림 [그림 02-14] ~ [그림 02-17]을 통해 보인 내용을 필자가 정리해 보겠다. 막대 A에 꽂혀있는 원반 4개를 막대 C로 옮기는 방법 및 순서는 다음과 같다.

　1. 작은 원반 3개를(맨 아래의 원반을 제외한 나머지 원반을) A에서 B로 이동
　2. 큰 원반(맨 아래의 원반) 1개를 A에서 C로 이동
　3. 작은 원반(B로 옮겨진 원반) 3개를 B에서 C로 이동

그럼 이를 일반화해서 막대 A에 꽂혀있는 원반 n개를 막대 C로 옮기는 과정을 정리해 보겠다.

1. 작은 원반 $n-1$개를 A에서 B로 이동
2. 큰 원반 1개를 A에서 C로 이동
3. 작은 원반 $n-1$개를 B에서 C로 이동

이렇듯 원반 n개를 이동하는 문제는 원반 $n-1$개를 이동하는 문제로 세분화되고, 또 원반 $n-1$개를 이동하는 문제는 원반 $n-2$개를 이동하는 문제로 세분화된다. 즉, 원반 n개를 이동하는 문제는 결국 원반 1개를 이동하는 매우 쉬운 문제로 세분화되는 것이다.

하노이 타워 문제의 해결

앞서 내린 결론을 정리하자! 막대 A에 꽂혀있는 원반 n개를 막대 C로 옮기는 과정은 다음과 같이 재귀적으로 구성이 된다.

1. 작은 원반 $n-1$개를(맨 아래의 원반을 제외한 나머지 원반을) A에서 B로 이동
2. 큰 원반(맨 아래의 원반) 1개를 A에서 C로 이동
3. 작은 원반(위의 1단계에서 옮겨진 원반) $n-1$개를 B에서 C로 이동

그럼 위의 결론을 코드로 옮겨보겠다. 즉 다음 함수를 채워서 원반의 이동과정을 전부 보이는 예제를 작성하겠다.

```
// from에 꽂혀있는 num개의 원반을 by를 거쳐서 to로 이동
void HanoiTowerMove(int num, char from, char by, char to)
{
    . . . .
}
```

위 함수의 매개변수 선언이 의미하는 바는 다음과 같다.

"num개의 원반을 by를 거쳐서(by를 이용해서) from에서 to로 이동한다."

재귀함수를 정의하는데 있어서 반드시 생각해야 할 것은 재귀의 탈출조건이다. 그런데 n개의 원반 이동이 $n-1$개의 원반 이동으로 세분화되어서 재귀를 구성하게 된 것이므로 탈출의 조건은 다음과 같다.

"이동해야 할 원반의 수가 1개인 경우!"

이동해야 할 원반의 수가 1개이면 그냥 옮기면 그만 아닌가? 그래서 이것이 탈출의 조건이 된다. 그럼 함수에 탈출조건을 반영해보겠다.

```
// from에 꽂혀있는 num개의 원반을 by를 거쳐서 to로 이동
void HanoiTowerMove(int num, char from, char by, char to)
```

```
    {
        if(num == 1)       // 이동할 원반의 수가 1개라면
        {
            printf("원반1을 %c에서 %c로 이동 \n", from, to);
        }
        else
        {
            . . . .
        }
    }
```

마지막에 남는 원반은 가장 작은, 맨 위에 위치한 원반이므로 원반 1이 된다. 자! 그럼 이번에는 원반 n개를 막대 C로 옮기는 세 개의 과정 중 다음 첫 번째에 해당하는 코드를 추가해 보자.

"작은 원반 $n-1$개를(맨 아래의 원반을 제외한 나머지 원반을) A에서 B로 이동"

여기서 추가로 주목할 것은 원래 원반 n개를 A에서 C로 이동하는 것이 목적인데, 이를 위해서 $n-1$개의 원반을 A에서 B로 이동해야 한다는 사실이다. 이 사실을 인지해야 아래의 코드를 이해할 수 있다.

```
// from에 꽂혀있는 num개의 원반을 by를 거쳐서 to로 이동
void HanoiTowerMove(int num, char from, char by, char to)
{
    if(num == 1)       // 이동할 원반의 수가 1개라면
    {
        printf("원반1을 %c에서 %c로 이동 \n", from, to);
    }
    else
    {
        HanoiTowerMove(n-1, from, to, by);      // 3단계 중 1단계
        . . . .
    }
}
```

위의 코드에서 보면 인자로 전달된 to가 by로 전달되고 by가 to로 전달되고 있다. 이는 앞서 말했듯이, 원반 n개를 A에서 C로 이동하기 위해서는 먼저 $n-1$개의 원반을 A에서 B로 이동해야 하기 때문이다. 자! 그럼 이번에는 원반 n개를 막대 C로 옮기는 세 개의 과정 중 다음 두 번째와 세 번째에 해당하는 코드를 동시에 추가해 보겠다.

"큰 원반(맨 아래의 원반) 1개를 A에서 C로 이동"

"작은 원반(3단계 중 1단계에서 옮겨진 원반) $n-1$개를 B에서 C로 이동"

추가한 결과는 다음과 같다.

```c
// from에 꽂혀있는 num개의 원반을 by를 거쳐서 to로 이동
void HanoiTowerMove(int num, char from, char by, char to)
{
    if(num == 1)        // 이동할 원반의 수가 1개라면
    {
        printf("원반1을 %c에서 %c로 이동 \n", from, to);
    }
    else
    {
        HanoiTowerMove(num-1, from, to, by);          // 3단계 중 1단계
        printf("원반%d을(를) %c에서 %c로 이동 \n", num, from, to);   // 3단계 중 2단계
        HanoiTowerMove(num-1, by, from, to);          // 3단계 중 3단계
    }
}
```

이로써 하노이 타워의 문제를 해결하는 재귀함수가 완성되었다. 그럼 이를 바탕으로 예제를 완성해보자.

✤ HanoiTowerSolu.c

```c
1.  #include <stdio.h>
2.
3.  void HanoiTowerMove(int num, char from, char by, char to)
4.  {
5.      if(num == 1)        // 이동할 원반의 수가 1개라면
6.      {
7.          printf("원반1을 %c에서 %c로 이동 \n", from, to);
8.      }
9.      else
10.     {
11.         HanoiTowerMove(num-1, from, to, by);
12.         printf("원반%d을(를) %c에서 %c로 이동 \n", num, from, to);
13.         HanoiTowerMove(num-1, by, from, to);
14.     }
15. }
16.
17. int main(void)
18. {
19.     // 막대A의 원반 3개를 막대B를 경유하여 막대C로 옮기기
20.     HanoiTowerMove(3, 'A', 'B', 'C');
21.     return 0;
22. }
```

✤ 실행결과: HanoiTowerSolu.c

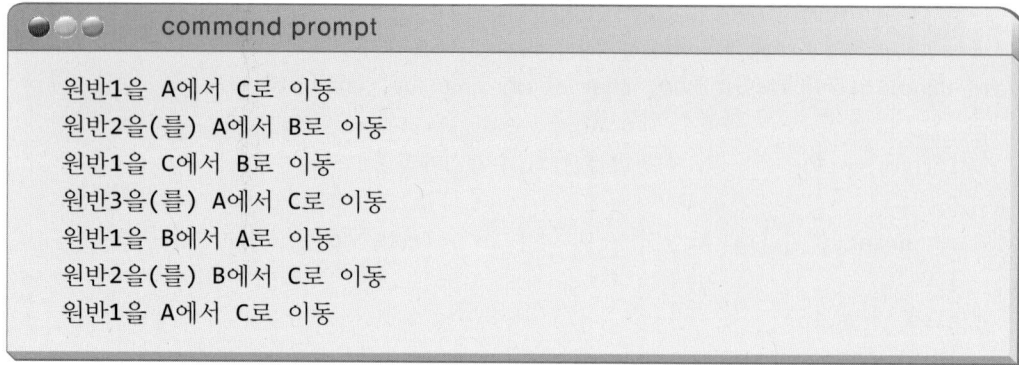

위의 실행결과가 보이는 원반의 이동과정은 앞서 그림을 통해서 3개의 원반을 옮길 때 보였던 이동의 과정과 일치한다. 그리고 이로써 우리는 하노이 타워의 문제를 재귀함수 기반으로 해결한 셈이 되었다. 물론 위에 정의한 함수는 원반의 수에 상관없이 잘 동작한다. 그리고 하노이 타워의 문제해결을 위해서 작성한 코드의 양이 불과 열줄 남짓이란 사실에 주목하자. 이것이 바로 재귀가 지닌 힘이니 말이다!

Chapter 03

연결 리스트 (Linked List) 1

[03-1] 추상 자료형: Abstract Data Type

드디어 첫 번째 자료구조를 소개할 차례가 되었다. 그런데 이에 앞서 '추상 자료형'이라는 용어를 소개하고자 한다. 참고로 이 용어의 개념이 모호하다 하여 이에 대한 이해 없이 자료구조를 공부하는 경우도 있는데 그런 일은 없어야 한다.

■ 컴퓨터 공학에서의 추상 자료형(Abstract Data Type)

추상 자료형! 간단히 ADT라고도 불리는 이것은 컴퓨터 공학에서 흔히 등장하는 용어이다. 그런데 이 용어는 등장하는 영역에 따라서 의미상 약간의 차이가 있는 것처럼 느껴질 수도 있다. 실제 의미에서 조금 확장된 개념으로 사용되기도 하기 때문이다. 하지만 실제로 차이를 보이는 것은 아니다. 다만 이해가 완전하지 않아서 그렇게 느낄 뿐이다. 향후에 여러분이 다양한 분야에서 ADT를 경험하고 깊이가 더해지면 다음과 같이 판단하게 될 것이다.

"아! 큰 맥락에선 하나구나. 다만 이를 나타내는 형태에서 차이가 나는 것뿐이구나."

따라서 필자는 지금 당장 ADT에 대한 깊이 있고 완벽한 이해를 요구하지는 않겠다. 어찌 보면 ADT에 대한 이해는 C++이나 JAVA와 같은 객체지향 언어를 공부하면서 더 깊어질 수 있기 때문이다. 따라서 필자는 자료구조의 관점에서 ADT를 설명하고자 한다. 그렇다고 해서 이것이 ADT의 본질을 왜곡하는 것은 아니니 오해 없기 바란다.

■ 자료구조에서의 추상 자료형

예능 프로그램에서 영원히 없어지지 않을 것 같은 게임이 하나 있다. 다음 두 연예인의 대화를 통해서 이 게임의 예를 들겠다. 참고로 아래에 등장하는 두 개의 이름은 오타가 아니다. 유명 연예인의 이름을 그냥 가져다 써도 되는지 몰라서 약간 수정한 것이다.

- 김재동: 헤헤 여기엔 말이야 카드를 넣고 뺄 수가 있어요.
- 유제석: 카드? 포커 같은 거?

- 김재동: 그런 카드 말고 그 신용카드나 면허증 같은 거
- 유제석: 설마 그렇게 쉬운 문제를……

- 김재동: 맞아요. 지폐나 동전도 넣을 수 있어. 이래도 몰라?
- 유제석: 지갑? 이게 무슨 문제에요~

무슨 게임인지 알겠는가? 만약에 이와 유사한 게임을 본적이 없다면 예능 프로그램에 정말 관심이 없는 분일 것이다. 그럼 위의 대화에서 지갑에 대한 '추상 자료형'을 추출해 보겠다.

- 카드의 삽입
- 카드의 추출(카드를 빼냄)
- 동전의 삽입
- 동전의 추출(동전을 빼냄)
- 지폐의 삽입
- 지폐의 추출(지폐를 빼냄)

위에는 지갑의 기능들이 나열되어있다. 하지만 그 기능이 어떠한 과정을 거쳐서 완성되는지는 언급하지 않고 있다. 예를 들어서 동전의 삽입은 다음의 과정을 거쳐야 한다.

"지갑을 열고 동전 주머니를 찾아서 동전 주머니의 지퍼를 내린다. 그리고 동전 주머니에 동전을 넣는다. 이어서 동전 주머니의 지퍼를 올린 다음 마지막으로 지갑을 닫는다."

우리에게 너무나도 익숙한 것이 지갑이라 별도의 과정이 존재하지 않는 것 같지만 돌이켜 보면 여러 과정을 거쳐서 카드나 지폐의 삽입이 이뤄짐을 알 수 있다. 즉 위에 정리해 놓은 것은 '지갑이 제공하는 기능들'이다. 이렇듯 '구체적인 기능의 완성과정을 언급하지 않고, 순수하게 기능이 무엇인지를 나열한 것'을 가리켜 '추상 자료형' 또는 간단히 ADT라 한다.

어떤가? 그리 어려운 개념이 아니지 않은가? 사실 이것으로 추상 자료형에 대한 설명은 끝이 났다. 하지만 추상 자료형이라는 그 이름 때문에 다음과 같은 생각을 아니할 수 없다.

"근데 그게 왜 추상 자료형이에요? 제가 C언어를 공부해봐서 아는데, 그건 int와 같은 자료형과 관계가 없어요. 기능의 명세! 뭐 이렇게 언급해야 옳지 않을까요?"

그럼 이번에는 자료형에 대해서 이야기해 보자. 물론 이는 C언어를 공부할 때 이해한 개념이지만 이번에는 조금 더 정확히 알 필요가 있다. 먼저 필자가 구조체를 이용해서 지폐와 동전의 저장이 가능한 지갑을 정의해 보겠다.

```
typedef struct _wallet       // 동전 및 지폐 일부만을 대상으로 표현한 지갑
{
    int coin100Num;          // 100원짜리 동전의 수
    int bill5000Num;         // 5,000원짜리 지폐의 수
} Wallet;
```

이렇게 C언어를 기반으로 구조체를 정의하였다면, 다음과 같이 이야기할 수 있다.

"구조체를 기반으로 지갑을 의미하는 Wallet이라는 자료형을 정의했어요!"

여러분도 알다시피 이는 Wallet이라는 자료형의 정의이다. 그런데 컴퓨터 공학적 측면에서 위의 구조체 정의만으로 Wallet이라는 자료형의 정의가 완성되는 것은 아니다. Wallet을 기반으로 하는 연산의 종류를 결정하는 것도 자료형 정의의 일부로 보아야 하고, 이러한 연산의 종류가 결정되었을 때 자료형의 정의는 완성이 된다.

"구조체와 관련된 연산의 종류를 결정하는 것도 자료형 정의의 일부라는 거군요. 근데 구조체 변수를 피연산자로 하는 연산은 대입연산 외에 몇 개 없으니, 별도로 연산의 종류를 정의할 것도 없을 것 같은데요?"

필자가 지금 말하는 '연산'은 C언어에서 제공하는 그러한 기본 연산을 의미하는 것이 아니고, Wallet을 기반으로 제공할 수 있는 기능 관련 연산을 의미하는 것이다. 예를 들면 다음과 같은 것들이다.

- 돈을 꺼내는 연산   `int TakeOutMoney(Wallet * pw, int coinNum, int billNum);`
- 돈을 넣는 연산   `void PutMoney(Wallet * pw, int coinNum, int billNum);`

이렇듯 C언어에서는 구조체에서 필요로 하는 연산을 함수를 이용해 정의한다. 그리고 위의 두 연산이 Wallet과 관련이 있는 연산의 전부라고 하면, 이 둘이 더해져서 Wallet에 대한 자료형의 정의는 완성이 된다.

결론은 '자료형'의 정의에 '기능' 혹은 '연산'과 관련된 내용을 명시할 수 있다는 것이다. 따라서 추상 자료형이라 하여 그것에 기능 혹은 연산과 관련된 내용을 명시할 수 없다는 생각은 버리기 바란다.

☐ 구조체 Wallet의 추상 자료형 정의

다시 본론으로 돌아와서 Wallet의 추상 자료형을 정의해보겠다. 그런데 그에 앞서 필자가 다음과 같이 말한다면 여러분은 공감하겠는가?

"구조체 Wallet도 자료구조의 일종입니다!"

앞서 Chapter 01에서는 자료구조가 무엇인지 간단히 설명하였다. 그리고 그 관점에서 보면 Wallet도 자료구조의 일종이다. 이는 지갑이라는 데이터를 표현한 결과이기 때문이다.

자! 이제 구조체 Wallet의 추상 자료형을 정의할 차례인데, 정리 차원에서 앞서 말한 다음 문장을 다시 한번 보이고자 한다.

"구체적인 기능의 완성과정을 언급하지 않고, 순수하게 기능이 무엇인지를 나열한 것을 가리켜 '추상 자료형' 또는 간단히 ADT라 한다."

위의 문장을 다시 한번 보인 것은 필자의 성격과 관련이 있으니 이해를 부탁한다. 그럼 이어서 자료구조 Wallet의 ADT를 여러분에게 보이겠다.

Wallet의 ADT

Operations:

- int TakeOutMoney(Wallet * pw, int coinNum, int billNum)
  - 첫 번째 인자로 전달된 주소의 지갑에서 돈을 꺼낸다.
  - 두 번째 인자로 꺼낼 동전의 수, 세 번째 인자로 꺼낼 지폐의 수를 전달한다.
  - 꺼내고자 하는 돈의 총액이 반환된다. 그리고 그만큼 돈은 차감된다.

- void PutMoney(Wallet * pw, int coinNum, int billNum)
  - 첫 번째 인자로 전달된 주소의 지갑에 돈을 넣는다.
  - 두 번째 인자로 넣을 동전의 수, 세 번째 인자로 넣을 지폐의 수를 전달한다.
  - 넣은 만큼 동전과 지폐의 수가 증가한다.

추상 자료형을 명시하는데 있어 특정 언어에 의존적이지 않게 별도의 표기법을 활용하는 것이 좋겠지만 꼭 그래야 하는 것은 아니다. 명시해야 할 정보인 '기능'을 충분히 묘사하고 있다면 위와 같은 방법도 괜찮다.

"그런데 최소한 구조체 Wallet의 정의는 ADT에 포함시켜야 하는 것 아닌가요?"

물론 필요하다면 포함시켜도 된다. 중요한 정보라면 무엇이든 추가할 수 있으며, 그 방법에는 제한이 없다. 하지만 불필요한 것을 포함시키는 것은 바람직하지 못하다. 그럼 구조체 Wallet의 정의는 필요한 정보일까? 이를 판단하기 위해서 다음 main 함수를 관찰하자.

```
int main(void)
{
    Wallet myWallet;        // 지갑 하나 장만 했음!
    . . . .
    PutMoney(&myWallet, 5, 10);        // 돈을 넣는다.
    . . . .
    ret = TakeOutMoney(&myWallet, 2, 5);        // 돈을 꺼낸다.
    . . . .
}
```

위의 예에서 보이듯이 Wallet을 기반으로 돈을 넣고 꺼내는데 있어서, 구조체 Wallet의 멤버가 어떻게 구성이 되어 있는지를 알 필요는 없다. 따라서 위의 경우 구조체 Wallet의 정의를 ADT에 포함시키는 것은 바람직하지 못하다.

"동전이나 지폐가 몇 개씩 있는지 확인해야 하는 상황에 처할 수도 있잖아요? 그렇다면 Wallet의 멤버에 대해서도 알아야 하지 않나요?"

동전의 수를 확인해야 한다면, 그에 관련된 연산을 위의 ADT에 추가하는 것이 옳다고 생각하지 않는가? 우리는 구조체의 멤버에 직접 접근하는 것에 훨씬 익숙하다. 하지만 이것이 늘 옳은 것인지는 고민해봐야 한다.

한가지만 더 말한다면, 우리는 C언어의 파일 입출력을 공부하면서 FILE 구조체의 내부를 궁금해하지 않았다. FILE 구조체의 내부를 몰라도 파일과 관련된 모든 연산을 처리할 수 있기 때문이다. 사실 FILE 구조체의 내부에 대한 궁금증은 불필요한 것이다.

☐ 자료구조의 학습에 ADT의 정의를 포함합니다.

잠시 후 리스트 자료구조라는 것을 여러분에게 소개할 텐데, 이에 대한 학습 순서를 다음과 같이 가져가고자 한다.

1. 리스트 자료구조의 ADT를 정의한다.
2. ADT를 근거로 리스트 자료구조를 활용하는 main 함수를 정의한다.
3. ADT를 근거로 리스트를 구현한다.

위에서 2번과 3번의 순서가 뒤바뀌었다고 생각할 수도 있다. 보통은 리스트를 완전히 완성한 다음에 이를 활용하는 main 함수를 보이기 때문이다. 하지만 그렇게 되면 ADT의 다음 본질을 이해하는데 방해가 되기 때문에 위의 순서대로 학습하고자 한다.

"리스트 사용자에게 사용방법 이외의 불필요한 부분까지 알도록 부담주지 않는다!"

앞으로 우리가 만들어갈 모든 자료구조는 그 내부 구현을 알지 못해도 활용할 수 있도록 구현할 것이다. 그리고 그렇게 하기 위해서는 ADT의 정의가 필수이다. 참고로 이러한 모델로 자료구조를 만들어 나가는 것은 여러분에게 멋진 도전이 될 것이라 생각한다!

[03-2] 배열을 이용한 리스트의 구현

지금 여러분이 공부하고 있는 이 Chapter 03의 제목은 '연결 리스트(Linked List)'이다. 하지만 이 제목은 바뀌어야 한다. 그냥 '리스트(List)'로 말이다. 그럼에도 불구하고 제목을 '연결 리스트'로 그냥 두었는데, 이는 '리스트는 연결 리스트이다'라는 오해를 애초부터 부정하고 들어가기 위한 것이다. 필자 스스로가 자신이 지은 제목이 잘못되었다고 하는 것만큼 기억에 오래 남는 것도 드물 테니 말이다.

리스트의 이해

이미 자료구조를 한 차례 공부한 독자 분도 있으실 것이다. 그렇다면 그분들에게 다음과 같이 질문하고 싶다.

"리스트는 연결 리스트를 의미하나요?"

필자는 자료구조를 공부한 분들을 대상으로도 자료구조를 강의한 적이 있다. 그리고 그때마다 위와 같은 질문을 한다. 그러면 보통은 Yes라는 답을 듣는다. 하지만 이는 정답이 아니다. 리스트라는 자료구조는 구현방법에 따라서 다음과 같이 크게 두 가지로 나뉘기 때문이다.

- 순차 리스트   배열을 기반으로 구현된 리스트
- 연결 리스트   메모리의 동적 할당을 기반으로 구현된 리스트

하지만 이는 리스트의 구현방법의 차이에서 비롯된 것이기 때문에 이 둘의 ADT가 동일하다고 해서 문제될 것은 없다. 물론 각각의 특성적 차이 때문에 ADT에 차이를 두기도 한다.

"ADT가 같을 수도 있고 다를 수도 있다? 그럼 각종 자료구조들의 ADT는 표준이 아닌 거에요?"

그렇다! 표준이 아니다. 때문에 정의하는 사람이나 회사에 따라서, 다시 말해서 필요에 따라서 ADT에도 차이가 난다. 물론 필요에 따라서 확장도 가능하다. 하지만 그렇다고 해서 해당 자료구조의 기본 특성을 무시하는 형태로 ADT가 정의되는 것은 아니다. 자! 그럼 리스트의 ADT 정의를 위해서 리스트 자료구조의 가장 기본적이고도 중요한 특성을 소개하겠다.

"리스트 자료구조는 데이터를 나란히 저장합니다. 그리고 중복된 데이터의 저장을 막지 않습니다."

자료구조 중에서는 중복된 데이터의 저장을 허용하지 않는 경우도 있다. 하지만 리스트는 이를 허용한다. 즉 리스트는 수학적으로 중복을 허용하지 않는 '집합'과 다르다. 그리고 이것이 리스트 ADT를 정의하는데 있어서 고려해야 할 유일한 요소이다.

리스트의 ADT

리스트의 특성을 소개하였으니 이를 가지고 ADT를 정의해 보자. 다시 말해서 리스트 자료구조가 제공해야 할 기능들을 나열해 보자는 것이다.

"일단 데이터를 나란히 저장해야 하니까……"

이는 잘못된 접근방식이다! 데이터를 어떻게 나란히 저장할지를 고민하는 게 아니라, 나란히 저장된다는 특성을 기반으로 제공해야 할 기능들을 정의해야 하는 것이다. 그럼 일단 필자가 정의해 보겠다.

리스트 자료구조의 ADT

Operations:

- void ListInit(List * plist);
  - 초기화할 리스트의 주소 값을 인자로 전달한다.
  - 리스트 생성 후 제일 먼저 호출되어야 하는 함수이다.

- void LInsert(List * plist, LData data);
  - 리스트에 데이터를 저장한다. 매개변수 data에 전달된 값을 저장한다.

- int LFirst(List * plist, LData * pdata);
  - 첫 번째 데이터가 pdata가 가리키는 메모리에 저장된다.
  - 데이터의 참조를 위한 초기화가 진행된다.
  - 참조 성공 시 TRUE(1), 실패 시 FALSE(0) 반환

- int LNext(List * plist, LData * pdata);
  - 참조된 데이터의 다음 데이터가 pdata가 가리키는 메모리에 저장된다.
  - 순차적인 참조를 위해서 반복 호출이 가능하다.
  - 참조를 새로 시작하려면 먼저 LFirst 함수를 호출해야 한다.
  - 참조 성공 시 TRUE(1), 실패 시 FALSE(0) 반환

- LData LRemove(List * plist);
  - LFirst 또는 LNext 함수의 마지막 반환 데이터를 삭제한다.
  - 삭제된 데이터는 반환된다.
  - 마지막 반환 데이터를 삭제하므로 연이은 반복 호출을 허용하지 않는다.

- int LCount(List * plist);
  - 리스트에 저장되어 있는 데이터의 수를 반환한다.

위에서 보이듯이, 이후에 구현할 자료구조들과의 이름충돌을 막기 위해서 리스트를 의미하는 L을 접두사로 하여 함수의 이름을 정의하였다. 그리고 LData는 리스트에 저장할 데이터의 자료형에 제한을 두지 않기 위한 typedef 선언의 결과이니, 이에 대해서는 잠시 후 헤더파일에서 확인을 하자.

사실 위의 정보만 가지고는 리스트의 활용방법을 정확히 이해하기 힘들다. 이를 위해서는 헤더파일과 위의 함수들을 호출하는 main 함수를 보아야 한다. 그러나 위의 정보만 가지고도 리스트 자료구조가 제공하는 기능을 어느 정도 예측할 수 있어야 한다.

❑ 리스트의 ADT를 기반으로 정의된 main 함수

리스트의 ADT를 정의하였으니, 이를 기반으로 main 함수를 만들 차례이다. 아래에서 제시하는 main 함수를 기반으로 리스트 ADT에서 소개하는 함수들의 기능을 완전히 이해하기로 하자. 아래의 main 함수를 보면서, 어떤 라이브러리에 포함되어 있는 리스트의 사용방법을 파악하는 상황이라고 생각하기 바란다. 그 어떤 라이브러리가 C의 표준함수라고 가정해도 괜찮다.

❖ ListMain.c

```
1.   #include <stdio.h>
2.   #include "ArrayList.h"
3.
4.   int main(void)
5.   {
6.       // ArrayList의 생성 및 초기화 ///////
7.       List list;
8.       int data;
9.       ListInit(&list);
10.
11.      // 5개의 데이터 저장 ///////
12.      LInsert(&list, 11); LInsert(&list, 11);
13.      LInsert(&list, 22); LInsert(&list, 22);
14.      LInsert(&list, 33);
15.
16.      // 저장된 데이터의 전체 출력 ///////
17.      printf("현재 데이터의 수: %d \n", LCount(&list));
18.
19.      if(LFirst(&list, &data))      // 첫 번째 데이터 조회
20.      {
21.          printf("%d ", data);
22.
23.          while(LNext(&list, &data))      // 두 번째 이후의 데이터 조회
24.              printf("%d ", data);
25.      }
26.      printf("\n\n");
27.
28.      // 숫자 22을 탐색하여 모두 삭제 ///////
```

```
29.     if(LFirst(&list, &data))
30.     {
31.         if(data == 22)
32.             LRemove(&list);
33.
34.         while(LNext(&list, &data))
35.         {
36.             if(data == 22)
37.                 LRemove(&list);
38.         }
39.     }
40.
41.     // 삭제 후 남은 데이터 전체 출력 ///////
42.     printf("현재 데이터의 수: %d \n", LCount(&list));
43.
44.     if(LFirst(&list, &data))
45.     {
46.         printf("%d ", data);
47.
48.         while(LNext(&list, &data))
49.             printf("%d ", data);
50.     }
51.     printf("\n\n");
52.     return 0;
53. }
```

✤ 실행결과: ListMain.c

```
command prompt

현재 데이터의 수: 5
11 11 22 22 33

현재 데이터의 수: 3
11 11 33
```

위의 실행결과를 직접 확인하기 위해서는 다음 세 개의 파일을 하나의 프로젝트에 담아서 컴파일 해야 하니, 아직 소개하지 않은 파일들도 본서의 자료실에서 다운받아서 실행결과를 확인하기 바란다.

- **ArrayList.h**   리스트 자료구조의 헤더파일
- **ArrayList.c**   리스트 자료구조의 소스파일
- **ListMain.c**   리스트 관련 main 함수가 담긴 소스파일

우선 위의 main 함수에서 제일 먼저 등장하는 리스트의 생성 및 초기화 관련 다음 두 문장을 보자.

```
int main(void)
{
    List list;              // 리스트의 생성
    . . . .
    ListInit(&list);        // 리스트의 초기화
    . . . .
}
```

위에 보면 List를 기반으로 변수 list를 선언하고 있는데, 앞으로 이것을 리스트라 지칭하겠다. 그리고 모든 자료구조는 내부적으로 다양한 정보를 담게 된다. 그저 데이터만 담는 게 아니라 그 데이터를 효율적으로 저장 및 참조하기 위한 정보들도 담기기 마련이다. 따라서 이와 관련된 변수들의 초기화가 선행되어야 하며 이를 담당하는 함수가 ListInit이다.

이어서 핵심이라고도 볼 수 있는 데이터의 저장방법을 살펴보자. 저장방법은 매우 간단하고 직관적이다.

```
int main(void)
{
    . . . .
    LInsert(&list, 11); LInsert(&list, 11);    // 리스트에 11을 각각 1회씩 저장
    LInsert(&list, 22); LInsert(&list, 22);    // 리스트에 22를 각각 1회씩 저장
    LInsert(&list, 33);                        // 리스트에 33을 저장
    . . . .
}
```

LInsert 함수를 호출하면서 리스트의 주소 값을 첫 번째 인자로, 그리고 리스트에 담을 데이터를 두 번째 인자로 전달하고 있다. 만약에 & 연산자를 이용해서 list의 주소 값을 전달하는 이유를 이해하지 못한다면 포인터와 함수의 관계를 복습하기 바란다.

이번에는 여러분이 특히 주의 깊게 보고 또 이해해야 하는 '데이터의 참조방식'을 살펴보겠다. 참고로 본래 데이터의 저장보다 참조가 더 복잡하기 마련이다. 아래의 코드에서는 저장된 순서대로 데이터를 참조하여 출력을 진행하되, 마지막 데이터까지 참조하여 출력을 진행하고 있다.

```
int main(void)
{
    . . . .
    if(LFirst(&list, &data))        // 첫 번째 데이터를 변수 data에 저장
    {
        printf("%d ", data);

        while(LNext(&list, &data))  // 두 번째 이후의 데이터를 변수 data에 저장
            printf("%d ", data);
```

            }
         . . . .
    }

앞서 리스트 ADT에서는 다음과 같이 언급을 하였다.

> "순서대로 참조하려면 먼저 LFirst를 호출해서 첫 번째 데이터를 얻으세요. 그리고 두 번째 이후의 데이터는 LNext를 호출해서 얻으시면 됩니다."

> "그리고 LFirst 함수와 LNext 함수는 더 이상 참조할 데이터가 없으면 FALSE를 반환합니다."

LNext 함수의 호출을 통해서 다음 번 데이터를 얻는다는 사실은 어렵지 않게 이해할 수 있다. 그런데 굳이 LFirst 함수의 호출을 요구하는 이유는 무엇일까? LFirst 함수를 호출하도록 ADT를 디자인한 이유는 무엇일까?

이에 대한 해답은 'LNext 함수를 호출할 때마다 다음에 저장된 데이터를 얻을 수 있다!'라는 사실에서 찾을 수 있다. 이것이 가능한 이유는 리스트 내에서 '데이터의 참조위치'를 기록하기 때문이다. 따라서 처음부터 참조를 새롭게 시작하기 위해서는 바로 이 정보를 초기화해야 한다. 그리고 이를 목적으로 LFirst 함수의 호출을 요구하는 것이다. 때문에 리스트에 저장된 모든 데이터를 참조하려면 함수의 호출순서를 다음과 같이 구성해야 한다.

    LFirst → LNext → LNext → LNext → LNext . . . .

이제 마지막으로 삭제관련 코드를 설명하겠다. 이는 바로 위에서 설명한 탐색관련 코드와 관련이 깊다. 삭제를 위해서는 탐색이 선행되어야 하기 때문이다.

```
int main(void)
{
    . . . .
    if(LFirst(&list, &data))
    {
        if(data == 22)
            LRemove(&list);         // 위의 LFirst 함수를 통해 참조한 데이터 삭제!

        while(LNext(&list, &data))
        {
            if(data == 22)
                LRemove(&list);     // 위의 LNext 함수를 통해 참조한 데이터 삭제!
        }
    }
    . . . .
}
```

위의 코드에서는 리스트에 저장된 숫자 22를 찾아서 이를 모두 삭제하고 있다. 그럼 LRemove 함수가 호출되는 시점을 관찰해 보자!

- 함수 LFirst가 호출된 이후
- 함수 LNext가 호출된 이후

즉 LRemove 함수가 호출되면, 바로 직전에 LFirst 또는 LNext 함수의 호출을 통해서 참조된 데이터가 삭제된다. 혹시 이와 관련해서 다음과 같이 묻고 싶은가?

"그것이 어떻게 가능한 것이죠?"

다시 한번 말하지만, 우리는 지금 리스트 관련 함수들의 사용방법을 이야기하고 있다. 내부 구현에 대한 이야기는 잠시 뒤로 미루자.
printf 함수와 scanf 함수처럼 내부 구현을 몰라도 잘 활용할 수 있는 것처럼, 위에서 소개한 리스트 관련 함수들을 자유롭게 사용할 수 있어야 한다. 그리고 이를 목적으로 이어서 제시하는 문제를 해결해보기 바란다.

문제 03-1 [리스트 라이브러리의 활용]

Question

본서의 자료실에서 소스코드를 다운받자. 그리고 아래 문제의 해결을 위해서 다음 두 파일을 프로젝트에 포함시키자.

- ArrayList.h   리스트 자료구조의 헤더파일
- ArrayList.c   리스트 자료구조의 소스파일

위의 두 파일을 프로젝트에 포함하면 앞서 보인 예제 ListMain.c와 같이 리스트를 사용할 수 있다. 따라서 이를 기반으로 다음의 순서대로 일이 진행되도록 main 함수를 정의해보자.
1. 리스트를 생성 및 초기화 한 다음, 정수 1부터 9까지 리스트에 저장한다.
2. 리스트에 저장된 값을 순차적으로 참조하여 그 합을 계산하여 출력한다.
3. 리스트에 저장된 값들 중 2의 배수와 3의 배수에 해당하는 값을 모두 삭제한다.
4. 마지막으로 리스트에 저장된 데이터를 순서대로 출력한다.

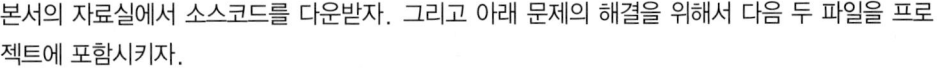 리스트! 배열을 기반으로 구현하기1: 헤더파일의 정의

이제 여러분이 가장 관심을 가질만한 리스트 자체의 구현에 대해서 이야기할 차례이다. 그런데 이에 앞서 짚고 넘어가고 싶은 것이 하나 있다.

"앞서 보인 main 함수에 리스트의 구현과 관련된 어떠한 코드도 등장하지 않았습니다."

말 그대로 우리는 리스트 자료구조를 그냥 가져다 썼다! 그리고 이는 우리가 리스트의 ADT를 나름 잘 정의했다는 뜻도 된다. 이렇듯 어떠한 자료구조이건 간에 '자료구조의 구현'과 '구현된 자료구조의 활용'은 완전히 구분되도록 ADT를 정의해야 함을 기억하자.

이제 리스트를 구현해 보자. 앞서 한차례 정리했듯이, 리스트의 구현방법은 크게 두 가지로 나뉘는데, 먼저 그 중 하나인 배열을 이용하는 방법을 보이고자 한다. 그리고 그 첫 번째 순서로 배열 기반의 리스트 구현을 위해 정의된 헤더파일을 소개하겠다.

❖ ArrayList.h

```
1.   #ifndef __ARRAY_LIST_H__
2.   #define __ARRAY_LIST_H__
3.
4.   #define TRUE     1         // '참'을 표현하기 위한 매크로 정의
5.   #define FALSE    0         // '거짓'을 표현하기 위한 매크로 정의
6.
7.   #define LIST_LEN  100
8.   typedef int LData;         // LData에 대한 typedef 선언
9.
10.  typedef struct __ArrayList    // 배열기반 리스트를 정의한 구조체
11.  {
12.      LData arr[LIST_LEN];   // 리스트의 저장소인 배열
13.      int numOfData;         // 저장된 데이터의 수
14.      int curPosition;       // 데이터 참조위치를 기록
15.  } ArrayList;
16.
17.  typedef ArrayList List;
18.
19.  void ListInit(List * plist);                  // 초기화
20.  void LInsert(List * plist, LData data);       // 데이터 저장
21.
22.  int LFirst(List * plist, LData * pdata);      // 첫 데이터 참조
23.  int LNext(List * plist, LData * pdata);       // 두 번째 이후 데이터 참조
24.
25.  LData LRemove(List * plist);                  // 참조한 데이터 삭제
26.  int LCount(List * plist);                     // 저장된 데이터의 수 반환
27.
28.  #endif
```

위에 정의된 구조체 ArrayList에는 데이터의 저장공간이 배열로 선언되었고 저장된 데이터의 수를 기록하기 위한 멤버도 존재한다. 그리고 참조의 위치를 기록하기 위한, 다시 말해서 LFirst와 LNext, 그리고 LRemove 함수를 위한 멤버도 존재한다. 그리고 리스트에 다양한 종류의 데이터를 저장할 수 있게 하기 위한 typedef 선언도 다음과 같이 존재한다.

```
typedef int LData;          // 리스트에 int형 데이터의 저장을 위한 선언
```

우리는 리스트의 구현을 완료한 다음에, 위의 typedef 선언을 변경하여 구조체 정보를 저장하는 리스트도, 구조체 변수의 주소 값을 저장하는 리스트도 생성해 볼 것이다. 그럼 이어서 다음 typedef 선언에 주목하자.

```
typedef ArrayList List;     // List는 배열 기반 리스트이다!
```

이렇듯 ArrayList에 List라는 이름을 별도로 부여한 것이 당장에는 큰 의미가 없어 보인다. 하지만 ArrayList라는 이름에도 typedef 선언을 해 놓으면, 다음과 같이 List에 다른 이름을 부여하는 것만으로도 사용하는 리스트의 종류를 바꿀 수 있다.

```
typedef LinkedList List;    // List는 연결 기반 리스트이다!
```

그래서 앞서 보인 main 함수에서도 ArrayList가 아닌 List라는 이름을 이용하여 예제를 작성한 것이다. 때문에 main 함수를 변경하지 않고도 main 함수 내에서 사용하는 리스트를 다른 것으로 대체할 수 있는데, 이와 관련된 예는 다음 Chapter에서 보이기로 하겠다.

■ 리스트! 배열을 기반으로 구현하기2: 삽입과 조회

자! 이제 남은 것은 위의 헤더파일에 선언된 함수들을 정의하는 것이다. 그 첫 번째 순서로 다음 두 함수를 완성해 볼 텐데, 배열 기반 리스트인 만큼 이는 여러분이 직접 완성할 수 있는 수준이라 생각한다.

- void ListInit(List * plist);   // 초기화
- void LInsert(List * plist, LData data);   // 데이터 저장

그럼 먼저, 초기화를 담당하는 ListInit부터 채워보겠다. 이를 채우기 위해서는 앞서 정의한 구조체 ArrayList를 보면서 초기화할 대상이 무엇인지 파악해야 한다.

```
void ListInit(List * plist)
{
    (plist->numOfData) = 0;       // 리스트에 저장된 데이터의 수는 0!
    (plist->curPosition) = -1;    // 현재 아무 위치도 가리키지 않음!
}
```

짐작했겠지만 ArrayList의 멤버 curPosition에는 배열의 인덱스 값이 저장된다. 그리고 이 변수에 저장된 값을 통해서 LFirst 함수와 LNext 함수가 참조해야 할 배열의 위치를 알게 할 생각이다. 그래서 curPosition은 0이 아닌 -1로 초기화한 것이며, 여기에는 아직 데이터의 참조가 진행되지 않았다는 의미가 담겨있다. 그럼 이어서 LInsert 함수를 소개하겠다.

```c
void LInsert(List * plist, LData data)
{
    if(plist->numOfData >= LIST_LEN)     // 더 이상 저장할 공간이 없다면
    {
        puts("저장이 불가능합니다.");
        return;
    }

    plist->arr[plist->numOfData] = data;    // 데이터 저장
    (plist->numOfData)++;           // 저장된 데이터의 수 증가
}
```

이 함수는 단순하다! 우선 데이터의 수가 배열의 길이를 초과했는지 검사하고 초과하지 않았다면 일반적인 데이터의 저장과정을 진행한다. 물론 저장할 때에는 배열의 앞부분부터 채워나간다. 그럼 이어서 다음 두 함수를 정의하기로 하자.

- int LFirst(List * plist, LData * pdata);   // 첫 번째 조회
- int LNext(List * plist, LData * pdata);   // 두 번째 이후의 조회

리스트 구조체를 보였으니, 데이터 조회에 사용되는 함수가 두 개씩이나 존재하는 이유도 어느 정도 눈치 챘을 것이다. 그럼 먼저 LFirst 함수부터 채워보자.

```c
int LFirst(List * plist, LData * pdata)
{
    if(plist->numOfData == 0)     // 저장된 데이터가 하나도 없다면
        return FALSE;

    (plist->curPosition) = 0;      // 참조 위치 초기화! 첫 번째 데이터의 참조를 의미!
    *pdata = plist->arr[0];        // pdata가 가리키는 공간에 데이터 저장
    return TRUE;
}
```

이어서 LNext 함수의 정의를 보이겠다. 그리고 나서 이 둘의 차이점을 이야기하겠다.

```c
int LNext(List * plist, LData * pdata)
{
    if(plist->curPosition >= (plist->numOfData)-1)     // 더 이상 참조할 데이터가 없다면
        return FALSE;

    (plist->curPosition)++;
```

```
        *pdata = plist->arr[plist->curPosition];
        return TRUE;
}
```

위의 두 함수의 실질적인 차이점은 다음 한 문장에 있다.

- LFirst 함수의 중간에 삽입된 문장   (plist->curPosition) = 0;
- LNext 함수의 중간에 삽입된 문장   (plist->curPosition)++;

이렇듯 LFirst 함수는 curPosition에 저장된 값을 0으로 재설정함으로써 데이터의 참조가 앞에서부터 다시 진행되도록 하는 역할을 한다. 반면 LNext 함수는 이 값을 증가시켜서 순서대로 데이터를 참조할 수 있도록 한다. 그래서 이 두 함수는 모두 필요하다.

"LFirst 함수와 LNext 함수를 구분한 거 이거 저자의 취향인가요?"

이는 필자의 취향과는 상관이 없다. 어떠한 라이브러리를 사용하건 저장된 데이터의 조회를 위한, LFirst 함수의 호출과 같은 별도의 과정은 거치기 마련이다.

리스트! 배열을 기반으로 구현하기3: 삭제

이제 마지막으로, 저장된 데이터의 삭제를 담당하는 다음 함수를 완성해보자.

- LData LRemove(List * plist);   // 최근 조회가 이뤄진 데이터를 삭제한다.

이 함수의 정의를 위해서, 이 함수가 호출된 사례를 다시 한번 관찰하기로 하자.

```
if(LFirst(&list, &data))
{
    if(data == 22)
        LRemove(&list);           // 앞서 LFirst 함수가 참조한 데이터 삭제!

    while(LNext(&list, &data))
    {
        if(data == 22)
            LRemove(&list);       // 앞서 LNext 함수가 참조한 데이터 삭제!
    }
}
```

이렇듯 LFirst 함수나 LNext 함수의 호출을 통해서 바로 직전에 참조가 이뤄진 데이터를 삭제하는 것이 LRemove 함수이니 다음과 같은 형태로 삭제가 진행되어야 한다.

"LRemove 함수가 호출되면 리스트의 멤버 curPosition을 확인해서, 조회가 이뤄진 데이터의 위치를 확인한 다음 그 데이터를 삭제한다."

이에 한가지 더해서 다음 사실을 기억하고 이를 반영해야 한다.

"앞에서부터 데이터를 채우는 것이 원칙이니 중간에 데이터가 삭제되면, 뒤에 저장된 데이터들을 한 칸씩 앞으로 이동시켜서 그 빈 공간을 메워야 한다."

이는 다음 그림에서 보이는 바와 같은 방식으로 삭제가 진행되어야 함을 뜻한다. 다음 그림에서는 문자 C 의 삭제 과정 및 그 결과를 보이고 있다.

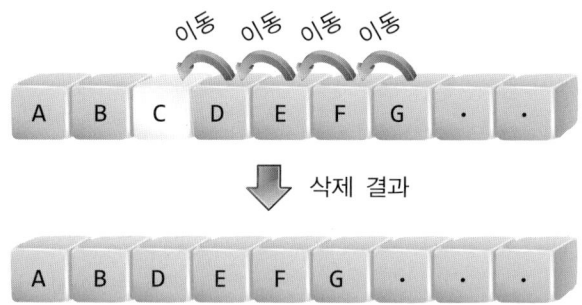

▶ [그림 03-1: 배열 리스트의 데이터 삭제]

이제 위에서 언급한 두 가지 특성을 반영한 LRemove 함수를 소개하겠다. 주목해서 볼 것은 삭제할 데이터의 위치를 참조하는 방식과 삭제를 위한 데이터의 이동과정이다.

```c
LData LRemove(List * plist)
{
    int rpos = plist->curPosition;      // 삭제할 데이터의 인덱스 값 참조
    int num = plist->numOfData;
    int i;
    LData rdata = plist->arr[rpos];     // 삭제할 데이터를 임시로 저장

    // 삭제를 위한 데이터의 이동을 진행하는 반복문
    for(i=rpos; i<num-1; i++)
        plist->arr[i] = plist->arr[i+1];

    (plist->numOfData)--;               // 데이터의 수 감소
    (plist->curPosition)--;             // 참조위치를 하나 되돌린다.
    return rdata;                       // 삭제된 데이터의 반환
}
```

위의 함수에서 다음 문장이 삽입된 이유를 확인하고 넘어가자.

```
(plist->curPosition)--;        // 참조위치를 하나 앞으로(배열 기준 왼쪽으로) 옮긴다.
```

이렇듯 리스트의 참조위치를 옮기는 이유를 알겠는가? curPosition은 최근에 참조가 이뤄진 데이터의 인덱스 정보를 담고 있어야 한다. 그런데 삭제로 인해 비는 공간을 메우려 데이터를 한 칸씩 앞으로 이동시키면, 다음 그림에서 보이듯이 curPosition은 아직 참조가 이뤄지지 않은, 뒤에서 한 칸 앞으로 이동한 데이터를 가리키게 된다.

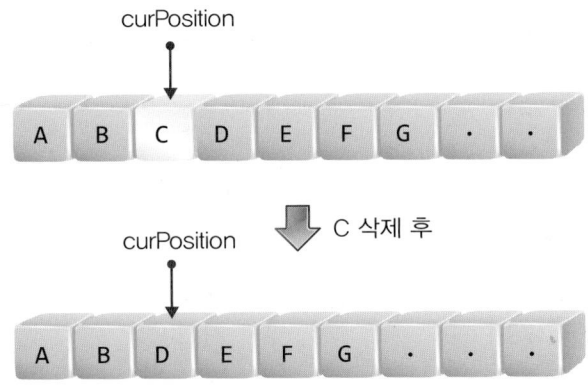

▶ [그림 03-2: 참조위치를 되돌리는 이유]

위 그림에서 보이듯이 curPosition은 D를 가리키고 있는데, 이는 참조가 이뤄지지 않은 데이터이다. 따라서 다음 그림에서 보이듯이 curPosition을 앞으로 한 칸 왼쪽으로 이동시켜야 한다.

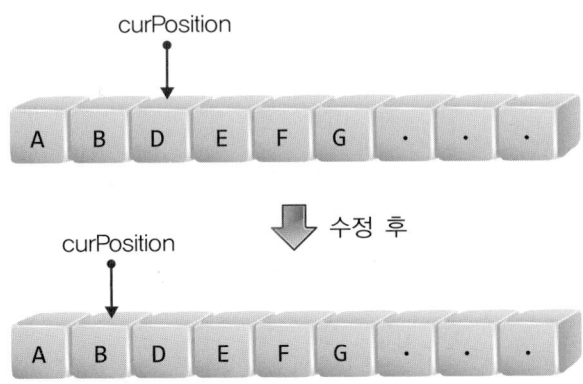

▶ [그림 03-3: 참조위치의 수정]

이제 비로소 curPosition은 삭제된 C를 제외한, 가장 최근에 참조가 이뤄진 B를 가리키게 되었다. 따라서 이후에 LNext 함수가 호출되면, 참조가 이뤄지지 않은 D를 참조할 수 있게 되었다.

❏ 배열 기반의 리스트 구현 하나로 묶기

이제 별도의 설명이 필요 없는 LCount 함수를 포함해서 지금까지 정의한 모든 함수를 하나의 소스파일로 묶겠다.

❖ ArrayList.c

```
1.   #include <stdio.h>
2.   #include "ArrayList.h"
3.
4.   void ListInit(List * plist)
5.   {
6.       (plist->numOfData) = 0;
7.       (plist->curPosition) = -1;
8.   }
9.
10.  void LInsert(List * plist, LData data)
11.  {
12.      if(plist->numOfData >= LIST_LEN)
13.      {
14.          puts("저장이 불가능합니다.");
15.          return;
16.      }
17.
18.      plist->arr[plist->numOfData] = data;
19.      (plist->numOfData)++;
20.  }
21.
22.  int LFirst(List * plist, LData * pdata)
23.  {
24.      if(plist->numOfData == 0)
25.          return FALSE;
26.
27.      (plist->curPosition) = 0;
28.      *pdata = plist->arr[0];
29.      return TRUE;
30.  }
31.
32.  int LNext(List * plist, LData * pdata)
33.  {
34.      if(plist->curPosition >= (plist->numOfData)-1)
35.          return FALSE;
```

```
36.
37.     (plist->curPosition)++;
38.     *pdata = plist->arr[plist->curPosition];
39.     return TRUE;
40. }
41.
42. LData LRemove(List * plist)
43. {
44.     int rpos = plist->curPosition;
45.     int num = plist->numOfData;
46.     int i;
47.     LData rdata = plist->arr[rpos];
48.
49.     for(i=rpos; i<num-1; i++)
50.         plist->arr[i] = plist->arr[i+1];
51.
52.     (plist->numOfData)--;
53.     (plist->curPosition)--;
54.     return rdata;
55. }
56.
57. int LCount(List * plist)
58. {
59.     return plist->numOfData;
60. }
```

이로써 ArrayList.h와 ArrayList.c를 완성하였다. 이렇듯 우리가 만든 리스트를 사용하기 위해서는 헤더파일 ArrayList.h를 포함하고, 이 헤더파일에 선언된 함수의 기능을 숙지하면 된다. 실제 리스트가 어떻게 구현되어 있는지 확인할 필요는 없다.

리스트에 구조체 변수 저장하기1: 구조체 Point와 관련 함수들의 정의

앞에서는 설명의 편의를 위해서 리스트에 단순히 정수를 저장하였다. 그런데 실제로는 구조체 변수를 비롯해서 각종 데이터들이 저장된다. 따라서 우리가 정의한 리스트에 '구조체 변수의 주소 값'을 저장해 보고자 한다. 이를 위해서 필자는 다음 구조체를 정의하였다.

```
typedef struct _point
{
    int xpos;       // x좌표 정보
    int ypos;       // y좌표 정보
} Point;
```

정수가 아닌 다른 데이터를 리스트에 저장한다는데 의미가 있으므로, 구조체는 가급적 간단히 정의하였다. 이어 위의 구조체와 관련 있는 다음 함수들도 함께 정의하고자 한다.

- void SetPointPos(Point * ppos, int xpos, int ypos);   // 값을 저장
- void ShowPointPos(Point * ppos);   // 정보 출력
- int PointComp(Point * pos1, Point * pos2);   // 비교!

SetPointPos 함수는 구조체 변수에 값을 저장하는 함수이고, ShowPointPos는 이렇게 저장된 값의 정보를 출력하는 함수이다. 그리고 마지막으로 PointComp 함수는 두 구조체 변수에 저장된 값을 비교하여 그 결과를 반환하는 함수이다. 이 함수가 반환하는 값은 다음과 같이 정의하기로 하겠다.

- 두 Point 변수의 멤버 xpos만 같으면 1 반환
- 두 Point 변수의 멤버 ypos만 같으면 2 반환
- 두 Point 변수의 멤버가 모두 같으면 0 반환
- 두 Point 변수의 멤버가 모두 다르면 -1 반환

이렇게 해서 구조체 Point와 구조체 Point 관련 함수들의 선언 및 정의를 다음 두 헤더파일과 소스파일에 나누어 담았다.

✢ Point.h

```
1.  #ifndef __POINT_H__
2.  #define __POINT_H__
3.
4.  typedef struct _point
5.  {
6.      int xpos;
7.      int ypos;
8.  } Point;
9.
10. // Point 변수의 xpos, ypos 값 설정
11. void SetPointPos(Point * ppos, int xpos, int ypos);
12.
13. // Point 변수의 xpos, ypos 정보 출력
14. void ShowPointPos(Point * ppos);
15.
16. // 두 Point 변수의 비교
17. int PointComp(Point * pos1, Point * pos2);
18.
19. #endif
```

❖ Point.c

```c
1.  #include <stdio.h>
2.  #include "Point.h"
3.
4.  void SetPointPos(Point * ppos, int xpos, int ypos)
5.  {
6.      ppos->xpos = xpos;
7.      ppos->ypos = ypos;
8.  }
9.
10. void ShowPointPos(Point * ppos)
11. {
12.     printf("[%d, %d] \n", ppos->xpos, ppos->ypos);
13. }
14.
15. int PointComp(Point * pos1, Point * pos2)
16. {
17.     if(pos1->xpos == pos2->xpos && pos1->ypos == pos2->ypos)
18.         return 0;
19.     else if(pos1->xpos == pos2->xpos)
20.         return 1;
21.     else if(pos1->ypos == pos2->ypos)
22.         return 2;
23.     else
24.         return -1;
25. }
```

□ 리스트에 구조체 변수 저장하기2: 구조체 Point와 관련함수들의 정의

이제 다음 두 파일에 담겨있는 코드를 Point 구조체 변수의 주소 값을 저장할 수 있도록 변경해보자.

- ArrayList.h   배열 기반 리스트의 헤더파일
- ArrayList.c   배열 기반 리스트의 소스파일

이 중에서 헤더파일은 일부 변경을 해야 하지만, 소스파일은 변경하지 않아도 된다. 아니! 제대로 구현했다면 소스파일에서 변경이 발생하면 안 된다. 그리고 헤더파일 ArrayList.h에서도 다음 typedef 선언의 변경이 실질적인 변경의 전부이다!

typedef int LData;   (typedef 선언변경) ▶   typedef Point * LData;

물론 Point라는 구조체의 이름이 등장했으니, 다음의 헤더파일 선언이 추가되는 것은 당연하다.

```
#include "Point.h"          // ArrayList.h에 추가할 헤더파일 선언문
```

이 두 가지가 전부이니 ArrayList.h를 다시 보이는 것은 생략을 하고, 이어서 main 함수와 그 실행결과를 보이겠다.

✤ PointListMain.c

```c
1.  #include <stdio.h>
2.  #include <stdlib.h>
3.  #include "ArrayList.h"
4.  #include "Point.h"
5.
6.  int main(void)
7.  {
8.      List list;
9.      Point compPos;
10.     Point * ppos;
11.
12.     ListInit(&list);
13.
14.     // 4개의 데이터 저장 ///////
15.     ppos = (Point*)malloc(sizeof(Point));
16.     SetPointPos(ppos, 2, 1);
17.     LInsert(&list, ppos);
18.
19.     ppos = (Point*)malloc(sizeof(Point));
20.     SetPointPos(ppos, 2, 2);
21.     LInsert(&list, ppos);
22.
23.     ppos = (Point*)malloc(sizeof(Point));
24.     SetPointPos(ppos, 3, 1);
25.     LInsert(&list, ppos);
26.
27.     ppos = (Point*)malloc(sizeof(Point));
28.     SetPointPos(ppos, 3, 2);
29.     LInsert(&list, ppos);
30.
31.     // 저장된 데이터의 출력 ///////
32.     printf("현재 데이터의 수: %d \n", LCount(&list));
33.
34.     if(LFirst(&list, &ppos))
35.     {
36.         ShowPointPos(ppos);
37.
38.         while(LNext(&list, &ppos))
39.             ShowPointPos(ppos);
40.     }
```

```
41.     printf("\n");
42.
43.     // xpos가 2인 모든 데이터 삭제 ///////
44.     compPos.xpos=2;
45.     compPos.ypos=0;
46.
47.     if(LFirst(&list, &ppos))
48.     {
49.         if(PointComp(ppos, &compPos)==1)
50.         {
51.             ppos=LRemove(&list);
52.             free(ppos);
53.         }
54.
55.         while(LNext(&list, &ppos))
56.         {
57.             if(PointComp(ppos, &compPos)==1)
58.             {
59.                 ppos=LRemove(&list);
60.                 free(ppos);
61.             }
62.         }
63.     }
64.
65.     // 삭제 후 남은 데이터 전체 출력 ///////
66.     printf("현재 데이터의 수: %d \n", LCount(&list));
67.
68.     if(LFirst(&list, &ppos))
69.     {
70.         ShowPointPos(ppos);
71.
72.         while(LNext(&list, &ppos))
73.             ShowPointPos(ppos);
74.     }
75.     printf("\n");
76.
77.     return 0;
78. }
```

✤ 실행결과: Point.h, Point.c, ArrayList.h, ArrayList.c, PointListMain.c

```
command prompt

현재 데이터의 수: 4
[2, 1]
```

```
    [2, 2]
    [3, 1]
    [3, 2]

    현재 데이터의 수: 2
    [3, 1]
    [3, 2]
```

위의 main 함수를 보면 LRemove 함수가 삭제된 데이터를 반환하도록 디자인한 이유를 알 수 있다. 위의 예제에서 리스트에 저장한 데이터는 'Point 구조체 변수의 주소 값'이다. 물론 이 주소 값은 Point 구조체를 동적으로 할당한 결과이기 때문에, 반드시 free 함수를 통한 메모리의 해제과정을 거쳐야 한다. 그렇다면 이와 관련해서 다음 질문에 답을 해보자.

"메모리의 해제는 리스트가 책임을 져야 한다고 생각하나요?"

일반적인 리스트는 메모리의 해제까지 책임을 지지 않는다. 리스트에 저장된 값이 주소 값인 경우, 그리고 그 주소 값이 동적 할당의 결과인 경우를 구분하여 메모리의 해제를 진행하도록 구현하는 것은 무리가 있다고 생각되지 않는가?

때문에 LRemove 함수처럼 데이터를 소멸하는 함수는, 소멸된 데이터를 반환하도록 정의해야 한다. 그래서 메모리 소멸의 기회를 줄 수 있어야 한다. 조금 달리 말한다면, 할당된 메모리 소멸의 책임을 전가해야 한다.

문제 03-2 [리스트의 활용]

자료구조는 구현도 중요하지만 이에 못지않게 활용도 중요하다. 실제로 이미 구현되어 있는 자료구조를 활용하는 것도 실력이다! 따라서 다음 헤더파일에 정의된 구조체를 기반으로 리스트를 활용하는 예제를 작성해보기로 하겠다.

```c
// 이하 헤더파일 NameCard.h의 내용입니다.
#define NAME_LEN            30
#define PHONE_LEN           30

typedef struct __namecard
{
    char name[NAME_LEN];
    char phone[PHONE_LEN];
} NameCard;

// NameCard 구조체 변수의 동적 할당 및 초기화 후 주소 값 반환
NameCard * MakeNameCard(char * name, char * phone);

// NameCard 구조체 변수의 정보 출력
void ShowNameCardInfo(NameCard * pcard);

// 이름이 같으면 0, 다르면 0이 아닌 값 반환
int NameCompare(NameCard * pcard, char * name);

// 전화번호 정보를 변경
void ChangePhoneNum(NameCard * pcard, char * phone);
```

위의 헤더파일에 대응하는 소스파일 NameCard.c를 작성하자! 그리고 아래에 나열된 순서대로 일을 진행하도록 main 함수를 정의하자. 물론 이를 위해서 앞서 구현한 리스트를 활용해야 한다.

1. 총 3명의 전화번호 정보를, 앞서 우리가 구현한 리스트에 저장한다.
2. 특정 이름을 대상으로 탐색을 진행하여, 그 사람의 정보를 출력한다.
3. 특정 이름을 대상으로 탐색을 진행하여, 그 사람의 전화번호 정보를 변경한다.
4. 특정 이름을 대상으로 탐색을 진행하여, 그 사람의 정보를 삭제한다.
5. 끝으로 남아있는 모든 사람의 전화번호 정보를 출력한다.

더불어 저장의 형태는 NameCard 구조체 변수의 주소 값이어야 하며, 위에서 언급하는 특정 이름은 임의로 지정하되 서로 다른 이름으로 지정하기로 하자.

배열의 장점과 단점! 그리고 연결 기반 리스트

우리는 지금까지 배열을 기반으로 리스트 자료구조를 구현하였다. 때문에 배열 기반 리스트의 장점과 단점을 다음과 같이 정리할 수 있다.

✓ 배열 기반 리스트의 단점
- 배열의 길이가 초기에 결정되어야 한다. 변경이 불가능하다.
- 삭제의 과정에서 데이터의 이동(복사)가 매우 빈번히 일어난다.

✓ 배열 기반 리스트의 장점
- 데이터의 참조가 쉽다. 인덱스 값을 기준으로 어디든 한 번에 참조가 가능하다.

사실 위의 장점 및 단점은 다음 Chapter에서 공부할 '연결 기반 리스트'를 대상으로 비교한 결과이기 때문에 다음 Chapter를 공부하고 나면 이에 대해서 더 정확히 이해할 수 있다. 그런데 필자는 이번 Chapter를 마무리하면서 다음 사실을 강조하고 싶다.

"배열도 각종 자료구조의 구현에 중요한 도구이고, 그 자체로도 훌륭한 자료구조입니다."

보통 '리스트'라고 하면 '연결 기반 리스트'를 떠올리고 혹자는 '배열 기반 리스트'는 불필요하다고까지 말하는 경우를 본적이 있다. 하지만 이는 잘못된 것이다. 위에서도 보이고 있지만 배열 기반 리스트도 나름의 장점이 있다. 그리고 그 장점은 연결 기반 리스트에는 없는 장점이다.

"실무에서는 사용되지 않는다고도 하던데요?"

오해다! 필자가 사용하는 실무기반 각종 라이브러리에는 배열을 기반으로 하는 자료구조가 존재하며, 이 자료구조를 필자를 비롯한 주변의 개발자들이 지금도 사용하고 있다. 그러니 여러분이 C언어를 공부하면서 정성 들여 이해한 배열의 가치를 이 책을 공부할 때까지, 그리고 공부한 이후에도 인정해주기 바란다. 자! 그럼 다음 Chapter로 넘어가서 '연결 기반 리스트' 간단히 '연결 리스트'라 불리는 것을 학습하자.

03 프로그래밍 문제의 답안

문제 03-1의 답안

ArrayList.h, ArrayList.c와 함께 아래의 소스파일을 컴파일 하여 실행을 하면 문제에서 요구한 흐름을 진행하게 된다.

✤ ListUseMain.c

```c
1.  #include <stdio.h>
2.  #include "ArrayList.h"
3.
4.  int main(void)
5.  {
6.      // ArrayList의 생성 및 초기화 ///////
7.      List list;
8.      int data, i;
9.      int sum=0;
10.     ListInit(&list);
11.
12.     // 정수 1부터 9까지 저장 ///////
13.     for(i=1; i<10; i++)
14.         LInsert(&list, i);
15.
16.     // 합의 계산 및 출력 ///////
17.     if(LFirst(&list, &data))
18.     {
19.         sum += data;
20.
21.         while(LNext(&list, &data))
22.             sum += data;
23.     }
24.     printf("SUM = %d \n\n", sum);
25.
26.     // 2의 배수 3의 배수 삭제 ///////
27.     if(LFirst(&list, &data))
28.     {
29.         if(data%2==0 || data%3==0)
30.             LRemove(&list);
31.
32.         while(LNext(&list, &data))
33.         {
34.             if(data%2==0 || data%3==0)
35.                 LRemove(&list);
36.         }
37.     }
38.
39.     // 삭제 후 저장된 데이터 전체 출력 ///////
40.     if(LFirst(&list, &data))
41.     {
```

```
42.        printf("%d ", data);
43.
44.        while(LNext(&list, &data))
45.            printf("%d ", data);
46.    }
47.    printf("\n\n");
48.    return 0;
49. }
```

문제 03-2의 답안

우선 리스트의 활용을 위해서 ArrayList.h와 ArrayList.c를 포함시켜야 하는데, 이 중에서 헤더파일인 ArrayList.h의 typedef 선언은 다음과 같이 변경해야 한다.

typedef int LData;   (typedef 선언 변경)▶   typedef NameCard * LData;

그리고 NameCard라는 이름의 인식을 위해서 ArrayList.h에 다음 문장도 포함시켜야 한다.

#include "NameCard.h"

그럼 이어서 NameCard.h에 선언된 함수를 구현한 소스파일 NameCard.c를 보이겠다.

❖ NameCard.c

```
1.  #include <stdio.h>
2.  #include <stdlib.h>
3.  #include <string.h>
4.  #include "NameCard.h"
5.
6.  NameCard * MakeNameCard(char * name, char * phone)
7.  {
8.      NameCard * newCard = (NameCard *)malloc(sizeof(NameCard));
9.      strcpy(newCard->name, name);
10.     strcpy(newCard->phone, phone);
11.     return newCard;
12. }
13.
14. void ShowNameCardInfo(NameCard * pcard)
15. {
16.     printf("[이름] %s \n", pcard->name);
17.     printf("[번호] %s \n\n", pcard->phone);
18. }
19.
20. int NameCompare(NameCard * pcard, char * name)
21. {
22.     return strcmp(pcard->name, name);
23. }
24.
25. void ChangePhoneNum(NameCard * pcard, char * phone)
26. {
27.     strcpy(pcard->phone, phone);
28. }
```

마지막으로 NameCard 구조체와 리스트를 기반으로 작성된 main 함수를 보이겠다.

✤ NameCardListMain.c

```c
1.   #include <stdio.h>
2.   #include <stdlib.h>
3.   #include "ArrayList.h"
4.   #include "NameCard.h"
5.
6.   int main(void)
7.   {
8.       List list;
9.       NameCard * pcard;
10.      ListInit(&list);
11.
12.      pcard = MakeNameCard("이진수", "010-1111-2222");
13.      LInsert(&list, pcard);
14.
15.      pcard = MakeNameCard("한지영", "010-2222-5555");
16.      LInsert(&list, pcard);
17.
18.      pcard = MakeNameCard("조수진", "010-3333-7777");
19.      LInsert(&list, pcard);
20.
21.      // 한지영의 정보를 조회하여 출력
22.      if(LFirst(&list, &pcard))
23.      {
24.          if(!NameCompare(pcard, "한지영"))
25.          {
26.              ShowNameCardInfo(pcard);
27.          }
28.          else
29.          {
30.              while(LNext(&list, &pcard))
31.              {
32.                  if(!NameCompare(pcard, "한지영"))
33.                  {
34.                      ShowNameCardInfo(pcard);
35.                      break;
36.                  }
37.              }
38.          }
39.      }
40.
41.      // 이진수의 정보를 조회하여 변경
42.      if(LFirst(&list, &pcard))
43.      {
44.          if(!NameCompare(pcard, "이진수"))
45.          {
46.              ChangePhoneNum(pcard, "010-9999-9999");
47.          }
48.          else
49.          {
50.              while(LNext(&list, &pcard))
51.              {
52.                  if(!NameCompare(pcard, "이진수"))
53.                  {
54.                      ChangePhoneNum(pcard, "010-9999-9999");
```

```
55.                    break;
56.                }
57.            }
58.        }
59.    }
60.
61.    // 조수진의 정보를 조회하여 삭제
62.    if(LFirst(&list, &pcard))
63.    {
64.        if(!NameCompare(pcard, "조수진"))
65.        {
66.            pcard = LRemove(&list);
67.            free(pcard);
68.        }
69.        else
70.        {
71.            while(LNext(&list, &pcard))
72.            {
73.                if(!NameCompare(pcard, "조수진"))
74.                {
75.                    pcard = LRemove(&list);
76.                    free(pcard);
77.                    break;
78.                }
79.            }
80.        }
81.    }
82.
83.    // 모든 사람의 정보 출력
84.    printf("현재 데이터의 수: %d \n", LCount(&list));
85.
86.    if(LFirst(&list, &pcard))
87.    {
88.        ShowNameCardInfo(pcard);
89.
90.        while(LNext(&list, &pcard))
91.            ShowNameCardInfo(pcard);
92.    }
93.    return 0;
94. }
```

Chapter 04

연결 리스트 (Linked List) 2

04-1 연결 리스트의 개념적인 이해

Chapter 03에서 배운 세 가지는 다음과 같이 정리할 수 있다.
- 추상 자료형에 대한 이해
- 리스트 자료구조의 특성과 활용
- 리스트 자료구조의 배열 기반 구현

이번 Chapter에서도 리스트에 대한 이야기를 이어간다. 다만 리스트의 특성을 설명하는 것이 아니라 '연결'을 기반으로 하는 다른 리스트의 구현방법에 대해서 설명을 한다.

■ Linked! 무엇을 연결하겠다는 뜻인가!

'연결 기반의 리스트' 간단히 '연결 리스트'라 불리는 리스트의 구현을 이해하기 위해서는 'malloc 함수와 free 함수를 기반으로 하는 메모리의 동적 할당'에 대한 완전한 이해가 선행되어야 한다. 물론 Chapter 03의 학습을 위해서도 이는 반드시 필요한 지식이었으므로 이 부분에 대한 여러분의 이해는 의심하지 않겠다. 그럼 다음 예제를 시작으로 '연결 리스트'에서의 '연결'이 의미하는 바의 설명을 진행하겠다. 참고로 이는 여러분에게 매우 익숙하고 쉬운 예제이다.

❖ ArrayRead.c

```
1.   #include <stdio.h>
2.
3.   int main(void)
4.   {
5.       int arr[10];
6.       int readCount = 0;
7.       int readData;
8.       int i;
9.
10.      while(1)
11.      {
12.          printf("자연수 입력: ");
13.          scanf("%d", &readData);
14.          if(readData < 1)
15.              break;
16.
17.          arr[readCount++] = readData;
```

```
18.     }
19.
20.     for(i=0; i<readCount; i++)
21.         printf("%d ", arr[i]);
22.
23.     return 0;
24. }
```

✢ 실행결과: ArrayRead.c

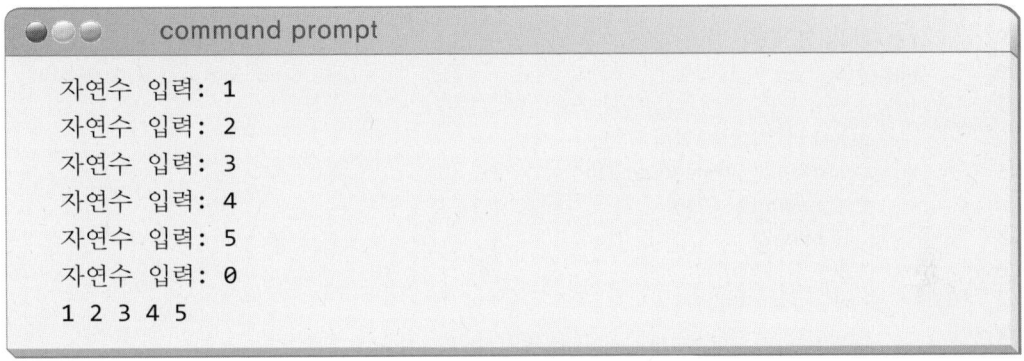

이는 0 이하의 값이 입력될 때까지 입력이 계속되는 간단한 예제이니 별도의 설명은 필요 없을 것이다. 그런데 이 예제에서는 다음과 같은 배열의 단점을 분명히 보여주고 있다.

"배열은 메모리의 특성이 정적이어서(길이의 변경이 불가능해서) 메모리의 길이를 변경하는 것이 불가능합니다."

위 예제를 실행한 후 0 이하의 값을 입력하지 않고 계속해서 자연수만 입력을 하면 할당된 배열의 길이를 넘어서는 문제가 발생한다. 이렇듯 특성이 정적인 배열은 필요로 하는 메모리의 크기에 유연하게 대처하지 못한다. 그래서 등장한 것이 '동적인 메모리의 구성'이다. 그럼 이것이 무엇인지 다음 예제를 통해서 보이겠다. 참고로 다음 예제를 분석하는 것이 이번 Chapter의 첫 번째 관문이다! 코드의 분량에 비해서 분석 자체가 간단하지만은 않음을 여러분께 미리 밝히고자 한다.

✢ LinkedRead.c

```
1.  #include <stdio.h>
2.  #include <stdlib.h>
3.
4.  typedef struct _node
5.  {
6.      int data;
```

```
7.          struct _node * next;
8.     } Node;
9.
10.    int main(void)
11.    {
12.         Node * head = NULL;
13.         Node * tail = NULL;
14.         Node * cur = NULL;
15.
16.         Node * newNode = NULL;
17.         int readData;
18.
19.         // 데이터를 입력 받는 과정 ///////
20.         while(1)
21.         {
22.              printf("자연수 입력: ");
23.              scanf("%d", &readData);
24.              if(readData < 1)
25.                   break;
26.
27.              // 노드의 추가과정
28.              newNode = (Node*)malloc(sizeof(Node));
29.              newNode->data = readData;
30.              newNode->next = NULL;
31.
32.              if(head == NULL)
33.                   head = newNode;
34.              else
35.                   tail->next = newNode;
36.
37.              tail = newNode;
38.         }
39.         printf("\n");
40.
41.         // 입력 받은 데이터의 출력과정 ///////
42.         printf("입력 받은 데이터의 전체출력! \n");
43.         if(head == NULL)
44.         {
45.              printf("저장된 자연수가 존재하지 않습니다. \n");
46.         }
47.         else
48.         {
49.              cur = head;
50.              printf("%d ", cur->data);         // 첫 번째 데이터 출력
51.
52.              while(cur->next != NULL)          // 두 번째 이후의 데이터 출력
53.              {
```

```
54.            cur = cur->next;
55.            printf("%d ", cur->data);
56.        }
57.    }
58.    printf("\n\n");
59.
60.    // 메모리의 해제과정 ///////
61.    if(head == NULL)
62.    {
63.        return 0;        // 해제할 노드가 존재하지 않는다.
64.    }
65.    else
66.    {
67.        Node * delNode = head;
68.        Node * delNextNode = head->next;
69.
70.        printf("%d을(를) 삭제합니다. \n", head->data);
71.        free(delNode);       // 첫 번째 노드 삭제
72.
73.        while(delNextNode != NULL)     // 두 번째 이후 노드 삭제
74.        {
75.            delNode = delNextNode;
76.            delNextNode = delNextNode->next;
77.
78.            printf("%d을(를) 삭제합니다. \n", delNode->data);
79.            free(delNode);
80.        }
81.    }
82.
83.    return 0;
84. }
```

✤ 실행결과: LinkedRead.c

```
command prompt
자연수 입력: 2
자연수 입력: 4
자연수 입력: 6
자연수 입력: 8
자연수 입력: 0

입력 받은 데이터의 전체출력!
2 4 6 8
```

```
2을(를) 삭제합니다.
4을(를) 삭제합니다.
6을(를) 삭제합니다.
8을(를) 삭제합니다.
```

예제가 짧지 않지만, 중요한 만큼 상세히 설명하여 여러분의 이해를 도울 생각이다. 그런데 필자의 설명에 앞서 여러분이 한 차례 분석을 시도하는 것도 바람직하다. 그럼 설명을 진행하겠다. 먼저 정의된 구조체를 보자.

```
typedef struct _node
{
    int data;                  // 데이터를 담을 공간
    struct _node * next;       // 연결의 도구!
} Node;
```

위 구조체의 멤버 next는 Node형 구조체 변수의 주소 값을 저장할 수 있는 포인터 변수이다! 간혹 이러한 방식의 구조체 멤버 선언이 가능한 이유를 묻는 경우가 있는데, 이는 이해의 대상이 아니다. 그냥 이러한 형태의 선언이 허용된다는 사실을 단순히 받아들여야 하는 '인식의 대상'일 뿐이다.

필자는 위의 구조체 변수를 '바구니'에 비유하고자 한다. 이는 구조체의 첫 번째 멤버 data에 값을 저장할 수 있음을 근거로 한 것이다. 그렇다면 위 구조체의 멤버 next는 무엇을 목적으로 선언되었겠는가?

이는 바구니와 바구니를 연결할 목적으로 선언된 멤버이다. 이 멤버로 인해서 모든 Node형 구조체 변수는 다른 Node형 구조체 변수를 가리킬 수 있으므로, 다음 그림에서 보이듯이 바구니를 연결하는 것이 가능하다. 정확히 말해서 Node형 구조체 변수들을 연결하는 것이 가능하다.

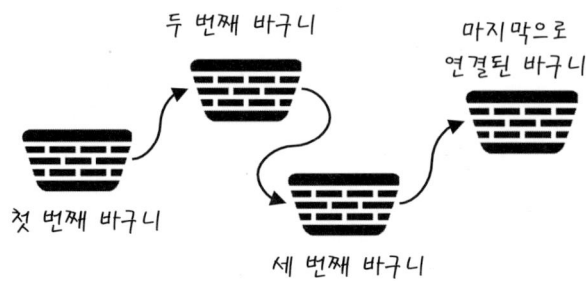

따라서 Node형 구조체를 대상으로 다음과 같은 일이 가능하다 할 수 있다.

"필요할 때마다 바구니를 하나씩 마련해서 그곳에 데이터를 저장하고 이들을 배열처럼 서로 연결한다."

그런데 프로그램 실행 중에 필요할 때마다 메모리 공간을 마련하는 유일한 방법은 'malloc 또는 그와 유사한 성격의 함수를 호출하는 메모리의 동적 할당'이므로 위의 글은 다음과 같이 구체적으로 정리할 수 있다. 그리고 이것이 '연결 리스트'의 기본 원리이다!

"필요할 때마다 바구니의 역할을 하는 구조체 변수를 하나씩 동적 할당해서 이들을 연결한다."

그리고 앞서 정의한 구조체 Node의 변수를 가리켜 '노드'라 하는데, 이는 데이터를 담는 바구니보다는 연결이 가능한 개체라는 사실에 중점을 두어 지은 이름이다. 이렇듯 구조체의 정의 하나만 가지고도 연결 리스트의 기본원리를 모두 말할 수 있다.

이어서 세세히 코드를 분석할 차례인데, 필자는 구조체 Node의 변수를 그림상에서 다음과 같이 표현하고자 하니, 이 그림이 의미하는 바를 기억하기 바란다.

▶ [그림 04-1 : 노드의 표현]

위 그림에서 보이듯이 '데이터를 저장할 장소'와 '다른 변수를 가리키기 위한 장소'가 구분되어 있다. 그래서 둘 이상의 Node가 연결된 상황은 다음과 같이 표현하고자 한다.

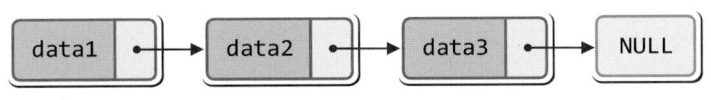

▶ [그림 04-2 : 노드의 연결]

NULL은 의미 있는 주소 값이 아니지만, 위 그림에서는 NULL도 별도의 블록으로 표현하였다. 그리고 위 그림의 간결 명료함에 너무 감동하지 말자. 이는 필자의 창의적 결과물이 아닌, 자료구조의 전통적인 표현방식이니 말이다. 그럼 이어서 본격적으로 코드분석에 들어가기로 하겠다.

❏ 연결 리스트에서의 데이터 삽입

예제 LinkedRead.c를 두고서 '연결 리스트를 구현한 겁니다.'라고 말할 수 있을까? 이는 제대로 된 연결 리스트의 구현결과를 보이기 이전에, 쉬운 이해를 위한 예제에 지나지 않으니 볼품은 없다. 하지만 이것도 연결 리스트의 구현결과이다. 따라서 이 코드를 잘 이해하면 상대적으로 연결 리스트를 쉽게 공부할 수 있다. 그럼 예제의 main 함수에 처음 등장하는 다음 포인터 변수의 선언을 보자.

```
Node * head = NULL;        // 리스트의 머리를 가리키는 포인터 변수
Node * tail = NULL;        // 리스트의 꼬리를 가리키는 포인터 변수
Node * cur = NULL;         // 저장된 데이터의 조회에 사용되는 포인터 변수
```

이들은 연결 리스트에서 주요한 역할을 하는 포인터 변수들이다. 따라서 이들이 어떻게 사용되는지 이해하는 것이 연결 리스트 전체의 이해에 도움이 된다. 그럼 위의 포인터 변수들이 선언된 상황을 그림으로 표현해보겠다.

▶ [그림 04-3: 연결 리스트의 초기상태]

위 그림에서는 프로그램이 처음 시작되었을 때 구조체 Node의 포인터 변수 head와 tail이 NULL을 가리키고 있는 상황을 보이고 있다. 이 상황에서 20~38행의 다음 반복문을 처음 실행하게 된다.

```
while(1)
{
    . . . . 일부 생략 . . . .
    newNode = (Node*)malloc(sizeof(Node));   // 노드(바구니)의 생성
    newNode->data = readData;                // 노드에 데이터 저장
    newNode->next = NULL;                    // 노드의 next를 NULL로 초기화

    if(head == NULL)           // 첫 번째 노드라면!
        head = newNode;        // 첫 번째 노드를 head가 가리키게 함
    else                       // 두 번째 이후 노드라면!
        tail->next = newNode;

    tail = newNode;            // 노드의 끝을 tail이 가리키게 함
}
```

없던 주석을 달아놓았으니 분석에 도움이 될 것이다. 그럼 위의 반복문에서 첫 번째 노드가 추가되는 상황을, 다시 말해서 반복문이 처음 실행되는 상황을 살펴보자. 먼저 다음 세 문장에 의해서 노드가 생성되고 또 초기화된다.

```
newNode = (Node*)malloc(sizeof(Node));   // 노드의 생성
newNode->data = readData;                // 노드에 데이터 저장
```

```
newNode->next = NULL;              // 노드의 next를 NULL로 초기화
```

위의 코드에서 readData에 저장된 값을 2로 가정할 때, 위의 세 문장을 실행한 결과는 다음과 같다.

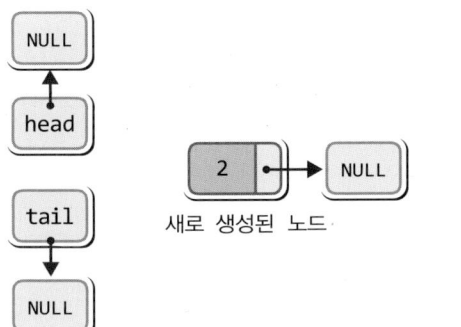

▶ [그림 04-4: 첫 번째 노드 추가과정 1/3]

위의 상태에서 포인터 변수 head가 가리키는 것이 NULL이니, 이어서 다음 구문을 실행하게 된다.

```
if(head == NULL)                   // 첫 번째 노드라면!
    head = newNode;                // 첫 번째 노드를 head가 가리키게 함
else
    tail->next = newNode;
```

따라서 다음 그림과 같이 head가 새로운 노드를 가리키는 상태가 된다.

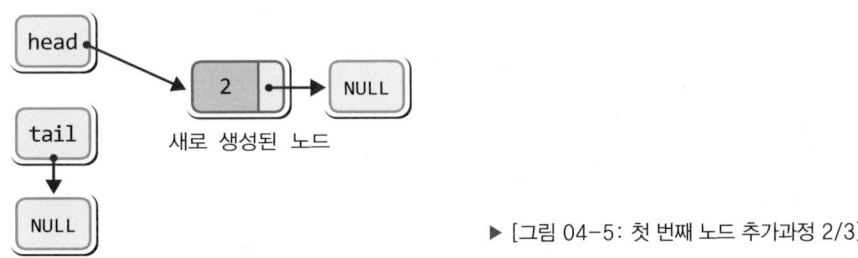

▶ [그림 04-5: 첫 번째 노드 추가과정 2/3]

그리고 이어서 while문의 마지막에 위치한 다음 문장을 실행하게 된다.

```
tail = newNode;                    // 노드의 끝을 tail이 가리키게 함
```

그리고 그 결과는 다음과 같다. 이것이 첫 번째 노드의 추가가 완료된 상태이다.

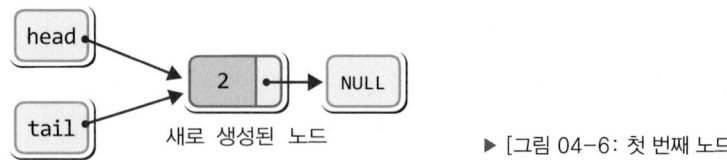

▶ [그림 04-6: 첫 번째 노드 추가과정 3/3]

노드의 추가를 표현하기 용이하도록 위의 그림을 다음과 같이 다시 그려보았다. 참고로 아래 그림에서는 NULL을 사선으로 표현하였다. 즉 사선은 NULL이 저장되었음을 의미한다.

▶ [그림 04-7: 첫 번째 노드 추가완료]

위 그림에서 주목할 사실은 head와 tail이 첫 번째 노드를 가리키고 있다는 점이다. 이미 짐작했겠지만 head는 리스트의 머리를 가리키고 tail은 리스트의 꼬리를 가리킨다. 노드가 몇 개가 추가되건 이는 변함이 없어야 한다.

그림 이어서 두 번째 이후의 노드를 추가하는 과정을 추적해보자. 두 번째 이후의 노드를 추가하는 과정에서의 반복문 흐름은 다음과 같다.

```c
while(1)
{
    . . . . 일부 생략 . . . .
    newNode = (Node*)malloc(sizeof(Node));
    newNode->data = readData;
    newNode->next = NULL;

    if(head == NULL)
        head = newNode;
    else
        tail->next = newNode;

    tail = newNode;        // 노드의 끝을 tail이 가리키게 함
}
```

두 번째 노드는 연결 리스트의 끝, 다시 말해서 tail이 가리키는 노드의 뒤에 연결되어야 하기 때문에 새 노드의 생성 및 초기화 이후에는 else 구문에 담긴 다음 문장을 실행하게 된다.

```
tail->next = newNode;
```

따라서 노드의 끝을 tail이 가리키게 하는, 반복문의 마지막 문장까지 실행할 경우, 그리고 새 노드에 저장된 값을 4로 가정할 경우 그 결과는 다음과 같다.

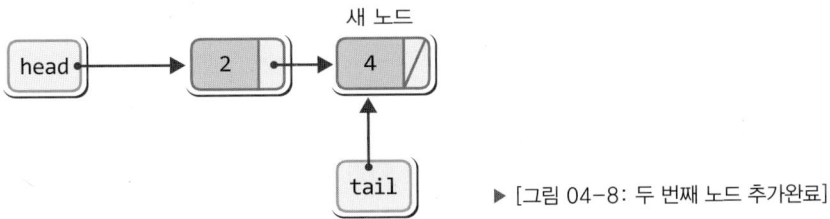

▶ [그림 04-8: 두 번째 노드 추가완료]

정리하면, 연결 리스트에서 head는 첫 번째 노드를, 그리고 tail은 마지막 노드를 가리킨다. 그리고 추가되는 노드들은 꼬리에 꼬리를 물어서 저장되기 때문에 2, 4, 6, 8이 순서대로 저장이 되면 다음의 모습을 띠게 된다.

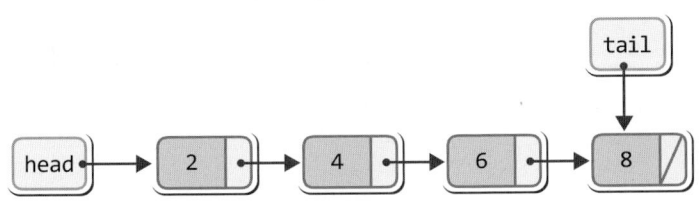

▶ [그림 04-9: 다수의 노드를 추가한 결과]

이렇게 해서 연결 리스트의 '데이터 저장'에 대한 기본 개념을 모두 설명하였다. 참고로 지금껏 필자가 그림을 그려가면서 설명했듯이 여러분도 그림을 그리면서 이해해야 한다. 누구나 자료구조는, 특히 연결 리스트는 그림을 그려가면서 공부한다. 솔직히 말하자면 자료구조는 코드를 통해서 공부하는 과목이 아니다. 코드를 통한 학습 이전에, 그림으로 설명하고 그림으로 이해해야 하는 과목이다.

▢ 연결 리스트에서의 데이터 조회

이번엔 LinkedRead.c에서 조회와 관련된 코드를 살펴볼 텐데 '삽입'과 비교할 수 없이 쉬운 것이 '조회'이다. 삽입을 제대로 이해했다면 조회의 기능은 직접 구현할 수도 있다. 그럼 조회관련 코드를 보자.

```
if(head == NULL)
{
    printf("저장된 자연수가 존재하지 않습니다. \n");
}
else
{
    cur = head;                     // cur이 리스트의 첫 번째 노드를 가리킨다.
    printf("%d ", cur->data);       // 첫 번째 데이터 출력

    while(cur->next != NULL)        // 연결된 노드가 존재한다면
    {
        cur = cur->next;            // cur이 다음 노드를 가리키게 한다.
        printf("%d ", cur->data);   // cur이 가리키는 노드를 출력한다.
    }
}
```

주석을 통해서 대부분을 설명하였으니 조회의 과정을 그림으로 정리해 보겠다. 위의 코드에서 else 구문에 속해있는 다음 문장이 실행되면,

```
cur = head;
```

그리고 연결 리스트에 2, 4, 6, 8이 이미 저장된 상태라고 가정하면, 다음과 같이 cur은 2가 저장된 연결 리스트의 첫 번째 노드를 가리키게 된다.

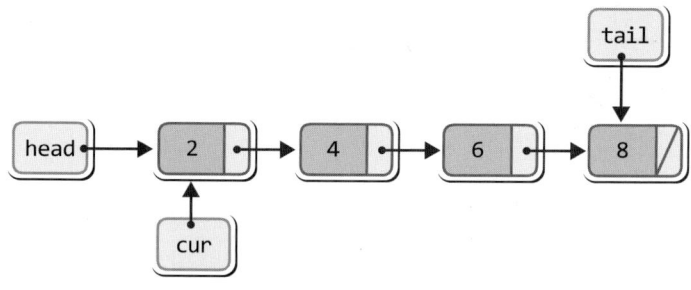

▶ [그림 04-10: 연결 리스트에 저장된 데이터의 접근과정 1/2]

따라서 cur를 이용한 첫 번째 데이터의 출력이 가능하다. 그리고 이어서 다음 반복문을 실행하게 되는데,

```
while(cur->next != NULL)         // 연결된 노드가 존재한다면
{
    cur = cur->next;             // cur이 다음 노드를 가리키게 한다.
    printf("%d ", cur->data);    // cur이 가리키는 노드를 출력한다.
}
```

위 반복문의 핵심은 다음 문장에 있다.

  cur = cur->next;

위의 문장으로 인해서 cur은 다음과 같이 모든 노드를 가리키며 이동하게 된다.

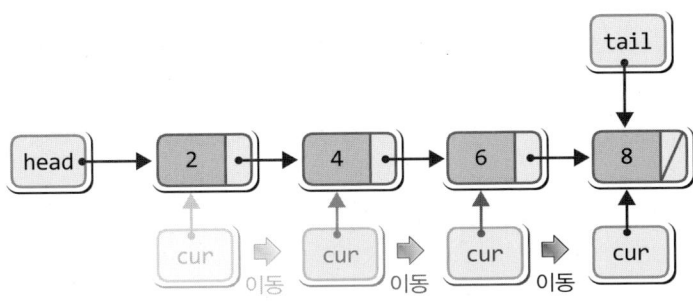

▶ [그림 04-11: 연결 리스트에 저장된 데이터의 접근과정 2/2]

이렇듯 main 함수의 앞부분에서 선언된 포인터 변수 cur은 리스트 안을 돌아다닐 때 사용이 된다.

연결 리스트에서의 데이터 삭제

예제 LinkedRead.c의 데이터 삭제과정은 처음 보면 혼란스럽다. 하지만 그림을 그려가면서 이해하면 혼란을 줄일 수 있다. 예제에서 보인 삭제관련 코드는 다음과 같다.

```
    if(head == NULL)
    {
        return 0;           // 삭제할 노드가 존재하지 않는다.
    }
    else
    {
        Node * delNode = head;
        Node * delNextNode = head->next;

        printf("%d을(를) 삭제합니다. \n", head->data);
        free(delNode);      // 첫 번째 노드 삭제

        while(delNextNode != NULL)      // 두 번째 이후 노드 삭제
        {
            delNode = delNextNode;
```

```
            delNextNode = delNextNode->next;

            printf("%d을(를) 삭제합니다. \n", delNode->data);
            free(delNode);
        }
    }
```

위의 코드는 모든 노드의 소멸과정을 보이고 있다. 따라서 삭제와 관련이 있기는 하지만 연결 리스트의 삭제에 관한 모든 것을 보이지는 않는다. 예를 들어서 중간에 위치한 노드의 삭제방식은 위와 차이가 있다. 다만 위의 코드에서는 head가 가리키는 노드의 삭제방법을 보일 뿐이다. 그럼 삭제의 과정에서 제일 먼저 등장하는 다음 두 문장을 보자.

```
    Node * delNode = head;
    Node * delNextNode = head->next;
```

head가 가리키는 노드의 삭제를 위해서 두 개의 포인터 변수를 추가로 선언한 사실에 주목하자. 그리고 아래의 그림에서 이 둘이 가리키는 대상에도 주목을 하자. 아래의 그림에서는 편의상 delNode는 dN으로, delNextNode는 dNN으로 표시하였다.

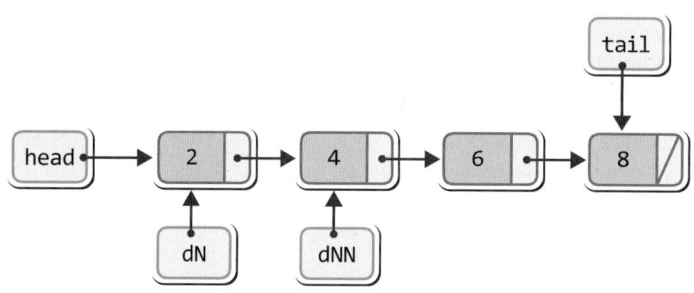

▶ [그림 04-12: 리스트에 저장된 노드의 삭제과정 1/4]

위 그림에서와 같이 delNextNode(dNN)이라는 이름의 포인터 변수를 둬서 '삭제될 노드'가 가리키는 다음 노드의 주소 값을 저장하는 이유는 다음과 같다.

"head가 가리키는 노드를 그냥 삭제해 버리면, 그 다음 노드에 접근이 불가능합니다."

즉 '삭제될 노드가 가리키는 다음 노드의 주소 값'을 별도로 저장해 두지 않으면 다음과 같은 상황이 연출된다.

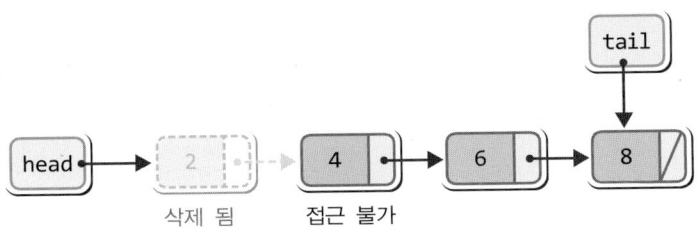

▶ [그림 04-13: 접근에 문제가 발생한 결과]

위 그림에서 보이듯이 4가 저장된 노드의 주소 값을 아는 것은 2가 저장된 노드가 유일한데, 이 노드를 그냥 소멸시킨 결과로 4가 저장된 노드의 주소 값은 어디에도 존재하지 않게 된다. 즉 4가 저장된 노드는 이제 어떠한 방법을 통해서도 접근이 불가능하다. 그래서 삭제될 노드가 가리키는 다음 노드의 주소 값을 별도로 저장하는 것이다.

그림 다시 본론으로 돌아와서 포인터 변수 delNextNode 선언 이후에 이어서 진행되는 다음 문장의 실행결과를 생각해보자.

```
free(delNode);        // 첫 번째 노드 삭제
```

이로써 첫 번째 노드가 소멸되어 다음의 상태가 된다. 참고로 head가 가리키는 노드가 소멸되었으니 head가 다음 노드를 가리키도록 하는 것이 연결 리스트의 원칙이나, 본 삭제과정의 목적은 연결 리스트 전체의 소멸에 있으므로 굳이 head가 다음 노드를 가리키도록 하지 않았다.

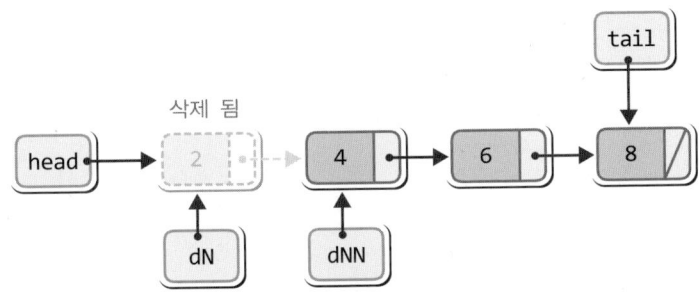

▶ [그림 04-14: 리스트에 저장된 노드의 삭제과정 2/4]

이제 위의 상태에서, 다시 말해 free 함수호출 이후에 다음의 반복문을 실행하게 된다.

```
while(delNextNode != NULL)     // 두 번째 이후 노드 삭제를 위한 반복문
{
    delNode = delNextNode;
```

```
            delNextNode = delNextNode->next;

            printf("%d을(를) 삭제합니다. \n", delNode->data);
            free(delNode);
        }
```

포인터 변수 delNextNode를 참조하여 추가로 삭제할 노드가 있는지 확인한 다음, 반복문 내에서 다음 두 문장을 실행한다.

```
    delNode = delNextNode;
    delNextNode = delNextNode->next;
```

그리고 그 결과로 두 포인터 변수 delNode(dN)과 delNextNode(dNN)이 가리키는 대상은 다음 그림과 같이 한 칸씩 오른쪽으로 이동을 한다.

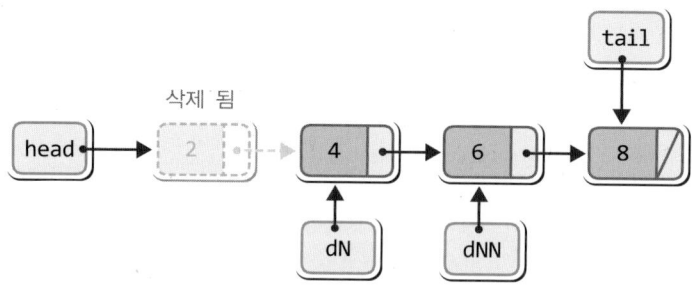

▶ [그림 04-15: 리스트에 저장된 노드의 삭제과정 3/4]

이어서 반복문의 끝에서 free 함수의 호출을 통해 delNode가 가리키는 대상을 소멸하여 다음의 상태가 되게 한다.

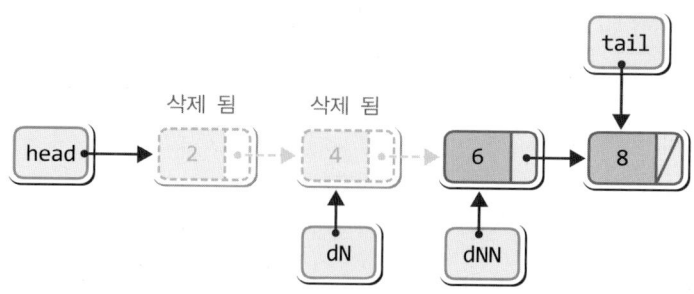

▶ [그림 04-16: 리스트에 저장된 노드의 삭제과정 4/4]

여기까지가 반복문의 한 사이클이다. 즉 반복문 내에서 하는 일은 delNode와 delNextNode를 한 칸씩 이동시키면서 delNode가 가리키는 대상을 소멸하는 것이 전부이다. 그리고 이 과정을 마지막 노드를 소멸할 때까지 계속 진행하니 결과적으로 모든 노드가 소멸되는 것이다.

☐ 정리하기: 연결 리스트와 관련해서 어디까지 공부한 것인가?

그리 길지 않은 예제 LinkedRead.c를 오랜 시간 분석하였다. 그리고 이를 통해서 연결 리스트가 무엇을 의미하는지 나름의 이해를 갖추었을 것이다. 그러나 이러한 방식의 학습은 적절치 않다. 대표적인 이유 두 가지는 다음과 같다.

- 연결 리스트의 ADT를 정의하지 않았다.
- 삽입, 삭제, 조회의 기능이 별도의 함수로 구분되어 있지 않다.

즉 앞서 제시한 예제에서는 연결 리스트와 관련된 코드를 모조리 main 함수에다 집어넣었기 때문에 필요할 때 가져다 쓸 수 있는 형태가 아니다.

"너무 ADT! ADT! 강조하는 거 아니에요? 보니까 별것도 없던데요."

사실 ADT의 정의는 어렵지 않으니 별 것 아니라고 생각할 수 있다. 하지만 신경 쓰지 않으면 자료구조에 대한 잘못된 이해를 갖게 될 수도 있다. 자료구조를 제대로 공부하려면 가급적 다음 세가지 순서를 지켜서 공부해야 한다.

1. 자료구조의 ADT 정의
2. 정의한 ADT의 구현
3. 구현이 완료된 자료구조의 활용

위의 과정을 모두 밟지 않으면, 특히 ADT의 정의를 생략하면 구현도 활용도 이상한 형태로 흘러가기 쉽다. 좋은 소리도 반복하면 싫어지기 마련이니, 이번을 마지막으로 본서에서는 더 이상 ADT의 중요성을 언급하지 않겠다.

"그럼 예제 LinkedRead.c를 소개할 때는 왜 ADT를 정의하지 않았나요?"

사람에 따라 다르겠지만, 처음 연결 리스트를 접하면 연결 리스트와 관련된 코드가 매우 난해하게 느껴진다고 한다. 때문에 ADT의 정의를 시작으로 하는 연결 리스트의 구현에 앞서 연결 리스트와 관련된 코드에 익숙해질 기회를 갖고자 한 것이다. 참고로 본격적으로 시작하는 연결 리스트의 구현형태는 앞서 보인 예제와 차이가 있다. 어떻게 차이가 나는지 왜 차이가 나는지도 모두 설명할 텐데, 이를 이해하기 위해서는 지금까지 설명한 소스코드를 완전히 이해하고 어느 정도 익숙해질 필요가 있다.

문제 04-1 [연결 리스트 관련 코드에 익숙해지기]

예제 LinkedRead.c에 익숙해지는 가장 빠르고도 흥미로운 길은 예제를 조금 수정해 보는 것이다. 따라서 예제를 조금 수정해 볼 기회를 제공하고자 한다. 예제 수정을 위한 주제는 다음과 같다.

- 새 노드를 연결 리스트의 꼬리가 아닌 머리에 추가한다.

예제에서는 노드를 머리가 아닌 꼬리에 추가하였다. 따라서 3→2→7→8의 순으로 연결되어 있는 리스트에 5를 추가로 삽입하면 3→2→7→8→5의 순으로 저장이 된다. 그런데 이번에는 다음 순으로 저장이 되도록 예제를 변경해 보고자 한다.

5→8→7→2→3

즉 연결 리스트의 머리에 노드가 추가되도록 예제를 변경하는 것이다. 이 문제가 쉬워 보이더라도 그림을 그려서 머리에 노드가 추가되는 과정을 완전히 정리한 다음에 코드로 옮기기 바란다. 그리고 이를 습관화하기 바란다.

[04-2] 단순 연결 리스트의 ADT와 구현

이제 본격적으로 연결 리스트를 공부할 차례이다. 처음 공부할 내용은 연결의 형태가 한쪽 방향으로 전개되고 시작과 끝이 분명히 존재하는 '단순 연결 리스트'이다.

정렬 기능이 추가된 연결 리스트의 ADT 정의

기능적으로 무엇인가를 변경하거나 추가하지 않는다면 ADT를 변경할 이유는 없다. 그래서 앞서 Chapter 03에서 정의한 리스트 ADT를 그대로 적용해도 된다. 하지만 연결 리스트에 정렬 관련 기능을 추가하기 위해서 ADT를 조금 확장하고자 한다.

 정렬 기능이 추가된 리스트 자료구조의 ADT

Operations:

- void ListInit(List * plist);
  - 초기화할 리스트의 주소 값을 인자로 전달한다.
  - 리스트 생성 후 제일 먼저 호출되어야 하는 함수이다.

- void LInsert(List * plist, LData data);
  - 리스트에 데이터를 저장한다. 매개변수 data에 전달된 값을 저장한다.

- int LFirst(List * plist, LData * pdata);
  - 첫 번째 데이터가 pdata가 가리키는 메모리에 저장된다.
  - 데이터의 참조를 위한 초기화가 진행된다.
  - 참조 성공 시 TRUE(1), 실패 시 FALSE(0) 반환

- int LNext(List * plist, LData * pdata);
  - 참조된 데이터의 다음 데이터가 pdata가 가리키는 메모리에 저장된다.
  - 순차적인 참조를 위해서 반복 호출이 가능하다.
  - 참조를 새로 시작하려면 먼저 LFirst 함수를 호출해야 한다.
  - 참조 성공 시 TRUE(1), 실패 시 FALSE(0) 반환

- LData LRemove(List * plist);
  - LFirst 또는 LNext 함수의 마지막 반환 데이터를 삭제한다.
  - 삭제된 데이터는 반환된다.
  - 마지막 반환 데이터를 삭제하므로 연이은 반복 호출을 허용하지 않는다.

- int LCount(List * plist);
  - 리스트에 저장되어 있는 데이터의 수를 반환한다.

- void SetSortRule(List * plist, int (*comp)(LData d1, LData d2));
  - 리스트에 정렬의 기준이 되는 함수를 등록한다.

위의 ADT에 새로 추가된 함수는 SetSortRule이 전부이고, 그 이외에는 앞서 Chapter 03에서 정의한 리스트의 ADT와 완전히 동일하다. 그리고 위의 ADT에 명시되어 있지는 않지만 우리는 다음 내용과 관련해서 결정을 해야 한다.

"새 노드를 추가할 때, 리스트의 머리와 꼬리 중 어디에 저장을 할 것인가?"

두 가지 방법 모두 장점과 단점이 있다. 우선 머리에 추가할 경우의 장점과 단점은 다음과 같다.

- **장점**   포인터 변수 tail이 불필요하다.
- **단점**   저장된 순서를 유지하지 않는다.

반면 꼬리에 추가할 경우의 장점과 단점은 다음과 같다.

- **장점**   저장된 순서가 유지된다.
- **단점**   포인터 변수 tail이 필요하다.

어떠한 방법이 더 좋다고 판단할 성격의 문제는 아니다. 하지만 학습과정에서는, 그리고 구현까지 해야 한다면 머리에 추가하는 방법을 필자는 선호하는데 그 이유는 다음과 같다.

"포인터 변수 tail을 유지하기 위해서 넣어야 할 부가적인 코드가 번거롭게 느껴질 수 있다. 게다가 리스트 자료구조는 저장된 순서를 유지해야 하는 자료구조가 아니다!"

참고로 비교적 많은 수의 자료구조 서적들도 노드를 머리에 추가하는 방식으로 연결 리스트를 구현한다. 그러니 이 방법을 택하는 것은 필자 개인의 취향만으로 보지 않았으면 좋겠다.

자! 그럼 새로 추가된 함수 SetSortRule에 대해서 이야기해 보자. 이 함수와 관련된 내용은 이후에 별도로 설명을 하겠지만, 그에 앞서 여러분은 C언어의 '함수 포인터'를 잘 알고 있어야 한다. 만약에 함수 포인터를 잘 알고 있다면, 다음 함수의 매개변수 선언이 의미하는 바를 모르지 않을 것이다.

    void SetSortRule(List * plist, int (*comp)(LData d1, LData d2));

이 함수는 연결 리스트의 정렬기준을 지정하기 위한 함수이다. 정렬의 기준이란 것이 정수를 대상으로 보면 수의 크기가 전부이지만, 경우에 따라서는 알파벳의 순서나 이름과 같은 문자열 길이의 길고 짧음이 대상이 될 수도 있다. 따라서 다양한 가능성을 염두에 두고 ADT를 정의해야 실제 쓸모 있는 자료구조를 만들 수 있다. 자! 그럼 위 함수의 두 번째 매개변수 선언을 보자.

    int (*comp)(LData d1, LData d2)

함수 포인터를 잘 알고 있다면, SetSortRule 함수의 매개변수 선언에 있어서 이것이 의미하는 바가 다음과 같음을 알 수 있을 것이다.

"반환형이 int이고 LData형 인자를 두 개 전달받는 함수의 주소 값을 두 번째 인자로 전달해라!"

따라서 다음과 같이 정의된 함수의 주소 값이 SetSortRule 함수의 두 번째 인자가 될 수 있다.

```
int WhoIsPrecede(LData d1, LData d2)      // typedef int LData;
{
    if(d1 < d2)
        return 0;      // d1이 정렬 순서상 앞선다.
    else
        return 1;      // d2가 정렬 순서상 앞서거나 같다.
}
```

그리고 SetSortRule의 두 번째 인자로 전달되는 함수는 위의 함수 정의에서 보이듯이 다음 조건을 갖춰서 정의해야 하는 것으로 결정하겠다!

"매개변수인 d1에 전달되는 인자가 정렬 순서상 앞서서 head에 더 가까워야 하는 경우에는 0을 반환하고, 매개변수인 d2에 전달되는 인자가 정렬 순서상 앞서거나 같은 경우에는 1을 반환한다."

이렇듯 반환 값이 어떻게 되고 또 그것이 어떤 의미를 갖는지는, 연결 리스트를 구현하는 우리들이 결정할 문제이다! 따라서 이는 얼마든지 바꿀 수 있다. 필자는 반환 값을 0과 1로 제한했지만, 더 다양한 반환 값과 의미를 부여해도 된다.

그럼 예를 들어서 D1과 D2라는 데이터가 있다고 가정해보자. 그리고 이를 대상으로 다음과 같이 함수를 호출한다고 가정해보자.

```
int cr = WhoIsPrecede(D1, D2);
```

그 결과 cr에 반환된 값이 0이라면 D1이 정렬 순서상 앞선다는 의미이므로, D1과 D2는 다음의 순서로 저장되어야 한다.

  head . . . D1 . . D2 . . . tail   D1이 head에 더 가깝다.

반대로 cr에 반환된 값이 1이라면 D2가 정렬 순서상 앞선다는 의미이므로, D1과 D2는 다음의 순서로 저장되어야 한다.

  head . . . D2 . . D1 . . . tail   D2가 head에 더 가깝다.

우선은 이 정도만 설명하겠다. SetSortRule 함수가 어떻게 활용되고, 또 연결 리스트 내부적으로 어떠한 의미를 지니는지는 천천히 설명하기로 하겠다.

❏ 우리가 구현할 더미 노드(Dummy Node) 기반의 단순 연결 리스트

앞서 예제 LinkedRead.c에서 구현한 연결 리스트는 다음의 구조를 지녔다.

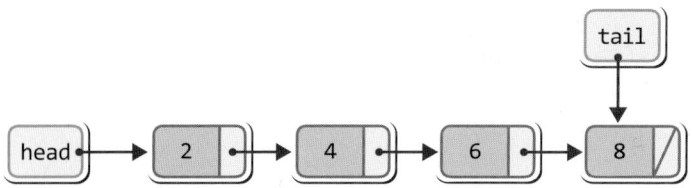

▶ [그림 04-17: head와 tail이 포인터 변수인 연결 리스트]

위 그림에서 보이듯이 첫 번째 노드는 포인터 변수 head가 가리킨다는 점에서 다른 노드들과 차이가 있다. 때문에, 이미 느꼈는지 모르겠지만 다음과 같은 단점이 있었다.

"노드를 추가, 삭제 그리고 조회하는 방법에 있어서 첫 번째 노드와 두 번째 이후의 노드에 차이가 있습니다."

앞서 보인 예제 LinkedRead.c에서도 이러한 사실을 발견할 수 있다. 특히 이후에 구현할 연결 리스트에서는 그 차이가 더 커지기 때문에 이는 분명 단점이라 할 수 있다. 그래서 필자는 다음의 구조로 연결 리스트를 구현하고자 한다.

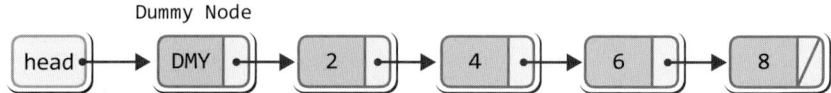

▶ [그림 04-18: 더미 노드가 추가된 형태의 연결 리스트]

우선 포인터 변수 tail이 사라졌다. 노드를 앞에서부터 채우기로 하였으니 이는 불필요하다. 그리고 리스트의 맨 앞에 '더미 노드(dummy node)'라는 것을 넣어 두었다. 이는 유효한 데이터를 지니지 않는 그냥 빈 노드를 일컫는 말이다.
하지만 이렇듯 빈 노드를 미리 넣어 두면, 처음 추가되는 노드가 구조상 두 번째 노드가 되므로 노드의 추가, 삭제 및 조회의 과정을 일관된 형태로 구성할 수 있다.

문제 04-2 [더미 노드를 적용했을 때의 코드변화 확인하기]

더미 노드의 유무에 따른 코드의 변화를 직접 경험하는 것은 코드의 이해력을 높이는데 도움이 된다. 그래서 LinkedRead.c에서 생성하는 연결 리스트에 더미 노드를 추가하고, 그에 따른 코드의 변화를 직접 확인하기로 하겠다. 이 예제는 리스트의 끝에다가 노드를 추가하는 방식이므로 head와 tail이 모두 필요하다. 따라서 다음의 형태로 구성을 해야 한다.

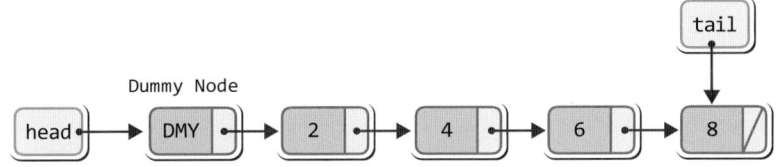

▶ [그림 04-19: 예제 LinkedRead.c의 더미 노드 구성]

더미 노드를 추가한다고 해서 더 복잡해지는 건 아니니 걱정하지 말자. 맥을 정확히 짚으면 보다 간결해지는 코드를 보면서 흥이 날 테니 말이다.

▢ 정렬 기능이 추가된 연결 리스트의 구조체와 헤더파일의 정의

다음은 노드를 표현한 구조체의 정의이다. 그리고 연결 리스트의 구현에서 이는 결코 빠지지 않는다.

```
typedef struct _node        // typedef int LData
{
    LData data;
    struct _node * next;
} Node;
```

그런데 연결 리스트의 구현에 필요한 다음 유형의 변수들은 별도의 구조체로 묶지 않고 그냥 main 함수의 지역변수로 선언하기도 하고, 더 나쁜 경우에는 전역변수로 선언하기도 한다.

- Node * head;   연결 리스트의 머리를 가리키는 포인터 변수
- Node * cur;   참조를 위한 포인터 변수

단순히 연결 리스트가 어떠한 흐름을 갖는지 코드 수준에서만 공부한다면 괜찮을지 모르겠다. 하지만 그것이 전부가 아니라면 위 유형의 포인터 변수들은 main 함수 내에도 전역변수로도 선언해서는 절대 안된다. 그 이유 중 하나를 말하기 위해서 질문을 드리겠다.

"프로그램을 구현하는데 있어서 배열이 몇 개 필요한가요?"

물론 정답은 없지만 다수의 배열이 필요하다. 즉 절대 하나라고 답을 해서는 안 된다. 마찬가지이다. 리스트 자료구조도 하나만 사용되는 법이 없다. 필요에 따라서 다수의 리스트 자료구조가 필요하다. 때문에 다수의 리스트가 필요한 상황에서 head와 cur과 같은 포인터 변수를 전역변수로 선언해야 한다면, 다음과 같이 상상하기 싫은 코드를 만들 수 밖에 없다.

```
#include <stdio.h>
Node * headOne, * curOne;            // 리스트 한 세트
. . . .
Node * headTwo, * curTwo;            // 리스트 두 세트
. . . .
Node * headThree, * curThree;        // 리스트 세 세트
. . . .

int main(void)
{
    . . . .
    return 0;
}
```

물론 이것이 이유의 전부는 아니다. 리스트를 하나만 필요로 한다 하더라도 위와 같은 구현방식은 프로그램의 구조를 좋지 못한 형태로 이끄는 원인이 된다. 따라서 head와 cur과 같은 포인터 변수를 묶어서 다음과 같이 연결 리스트를 의미하는 구조체를 별도로 정의해야 한다.

```
typedef struct _linkedList
{
    Node * head;                          // 더미 노드를 가리키는 멤버
    Node * cur;                           // 참조 및 삭제를 돕는 멤버
    Node * before;                        // 삭제를 돕는 멤버
    int numOfData;                        // 저장된 데이터의 수를 기록하기 위한 멤버
    int (*comp)(LData d1, LData d2);      // 정렬의 기준을 등록하기 위한 멤버
} LinkedList;
```

이는 Chapter 03에서 정의한 구조체 ArrayList와 그 성격이 동일하다. ArrayList가 배열 기반 리스트를 표현한 결과라면, LinkedList는 연결 기반 리스트를 표현한 결과이다. 그리고 구조체의 멤버 중에서 before와 comp의 용도가 궁금할 텐데, 이는 연결 리스트의 구현을 보이면서 소개하기로 하겠다. 그럼 이제 우리가 구현할 '더미 노드 기반의 정렬 삽입도 되고, 정렬 삽입의 기준도 바꿀 수 있는 무지 좋은 연결 리스트'를 위한 헤더파일을 소개하겠다.

✚ **DLinkedList.h**

```
1.  #ifndef __D_LINKED_LIST_H__
2.  #define __D_LINKED_LIST_H__
3.
4.  #define TRUE     1
5.  #define FALSE    0
6.
7.  typedef int LData;
8.
9.  typedef struct _node
10. {
11.     LData data;
12.     struct _node * next;
13. } Node;
14.
15. typedef struct _linkedList
16. {
17.     Node * head;
18.     Node * cur;
19.     Node * before;
20.     int numOfData;
21.     int (*comp)(LData d1, LData d2);
22. } LinkedList;
23.
24. typedef LinkedList List;
25.
26. void ListInit(List * plist);
27. void LInsert(List * plist, LData data);
28.
29. int LFirst(List * plist, LData * pdata);
30. int LNext(List * plist, LData * pdata);
31.
32. LData LRemove(List * plist);
33. int LCount(List * plist);
34.
35. void SetSortRule(List * plist, int (*comp)(LData d1, LData d2));
36.
37. #endif
```

위의 헤더파일에 선언된 함수는 Chapter 03에서 보인 배열 기반 리스트의 헤더파일에 선언된 함수와 동일하다. 다만 정렬기준의 지정을 목적으로 SetSortRule 함수의 선언이 추가되었을 뿐이다. 참고로 이 함수에 대해서는 연결 리스트를 구현한 다음에 별도로 언급하겠다.

■ 더미 노드(Dummy Node) 기반의 단순 연결 리스트 구현1: 리스트 초기화와 노드 삽입

다음은 연결 리스트를 표현한 구조체의 정의이다. 연결 리스트를 생성하기 원한다면 다음 구조체의 변수를 하나 선언하거나 동적으로 할당하면 된다. 따라서 이후로는 다음 구조체의 변수를 가리켜 그냥 '리스트'라 하겠다.

```
typedef struct _linkedList
{
    Node * head;
    Node * cur;
    Node * before;
    int numOfData;
    int (*comp)(LData d1, LData d2);
} LinkedList;
```

위 구조체의 변수가 선언되면 이를 대상으로 초기화를 진행해야 하는데, 이때 호출되는 함수는 다음과 같다.

```
void ListInit(List * plist)
{
    plist->head = (Node*)malloc(sizeof(Node));    // 더미 노드의 생성
    plist->head->next = NULL;
    plist->comp = NULL;
    plist->numOfData = 0;
}
```

그리고 위의 초기화 결과를 그림으로 정리하면 다음과 같다. 이 그림에서 중요한 사실은 더미 노드가 존재한다는 점이다.

▶ [그림 04-20: 더미 노드 리스트의 초기화 결과]

위 그림에 표현되진 않았지만 리스트의 멤버 comp가 NULL로, 멤버 numOfData가 0으로 초기화된다는 사실을 더불어 기억하자. 이제 위의 상황에서 노드의 추가를 위해 호출되는 함수는 다음과 같다.

```
void LInsert(List * plist, LData data)
{
    if(plist->comp == NULL)              // 정렬기준이 마련되지 않았다면,
        FInsert(plist, data);            // 머리에 노드를 추가!
```

```
        else                         // 정렬기준이 마련되었다면,
            SInsert(plist, data);    // 정렬기준에 근거하여 노드를 추가!
}
```

위의 함수에서 보이듯이 노드의 추가는 리스트의 멤버 comp에 무엇이 저장되어 있느냐에 따라서 FInsert 또는 SInsert 함수를 통해서 진행이 된다. 그런데 이 두 함수 모두 헤더파일에 선언된 함수가 아니다. 즉 리스트를 사용하는 프로그래머는 이 두 함수를 직접 호출할 수 없다. 리스트 내부적으로 호출이 되도록 정의된 함수들이기 때문이다. 그럼 먼저 comp가 NULL일 때 호출되는 FInsert 함수를 보자.

```
void FInsert(List * plist, LData data)
{
    Node * newNode = (Node*)malloc(sizeof(Node));    // 새 노드 생성
    newNode->data = data;                            // 새 노드에 데이터 저장

    newNode->next = plist->head->next;               // 새 노드가 다른 노드를 가리키게 함
    plist->head->next = newNode;                     // 더미 노드가 새 노드를 가리키게 함

    (plist->numOfData)++;                            // 저장된 노드의 수를 하나 증가시킴
}
```

위의 함수를 이해하기 위해서는 현재 포인터 변수 head가 NULL이 아닌, 더미 노드를 가리키고 있다는 사실을 잊지 말아야 한다. 그리고 위의 함수에는 if…else 구문이 없다는 사실에도 주목할 필요가 있다. 이는 모든 노드의 추가과정이 일관되게 정의되었음을 뜻하는 것이며, 이것이 바로 더미 노드가 주는 이점이기 때문이다.

그럼 현재 연결 리스트에 4와 6이 저장된 상태에서 위의 함수가 다음과 같이 호출되었다고 가정해보자.

```
FInsert(plist, 2);    // plist는 리스트의 주소를 담고 있는 포인터 변수
```

그러면 이어서 다음 두 문장이 차례로 실행된다.

```
void FInsert(List * plist, LData data)
{
    Node * newNode = (Node*)malloc(sizeof(Node));    // 새 노드 생성
    newNode->data = data;                            // 새 노드에 데이터 저장
    . . . .
}
```

그리고 그 결과를 그림으로 표현하면 다음과 같다.

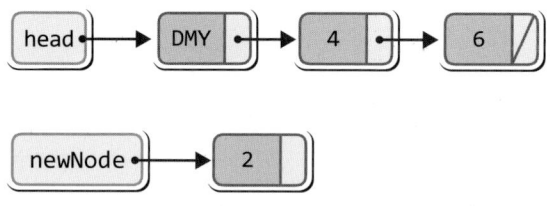

▶ [그림 04-21: FInsert 함수의 호출 1/2]

이어서 다음 두 문장이 실행된다.

```
void FInsert(List * plist, LData data)
{
    . . . .
    newNode->next = plist->head->next;    // 새 노드가 다른 노드를 가리키게 함
    plist->head->next = newNode;          // 더미 노드가 새 노드를 가리키게 함
    . . . .
}
```

그리고 그 결과를 그림으로 표현하면 다음과 같다.

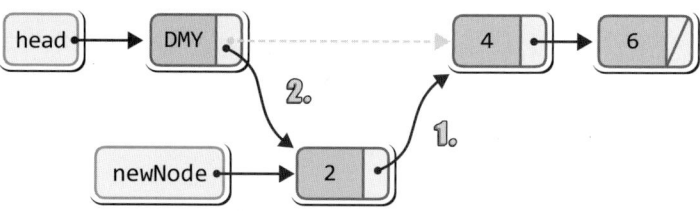

▶ [그림 04-22: FInsert 함수의 호출 2/2]

이렇게 해서 comp가 NULL일 때 노드의 추가과정을 모두 보였다. 이어서 리스트의 멤버 comp가 NULL이 아닐 때 호출되는 SInsert 함수에 대해서 설명할 차례인데, 이는 잠시 뒤로 미루고 조회와 삭제에 대해서 먼저 설명하겠다.

❏ 더미 노드(Dummy Node) 기반의 단순 연결 리스트 구현2: 데이터 조회

우리가 정의한 리스트 ADT를 기준으로 '조회'하면 떠오르는 두 함수는 LFirst와 LNext이다. 이 두 함수의 기능은 배열 리스트의 LFirst 그리고 LNext와 동일하니, 기능 및 사용법에 관한 설명을 추가하지는 않겠다. 그럼 먼저 LFirst 함수를 볼 텐데 아래의 주석에서 말하는 '첫 번째 노드'는 더미 노드의 다음에 연결된 노드를 뜻하는 것임에 유의하자. 그리고 이후로도 더미 노드의 다음에 연결된 노드를 가리켜 '첫 번째 노드'라 하겠다.

```
int LFirst(List * plist, LData * pdata)
{
    if(plist->head->next == NULL)        // 더미 노드가 NULL을 가리킨다면,
        return FALSE;                    // 반환할 데이터가 없다!

    plist->before = plist->head;         // before는 더미 노드를 가리키게 함
    plist->cur = plist->head->next;      // cur은 첫 번째 노드를 가리키게 함

    *pdata = plist->cur->data;           // 첫 번째 노드의 데이터를 전달
    return TRUE;                         // 데이터 반환 성공!
}
```

위 함수의 핵심이 되는 두 문장은 다음과 같다.

```
plist->before = plist->head;             // before는 더미 노드를 가리키게 함
plist->cur = plist->head->next;          // cur은 첫 번째 노드를 가리키게 함
```

그리고 리스트에 2, 4, 6, 8이 저장된 상황에서 LFirst 함수가 호출되고, 이어서 위의 두 문장이 실행되었을 때의 상황을 그림으로 정리하면 다음과 같다.

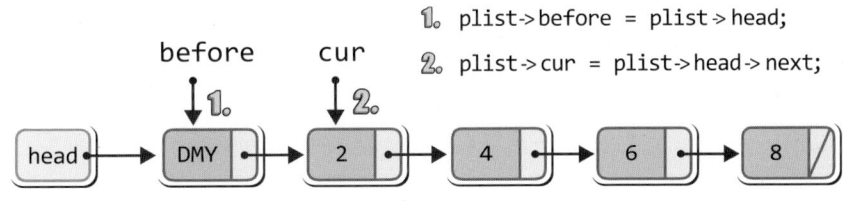

▶ [그림 04-23: LFirst 함수의 호출결과]

때문에 이어서 실행되는 다음 문장을 통해서 첫 번째 데이터가 전달된다(반환된다).

```
*pdata = plist->cur->data;               // 첫 번째 노드의 데이터를 전달
```

그렇다면 리스트 구조체의 멤버에 before를 둬서 멤버 cur보다 하나 앞선 노드(그림상에서 한 칸 왼편에 위치한 노드)를 가리키게 하는 이유는 무엇일까? 이는 잠시 후에 설명하는 '노드의 삭제'와 관련이 있

으니 일단은 before가 cur보다 하나 앞선 노드를 가리킨다는 사실에 주목하자. 그리고 이 관계는 이어서 소개하는 LNext 함수가 호출되어도 유지되어야 한다.

```
int LNext(List * plist, LData * pdata)
{
    if(plist->cur->next == NULL)          // cur이 NULL을 가리킨다면,
        return FALSE;                      // 반환할 데이터가 없다!

    plist->before = plist->cur;           // cur이 가리키던 것을 before가 가리킴
    plist->cur = plist->cur->next;        // cur은 그 다음 노드를 가리킴

    *pdata = plist->cur->data;            // cur이 가리키는 노드의 데이터 전달
    return TRUE;                           // 데이터 반환 성공!
}
```

이렇듯 LNext 함수는 LFirst 함수와 많이 유사하다. 그리고 LFirst 함수와 유사하게 다음 두 문장을 LNext 함수의 핵심이라 할 수 있다.

```
plist->before = plist->cur;               // cur이 가리키던 것을 before가 가리킴
plist->cur = plist->cur->next;            // cur은 그 다음 노드를 가리킴
```

그리고 다음 그림에서 보이듯이 위의 두 문장을 실행한 결과로 cur과 before는 가리키는 대상을 하나씩 오른쪽으로 이동하게 된다.

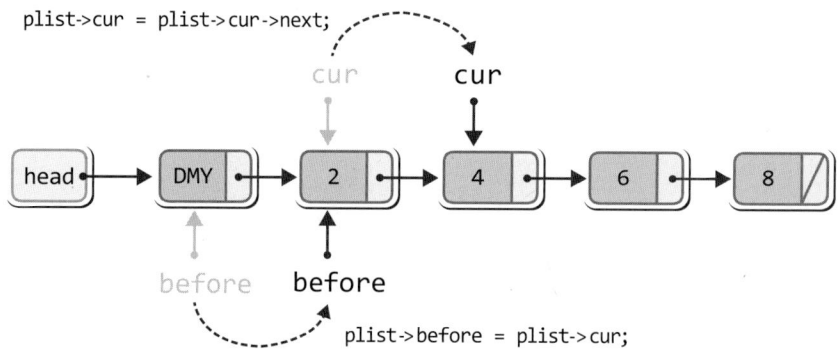

▶ [그림 04-24: LNext 함수의 호출결과]

이렇듯 cur이 마지막 노드를 가리킬 때까지 LNext 함수가 호출되면, cur과 before가 한 칸씩 다음 노드로 이동을 하니 cur을 이용해서 모든 데이터를 참조하게 된다.

더미 노드(Dummy Node) 기반의 단순 연결 리스트 구현3: 노드의 삭제

연결 리스트에서 데이터의 추가만큼이나 신경 써야 할 것이 삭제이다. 그리고 삭제를 담당하는 LRemove 함수를 구현하기에 앞서 그림으로 삭제의 과정을 파악해야 한다. 이전에 구현한 배열 기반 리스트에서와 마찬가지로 LRemove 함수의 기능은 다음과 같다.

"바로 이전에 호출된 LFirst 혹은 LNext 함수가 반환한 데이터를 삭제한다."

그럼 다음의 상황에서 LRemove 함수가 호출되었다고 가정해보자.

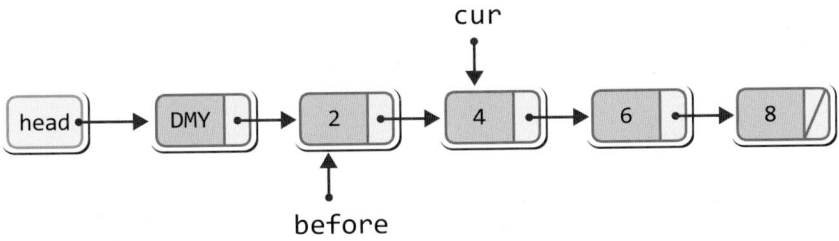

▶ [그림 04-25: LRemove 함수가 호출되기 직전의 상황]

상황이 위와 같다는 것은 LNext 함수의 호출을 통해서 4가 반환되었다는 뜻이다. 따라서 LRemove 함수의 호출 시 소멸시켜야 하는 노드는 현재 cur이 가리키는, 4가 저장된 노드이다. 따라서 삭제의 최종 결과는 다음과 같다.

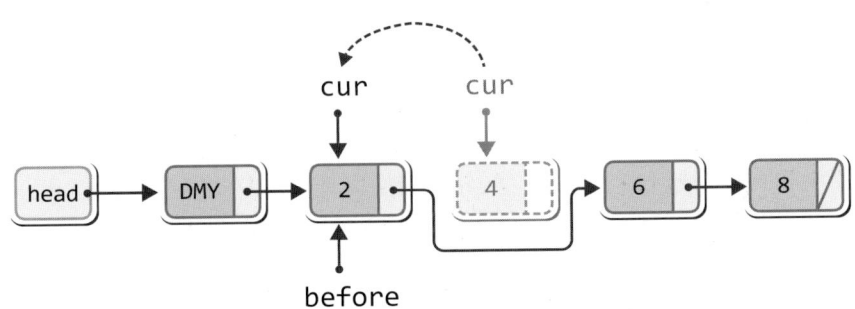

▶ [그림 04-26: LRemove 함수의 호출결과]

위의 그림에서 주목할 것은 cur의 위치가 재조정되었다는 사실이다. 4가 저장된 노드가 지워졌다고 해서 6이 저장된 노드를 가리키게 해서는 안 된다. 그렇게 되면 6까지 참조가 이뤄졌다는 뜻이 되기 때문이다. 따라서 cur이 가리키는 위치를 한 칸 왼쪽으로 이동시켜야 한다. 그리고 이렇듯 cur의 위치를 한 칸 왼쪽으로 이동시키기 위해서는 before의 도움이 필요하다.

"cur만 한 칸 왼쪽으로 이동시키면, before와 cur이 동일한 위치를 가리키게 되니까 before도 한 칸 왼쪽으로 이동시켜야 하는 것 아닌가요?"

재차 LFirst 또는 LNext 함수가 호출되면 before는 다시 cur보다 하나 앞선 노드를 가리키게 되므로, 굳이 이 상황에서 before의 위치까지 재조정할 필요는 없다. 무엇보다도 노드들이 한쪽 방향으로만 연결되어 있기 때문에 before를 한 칸 왼쪽으로 이동시키기 위해서는 그만큼 대가를 치러야 한다. 혹자는 그냥 불가능하다고 말하기도 하는데, 이는 별도의 과정을 거쳐야 함을 조금 과장되게 표현한 것이다. 자! 그럼 LRemove 함수를 보이겠다.

```
LData LRemove(List * plist)
{
    Node * rpos = plist->cur;           // 소멸 대상의 주소 값을 rpos에 저장
    LData rdata = rpos->data;           // 소멸 대상의 데이터를 rdata에 저장

    plist->before->next = plist->cur->next;    // 소멸 대상을 리스트에서 제거
    plist->cur = plist->before;                // cur이 가리키는 위치를 재조정!

    free(rpos);                         // 리스트에서 제거된 노드 소멸
    (plist->numOfData)--;               // 저장된 데이터의 수 하나 감소
    return rdata;                       // 제거된 노드의 데이터 반환
}
```

그림 [그림 04-25]의 상황에서 위의 함수가 호출이 되고, 이어서 다음 두 문장이 실행되었다고 가정해 보자.

```
LData LRemove(List * plist)
{
    Node * rpos = plist->cur;           // 소멸 대상의 주소 값을 rpos에 저장
    LData rdata = rpos->data;           // 소멸 대상의 데이터를 rdata에 저장
    . . . .
}
```

그러면 rpos는 cur과 같은 곳을 가리키게 되어 다음의 상황에 놓이게 된다.

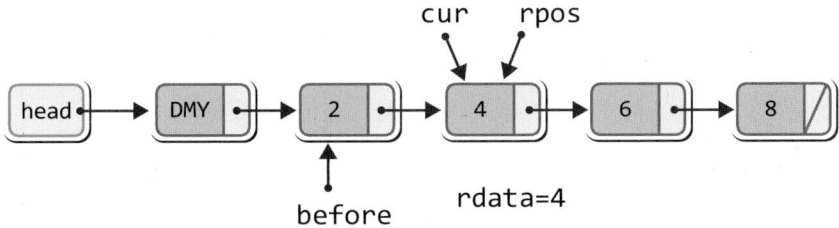

▶ [그림 04-27: LRemove 함수의 호출 1/3]

이로써 삭제를 위한 기본적인 준비는 갖춰진 셈이다. 따라서 다음 두 문장을 이어서 실행하게 된다.

```
LData LRemove(List * plist)
{
    . . . .
    plist->before->next = plist->cur->next;    // 소멸 대상을 리스트에서 제거
    plist->cur = plist->before;                // cur이 가리키는 위치를 재조정!
    . . . .
}
```

그리고 그 결과는 다음과 같다.

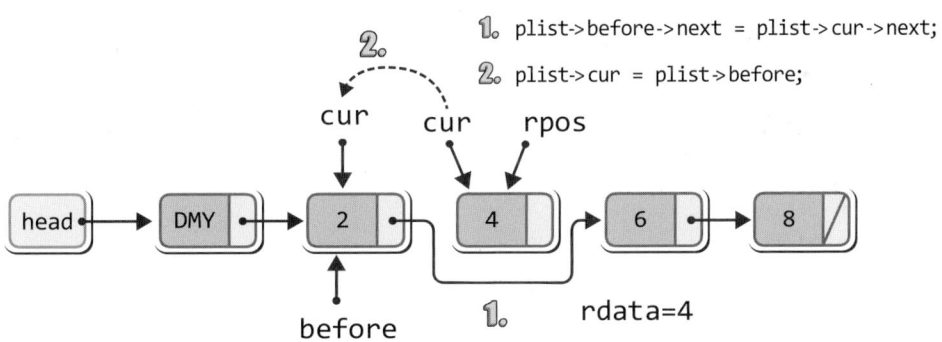

▶ [그림 04-28: LRemove 함수의 호출 2/3]

위의 단계까지만 진행되어도 일단 리스트에서 노드는 제거된 셈이다. 따라서 마지막으로 할 일은 제거된 노드를 완전히 소멸시키면서 데이터의 수를 하나 감소시키고, 이어서 제거된 노드에 저장된 값을 반환하는 일인데, 이는 다음 세 문장에 의해서 실행이 된다.

```
LData LRemove(List * plist)
{
    . . . .
    free(rpos);                // 리스트에서 제거된 노드 소멸
    (plist->numOfData)--;      // 저장된 데이터의 수 하나 감소
    return rdata;              // 제거된 노드의 데이터 반환
}
```

이로써 노드의 제거는 완전히 끝이 났다. 그리고 그 결과는 다음과 같이 정리할 수 있다.

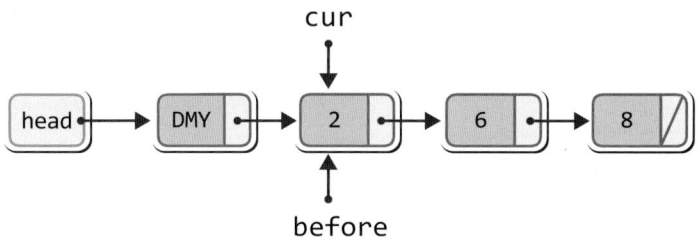

▶ [그림 04-29: LRemove 함수의 호출 3/3]

지금까지 삭제의 과정을 설명하였는데, 필자가 그랬듯이 여러분도 이 과정을 그림으로 우선 설명할 수 있어야 한다. 그림으로 설명이 가능해야 코드로도 구현이 가능하기 때문이다.

■ 더미 노드(Dummy Node) 기반의 단순 연결 리스트 구현4: 하나로 묶기

모든 것을 설명한 듯 보이나 아직 정렬 삽입에 관한 부분을 설명하지 않았다. 하지만 지금까지 우리가 이해한 내용만 가지고도 예제를 작성해서 그 결과를 확인할 수 있다. 그럼 지금까지 구현한 연결 리스트의 결과를 담고 있는 헤더파일과 소스파일을 아래에 보이겠다. 비록 헤더파일은 앞서 제시하였지만, 정리차원에서 다시 한번 보이겠다.

❖ DLinkedList.h

```
1.  #ifndef __D_LINKED_LIST_H__
2.  #define __D_LINKED_LIST_H__
3.
4.  #define TRUE    1
5.  #define FALSE   0
6.
7.  typedef int LData;
8.
9.  typedef struct _node
10. {
```

```
11.        LData data;
12.        struct _node * next;
13. } Node;
14.
15. typedef struct _linkedList
16. {
17.        Node * head;
18.        Node * cur;
19.        Node * before;
20.        int numOfData;
21.        int (*comp)(LData d1, LData d2);
22. } LinkedList;
23.
24. typedef LinkedList List;
25.
26. void ListInit(List * plist);
27. void LInsert(List * plist, LData data);
28.
29. int LFirst(List * plist, LData * pdata);
30. int LNext(List * plist, LData * pdata);
31.
32. LData LRemove(List * plist);
33. int LCount(List * plist);
34.
35. void SetSortRule(List * plist, int (*comp)(LData d1, LData d2));
36.
37. #endif
```

✤ DLinkedList.c

```
1.  #include <stdio.h>
2.  #include <stdlib.h>
3.  #include "DLinkedList.h"
4.
5.  void ListInit(List * plist)
6.  {
7.      plist->head = (Node*)malloc(sizeof(Node));
8.      plist->head->next = NULL;
9.      plist->comp = NULL;
10.     plist->numOfData = 0;
11. }
12.
13. void FInsert(List * plist, LData data)
14. {
15.     Node * newNode = (Node*)malloc(sizeof(Node));
```

```
16.        newNode->data = data;
17.
18.        newNode->next = plist->head->next;
19.        plist->head->next = newNode;
20.
21.        (plist->numOfData)++;
22. }
23.
24. void SInsert(List * plist, LData data)
25. {
26.        // 잠시 후에 소개하고 설명합니다.
27. }
28.
29. void LInsert(List * plist, LData data)
30. {
31.        if(plist->comp == NULL)
32.            FInsert(plist, data);
33.        else
34.            SInsert(plist, data);
35. }
36.
37. int LFirst(List * plist, LData * pdata)
38. {
39.        if(plist->head->next == NULL)
40.            return FALSE;
41.
42.        plist->before = plist->head;
43.        plist->cur = plist->head->next;
44.
45.        *pdata = plist->cur->data;
46.        return TRUE;
47. }
48.
49. int LNext(List * plist, LData * pdata)
50. {
51.        if(plist->cur->next == NULL)
52.            return FALSE;
53.
54.        plist->before = plist->cur;
55.        plist->cur = plist->cur->next;
56.
57.        *pdata = plist->cur->data;
58.        return TRUE;
59. }
60.
61. LData LRemove(List * plist)
62. {
```

```
63.        Node * rpos = plist->cur;
64.        LData rdata = rpos->data;
65.
66.        plist->before->next = plist->cur->next;
67.        plist->cur = plist->before;
68.
69.        free(rpos);
70.        (plist->numOfData)--;
71.        return rdata;
72.    }
73.
74.    int LCount(List * plist)
75.    {
76.        return plist->numOfData;
77.    }
78.
79.    void SetSortRule(List * plist, int (*comp)(LData d1, LData d2))
80.    {
81.        // 잠시 후에 소개하고 설명합니다.
82.    }
```

다음은 위의 연결 리스트를 기반으로 작성된 main 함수와 그 실행결과이다.

✤ DLinkedListMain.c

```
1.    #include <stdio.h>
2.    #include "DLinkedList.h"
3.
4.    int main(void)
5.    {
6.        // 리스트의 생성 및 초기화 ///////
7.        List list;
8.        int data;
9.        ListInit(&list);
10.
11.       // 5개의 데이터 저장
12.       LInsert(&list, 11); LInsert(&list, 11);
13.       LInsert(&list, 22); LInsert(&list, 22);
14.       LInsert(&list, 33);
15.
16.       // 저장된 데이터의 전체 출력 ///////
17.       printf("현재 데이터의 수: %d \n", LCount(&list));
18.
19.       if(LFirst(&list, &data))
20.       {
```

```
21.            printf("%d ", data);
22.
23.         while(LNext(&list, &data))
24.            printf("%d ", data);
25.      }
26.      printf("\n\n");
27.
28.      // 숫자 22을 검색하여 모두 삭제 ////////
29.      if(LFirst(&list, &data))
30.      {
31.         if(data == 22)
32.            LRemove(&list);
33.
34.         while(LNext(&list, &data))
35.         {
36.            if(data == 22)
37.               LRemove(&list);
38.         }
39.      }
40.
41.      // 삭제 후 남아있는 데이터 전체 출력 ////////
42.      printf("현재 데이터의 수: %d \n", LCount(&list));
43.
44.      if(LFirst(&list, &data))
45.      {
46.         printf("%d ", data);
47.
48.         while(LNext(&list, &data))
49.            printf("%d ", data);
50.      }
51.      printf("\n\n");
52.      return 0;
53. }
```

✤ 실행결과: DLinkedList.h, DLinkedList.c, DLinkedListMain.c

```
command prompt

현재 데이터의 수: 5
33 22 22 11 11

현재 데이터의 수: 3
33 11 11
```

위의 main 함수는 배열 기반 리스트를 테스트할 때 사용한 Chapter 03의 ListMain.c의 main 함수와 완전히 동일하다. 즉 우리가 구현한 두 리스트 자료구조는 서로 대체가 가능하다. 그것도 소스코드의 변경 없이 대체가 가능하다.

하지만 실행결과는 Chapter 03의 ListMain.c와 차이가 있다. 이유는 이미 알고 있을 것이다. 배열 리스트의 구현과 달리 연결 리스트에서는 새로운 노드를 리스트의 앞 부분에 추가하는 형태로 구현했기 때문이다. 잠시 후에는 정렬 기능을 활용해서 실행결과가 Chapter 03의 ListMain.c와 동일해지도록 수정할 것이다.

문제 04-3 [연결 리스트에 구조체 변수의 주소 값 저장하기]

앞서 Chapter 03에서는 다음의 파일들을 하나의 프로젝트로 묶어서 컴파일하고 그 결과를 확인하였다.

```
Point.h, Point.c, ArrayList.h, ArrayList.c, PointListMain.c
```

이번에도 PointListMain.c의 main 함수를 변경하지 않고 컴파일하여 그 결과를 확인하고자 한다. 단 ArrayList.h, ArrayList.c를 대신해서 DLinkedList.h, DLinkedList.c를 사용해서 그 결과를 확인해야 한다. 물론 그 과정에서 typedef 선언 및 헤더파일 선언의 일부 변경은 있을 수 있다.

아직 더미 기반 연결 리스트의 모든 설명이 끝난 것은 아니다. 이어서 정렬과 관련된 설명이 이어진다. 하지만 이미 한참을 달려온 여러분께 쉼과 복습의 기회를 드리고자 여기서 일단락을 짓고자 한다.

04-3 연결 리스트의 정렬 삽입의 구현

이제 정렬에 관한 부분을 설명할 차례인데 정렬의 기준을 프로그래머가 직접 결정할 수 있도록 ADT를 정의한 만큼 코드의 난이도가 약간 높다고 생각할 수 있다. 하지만 자료구조를 공부하는 여러분인 만큼 이 정도의 난이도를 충분히 소화할 수 있어야 한다.

❏ 연결 리스트에서의 정렬기준 설정과 관련된 부분

우리가 구현한 연결 리스트에서 정렬기준의 설정과 관련 있는 부분은 다음과 같다. 따라서 이들은 하나로 묶어서 이해해야 한다.

- 연결 리스트의 정렬기준이 되는 함수를 등록하는 SetSortRule 함수
- SetSortRule 함수를 통해서 전달된 함수정보를 저장하기 위한 LinkedList의 멤버 comp
- comp에 등록된 정렬기준을 근거로 데이터를 저장하는 SInsert 함수

위에서 언급한 세 가지를 하나의 문장으로 정리하면 다음과 같다.

"SetSortRule 함수가 호출되면서 정렬의 기준이 리스트의 멤버 comp에 등록되면, SInsert 함수 내에서는 comp에 등록된 정렬의 기준을 근거로 데이터를 정렬하여 저장한다."

이렇듯 SetSortRule 함수는 리스트의 멤버 comp를 초기화하는 함수이므로 다음과 같이 간단히 정의할 수 있다.

```
void SetSortRule(List * plist, int (*comp)(LData d1, LData d2))
{
    plist->comp = comp;
}
```

이어서 SInsert 함수를 소개하겠다. 이 함수도 리스트의 멤버 comp의 활용에 대한 부분이 생소할 뿐 나머지는 익숙한 코드들이다.

```
void SInsert(List * plist, LData data)
{
    Node * newNode = (Node*)malloc(sizeof(Node));      // 새 노드의 생성
    Node * pred = plist->head;                          // pred는 더미 노드를 가리킴
```

```
    newNode->data = data;              // 새 노드에 데이터 저장

    // 새 노드가 들어갈 위치를 찾기 위한 반복문!
    while(pred->next != NULL && plist->comp(data, pred->next->data) != 0)
    {
        pred = pred->next;             // 다음 노드로 이동
    }

    newNode->next = pred->next;        // 새 노드의 오른쪽을 연결
    pred->next = newNode;              // 새 노드의 왼쪽을 연결

    (plist->numOfData)++;              // 저장된 데이터의 수 하나 증가
}
```

위 함수의 반복문에서 보이듯이 comp에 등록된 함수의 호출결과를 기반으로 새 노드가 추가될 위치를 찾는다. 자! 그럼 위 함수의 동작원리를 설명하기 위해서, 다음과 같이 리스트가 구성된 상황이라고 가정하자.

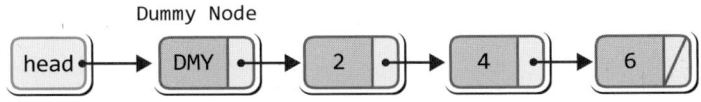

▶ [그림 04-30: 값의 대소가 정렬의 기준인 연결 리스트]

위 그림은 오름차순으로 데이터가 저장된 상황이다. 이 상황에서 다음 문장이 실행된다고 가정해보자. 참고로 이 문장에서 slist는 위 그림의 리스트를 의미한다.

```
    SInsert(&slist, 5);        // 리스트에 숫자 5를 저장!
```

위의 함수호출로 인해서 먼저 다음 세 문장이 실행된다.

```
    void SInsert(List * plist, LData data)
    {
        Node * newNode = (Node*)malloc(sizeof(Node));    // 새 노드의 생성
        Node * pred = plist->head;                       // pred는 더미 노드를 가리킴
        newNode->data = data;                            // 새 노드에 데이터 저장
        . . . .
    }
```

이로 인해서 새 노드에 숫자 5가 저장되고, 다음 그림에서 보이듯이 모든 노드를 차례로 가리키기 위해 선언된 포인터 변수 pred는 더미 노드를 가리키게 된다.

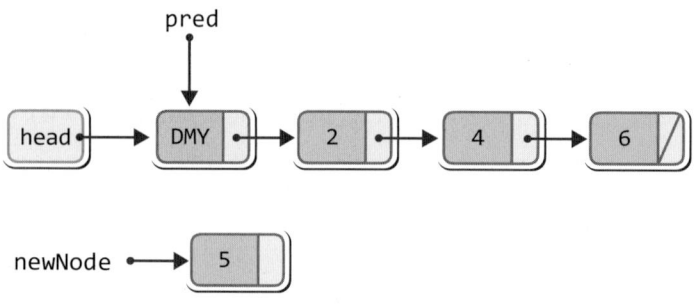

▶ [그림 04-31: SInsert 함수에서의 초기화]

위의 그림에서 포인터 변수 pred가 숫자 2가 저장된 '첫 번째 노드'가 아닌 '더미 노드'를 가리키는 이유를 이해하겠는가? 우리는 노드를 추가할 때도 포인터 변수 pred를 활용한다. 그런데 한쪽 방향으로만 연결이 형성되어 있어서 pred가 가리키는 노드의 오른쪽에는 새 노드를 추가할 수 있어도 왼쪽에는 새 노드를 추가할 수 없다. 그래서 pred는 더미 노드부터 가리키는 것이다. 그럼 이어서 실행이 되는 다음 반복문을 보자.

```
void SInsert(List * plist, LData data)
{
    . . . .
    // 새 노드가 들어갈 위치를 찾기 위한 반복문!
    while(pred->next != NULL && plist->comp(data, pred->next->data) != 0)
    {
        pred = pred->next;    // 다음 노드로 이동
    }
    . . . .
}
```

위의 반복문에 대해서는 잠시 후에 별도로 설명하겠다. 그러니 위의 반복문을 탈출하고 나면 다음 그림과 같이 pred가 가리키는 노드의 오른쪽에 새 노드가 추가되어야 한다는 사실만 인식하자.

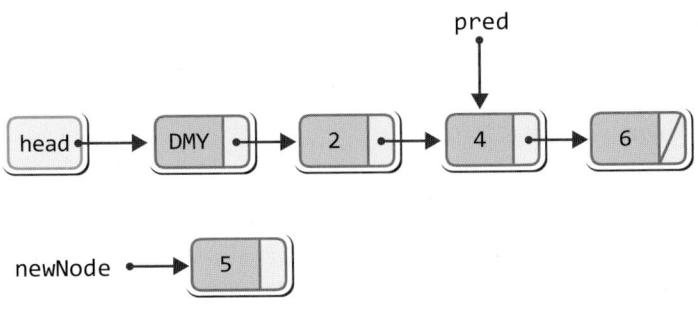

▶ [그림 04-32: SInsert 함수의 while문 탈출 이후]

이렇듯 pred는 새 노드를 추가하는데 있어서 중요한 정보를 담고 있다. 따라서 이어지는 다음 문장들을 통해서 새 노드는 제자리를 찾게 된다.

```
void SInsert(List * plist, LData data)
{
    . . . .
    newNode->next = pred->next;    // 새 노드의 오른쪽을 연결
    pred->next = newNode;          // 새 노드의 왼쪽을 연결

    (plist->numOfData)++;          // 저장된 데이터의 수 하나 증가
}
```

위의 문장들을 통한 추가의 과정 및 결과는 다음과 같다.

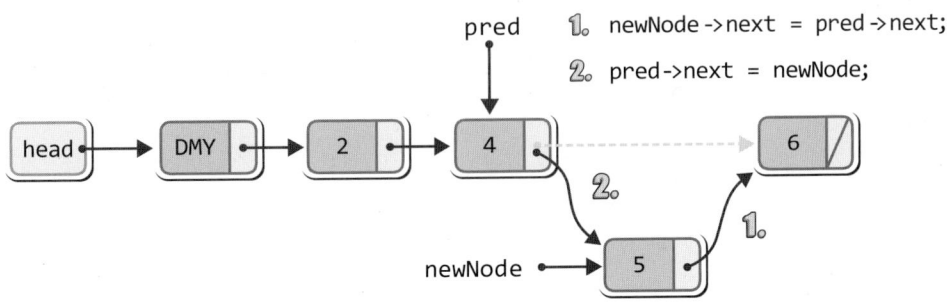

▶ [그림 04-33: SInsert 함수의 노드 추가 완료]

이로써 SInsert 함수의 노드 추가에 대한 큰 흐름은 모두 설명하였다. 남은 것은 SInsert 함수 내에 존재하는 정렬 삽입의 핵심이 되는 while문에 대한 이해이다.

☐ 정렬의 핵심인 while 반복문

SInsert 함수의 while문은 언뜻 복잡해 보이나 반복의 조건을 나누어 생각하면 별로 복잡하지 않다.

- 반복의 조건 1   pred->next != NULL
    pred가 리스트의 마지막 노드를 가리키는지 묻기 위한 연산

- 반복의 조건 2   plist->comp(data, pred->next->data) != 0
    새 데이터와 pred의 다음 노드에 저장된 데이터의 우선순위 비교를 위한 함수호출

따라서 다음 반복문이 의미하는 바는,

```
while(pred->next != NULL && plist->comp(data, pred->next->data) != 0)
{
    pred = pred->next;         // 다음 노드로 이동
}
```

다음과 같이 정리할 수 있다.

"pred가 마지막 노드를 가리키는 것도 아니고, 새 데이터가 들어갈 자리도 아직 찾지 못했다면 pred를 다음 노드로 이동시킨다."

그럼 이제 우선순위 비교를 위한 다음 함수호출에 대해 설명하겠다.

```
plist->comp(data, pred->next->data) != 0
```

comp에 등록된 함수가 반환하는 값의 종류와 그 의미는 다음과 같다.

- comp가 0을 반환
    첫 번째 인자인 data가 정렬 순서상 앞서서 head에 더 가까워야 하는 경우

- comp가 1을 반환
    두 번째 인자인 pred->next->data가 정렬 순서상 앞서서 head에 더 가까워야 하는 경우

물론 이러한 반환 값의 종류와 그 의미는 앞서 우리가 결정한 것이다. 혹 기억이 나지 않을까 싶어 그때 한 말을 다시 한번 싣겠다.

"매개변수인 d1에 전달되는 인자가 정렬 순서상 앞서서 head에 더 가까워야 하는 경우에는 0을 반환하고, 매개변수인 d2에 전달되는 인자가 정렬 순서상 앞서거나 같은 경우에는 1을 반환한다."

이제 반복문에 관한 모든 것이 명확해졌다. 첫 번째 인자로 전달된 데이터가 head에 더 가까워야 하는 경우 0을 반환하도록 약속했기 때문에 위와 같이 반복문을 구성한 것이다.

정렬의 기준을 설정하기 위한 함수의 정의

이제 마지막으로 남은 일은 정렬의 기준을 결정하는 함수, 다시 말해서 함수 SetSortRule의 인자가 될 수 있는 함수를 정의하는 일이다. 이 함수를 정의하는데 있어서 필요한 정보 두 가지를 정리하면 다음과 같다.

- 두 개의 인자를 전달받도록 함수를 정의한다.
- 첫 번째 인자의 정렬 우선순위가 높으면 0을, 그렇지 않으면 1을 반환한다.

이 두 가지만 만족한다면 어떤 함수건 SetSortRule의 인자가 될 수 있다. 그럼 위의 두 조건을 만족하는 함수를 필자가 먼저 보이겠다.

```
int WhoIsPrecede(int d1, int d2)     // typedef int LData;
{
    if(d1 < d2)
        return 0;      // d1이 정렬 순서상 앞선다.
    else
        return 1;      // d2가 정렬 순서상 앞서거나 같다.
}
```

물론 이는 앞서 한차례 보인 함수이다. 하지만 SInsert 함수를 본 이후이니 느낌이 다를 것이다. 그럼 위의 함수를 보고서 정렬의 기준을 말해보자.
첫 번째 인자인 d1이 두 번째 인자인 d2보다 그 값의 크기가 작을 때 0을 반환한다. 즉 값이 작을수록 정렬의 우선순위가 높다. 따라서 이는 '오름차순 정렬'을 위한 함수라 할 수 있다. 그렇다면 내림차순 정렬을 위해서는 위의 함수를 어떻게 바꿔야겠는가? 간단하다. 첫 번째 인자인 d1의 값이 두 번째 인자인 d2보다 클 때 0을 반환하게 하면 된다.

자! 이제 마지막으로 위의 함수를 추가해서 예제를 실행하여, 실제로 오름차순으로 정렬이 되는지 확인해 볼 차례이다. 따라서 이와 관련된 질문을 하나 하고자 한다.

"정렬의 기준인 WhoIsPrecede 함수는 어디에 위치해야 합니까?"

위 질문의 답으로 연결 리스트의 구현이 담겨있는 소스파일 DLinkedList.c를 지목했다면 제대로 된 오답이다. 우리는 프로그래머가 연결 리스트의 정렬 기준을 결정하도록 유연성을 부여하지 않았는가? 따라서 연결 리스트를 활용하는, main 함수가 정의되어 있는 소스파일을 지목했어야 옳다. 즉 다음과 같이 main 함수를 작성해야 한다.

✢ DLinkedListSortMain.c

```c
1.  #include <stdio.h>
2.  #include "DLinkedList.h"
3.
4.  int WhoIsPrecede(int d1, int d2)
5.  {
6.      if(d1 < d2)
7.          return 0;       // d1이 정렬 순서상 앞선다.
8.      else
9.          return 1;       // d2가 정렬 순서상 앞서거나 같다.
10. }
11.
12. int main(void)
13. {
14.     List list;
15.     int data;
16.     ListInit(&list);
17.
18.     SetSortRule(&list, WhoIsPrecede);      // 정렬의 기준을 등록한다!
19.
20.     LInsert(&list, 11); LInsert(&list, 11);
21.     LInsert(&list, 22); LInsert(&list, 22);
22.     LInsert(&list, 33);
23.
24.     printf("현재 데이터의 수: %d \n", LCount(&list));
25.
26.     if(LFirst(&list, &data))
27.     {
28.        printf("%d ", data);
29.
30.        while(LNext(&list, &data))
31.            printf("%d ", data);
32.     }
33.     printf("\n\n");
34.
35.     if(LFirst(&list, &data))
36.     {
37.        if(data == 22)
38.            LRemove(&list);
39.
40.        while(LNext(&list, &data))
41.        {
42.            if(data == 22)
43.                LRemove(&list);
44.        }
45.     }
```

```
46.
47.     printf("현재 데이터의 수: %d \n", LCount(&list));
48.
49.     if(LFirst(&list, &data))
50.     {
51.         printf("%d ", data);
52.
53.         while(LNext(&list, &data))
54.             printf("%d ", data);
55.     }
56.     printf("\n\n");
57.     return 0;
58. }
```

✤ 실행결과: DLinkedList.h, DLinkedList.c, DLinkedListSortMain.c

```
command prompt

현재 데이터의 수: 5
11 11 22 22 33

현재 데이터의 수: 3
11 11 33
```

한차례 긴 이야기가 끝이 났다. 그리고 여기까지 잘 이해했다면 자료구조 학습의 한 고비를 넘긴 셈이다. 하지만 이것이 연결 리스트의 전부는 아니다. 다음 Chapter에서는 연결 리스트의 또 다른 구현 모델인 '원형 연결 리스트'와 '양방향 연결 리스트'를 소개한다. 그러니 이를 잘 이해하기 위해서라도 여기서 소개한 내용을 완전히 이해하기 바란다.

문제 04-4 [정렬의 기준으로 활용되는 함수의 정의]

앞서 제시한 문제 04-3에서는 다음 Point 구조체를 기반으로 한 예제의 작성을 요구하였다.

```
typedef struct _point
{
    int xpos;      // x 좌표
    int ypos;      // y 좌표
} Point;
```

그런데 당시에는 연결 리스트에 정렬의 기준을 등록하지 않았다. 하지만 이번에는 다음의 정렬기준을 연결 리스트에 등록하여 그 결과를 확인하고자 한다.

- x 좌표의 값을 기준으로 오름차순 정렬이 되게 합니다.
- x 좌표의 값이 같은 경우에는 y 좌표를 대상으로 오름차순 정렬이 되게 합니다.

이미 알고 있겠지만, 문제 04-3의 답안에서 변경이 되어야 하는 파일은 main 함수가 담겨있는 소스파일 하나이다. 즉 생각보다 쉬운 문제이다.

[04] 프로그래밍 문제의 답안

☐ 문제 04-1의 답안

이 문제의 해결 과정에서 주의할 사실 하나는 다음과 같다.

"head 또는 tail이 NULL을 가리키는 상황과 그렇지 않은 상황에서의 노드를 추가하는 방식은 차이가 있습니다."

만약에 그림을 그려서 이 문제의 해결방법을 고민했다면, 이러한 특징을 쉽게 발견했을 것이다. 이 문제의 해결 결과와 본문의 예제 LinkedRead.c의 차이점은 데이터를 입력 받는 부분에 있으니, 비교의 편의를 위해서 아래에서는 그 부분만 나열을 하겠다.

✤ HeadAddLinkedRead.c

```
1.   int main(void)
2.   {
3.       . . . .
4.       while(1)
5.       {
6.           . . . .
7.           newNode = (Node*)malloc(sizeof(Node));
8.           newNode->data = readData;
9.           newNode->next = NULL;
10.
11.          if(head == NULL)
12.          {
13.              head = newNode;
14.              tail = newNode;
15.          }
16.          else
17.          {
18.              newNode->next = head;
19.              head = newNode;
20.          }
21.      }
22.      . . . .
23.      return 0;
24.  }
```

문제 04-2의 답안

더미 노드를 위해서 새롭게 추가되는 문장도 존재하지만, 그보다는 주석처리 되는 문장들이 더 많다. 아래의 답안에서는 main 함수만을 담았고 그 중에서 추가 및 삭제된 부분은 주석으로 표시해 두었다.

✤ DLinkedRead.c

```
1.   int main(void)
2.   {
3.       Node * head = NULL;
4.       Node * tail = NULL;
5.       Node * cur = NULL;
6.
7.       Node * newNode = NULL;
8.       int readData;
9.
10.      head = (Node*)malloc(sizeof(Node));      // 추가된 문장, 더미 노드 추가
```

```
11.        tail = head;                    // 추가된 문장
12.
13.        while(1)
14.        {
15.            printf("자연수 입력: ");
16.            scanf("%d", &readData);
17.            if(readData < 1)
18.                break;
19.
20.            newNode = (Node*)malloc(sizeof(Node));
21.            newNode->data = readData;
22.            newNode->next = NULL;
23.
24.            /*
25.            if(head == NULL)
26.                head = newNode;
27.            else
28.                tail->next = newNode;
29.            */
30.            tail->next = newNode;
31.
32.            tail = newNode;
33.        }
34.        printf("\n");
35.
36.        printf("입력 받은 데이터의 전체출력! \n");
37.        if(head == tail)
38.        {
39.            printf("저장된 자연수가 존재하지 않습니다. \n");
40.        }
41.        else
42.        {
43.            cur = head;
44.    //      printf("%d ", cur->data);
45.
46.            while(cur->next != NULL)
47.            {
48.                cur = cur->next;
49.                printf("%d ", cur->data);
50.            }
51.        }
52.        printf("\n\n");
53.
54.        if(head == tail)
55.        {
56.            return 0;
57.        }
58.        else
59.        {
60.            Node * delNode = head;
61.            Node * delNextNode = head->next;
62.
63.    //      printf("%d을(를) 삭제합니다. \n", head->data);
64.    //      free(delNode);
65.
66.            while(delNextNode != NULL)
67.            {
68.                delNode = delNextNode;
69.                delNextNode = delNextNode->next;
```

```
70.
71.             printf("%d을(를) 삭제합니다. \n", delNode->data);
72.             free(delNode);
73.         }
74.     }
75.
76.     return 0;
77. }
```

위의 답안에서 세어보면, 두 개의 문장이 새로 추가되었고 그보다 많은 수의 문장이 주석처리 되었다. 이렇듯 더미 노드를 추가하면 연결 리스트의 구현은 한결 간단해진다.

문제 04-3의 답안

소스코드 전부를 싣는 것은 낭비가 심하다. 따라서 달라지거나 추가된 부분에 대해서만 언급을 할 테니, 전체 코드는 다운받아서 참조하기 바란다. 그럼 수정된 부분을 언급하겠다. DLinkedList.h에는 다음 #include문이 추가된다.

    #include "Point.h"

그리고 typedef 선언문이 다음과 같이 변경된다.

    typedef int Elem;   (typedef 선언 변경)▶   typedef Point * Elem;

마지막으로 PointListMain.c에는 다음 #include문이 추가된다.

    #include "DLinkedList.h"

이것이 추가 및 변경사항의 전부이다. 따라서 실질적인 코드의 변경은 없다고 봐도 무리가 없다.

문제 04-4의 답안

main 함수가 정의되어 있는 소스파일에 정렬의 기준이 되는 다음 함수를 정의한다. 이는 문제에서 요구한 정렬의 기준을 담고 있다.

```
    int WhoIsPrecede(Point * d1, Point * d2)
    {
        if(d1->xpos < d2->xpos)
        {
            return 0;
        }
```

```
        else if(d1->xpos == d2->xpos)
        {
            if(d1->ypos < d2->ypos)
                return 0;
            else
                return 1;
        }
        else
            return 1;
}
```

위의 함수에서는 우선 d1과 d2의 xpos를 비교한다. 그리고 xpos 기준의 오름차순 정렬을 위해서 d1의 xpos가 d2의 xpos보다 작을 때 0을 반환한다. 반면 d1과 d2의 xpos가 같을 때는 ypos를 비교한다. 마찬가지로 ypos 기준의 오름차순 정렬을 위해서 d1의 ypos가 d2의 ypos보다 작을 때 0을 반환한다. 이렇듯 함수가 정의되면, 이를 연결 리스트의 정렬기준으로 등록하기 위해서 SetSortRule 함수를 호출하여 위 함수의 이름을 인자로 전달해야 한다. 그것이 전부이다. 그리고 이 문제의 답안에 해당하는 전체 코드도 본서의 자료실에 등록된 소스코드에 포함되어 있으니 필요하다면 참조하기 바란다.

Chapter 05

연결 리스트 (Linked List) 3

[05-1] 원형 연결 리스트 (Circular Linked List)

이번에 소개하는 '원형 연결 리스트'는 앞서 Chapter 04에서 소개한 단순 연결 리스트를 조금만 변경하면 쉽게 만들 수 있다. 따라서 그 구조를 이해하거나 구현하는 것은 어렵지 않다.

▢ 단순 연결 리스트! 아무것도 안보고 구현할 수 있나요?

원형 연결 리스트의 소개에 앞서 리스트의 학습방법에 대해서 이야기 좀 하고자 한다. 여러분은 Chapter 04에서 단순 연결 리스트를 공부하였다. 그렇다면 다음 질문에 답을 해보자.

> "여러분은 필자가 설명한 단순 연결 리스트를 아무런 자료도 참조하지 않고 처음부터 끝까지 스스로의 힘으로 지금 당장 구현할 수 있나요?"

어떻게 답했을지 궁금하다. 하지만 누군가 필자에게 물으면 필자의 대답은 고민할 것도 없이 NO! 이다.

> "저자가 자신이 구현한 코드를 지금 당장 재 구현하는 것이 쉽지 않다고요?"

이미 봐서 알겠지만 단순 연결 리스트의 구현에는 버그가 존재할 확률이 높기 때문에 구현에 있어서 주의가 필요하다. 그리고 테스트를 거쳐서 이상이 없음을 확인해야 완전하다 할 수 있다. 때문에 즉석에서 워드 타이핑하듯 구현할 수 있냐고 묻는다면 NO! 라고 답을 하겠다.

우리는 자료구조의 구현 능력을 중요시하는 경향이 있다. 물론 어느 정도 필요한 능력인 것은 맞다. 하지만 절대시할 필요는 없다. 예를 들어서 리스트를 공부한 친구가 다음과 같이 말한다면 필자는 충분히 공부했다고 말하고 싶다.

> "ADT의 변경 및 추가로 인해서 함수의 일부를 변경하거나 추가하는 정도는 할 수 있습니다. 코드의 전체 흐름은 완전히 이해했거든요."

직접 구현하는 것보다 검증된 코드를 찾아서 사용하는 것이 바람직하지 않겠는가! 이러한 사실을 이해하고 여러분 나름의 자료구조 학습방법을 계획하길 바란다.

▢ 원형 연결 리스트의 이해

앞서 우리가 구현한 연결 리스트의 마지막 노드는 NULL을 가리켰다. 바로 이 마지막 노드가 첫 번째 노드를 가리키게 하면 이것이 바로 '원형 연결 리스트'가 된다. 즉 단순 연결 리스트가 다음의 구조라면,

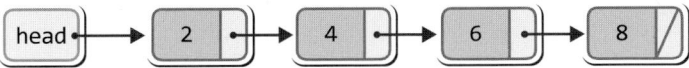

▶ [그림 05-1: 단순 연결 리스트]

마지막 노드가 첫 번째 노드를 가리켜서, 연결의 형태가 원을 이루는 다음 구조의 연결 리스트를 가리켜 '원형 연결 리스트'라 한다.

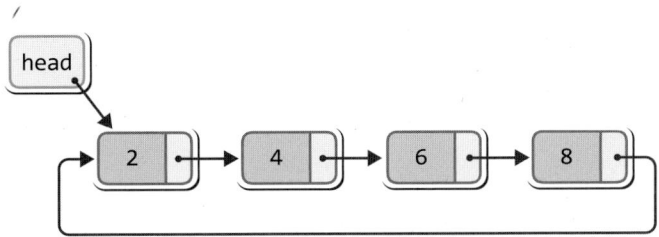

▶ [그림 05-2: 원형 연결 리스트]

그럼 원형 연결 리스트의 특성을 조금 더 알기 위해서 위 그림의 상태에서 숫자 1이 저장된 노드를 머리 부분에 추가해보겠다. 그럼 리스트는 다음의 형태가 된다.

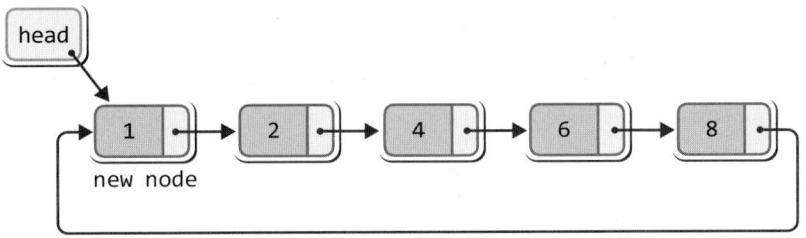

▶ [그림 05-3: 원형 연결 리스트의 머리에 노드 추가]

이번엔 반대로 [그림 05-2]의 상태에서 숫자 1이 저장된 노드를 꼬리에 추가해보겠다. 그럼 리스트는 다음의 형태가 된다.

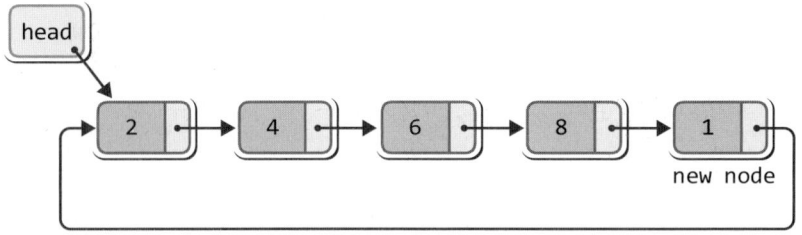

▶ [그림 05-4: 원형 연결 리스트의 꼬리에 노드 추가]

이제 [그림 05-3]과 [그림 05-4]를 비교해 보자. 그러면 다음 사실을 알 수 있다.

"두 연결 리스트 모두 8이 저장된 노드는 1이 저장된 새 노드를 가리키고, 1이 저장된 새 노드는 2가 저장된 노드를 가리킨다."

이러한 특성 때문에 원형 연결 리스트에서는 머리와 꼬리의 구분이 없다고도 이야기한다. 실제로 [그림 05-3]과 [그림 05-4]에서 보이는 두 연결 리스트의 유일한 차이점은 포인터 변수 head가 무엇을 가리키느냐에 있다. 그것을 제외하면 위의 두 연결 리스트는 차이가 없다.

이번에는 [그림 05-4]와 같이 꼬리에 노드를 추가하는 방법에 대해서 고민해보자. 이를 위해서는 리스트의 꼬리를 가리키는 포인터 변수 tail이 필요하다는 생각이 든다. 그렇지 않은가?

"그렇죠! tail이 없어도 가능하긴 하지만 매우 비효율적입니다. 이는 앞서 연결 리스트를 공부할 때 내린 결론이기도 하죠. 그러니 tail이 있어야 합니다."

좋은 판단이다. 단순 연결 리스트를 제대로 이해했기 때문에 이러한 답변이 가능하다. 그런데 이렇게 되면 원형 연결 리스트의 장점이 반감되어 버린다. 원형 연결 리스트의 장점 중 하나는 다음과 같기 때문이다.

"단순 연결 리스트처럼 머리와 꼬리를 가리키는 포인터 변수를 각각 두지 않아도, 하나의 포인터 변수만 있어도 머리 또는 꼬리에 노드를 간단히 추가할 수 있다."

그래서 필자는 변형된 모델로 알려져 있지만, 실제로는 보다 더 일반적인 모델로 인식되는 '변형된 원형 연결 리스트'를 소개할 생각이다.

변형된 원형 연결 리스트

원형 연결 리스트! 사실 자료구조 서적에서 비중 있게 다루는 주제는 아니다. 게다가 단순한 노드의 추가가 아닌, 노드의 추가 위치에 의미를 부여해서 '머리에 추가'와 '꼬리에 추가'를 동시에 거론하는 경우는 더 드물다. 즉 필자가 여러분을 조금 더 고생시키고 있다. 그러나 이렇게 공부해야 원형 연결 리스트의 장점을 잘 이해할 수 있다. 그럼 포인터 변수 tail이 없어서 문제라 했던, 연결 리스트의 끝에 노드를 추가하는 다음 그림을 다시 보자.

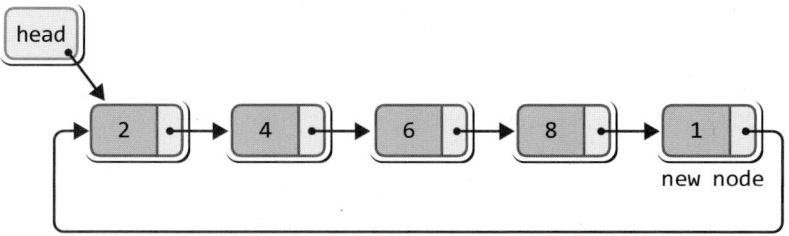

▶ [그림 05-5: 어떻게 추가할 것인가?]

위의 그림상에서 꼬리에 새로운 노드를 추가하는 방법을 고민해보자. head가 가리키는 것은 머리이니, 꼬리에 노드를 추가하기 위해서는 head를 시작으로 리스트의 끝을 찾아가는 과정을 거쳐야만 하는 상황이다. 하지만 위의 그림을 조금만 변경하면 이야기는 180° 달라진다.

"하나의 포인터 변수가, 머리가 아닌 꼬리를 가리키게 합시다!"

즉 다음과 같은 형태가 되게 하는 것이다.

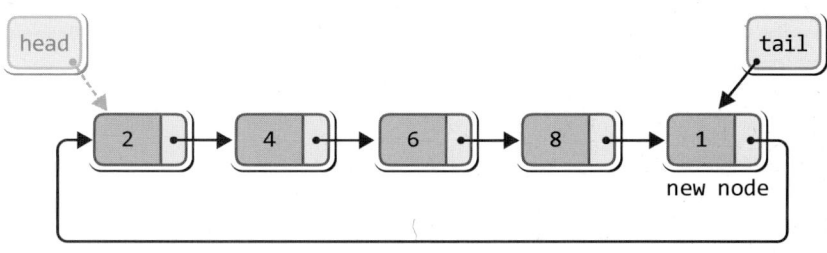

▶ [그림 05-6: 변형된 원형 연결 리스트]

위의 그림에서는 포인터 변수인 tail이 리스트의 끝을 가리키는 상황이니, 새로운 노드를 리스트의 끝에 추가하는 것은 어렵지 않다. 어디 그뿐인가? tail->next가 가리키는 것이 첫 번째 노드이니, 이것을 이용하면 리스트의 머리에도 노드를 쉽게 추가할 수 있다. 즉 다음과 같이 생각하면 되는 상황이다.

- 꼬리를 가리키는 포인터 변수는?   tail 입니다!
- 머리를 가리키는 포인터 변수는?   tail->next 입니다!

이렇듯 첫 번째 노드와 마지막 노드를 가리키는 포인터 변수가 각각 존재하는 상황이니, 어렵지 않게 머리에 그리고 꼬리에 새로운 노드를 추가할 수 있다.

변형된 원형 연결 리스트의 헤더파일

앞서 구현한 연결 리스트에서 나름 의미를 부여하고 싶은 함수를 묻는다면, 필자 개인적으로는 다음 세 함수를 꼽고 싶다.

    LFirst, LNext, LRemove

이유는 이들이 연결 리스트의 활용가치를 높인 함수들이기 때문이다. 저장한 데이터를 적절한 방법으로 참조하고 또 삭제할 수 없다면, 그저 저장이 전부였다면 활용가치는 높지 않았을 것이다. 따라서 원형 연결 리스트의 구현에도 이 세 함수를 추가할 것이다. 다만, 원형 연결 리스트의 구조적 특성상 LNext 함수의 기능을 다음과 같이 조금 변경하고자 한다.

    "LNext 함수는 무한 반복 호출이 가능하며, 리스트의 끝에 도달할 경우 첫 번째 노드부터 다시 조회가
    시작됩니다."

반면 정렬과 관련이 있었던 기능은 제외시키고자 한다. 이는 원형 연결 리스트를 구현하는데 있어서 불필요한 부분을 최소화하기 위함이다. 끝으로 데이터를 저장하는 함수는 두 개를 정의하고자 한다. 이는 리스트의 머리에, 그리고 꼬리에 노드를 추가할 수 있게 하기 위함이다.

원칙은 이 시점에서 원형 연결 리스트의 ADT를 정의하는 것이 옳으나, 앞서 보인 연결 리스트의 ADT와 차이가 나는 부분이 매우 적으니, 바로 이어서 헤더파일을 정의하도록 하겠다.

❖ CLinkedList.h

```
1.  #ifndef __C_LINKED_LIST_H__
2.  #define __C_LINKED_LIST_H__
3.
4.  #define TRUE    1
5.  #define FALSE   0
6.
7.  typedef int Data;
8.
9.  typedef struct _node
10. {
11.     Data data;
12.     struct _node * next;
13. } Node;
14.
15. typedef struct _CLL
16. {
17.     Node * tail;
18.     Node * cur;
19.     Node * before;
20.     int numOfData;
21. } CList;
22.
```

```
23. typedef CList List;
24.
25. void ListInit(List * plist);
26. void LInsert(List * plist, Data data);           // 꼬리에 노드를 추가
27. void LInsertFront(List * plist, Data data);      // 머리에 노드를 추가
28.
29. int LFirst(List * plist, Data * pdata);
30. int LNext(List * plist, Data * pdata);
31. Data LRemove(List * plist);
32. int LCount(List * plist);
33.
34. #endif
```

위의 헤더파일에 담긴 내용 대부분이 익숙할 것이다. 다만 데이터의 입력과 관련해서 다음과 같이 두 개의 함수가 선언된 점에만 유의하자.

- void LInsert(List * plist, Data data);   // 꼬리에 노드를 추가
- void LInsertFront(List * plist, Data data);   // 머리에 노드를 추가

사실 이렇듯 두 개의 함수를 정의한 이유는 원형 연결 리스트의 또 다른 특성을 언급하기 위한 목적도 있다.

☐ 변형된 원형 연결 리스트의 구현1: 리스트의 초기화와 노드의 삽입

원형 연결 리스트의 초기화는 단순 연결 리스트의 초기화만큼 간단하다. 아래에서 보이는 바와 같이 리스트의 멤버를 NULL 또는 0으로 초기화하는 것이 전부이다.

```c
void ListInit(List * plist)
{
    plist->tail = NULL;
    plist->cur = NULL;
    plist->before = NULL;
    plist->numOfData = 0;
}
```

그럼 위의 함수호출을 통해서 초기화가 완료된 이후에 첫 번째 노드가 추가되는 상황을 그림으로 우선 정리해 보겠다.

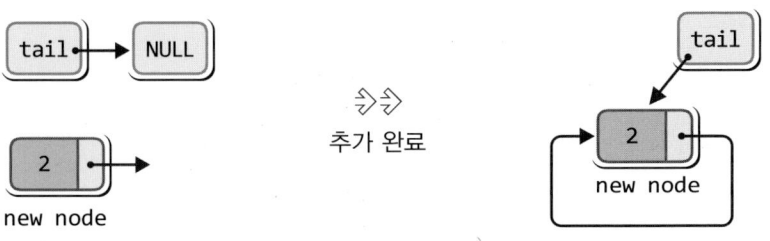

▶ [그림 05-7: 첫 번째 노드의 추가]

위 그림의 왼편은 새 노드가 생성되었지만 아직 리스트에 추가되지 않은 상황을 보인다. 이렇듯 tail이 NULL을 가리킨다는 것은 노드가 하나도 추가되지 않았음을 의미한다. 이 상황에서 첫 번째 노드가 리스트에 추가되면 그림은 오른쪽 형태가 된다. 즉 tail은 새 노드를 가리켜야 하고, 새 노드도 자기자신을 가리켜야 한다. 왜냐하면 처음 추가된 노드는 그 자체로 머리이자 꼬리이기 때문이다.

위 그림에서 보인 첫 번째 노드의 추가 결과는 꼬리에 노드를 추가하는 LInsert 함수의 호출 결과도 되지만, 동시에 머리에 노드를 추가하는 LInsertFront 함수의 호출 결과도 된다. 조금 전에 말했듯이, 첫 번째 노드는 그 자체로 머리이자 꼬리이기 때문이다. 따라서 LInsert 함수와 LInsertFront 함수는 둘 다 동일하게 다음과 같은 기본 구성을 갖는다.

```c
void LInser~(List * plist, Data data)            // LInsert & LInsertFront의 공통 부분
{
    Node * newNode = (Node*)malloc(sizeof(Node));       // 새 노드 생성
    newNode->data = data;                               // 새 노드에 데이터 저장

    if(plist->tail == NULL)                  // 첫 번째 노드라면,
    {
        plist->tail = newNode;               // tail이 새 노드를 가리키게 한다.
        newNode->next = newNode;             // 새 노드 자신을 가리키게 한다.
    }
    else                                     // 두 번째 이후의 노드라면,
    {
        . . . . 차이가 나는 부분 . . . .
    }

    (plist->numOfData)++;
}
```

이제 위 함수의 빈 부분을 채우기 위해서, 두 번째 이후의 노드가 추가되는 상황을 그림으로 정리해보겠다. 먼저 다음 그림을 보자. 이 그림에서 보이듯이 2와 4가 저장된 연결 리스트에 7을 추가하는데, 7이 저장된 노드를 리스트의 머리와 꼬리에 각각 추가해보겠다.

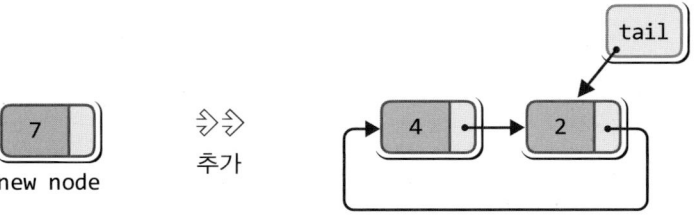

▶ [그림 05-8: 두 번째 이후의 노드 추가]

위의 그림에서 tail이 가리키는 노드가 꼬리에 해당하고 이 꼬리가 가리키는 노드가 머리에 해당하니, 7 이 저장된 새 노드를 머리에 추가하면 다음의 형태가 된다.

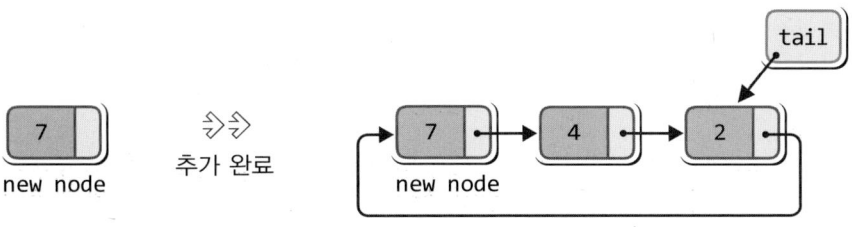

▶ [그림 05-9: 두 번째 이후의 노드를 머리에 추가]

그럼 위 그림의 결과를 얻기 위한 코드를 LInser~ 함수의 else 구문에 추가하여 LInsertFront 함수 를 완성하겠다.

```c
void LInsertFront(List * plist, Data data)
{
    Node * newNode = (Node*)malloc(sizeof(Node));
    newNode->data = data;

    if(plist->tail == NULL)
    {
        plist->tail = newNode;
        newNode->next = newNode;
    }
    else
    {
        newNode->next = plist->tail->next;     // 새 노드와 4가 저장된 노드 연결
        plist->tail->next = newNode;           // 2가 저장된 노드와 새 노드 연결
```

```
        }
        (plist->numOfData)++;
}
```

이번엔 [그림 05-8]의 상태에서 7이 저장된 노드를 꼬리에 추가해보자. tail이 가리키는 노드가 꼬리에 해당하니 7이 저장된 새 노드를 꼬리에 추가하면 다음의 형태가 된다.

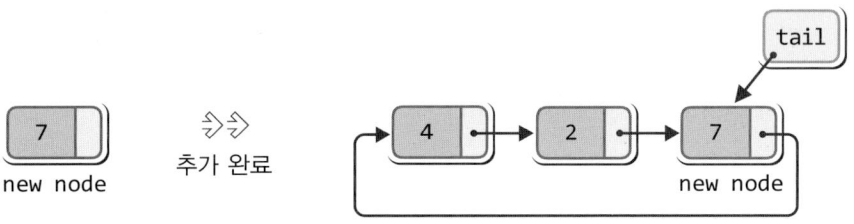

▶ [그림 05-10: 두 번째 이후의 노드를 꼬리에 추가]

이번에도 위 그림의 형태가 되게 하는 문장을 LInser~ 함수의 else 구문에 넣으면, 이것이 LInsert 함수가 된다. 그런데 else 구문을 채우기에 앞서 위 그림의 연결 리스트와 [그림 05-9]의 연결 리스트를 비교해보자. 그러면 다음 사실을 알 수 있다.

"노드를 꼬리에 추가했을 때와 머리에 추가했을 때의 유일한 차이점은 tail이 가리키는 노드가 다르다는 점이다."

위의 문장에서 말하는 바의 이해를 돕기 위해서 [그림 05-9]과 [그림 05-10]의 연결 리스트를 비교하기 좋게 재배치해 보겠다.

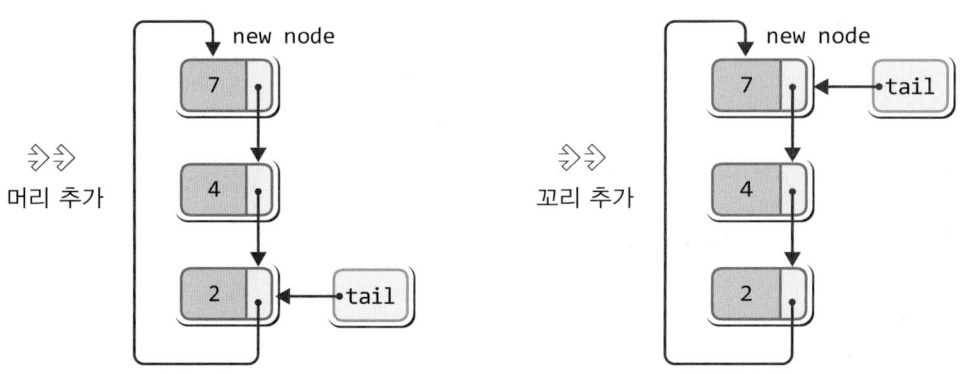

▶ [그림 05-11: 머리 추가 결과와 꼬리 추가 결과의 비교]

위 그림에서 보이듯이 새 노드를 머리에 추가한 상태에서 연결 방향을 따라 tail만 한 번 이동시키면, 그 결과가 새 노드를 꼬리에 추가한 결과가 된다. 따라서 LInsert 함수의 else 구문은 다음과 같이 채울 수 있다.

```c
void LInsert(List * plist, Data data)
{
    Node * newNode = (Node*)malloc(sizeof(Node));
    newNode->data = data;

    if(plist->tail == NULL)
    {
        plist->tail = newNode;
        newNode->next = newNode;
    }
    else
    {
        newNode->next = plist->tail->next;
        plist->tail->next = newNode;
        plist->tail = newNode;         // LInsertFront 함수와의 유일한 차이점
    }

    (plist->numOfData)++;
}
```

어떤가? 노드를 머리에, 그리고 꼬리에 추가하여 그 결과를 비교해 보니 원형 연결 리스트는 머리와 꼬리의 구분이 의미가 없다는 말이 더 깊이 이해되지 않는가?

변형된 원형 연결 리스트의 구현2: 데이터 조회

데이터의 조회를 담당하는 LFirst 함수와 LNext 함수를 구현할 차례이다. 이를 위해서 먼저 다음 구조체 정의를 보자.

```c
typedef struct _CLL
{
    Node * tail;
    Node * cur;
    Node * before;
    int numOfData;
} CList;
```

위 구조체의 멤버 cur과 before의 역할은 단순 연결 리스트의 경우와 동일하다. 즉 before는 cur보다 하나 앞선 노드를 가리켜야 하기 때문에, LFirst 함수가 호출되면 이 두 멤버는 각각 다음과 같이 초기화 되어야 한다.

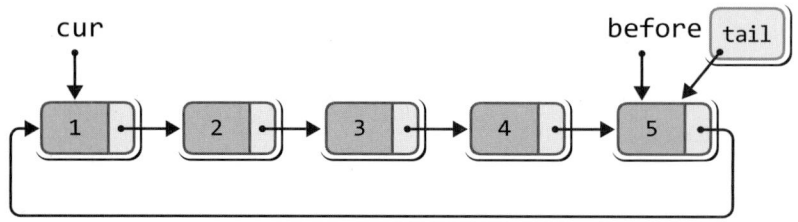

▶ [그림 05-12: LFirst 함수의 호출결과]

이렇듯 cur과 before가 초기화되면 LFirst 함수는 cur이 가리키는 노드의 데이터를 반환만 하면 된다. 즉 LFirst 함수는 다음과 같이 간단히 정의된다.

```
int LFirst(List * plist, Data * pdata)
{
    if(plist->tail == NULL)            // 저장된 노드가 없다면
        return FALSE;

    plist->before = plist->tail;       // before가 꼬리를 가리키게 한다.
    plist->cur = plist->tail->next;    // cur이 머리를 가리키게 한다.

    *pdata = plist->cur->data;         // cur이 가리키는 노드의 데이터 반환
    return TRUE;
}
```

이렇듯 LFirst 함수가 호출되면서 cur과 before의 초기화도 이뤄졌으니, 이제 LNext 함수가 호출될 때 할 일은 다음 그림에서 보이듯이 cur과 before를 한 칸씩 다음 노드로 이동시키는 것이다.

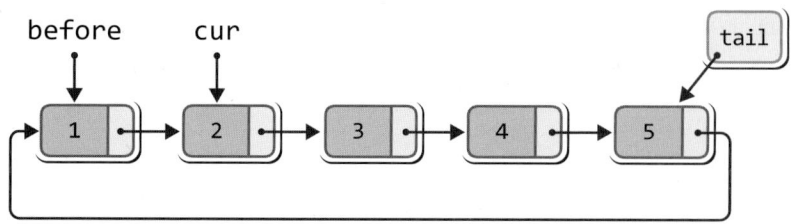

▶ [그림 05-13: LNext 함수의 호출결과]

물론 위의 그림과 같이 이동한 다음에는 cur이 가리키는 노드의 데이터를 반환해야 한다. 따라서 LNext 함수도 다음과 같이 간단히 정의가 된다.

```
int LNext(List * plist, Data * pdata)
{
    if(plist->tail == NULL)                // 저장된 노드가 없다면
        return FALSE;

    plist->before = plist->cur;            // before가 다음 노드를 가리키게 한다.
    plist->cur = plist->cur->next;         // cur이 다음 노드를 가리키게 한다.

    *pdata = plist->cur->data;             // cur이 가리키는 노드의 데이터 반환
    return TRUE;
}
```

참고로 위의 LNext 함수에는 리스트의 끝을 검사하는 코드가 존재하지 않는다. 때문에 무한으로 반복해서 호출이 가능하며, 대상이 되는 원형 연결 리스트는 머리와 꼬리가 연결된 관계로 리스트의 마지막까지 조회가 이뤄졌다면, 다시 첫 번째 노드에서부터 조회가 시작된다. 즉 위의 LNext 함수는 원형 연결 리스트의 특성을 반영해서 구현한 결과라고 할 수 있다.

▢ 변형된 원형 연결 리스트의 구현3: 노드의 삭제

삭제는 대부분의 경우 상대적으로 복잡한 편이다. 하지만 머리와 꼬리가 연결되어 있다는 점만 제외하면, 원형 연결 리스트와 단순 연결 리스트는 그 구조가 동일하기 때문에 삭제방법도 유사하다.
그림 원형 연결 리스트의 삭제를 구현하기 위해서 단순 연결 리스트의 삭제과정을 다시 한번 관찰하겠다.

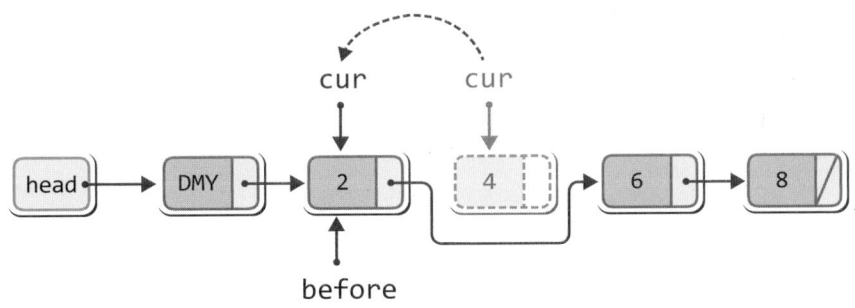

▶ [그림 05-14: 단순 연결 리스트의 삭제]

위 그림에서 보이는 삭제의 핵심연산 두 가지는 다음과 같다.

- 핵심연산 1. 삭제할 노드의 이전 노드가, 삭제할 노드의 다음 노드를 가리키게 한다.
- 핵심연산 2. 포인터 변수 cur을 한 칸 뒤로 이동시킨다.

그래서 앞서 단순 연결 리스트의 삭제 함수는 다음과 같이 정의하였다.

```
LData LRemove(List * plist)
{
    Node * rpos = plist->cur;
    LData rdata = rpos->data;

    plist->before->next = plist->cur->next;    // 핵심연산 1
    plist->cur = plist->before;                // 핵심연산 2

    free(rpos);
    (plist->numOfData)--;
    return rdata;
}
```

그런데 이는 원형 연결 리스트라고 해서 달라지지 않는다. 다음 그림에서 보이듯이, 위에서 말한 삭제의 핵심연산 두 가지는 원형 연결 리스트에서도 동일하게 필요하기 때문이다.

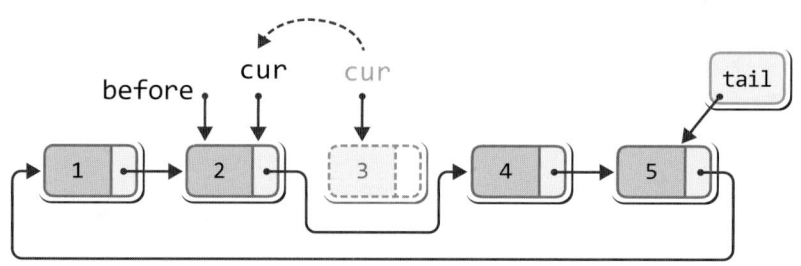

▶ [그림 05-15: 원형 연결 리스트의 삭제]

따라서 단순 연결 리스트의 LRemove 함수를 그대로 원형 연결 리스트에 사용해도 실제로 삭제가 이뤄지는 것을 확인할 수 있다. 물론! 완전하지는 않은데 그 이유는 다음과 같다.

"단순 연결 리스트를 구현할 당시에는 있었던 더미 노드가 원형 연결 리스트에는 존재하지 않습니다."

어쩌면 꼬리와 머리가 연결되어 있는 것을 완전하지 않은 이유로 생각했을지 모르겠다. 하지만 이는 삭제의 과정에 영향을 미치지 않는다. 영향을 미치는 것은 더미 노드가 존재하지 않는다는 사실에 있다.

이렇듯 원형 연결 리스트에는 더미 노드가 존재하지 않기 때문에, 삭제에 있어서 다음 두 가지 예외적인 상황을 구분해야 한다.

- 예외적인 상황 1   삭제할 노드를 tail이 가리키는 경우
- 예외적인 상황 2   삭제할 노드가 리스트에 홀로 남은 경우

예외적인 상황 1에서는 tail이 가리키는 노드가 삭제되므로 tail이 다른 노드를 가리키게 해야 한다. 다음 그림에서 보이듯이 삭제될 노드의 이전 노드가 tail이 되어야 한다.

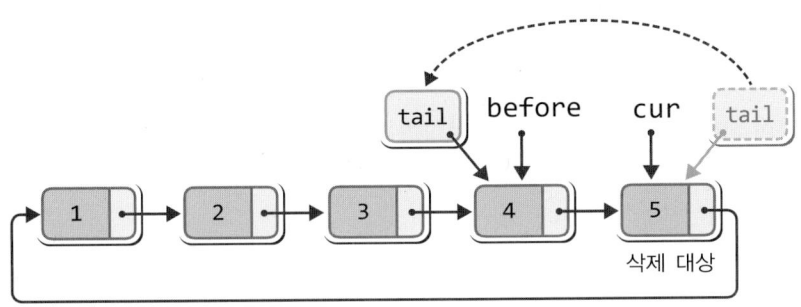

▶ [그림 05-16: 삭제의 예외적인 경우]

반면 예외적인 상황 2에서는, 삭제가 진행되고 나면 포인터 변수 tail은 더 이상 가리킬 노드가 존재하지 않으므로 NULL을 가리키게 해야 한다. 때문에 이 역시 예외적인 상황으로 분류해야 한다.
따라서 원형 연결 리스트의 LRemove 함수는 위의 두 가지 예외적인 상황의 처리를 포함하여 다음과 같이 정의되어야 한다.

```
Data LRemove(List * plist)
{
    Node * rpos = plist->cur;
    Data rdata = rpos->data;

    if(rpos == plist->tail)                         // 삭제 대상을 tail이 가리킨다면
    {
        if(plist->tail == plist->tail->next)        // 그리고 마지막 남은 노드라면
            plist->tail = NULL;
        else
            plist->tail = plist->before;
    }

    plist->before->next = plist->cur->next;
```

```
            plist->cur = plist->before;

            free(rpos);
            (plist->numOfData)--;
            return rdata;
    }
```

위에서 보이듯이 원형 연결 리스트의 LRemove 함수에는, 더미 노드가 있는 단순 연결 리스트의 LRemove 함수에 없었던 if문이 예외적인 상황 둘을 처리하기 위해서 삽입이 되었다.

"그럼 원형 연결 리스트에도 더미 노드를 붙여주면, 위의 LRemove 함수가 조금은 간단해지지 않을까요?"

물론이다. 더미 노드를 붙여주면 LRemove 함수뿐만 아니라, 노드의 추가와 관련된 두 함수의 구현도 간단해진다. 다만 데이터를 순환 참조하는 LNext 함수의 구현에 있어서 더미 노드의 처리를 위한 코드를 추가로 삽입해야 한다는 단점도 더불어 생긴다.

❏ 변형된 원형 연결 리스트의 구현 하나로 묶기

이제 원형 연결 리스트의 구현도 끝이 났으니, 앞서 정의한 함수를 하나로 묶은 소스파일과 헤더파일을 보이겠다.

✤ CLinkedList.h

```
1.  #ifndef __C_LINKED_LIST_H__
2.  #define __C_LINKED_LIST_H__
3.
4.  #define TRUE     1
5.  #define FALSE    0
6.
7.  typedef int Data;
8.
9.  typedef struct _node
10. {
11.     Data data;
12.     struct _node * next;
13. } Node;
14.
15. typedef struct _CLL
16. {
17.     Node * tail;
18.     Node * cur;
19.     Node * before;
20.     int numOfData;
```

```
21. } CList;
22.
23. typedef CList List;
24.
25. void ListInit(List * plist);
26. void LInsert(List * plist, Data data);
27. void LInsertFront(List * plist, Data data);
28.
29. int LFirst(List * plist, Data * pdata);
30. int LNext(List * plist, Data * pdata);
31. Data LRemove(List * plist);
32. int LCount(List * plist);
33.
34. #endif
```

✤ CLinkedList.c

```
1.  #include <stdio.h>
2.  #include <stdlib.h>
3.  #include "CLinkedList.h"
4.
5.  void ListInit(List * plist)
6.  {
7.      plist->tail = NULL;
8.      plist->cur = NULL;
9.      plist->before = NULL;
10.     plist->numOfData = 0;
11. }
12.
13. void LInsertFront(List * plist, Data data)
14. {
15.     Node * newNode = (Node*)malloc(sizeof(Node));
16.     newNode->data = data;
17.
18.     if(plist->tail == NULL)
19.     {
20.         plist->tail = newNode;
21.         newNode->next = newNode;
22.     }
23.     else
24.     {
25.         newNode->next = plist->tail->next;
26.         plist->tail->next = newNode;
27.     }
28.     (plist->numOfData)++;
```

```c
29.  }
30.
31.  void LInsert(List * plist, Data data)
32.  {
33.      Node * newNode = (Node*)malloc(sizeof(Node));
34.      newNode->data = data;
35.
36.      if(plist->tail == NULL)
37.      {
38.          plist->tail = newNode;
39.          newNode->next = newNode;
40.      }
41.      else
42.      {
43.          newNode->next = plist->tail->next;
44.          plist->tail->next = newNode;
45.          plist->tail = newNode;
46.      }
47.      (plist->numOfData)++;
48.  }
49.
50.  int LFirst(List * plist, Data * pdata)
51.  {
52.      if(plist->tail == NULL)
53.          return FALSE;
54.
55.      plist->before = plist->tail;
56.      plist->cur = plist->tail->next;
57.
58.      *pdata = plist->cur->data;
59.      return TRUE;
60.  }
61.
62.  int LNext(List * plist, Data * pdata)
63.  {
64.      if(plist->tail == NULL)
65.          return FALSE;
66.
67.      plist->before = plist->cur;
68.      plist->cur = plist->cur->next;
69.
70.      *pdata = plist->cur->data;
71.      return TRUE;
72.  }
73.
74.  Data LRemove(List * plist)
75.  {
```

```
76.        Node * rpos = plist->cur;
77.        Data rdata = rpos->data;
78.
79.        if(rpos == plist->tail)
80.        {
81.            if(plist->tail == plist->tail->next)
82.                plist->tail = NULL;
83.            else
84.                plist->tail = plist->before;
85.        }
86.
87.        plist->before->next = plist->cur->next;
88.        plist->cur = plist->before;
89.
90.        free(rpos);
91.        (plist->numOfData)--;
92.        return rdata;
93. }
94.
95. int LCount(List * plist)
96. {
97.     return plist->numOfData;
98. }
```

위의 원형 연결 리스트를 테스트하기 위한 main 함수와 그 실행결과는 다음과 같다.

✤ CLinkedListMain.c

```
1.  #include <stdio.h>
2.  #include "CLinkedList.h"
3.
4.  int main(void)
5.  {
6.      // 원형 연결 리스트의 생성 및 초기화 ////////
7.      List list;
8.      int data, i, nodeNum;
9.      ListInit(&list);
10.
11.     // 리스트에 5개의 데이터를 저장 ////////
12.     LInsert(&list, 3);
13.     LInsert(&list, 4);
14.     LInsert(&list, 5);
15.     LInsertFront(&list, 2);
16.     LInsertFront(&list, 1);
17.
```

```c
18.     // 리스트에 저장된 데이터를 연속 3회 출력 ////////
19.     if(LFirst(&list, &data))
20.     {
21.         printf("%d ", data);
22.
23.         for(i=0; i<LCount(&list)*3-1; i++)
24.         {
25.             if(LNext(&list, &data))
26.                 printf("%d ", data);
27.         }
28.     }
29.     printf("\n");
30.
31.     // 2의 배수를 찾아서 모두 삭제 ////////
32.     nodeNum = LCount(&list);
33.
34.     if(nodeNum != 0)
35.     {
36.         LFirst(&list, &data);
37.         if(data%2 == 0)
38.             LRemove(&list);
39.
40.         for(i=0; i < nodeNum-1; i++)
41.         {
42.             LNext(&list, &data);
43.             if(data%2 == 0)
44.                 LRemove(&list);
45.         }
46.     }
47.
48.     // 전체 데이터 1회 출력 ////////
49.     if(LFirst(&list, &data))
50.     {
51.         printf("%d ", data);
52.
53.         for(i=0; i<LCount(&list)-1; i++)
54.         {
55.             if(LNext(&list, &data))
56.                 printf("%d ", data);
57.         }
58.     }
59.     return 0;
60. }
```

✤ **실행결과**: CLinkedList.h, CLinkedList.c, CLinkedListMain.c

```
command prompt
1 2 3 4 5 1 2 3 4 5 1 2 3 4 5
1 3 5
```

이것으로 원형 연결 리스트에 대한 설명을 마치고자 한다. 이어서 소개하는 문제는 원형 연결 리스트의 구현이 아닌 활용에 관한 것이다. 따라서 구현에 대한 문제를 접하고 싶다면 다음과 같은 형태의 문제를 만들어서 해결해 보기 바란다.

"원형 연결 리스트의 LInsert 함수와 LInsertFront 함수를 비우고서 직접 채워 넣기, 또는 원형 연결 리스트에 더미 노드 추가하기"

전체를 처음부터 다시 구현하는 것보다 이렇듯 일부 함수를 비우고서 제대로 동작하도록 채우거나 리스트의 구조를 약간 변경하는 것이 좋은 연습이 될 수 있다.

문 제 05-1 [원형 연결 리스트의 활용]

앞서 구현한 원형 연결 리스트를 기반으로 다음 내용을 모두 담고있는 프로그램을 작성해 보자.

• 직원정보를 등록할 수 있다. 직원정보는 사번과 이름으로 구성이 된다.
직원정보를 담을수 있는 구조체를 정의하고, 이를 기반으로 대략 네 명의 직원정보를 원형 연결 리스트에 저장한다. 네 명의 직원정보는 임의로 결정하기로 하고(프로그램 사용자로부터 입력받지 않아도 된다), 직원의 사번은 int형 변수에 담을수 있다고 가정하자. 그리고 원형 연결 리스트에는 구조체 변수의 주소 값을 저장하는 것을 원칙으로 하자.

• 직원은 순서대로 돌아가면서 당직을 선다.
당직의 순서는 프로그램에 등록되는 등록 순서를 기준으로 결정된다. 예를 들어서 A, B, C의 순으로 직원이 등록되었다면 당직을 서는 순서도 A→B→C→A→B… 로 돌아간다.

• 직원의 이름과 하나의 숫자를 이용해서 당직자를 확인한다.
함수를 하나 정의하자. 이 함수는 직원의 이름과 숫자를 인자로 전달받는다. 그러면 전달된 이름의 직원이 당직을 선 후로, 전달된 숫자에 해당하는 만큼의 날이 지나서 당직을 서게 되는 직원의 정보를 반환한다. 예를 들어서 '이수정'과 숫자 7이 전달되면 이수정이 당직을 선 후로 7일 뒤에 누가 당직을 서는지에 대한 정보가 반환되어야 한다.

자! 그럼 위에서 언급한 내용을 모두 담고 있는 프로그램을 작성해 보자. 참고로 완벽한 하나의 당직 프로그램을 작성하라는 의미가 아니다. main 함수 내에서, 위에서 언급한 당직과 관련된 흐름을 보이기만 하면 된다. 그리고 필요에 따른 헤더파일 및 소스파일의 추가와 함수의 정의에는 제한을 두지 않으니, 이와 관련해서는 여러분이 결정하기 바란다.

05-2 양방향 연결 리스트

'양방향 연결 리스트(doubly linked list)' 또는 '이중 연결 리스트'라고도 불리는 이 자료구조는 그 이름이 의미하듯이 노드가 양쪽 방향으로 연결된 구조의 리스트이다. 즉 왼쪽 노드가 오른쪽 노드를 가리킴과 동시에 오른쪽 노드도 왼쪽 노드를 가리키는 구조이다.

☐ 양방향 연결 리스트의 이해

이제는 리스트의 그림만 보아도 구조를 이해할 수 있을 정도가 되었을 것이다. 따라서 양방향 연결 리스트의 유형 몇 가지를 그림을 통해서 소개하고자 한다. 먼저 가장 기본이 되는 모델을 소개하겠다.

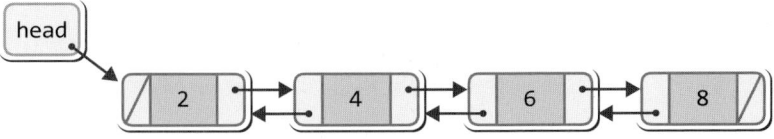

▶ [그림 05-17: 기본적인 양방향 연결 리스트]

위 그림에서 보이듯이 하나의 노드가 자신의 왼쪽과 오른쪽 노드를 동시에 가리키는 구조가 양방향 연결 리스트이다. 때문에 양방향 연결 리스트의 노드를 표현하는 구조체는 다음과 같이 정의된다.

```
typedef struct _node
{
    Data data;                    // typedef int Data
    struct _node * next;          // 오른쪽 노드를 가리키는 포인터 변수
    struct _node * prev;          // 왼쪽 노드를 가리키는 포인터 변수
} Node;
```

그리고 다음 그림과 같이 더미 노드가 추가된 양방향 연결 리스트도 존재하는데, 더미 노드의 이점은 단순 연결 리스트에서 보인 바와 같다.

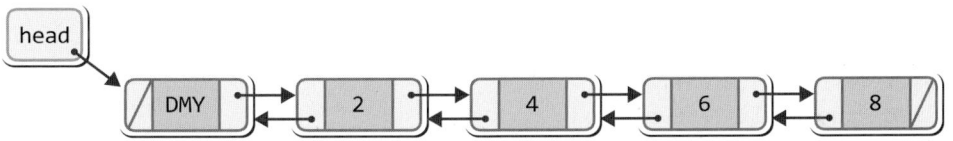

▶ [그림 05-18: 더미 노드 양방향 연결 리스트]

또한 다음 그림과 같이 양방향 연결 리스트이면서 원형 연결 리스트의 구조를 동시에 지니는 리스트도 존재한다.

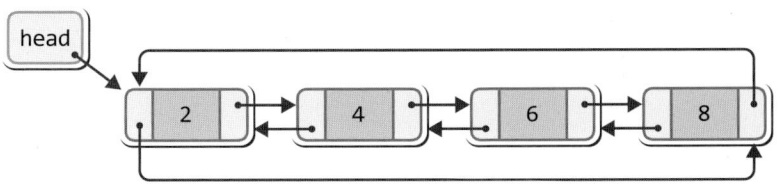

▶ [그림 05-19: 원형 연결 기반의 양방향 연결 리스트]

하지만 지금 보인 이 세 가지 모델이 양방향 연결 리스트의 전부는 아니다. 이들 모두 꼬리를 가리키는 포인터 변수 tail이 없었으나 필요하면 추가할 수 있고, 또 두 번째로 소개한 양방향 연결 리스트의 경우, 더미 노드가 앞에만 존재하는 형태이지만 필요에 따라서 뒤에도 더미 노드를 둘 수 있다.

❑ 양방향 연결 리스트의 선입견! 그리고 양방향으로 노드를 연결하는 이유!

일반적인 선입견은 양방향 연결 리스트가 단방향 연결 리스트보다 그 구조가 복잡하고 구현이 쉽지 않다는 것이다. 필자는 다음과 유사한 내용의 말을 몇 번인가 들은 적이 있다.

> "단순 연결 리스트랑 원형 연결 리스트는 구현하겠는데, 양방향 연결 리스트는 복잡해서 구현이 부담 스럽습니다."

하지만 이는 그림상에서 느껴지는 복잡함 때문에 발생한 오해이다. 실제로 코드를 비교해 보면 상대적으로 더 복잡하지 않음을 알 수 있다. 양쪽 방향으로 이동할 수 있기 때문에 단방향 연결 리스트에서는 어렵게 구현했던 것이 쉽게 구현되기도 한다. 때문에 오히려 단순하게 느껴지는 측면도 있다.

그럼 필자의 말이 사실인지 확인하기 위해서 아직 소개하지 않은 '양방향 연결 리스트'와 앞서 보인 '원형 연결 리스트'의 몇몇 함수를 단순히 비교해 보겠다. 다음은 원형 연결 리스트의 LNext 함수이다.

```c
int LNext(List * plist, Data * pdata)        // CLinkedList.c의 LNext 함수
{
    if(plist->tail == NULL)
        return FALSE;

    plist->before = plist->cur;
    plist->cur = plist->cur->next;

    *pdata = plist->cur->data;
    return TRUE;
}
```

다음은 잠시 후에 소개할 양방향 연결 리스트의 LNext 함수이다.

```c
int LNext(List * plist, Data * pdata)        // 양방향 연결 리스트의 LNext 함수
{
    if(plist->cur->next == NULL)
        return FALSE;

    plist->cur = plist->cur->next;
    *pdata = plist->cur->data;

    return TRUE;
}
```

위의 두 LNext 함수는 매우 유사하다. LNext 함수가 하는 일의 순서나 내용이 리스트의 구조에 따라서 크게 달라지지 않기 때문이다. 그럼에도 불구하고 '원형 연결 리스트'의 LNext 함수는 '양방향 연결 리스트'의 LNext 함수보다 한 가지 일을 더 한다. 그리고 그 한가지 일에 해당하는 문장은 다음과 같다.

```
plist->before = plist->cur;
```

포인터 변수 before의 용도를 기억하는가? 이는 리스트가 한쪽 방향으로만 조회가 가능하기 때문에 유지해야 하는, 삭제의 과정을 위해 유지해야 하는 멤버이다. 하지만 양방향 연결 리스트는 양방향으로 얼마든지 조회가 가능하다. 따라서 포인터 변수 before가 불필요하고, before를 유지하기 위해 곳곳에 존재하는 문장들도 불필요하다.

이렇듯 양방향으로 노드를 연결하는 것에는 큰 이점이 있다. 물론 노드를 양방향으로 연결하기 위해서는 몇몇 문장이 추가된다. 하지만 그래 봤자 노드의 삽입 및 삭제 과정에서 한두 문장이 더 추가되는 정도이다. 때문에 코드가 더 복잡해진다는 생각은 버리는 것이 옳다.

▣ 양방향 연결 리스트의 구현을 위한 헤더파일의 정의

총 두 가지 형태로 양방향 연결 리스트를 구현해 볼 텐데, 그 중 하나는 구현의 과정을 우리가 함께할 것이다. 그러나 다른 하나는 문제를 통해서 여러분이 직접 구현할 것을 요구하고자 한다. 이는 연결 리스트의 학습을 마무리하는 이 시점에서 연결 리스트의 이해도를 확인하는 과정으로 매우 큰 의미를 지니기 때문이다. 그럼 우리가 함께 구현할 양방향 연결 리스트의 모델을 소개하겠다.

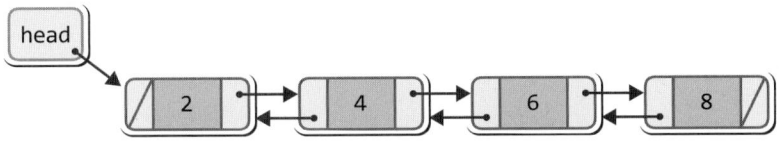

▶ [그림 05-20: 함께 구현할 양방향 연결 리스트의 구조]

위의 그림은 앞서 소개한 양방향 연결 리스트의 첫 번째 모델이다. 혹시라도 이를 보면서 다음과 같이 생각하는 분도 있으실지 모르겠다.

"그나마 제일 쉬운 모델을 기반으로 진행을 하는군요!"

하지만 필자는 더미 노드 모델의 구현이 더 쉽다고 생각한다. 위의 구조에 적합한 LRemove 함수를 정의하려면, 첫 번째 노드를 삭제하는 경우, 마지막 노드를 삭제하는 경우, 그리고 그 이외의 노드를 삭제하는 경우를 각각 별도로 구분해야 하기 때문이다. 각각의 경우를 따져가며 코드를 작성하는 것이 얼마나 피곤한 일인지 여러분도 알고 있지 않은가? 그래서 필자는 위의 모델로 양방향 연결 리스트를 구현하되 LRemove 함수를 제외한 나머지만을 구현하고자 한다.

비록 우리가 함께 구현하는 양방향 연결 리스트에서는 LRemove 함수를 제외하지만, 여러분이 직접 구현하게 될 '더미 노드 기반의 양방향 연결 리스트'에서는 LRemove 함수를 제외시키지 않을 것이다. 더미 노드 기반에서는 그만큼 삭제의 과정이 단순해지기 때문이다. 그리고 지금은 LRemove 함수를 제외시키는 대신에 다음 함수를 추가하고자 한다.

```
int LPrevious(List * plist, Data * pdata);    // LNext 함수의 반대 방향 노드 참조
```

이는 양방향 연결 리스트가 아니면 구현하기 힘든 함수이다. 이 함수는 LFirst 또는 LNext 함수가 호출된 이후에 어디서든 호출이 가능하며, LNext 함수가 오른쪽 노드로 이동해서 그 노드의 데이터를 참조하는 함수라면, 이 함수는 그와 반대인 왼쪽 노드로 이동해서 그 노드의 데이터를 참조하는 함수라 할 수 있다. 그럼 LRemove를 제외하고 대신에 LPrevious를 포함한 양방향 연결 리스트의 헤더파일을 소개하겠다.

✤ **DBLinkedList.h**

```c
1.  #ifndef __DB_LINKED_LIST_H__
2.  #define __DB_LINKED_LIST_H__
3.
4.  #define TRUE    1
5.  #define FALSE   0
6.
7.  typedef int Data;
8.
9.  typedef struct _node
10. {
11.     Data data;
12.     struct _node * next;
13.     struct _node * prev;
14. } Node;
15.
16. typedef struct _DLinkedList
17. {
18.     Node * head;
19.     Node * cur;
20.     int numOfData;
21. } DBLinkedList;
22.
23. typedef DBLinkedList List;
24.
25. void ListInit(List * plist);
26. void LInsert(List * plist, Data data);
27.
28. int LFirst(List * plist, Data * pdata);
29. int LNext(List * plist, Data * pdata);
30. int LPrevious(List * plist, Data * pdata);
```

```
31.    int LCount(List * plist);
32.
33. #endif
```

이어서 LPrevious 함수의 기능도 확인할 겸, 잠시 후 완성될 양방향 연결 리스트를 활용하는 main 함수와 그 실행결과를 보이겠다.

✤ DBLinkedListMain.c

```
1.  #include <stdio.h>
2.  #include "DBLinkedList.h"
3.
4.  int main(void)
5.  {
6.      // 양방향 연결 리스트의 생성 및 초기화 ///////
7.      List list;
8.      int data;
9.      ListInit(&list);
10.
11.     // 8개의 데이터 저장 ///////
12.     LInsert(&list, 1); LInsert(&list, 2);
13.     LInsert(&list, 3); LInsert(&list, 4);
14.     LInsert(&list, 5); LInsert(&list, 6);
15.     LInsert(&list, 7); LInsert(&list, 8);
16.
17.     // 저장된 데이터의 조회 ///////
18.     if(LFirst(&list, &data))
19.     {
20.         printf("%d ", data);
21.
22.         // 오른쪽 노드로 이동하며 데이터 조회
23.         while(LNext(&list, &data))
24.             printf("%d ", data);
25.
26.         // 왼쪽 노드로 이동하며 데이터 조회
27.         while(LPrevious(&list, &data))
28.             printf("%d ", data);
29.
30.         printf("\n\n");
31.     }
32.
33.     return 0;
34. }
```

✜ 실행결과: DBLinkedList.h, DBLinkedList.c, DBLinkedListMain.c

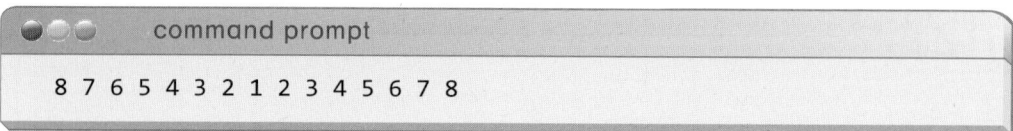

양방향 연결 리스트의 LInsert 함수도 리스트의 머리에 새 노드를 추가하는 방식으로 구현할 것이다. 그래서 위 예제에서 저장하는 8개의 데이터는 다음의 형태로 저장된다.

head → 8 → 7 → 6 → 5 → 4 → 3 → 2 → 1

이러한 사실은 실행결과에서도 보이고 있다. LFirst 함수가 호출되면서 8이 출력되었다. 이어서 LNext 함수가 호출됨에 따라서 7부터 시작에서 1까지 출력이 된다.
그런데 이것이 끝이 아니다. 이어서 LPrevious 함수의 호출이 이뤄지는데, 실행결과를 통해서 알 수 있듯이 LPrevious 함수는 LNext 함수와 반대 방향의 노드로 이동하면서 데이터를 반환한다. 물론 이 함수도 LNext 함수와 마찬가지로 더 이상 참조할 노드가 없을 때 0을 반환하도록 구현할 것이다. 때문에 위의 main 함수에서와 같이 반복문을 구성할 수 있다.

▢ 양방향 연결 리스트의 구현1: 리스트의 초기화와 노드의 삽입

양방향 연결 리스트의 초기화를 담당하는 ListInit 함수의 정의를 위해서 다음 구조체를 보자.

```c
typedef struct _dbLinkedList
{
    Node * head;
    Node * cur;
    int numOfData;
} DBLinkedList;
```

위의 구조체에서 주목할 것은, 데이터의 조회를 목적으로 선언된 멤버가 cur 하나라는 사실이다. 즉 단순 연결 리스트에는 있었던 before가 존재하지 않는다. 따라서 ListInit 함수는 다음과 같이 간단히 정의가 된다.

```c
void ListInit(List * plist)
{
    plist->head = NULL;
    plist->numOfData = 0;
}
```

조회에 사용되는 멤버 cur은 LFirst 함수가 호출됨과 동시에 초기화되니, 위의 함수에서는 별도로 초기화할 필요가 없다. 그럼 이어서 LInsert 함수를 구현해보자.

새로운 노드는 리스트의 머리에 추가가 되니, 데이터의 저장과 관련해서 다음 두 가지 상황을 고려하면 된다(이전과 마찬가지로 그림에서의 / 는 NULL을 의미한다).

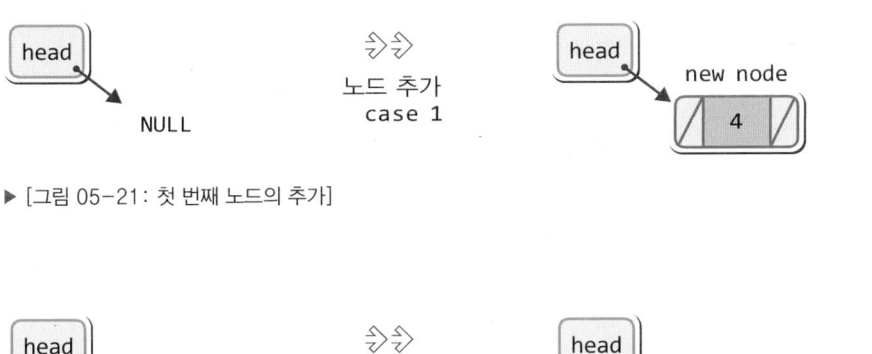

▶ [그림 05-21: 첫 번째 노드의 추가]

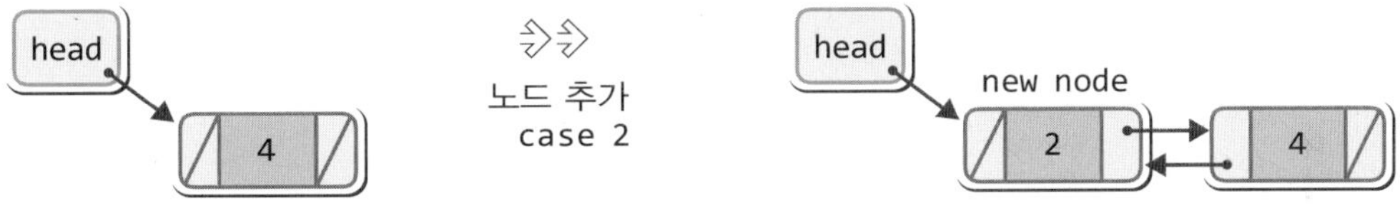

▶ [그림 05-22: 두 번째 이후의 노드 추가]

그림에서 보이듯이 첫 번째 노드를 추가하는 과정과 두 번째 이후의 노드를 추가하는 과정이 다르기 때문에 이 둘을 나누어서 생각해야 한다. 그럼 먼저 첫 번째 노드의 추가 과정을 코드로 옮겨보겠다.

```
void LInsert(List * plist, Data data)        // 첫 번째 노드의 추가 과정만 담음
{
    Node * newNode = (Node*)malloc(sizeof(Node));
    newNode->data = data;

    // 아래 문장에서 plist->head는 NULL이다!
    newNode->next = plist->head;             // 새 노드의 next를 NULL로 초기화
    newNode->prev = NULL;                    // 새 노드의 prev를 NULL로 초기화
    plist->head = newNode;                   // 포인터 변수 head가 새 노드 가리키게 함

    (plist->numOfData)++;
}
```

연결 리스트가 텅 빈 상황에서, 연결 리스트의 포인터 변수 head에는 NULL이 저장되어 있음을 기억하고 위의 코드를 이해하기 바란다. 결국 위의 함수에서 하는 일은 새 노드의 next와 prev를 NULL로 초기화하고, 이 새 노드를 head가 가리키게 하는 것이 전부이다.

이번에는 위의 함수에 두 번째 이후의 노드를 추가하는 과정을 더해서 함수를 완성할 차례이다. 이를 위해서 먼저 두 번째 노드의 추가 과정을 그림으로 정리해보겠다. [그림 05-21]에서 보이는 첫 번째 노드가 추가된 상황에서, 두 번째 노드를 추가하기 위해 먼저 할 일은 다음과 같다.

"새 노드를 생성하고, 이 새 노드와 head가 가리키는 노드가 서로를 가리키게 한다."

이를 그림으로 보이면 다음과 같다.

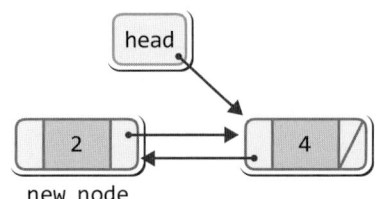

▶ [그림 05-23: 두 번째 노드의 추가과정 1/2]

그리고 이 과정은 다음의 두 문장을 통해서 완성이 된다.

```
newNode->next = plist->head;      // 새 노드가 기존 노드를 가리키게 한다.
plist->head->prev = newNode;      // 기존 노드가 새 노드를 가리키게 한다.
```

이제 head가 새 노드를 가리키게 하고, 새 노드의 prev에 NULL을 채워서 다음의 형태가 되게 하면 두 번째 노드의 추가도 끝이 난다.

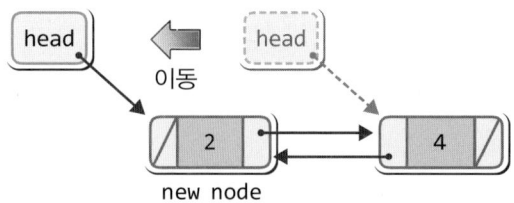

▶ [그림 05-24: 두 번째 노드의 추가과정 2/2]

그리고 다음 두 문장을 통해서 위 그림의 형태가 완성된다.

```
newNode->prev = NULL;        // 새 노드의 prev에 NULL 저장
plist->head = newNode;       // 포인터 변수 head가 새 노드를 가리키게 한다.
```

이로써 새로운 노드의 추가에 필요한 코드를 부분적으로나마 모두 작성해 보았다. 그러니 이제는 이를 하

나로 묶기만 하면 된다. 그러면 다음의 함수가 완성된다.

```
void LInsert(List * plist, Data data)
{
    Node * newNode = (Node*)malloc(sizeof(Node));
    newNode->data = data;

    newNode->next = plist->head;
    if(plist->head != NULL)
        plist->head->prev = newNode;       // 두 번째 이후의 노드를 추가할 때만 실행

    newNode->prev = NULL;
    plist->head = newNode;

    (plist->numOfData)++;
}
```

이로써 양방향 연결 리스트의 LInsert 함수를 완성하였다. 단방향 연결 리스트에 비해서 그리 복잡할 것이 없는 구현이다.

❑ 양방향 연결 리스트의 구현2: 데이터 조회

이번에 구현할 데이터의 조회와 관련 있는 다음 세 함수의 구현은 어려울 것이 전혀 없다. 특히 LFirst 함수와 LNext 함수는 단방향 연결 리스트의 경우와 사실상 차이가 없다.

- int LFirst(List * plist, Data * pdata);   // 첫 번째 노드의 데이터 조회
- int LNext(List * plist, Data * pdata);   // 두 번째 이후의 노드 데이터 조회
- int LPrevious(List * plist, Data * pdata);   // LNext의 반대 방향으로 데이터 조회

이 중에서 LFirst 함수와 LNext 함수는 단방향 연결 리스트의 경우보다 오히려 간단히 구현된다. 단방향 연결 리스트에는 있었던 구조체 멤버 before가 없어졌기 때문이다. 따라서 별도의 설명 없이 코드를 제시하기로 하겠다.

```
int LFirst(List * plist, Data * pdata)
{
    if(plist->head == NULL)
        return FALSE;

    plist->cur = plist->head;        // cur이 첫 번째 노드를 가리키게 함
```

```
            *pdata = plist->cur->data;          // cur이 가리키는 노드의 데이터 반환
            return TRUE;
        }

        int LNext(List * plist, Data * pdata)
        {
            if(plist->cur->next == NULL)
                return FALSE;

            plist->cur = plist->cur->next;       // cur을 오른쪽으로 이동
            *pdata = plist->cur->data;           // cur이 가리키는 노드의 데이터 반환
            return TRUE;
        }

        int LPrevious(List * plist, Data * pdata)
        {
            if(plist->cur->prev == NULL)
                return FALSE;

            plist->cur = plist->cur->prev;       // cur을 왼쪽으로 이동
            *pdata = plist->cur->data;           // cur이 가리키는 노드의 데이터 반환
            return TRUE;
        }
```

위의 LPrevious 함수는 LNext 함수의 반대방향으로 데이터를 조회하기 때문에 구조체 Node의 멤버 next가 아닌 prev를 사용해서 cur을 이동시켰다. 그리고 그것이 LNext 함수와의 유일한 차이점이다.

❏ 양방향 연결 리스트의 구현을 하나로 묶기

그럼 지금까지 설명하고 함께 구현한 양방향 연결 리스트의 헤더파일과 소스파일을 정리해 보이겠다. 하지만 이를 테스트하기 위한 main 함수와 그 실행결과는 앞서 소개하였으니 여기서는 생략하겠다.

✤ DBLinkedList.h

```
1.   #ifndef __DB_LINKED_LIST_H__
2.   #define __DB_LINKED_LIST_H__
3.
4.   #define TRUE     1
5.   #define FALSE    0
6.
7.   typedef int Data;
8.
```

```
9.  typedef struct _node
10. {
11.     Data data;
12.     struct _node * next;
13.     struct _node * prev;
14. } Node;
15.
16. typedef struct _DLinkedList
17. {
18.     Node * head;
19.     Node * cur;
20.     int numOfData;
21. } DBLinkedList;
22.
23. typedef DBLinkedList List;
24.
25. void ListInit(List * plist);
26. void LInsert(List * plist, Data data);
27.
28. int LFirst(List * plist, Data * pdata);
29. int LNext(List * plist, Data * pdata);
30. int LPrevious(List * plist, Data * pdata);
31. int LCount(List * plist);
32.
33. #endif
```

✤ DBLinkedList.c

```
1.  #include <stdio.h>
2.  #include <stdlib.h>
3.  #include "DBLinkedList.h"
4.
5.  void ListInit(List * plist)
6.  {
7.      plist->head = NULL;
8.      plist->numOfData = 0;
9.  }
10.
11. void LInsert(List * plist, Data data)
12. {
13.     Node * newNode = (Node*)malloc(sizeof(Node));
14.     newNode->data = data;
15.
16.     newNode->next = plist->head;
17.     if(plist->head != NULL)
18.         plist->head->prev = newNode;
```

```
19.
20.     newNode->prev = NULL;
21.     plist->head = newNode;
22.
23.     (plist->numOfData)++;
24. }
25.
26. int LFirst(List * plist, Data * pdata)
27. {
28.     if(plist->head == NULL)
29.         return FALSE;
30.
31.     plist->cur = plist->head;
32.     *pdata = plist->cur->data;
33.
34.     return TRUE;
35. }
36.
37. int LNext(List * plist, Data * pdata)
38. {
39.     if(plist->cur->next == NULL)
40.         return FALSE;
41.
42.     plist->cur = plist->cur->next;
43.     *pdata = plist->cur->data;
44.
45.     return TRUE;
46. }
47.
48. int LPrevious(List * plist, Data * pdata)
49. {
50.     if(plist->cur->prev == NULL)
51.         return FALSE;
52.
53.     plist->cur = plist->cur->prev;
54.     *pdata = plist->cur->data;
55.
56.     return TRUE;
57. }
58.
59. int LCount(List * plist)
60. {
61.     return plist->numOfData;
62. }
```

이로써 양방향 연결 리스트의 구현이 끝이 났다. 그리고 본서에서 설명하는 연결 리스트에 대한 이야기도 모두 끝났다. 하지만 다음 문제의 해결을 진정한 끝으로 여겼으면 좋겠다.

문 제 05-2 [더미 노드 기반의 양방향 연결 리스트의 구현]

필자는 연결 리스트를 처음부터 끝까지 구현할 수 있는 능력을 강조하지 않았다. 그럼에도 불구하고 이번에는 여러분에게 양방향 연결 리스트의 완전한 구현을 요구하고자 한다. 이유는 간단하다. 앞서 함께 구현한 양방향 연결 리스트를 모델로 하여 조금만 수정하고 조금만 보태면 완성할 수 있기 때문이다. 필자가 요구하는 양방향 연결 리스트의 구현 모델은 다음과 같다.

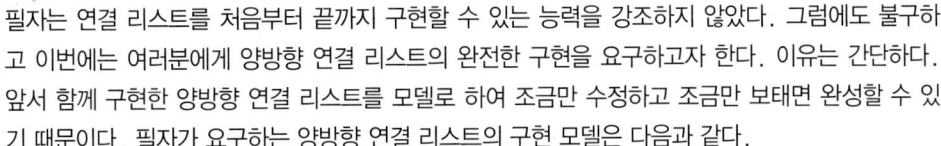

▶ [그림 05-25: 양쪽으로 더미 노드가 존재하는 양방향 연결 리스트]

위 그림에서 보이는 연결 리스트의 특징은 다음과 같다.

- 양방향 연결 리스트이다.
- 더미 노드가 리스트의 앞과 뒤에 각각 존재한다.
- 포인터 변수 head와 tail이 있어서 리스트의 앞과 뒤를 각각 가리킨다.

더미 노드의 이점은 여러분이 알고있는 바와 같다. 그런데 이 경우에는 꼬리에도 더미 노드가 존재함에 유의하자. 그리고 구현범위를 제한한다는 의미에서 헤더파일의 일부를 제공하겠다. 즉 아래에서 보이는 구조체와 함수를 기반으로 양방향 연결 리스트를 구현하면 된다.

```
// 헤더파일의 일부로 다음 구조체의 정의와 함수의 선언을 담고 있어야 한다.
typedef struct _node
{
    Data data;              // typedef int Data;
    struct _node * next;
    struct _node * prev;
} Node;

typedef struct _dbDLinkedList
{
    Node * head;
    Node * tail;
```

```
        Node * cur;
        int numOfData;
} DBDLinkedList;

typedef DBDLinkedList List;

void ListInit(List * plist);
void LInsert(List * plist, Data data);      // 꼬리에 노드를 추가한다.

int LFirst(List * plist, Data * pdata);
int LNext(List * plist, Data * pdata);

Data LRemove(List * plist);                 // 앞서 참조가 이뤄진 노드를 삭제한다.
int LCount(List * plist);
```

앞서 구현한 양방향 연결 리스트에서는 새 노드를 머리에 추가하였다. 따라서 이번에는 새 노드를 꼬리에 추가하는 방식으로 LInsert 함수를 구현하기로 하겠다. 그리고 LRemove 함수의 선언이 추가되었는데, 이 함수의 기능은 앞서 수차례 경험하였으니 별도의 설명이 필요치 않을 것이다.

그리고 프로그램을 완성한 다음에는 머리에 있는 더미 노드와 꼬리에 있는 더미 노드에 각각 어떠한 의미가 있는지 생각해보기 바란다. 필자는 구현과정에서 여러분 스스로 그 의미를 알게 되리라 믿는다.

05 프로그래밍 문제의 답안

문제 05-1의 답안

이 문제의 해결을 위해서 필자는 다음 구조체를 헤더파일에 정의하였다.

✢ Employee.h

```
1.  #ifndef __EMPLOYEE_H__
2.  #define __EMPLOYEE_H__
3.
4.  typedef struct _Employee
5.  {
6.      int empNum;              // 사번
7.      char name[30];           // 이름
8.  } Employee;
9.
10. #endif
```

그리고 이 문제의 해결을 위해서 다음 두 파일을 사용해야 하는데,

CLinkedList.h, CLinkedList.c

이 중에서 헤더파일인 CLinkedList.h에 다음 선언을 추가해야 하고,

#include "Employee.h"

다음과 같이 typedef 선언을 변경해야 한다.

// typedef int Data;
typedef Employee * Data;

마지막으로 다음 소스파일에, 문제에서 요구한 함수를 정의하고 요구사항에 해당하는 프로그램의 흐름을 main 함수에 모두 담았다.

✢ NightDutyMain.c

```
1.  #include <stdio.h>
2.  #include <stdlib.h>
3.  #include <string.h>
4.  #include "CLinkedList.h"
5.  #include "Employee.h"
```

```
6.
7.  Employee * WhosNightDuty(List * plist, char * name, int day);
8.  void ShowEmployeeInfo(Employee * emp);
9.
10. int main(void)
11. {
12.     int i;
13.     Employee * pemp;
14.
15.     // List의 생성 및 초기화 ///////
16.     List list;
17.     ListInit(&list);
18.
19.     // 4명의 데이터 저장 ///////
20.     pemp = (Employee*)malloc(sizeof(Employee));
21.     pemp->empNum = 11111;
22.     strcpy(pemp->name, "Terry");
23.     LInsert(&list, pemp);
24.
25.     pemp = (Employee*)malloc(sizeof(Employee));
26.     pemp->empNum = 2222;
27.     strcpy(pemp->name, "Jery");
28.     LInsert(&list, pemp);
29.
30.     pemp = (Employee*)malloc(sizeof(Employee));
31.     pemp->empNum = 3333;
32.     strcpy(pemp->name, "Hary");
33.     LInsert(&list, pemp);
34.
35.     pemp = (Employee*)malloc(sizeof(Employee));
36.     pemp->empNum = 4444;
37.     strcpy(pemp->name, "Sunny");
38.     LInsert(&list, pemp);
39.
40.     // Terry 뒤로 3일 뒤 당직자는? ///////
41.     pemp = WhosNightDuty(&list, "Terry", 3);
42.     ShowEmployeeInfo(pemp);
43.
44.     // Sunny 뒤로 15일 뒤 당직자는? ///////
45.     pemp = WhosNightDuty(&list, "Sunny", 15);
46.     ShowEmployeeInfo(pemp);
47.
48.     // 할당된 메모리의 전체 소멸 ///////
49.     if(LFirst(&list, &pemp))
50.     {
51.         free(pemp);
52.
53.         for(i=0; i<LCount(&list)-1; i++)
54.         {
55.             if(LNext(&list, &pemp))
56.                 free(pemp);
57.         }
58.     }
59.
60.     return 0;
61. }
62.
63. Employee * WhosNightDuty(List * plist, char * name, int day)
64. {
```

```
65.     int i, num;
66.     Employee *ret;
67.
68.     num = LCount(plist);
69.
70.     // 이름 찾기 ////////
71.     LFirst(plist, &ret);
72.
73.     if(strcmp(ret->name, name) != 0)
74.     {
75.         for(i=0; i<num-1; i++)
76.         {
77.             LNext(plist, &ret);
78.
79.             if(strcmp(ret->name, name) == 0)
80.                 break;
81.         }
82.         if(i >= num-1)    // 해당하는 이름이 존재하지 않으면
83.             return NULL;
84.     }
85.
86.     // 그 뒤로 며칠 뒤 ////////
87.     for(i=0; i<day; i++)
88.         LNext(plist, &ret);
89.
90.     return ret;
91. }
92.
93. void ShowEmployeeInfo(Employee * emp)
94. {
95.     printf("Employee name: %s \n", emp->name);
96.     printf("Employee number: %d \n\n", emp->empNum);
97. }
```

문제 05-2의 답안

이 문제의 해결을 위해서 그림을 그려 보았기를 바란다. 필자 역시 이 문제를 만들고 답을 구하는 과정에서 그림을 그려 보았다. 그림을 그린 후에 그와 동일한 상황을 연출하는 코드를 하나씩 작성해 나갔다. 필자가 제일 먼저 그린 그림은 다음과 같다. 이는 리스트가 생성되고 초기화가 완료된 직후의 모습이다.

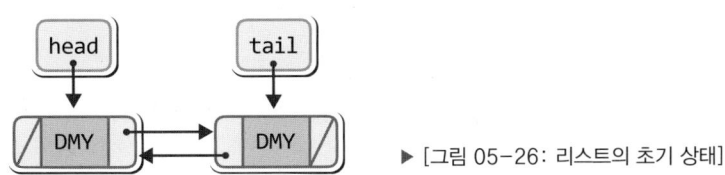

▶ [그림 05-26: 리스트의 초기 상태]

위 그림을 통해서 리스트의 초기화 함수 안에 들어갈 문장들을 결정할 수 있었다. 이어서 고민할 것은 노드를 추가하는 방법이다. 그런데 리스트의 머리와 꼬리에 각각 더미 노드가 존재하기 때문에 추가의 방법에 있어서 경우의 수가 나뉘지 않는다. 따라서 아래의 그림과 같이 일반적인 한 사례를 토대로 노드의 추가 방법을 판단하면 된다.

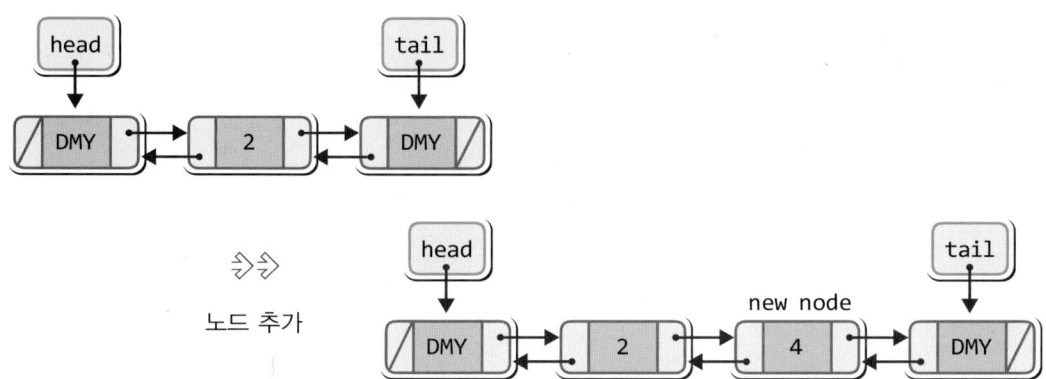

▶ [그림 05-27: 노드의 추가 결과]

위 그림만 보아도 새 노드를 추가하는데 있어서 다음의 과정이 필요함을 알 수 있다.

- 1단계   새 노드를 생성하고 데이터를 저장한다.
- 2단계   새 노드와 새 노드의 왼쪽에 위치할 노드가 서로를 가리키게 한다.
- 3단계   새 노드와 새 노드의 오른쪽에 위치할 노드가 서로를 가리키게 한다.

위의 과정을 그림으로, 그것도 단계별로 표현하면 다음과 같다.

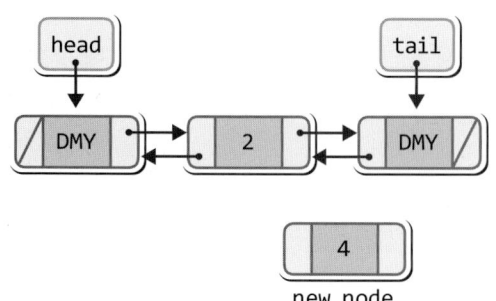

▶ [그림 05-28: 노드의 추가과정 1/3]

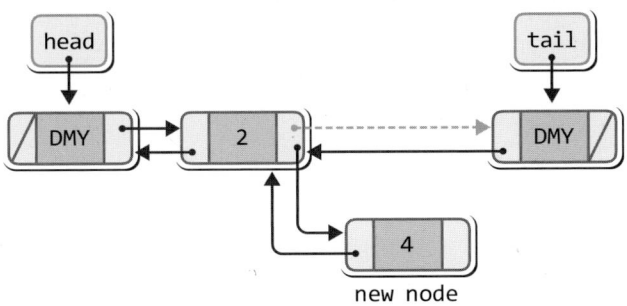

▶ [그림 05-29: 노드의 추가과정 2/3]

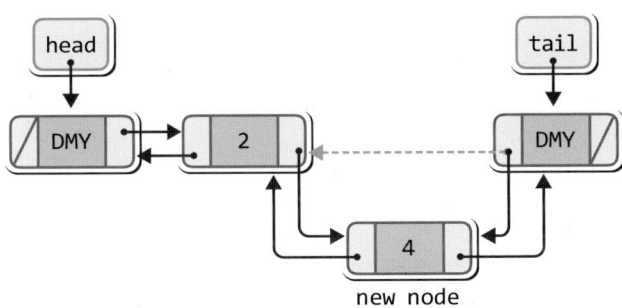

▶ [그림 05-30: 노드의 추가과정 3/3]

이번에는 삭제를 구현하기 위해서 그린 그림을 보이겠다. 필자는 그림 05-30에서 2가 저장된 노드를 삭제한다고 가정하고 이와 관련해서 다음 그림을 그렸다.

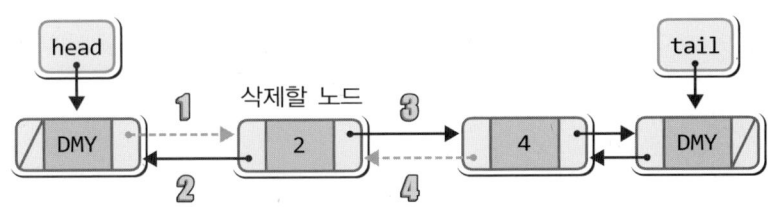

▶ [그림 05-31: 노드의 삭제와 관련해서]

위 그림에서 삭제할 노드는 2가 저장된 노드이다. 그리고 ❶과 ❹로 표시된, 다소 흐리며 점선으로 표시된 화살표가 삭제를 위해서 다른 위치를 가리켜야 할 화살표들이다.
그런데 이렇게 그림으로 보니 삭제될 노드가 가리키거나 삭제될 노드를 가리키는 화살표의 수가 총 네 개나 된다. 하지만 ❷와 ❸으로 표시된 화살표는 신경 쓰지 않아도 된다. 어차피 삭제될 노드의 포인터 변수이기 때문이다. 즉 신경 쓸 포인터 변수는 ❶과 ❹의 포인터 변수이다.
그렇다면 ❶과 ❹는 각각 어디를 가리키도록 재조정 해야겠는가? 너무 쉬운 문제다 ❶은 삭제될 노드의 다음 노드를, 그리고 ④는 삭제될 노드의 이전 노드를 가리키게 하면 된다(이를 위해서 ❷와 ❸의 포인터 변수 값을 참조해야 한다). 그리하여 삭제가 완료되고 나면 다음의 모습을 보여야 한다.

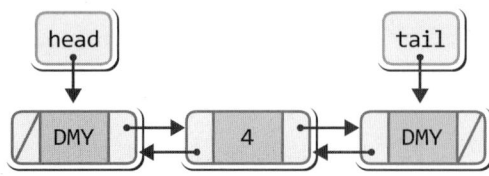

▶ [그림 05-32: 삭제 완료의 모습]

이렇게 해서 이 문제의 해결을 위해서 필자가 그려본 최소한의 그림을 모두 소개하였다. 물론 조회의 과정도 그림을 통해서 확인할 필요가 있지만 이는 상대적으로 단순하므로, 그리고 앞서 그린 그림들을 보고서도 구현이 가능하므로 여기서는 생략하도록 하겠다.

그럼 이어서 더미 노드 기반의 양방향 연결 리스트를 구현한 헤더파일과 소스파일을 소개하고 이를 테스트하기 위한 main 함수와 그 실행결과를 소개하겠다.

✤ DBDLinkedList.h

```
1.  #ifndef __DBD_LINKED_LIST_H__
2.  #define __DBD_LINKED_LIST_H__
3.
4.  #define TRUE    1
5.  #define FALSE   0
6.
7.  typedef int Data;
8.
9.  typedef struct _node
10. {
11.     Data data;
12.     struct _node * next;
13.     struct _node * prev;
14. } Node;
15.
16. typedef struct _dbDLinkedList
17. {
18.     Node * head;
19.     Node * tail;
20.     Node * cur;
21.     int numOfData;
22. } DBDLinkedList;
23.
24. typedef DBDLinkedList List;
25.
26. void ListInit(List * plist);
27. void LInsert(List * plist, Data data);
28.
29. int LFirst(List * plist, Data * pdata);
30. int LNext(List * plist, Data * pdata);
31.
```

```
32. Data LRemove(List * plist);
33. int LCount(List * plist);
34.
35. #endif
```

❖ DBDLinkedList.c

```
1.  #include <stdio.h>
2.  #include <stdlib.h>
3.  #include "DBDLinkedList.h"
4.
5.  void ListInit(List * plist)
6.  {
7.      plist->head = (Node*)malloc(sizeof(Node));
8.      plist->tail = (Node*)malloc(sizeof(Node));
9.
10.     plist->head->prev = NULL;
11.     plist->head->next = plist->tail;
12.
13.     plist->tail->next = NULL;
14.     plist->tail->prev = plist->head;
15.
16.     plist->numOfData = 0;
17. }
18.
19. void LInsert(List * plist, Data data)
20. {
21.     Node * newNode = (Node*)malloc(sizeof(Node));
22.     newNode->data = data;
23.
24.     newNode->prev = plist->tail->prev;
25.     plist->tail->prev->next = newNode;
26.
27.     newNode->next = plist->tail;
28.     plist->tail->prev = newNode;
29.
30.     (plist->numOfData)++;
31. }
32.
33. int LFirst(List * plist, Data * pdata)
34. {
35.     if(plist->head->next == plist->tail)
36.         return FALSE;
37.
38.     plist->cur = plist->head->next;
39.     *pdata = plist->cur->data;
40.     return TRUE;
41. }
42.
43. int LNext(List * plist, Data * pdata)
44. {
45.     if(plist->cur->next == plist->tail)
46.         return FALSE;
47.
48.     plist->cur = plist->cur->next;
49.     *pdata = plist->cur->data;
```

```
50.        return TRUE;
51.    }
52.
53.    Data LRemove(List * plist)
54.    {
55.        Node * rpos = plist->cur;
56.        Data remv = rpos->data;
57.
58.        plist->cur->prev->next = plist->cur->next;
59.        plist->cur->next->prev = plist->cur->prev;
60.
61.        plist->cur = plist->cur->prev;      // cur의 위치를 재조정
62.
63.        free(rpos);
64.        (plist->numOfData)--;
65.        return remv;
66.    }
67.
68.    int LCount(List * plist)
69.    {
70.        return plist->numOfData;
71.    }
```

✤ DBDLinkedListMain.c

```
1.     #include <stdio.h>
2.     #include "DBDLinkedList.h"
3.
4.     int main(void)
5.     {
6.         List list;
7.         int data;
8.         ListInit(&list);
9.
10.        // 8개의 데이터 저장 ////////
11.        LInsert(&list, 1); LInsert(&list, 2);
12.        LInsert(&list, 3); LInsert(&list, 4);
13.        LInsert(&list, 5); LInsert(&list, 6);
14.        LInsert(&list, 7); LInsert(&list, 8);
15.
16.        // 저장된 데이터의 조회 ////////
17.        if(LFirst(&list, &data))
18.        {
19.            printf("%d ", data);
20.
21.            while(LNext(&list, &data))
22.                printf("%d ", data);
23.
24.            printf("\n");
25.        }
26.
27.        // 2의 배수 전부 삭제 ////////
28.        if(LFirst(&list, &data))
29.        {
30.            if(data%2 == 0)
31.                LRemove(&list);
```

```
32.
33.        while(LNext(&list, &data))
34.        {
35.            if(data%2 == 0)
36.                LRemove(&list);
37.        }
38.    }
39.
40.    // 저장된 데이터의 재 조회 ////////
41.    if(LFirst(&list, &data))
42.    {
43.        printf("%d ", data);
44.
45.        while(LNext(&list, &data))
46.            printf("%d ", data);
47.
48.        printf("\n\n");
49.    }
50.
51.    return 0;
52. }
```

✤ 실행결과: DBDLinkedList.h, DBDLinkedList.c, DBDLinkedListMain.c

```
command prompt

1 2 3 4 5 6 7 8
1 3 5 7
```

Chapter 06

스택(Stack)

06-1 스택의 이해와 ADT 정의

앞서 여러 Chapter에 걸쳐 공부한 리스트는 대표적인 선형 자료구조이다. 그리고 이번에 소개하는 스택이란 자료구조도 선형 자료구조의 일종이다.

❏ 스택(Stack)의 이해

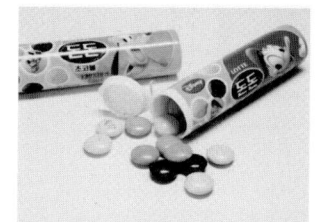

본서에서 소개하는 각종 자료구조에 비유할 수 있는 예는 우리 주변에서 쉽게 찾을 수 있고, 또 몇 가지 도구를 이용해서 실물로 직접 구현해볼 수도 있다. 이번에 소개하는 스택도 마찬가지이다. 스택을 설명할만한 사물이 주변에 워낙 많은지라 서적들마다 제 각각의 예를 든다. 하지만 그 중에서도 대표적으로 등장하는 몇 가지는 '쌓아 올려진 상자더미'나 '쟁반 위에 쌓인 접시'가 아닐까 생각한다. 그런데 필자는 아이를 키우는 입장이다 보니 아이들이 좋아하는 것들에 눈이 간다. 위 그림에서 보이는 것은 누구나 한번은 사먹은 경험이 있는 돈돈 초코볼이다. 그림에서 초코볼에 관심을 두지 말고 뚜껑이 달린 초코볼 통에 관심을 두자. 이 통이 취하는 초코볼의 관리방식이 바로 '스택'이니 말이다!

정리하면, 스택은 한쪽은 막히고 한쪽은 뚫려있는 초코볼 통에 비유할 수 있다. 그리고 이렇듯 한쪽만 뚫리다 보니 다음과 같은 특성을 지니게 된다.

"먼저 들어간 것이 나중에 나온다!"

돈돈 초코볼의 실제 크기는 통의 둘레보다 좀 작은 편이다. 따라서 통 안에서 초코볼이 많이 움직인다. 하지만 초코볼들 사이의 순서가 바뀌지 않을 정도로 초코볼이 조금 더 컸다면 아주 이상적인 스택의 모델이 된다. 따라서 통을 비운 상태에서 다음의 순서로 초코볼을 넣었다면,

까만 초코볼 → 노란 초코볼 → 빨간 초코볼 → 주황 초코볼

다음과 같이 들어간 순서의 역순으로 초코볼을 꺼내게 된다.

주황 초코볼 → 빨간 초코볼 → 노란 초코볼 → 까만 초코볼

이렇듯 스택은 나중에 들어간 것이 먼저 나오는 구조이다 보니 '후입선출(後入先出) 방식의 자료구조'라고도 불리고, 영어로 'LIFO(Last-In, First-Out) 구조의 자료구조' 라고도 불린다.

자! 이렇게 해서 스택 자료구조에 대한 개념적인 설명을 다하였다. 어떤가! 리스트보다 쉽지 않은가? 실제로 스택은 쉽게 이해할 수 있고 또 쉽게 구현할 수 있는 자료구조이다.

"아! 그럼 스택은 간단히 정복할 수 있겠네요."

뭐 틀린 말은 아니다. 그런데 스택! 하면 '스택의 활용' 혹은 '스택 기반의 알고리즘'과 관련된 전통적인 예가 하나 있는데, 이것이 의외로 간단하지 않다. 오히려 스택을 공부하는 것보다 이것을 경험하는데 더 많은 시간과 노력이 필요할 것이다.

스택 ADT의 정의

앞서 살펴본 리스트 자료구조의 ADT는 필요에 따라서 그 정의 내용에 약간씩 차이가 있다. 그에 비해 스택의 ADT는 상대적으로 정형화된 편이다. 한쪽이 막혀있는 초코볼 통을 가지고 우리가 할 수 있는 일이 무엇이겠는가? 다음 정도 아니겠는가?

- 초코볼 통에 초코볼을 넣는다.   push
- 초코볼 통에서 초코볼을 꺼낸다.   pop
- 이번에 꺼낼 초코볼의 색이 무엇인지 통 안을 들여다 본다.   peek

그리고 여기에 하나를 더 추가한다면 다음 정도이다.

- 초코볼 통이 비었는지 확인한다.

특히 스택을 대표하는 넣고, 꺼내고, 들여다 보는 연산을 가리켜 각각 push, pop, peek이라 한다. 때문에 스택의 ADT는 다음과 같이 정의가 되며, 이것이 스택의 보편적인 ADT이다. 참고로 필자는 이름 충돌의 발생확률을 낮추기 위해서 아래의 함수이름 앞에 스택을 의미하는 S를 붙였지만, 붙이지 않기도 하고 또 다른 접두사를 붙이기도 한다.

 스택 자료구조의 ADT

 Operations:

- `void StackInit(Stack * pstack);`
  - 스택의 초기화를 진행한다.
  - 스택 생성 후 제일 먼저 호출되어야 하는 함수이다.

- `int SIsEmpty(Stack * pstack);`
  - 스택이 빈 경우 TRUE(1)을, 그렇지 않은 경우 FALSE(0)을 반환한다.

- `void SPush(Stack * pstack, Data data);`
  - 스택에 데이터를 저장한다. 매개변수 data로 전달된 값을 저장한다.

- Data SPop(Stack * pstack);
  - 마지막에 저장된 요소를 삭제한다.
  - 삭제된 데이터는 반환이 된다.
  - 본 함수의 호출을 위해서는 데이터가 하나 이상 존재함이 보장되어야 한다.

- Data SPeek(Stack * pstack);
  - 마지막에 저장된 요소를 반환하되 삭제하지 않는다.
  - 본 함수의 호출을 위해서는 데이터가 하나 이상 존재함이 보장되어야 한다.

자! 이제 ADT도 정의되었으니, 이를 기반으로 스택의 구현을 위한 구조체를 정의하고 헤더파일을 디자인할 차례이다. 그런데 이에 앞서 여러분이 결정해야 할 사항이 있다.

"스택을 배열 기반으로 구현할 것인가? 아니면 연결 리스트 기반으로 구현할 것인가?"

스택은 배열을 이용해서도 구현이 가능하고, 또 연결 리스트를 이용해서도 구현이 가능하다. 따라서 우리는 배열 기반의 스택과 연결 리스트 기반의 스택을 모두 구현해볼 것이다.

"연결 리스트도 하나의 자료구조인데, 이것을 이용해서 다른 자료구조를 구현한다고요?"

사실 배열도 자료구조이다. 그럼에도 불구하고 리스트의 구현 도구로 사용하지 않았는가? 마찬가지로 연결 리스트도 하나의 자료구조이지만 다른 자료구조의 구현에 사용되는 중요한 도구이기도 하다. 어찌 보면 연결 리스트는 다른 자료구조의 구현에 사용되는 도구로써 더 큰 의미를 지닌다고 볼 수 있다. 본서를 공부하다 보면 여러분도 머지않아 그렇게 느낄 것이다.

[06-2] 스택의 배열 기반 구현

어떠한 자료구조이건 간에 처음부터 끝까지 새로이 구현하는 것은 부담스러운 일이다. 하지만 그 대상이 스택이라면 그 부담은 반으로 줄어든다. 그만큼 스택의 구현은, 그것도 배열을 기반으로 하는 구현은 부담스럽지 않다.

☐ 구현의 논리와 헤더파일의 정의

앞서 연결 리스트를 구현하면서 우리는 다양한 상황에 대해서 그림을 그렸다. 그리고 그 그림을 기반으로 구현을 완성하였다. 하지만 스택은 그 특성상 리스트만큼 상황이 다양하지 않다. 그저 데이터를 추가하는 상황과 꺼내는 상황만 그림으로 정리하면 된다. 그럼 먼저 데이터를 추가하는 상황을 그림으로 정리해 보겠다.

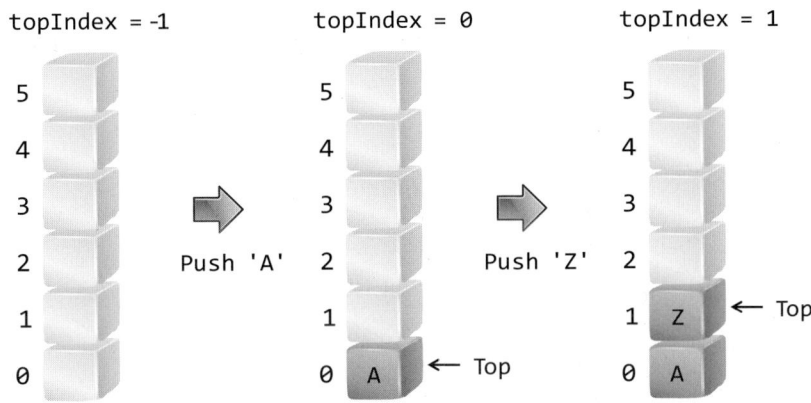

▶ [그림 06-1: 배열 기반 스택의 push 연산]

위 그림에서 주목할 것 두 가지는 다음과 같다.

- 인덱스 0의 배열 요소가 '스택의 바닥(초코볼 통의 바닥)'으로 정의되었다.
- 마지막에 저장된 데이터의 위치를 기억해야 한다.

우선 인덱스 0의 배열 요소를 스택의 바닥으로 둔 이유는 다음과 같다.

"인덱스 0의 요소를 스택의 바닥으로 정의하면, 배열의 길이에 상관 없이 언제나 인덱스 0의 요소가 스택의 바닥이 된다."

그리고 위 그림에서는 가장 최근에 저장된, 다시 말해서 가장 위에 저장된 데이터를 Top으로 가리키고 있으며, 이 Top이 가리키는 위치의 인덱스 값을 변수 topIndex에 저장하고 있다(실제로 Top은 변수 topIndex를 의미한다). 이렇듯 마지막에 저장된 데이터의 위치를 별도로 기억해 둬야 다음과 같이 push 연산과 pop 연산을 쉽게 완성할 수 있다.

- **push**   Top을 위로 한 칸 올리고, Top이 가리키는 위치에 데이터 저장
- **pop**   Top이 가리키는 데이터를 반환하고, Top을 아래로 한 칸 내림

이렇듯 배열 기반 스택은 그 구조가 단순하다. 따라서 pop의 과정을 설명하는 그림을 별도로 그리지는 않겠다. 이로써 push와 pop에 대해 이해하였고 앞서 ADT도 정의하였으니, 이를 기반으로 스택의 헤더파일을 정의하겠다.

✣ **ArrayBaseStack.h**

```
1.  #ifndef __AB_STACK_H__
2.  #define __AB_STACK_H__
3.
4.  #define TRUE     1
5.  #define FALSE    0
6.  #define STACK_LEN 100
7.
8.  typedef int Data;
9.
10. typedef struct _arrayStack
11. {
12.     Data stackArr[STACK_LEN];
13.     int topIndex;
14. } ArrayStack;
15.
16. typedef ArrayStack Stack;
17.
18. void StackInit(Stack * pstack);               // 스택의 초기화
19. int SIsEmpty(Stack * pstack);                 // 스택이 비었는지 확인
20.
21. void SPush(Stack * pstack, Data data);        // 스택의 push 연산
22. Data SPop(Stack * pstack);                    // 스택의 pop 연산
23. Data SPeek(Stack * pstack);                   // 스택의 peek 연산
24.
25. #endif
```

이어서 위의 헤더파일에 선언된 함수들을 구현할 텐데, 그 구현이 결코 어렵지 않다. 필자의 설명 없이 여러분이 직접 구현할 수 있을 정도이다.

배열 기반 스택의 구현

스택을 표현한 다음 구조체의 정의를 보면 StackInit 함수를 무엇으로 채워야 할지 알 수 있다.

```
typedef struct _arrayStack
{
    Data stackArr[STACK_LEN];       // typedef int Data;
    int topIndex;
} ArrayStack;
```

이 중에서 초기화할 멤버는 가장 마지막에 저장된 데이터의 위치를 가리키는 topIndex 하나이다. 따라서 StackInit 함수는 다음과 같이 간단히 정의된다.

```
void StackInit(Stack * pstack)
{
    pstack->topIndex = -1;          // topIndex의 -1은 빈 상태를 의미함
}
```

topIndex에 0이 저장되면, 이는 인덱스 0의 위치에 마지막 데이터가 저장되었음을 뜻하는 것이 된다. 따라서 topIndex를 0이 아닌 -1로 초기화 해야 한다.

이어서 SIsEmpty 함수의 정의를 보자. 이 함수는 스택이 비어있는지 확인할 때 호출하는 함수이다. 스택이 비어있는 경우 topIndex의 값이 -1이니, 이 함수는 다음과 같이 정의되어야 한다.

```
int SIsEmpty(Stack * pstack)
{
    if(pstack->topIndex == -1)      // 스택이 비어있다면
        return TRUE;
    else
        return FALSE;
}
```

이제 스택의 핵심인 SPush 함수와 SPop 함수를 보일 차례인데, 이 둘 역시 다음과 같이 간단히 정의가 된다.

```
void SPush(Stack * pstack, Data data)       // push 연산 담당 함수
{
    pstack->topIndex += 1;              // 데이터 추가를 위한 인덱스 값 증가
    pstack->stackArr[pstack->topIndex] = data;      // 데이터 저장
}

Data SPop(Stack * pstack)           // pop 연산 담당 함수
```

```
{
    int rIdx;

    if(SIsEmpty(pstack)) {
        printf("Stack Memory Error!");
        exit(-1);
    }

    rIdx = pstack->topIndex;        // 삭제할 데이터가 저장된 인덱스 값 저장
    pstack->topIndex -= 1;          // pop 연산의 결과로 topIndex 값 하나 감소

    return pstack->stackArr[rIdx];  // 삭제되는 데이터 반환
}
```

혹시나 해서 말하지만, 꺼낸다는 의미의 pop에는 삭제와 반환의 의미가 함께 담겨 있다. 꺼냈으니 삭제가 된 것이고, 꺼냈으니 반환도 이뤄지는 것 아니겠는가? 그래서 위의 주석에는 '삭제'라는 표현이 들어가 있다. 그리고 topIndex의 값을 근거로 하여 데이터를 저장하니, 이 변수에 저장된 값을 하나 감소시키는 것만으로도 데이터의 소멸은 완성이 된다.

이제 마지막으로 SPeek 함수를 정의할 차례인데, 이 함수는 SPop 함수와 달리 반환한 데이터를 소멸시키지 않으므로 다음과 같이 간단히 정의가 가능하다.

```
Data SPeek(Stack * pstack)          // peek 연산 담당 함수
{
    if(SIsEmpty(pstack))
    {
        printf("Stack Memory Error!");
        exit(-1);
    }

    return pstack->stackArr[pstack->topIndex];      // 맨 위에 저장된 데이터 반환
}
```

프로그램을 구현하다 보면 스택이 반환할 다음 데이터를 확인할 필요가 간혹 있다. 그런데 그때마다 pop 함수를 호출하면 확인과 동시에 소멸이 되니, 확인은 하되 소멸시키지 않는 함수가 필요하다. 그래서 위와 같은 peek 연산을 담당하는 함수를 스택의 정의에 포함하기도 한다.

그럼 지금까지 소개한 함수들을 하나의 소스파일로 묶고, 이를 확인하기 위한 main 함수를 제시하겠다. 그런데 아래의 main 함수에서는 SPeek 함수를 호출하지 않으니, 궁금하다면 코드를 조금 수정해서 그 결과를 확인하기 바란다.

✤ ArrayBaseStack.c

```c
1.  #include <stdio.h>
2.  #include <stdlib.h>
3.  #include "ArrayBaseStack.h"
4.
5.  void StackInit(Stack * pstack)
6.  {
7.      pstack->topIndex = -1;
8.  }
9.
10. int SIsEmpty(Stack * pstack)
11. {
12.     if(pstack->topIndex == -1)
13.         return TRUE;
14.     else
15.         return FALSE;
16. }
17.
18. void SPush(Stack * pstack, Data data)
19. {
20.     pstack->topIndex += 1;
21.     pstack->stackArr[pstack->topIndex] = data;
22. }
23.
24. Data SPop(Stack * pstack)
25. {
26.     int rIdx;
27.
28.     if(SIsEmpty(pstack))
29.     {
30.         printf("Stack Memory Error!");
31.         exit(-1);
32.     }
33.
34.     rIdx = pstack->topIndex;
35.     pstack->topIndex -= 1;
36.
37.     return pstack->stackArr[rIdx];
38. }
39.
40. Data SPeek(Stack * pstack)
41. {
42.     if(SIsEmpty(pstack))
43.     {
44.         printf("Stack Memory Error!");
45.         exit(-1);
```

```
46.     }
47.
48.     return pstack->stackArr[pstack->topIndex];
49. }
```

✤ ArrayBaseStackMain.c

```
1.  #include <stdio.h>
2.  #include "ArrayBaseStack.h"
3.
4.  int main(void)
5.  {
6.      // Stack의 생성 및 초기화 ///////
7.      Stack stack;
8.      StackInit(&stack);
9.
10.     // 데이터 넣기 ///////
11.     SPush(&stack, 1); SPush(&stack, 2);
12.     SPush(&stack, 3); SPush(&stack, 4);
13.     SPush(&stack, 5);
14.
15.     // 데이터 꺼내기 ///////
16.     while(!SIsEmpty(&stack))
17.         printf("%d ", SPop(&stack));
18.
19.     return 0;
20. }
```

✤ 실행결과: ArrayBaseStack.h, ArrayBaseStack.c, ArrayBaseStackMain.c

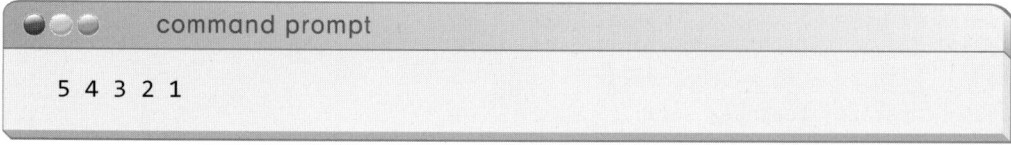
```
command prompt

5 4 3 2 1
```

실행결과에서는 입력된 데이터가 역순으로 출력됨을 보이고 있다. 그리고 이것이 스택의 가장 중요한 특성이다.

[06-3] 스택의 연결 리스트 기반 구현

기능적인 부분만 고려를 한다면 배열은 대부분 연결 리스트로 교체가 가능하다. 배열도 연결 리스트도 기본적인 선형 자료구조이기 때문이다.

☐ 연결 리스트 기반 스택의 논리와 헤더파일 정의

앞서 구현한 스택에서 배열을 연결 리스트로 변경할 경우, 연결 리스트가 갖는 특징이 그대로 스택에 반영된다. 하지만 연결 리스트를 기반으로 스택을 구현한다고 하면 부담을 느끼는 경우가 많다. 연결 리스트도 어려운데 이것을 이용해서 스택을 구현해야 하기 때문에 뭔가 두 배로 고민을 해야 한다고 생각하기 때문이다. 여러분도 그렇게 느낀다면 생각을 다음과 같이 바꾸자.

"스택도 연결 리스트이다. 다만 저장된 순서의 역순으로 조회(삭제)가 가능한 연결 리스트일 뿐이다!"

사실 우리는 이와 유사한 성격의 연결 리스트를 구현한 경험이 있다. 다음 그림에서 보이듯이, 새로운 노드를 꼬리가 아닌 머리에 추가하는 형태로 구현한 연결 리스트가 바로 그것이다.

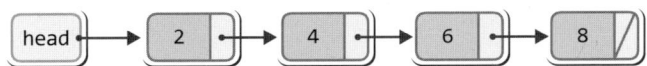

▶ [그림 06-2: 스택의 구현에 활용할 리스트 모델]

이렇듯 메모리 구조만 놓고 보면 이것이 스택을 구현한 것인지, 단순 연결 리스트를 구현한 것인지 알 수 없다. 다만 위의 그림과 같은 메모리 구조를 바탕으로 push 연산과 pop 연산이 포함된 ADT를 갖는다면 이것이 스택이 되는 것이다. 그럼 위의 연결 리스트 모델과 앞서 정의한 스택 ADT를 기준으로 연결 리스트 기반의 스택을 구현해 보겠다.

위의 그림에서 보이듯이 스택을 구현하기 위해서 필요한 것은 포인터 변수 head 하나이니, 연결 리스트 기반의 스택을 위한 헤더파일은 다음과 같이 정의할 수 있다.

❖ ListBaseStack.h

```
1.  #ifndef __LB_STACK_H__
2.  #define __LB_STACK_H__
3.
4.  #define TRUE    1
```

```
5.  #define FALSE     0
6.
7.  typedef int Data;
8.
9.  typedef struct _node        // 연결 리스트의 노드를 표현한 구조체
10. {
11.     Data data;
12.     struct _node * next;
13. } Node;
14.
15. typedef struct _listStack    // 연결 리스트 기반 스택을 표현한 구조체
16. {
17.     Node * head;
18. } ListStack;
19.
20. typedef ListStack Stack;
21.
22. void StackInit(Stack * pstack);              // 스택 초기화
23. int SIsEmpty(Stack * pstack);                // 스택이 비었는지 확인
24.
25. void SPush(Stack * pstack, Data data);       // 스택의 push 연산
26. Data SPop(Stack * pstack);                   // 스택의 pop 연산
27. Data SPeek(Stack * pstack);                  // 스택의 peek 연산
28.
29. #endif
```

위의 헤더파일에 선언된 함수의 종류와 그 기능은 앞서 보인 배열 기반 스택의 경우와 다르지 않다. 내부 구현이 배열에서 연결 리스트로만 바뀌는 것이니 이는 당연한 일이다.

연결 리스트 기반 스택의 구현

연결 리스트를 제대로 공부했다면 위의 헤더파일에 선언된 함수들을 직접 정의할 수 있을 것이다. 그럼 우선 StackInit 함수와 SIsEmpty 함수부터 소개하겠다.

```
void StackInit(Stack * pstack)
{
    pstack->head = NULL;      // 포인터 변수 head는 NULL로 초기화한다.
}

int SIsEmpty(Stack * pstack)
{
    if(pstack->head == NULL)  // 스택이 비면 head에는 NULL이 저장된다.
```

```
        return TRUE;
    else
        return FALSE;
}
```

위의 함수 정의에서 보이듯이, 포인터 변수 head는 새로 추가된 노드를 가리켜야 하므로, 비어 있는 상태를 표현하기 위해서 NULL로 초기화를 진행하였다. 그리고 스택이 비어 있는 경우 head에는 NULL이 저장되므로, head가 NULL일 때 TRUE를 반환하도록 SIsEmpty 함수를 정의하였다.

이어서 SPush 함수와 SPop 함수를 정의할 차례인데, SPush 함수는 리스트의 머리에 새 노드를 추가하는 함수이니 다음과 같이 정의해야 한다.

```
void SPush(Stack * pstack, Data data)
{
    Node * newNode = (Node*)malloc(sizeof(Node));       // 새 노드 생성

    newNode->data = data;                   // 새 노드에 데이터 저장
    newNode->next = pstack->head;           // 새 노드가 최근에 추가된 노드를 가리킴

    pstack->head = newNode;                 // 포인터 변수 head가 새 노드를 가리킴
}
```

반대로 SPop 함수는 포인터 변수 head가 가리키는 노드를 소멸시키고, 소멸된 노드의 데이터를 반환해야 하므로 다음과 같이 정의해야 한다.

```
Data SPop(Stack * pstack)
{
    Data rdata;
    Node * rnode;

    if(SIsEmpty(pstack)) {
        printf("Stack Memory Error!");
        exit(-1);
    }

    rdata = pstack->head->data;      // 삭제할 노드의 데이터를 임시로 저장
    rnode = pstack->head;            // 삭제할 노드의 주소 값을 임시로 저장

    pstack->head = pstack->head->next;   // 삭제할 노드의 다음 노드를 head가 가리킴
    free(rnode);         // 노드 삭제
    return rdata;        // 삭제된 노드의 데이터 반환
}
```

필자는 주석을 통해서 두 함수를 설명했지만, 이 내용이 바로 이해되지 않는다면 그림을 그려서 삽입과 삭제의 과정을 먼저 확인해야 한다. 이어서 마지막으로 SPeek 함수를 보이겠다.

```c
Data SPeek(Stack * pstack)
{
    if(SIsEmpty(pstack)) {
        printf("Stack Memory Error!");
        exit(-1);
    }

    return pstack->head->data;       // head가 가리키는 노드에 저장된 데이터 반환
}
```

이로써 연결 리스트 기반의 스택도 완성하였다. 그럼 지금까지 소개한 함수들을 하나의 소스파일에 묶고, 이를 확인하기 위한 main 함수와 그 실행결과를 보이겠다.

✣ ListBaseStack.c

```c
1.  #include <stdio.h>
2.  #include <stdlib.h>
3.  #include "ListBaseStack.h"
4.
5.  void StackInit(Stack * pstack)
6.  {
7.      pstack->head = NULL;
8.  }
9.
10. int SIsEmpty(Stack * pstack)
11. {
12.     if(pstack->head == NULL)
13.         return TRUE;
14.     else
15.         return FALSE;
16. }
17.
18. void SPush(Stack * pstack, Data data)
19. {
20.     Node * newNode = (Node*)malloc(sizeof(Node));
21.
22.     newNode->data = data;
23.     newNode->next = pstack->head;
24.
25.     pstack->head = newNode;
26. }
27.
```

```
28. Data SPop(Stack * pstack)
29. {
30.     Data rdata;
31.     Node * rnode;
32.
33.     if(SIsEmpty(pstack)) {
34.         printf("Stack Memory Error!");
35.         exit(-1);
36.     }
37.
38.     rdata = pstack->head->data;
39.     rnode = pstack->head;
40.
41.     pstack->head = pstack->head->next;
42.     free(rnode);
43.
44.     return rdata;
45. }
46.
47. Data SPeek(Stack * pstack)
48. {
49.     if(SIsEmpty(pstack)) {
50.         printf("Stack Memory Error!");
51.         exit(-1);
52.     }
53.
54.     return pstack->head->data;
55. }
```

❖ ListBaseStackMain.c

```
1.  #include <stdio.h>
2.  #include "ListBaseStack.h"
3.
4.  int main(void)
5.  {
6.      // Stack의 생성 및 초기화 ///////
7.      Stack stack;
8.      StackInit(&stack);
9.
10.     // 데이터 넣기 ///////
11.     SPush(&stack, 1); SPush(&stack, 2);
12.     SPush(&stack, 3); SPush(&stack, 4);
13.     SPush(&stack, 5);
14.
15.     // 데이터 꺼내기 ///////
```

```
16.     while(!SIsEmpty(&stack))
17.         printf("%d ", SPop(&stack));
18.
19.     return 0;
20. }
```

✤ 실행결과: ListBaseStack.h, ListBaseStack.c, ListBaseStackMain.c

```
command prompt

5 4 3 2 1
```

위의 main 함수는 배열 기반 스택을 확인할 때 사용했던 그 main 함수와 동일하다. 때문에 실행결과도 당연히 동일하다. 자! 이렇게 해서 스택에 대한 학습은 모두 마쳤다. 분명히 연결 리스트를 공부할 때보다 부담은 덜했다. 지금까지는 말이다!

문 제 06-1 [연결 리스트를 이용한 스택의 또 다른 구현]

Question

여러분이 필요로하는 것이 존재하지 않을 때 여러분은 다음 두 가지 방법중 하나를 선택해야 한다.

• 처음부터 새로 만든다.
• 기존의 것을 활용해서 만든다.

상황에 따라서 좋은 선택은 달라지기 마련이다. 마땅히 활용할 대상이 없거나 활용의 결과가 만족스럽지 못하다면 처음부터 새로 만들어야겠지만, 그렇지 않은 경우라면 기존의 것을 활용하는게 훨씬 합리적인 판단일 수 있다. 따라서 다음 문제를 여러분에게 제시하고자 한다.

"Chapter 05에서 구현한 원형 연결 리스트를 이용해서 스택을 구현해보자."

원형 연결 리스트의 구현결과인 CLinkedList.h와 CLinkedList.c를 변경하지 않고 그저 활용만해서 스택을 구현하는 것이 문제이다. 참고로 이 문제는 어렵지 않다. 하지만 경험하지 않으면 못할 수 있다. 그리고 이렇듯 기존에 작성된 자료구조를 이용해서 새로운 자료구조를 구현하는 능력도 필요한 능력이다.

[06-4] 계산기 프로그램 구현

이제는 지금까지 공부한, 그리고 구현한 스택을 활용할 차례인데, 자료구조에서 스택의 활용과 관련해서 빠지지 않고 등장하는 사례가 계산기 프로그램이다. 계산기 프로그램이라고 하니까 시시하게 느껴질지 모르겠다. 하지만 여기서 말하는 계산기 프로그램은 그리 만만치 않다.

■ 구현할 계산기 프로그램의 성격

C언어를 공부하다 보면 계산기 프로그램 하나 정도는 구현할 기회를 갖게 된다. 하지만 당시 구현해본 프로그램은 사칙연산 중 한 가지 연산의 결과만 보이는 수준에 지나지 않는다. 그러나 우리가 구현할 계산기 프로그램에서는 아래에서 보이는 수준의 수식을 계산할 수 있어야 한다.

```
( 3 + 4 ) * ( 5 / 2 ) + ( 7 + ( 9 - 5 ) )
```

프로그램 사용자가 위 수준의 문장을 입력하면 프로그램은 연산자의 우선순위와 괄호의 위치를 인식하여 연산의 결과를 프로그램 사용자에게 보여야 한다. 즉 우리가 구현할 계산기는 다음 두 가지를 고려해서 연산을 진행할 수 있어야 한다.

- 소괄호를 파악하여 그 부분을 먼저 연산한다.
- 연산자의 우선순위를 근거로 연산의 순위를 결정한다.

위에서 필자가 다소 복잡하게 연산문을 구성해서 부담스러웠을 수도 있다. 하지만 걱정하지 말자. 우리가 구현할 계산기는 다음 수준의 연산만 진행할 수 있으면 되니 말이다.

```
1 + ( 2 + 3 ) / 4
```

그런데 위 문장의 수식을 계산할 수 있는 계산기 프로그램을 작성한다면, 그 계산기 프로그램은 먼저 보인 복잡한 수식도 계산할 수 있다. 소괄호가 들어간 수식의 계산에 필요한 논리는 동일하기 때문이다.
물론 스택을 활용할 줄 안다고 해서 계산기가 저절로 구현되는 것은 아니다. 계산기를 구현하기 위해서는 별도의 알고리즘을 이해해야 한다. 따라서 지금부터 계산기의 구현에 필요한 별도의 알고리즘을 소개하고자 한다.

◘ 수식의 표기법: 중위(infix), 전위(prefix), 후위(postfix) 표기법

계산기의 구현에 필요한 부가적인 것을 설명하기에 앞서 우리가 구현할 계산기에 대해 다음과 같이 그 기능을 제한하고자 한다.

"수식을 이루는 피연산자는 한자리 숫자로만 이뤄진다고 가정합니다."

즉 1과 3은 피연산자가 될 수 있지만, 24와 35는 피연산자가 될 수 없다. 이렇듯 제한을 둔 이유는 학습의 포커스를 한데 모으기 위한 것이다. 당장 중요하지 않은 부분에 신경을 덜 쓰기 위함이다.

그럼 계산기 구현에 필요한 알고리즘 소개의 첫 번째 단계로 수식의 표기법을 소개하고자 한다. 수식을 표기하는 방법에는 다음과 같이 세 가지 종류가 있다.

- 중위 표기법(infix notation)   예) 5 + 2 / 7
- 전위 표기법(prefix notation)   예) + 5 / 2 7
- 후위 표기법(postfix notation) 예) 5 2 7 / +

이 중에서 우리에게 익숙한 것은 '중위 표기법'이다. 그러나 중위 표기법을 이용해서 작성된 수식에는 연산순서에 대한 정보가 담겨있지 않다.

"무슨 뜻이죠? 중위 표기법의 수식을 보면서 / 연산을 먼저 진행하고, 이어서 그 결과를 가지고 + 연산을 진행해야 한다는 것을 알 수 있잖아요?"

물론 그러한 사실을 알 수 있다. 아니! 정확히 말하면, '알 수 있는 것'이 아니라 '알고 있는 것'이다. 나눗셈이 덧셈보다 우선순위가 높다는 사실을 알고 있기 때문에 이러한 판단이 가능한 것이다. 만약에 처음 보는 낯선 연산자가 중위 표기법의 수식에 존재한다면? 그렇다고 해도 연산의 순서를 판단할 수 있겠는가? 하지만 우리에게 익숙지 않은 '전위 표기법의 수식'이나 '후위 표기법의 수식'에는 연산순서의 정보가 담겨 있다. 예를 들어서 다음과 같이 작성된 후위 표기법의 수식이 있다면(OP1과 OP2가 각각 서로 다른 연산자라고 가정하자),

    5 2 4 OP1 OP2

연산자의 종류나 우선순위를 알지 못해도, 연산자가 자리한 위치만 보고서도 다음과 같은 판단이 가능하다.

"OP1이 먼저 등장했으니 OP1 연산을 하고 나서 OP2 연산을 해야겠군!"

이렇듯 '전위 표기법으로 작성된 수식'과 '후위 표기법으로 작성된 수식'에는 배치순서를 근거로 한 연산순서의 정보가 담기기 때문에, 이를 대상으로 한 연산에서는 연산자의 우선순위가 필요치 않다. 다시 말해서 연산자의 우선순위란 중위 표기법만을 위한 것이다.

뿐만 아니라, 연산자의 배치순서를 바꿈으로써 연산의 순서를 바꿀 수 있기 때문에, 소괄호를 필요로 하지도 않는다. 즉 소괄호도 중위 표기법만을 위한 것이다. 따라서 다음과 같이 결론 내릴 수 있다. 아직 전위 표기법과 후위 표기법에 대해서 알지 못하지만, 이 정도 결론은 내릴 수 있다.

"전위 표기법의 수식이나 후위 표기법의 수식은 연산자의 배치순서에 따라서 연산순서가 결정되기 때문에, 이 두 표기법의 수식을 계산하기 위해서 연산자의 우선순위를 알 필요가 없고, 소괄호도 삽입되지 않으니 소괄호에 대한 처리도 불필요하다."

다음은 중위 표기법의 수식이다.

(1 + 2) * 7

이 중위 표기법의 수식은 다음과 같이 전위 표기법의 수식으로, 그리고 후위 표기법의 수식으로 얼마든지 변환이 가능하다.

(1 + 2) * 7   (전위 표기법)▶   * + 1 2 7
(1 + 2) * 7   (후위 표기법)▶   1 2 + 7 *

그리고 이렇게 변환이 된 전위 표기법의 수식과 후위 표기법의 수식을 대상으로 한 계산기를 구현하는 것이, 중위 표기법의 수식을 대상으로 한 계산기의 구현보다 훨씬 수월하다. 왜? 연산자의 우선순위를 신경 쓰지 않아도 되고, 소괄호도 처리할 필요가 없기 때문이다.

"그럼 계산기 사용자도 전위 표기법이나 후위 표기법을 이용해서 수식을 입력해야 하는 건가요?"

물론 그건 아니다! 계산기 사용자는 중위 표기법의 수식을 입력한다. 다만 우리가 그 수식을 전위 표기법 또는 후위 표기법의 수식으로 변환하여 계산이 진행되도록 할 것이다. 따라서 우리는 계산기의 구현에 앞서, 중위 표기법의 수식을 전위 표기법 또는 후위 표기법의 수식으로 변환할 줄 알아야 한다. 참고로 여러분이 프로그램상에서 작성하는 연산문도 컴파일러에 의해서 후위 표기법으로 바뀌어 처리가 된다.

☐ 중위 표기법을 후위 표기법으로 바꾸는 방법 1/2: 소괄호를 고려하지 않고

우리가 구현할 계산기는 다음의 과정을 거쳐서 연산을 진행하도록 할 계획이다.

1. 중위 표기법의 수식을 후위 표기법의 수식으로 바꾼다.
2. 후위 표기법으로 바뀐 수식을 계산하여 그 결과를 얻는다.

각각의 과정 모두 별도의 알고리즘이 필요하다. 사실 위의 두 과정은 각각을 별개의 과정으로 봐야 한다. 따라서 먼저 중위 표기법의 수식을 후위 표기법의 수식으로 바꾸는 방법에 대해서 고민하겠다. 후위 표기법의 수식을 계산하는 것은 그 다음의 일이니 말이다. 그럼 다음 수식을 대상으로 후위 표기법으로의 변환방법을 설명하겠다.

5 + 2 / 7

다음 그림과 같이 위 수식을 구성하는 연산자와 피연산자 각각을 블록으로 인식하자. 그리고 그 옆에는 쟁반이 놓여있다고 가정하자.

▶ [그림 06-3: 수식 변환의 과정 1/7]

위의 상황에서 우리는 왼쪽에 있는 5가 저장된 피연산자 블록부터 시작해서 마지막 블록까지 일관된 방식으로 처리를 진행할 것이다. 그리고 그 일관된 처리방식이 후위 표기법으로의 변환방법이니 이에 주목하기 바란다.

위의 그림에서 보면 첫 번째 블록은 숫자 5이다. 이렇듯 숫자는 그냥 변환된 수식이 놓일 위치에 가져다 놓으면 된다. 따라서 그 결과는 다음과 같다.

▶ [그림 06-4: 수식 변환의 과정 2/7]

이어서 두 번째로 + 연산자가 등장한다. 이렇듯 연산자가 등장하면 일단 쟁반으로 옮긴다. 마침 쟁반이 비어있으니 이곳으로 + 연산자를 옮겨서 다음의 상황이 되게 하자.

▶ [그림 06-5: 수식 변환의 과정 3/7]

다음으로 피연산자 숫자 2가 등장하였으니, 다음 그림과 같이 변환된 수식이 놓일 자리로 이동시킨다. 다시 한번 말하지만 숫자는 변환된 수식이 놓일 자리로 바로 이동하면 된다.

▶ [그림 06-6: 수식 변환의 과정 4/7]

이번에는 / 연산자가 등장하였다. 연산자이므로 쟁반으로 옮겨야 한다. 그런데 현재 쟁반에 연산자가 있는 관계로 두 연산자간의 우선순위를 비교해야 한다. 그리고 그 결과에 따라서 다음과 같이 행동해야 한다.

✓ **쟁반에 위치한 연산자의 우선순위가 높다면**
  - 쟁반에 위치한 연산자를 꺼내서 변환된 수식이 위치할 자리로 옮긴다.
  - 그리고 새 연산자는 쟁반으로 옮긴다.

✓ **쟁반에 위치한 연산자의 우선순위가 낮다면**
  - 쟁반에 위치한 연산자의 위에 새 연산자를 쌓는다.

따라서 쟁반에 위치한 연산자는 + 이고 새 연산자는 / 이니, 다음 그림과 같이 그냥 연산자를 쌓으면 된다.

▶ [그림 06-7: 수식 변환의 과정 5/7]

참고로 다음과 같이 정리해두면 기억하기가 좋다.

"우선순위가 높은 연산자는 우선순위가 낮은 연산자 위에 올라서서, 우선순위가 낮은 연산자가 먼저 자리를 잡지 못하게 한다."

후위 표기법에서는 우선순위가 높은, 먼저 연산이 되어야 하는 연산자가 변환된 수식의 앞부분에 위치해야 한다. 때문에 위와 같이 이해하는 것도 하나의 방법이 될 수 있다. 이제 마지막으로 숫자 7이 남았다. 피연산자이니 다음과 같이 위치시킨다.

▶ [그림 06-8: 수식 변환의 과정 6/7]

이제 끝으로 쟁반에 쌓인 연산자들을 하나씩 꺼내서 변환된 수식이 위치할 자리에 옮기면 된다. 그런데 주의하자! 연산자가 쟁반에 쌓여있다. 그래서 아래에 있는 것을 먼저 꺼낼 수 없다. 위의 것부터 꺼내서 옮겨야 한다. 따라서 결과는 다음과 같다.

▶ [그림 06-9: 수식 변환의 과정 7/7]

이로써 중위 표기법의 수식을 후위 표기법의 수식으로 바꾸는 과정을 한차례 보였다. 그리고 이는 다음과 같이 정리할 수 있다.

- 피연산자는 그냥 옮긴다.
- 연산자는 쟁반으로 옮긴다.
- 연산자가 쟁반에 있다면 우선순위를 비교하여 처리방법을 결정한다.
- 마지막까지 쟁반에 남아있는 연산자들은 하나씩 꺼내서 옮긴다.

우선순위 비교후의 처리방법은 앞서 정리하였으니 여기서는 이 정도로 마무리하겠다. 그런데 지금까지 보인 과정에서 설명하지 못한 경우의 수가 있다. 다음 상황이 그 중 하나이다.

▶ [그림 06-10: 우선순위가 같은 경우]

동일한 우선순위의 연산자가 등장한 위의 상황에서는 - 연산자를 + 연산자 위에 올리는 것이 맞겠는가? 아니면 + 연산자를 옮기고 그 위치에 - 연산자를 가져다 놓는 것이 맞겠는가? 앞서 필자가 다음과 같이 이야기한 것을 떠올리면 정답을 알 수 있다.

"우선순위가 높은 연산자는 우선순위가 낮은 연산자 위에 올라서서 먼저 자리를 잡지 못하게 한다."

정답은 다음과 같다.

"+ 연산자가 우선순위가 높다고 가정하고 일을 진행한다. 즉 + 연산자를 옮기고 그 자리에 - 연산자를 가져다 놔야 한다."

이유는 다음과 같다.

"사칙연산의 경우 연산자의 우선순위가 동일하면, 먼저 등장한 연산자를 먼저 진행한다."

즉 - 연산자가 이후에 등장했다는 것은 + 연산을 먼저 진행해야 한다는 의미이다. 따라서 + 연산자가 우선순위가 높다고 가정하고 일을 처리해야 한다. 다음 그림에서 보이듯이 말이다.

▶ [그림 06-11: 우선순위가 같은 경우의 처리방식]

설명하지 못한 경우의 수가 하나 더 있다. 다음 그림에서 그 상황을 설명하고 있다.

▶ [그림 06-12: 둘 이상의 연산자가 쌓여 있는 경우]

위 그림은 + 연산자와 / 연산자가 쌓여있는 상태에서 - 연산자를 쌓아야 하는 상황을 보여준다. 그런데 / 연산자는 - 연산자보다 우선순위가 높고 + 연산자는 - 연산자보다 먼저 등장한 연산자이다. 이 경우 어떻게 처리해야 하겠는가?

이 경우에는 / 연산자와 + 연산자를 모두 옮기고 나서 - 연산자를 쟁반으로 옮겨야 한다. 왜냐하면 둘 다 - 연산자보다 먼저 진행되어야 하는 연산자들이기 때문이다. 즉 다음과 같이 처리해야 한다.

▶ [그림 06-13: 둘 이상의 연산자가 쌓여 있는 경우의 처리방식]

정리하면, 쟁반으로 이동하는 연산자는 자신보다 나중에 연산이 이뤄져야 하는 연산자의 위에 올라서 있어야 한다.

이렇게 해서 소괄호가 없는 중위 표기법의 수식을 후위 표기법으로 바꾸는 방법을 모두 설명하였다. 그런데 이는 어디까지나 방법을 설명한 것일 뿐, 이해를 돕는 설명은 아니었다. 사실 후위 표기법으로 작성된 수식의 계산방법도 모르는 상태에서 변환의 원리를 이해하는 것은 무리가 있다. 잠시 후에는 후위 표기법의 계산방법을 설명할 텐데, 이를 이해하고 나서 다시 변환의 과정을 돌아보면 변환의 과정에도 나름의 이해가 생길 것이다.

문 제 06-2 [연습장을 이용해서 후위 표기법으로 바꾸기1]

Question

잠시 후에는 중위 표기법의 수식을 후위 표기법의 수식으로 바꾸는 프로그램을 작성할 것이다. 그런데 그에 앞서 필자가 설명한 방법으로 몇개의 수식을 후위 표기법으로 바꾸는 연습을 하고자 한다. 종이와 연필을 이용해서 후위 표기법으로 바꾸지 못한다면, 변환 알고리즘을 구현할수 있을리 만무하다. 그러니 아래의 수식을 후위 표기법으로 바꿔보면서 변환의 과정을 정확히 파악하기 바란다.

- 3 + 2 * 4
- 2 * 4 + 3
- 2 * 1 + 3 / 2

우리는 변환 능력을 키우는 것이 목적이 아니라 알고리즘을 이해하고 이를 프로그램으로 작성하는 것이 목적이므로 이 정도 수식만 변환할 수 있으면 된다.

❏ 중위 표기법을 후위 표기법으로 바꾸는 방법 2/2: 소괄호를 고려하고

이제는 다음과 같이 소괄호가 포함되어 있는 중위 표기법의 수식을 후위 표기법의 수식으로 바꾸는 방법에 대해서 생각해보자.

(1 + 2 * 3) / 4

물론 문제는 소괄호이다! 이 소괄호를 어떻게 처리해야 할까? 필자는 그냥 정답을 말하고 여러분은 그냥 받아들이기만 해도 되는 문제라고도 볼 수 있으나, 이 부분에서 우리는 조금 더 관심을 갖고 생각해보기로 하겠다. 다음은 앞서 필자가 몇 차례 언급한 후위 표기법의 특징이다.

"후위 표기법의 수식에서는 먼저 연산이 이뤄져야 하는 연산자가 뒤에 연산이 이뤄지는 연산자보다 앞에 위치해야 한다."

따라서 위의 수식에서는 / 연산자보다 + 연산자와 * 연산자가 먼저 쟁반에서 빠져나가야 한다. 그럼 어떻게 해야 그것이 가능하겠는가? 생각보다 간단하다.

"/ 연산자를 쟁반 위에 올릴 때, 쟁반 위에 + 연산자와 * 연산자가 존재한다면, 이들을 모두 빼서 변환된 수식의 자리에 가져다 놓는다."

그럼 위의 수식을 대상으로 변환의 과정을 보이겠다. 참고로 이어서 보이는 과정에서는 소괄호도 연산자와 마찬가지로 쟁반에 쌓아 올린다. 그래야 어디까지가 소괄호 안에 포함된 연산자인지 구분할 수 있기 때문이다.

▶ [그림 06-14: 소괄호가 포함된 수식의 변환 1/6]

위 그림에서 보이듯이, 변환 이전의 수식은 총 9개의 문자로 이뤄져 있다. 하지만 변환 후에는 7개의 문자로 이뤄진 수식이 된다. 왜냐하면 후위 표기법은 소괄호의 정보를 반영해서 연산자를 배치하기 때문이다. 즉 후위 표기법으로 변환을 하면서 소괄호는 소멸된다. 그럼 변환의 첫 번째 과정을 보이겠다.

▶ [그림 06-15: 소괄호가 포함된 수식의 변환 2/6]

위와 같이 소괄호도 연산자로 인식하고 쟁반에 올려 놓는다. 이어서 숫자 1을 옮겨야 하는데 이미 알다시피 숫자는 바로 변환된 수식의 일부가 되므로, 이 과정을 별도의 그림으로 보이는 것은 생략하겠다. 자! 그럼 이어서 + 연산자를 옮길 차례이다.

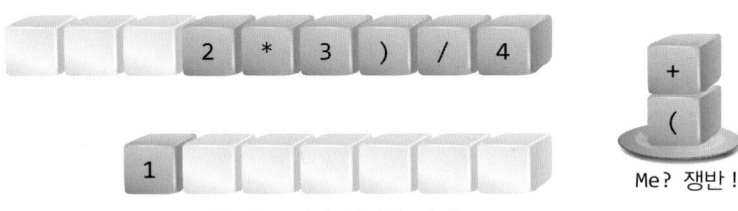

▶ [그림 06-16: 소괄호가 포함된 수식의 변환 3/6]

위의 그림에서 주목할 사실이 하나 있다. 그것은 (연산자는 + 연산자가 들어온다고 해서 쟁반 밖으로 튀어나가면 안 된다는 것이다. (연산자는) 연산자가 등장할 때까지 쟁반에 남아서 소괄호의 경계를 구분하는 도구로 사용되어야 한다. 따라서 (연산자의 우선순위는 그 어떤 사칙 연산자들보다 낮다고 간주한다. 이는 변환 프로그램의 구현을 위해서도 알고 있어야 하는 중요한 사실이기 때문에 다음과 같이 정리해두기로 하겠다.

"(연산자는) 연산자가 등장할 때까지 쟁반 위에 남아있어야 하기 때문에 사칙 연산자들보다 연산의 우선순위가 낮다고 간주한다."

이제 숫자 2가 변환된 수식의 자리로 이동하고 * 연산자가 쟁반 위에 쌓일 차례이다. 그런데 현재 쟁반에 쌓여있는 + 연산자보다 * 연산자의 우선순위가 높으므로 다음과 같이 + 연산자 위에 * 연산자를 올려놓아야 한다. 만약에 + 연산자보다 우선순위가 낮은 연산자가 등장했다면 이전에 해오던 데로 + 연산자를 변환된 수식의 자리로 이동시키고 나서 새로운 연산자를 쟁반에 올려놔야 한다.

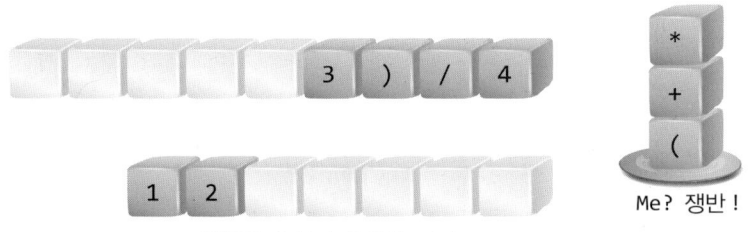

▶ [그림 06-17: 소괄호가 포함된 수식의 변환 4/6]

이어서 숫자 3을 변환된 수식의 자리로 옮기고) 연산자를 쟁반 위로 옮길 차례이다. 그런데 이때 등장하는) 연산자가 의미하는 바는 다음과 같다.

"제가 소괄호의 끝입니다! 그러니 (연산자 이후에 쌓인 연산자들을 쟁반에서 꺼내어 변환된 수식의 자리로 옮겨야 합니다."

따라서 소괄호 (을 만날 때까지 쟁반에서 연산자를 하나씩 꺼내어 변환된 수식의 자리로 옮겨야 한다. 이렇듯 소괄호) 은 쟁반으로 옮길 필요가 없다. 그저 (이후에 쌓인 연산자들을 변환된 수식의 자리로 옮기라는 메시지로만 받아들이면 된다. 따라서) 연산자의 등장결과는 다음과 같다.

▶ [그림 06-18: 소괄호가 포함된 수식의 변환 5/6]

지금 설명한) 연산자의 의미도 프로그램을 작성할 때 고려해야 할 사항 중 하나이므로 다음과 같이 정리해두기로 하겠다.

"소괄호의 끝을 의미하는) 연산자가 담고 있는 메시지는, (이후에 쌓인 연산자들을 변환된 수식의 자리로 옮기라는 것이다. 때문에) 연산자는 변환된 수식의 자리로 옮기지 않아도 된다. 메시지만 취하고 버리면 된다."

이제 남은 것은 / 연산자와 숫자 4의 처리이다. 일단 / 연산자가 쟁반으로 이동하고 나서 숫자 4가 변환된 수식이 위치할 자리로 이동하고, 마지막으로 / 연산자가 수식의 마지막을 채운다. 따라서 최종결과는 다음과 같다.

▶ [그림 06-19: 소괄호가 포함된 수식의 변환 6/6]

이로써 소괄호를 포함하는 중위 표기법의 수식을 후위 표기법의 수식으로 변환하는 방법을 모두 설명하였다. 매우 간단한 수식을 대상으로 변환의 방법을 설명하였지만, 이 내용대로만 하면 다음과 같이 복잡한 수식도 얼마든지 변환이 가능하다.

((4 + 2) / 4) - (3 + 2 / (7 * 5))

물론 위와 같이 복잡한 수식을 직접 써가면서 변환해 볼 필요는 없다. 우리는 알고리즘을 이해하고 이를 바탕으로 위와 같이 복잡한 수식도 변환할 수 있는 프로그램을 작성하는 것이 목적이니 말이다.

> **문제 06-3 [연습장을 이용해서 후위 표기법으로 바꾸기2]**
>
> 소괄호를 포함하는 중위 표기법의 수식을 후위 표기법의 수식으로 변환하는 과정을 정리하기 위해서 다음 수식 하나를 연습장과 연필을 이용해서 후위 표기법의 수식으로 바꿔보자.
>
> (1 * 2 + 3) / 4
>
> 참고로 앞에서는 다음 수식을 통해서 소괄호가 있는 수식의 변환방법을 소개하였다.
>
> (1 + 2 * 3) / 4
>
> 즉 * 연산자와 + 연산자를 서로 바꿔서 문제로 제시한 것이다. 이러한 사실에 주목하여 변환을 진행하기 바란다.

☐ 중위 표기법을 후위 표기법으로 바꾸는 프로그램의 구현

이제 남은 것은 지금까지 설명한 내용을 프로그램 코드로 옮기는 일이다. 그런데 앞서 언급한 쟁반은 스택을 의미하니, 변환 프로그램을 구현하기 위해서는 스택을 활용해야 한다. 자! 그럼 구현을 시작하자. 먼저 실제 후위 표기법으로의 변환을 처리하는 함수를 다음의 형태로 정의하기로 하겠다.

```
void ConvToRPNExp(char exp[])      // 후위 표기법의 수식으로 변환
{
    ....
}
```

함수의 매개변수 형과 반환형을 위와 같이 결정한 필자의 의도는 다음과 같다.

> "중위 표기법의 수식을 담고 있는 배열의 주소 값을 인자로 전달하면서 ConvToRPNExp 함수를 호출하면, 인자로 전달된 주소 값의 배열에는 후위 표기법으로 바뀐 수식이 저장된다."

따라서 함수 ConvToRPNExp는 다음의 형태로 호출이 이뤄져야 한다.

```
int main(void)
{
```

```c
        char exp[] = "3-2+4";        // 중위 표기법의 수식
        ConvToRPNExp(exp);            // 후위 표기법의 수식으로 변환을 요청!
        . . . .
    }
```

참고로 함수 이름의 일부인 RPN은 후위 표기법의 또 다른 이름인 'Reverse Polish Notation'의 약자이다. 그럼 ConvToRPNExp 함수의 구현에 앞서 이를 도울 몇몇 함수를 먼저 정의하겠다.

```c
    int GetOpPrec(char op)         // 연산자의 연산 우선순위 정보를 반환한다.
    {
        switch(op)
        {
        case '*':
        case '/':
            return 5;              // 가장 높은 연산의 우선순위
        case '+':
        case '-':
            return 3;              // 5보다 작고 1보다 높은 연산의 우선순위
        case '(':
            return 1;              // 가장 낮은 연산의 우선순위
        }

        return -1;                 // 등록되지 않은 연산자임을 알림!
    }
```

위의 함수는 인자로 전달된 연산자의 우선순위 정보를 정수의 형태로 반환하는 함수이다. 반환 값이 클수록 우선순위가 높음을 의미한다. 물론 반환 값 5, 3, 1은 필자가 임의로 정한 것이니, 이 값이 아니더라도 곱셈과 나눗셈 연산자의 반환 값이 덧셈과 뺄셈 연산자의 반환 값보다 크면 된다. 그럼 위 함수와 관련해서 다음 질문에 답을 해 보자.

" (연산자가 타 연산자들보다 낮은 우선순위의 값을 반환하는 이유는 무엇인가?"

이 질문에 대한 답변은 앞서 다음과 같이 이미 정리하였다.

" (연산자는) 연산자가 등장할 때까지 쟁반 위에 남아있어야 하기 때문에 사칙 연산자들보다 연산의 우선순위가 낮다고 간주한다."

그럼 이어서 다음 질문에도 답을 해보자.

" (연산자에 대한 반환 값은 함수에 정의되어 있는데,) 연산자에 대한 반환 값은 정의되어 있지 않다. 이유가 무엇인가?"

이에 대해서도 앞서 설명하였다.) 연산자는 소괄호의 끝에 관한 메시지를 전달할 뿐이므로, 메시지만 취하고 버려진다고 하였다. 이렇듯) 연산자는 다른 연산자들과 연산의 우선순위를 비교할 필요가 없다. 그래서 반환 값이 정의되어 있지 않은 것이다.

함수를 하나 더 정의하겠다. 이 함수는 지금 막 소개한 GetOpPrec 함수의 호출결과를 바탕으로 두 연산자의 우선순위를 비교하여, 그 결과를 반환하는 함수이다.

```
int WhoPrecOp(char op1, char op2)
{
    int op1Prec = GetOpPrec(op1);
    int op2Prec = GetOpPrec(op2);

    if(op1Prec > op2Prec)           // op1의 우선순위가 더 높다면
        return 1;
    else if(op1Prec < op2Prec)      // op2의 우선순위가 더 높다면
        return -1;
    else
        return 0;                   // op1과 op2의 우선순위가 같다면
}
```

주석에서 언급하듯이, 이는 첫 번째 인자로 전달된 연산자의 우선순위가 높으면 1을, 두 번째 인자로 전달된 연산자의 우선순위가 높으면 -1을, 그리고 두 연산자의 우선순위가 같으면 0을 반환하는 함수이다. 그럼 이제 후위 표기법으로의 변환을 담당하는 ConvToRPNExp 함수를 보이겠다. 참고로 이 함수는 복잡해 보이지만, 앞서 소개한 변환의 과정을 단순히 코드로 옮긴 것에 지나지 않는다. 따라서 주석을 참조하여 그 흐름을 이해하려고 노력하기 바란다.

```
void ConvToRPNExp(char exp[])
{
    Stack stack;
    int expLen = strlen(exp);
    char * convExp = (char*)malloc(expLen+1);       // 변환된 수식을 담을 공간 마련

    int i, idx=0;
    char tok, popOp;

    memset(convExp, 0, sizeof(char)*expLen+1);      // 할당된 배열을 0으로 초기화
    StackInit(&stack);

    for(i=0; i<expLen; i++)
    {
        tok = exp[i];           // exp로 전달된 수식을 한 문자씩 tok에 저장
```

```c
            if(isdigit(tok))        // tok에 저장된 문자가 숫자인지 확인
            {
                convExp[idx++] = tok;        // 숫자이면 배열 convExp에 그냥 저장
            }
            else            // 숫자가 아니라면(연산자라면)
            {
                switch(tok)
                {
                case '(' :                     // 여는 소괄호라면,
                    SPush(&stack, tok);        // 스택에 쌓는다.
                    break;
                case ')' :                     // 닫는 소괄호라면,
                    while(1)                   // 반복해서,
                    {
                        popOp = SPop(&stack);        // 스택에서 연산자를 꺼내어,
                        if(popOp == '(')             // 연산자 ( 을 만날 때까지,
                            break;
                        convExp[idx++] = popOp;      // 배열 convExp에 저장한다.
                    }
                    break;
                case '+': case '-':
                case '*': case '/':
                    while(!SIsEmpty(&stack) && WhoPrecOp(SPeek(&stack), tok) >= 0)
                        convExp[idx++] = SPop(&stack);
                    SPush(&stack, tok);
                    break;
                }
            }
        }

        while(!SIsEmpty(&stack))                // 스택에 남아 있는 모든 연산자를,
            convExp[idx++] = SPop(&stack);      // 배열 convExp로 이동한다.

        strcpy(exp, convExp);        // 변환된 수식을 exp에 복사하고,
        free(convExp);               // convExp는 소멸시킨다.
    }
```

위의 함수에서 사칙 연산자가 switch문으로 전달되었을 때 실행되는 다음 반복문에 대해서는 주석으로 설명하지 않았으니, 이에 대한 설명을 이어서 진행하겠다.

```c
    void ConvToRPNExp(char exp[])
```

```
        {
            . . . .
            switch(tok)
            {
            . . . .
            case '+': case '-':
            case '*': case '/':
                while(!SIsEmpty(&stack) && WhoPrecOp(SPeek(&stack), tok) >= 0)
                    convExp[idx++] = SPop(&stack);
                SPush(&stack, tok);
                break;
            }
            . . . .
        }
```

이는 연산자가 변수 tok에 저장되었을 때, 이를 스택으로 옮기거나 배열 convExp에 바로 옮기기 위한 문장이다. 그래서 다음 함수호출을 통해서 우선 스택에 연산자가 존재하는지 확인을 하고,

    SIsEmpty(&stack)

연산자가 존재한다면 SPeek 함수를 호출해서, 그 연산자를 지우지 않고 잠시 꺼낸다. 그리고 다음 함수 호출을 통해서 두 연산자의 우선순위를 비교한다.

    WhoPrecOp(SPeek(&stack), tok)

그 결과 스택에 저장된 연산자가 먼저 연산이 되어야 하는 경우, 다음 문장을 통해서 스택에서 연산자를 꺼내어 배열에 저장한다.

    convExp[idx++] = SPop(&stack);

이 과정은 먼저 연산되어야 하는 연산자가 스택에 있는 동안 계속 진행되어야 한다. 따라서 while문으로 구성하였으며, while문을 빠져 나갔다는 것은 변수 tok에 저장된 연산자가 들어갈 스택의 위치를 찾았다는 뜻이므로, 다음 문장을 통해서 tok에 저장된 연산자를 스택에 저장한다.

    SPush(&stack, tok);

이로써 함수 ConvToRPNExp에 대한 설명이 끝이 났는데, 이해되지 않는 부분이 있다면 앞서 설명한 변환의 방법을 다시 한번 정리하기 바란다. 변환의 과정을 잘 이해해야 코드의 분석이 매끄러워진다. 그리고 위의 함수에서 호출하는 표준함수 둘을 정리하면 다음과 같다.

✓ void * memset(void *ptr, int val, size_t len);
  ○ ptr로 전달된 주소의 메모리서부터 len 바이트를 val의 값으로 채운다.

✓ `int isdigit(int ch);`
> ch로 전달된 문자의 내용이 10진수라면 1을 반환한다.

그리고 이들이 선언된 표준 헤더파일은 각각 ctype.h와 string.h이다.

중위 표기법을 후위 표기법으로 바꾸는 프로그램의 실행

이제 ConvToRPNExp 함수의 동작결과를 확인할 차례이다. 필자는 이 함수의 선언과 정의를 다음 두 파일에 각각 담았다.

- InfixToPostfix.h   ConvToRPNExp 함수의 선언
- InfixToPostfix.c   ConvToRPNExp 함수의 정의

그런데 이는 스택을 필요로 하기 때문에, 앞서 구현한 다음 헤더파일과 소스파일도 함께 컴파일 해야 한다.

- ListBaseStack.h   스택의 헤더파일
- ListBaseStack.c   스택의 소스파일

따라서 main 함수가 담기는 소스파일을 포함하여 총 5개의 파일을 하나의 프로젝트로 묶어서 컴파일 해야 한다. 그럼 이어서 ConvToRPNExp 함수의 선언과 정의를 담고 있는 헤더파일과 소스파일을 정리해 보이겠다.

❖ InfixToPostfix.h

```
1.  #ifndef __INFIX_TO_POSTFIX_H__
2.  #define __INFIX_TO_POSTFIX_H__
3.
4.  void ConvToRPNExp(char exp[]);
5.
6.  #endif
```

❖ InfixToPostfix.c

```
1.  #include <string.h>
2.  #include <stdlib.h>
3.  #include <ctype.h>
4.  #include "ListBaseStack.h"
5.
6.  int GetOpPrec(char op)
```

```
7.  {
8.      switch(op)
9.      {
10.     case '*':
11.     case '/':
12.         return 5;
13.     case '+':
14.     case '-':
15.         return 3;
16.     case '(':
17.         return 1;
18.     }
19.
20.     return -1;
21. }
22.
23. int WhoPrecOp(char op1, char op2)
24. {
25.     int op1Prec = GetOpPrec(op1);
26.     int op2Prec = GetOpPrec(op2);
27.
28.     if(op1Prec > op2Prec)
29.         return 1;
30.     else if(op1Prec < op2Prec)
31.         return -1;
32.     else
33.         return 0;
34. }
35.
36. void ConvToRPNExp(char exp[])
37. {
38.     Stack stack;
39.     int expLen = strlen(exp);
40.     char * convExp = (char*)malloc(expLen+1);
41.
42.     int i, idx=0;
43.     char tok, popOp;
44.
45.     memset(convExp, 0, sizeof(char)*expLen+1);
46.     StackInit(&stack);
47.
48.     for(i=0; i<expLen; i++)
49.     {
50.         tok = exp[i];
51.         if(isdigit(tok))
52.         {
53.             convExp[idx++] = tok;
```

```c
54.          }
55.          else
56.          {
57.              switch(tok)
58.              {
59.              case '(':
60.                  SPush(&stack, tok);
61.                  break;
62.
63.              case ')':
64.                  while(1)
65.                  {
66.                      popOp = SPop(&stack);
67.                      if(popOp == '(')
68.                          break;
69.                      convExp[idx++] = popOp;
70.                  }
71.                  break;
72.
73.              case '+': case '-':
74.              case '*': case '/':
75.                  while(!SIsEmpty(&stack) &&
76.                          WhoPrecOp(SPeek(&stack), tok) >= 0)
77.                      convExp[idx++] = SPop(&stack);
78.
79.                  SPush(&stack, tok);
80.                  break;
81.              }
82.          }
83.      }
84.
85.      while(!SIsEmpty(&stack))
86.          convExp[idx++] = SPop(&stack);
87.
88.      strcpy(exp, convExp);
89.      free(convExp);
90. }
```

이어서 소개하는 main 함수에서는 중위 표기법의 수식을 후위 표기법의 수식으로 변환하여 그 결과를 출력하고 있다.

✤ InfixToPostfixMain.c

```c
1. #include <stdio.h>
2. #include "InfixToPostfix.h"
```

```
3.
4.    int main(void)
5.    {
6.        char exp1[] = "1+2*3";
7.        char exp2[] = "(1+2)*3";
8.        char exp3[] = "((1-2)+3)*(5-2)";
9.
10.       ConvToRPNExp(exp1);
11.       ConvToRPNExp(exp2);
12.       ConvToRPNExp(exp3);
13.
14.       printf("%s \n", exp1);
15.       printf("%s \n", exp2);
16.       printf("%s \n", exp3);
17.       return 0;
18.   }
```

✤ 실행결과: InfixToPostfixMain.c, InfixToPostfix.h, InfixToPostfix.c, ListBaseStack.h, ListBaseStack.c

```
command prompt

123*+
12+3*
12-3+52-*
```

후위 표기법으로 표현된 수식의 계산방법

이제 남은 일은 변환된 후위 표기법의 수식을 계산하여 그 결과를 얻는 것이다. 따라서 아직까지 설명하지 않은, 후위 표기법의 수식을 계산하는 방법을 설명하고자 한다. 먼저 다음 수식을 보자.

3 + 2 * 4

이를 후위 표기법의 수식으로 바꾸면 다음과 같다.

3 2 4 * +

그럼 위 수식의 계산방법을 보이도록 하겠다. 앞서 몇 번 언급했듯이, 후위 표기법에서는 먼저 연산되어야 하는 연산자가 수식의 앞쪽에 배치된다. 때문에 위의 수식은 곱셈이 우선 진행되고 이어서 덧셈이 진행이 된다.

그렇다면 우선 진행이 되는 곱셈 연산자의 피연산자는 무엇일까? 후위 표기법에서는 다음의 기준을 근거로 피연산자를 선택하게 된다.

"후위 표기법의 수식에서는 연산자의 앞에 등장하는 두 개의 숫자가 피연산자입니다."

즉 위의 식에서는 곱셈이 먼저 진행되는데, 곱셈의 두 피연산자는 아래에서 보이듯이 2와 4이다.

3 2 4 * +

그리고 연산의 결과는 그 자리를 대신하게 된다. 즉 위의 식은 곱셈 이후에 다음과 같이 정리가 된다.

3 8 +

이제 남은 것은 덧셈이다. 물론 덧셈도 앞의 두 피연산자를 대상으로 진행이 된다. 따라서 최종결과로 11을 얻게 된다. 생각만큼 어렵지 않았을 것이다. 그럼 다음 수식을 대상으로 예를 한번 더 들겠다.

(1 * 2 + 3) / 4

위의 수식을 후위 표기법으로 바꾸면 다음과 같다.

(1 * 2 + 3) / 4   (후위 표기법)▶   1 2 * 3 + 4 /

위의 후위 표기법의 수식에서 제일 앞쪽에 * 연산자가 위치하니, 1과 2의 곱셈을 먼저 진행한다. 따라서 그 결과는 다음과 같다.

1 2 * 3 + 4 /   (1과 2의 곱)▶   2 3 + 4 /

이어서 + 연산을 진행할 차례이니, 2와 3을 대상으로 덧셈을 진행한다. 그리고 그 결과는 다음과 같다.

2 3 + 4 /   (2와 3의 합)▶   5 4 /

마지막으로 5를 4로 나누는 연산을 진행한다. 그리고 그 결과가 연산의 최종결과가 된다.

문 제 06-4 [연습장을 이용해서 후위 표기법의 수식을 계산하기]

Question

연습장과 연필을 이용해서 다음 후위 표기법의 수식을 계산하여 그 값이 얼마인지 확인해보자.

- 4 2 * 8 +
- 1 2 3 + * 4 /

단 나눗셈은 정수형 나눗셈을 진행하기로 하자. 예를 들어서 5 / 4 의 결과는 1.25가 아닌 1로 간주하자는 뜻이다.

❏ 후위 표기법으로 표현된 수식을 계산하는 프로그램의 구현

후위 표기법의 계산방법을 이해했다 하더라도 이를 프로그램으로 옮기기 위해서는 그 방법을 별도로 고민해야 한다. 그런데 앞서 보인 계산방법은 스택을 이용하면 매우 쉽게 프로그램으로 옮길 수 있다. 프로그램으로 옮기기 위한 기본 원칙 세 가지는 다음과 같으며, 이는 수식을 구성하는 문자의 처리기준이 된다.

- 피연산자는 무조건 스택으로 옮긴다.
- 연산자를 만나면 스택에서 두 개의 피연산자를 꺼내서 계산을 한다.
- 계산결과는 다시 스택에 넣는다.

사실 쉽다! 앞서 우리가 경험한 후위 표기법으로의 변경 방법에 비하면 매우 간단하다. 그럼 다음 식을 대상으로 위의 규칙을 적용해 보겠다.

   3 2 4 * +

우선 3과 2와 4가 모두 피연산자이니, 다음 그림과 같이 이들 모두가 차례로 스택에 쌓여야 한다.

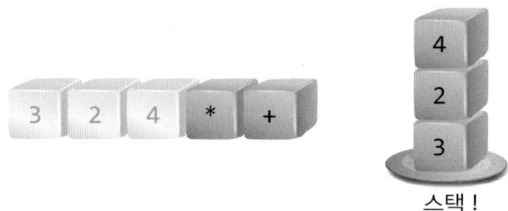

▶ [그림 06-20: 후위 표기법의 수식 계산 1]

이어서 * 연산자를 처리할 차례이다. 따라서 스택으로부터 두 개의 피연산자를 꺼내어 연산을 진행한다. 그런데 여기서 주목할 것은 4와 2를 꺼내어 진행이 되는 연산은 다음과 같다는 사실이다.

   2 * 4

즉 4 * 2 가 아니라 2 * 4 이다. 물론 곱셈에서는 상관없는 이야기지만 뺄셈이나 나눗셈이라면 이야기는 달라진다. 즉 스택에서 먼저 꺼낸 피연산자가 두 번째 피연산자가 되고(오른쪽 피연산자가 되고), 나중에 꺼낸 피연산자가 첫 번째 피연산자가 된다(왼쪽 피연산자가 된다). 따라서 연산이 이뤄지고 그 결과로 얻어진 값 8이 다시 스택으로 들어가서 다음의 상황이 된다.

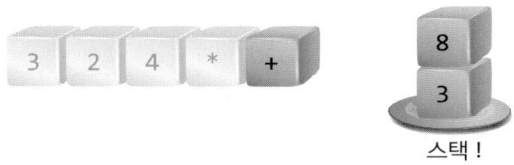

▶ [그림 06-21 : 후위 표기법의 수식 계산 2]

이제 마지막 남은 덧셈연산을 위해서 스택으로부터 두 개의 피연산자를 모두 꺼내어 덧셈이 진행되고 그 결과로 11을 얻게 된다. 그럼 지금까지 설명한 내용을 바탕으로 다음 함수를 완성하자.

```
int EvalRPNExp(char exp[])      // 후위 표기법의 수식을 계산하여 그 결과를 반환
{
    . . . .
}
```

위 함수는 후위 표기법의 수식을 담고 있는 문자열의 주소 값을 인자로 전달받는다. 그리고 그 수식의 계산결과를 반환한다. 참고로 이렇듯 구현에 앞서 함수의 원형을 먼저 소개하는 이유는 이 함수를 여러분이 직접 구현해 보는 경험을 갖게 하고픈 생각에서이다. 그럼 위 함수의 구현결과를 보이겠다.

```
int EvalRPNExp(char exp[])
{
    Stack stack;
    int expLen = strlen(exp);
    int i;
    char tok, op1, op2;

    StackInit(&stack);

    for(i=0; i<expLen; i++)      // 수식을 구성하는 문자 각각을 대상으로 반복!
    {
        tok = exp[i];            // 한 문자씩 tok에 저장하고,
        if(isdigit(tok))         // 문자의 내용이 정수인지 확인한다.
        {
            SPush(&stack, tok - '0');       // 정수면 숫자로 변환 후 스택에 PUSH!
        }
        else        // 정수가 아닌 연산자라면,
        {
            op2 = SPop(&stack);      // 스택에서 두 번째 연산자 꺼낸다.
            op1 = SPop(&stack);      // 스택에서 첫 번째 연산자 꺼낸다.
```

```c
            switch(tok)        // 연산하고 그 결과를 다시 스택에 PUSH!
            {
            case '+':
                SPush(&stack, op1+op2);
                break;
            case '-':
                SPush(&stack, op1-op2);
                break;
            case '*':
                SPush(&stack, op1*op2);
                break;
            case '/':
                SPush(&stack, op1/op2);
                break;
            }
        }
    }
    return SPop(&stack);        // 마지막 연산결과를 스택에서 꺼내어 반환
}
```

이 함수 역시 조금 복잡해 보이지만, 앞서 언급한 후위 표기법의 수식을 계산하는 세 가지 원칙을 그대로 반영한 것이 전부이니, 이를 참조하여 코드를 분석하기 바란다.

❏ 후위 표기법으로 표현된 수식을 계산하는 프로그램의 실행

위에서 정의한 EvalRPNExp 함수의 실행결과를 확인할 차례이다. 필자는 이 함수를 다음의 헤더파일과 소스파일에 선언 및 정의하였다.

- PostCalculator.h   EvalRPNExp 함수의 선언
- PostCalculator.c   EvalRPNExp 함수의 정의

그리고 위의 함수도 스택을 필요로 하기 때문에, 다음 헤더파일과 소스파일도 함께 컴파일 해야 한다.

- ListBaseStack.h   스택의 헤더파일
- ListBaseStack.c   스택의 소스파일

따라서 이번에도 main 함수가 담기는 소스파일을 포함하여 총 5개의 파일을 하나의 프로젝트로 묶어서 컴파일 해야 한다. 그럼 이어서 EvalRPNExp 함수의 선언과 정의를 담고 있는 헤더파일과 소스파일을 정리해 보이겠다.

✤ PostCalculator.h

```
1.  #ifndef __POST_CALCULATOR_H__
2.  #define __POST_CALCULATOR_H__
3.
4.  int EvalRPNExp(char exp[]);
5.
6.  #endif
```

✤ PostCalculator.c

```
1.  #include <string.h>
2.  #include <ctype.h>
3.  #include "ListBaseStack.h"
4.
5.  int EvalRPNExp(char exp[])
6.  {
7.      Stack stack;
8.      int expLen = strlen(exp);
9.      int i;
10.     char tok, op1, op2;
11.
12.     StackInit(&stack);
13.
14.     for(i=0; i<expLen; i++)
15.     {
16.         tok = exp[i];
17.
18.         if(isdigit(tok))
19.         {
20.             SPush(&stack, tok - '0');
21.         }
22.         else
23.         {
24.             op2 = SPop(&stack);     // 두 번째 피연산자!
25.             op1 = SPop(&stack);     // 첫 번째 피연산자!
26.
27.             switch(tok)
28.             {
29.             case '+':
30.                 SPush(&stack, op1+op2);
31.                 break;
32.             case '-':
33.                 SPush(&stack, op1-op2);
34.                 break;
```

```
35.            case '*':
36.                SPush(&stack, op1*op2);
37.                break;
38.            case '/':
39.                SPush(&stack, op1/op2);
40.                break;
41.            }
42.        }
43.    }
44.    return SPop(&stack);
45. }
```

이어서 소개하는 main 함수에서는 후위 표기법의 수식을 계산하여 그 결과를 출력하고 있다. 만약에 수식을 바꾸고 싶다면, 앞서 정의한 ConvToRPNExp 함수를 이용해서 중위 표기법의 수식을 후위 표기법의 수식으로 바꾼 다음에, 그 결과를 아래의 main 함수에 삽입해서 연산을 진행하면 된다.

✤ PostCalculatorMain.c

```
1.  #include <stdio.h>
2.  #include "PostCalculator.h"
3.
4.  int main(void)
5.  {
6.      char postExp1[] = "42*8+";
7.      char postExp2[] = "123+*4/";
8.
9.      printf("%s = %d \n", postExp1, EvalRPNExp(postExp1));
10.     printf("%s = %d \n", postExp2, EvalRPNExp(postExp2));
11.
12.     return 0;
13. }
```

✤ 실행결과:PostCalculatorMain.c, PostCalculator.h, PostCalculator.c, ListBaseStack.h, ListBaseStack.c

```
command prompt

42*8+ = 16
123+*4/ = 1
```

이제 하나로 묶자!

중위 표기법의 수식을 후위 표기법의 수식으로 변환하는 함수도 정의하였고, 후위 표기법의 수식을 계산하는 함수도 정의하였으니, 프로그램 사용자로부터 소괄호를 포함하는 중위 표기법의 수식을 입력 받아서, 그 결과를 계산하여 출력하는 것이 가능해졌다. 따라서 마지막으로 다음 프로그램을 작성하고자 한다.

"프로그램 사용자로부터 소괄호가 포함된 중위 표기법의 수식을 입력 받아서 그 연산결과를 출력해준다."

물론 이를 위해서 앞서 정의한 다음 두 함수를 활용해야 한다.

- ConvToRPNExp 함수   중위 표기법의 수식을 후위 표기법의 수식으로 변환
- EvalRPNExp 함수   후위 표기법의 수식을 계산하여 그 결과를 반환

활용의 방법은 다음과 같다. 프로그램 사용자로부터 입력 받은 중위 표기법의 수식은 다음의 과정을 거쳐서 연산의 결과를 얻어야 한다.

중위 표기법 수식 → ConvToRPNExp → EvalRPNExp → 연산결과

필자는 위의 과정을 다음 함수 하나에 담고자 한다.

```
int EvalInfixExp(char exp[])     // 후위 표기법의 수식을 계산하여 그 결과를 반환!
{
    . . . .
}
```

위 함수의 인자로 중위 표기법의 수식이 문자열의 형태로 전달된다. 그러면 함수 내에서 수식을 계산하여 그 결과를 반환해야 한다. 그럼 위 함수의 선언과 정의를 담고 있는 헤더파일과 소스파일을 소개하겠다.

❖ InfixCalculator.h

```
1.  #ifndef __INFIX_CALCULATOR__
2.  #define __INFIX_CALCULATOR__
3.
4.  int EvalInfixExp(char exp[]);
5.
6.  #endif
```

❖ InfixCalculator.c

```
1.  #include <string.h>
2.  #include <stdlib.h>
3.  #include "InfixToPostfix.h"    // ConvToRPNExp 함수의 호출을 위해서
4.  #include "PostCalculator.h"    // EvalRPNExp 함수의 호출을 위해서
```

```
5.
6.   int EvalInfixExp(char exp[])
7.   {
8.       int len = strlen(exp);
9.       int ret;
10.      char * expcpy = (char*)malloc(len+1);    // 문자열 저장공간 마련
11.      strcpy(expcpy, exp);                     // exp를 expcpy에 복사
12.
13.      ConvToRPNExp(expcpy);                    // 후위 표기법의 수식으로 변환
14.      ret = EvalRPNExp(expcpy);                // 변환된 수식의 계산
15.
16.      free(expcpy);                            // 문자열 저장공간 해제
17.      return ret;                              // 계산결과 반환
18.  }
```

위의 함수 내에서 매개변수 exp를 통해 전달된 문자열을 동적으로 할당된 메모리 공간 expcpy에 복사하고 있는데, 이는 인자로 전달된 문자열의 변경을 막기 위함이다. 그럼 이어서 위 함수의 테스트를 위한 main 함수와 그 실행결과를 보이겠다.

✤ InfixCalculatorMain.c

```
1.   #include <stdio.h>
2.   #include "InfixCalculator.h"
3.
4.   int main(void)
5.   {
6.       char exp1[] = "1+2*3";
7.       char exp2[] = "(1+2)*3";
8.       char exp3[] = "((1-2)+3)*(5-2)";
9.
10.      printf("%s = %d \n", exp1, EvalInfixExp(exp1));
11.      printf("%s = %d \n", exp2, EvalInfixExp(exp2));
12.      printf("%s = %d \n", exp3, EvalInfixExp(exp3));
13.      return 0;
14.  }
```

✤ 실행결과: 총 9개의 헤더파일과 소스파일을 컴파일 한 후에 실행

```
command prompt
1+2*3 = 7
(1+2)*3 = 9
((1-2)+3)*(5-2) = 6
```

이제야 비로소 소괄호를 포함하는 중위 표기법의 수식을 계산할 수 있게 되었다. 마지막으로 위의 예제를 실행하는데 필요한 헤더파일과 소스파일들을 정리해 보이겠다.

- 스택의 활용　　　　　　　　　　`ListBaseStack.h, ListBaseStack.c`
- 후위 표기법의 수식으로 변환　　　`InfixToPostfix.h, InfixToPostfix.c`
- 후위 표기법의 수식을 계산　　　　`PostCalculator.h, PostCalculator.c`
- 중위 표기법의 수식을 계산　　　　`InfixCalculator.h, InfixCalculator.c`
- main 함수　　　　　　　　　　　`InfixCalculatorMain.c`

이번 Chapter를 마무리하면서 필자 역시 다시 한번 느끼게 된다. 스택을 이해하고 구현하는 것은 어렵지 않다. 하지만 스택의 활용에 관한 전통적인 예인 계산기 프로그램을 이해하기 위해서는 노력이 요구된다. 그러나 그 노력의 결과에는 많은 의미가 담겨 있다.

06 프로그래밍 문제의 답안

문제 06-1의 답안

본 문제의 답안은 아래와 같이 총 5개의 파일로 이루어진다.

- CLinkedList.h, CLinkedList.c　　　　　원형 연결 리스트의 구현결과
- CLLBaseStack.h, CLLBaseStack.c　　　　스택의 구현결과
- CLLBaseStackMain.c　　　　　　　　　　스택을 활용하는 main 함수

하지만 원형 연결 리스트의 구현결과에 해당하는 두 파일은 변경하지 않고 그저 가져다 쓰는 것뿐이므로 이를 제외한 나머지 세 개의 파일들만 소개를 하겠다.

✤ CLLBaseStack.h

```
1.  #ifndef __CLL_STACK_H__
2.  #define __CLL_STACK_H__
3.
4.  #include "CLinkedList.h"
5.
6.  #define TRUE    1
7.  #define FALSE   0
8.
9.  typedef int Data;
10.
11. typedef struct _listStack
12. {
13.     List * plist;
14. } ListStack;
15.
16. typedef ListStack Stack;
17.
18. void StackInit(Stack * pstack);
19. int SIsEmpty(Stack * pstack);
20.
21. void SPush(Stack * pstack, Data data);
22. Data SPop(Stack * pstack);
23. Data SPeek(Stack * pstack);
24.
25. #endif
```

✤ CLLBaseStack.c

```
1.  #include <stdio.h>
2.  #include <stdlib.h>
3.  #include "CLinkedList.h"
4.  #include "CLLBaseStack.h"
5.
6.  void StackInit(Stack * pstack)
7.  {
8.      pstack->plist = (List*)malloc(sizeof(List));
9.      ListInit(pstack->plist);
10. }
11.
12. int SIsEmpty(Stack * pstack)
13. {
14.     if(LCount(pstack->plist)==0)
15.         return TRUE;
16.     else
17.         return FALSE;
18. }
19.
20. void SPush(Stack * pstack, Data data)
21. {
22.     LInsertFront(pstack->plist, data);
23. }
24.
25. Data SPop(Stack * pstack)
26. {
```

```
27.        Data data;
28.        LFirst(pstack->plist, &data);
29.        LRemove(pstack->plist);
30.        return data;
31. }
32.
33. Data SPeek(Stack * pstack)
34. {
35.        Data data;
36.        LFirst(pstack->plist, &data);
37.        return data;
38. }
```

✤ CLLBaseStackMain.c

```
1.  #include <stdio.h>
2.  #include "CLLBaseStack.h"
3.
4.  int main(void)
5.  {
6.      // Stack의 생성 및 초기화 ///////
7.      Stack stack;
8.      StackInit(&stack);
9.
10.     // 데이터 넣기 ///////
11.     SPush(&stack, 1); SPush(&stack, 2);
12.     SPush(&stack, 3); SPush(&stack, 4);
13.     SPush(&stack, 5);
14.
15.     // 데이터 꺼내기 ///////
16.     while(!SIsEmpty(&stack))
17.         printf("%d ", SPop(&stack));
18.
19.     return 0;
20. }
```

문제 06-2의 답안

- 3 + 2 * 4   (후위 표기법) ▶   3 2 4 * +
- 2 * 4 + 3   (후위 표기법) ▶   2 4 * 3 +
- 2 * 1 + 3 / 2   (후위 표기법) ▶   2 1 * 3 2 / +

문제 06-3의 답안

문제에서 제시한 수식과 변환의 결과는 다음과 같다.

(1 * 2 + 3) / 4   (후위 표기법) ▶   1 2 * 3 + 4 /

이 문제의 핵심은 다음과 같다.

"+ 연산자가 쟁반으로 이동할 때 * 연산자를 어떻게 해야 하는가?"

다음과 같이 판단했다면 정확히 판단한 것이다.

"생각할거 뭐 있어 * 연산자가 우선순위가 높으니 * 연산자를 옮기고 그 자리에 + 연산자를 가져다 놔야지!"

이것이 정답이다! 다만 다음과 같이 오해할 소지가 있을 것 같아서 이를 문제로 제시한 것이다.

"그래도 * 연산자는 괄호 안에 포함된 연산자이니까) 연산자를 만날 때까지 쟁반에 둬야 하는 것 아닌가?"

위의 생각이 잘못되었다는 것은 변환의 결과만 봐도 알 수 있다. 위와 같이 변환을 한다면 + 연산자가 * 연산자보다 앞에 위치하게 된다. 그리고 이는 분명 잘못된 것이다.

문제 06-4의 답안

- 4 2 * 8 +   (계산결과) ▶   16
- 1 2 3 + * 4 /   (계산결과) ▶   1

Chapter 07

큐(Queue)

[07-1] 큐의 이해와 ADT 정의

큐는 앞서 설명한 스택과 함께 언급되고 또 비교되는 자료구조이다. 스택은 먼저 들어간 데이터가 나중에 나오는 구조인 반면, 큐는 먼저 들어간 데이터가 먼저 나오는 구조이다. 이것이 스택과 큐의 유일한 차이점이다.

큐(Queue)의 이해

앞서 Chapter 06에서는 스택의 이해를 돕기 위해서 '초코볼 통' 그리고 '쟁반'을 예로 들었다. 하지만 큐의 이해를 위해서 별도의 예를 들 필요는 없을 것 같다. 큐는 우리에게 매우 익숙한 자료구조이기 때문이다.

우리는 하루에도 몇 번씩 줄을 선다. 대중교통을 이용할 때에도, 패스트푸드점에서 주문을 할 때에도 줄을 선다. 줄을 서는 이유는 먼저 온 사람이 먼저 서비스를 받도록 하기 위함이다. 여러분이 오늘도 줄을 섰다면 여러분은 큐의 구성에 동참한 것이나 다름이 없다.

이렇듯 큐는 '선입선출(先入先出)' 구조의 자료구조이다. 때문에 'FIFO(First-In, First-Out) 구조의 자료구조'라 불린다.

큐의 이해를 돕는 글이 너무 간단했으니 아쉬움을 달래기 위해서 큐에 비유할 수 있는 사물이나 상황의 예를 몇몇 들어보면 터널, 극장 표 예매처, 고무 호스, 그리고 양쪽으로 구멍이 난 초코볼 통 정도가 되지 않을까?

큐의 ADT 정의

스택과 마찬가지로 큐의 ADT도 정형화된 편이다. 그럼 큐의 핵심이라 할 수 있는 두 가지 연산을 소개하겠다.

- enqueue   큐에 데이터를 넣는 연산
- dequeue   큐에서 데이터를 꺼내는 연산

스택에서 데이터를 넣고 빼는 연산을 가리켜 각각 push, pop이라 하는 것처럼, 큐에서 데이터를 넣고 빼는 연산에 대해서도 각각 enqueue, dequeue라는 별도의 이름을 붙여주고 있다. 그럼 이어서 큐의 ADT를 제시하겠다. 물론 이것이 큐의 보편적인 ADT이다.

큐 자료구조의 ADT

> **Operations:**
>
> - `void QueueInit(Queue * pq);`
>   - 큐의 초기화를 진행한다.
>   - 큐 생성 후 제일 먼저 호출되어야 하는 함수이다.
>
> - `int QIsEmpty(Queue * pq);`
>   - 큐가 빈 경우 TRUE(1)을, 그렇지 않은 경우 FALSE(0)을 반환한다.
>
> - `void Enqueue(Queue * pq, Data data);`
>   - 큐에 데이터를 저장한다. 매개변수 data로 전달된 값을 저장한다.
>
> - `Data Dequeue(Queue * pq);`
>   - 저장순서가 가장 앞선 데이터를 삭제한다.
>   - 삭제된 데이터는 반환된다.
>   - 본 함수의 호출을 위해서는 데이터가 하나 이상 존재함이 보장되어야 한다.
>
> - `Data QPeek(Queue * pq);`
>   - 저장순서가 가장 앞선 데이터를 반환하되 삭제하지 않는다.
>   - 본 함수의 호출을 위해서는 데이터가 하나 이상 존재함이 보장되어야 한다.

위의 ADT에서는 이름충돌을 막기 위해서 다음 두 함수의 이름 앞에 Q를 붙였다.

    QIsEmpty, QPeek

하지만 큐를 대표하는 두 개의 연산을 담당하는 다음 두 함수의 이름 앞에는 Q를 붙이지 않았다.

    Enqueue, Dequeue

일관되게 위의 두 이름 앞에 Q를 붙여도 괜찮다. 하지만 Enqueue와 Dequeue라는 이름이 주로 큐에 제한되어 사용되기에 이 경우에는 Q를 붙이지 않았다. 특히 이름에 queue가 들어가서 더더욱 Q를 붙이지 않았다.

그럼 이제 큐를 구현해볼 텐데, 큐 역시 스택과 마찬가지로 배열을 기반으로, 그리고 연결 리스트를 기반으로 구현이 가능하다. 따라서 이번에도 배열 기반의 큐와 연결 리스트 기반의 큐를 각각 구현해볼 것이다.

[07-2] 큐의 배열 기반 구현

배열 기반의 큐를 구현하기에 앞서 먼저 그 구조를 고민해야 한다. 큐는 스택과 큰 차이를 보이지 않지만, 스택과 달리 고민할 것이 몇 가지 더 있기 때문이다.

■ 큐의 구현에 대한 논리

처음 큐를 접하면 다음과 같이 생각하는 것이 보통이다. 오래 전 기억에 필자도 그랬던 것 같다.

> "스택과 큐의 차이점이 앞에서 꺼내느냐 뒤에서 꺼내느냐에 있으니, 이전에 구현해 놓은 스택을 대상으로 꺼내는 방법만 조금 변경하면 큐가 될 것 같다."

하지만 큐의 구현모델을 알게 되면 이보다는 큰 차이가 있다고 느낄 것이다. 그럼 그림을 통해서 큐의 구현 모델을 설명하겠다. 다음 그림에서는 길이가 4인 배열 대상의 enqueue 연산을 보이는데, 그림에서 F는 Front의 약자로 큐의 머리를, R은 Rear의 약자로 큐의 꼬리를 가리키는 일종의 변수를 의미한다.

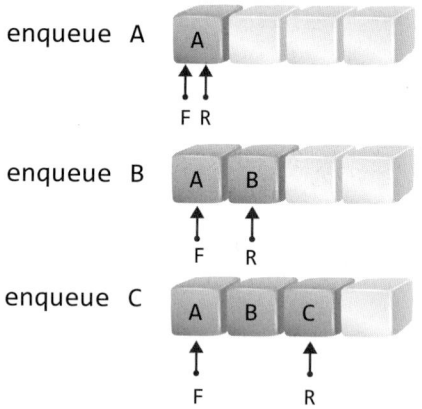

▶ [그림 07-1: enqueue 연산의 방식]

위 그림에서 F가 가리키는 것이 큐의 머리이고, R이 가리키는 것이 큐의 꼬리이다. 따라서 enqueue 연산 시 R이 그 다음 칸을 가리키게 되고, 그 자리에 새 데이터가 저장된다.

그렇다면 dequeue 연산 시에는 어떠한 데이터를 반환하고 소멸해야 하겠는가? F가 가리키는 데이터가 저장순서가 가장 앞선 데이터이므로 F가 가리키는 데이터를 대상으로 dequeue 연산을 진행해야 한다. 즉 F를 참조하여 dequeue 연산을 하고, R을 참조하여 enqueue 연산을 한다. 따라서 큐는, 우아한 표현은 아니지만 '뒤로 넣고 앞으로 빼는 자료구조'라고도 한다.

자! 그럼 위 그림의 마지막 상태에서 dequeue 연산을 진행해 보겠다. dequeue 연산의 예는 다음과 같다.

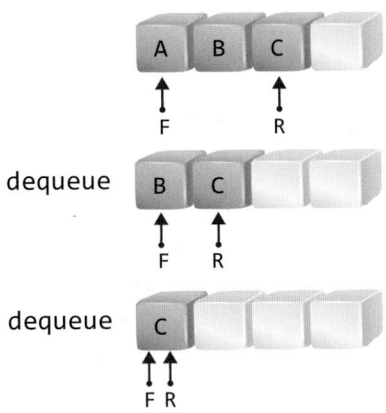

▶ [그림 07-2: 일반적이지 않은 dequeue의 방식]

위 그림에서 보이는 방식은, dequeue 연산 시 반환할 데이터를 배열의 맨 앞부분에 위치시키는 방식으로 가장 보편적으로 인식하는 배열의 삭제방법을 적용한 것이다. 사실 이 방법을 적용하면 dequeue 연산의 대상이 맨 앞부분에 위치하므로, 그림에서 보인 것과 달리 F가 불필요하다. 하지만 이 방식은 dequeue 연산 시마다 저장된 데이터를 한 칸씩 이동시켜야 하는 단점이 있다. 때문에 배열 기반의 큐에서는 위의 방식으로 dequeue 연산을 진행하지 않는다. 그럼 실제로 적용하는 dequeue 연산의 방법을 소개하겠다.

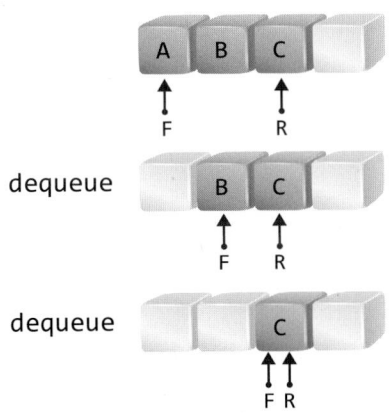

▶ [그림 07-3: 일반적인 dequeue의 방식]

위 그림에서는 dequeue 연산 시 F를 이동시키고 있다. 이 방식을 취하게 되면 dequeue의 과정에서 데이터의 이동이 필요치 않다. 그저 F가 가리키는 위치만 한 칸 오른쪽으로 옮기면 그뿐이다. 하지만 이 방법도 완전하지는 않다. 다음과 같은 경우가 발생하기 때문이다.

▶ [그림 07-4: 끝까지 갔지만 꽉 차지 않은 상황]

위의 그림은 문자 D가 배열의 끝에 저장된 상황이다. 때문에 더 이상 R을 오른쪽으로 이동시킬 수 없다. 그런데 dequeue 연산도 몇 차례 진행이 되어 배열의 앞부분은 비어있다. 이 상황에서 우리는 어떻게 추가로 enqueue 연산을 진행해야 할까?

"R을 배열의 앞부분으로 이동시키면 되잖아요! 그럼 추가로 enqueue 연산을 진행할 수 있을 것 같은데요."

정답이다! 쉽게 말해서 R을 회전시키는 것이다. R이 배열의 끝에 도달하면, 다시 맨 앞으로 이동시켜서 R이 회전하게 만드는 것이다. 물론 R을 뒤쫓아 가는 F도 배열의 끝에 도달하면 회전해야 한다. 그리고 이러한 방식으로 동작하는 배열 기반의 큐를 가리켜 '원형 큐(circular queue)'라 한다. 논리적으로 배열이 원형의 형태를 갖춘다고 해서 붙여진 이름이다.

원형 큐(Circular Queue)의 소개

앞서 우리는 R과 F를 회전시켜서, 큐를 구성하는 배열을 효율적으로 사용하자는 결론에 도달했다. 그런데 R과 F를 회전시킨다는 것은 배열을 다음의 형태로 바라본다는 뜻이 된다.

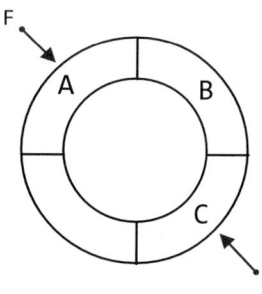

▶ [그림 07-5: 원형 큐의 구조]

때문에 우리는 실제로 원형 큐를 구현하기 전까지, 원형 큐를 논리적으로 위 그림의 형태로 바라보기로 하겠다. 원형 큐도 앞서 보인 큐와 마찬가지로 첫 번째 데이터가 추가되는 순간 F와 R이 동시에 그 데이터를 가리킨다. 그 녀석이 큐의 머리이자 꼬리이기 때문이다. 따라서 위의 그림은 다음의 과정을 거쳐서 완성된 것이다.

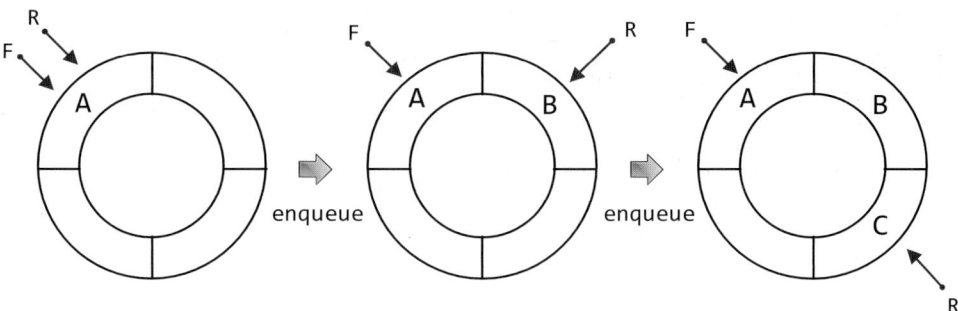

▶ [그림 07-6: 원형 큐의 enqueue 연산]

그리고 위의 그림을 대상으로 총 2회에 걸쳐서 dequeue 연산을 진행하면, 다음의 상태에 이르게 된다.

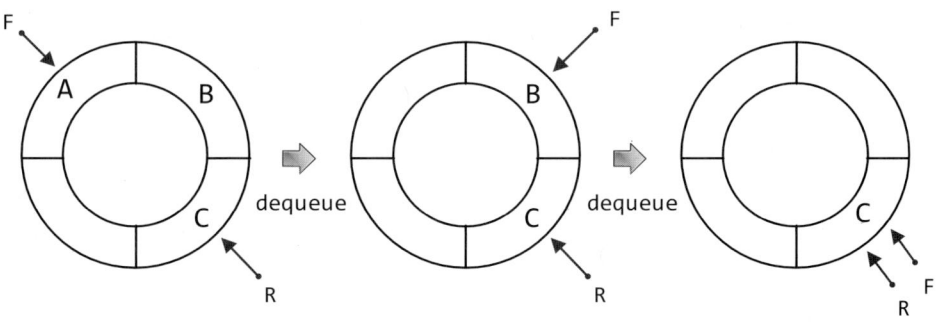

▶ [그림 07-7: 원형 큐의 dequeue 연산]

그럼 이제 구현만 하면 될까? 아니다! 위의 모델에서도 생각해 볼 문제가 있다. 이의 확인을 위해서 먼저 [그림 07-6]에서 문자 D를 대상으로 enqueue 연산을 진행해보자. 그리고 [그림 07-7]을 대상으로도 한 차례 더 dequeue 연산을 진행해 보자. 즉 큐를 완전히 채워보고 또 완전히 비워보자는 뜻이다. 그럼 다음 그림을 통해서 그 결과를 확인하자.

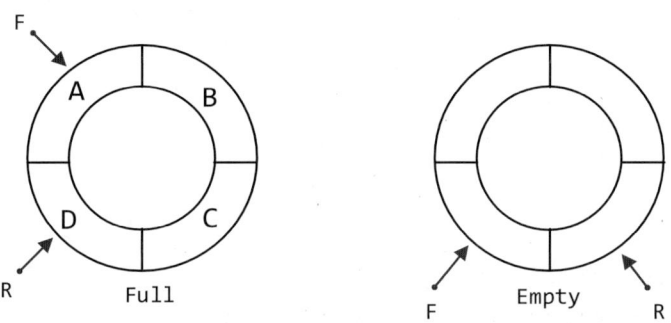

▶ [그림 07-8: 꽉 찬 원형 큐와 텅 빈 원형 큐의 비교]

위 그림을 보면, 큐가 꽉 찬 경우나 텅 빈 경우나 F가 R보다 한 칸 앞 선 위치를 가리킴을 알 수 있다. 그리고 이것이 의미하는 바는 다음과 같다.

"F와 R의 위치만 가지고는 꽉 찬 경우와 텅 빈 경우를 구분할 수가 없다!"

그럼 이에 대한 해결책은 무엇일까? 다양한 해결책이 있겠지만, 필자는 다음의 해결책을 제시하고자 한다. 이는 일반적으로 널리 알려진 그러나 매우 훌륭한 해결책이다.

"배열을 꽉 채우지 않는다! 꽉 차면 구분이 안되니 꽉 채우지 않는 거다!"

조금 허술한 해결책 같지만 아주 멋진 해결책이다. 그리고 이것이 의미하는 바는 다음과 같다.

"배열의 길이가 N이라면 데이터가 N-1개 채워졌을 때, 이를 꽉 찬 것으로 간주한다!"

이렇게 하면 저장 공간 하나를 낭비하게 된다. 하지만 이로 인해서 문제 하나가 해결이 되는 셈이니 잃는 것보다 얻는 것이 더 많다. 그리고 혹시나 해서 말하지만, F와 R의 위치는 계속 회전한다. 따라서 F와 R의 상대적 위치 차를 통해서 텅 빈 경우와 꽉 찬 경우를 구분해야 한다. 그럼 이러한 결론을 반영해서 큐가 채워지는 과정을 다시 한번 정리해 보겠다. 다음 그림에서는 큐가 처음 생성되어 텅 빈 경우를 보이고 있다.

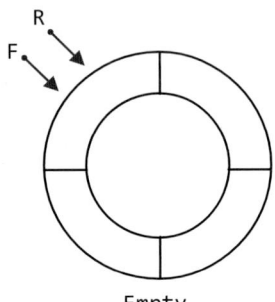

▶ [그림 07-9: 개선된 큐의 텅 빈 상황]

위 그림에서는 F와 R이 같은 위치를 가리키고 있다. 이전에는 첫 번째 데이터가 저장된 경우, 이 데이터가 머리이자 꼬리이기 때문에 F와 R이 같은 위치를 가리키게 하였다. 하지만 지금은 공간 하나를 비우기로 하였으니, F와 R이 같은 위치를 가리키는 이 상태가 텅 빈 상황을 표현한 것이 된다. 그럼 이 상태에서 계속해서 데이터를 채워보겠다.

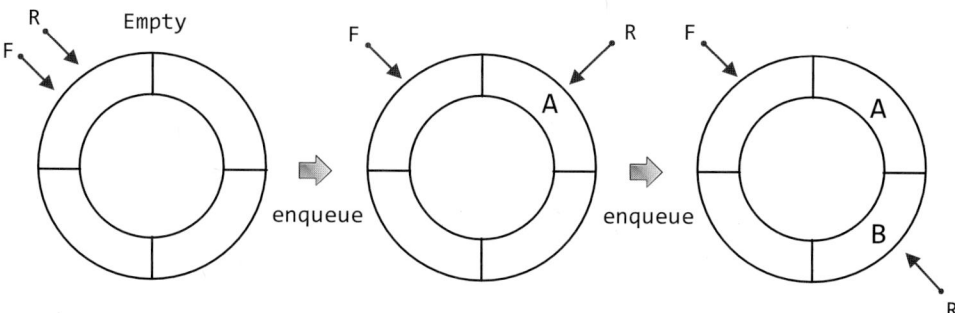

▶ [그림 07-10: 개선된 원형 큐의 enqueue 연산]

위 그림을 통해서 다음 두 가지 사실을 정리할 수 있다. 이는 실제 큐의 구현을 위해서 인지하고 있어야 하는 내용들이다.

"enqueue 연산 시, R이 가리키는 위치를 한 칸 이동시킨 다음에, R이 가리키는 위치에 데이터를 저장한다."

"dequeue 연산 시, F가 가리키는 위치를 한 칸 이동시킨 다음에, F가 가리키는 위치에 저장된 데이터를 반환 및 소멸한다."

이 중에서 특히 dequeue 연산 시에도 F가 가리키는 위치를 우선 한 칸 이동한다는 사실을 잊지 말자. 그리고 비록 dequeue 연산의 결과를 그림으로 보이지는 않았지만, 위 그림을 통해서 충분히 예상할 수 있을 것이다. 그럼 마지막으로 한 번 더 enqueue 연산을 진행해서 큐를 꽉 채워보겠다.

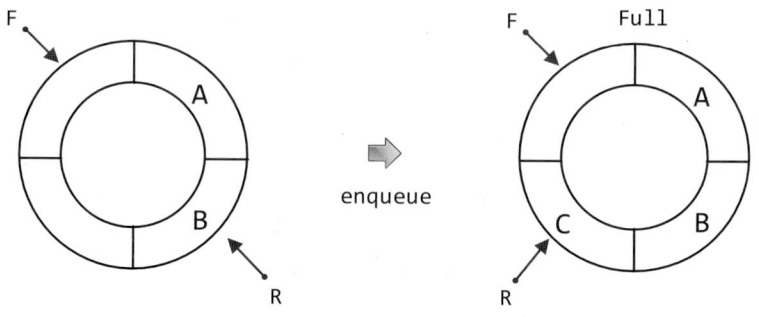

▶ [그림 07-11: 개선된 원형 큐의 꽉 찬 상황]

이로써 우리가 구현할 큐의 특성 두 가지를 다음과 같이 추가로 정리할 수 있다.

- 원형 큐가 텅 빈 상태   F와 R이 동일한 위치를 가리킨다.
- 원형 큐가 꽉 찬 상태   R이 가리키는 위치의 앞을 F가 가리킨다.

이러한 특성은 실제 큐의 구현에서 그대로 코드로 옮겨진다. 따라서 별도로 정리하고 이해해 둘 필요가 있다.

원형 큐(Circular Queue)의 구현

배열 기반의 큐라 하면 대부분의 경우 원형 큐를 의미한다고 봐도 무리가 아니다. 따라서 우리도 배열 기반의 큐를 대표하는 원형 큐를 구현하고자 한다. 그런데 우리는 앞서 그림을 통해서 원형 큐의 논리를 완전히 이해하였다. 때문의 원형 큐의 구현은 부담스럽지 않다. 배열을 힘껏 휘어서 두 개의 끝을 붙이는 것도 아니고, 그저 F와 R이 배열의 끝에 도달했을 때 앞으로 이동시키는 것이 전부인데 무엇이 부담스럽겠는가! 그럼 먼저 헤더파일을 정의해 보겠다.

✤ CircularQueue.h

```
1.  #ifndef __C_QUEUE_H__
2.  #define __C_QUEUE_H__
3.
4.  #define TRUE     1
5.  #define FALSE    0
6.
7.  #define QUE_LEN  100
8.  typedef int Data;
9.
10. typedef struct _cQueue
11. {
12.     int front;      // 그림을 통해서 F라 표현했던 멤버
13.     int rear;       // 그림을 통해서 R이라 표현했던 멤버
14.     Data queArr[QUE_LEN];
15. } CQueue;
16.
17. typedef CQueue Queue;
18.
19. void QueueInit(Queue * pq);
20. int QIsEmpty(Queue * pq);
21.
22. void Enqueue(Queue * pq, Data data);
23. Data Dequeue(Queue * pq);
24. Data QPeek(Queue * pq);
25.
26. #endif
```

앞서 정의한 큐의 ADT를 기반으로 위의 헤더파일을 정의하였다. 그런데 그림에서 F와 R로 표현했던 변수를 위의 구조체 CQueue에서는 각각 front와 rear로 이름 지었다. 이후에도 종종 front는 F로,

rear은 R로 표현하겠으니 이 점에 혼동이 없기를 바란다.
이어서 헤더파일에 선언된 함수의 구현을 보일 차례인데, 그에 앞서 다음 함수를 먼저 소개하고자 한다. 이 함수는 간단하지만 원형 큐의 핵심이라 할 수 있다!

```c
int NextPosIdx(int pos)       // 큐의 다음 위치에 해당하는 인덱스 값 반환
{
    if(pos == QUE_LEN-1)
        return 0;
    else
        return pos+1;
}
```

이는 큐의 다음 위치에 해당하는 배열의 인덱스 값을 반환하는 함수이다. 따라서 1을 전달하면 2를 반환하고, pos를 전달하면 pos+1을 반환한다. 그러나 큐의 길이보다 하나 작은 값이 인자로 전달되면 0을 반환한다. 이것이 무엇을 의미하는가? 그렇다! F와 R이 배열의 끝에 도달했으므로, 앞으로 이동해야 함을 의미한다. 즉 F와 R의 회전을 돕는 함수이다.
이제 원형 큐의 구현을 보일 텐데, 위의 NextPosIdx 함수를 이해했다면 이미 반은 이해한 것이다. 실제 구현의 내용은 어렵지 않은 관계로 주석을 통한 설명으로 마무리하겠다.

✤ CircularQueue.c

```c
1.  #include <stdio.h>
2.  #include <stdlib.h>
3.  #include "CircularQueue.h"
4.  
5.  void QueueInit(Queue * pq)      // 텅 빈 경우 front와 rear은 동일위치 가리킴
6.  {
7.      pq->front = 0;
8.      pq->rear = 0;
9.  }
10. 
11. int QIsEmpty(Queue * pq)
12. {
13.     if(pq->front == pq->rear)    // 큐가 텅 비었다면,
14.         return TRUE;
15.     else
16.         return FALSE;
17. }
18. 
19. int NextPosIdx(int pos)
20. {
21.     if(pos == QUE_LEN-1)         // 배열의 마지막 요소의 인덱스 값이라면
22.         return 0;
23.     else
```

```
24.        return pos+1;
25. }
26.
27. void Enqueue(Queue * pq, Data data)
28. {
29.     if(NextPosIdx(pq->rear) == pq->front)    // 큐가 꽉 찼다면,
30.     {
31.         printf("Queue Memory Error!");
32.         exit(-1);
33.     }
34.
35.     pq->rear = NextPosIdx(pq->rear);         // rear을 한 칸 이동
36.     pq->queArr[pq->rear] = data;             // rear이 가리키는 곳에 데이터 저장
37. }
38.
39. Data Dequeue(Queue * pq)
40. {
41.     if(QIsEmpty(pq))
42.     {
43.         printf("Queue Memory Error!");
44.         exit(-1);
45.     }
46.
47.     pq->front = NextPosIdx(pq->front);       // front를 한 칸 이동
48.     return pq->queArr[pq->front];            // front가 가리키는 데이터 반환
49. }
50.
51. Data QPeek(Queue * pq)
52. {
53.     if(QIsEmpty(pq))
54.     {
55.         printf("Queue Memory Error!");
56.         exit(-1);
57.     }
58.
59.     return pq->queArr[NextPosIdx(pq->front)];
60. }
```

이번에는 우리가 구현한 원형 큐의 동작을 확인하기 위한 main 함수를 소개하겠으니, 이를 통해서 enqueue 연산과 dequeue 연산의 결과를 눈으로 확인하기 바란다.

✦ CircularQueueMain.c

```
1.  #include <stdio.h>
2.  #include "CircularQueue.h"
```

```
3.
4.    int main(void)
5.    {
6.        // Queue의 생성 및 초기화 ////////
7.        Queue q;
8.        QueueInit(&q);
9.
10.       // 데이터 넣기 ////////
11.       Enqueue(&q, 1); Enqueue(&q, 2);
12.       Enqueue(&q, 3); Enqueue(&q, 4);
13.       Enqueue(&q, 5);
14.
15.       // 데이터 꺼내기 ////////
16.       while(!QIsEmpty(&q))
17.           printf("%d ", Dequeue(&q));
18.
19.       return 0;
20.   }
```

✤ 실행결과: CircularQueue.h, CircularQueue.c, CircularQueueMain.c

이로써 원형 큐에 대한 설명이 마무리되었는데 어떤가? 필자가 앞서 말했듯이 스택보다는 생각해야 할 부분이 조금 더 있지 않았는가? 이렇듯 큐의 구현이 스택의 구현보다는 조금 더 복잡한 이유를 아는 것도 중요하다.

07-3 큐의 연결 리스트 기반 구현

배열을 기반으로 큐를 구현하는 경우에는 몇 가지 고려할 사항이 있었다. 그래서 원형 큐를 소개했고, 또 큐가 꽉 찬 경우와 텅 빈 경우를 구분하는 방법도 소개하였다. 하지만 연결 리스트를 기반으로 구현하는 경우에는 의외로 신경 쓸 부분이 적다.

❏ 연결 리스트 기반 큐의 헤더파일 정의

필자는 앞서 다음의 판단이 잘못되었음을 말하였다. 그리고 이후에 배열 기반의 원형 큐를 구현하면서 다음 판단이 잘못된 이유를 설명하였다.

> "스택과 큐의 유일한 차이점이 앞에서 꺼내느냐 뒤에서 꺼내느냐에 있으니, 이전에 구현해 놓은 스택을 대상으로 꺼내는 방법만 조금 변경하면 큐가 될 것 같다."

하지만 그 대상이 '연결 리스트 기반의 큐'라면, 위의 판단은 어느 정도 옳다! 연결 리스트를 기반으로 구현하면 앞서 논의한 고민거리들이 사라지기 때문이다. 하지만 다음과 같은 차이점이 있기 때문에 여전히 스택의 구현과는 차이가 있다고 할 수 있다.

> "스택은 push와 pop이 이뤄지는 위치가 같은 반면, 큐는 enqueue와 dequeue가 이뤄지는 위치가 다르다."

연결 리스트를 공부한 여러분이므로 이 작은 차이가 실제 구현에 어떠한 영향을 미치는지 대략이나마 짐작할 수 있을 것이다. 그럼 먼저 연결 리스트 기반 큐의 헤더파일을 소개하겠다.

❖ ListBaseQueue.h

```
1.  #ifndef __LB_QUEUE_H__
2.  #define __LB_QUEUE_H__
3.
4.  #define TRUE    1
5.  #define FALSE   0
6.
7.  typedef int Data;
8.
9.  typedef struct _node
10. {
11.     Data data;
12.     struct _node * next;
```

```
13. } Node;
14.
15. typedef struct _lQueue
16. {
17.     Node * front;        // 그림을 통해서 F라 표현한 멤버
18.     Node * rear;         // 그림을 통해서 R이라 표현한 멤버
19. } LQueue;
20.
21. typedef LQueue Queue;
22.
23. void QueueInit(Queue * pq);
24. int QIsEmpty(Queue * pq);
25.
26. void Enqueue(Queue * pq, Data data);      // enqueue 연산 담당 함수
27. Data Dequeue(Queue * pq);                 // dequeue 연산 담당 함수
28. Data QPeek(Queue * pq);
29.
30. #endif
```

위의 헤더파일에서 보이듯이 연결 리스트 기반의 큐에서도 원형 큐와 마찬가지로 front와 rear을 유지해야 한다. enqueue 연산과 dequeue 연산이 이뤄지는 위치가 다르기 때문이다.

❏ 연결 리스트 기반 큐의 구현

자! 그럼 연결 리스트 기반 큐의 동작형태를 간단하게나마 정리해보자. 처음 큐가 생성된 이후의 모습은 다음과 같다. F와 R이 가리킬 대상이 없으니 초기에는 다음과 같이 NULL을 가리키게 하면 된다.

▶ [그림 07-12: 리스트 기반 큐의 초기상태]

따라서 QueueInit 함수는 다음과 같이 정의해야 한다.

```
void QueueInit(Queue * pq)
{
    pq->front = NULL;     // 이후에도 front를 F라 표현한다.
    pq->rear = NULL;      // 이후에도 rear를 R이라 표현한다.
}
```

그리고 F가 가리키는 노드를 대상으로 dequeue 연산이 진행되니, 다음과 같이 판단할 수 있다.

"연결 리스트 기반의 큐가 비었다면, F에 NULL이 저장된다."

이렇듯 R을 제외한 F만을 참조하여 큐가 비었는지 판단을 하면, 이후에 큐가 텅 비게 되는 경우에도 F만을 신경 쓰면 되기 때문에 여러모로 편리하다. 그럼 이어서 QIsEmpty 함수를 정의하겠다.

```
int QIsEmpty(Queue * pq)
{
    if(pq->front == NULL)       // F에 NULL이 저장되어 있으면,
        return TRUE;             // 큐가 텅 빈 것이니 TRUE를 반환한다.
    else
        return FALSE;
}
```

이제 Enqueue 함수를 정의할 차례인데, 이 경우에는 큐의 머리를 가리키는 front 뿐만 아니라 큐의 꼬리를 가리키는 rear도 있다는데 주의해야 한다. 이 때문에 노드의 추가과정이 둘로 나뉘기 때문이다. 그럼 다음 그림을 보면서 이와 관련된 설명을 진행하겠다(그림에서 슬래시 / 은 NULL이 저장됨을 의미한다).

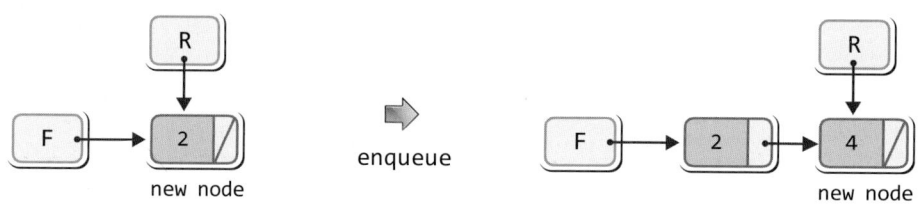

▶ [그림 07-13: 첫 번째 그리고 두 번째 노드의 추가 결과]

위 그림에서 보이듯이, 첫 번째 노드가 추가될 때에는 F뿐만 아니라 R도 새 노드를 가리키도록 설정해야 한다. 반면 두 번째 이후의 노드가 추가될 때에는 F는 변함이 없다. 대신 R이 새 노드를 가리키게 해야 하고, 노드간의 연결을 위해서 가장 끝에 있는 노드가 새 노드를 가리키게 해야 한다. 때문에 첫 번째 노드의 추가과정과 두 번째 이후 노드의 추가과정에는 차이가 있다. 그럼 이러한 내용을 근거로 Enqueue 함수를 정의해 보자.

```
void Enqueue(Queue * pq, Data data)
{
    Node * newNode = (Node*)malloc(sizeof(Node));
    newNode->next = NULL;
    newNode->data = data;
```

```
        if(QIsEmpty(pq))                // 첫 번째 노드의 추가라면,
        {
            pq->front = newNode;        // front가 새 노드를 가리키게 하고,
            pq->rear = newNode;         // rear도 새 노드를 가리키게 한다.
        }
        else                            // 두 번째 이후의 노드 추가라면,
        {
            pq->rear->next = newNode;   // 마지막 노드가 새 노드를 가리키게 하고,
            pq->rear = newNode;         // rear가 새 노드를 가리키게 한다.
        }
    }
```

이제 마지막으로 Dequeue 함수를 정의할 차례인데, 이와 관련해서 다음과 같이 생각할 수도 있다.

"Enqueue 함수의 구현과 마찬가지로 노드의 삭제과정도 둘로 나뉠 거야!"

하지만 그렇지 않다! 노드의 삭제과정에서 신경 쓸 부분은 F 하나이기 때문이다.

"그럼 R은 그냥 내버려둬도 돼나요?"

이 질문에 답을 얻기 위해서 다음 그림을 보자.

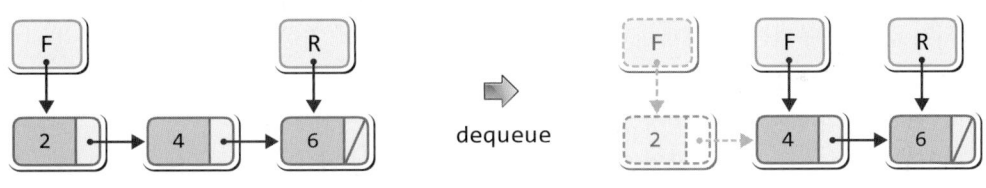

▶ [그림 07-14: dequeue 연산의 결과 1/3]

위 그림에서는 dequeue의 과정을 보이고 있다. 그림에서 보이는 dequeue의 과정을 정리하면 다음과 같다.

- F가 다음 노드를 가리키게 한다.
- F가 이전에 가리키던 노드를 소멸시킨다.

때문에 위 그림의 상태에서 다시 한번 dequeue 연산을 진행하면 F와 R이 모두 6이 저장된 노드를 가리키게 되어 다음 상태에 이르게 된다.

▶ [그림 07-15: dequeue 연산의 결과 2/3]

문제는 그 다음이다. 위 그림의 상태에서 다시 한번 dequeue 연산을 하는 경우의 처리 방식이 문제이다. 만약에 앞서 하던 방식대로 처리한다면, 다시 말해서 F가 가리키는 대상을 그 다음 노드로 변경시키고, F가 이전에 가리키던 노드를 삭제한다면 다음의 상태가 된다.

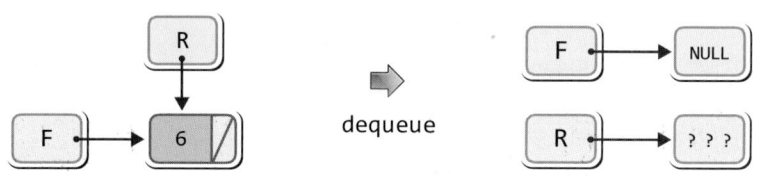

▶ [그림 07-16: dequeue 연산의 결과 3/3]

우선 F에 NULL이 저장되었음에 주목하자. 이는 자연스러운 결과이다. F는 6이 저장된 노드를 참조하여 다음 노드의 주소 값을 얻게 되는데 그 값이 NULL이다. 그래서 F에는 NULL이 저장된다.
자! 그럼 위 그림의 결과에서 R에 NULL이 아닌 다른 값이 저장되어 있는데 이것이 문제가 되지는 않을까? 문제되지 않는다! 우리는 QIsEmpty 함수를 정의할 때에도 F에 저장된 값만을 참조하여 TRUE 또는 FALSE를 반환하도록 정의하였다. 이렇듯 큐가 텅 비었는지 확인할 때에도 F만을 참조하니, R에 쓰레기 값이 저장된 위의 상황은 문제되지 않는다.
그리고 굳이 R에 NULL을 넣을 필요가 없다면, dequeue의 과정은 둘로 나뉘지 않는다. 때문에 다음과 같이 Dequeue 함수를 간단히 정의할 수 있다.

```
Data Dequeue(Queue * pq)
{
    Node * delNode;
    Data retData;

    if(QIsEmpty(pq))
    {
        printf("Queue Memory Error!");
        exit(-1);
    }
```

```
            delNode = pq->front;              // 삭제할 노드의 주소 값 저장
            retData = delNode->data;          // 삭제할 노드가 지닌 값 저장
            pq->front = pq->front->next;      // 삭제할 노드의 다음 노드를 front가 가리킴

            free(delNode);
            return retData;
        }
```

이로써 연결 리스트를 기반으로 하는 큐의 구현도 끝났다. 그럼 설명하지 않은 QPeek 함수의 정의를 포함하여, 지금까지 설명한 함수의 정의를 한데 묶고, 학습의 편의를 위해서 앞서 보인 헤더파일도 다시 한 번 보이겠다.

✤ ListBaseQueue.h

```c
1.  #ifndef __LB_QUEUE_H__
2.  #define __LB_QUEUE_H__
3.
4.  #define TRUE    1
5.  #define FALSE   0
6.
7.  typedef int Data;
8.
9.  typedef struct _node
10. {
11.     Data data;
12.     struct _node * next;
13. } Node;
14.
15. typedef struct _lQueue
16. {
17.     Node * front;
18.     Node * rear;
19. } LQueue;
20.
21. typedef LQueue Queue;
22.
23. void QueueInit(Queue * pq);
24. int QIsEmpty(Queue * pq);
25.
26. void Enqueue(Queue * pq, Data data);
27. Data Dequeue(Queue * pq);
28. Data QPeek(Queue * pq);
29.
30. #endif
```

✣ ListBaseQueue.c

```c
1.   #include <stdio.h>
2.   #include <stdlib.h>
3.   #include "ListBaseQueue.h"
4.
5.   void QueueInit(Queue * pq)
6.   {
7.       pq->front = NULL;
8.       pq->rear = NULL;
9.   }
10.
11.  int QIsEmpty(Queue * pq)
12.  {
13.      if(pq->front == NULL)
14.          return TRUE;
15.      else
16.          return FALSE;
17.  }
18.
19.  void Enqueue(Queue * pq, Data data)
20.  {
21.      Node * newNode = (Node*)malloc(sizeof(Node));
22.      newNode->next = NULL;
23.      newNode->data = data;
24.
25.      if(QIsEmpty(pq))
26.      {
27.          pq->front = newNode;
28.          pq->rear = newNode;
29.      }
30.      else
31.      {
32.          pq->rear->next = newNode;
33.          pq->rear = newNode;
34.      }
35.  }
36.
37.  Data Dequeue(Queue * pq)
38.  {
39.      Node * delNode;
40.      Data retData;
41.
42.      if(QIsEmpty(pq))
43.      {
44.          printf("Queue Memory Error!");
45.          exit(-1);
```

```
46.     }
47.
48.     delNode = pq->front;
49.     retData = delNode->data;
50.     pq->front = pq->front->next;
51.
52.     free(delNode);
53.     return retData;
54. }
55.
56. Data QPeek(Queue * pq)
57. {
58.     if(QIsEmpty(pq))
59.     {
60.         printf("Queue Memory Error!");
61.         exit(-1);
62.     }
63.
64.     return pq->front->data;
65. }
```

다음은 큐를 테스트하기 위한 main 함수로써, 앞서 원형 큐를 테스트할 때 정의한 main 함수와 동일하다. 다만 #include 문을 통해서 포함하는 헤더파일이 다를 뿐이다.

❖ **ListBaseQueueMain.c**

```
1.  #include <stdio.h>
2.  #include "ListBaseQueue.h"
3.
4.  int main(void)
5.  {
6.      // Queue의 생성 및 초기화 ///////
7.      Queue q;
8.      QueueInit(&q);
9.
10.     // 데이터 넣기 ///////
11.     Enqueue(&q, 1); Enqueue(&q, 2);
12.     Enqueue(&q, 3); Enqueue(&q, 4);
13.     Enqueue(&q, 5);
14.
15.     // 데이터 꺼내기 ///////
16.     while(!QIsEmpty(&q))
17.         printf("%d ", Dequeue(&q));
18.
19.     return 0;
20. }
```

✤ 실행결과: ListBaseQueue.h, ListBaseQueue.c, ListBaseQueueMain.c

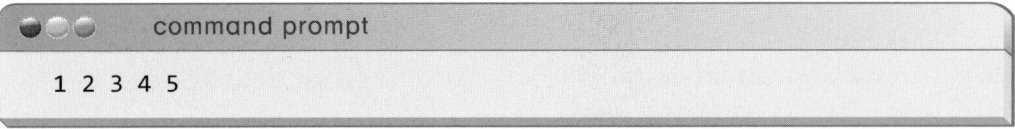

이로써 큐의 두 가지 구현 모델에 대해서 모두 살펴보았다. 따라서 남은 것은 우리가 구현한 큐를 활용해 보는 것이다.

07-4 큐의 활용

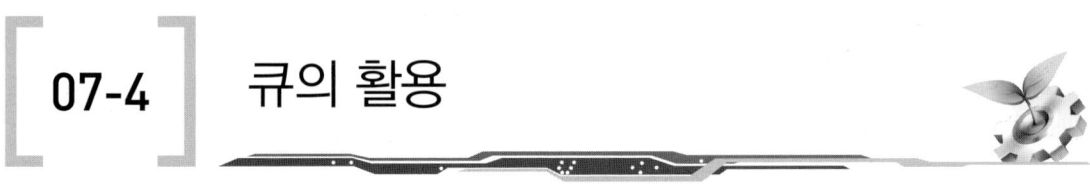

큐는 운영체제 및 네트워크와 관련된 소프트웨어의 구현에 있어서 중요한 역할을 담당하는 자료구조이다. 그리고 '큐잉 이론(queuing theory)'이라는 학문에서는 수학적으로 모델링 된 결과의 확인을 위해서 특정 현상을 '시뮬레이션(simulation)'하게 되는데, 이때에도 큐는 중요한 역할을 담당한다. 따라서 우리도 시뮬레이션이라는 주제를 통해서 큐가 활용되는 형태를 적절한 범위 내에서 확인하고자 한다.

☐ 시뮬레이션의 주제

여러분도 알다시피 특정 상황에 놓인 복잡한 문제의 해결을 위해서 실제와 비슷한 상황을 연출하는 것을 가리켜 '시뮬레이션'이라 한다. 그럼 이와 관련해서 예를 하나 들겠다. 이를 위해 먼저 다음 두 사람의 대화를 살펴보자.

- **점장** 주문한 음식이 포장되어 나오기를 기다리는 고객을 위한 대기실을 만들려고 해. 근데 어느 정도의 크기로 대기실을 만들어야 할지 판단이 잘 안 서네.

- **점원** 글쎄요. 손님들이 주문한 햄버거의 종류에 따라서도 달라질 텐데요. 햄버거마다 만드는데 걸리는 시간이 다르니까요.

- **점장** 그럼 손님이 가장 많이 몰리는 점심시간을 기준으로 정보를 좀 줄 테니, 몇 명 정도가 대기할 수 있는 공간이 필요한지 네가 계산 좀 해봐라.

- **점원** 그럼 주신 정보를 근거로 해서 시뮬레이션을 해볼게요.

  ★ 점심시간 1시간 동안에는 고객이 15초당 1명씩 주문을 한다.
  ★ 종류별 햄버거를 만드는데 걸리는 시간은 다음과 같다.
  　• 치즈버거 12초　　• 불고기버거 15초　　• 더블버거 24초

- **점장** 참고로 내가 원하는 건 언제나 자리가 있는 그런 넉넉한 공간이 아니야. 때로는 대기실이 꽉 차는 상황이 발생해도 돼, 다만 그런 상황이 자주 발생하면 안되겠지!

- **점원** 흠 어렵네요. 어쨌든 저는 시뮬레이션 결과만 제시를 할 테니, 최종 판단은 점장님이 하세요!

그리하여 점원은 점장이 준 정보를 기준으로 시뮬레이션 프로그램을 작성하여 다음과 같은 내용의 보고서를 제시하려고 계획하였다.

- 수용인원이 30명인 공간　　　　안정적으로 고객을 수용할 확률 50%
- 수용인원이 50명인 공간　　　　안정적으로 고객을 수용할 확률 70%
- 수용인원이 100명인 공간　　　안정적으로 고객을 수용할 확률 90%
- 수용인원이 200명인 공간　　　안정적으로 고객을 수용할 확률 100%

위에서 안정적으로 고객을 수용할 확률이 50%라는 것은 10회 시뮬레이션을 진행한 결과, 대기하는 고객 전부를 수용하는 것이 불가능한 상황이 5회, 즉 50%의 비율로 발생했다는 의미이다.

시뮬레이션 예제의 작성

실제 현상에 근접한 형태로 시뮬레이션을 하기 위해서는 고려해야 할 사항이 매우 많다. 그러나 큐가 시뮬레이션의 도구가 될 수 있음을 경험하는 것이 우리의 목적인 만큼, 그 목적에 부합하는 정도의 예제를 작성하고자 한다. 그럼 시뮬레이션을 위한 몇 가지 조건을 제시하겠다.

- 점심시간은 1시간이고 그 동안 고객은 15초에 1명씩 주문을 하는 것으로 간주한다.
- 한 명의 고객은 하나의 버거만을 주문한다고 가정한다.
- 주문하는 메뉴에는 가중치를 두지 않는다. 모든 고객은 무작위로 메뉴를 선택한다.
- 햄버거를 만드는 사람은 1명이다. 그리고 동시에 둘 이상의 버거가 만들어지지 않는다.
- 주문한 메뉴를 받을 다음 고객은 대기실에서 나와서 대기한다.

그리고 고객이 주문하는 메뉴에 가중치를 두지 않기 위해서 다음 함수를 사용하기로 하겠다.

    int rand(void)　　　　　무작위 메뉴의 선택을 위해서

위의 함수를 이미 알고 있다고 간주하여 위의 함수, 그리고 이와 관련 있는 srand 함수에 대해서도 별도로 설명하지 않겠다. 이는 C언어의 기본서에서 참조할 수 있는 내용이다. 그리고 다시 한번 말하지만, 다음 예제에서는 시뮬레이션에서 큐가 어떻게 활용이 되는지를 보일 뿐, 현실적으로 타당한 시뮬레이션 상황을 연출한 것은 아니다. 그럼 이어서 시뮬레이션 예제를 소개하겠다.

✤ HamburgerSim.c

```c
1.  #include <stdio.h>
2.  #include <stdlib.h>
3.  #include <time.h>
4.  #include "CircularQueue.h"
5.
6.  #define CUS_COME_TERM  15   // 고객의 주문 간격: 초 단위
7.
8.  #define CHE_BUR    0        // 치즈버거 상수
9.  #define BUL_BUR    1        // 불고기버거 상수
10. #define DUB_BUR    2        // 더블버거 상수
11.
12. #define CHE_TERM   12       // 치즈버거 제작 시간: 초 단위
13. #define BUL_TERM   15       // 불고기버거 제작 시간: 초 단위
14. #define DUB_TERM   24       // 더블버거 제작 시간: 초 단위
15.
16. int main(void)
17. {
18.     int makeProc=0;          // 햄버거 제작 진행상황
19.     int cheOrder=0, bulOrder=0, dubOrder=0;
20.     int sec;
21.
22.     Queue que;
23.
24.     QueueInit(&que);
25.     srand(time(NULL));
26.
27.     // 아래 for문의 1회 회전은 1초의 시간 흐름을 의미함
28.     for(sec=0; sec<3600; sec++)
29.     {
30.         if(sec % CUS_COME_TERM == 0)
31.         {
32.             switch(rand() % 3)
33.             {
34.             case CHE_BUR:
35.                 Enqueue(&que, CHE_TERM);
```

```
36.                cheOrder += 1;
37.                break;
38.
39.           case BUL_BUR:
40.                Enqueue(&que, BUL_TERM);
41.                bulOrder += 1;
42.                break;
43.
44.           case DUB_BUR:
45.                Enqueue(&que, DUB_TERM);
46.                dubOrder += 1;
47.                break;
48.           }
49.      }
50.
51.      if(makeProc<=0 && !QIsEmpty(&que))
52.           makeProc = Dequeue(&que);
53.
54.      makeProc--;
55. }
56.
57. printf("Simulation Report! \n");
58. printf(" - Cheese burger: %d \n", cheOrder);
59. printf(" - Bulgogi burger: %d \n", bulOrder);
60. printf(" - Double burger: %d \n", dubOrder);
61. printf(" - Waiting room size: %d \n", QUE_LEN);
62. return 0;
63. }
```

❖ 실행결과1: CircularQueue.h, CircularQueue.c, HamburgerSim.c

```
command prompt

Simulation Report!
 - Cheese burger: 80
 - Bulgogi burger: 72
 - Double burger: 88
 - Waiting room size: 100
```

❖ 실행결과2: CircularQueue.h, CircularQueue.c, HamburgerSim.c

```
command prompt

Queue Memory Error!
```

시뮬레이션 프로그램은 관점과 상황에 따라서 구성방법이 달라진다. 따라서 필자가 제시한 위의 예제를 하나의 사례로 보아주었으면 한다. 그럼 필자의 의도를 설명하겠다. 먼저 다음 헤더파일 선언문을 보자.

```
#include "CircularQueue.h"
```

위 문장에서 보이듯이, 필자는 앞서 우리가 구현한 원형 큐를 대기실로 삼고자 하였다. 따라서 대기실에 수용할 수 있는 고객의 수는 다음 문장을 통해서 지정을 하였다.

```
#define QUE_LEN 100        // 100명을 수용할 수 있는 대기실
```

위의 문장은 헤더파일 CircularQueue.h에 존재한다. 즉 큐의 길이를 변경하는 것은 대기실의 크기를 변경하는 것이 된다. 따라서 상수 QUE_LEN의 값을 변경함으로써, 다양한 대기실의 크기를 대상으로 시뮬레이션을 진행할 수 있다.

그럼 이어서 예제의 핵심인 for문의 의도를 설명하겠다. 예제에서 for문은 총 3,600회 반복을 하는데 이것은 1시간의 점심시간을 표현한 것이다. 즉 for문의 1회전은 1초의 흐름을 의미한다. 따라서 for문 안에 다음의 if문이 존재한다.

```
if(sec % CUS_COME_TERM == 0)      // 15초에 1회씩 TRUE가 된다.
{
    switch(rand() % 3)            // CHE_BUR, BUL_BUR, DUB_BUR 중 랜덤 선택
    {
    case CHE_BUR:
        Enqueue(&que, CHE_TERM);
        . . . .
    case BUL_BUR:
        Enqueue(&que, BUL_TERM);
        . . . .
    case DUB_BUR:
        Enqueue(&que, DUB_TERM);
        . . . .
    }
}
```

그리고 고객의 주문 간격인 CUS_COME_TERM의 값이 15이니, 위의 if문은 15초에 1회씩 TRUE가 되어, 다음 세 문장 중 한 문장을 실행하게 된다.

```
Enqueue(&que, CHE_TERM);      // 치즈버거 주문 후 대기실 이동
Enqueue(&que, BUL_TERM);      // 불고기버거 주문 후 대기실 이동
Enqueue(&que, DUB_TERM);      // 더블버거 주문 후 대기실 이동
```

그리고 위의 세 문장 중 한 문장을 실행했다는 것은 다음의 의미를 갖는다.

"햄버거를 주문하고 대기실에 들어간다."

그런데 실제 큐에 저장되는 것은 고객이 주문한 메뉴의 버거를 만드는데 소요되는 시간 정보이다. 예를 들어서 치즈버거가 주문이 되면, 치즈버거를 만드는데 소요되는 시간으로 정의된 상수 CHE_TERM이 저장된다. 그리고 대기실이 꽉 차면 Enqueue 함수의 호출과정에서 다음 메시지가 출력되면서 프로그램이 종료된다.

```
Queue Memory Error!
```

즉 예제의 실행결과로 위의 메시지가 출력되었다는 것이 의미하는 바는 다음과 같다.

"대기하는 고객 전부를 수용하는 것이 불가능한 상황이 발생하였다."

그리고 주문한 메뉴를 받을 다음 고객은 대기실에서 나와서 대기해야 하는데, for문 내에서 이를 표현한 코드는 다음과 같다.

```
if(makeProc<=0 && !QIsEmpty(&que))
    makeProc = Dequeue(&que);        // 대기실에서 나와서 대기한다.
```

Dequeue 함수의 반환 값은 makeProc에 저장되고 for문의 마지막 문장에서는 makeProc의 값을 1씩 감소시킨다. 때문에 makeProc의 값이 결국 0이 되고, 이는 버거가 완성되었다는 뜻이니, 그 다음 손님이 대기실에서 나와야 한다. 그리고 이를 위해서 Dequeue 함수를 재호출하게 된다.
끝으로 for문을 무사히 빠져나오면, 이는 1시간 동안 대기실의 자리가 부족하지 않았다는 뜻이 되어, 1시간 동안의 버거 별 주문 수량이 출력된다. 결국 점원은 점장에게 보고서를 제시하기 위해서 위의 프로그램을 최소 수십 회 이상 실행해야 한다. 큐의 크기도 변경해가면서 말이다.

07-5 덱(Deque)의 이해와 구현

큐를 설명하였으니, 이와 관련이 있는 덱을 소개하고자 한다. 참고로 자료구조 서적 중에서는 덱을 다루지 않는 경우가 많으며, 다룬다 하더라도 그 구조만 설명하고 마무리하는 경우가 적지 않다. 물론 필자 역시 그 정도로 마무리해도 무리가 없다고 생각한다. 스택과 큐의 구조를 이해한 상황에서 덱의 구조는 한 줄로 설명이 가능하며, 양방향 리스트까지 구현해본 경험이 있는 여러분에게 덱의 구현을 일일이 설명하는 것은 지루한 일이 되어버리기 때문이다. 따라서 지금까지와는 달리, 그림을 통한 설명이나 부가적인 자세한 설명은 최대한 줄여서 덱을 소개하겠다.

덱의 이해와 ADT의 정의

필자는 큐를 쉽고도 가볍게 설명해야 할 때, 다음 문장을 사용해서 '앞'과 '뒤'의 개념을 한 번에 전달하려고 노력한다.

"큐는 뒤로 넣고 앞으로 빼는 자료구조!"

이러한 느낌으로 덱을 한 문장으로 설명하면 다음과 같다.

"덱은 앞으로도 뒤로도 넣을 수 있고, 앞으로도 뒤로도 뺄 수 있는 자료구조!"

이것으로 덱의 구조는 충분히 설명되었으리라 생각한다. deque은 double-ended queue를 줄여서 표현한 것으로, 양방향으로 넣고 뺄 수 있다는 사실에 초점이 맞춰져서 지어진 이름이다. 어쨌든 덱은 양방향으로 넣고, 양방향으로 뺄 수 있는 자료구조이기에 스택과 큐의 특성을 모두 갖는, 혹은 스택과 큐를 조합한 형태의 자료구조로 이해되고 있다. 따라서 덱의 ADT를 구성하는 핵심 함수 네 가지의 기능은 다음과 같다.

- 앞으로 넣기
- 뒤로 넣기
- 앞에서 빼기
- 뒤에서 빼기

그럼 이어서 위의 기능을 중심으로 한 덱의 ADT를 정의하겠다. 물론 아래의 정의가 덱의 일반적인 ADT이다.

덱 자료구조의 ADT

✔ Operations:

- `void DequeInit(Deque * pdeq);`
  - 덱의 초기화를 진행한다.
  - 덱 생성 후 제일 먼저 호출되어야 하는 함수이다.

- `int DQIsEmpty(Deque * pdeq);`
  - 덱이 빈 경우 TRUE(1)을, 그렇지 않은 경우 FALSE(0)을 반환한다.

- `void DQAddFirst(Deque * pdeq, Data data);`
  - 덱의 머리에 데이터를 저장한다. data로 전달된 값을 저장한다.

- `void DQAddLast(Deque * pdeq, Data data);`
  - 덱의 꼬리에 데이터를 저장한다. data로 전달된 값을 저장한다.

- `Data DQRemoveFirst(Deque * pdeq);`
  - 덱의 머리에 위치한 데이터를 반환 및 소멸한다.

- `Data DQRemoveLast(Deque * pdeq);`
  - 덱의 꼬리에 위치한 데이터를 반환 및 소멸한다.

- `Data DQGetFirst(Deque * pdeq);`
  - 덱의 머리에 위치한 데이터를 소멸하지 않고 반환한다.

- `Data DQGetLast(Deque * pdeq);`
  - 덱의 꼬리에 위치한 데이터를 소멸하지 않고 반환한다.

참고로 Deque는 '디큐'로 읽기 쉽다. 그럼에도 불구하고 '덱'으로 발음하는 이유는 '디큐'로 발음할 경우 큐의 dequeue 연산과 그 발음이 같아져서 이 둘을 구분하기 어렵기 때문이다. 물론 '디큐'로 읽는 분들도 있다. 그리고 그것이 크게 지적당할 일은 아니다. 그러나 혼란을 줄 수 있으므로 가급적 '덱'으로 읽기 바란다.

덱의 구현

덱의 구현을 위해서 우선적으로 해야 할 일은 헤더파일의 정의이다. 그런데 헤더파일을 정의하기 위해서는 구현할 덱의 구조를 결정해야 한다. 물론 덱도 배열을 기반으로, 그리고 연결 리스트를 기반으로도 구현이 가능하다. 하지만 우리는 덱의 구현에 가장 어울린다고 알려진 '양방향 연결 리스트'를 기반으로 덱을 구현할 것이다. 양방향 연결 리스트가, 단방향 연결 리스트보다 덱의 구현에 더 잘 어울리는 이유는 다음 함수의 구현과 관련이 있다.

```
Data DQRemoveLast(Deque * pdeq);            // 꼬리에 위치한 데이터(노드) 삭제
```

위의 함수는 꼬리에 위치한 노드를 삭제하는 함수인데, 노드가 양방향으로 연결되어 있지 않으면, 꼬리에 위치한 노드의 삭제는 간단하지 않다. 때문에 덱의 구현에 있어서 양방향 연결 리스트는 매우 좋은 선택이라 할 수 있다. 그럼 양방향 연결 리스트 기반의 덱을 위한 헤더파일을 정의하겠다.

❖ Deque.h

```
1.   #ifndef __DEQUE_H__
2.   #define __DEQUE_H__
3.
4.   #define TRUE     1
5.   #define FALSE    0
6.
7.   typedef int Data;
8.
9.   typedef struct _node
10.  {
11.      Data data;
12.      struct _node * next;
13.      struct _node * prev;
14.  } Node;
15.
16.  typedef struct _dlDeque
17.  {
18.      Node * head;
19.      Node * tail;
20.  } DLDeque;
21.
22.  typedef DLDeque Deque;
23.
24.  void DequeInit(Deque * pdeq);
25.  int DQIsEmpty(Deque * pdeq);
26.
27.  void DQAddFirst(Deque * pdeq, Data data);    // 덱의 머리에 데이터 추가
28.  void DQAddLast(Deque * pdeq, Data data);     // 덱의 꼬리에 데이터 추가
29.
30.  Data DQRemoveFirst(Deque * pdeq);            // 덱의 머리에서 데이터 삭제
31.  Data DQRemoveLast(Deque * pdeq);             // 덱의 꼬리에서 데이터 삭제
32.
```

```
33. Data DQGetFirst(Deque * pdeq);     // 덱의 머리에서 데이터 참조
34. Data DQGetLast(Deque * pdeq);      // 덱의 꼬리에서 데이터 참조
35.
36. #endif
```

위의 헤더파일에 정의된 구조체 Node를 보면 양방향 연결 리스트를 기반으로 덱이 구현됨을 알 수 있고, 구조체 DLDeque을 보면 head와 tail이 각각 리스트의 머리와 꼬리를 가리키게 됨을 알 수 있다. 즉 다음 구조의 양방향 연결 리스트를 기반으로 덱을 구현할 생각이다.

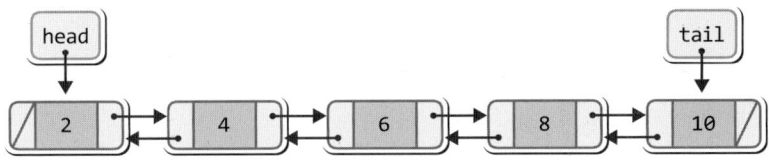

▶ [그림 07-17: 덱의 구현에 사용할 양방향 연결 리스트의 구조]

그런데 앞서 우리는 다음 그림과 같이, 꼬리를 가리키는 포인터 변수 tail이 없는 구조로 양방향 연결 리스트를 구현한바 있다.

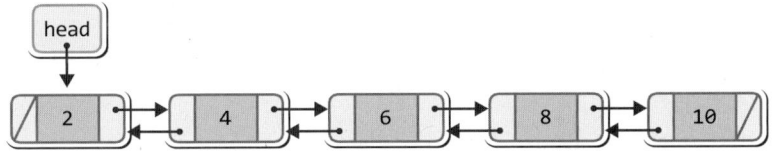

▶ [그림 07-18: 이전에 구현한 양방향 연결 리스트의 구조]

이 둘의 유일한 차이점은 포인터 변수 tail을 둬서 리스트의 꼬리를 가리키게 하느냐 마느냐에 있다. 때문에 필자는 구현에 대한 설명을 별도로 진행하지 않겠다.
물론 tail의 유무를 제외하고는 구조적으로 그 형태가 동일하지만 ADT에 정의된 함수가 다르기 때문에 코드까지 완전히 동일하지는 않다. 하지만 이전에 구현한 내용을 참조하여 쉽게 덱을 구현할 수 있다. 비록 이어서 바로 코드를 공개하지만 마음에 여유가 있다면, 헤더파일도 정의가 되었으니 여러분이 직접 구현해 보기 바란다.

✤ Deque.c

```c
1.   #include <stdio.h>
2.   #include <stdlib.h>
3.   #include "Deque.h"
4.   
5.   void DequeInit(Deque * pdeq)
6.   {
7.       pdeq->head = NULL;
8.       pdeq->tail = NULL;
9.   }
10.  
11.  int DQIsEmpty(Deque * pdeq)
12.  {
13.      if(pdeq->head == NULL)      // head가 NULL이면 비어있는 덱!
14.          return TRUE;
15.      else
16.          return FALSE;
17.  }
18.  
19.  void DQAddFirst(Deque * pdeq, Data data)
20.  {
21.      Node * newNode = (Node*)malloc(sizeof(Node));
22.      newNode->data = data;
23.  
24.      newNode->next = pdeq->head;
25.  
26.      if(DQIsEmpty(pdeq))
27.          pdeq->tail = newNode;
28.      else
29.          pdeq->head->prev = newNode;
30.  
31.      newNode->prev = NULL;
32.      pdeq->head = newNode;
33.  }
34.  
35.  void DQAddLast(Deque * pdeq, Data data)
36.  {
37.      Node * newNode = (Node*)malloc(sizeof(Node));
38.      newNode->data = data;
39.      newNode->prev = pdeq->tail;
40.  
41.      if(DQIsEmpty(pdeq))
42.          pdeq->head = newNode;
43.      else
44.          pdeq->tail->next = newNode;
45.  
```

```
46.     newNode->next = NULL;
47.     pdeq->tail = newNode;
48. }
49.
50. Data DQRemoveFirst(Deque * pdeq)
51. {
52.     Node * rnode = pdeq->head;
53.     Data rdata;
54.     if(DQIsEmpty(pdeq)) { . . . . }
55.     rdata = pdeq->head->data;
56.
57.     pdeq->head = pdeq->head->next;
58.     free(rnode);
59.
60.     if(pdeq->head == NULL)
61.         pdeq->tail = NULL;
62.     else
63.         pdeq->head->prev = NULL;
64.
65.     return rdata;
66. }
67.
68. Data DQRemoveLast(Deque * pdeq)
69. {
70.     Node * rnode = pdeq->tail;
71.     Data rdata;
72.     if(DQIsEmpty(pdeq)) { . . . . }
73.     rdata = pdeq->tail->data;
74.
75.     pdeq->tail = pdeq->tail->prev;
76.     free(rnode);
77.
78.     if(pdeq->tail == NULL)
79.         pdeq->head = NULL;
80.     else
81.         pdeq->tail->next = NULL;
82.
83.     return rdata;
84. }
85.
86. Data DQGetFirst(Deque * pdeq)
87. {
88.     if(DQIsEmpty(pdeq)) { . . . . }
89.
90.     return pdeq->head->data;
91. }
92.
```

```
93.  Data DQGetLast(Deque * pdeq)
94.  {
95.      if(DQIsEmpty(pdeq)) { . . . . }
96.
97.      return pdeq->tail->data;
98.  }
```

위의 코드에 다음과 같이 삽입이 된 문장이 있다.

```
if(DQIsEmpty(pdeq)) { . . . . }          // 덱이 빈 경우에 대한 예외처리
```

이는 덱이 빈 상태에 대한 처리를 담고 있는 if문으로 다음 if문을 줄여서 표현한 것이다.

```
if(DQIsEmpty(pdeq))
{
    printf("Deque Memory Error!");
    exit(-1);
}
```

본문에 실리는 코드의 문장 수를 줄이기 위해서 이렇게 처리하였으니 오해 없기 바란다. 그럼 마지막으로 테스트를 위한 main 함수를 소개하겠다.

❖ DequeMain.c

```
1.   #include <stdio.h>
2.   #include "Deque.h"
3.
4.   int main(void)
5.   {
6.       // Deque의 생성 및 초기화 ///////
7.       Deque deq;
8.       DequeInit(&deq);
9.
10.      // 데이터 넣기 1차 ///////
11.      DQAddFirst(&deq, 3);
12.      DQAddFirst(&deq, 2);
13.      DQAddFirst(&deq, 1);
14.
15.      DQAddLast(&deq, 4);
16.      DQAddLast(&deq, 5);
17.      DQAddLast(&deq, 6);
18.
19.      // 데이터 꺼내기 1차 ///////
```

열혈 자료구조

```
20.     while(!DQIsEmpty(&deq))
21.         printf("%d ", DQRemoveFirst(&deq));
22.
23.     printf("\n");
24.
25.     // 데이터 넣기 2차 ///////
26.     DQAddFirst(&deq, 3);
27.     DQAddFirst(&deq, 2);
28.     DQAddFirst(&deq, 1);
29.
30.     DQAddLast(&deq, 4);
31.     DQAddLast(&deq, 5);
32.     DQAddLast(&deq, 6);
33.
34.     // 데이터 꺼내기 2차 ///////
35.     while(!DQIsEmpty(&deq))
36.         printf("%d ", DQRemoveLast(&deq));
37.
38.     return 0;
39. }
```

✤ 실행결과: Deque.h, Deque.c, DequeMain.c

```
command prompt
1 2 3 4 5 6
6 5 4 3 2 1
```

위의 main 함수에서는 덱을 대표하는 4개의 함수를 확인하기 위해서, 데이터를 덱의 머리와 꼬리에 넣어보고, 또 이를 머리에서 그리고 꼬리에서 꺼내어 그 결과를 출력하였다.

문제 07-1 [덱을 기반으로 큐를 구현하기]

여러분도 덱을 큐처럼 사용할 수 있다는 사실을 알고 있을 것이다. 따라서 덱을 이용해서 큐를 구현해보기로 하겠다. 다음 두 파일을 만들어서 덱을 기반으로 하여 큐를 구현해보자.

- 큐의 구현을 위한 헤더파일   DequeBaseQueue.h
- 큐를 구현하고 있는 소스파일   DequeBaseQueue.c

큐의 구현에 사용되는 덱의 헤더파일과 소스파일은 다음과 같다. 이 둘은 앞서 우리가 만든것들이다.

- 큐의 구현에 사용되는 헤더파일   Deque.h
- 큐의 구현에 사용되는 소스파일   Deque.c

그리고 큐의 헤더파일에는 다음 함수들이 선언되어야 한다.

- void QueueInit(Queue * pq);   큐의 초기화
- int QIsEmpty(Queue * pq);   큐가 비었는지 확인
- void Enqueue(Queue * pq, Data data);   enqueue 연산의 함수
- Data Dequeue(Queue * pq);   dequeue 연산의 함수
- Data QPeek(Queue * pq);   peek 연산의 함수

07 프로그래밍 문제의 답안

문제 07-1의 답안

헤더파일에서는 별도의 구조체를 정의할 필요가 없다. typedef 선언 하나로 구조체의 정의를 대신할 수 있기 때문이다. 그리고 소스파일에서는 호출된 함수에 대응하는 함수를 호출만 해주면 된다.

❖ DequeBaseQueue.h

```
1.  #ifndef __DEQUE_BASE_QUEUE_H__
2.  #define __DEQUE_BASE_QUEUE_H__
3.
4.  #include "Deque.h"
5.
6.  typedef Deque Queue;
7.
8.  void QueueInit(Queue * pq);
9.  int QIsEmpty(Queue * pq);
10.
11. void Enqueue(Queue * pq, Data data);
12. Data Dequeue(Queue * pq);
13. Data QPeek(Queue * pq);
14.
15. #endif
```

❖ DequeBaseQueue.c

```
1.  #include "DequeBaseQueue.h"
2.
3.  void QueueInit(Queue * pq)
4.  {
5.      DequeInit(pq);
6.  }
7.
8.  int QIsEmpty(Queue * pq)
9.  {
10.     return DQIsEmpty(pq);
11. }
12.
13. void Enqueue(Queue * pq, Data data)
14. {
15.     DQAddLast(pq, data);
16. }
17.
18. Data Dequeue(Queue * pq)
19. {
20.     return DQRemoveFirst(pq);
21. }
```

```
22.
23.  Data QPeek(Queue * pq)
24.  {
25.      return DQGetFirst(pq);
26.  }
```

❖ DequeBaseQueueMain.c

```
1.   #include <stdio.h>
2.   #include "DequeBaseQueue.h"
3.
4.   int main(void)
5.   {
6.       Queue q;
7.       QueueInit(&q);
8.
9.       Enqueue(&q, 1);
10.      Enqueue(&q, 2);
11.      Enqueue(&q, 3);
12.      Enqueue(&q, 4);
13.      Enqueue(&q, 5);
14.
15.      while(!QIsEmpty(&q))
16.          printf("%d ", Dequeue(&q));
17.
18.      return 0;
19.  }
```

Chapter 08

트리(Tree)

08-1 트리의 개요

이번에 설명하는 '트리'는 고급 자료구조로 구분이 된다. 때문에 그만큼 학습에 있어서 집중을 요한다. 특히 앞서 소개한 선형 자료구조들과 달리 트리는 비선형 자료구조이기 때문에 많이 다르게 느껴질 수 있다.

▢ 트리(Tree)의 접근

트리의 설명을 위해서 필자는 다음 내용을 먼저 여러분에게 말하고자 한다. 그만큼 이는 중요한 내용이다.

"트리는 계층적 관계(Hierarchical Relationship)를 표현하는 자료구조이다."

위의 문장에서 '계층적 관계'가 제일 눈에 띌 것이다. 그런데 이에 못지않게 관심을 둬야 할 단어가 바로 '표현'이다. 자료구조! 하면 보통은 무엇인가를 저장하고 꺼내는 것이 전부인 것으로 이해하는 경우가 많다. 앞서 보인 선형 자료구조들은 이에 초점이 맞춰져 있었으니 무리도 아니다. 하지만 자료구조는 근본적으로 무엇인가를 '표현'하는 도구이다. 표현을 위해서 저장과 삭제라는 기능이 제공되는 것으로 이해하는 것이 옳다.

"아! 자료구조의 개론적인 부분을 말하는 건가요?"

뭐 그렇다고도 할 수 있다. 그런데 고리타분한 이런 이야기를 하는 이유는, 이러한 사실을 알지 못하면 이후에 접하게 되는 트리의 ADT를 이해하지 못하기 때문이다. 이번에 소개하는 트리는 데이터의 저장과 삭제가 아닌 '표현'에 초점이 맞춰져 있다. 때문에 이후에 필자가 소개하는 트리의 ADT를 다음과 같이 바라보면 안 된다.

"데이터의 저장, 검색 및 삭제가 용이하게 정의되어 있나요?"

대신 다음과 같이 바라보아야 한다.

"트리의 구조로 이뤄진 무엇인가를 표현하기에 적절히 정의되어 있나요?"

어떠한 차이가 있는지 알겠는가? 우리는 트리를 구현한 다음에 이를 기반으로 무엇인가를 표현해 볼 것이다. 앞서 리스트, 스택, 큐를 기반으로 정수를 와르르 저장했다가 이를 순서대로 꺼내서 출력하는 등의 예제는 이번 Chapter에서 만들지 않을 것이다.

트리가 표현할 수 있는 것들

그렇다면 트리는 무엇을 표현하기 위한 자료구조일까? 사실 트리도 큐 못지않게 우리 주변에서 쉽게 접할 수 있는 자료구조이다. 컴퓨터의 디렉터리 구조도 트리의 예가 되고, 집안의 족보나 기업 및 정부의 조직도도 트리의 예가 된다.

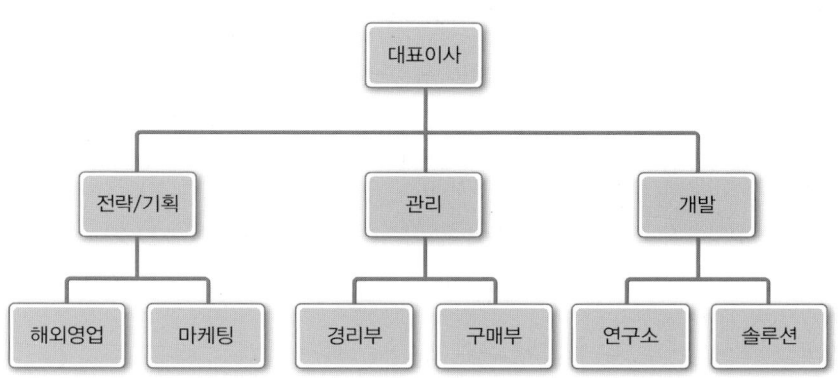

▶ [그림 08-1: 트리의 예1]

위 그림은 언뜻 보면 나무처럼 보이지 않는다. 그럼에도 불구하고 트리 구조라 하는 이유는 나무와 위 그림 사이에 다음의 공통점이 있기 때문이다.

"가지를 늘려가며 뻗어나간다."

하늘로 뻗느냐 땅으로 뻗느냐는 중요치 않다. 중요한 것은 가지를 늘려가며 뻗어간다는 사실이다. 때문에 위의 조직도를 다음과 같이 바꿔도 이는 여전히 트리 구조이다.

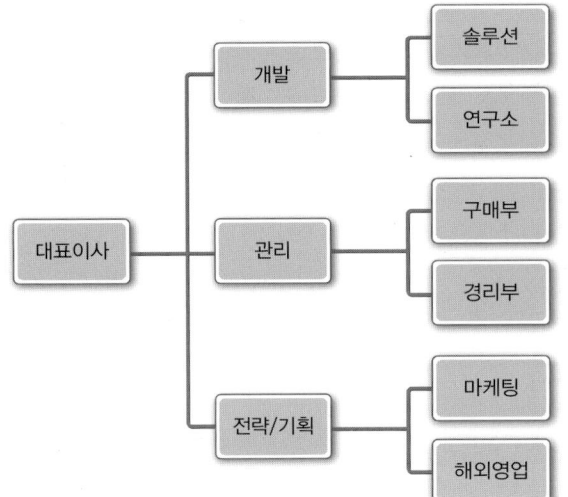

▶ [그림 08-2: 트리의 예2]

트리의 예를 하나 더 들겠다. 다음은 건강검진을 언제 받는 것이 좋을지 알려주기 위해 작성한 것이다. 물론 필자가 만든 것이니 의학적으로 참고할만한 사항은 못 된다.

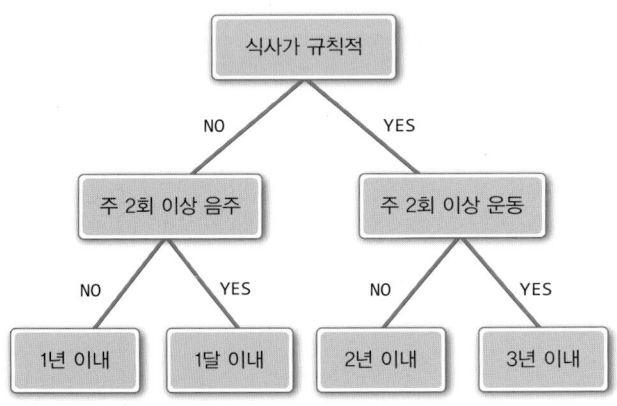

▶ [그림 08-3: 트리의 예3]

위 유형의 트리를 가리켜 '의사 결정 트리' 영어로는 'decision tree'라 한다. 그리고 위 트리의 내용은 조금 장난스럽지만, 의사 결정 트리는 다양한 데이터 분석 기법의 유용한 도구가 되며, 경영학 등 공학 이외의 영역에서도 유용하게 사용되는 도구이다.

"그럼 이번에 공부하는 트리는 이런 것을 표현하기 위한 것인가요?"

그렇다! 트리를 이용해서 무엇인가를 저장하고 꺼내야 한다는 생각을 지우자. 대신 무엇인가를 표현하는 도구라고 생각하자. 이것이 트리를 제대로 공부하는데 필요한 올바른 사고이다.

트리 관련 용어의 소개

트리와 관련해서 제법 많은 용어가 정의되어 있다. 그리고 원활한 대화를 위해서 이러한 용어들도 한 차례 정리할 필요가 있다. 따라서 다음 그림을 대상으로 트리 관련 용어를 정리해 보겠다.

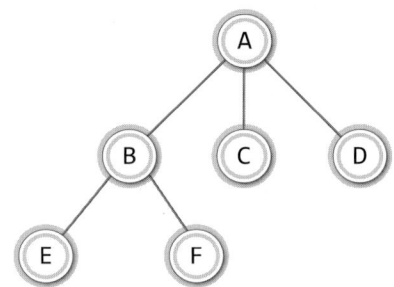

▶ [그림 08-4: 기본적인 트리]

위의 그림을 대상으로 하여 트리와 관련된 기본적인 용어를 정리하면 다음과 같다.

- 노드: node
  트리의 구성요소에 해당하는 A, B, C, D, E, F와 같은 요소

- 간선: edge
  노드와 노드를 연결하는 연결선

- 루트 노드: root node
  트리 구조에서 최상위에 존재하는 A와 같은 노드

- 단말 노드: terminal node
  아래로 또 다른 노드가 연결되어 있지 않은 E, F, C, D와 같은 노드

- 내부 노드: internal node
  단말 노드를 제외한 모든 노드로 A, B와 같은 노드

참고로 '단말 노드'는 나무의 구조상 잎에 해당한다 하여 '잎사귀 노드(leaf node)'라고도 불리며, '내부 노드'는 단말 노드가 아니라 하여 '비단말 노드(nonterminal node)'라고도 불린다.
그리고 노드간에는 부모(parent), 자식(child), 형제(sibling)의 관계가 성립이 되어 다음과 같이 표현할 수 있다. 참고로 트리 구조상 위에 있을수록 촌수가 높다.

- 노드 A는 노드 B, C, D의 부모 노드(parent node)이다.
- 노드 B, C, D는 노드 A의 자식 노드(child node)이다.
- 노드 B, C, D는 부모 노드가 같으므로, 서로가 서로에게 형제 노드(sibling node)이다.

그런데 부모와 자식의 관계는 상대적이다. 따라서 노드 B는 노드 A의 자식 노드이지만, 동시에 노드 E와 F의 부모 노드도 된다.

조금 더 나아가서 조상(Ancestor), 후손(Descendant)의 관계도 있다. 특정 노드의 위에 위치한 모든 노드를 가리켜 '조상 노드'라 하고, 특정 노드의 아래에 위치한 모든 노드를 가리켜 '후손 노드'라 한다. 즉 노드 A와 B는 노드 E의 조상 노드이다. 반면 노드 B, C, D, E, F는 모두 노드 A의 후손 노드이다.

이진 트리(Binary Tree)와 서브 트리(Sub Tree)

다음 그림을 보자. 이 그림에서 보이듯이 큰 트리는 작은 트리로 구성이 된다. 그리고 이렇듯 큰 트리에 속하는 작은 트리를 가리켜 '서브 트리(sub tree)'라 한다.

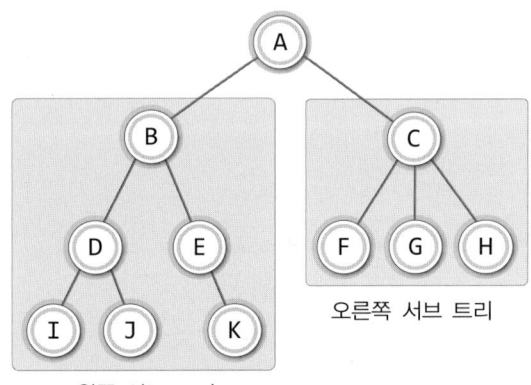

왼쪽 서브 트리   오른쪽 서브 트리

▶ [그림 08-5: 서브 트리]

다음 그림은 위 그림에서 왼쪽의 B를 루트 노드로 하는 서브 트리를 그린 것인데, 이 그림에서 보이듯이 서브 트리의 아래에는 더 작은 서브 트리가 존재한다.

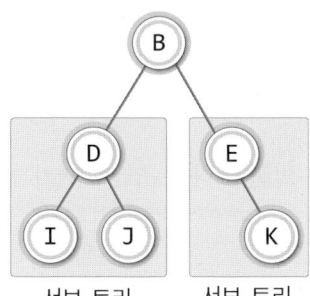

▶ [그림 08-6: 서브 트리의 서브 트리]

이로써 서브 트리가 무엇을 의미하는지, 그리고 트리와 서브 트리와의 관계가 어떻게 되는지 이해하였을 것이다. 그럼 이러한 이해를 바탕으로 다음 트리를 보자.

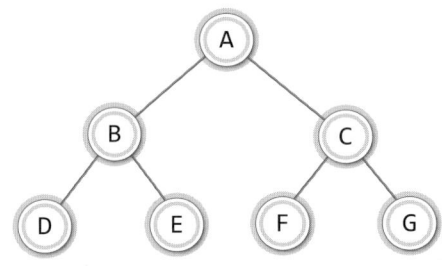

▶ [그림 08-7: 이진 트리]

위 그림에서 보이는 트리는 우리가 중점을 두어 공부하고 구현할 '이진 트리(binary tree)'이다.

"이진 트리라는 것이 자식 노드가 두 개씩 달린 트리인가요?"

완전하지는 않지만 간단하게 설명하면 그렇다! 그럼 구체적으로 이진 트리에 대해서 살펴보자. 우선 이진 트리는 다음 두 조건을 만족해야 한다.

- 루트 노드를 중심으로 두 개의 서브 트리로 나뉘어진다.
- 나뉘어진 두 서브 트리도 모두 이진 트리이어야 한다.

이 두 조건 중에서 두 번째 조건을 보면서 다음과 같이 생각하는 분이 있을 수 있다.

"이진 트리의 조건을 정의하는데 있어서 이진 트리라는 단어를 등장시키다니! 이거 정의의 기본이 안 돼 있는 거 아냐!"

하지만 이는 온전한 정의이다. 이진 트리의 조건 자체가 재귀적이기 때문에 이렇게 정의할 수밖에 없는 것이다. 그럼 이진 트리의 조건을 조금 쉽게 설명해 보겠다. 물론 이는 재귀적인 조건을 완전히 담아내지 못한 부족한 설명이다.

> "이진 트리가 되려면, 루트 노드를 중심으로 둘로 나뉘는 두 개의 서브 트리도 이진 트리이어야 하고, 그 서브 트리의 모든 서브 트리도 이진 트리이어야 한다."

이로써 이진 트리가 되기 위한 기본조건을 이해하였을 것이다. 그런데 이진 트리의 조건이 여기까지라면, 다음 트리는 이진 트리로 볼 수 없다. 모든 서브 트리가 이진 트리로 보이지 않기 때문이다.

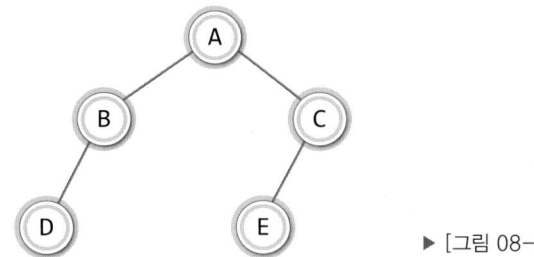

▶ [그림 08-8: 어떤 유형의 트리인가?]

하지만 이것도 이진 트리가 맞다. 왜냐하면 이진 트리와 관련해서 다음의 내용이 추가로 정의되어 있기 때문이다.

> "노드가 위치할 수 있는 곳에 노드가 존재하지 않는다면, 공집합(empty set) 노드가 존재하는 것으로 간주한다! 물론 공집합 노드도 이진 트리의 판단에 있어서 노드로 인정한다!"

이진 트리에서 말하는 공집합 노드, 간단히 공집합이라 불리는 것을 그림에서 보이면 다음과 같다. 그리고 이 그림은 위의 트리가 이진 트리가 되는 이유도 함께 설명하고 있다.

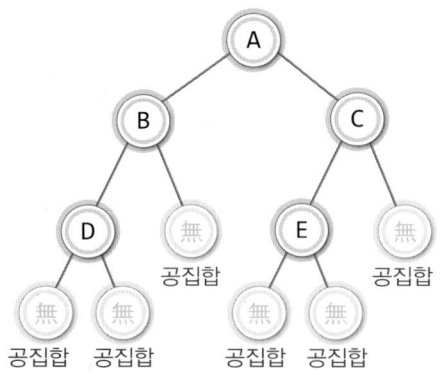

▶ [그림 08-9: 공집합]

이러한 공집합 노드 덕분에 위 그림에서 서브 트리가 하나인 노드 B와 C도, 그리고 단말 노드인 D와 E도 모두 이진 트리가 된다. 때문에 위 그림의 트리도, 그리고 다음 그림에서 보이는 트리도 이진 트리가 될 수 있는 것이다.

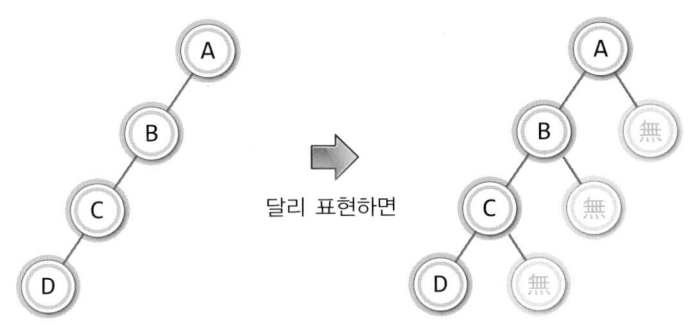

▶ [그림 08-10: 또 다른 이진 트리]

생각보다 이진 트리의 폭이 넓음을 알 수 있다. 따라서 이진 트리도 그 특성에 따라서 보다 세분화된다.

포화 이진 트리(Full Binary Tree)와 완전 이진 트리(Complete Binary Tree)

이진 트리의 몇몇 분류를 소개하기에 앞서 트리 관련 용어인 '레벨(level)'과 '높이(height)'를 소개하겠다. 트리에서는 각 층별로 숫자를 매겨서 이를 트리의 '레벨'이라 하고, 트리의 최고 레벨을 가리켜 '높이'라 한다.

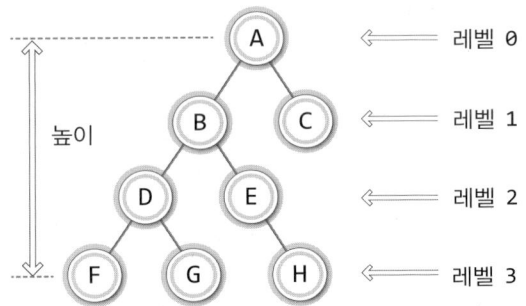

▶ [그림 08-11: 레벨과 높이]

위 그림에서 보이듯이 레벨이 0에서부터 시작하는 관계로 최고의 레벨과 높이가 일치하기 때문에, 최고의 레벨을 높이라 하는 것이다.

자! 그럼 먼저 '포화 이진 트리(full binary tree)'를 소개하겠다. 다음 그림의 이진 트리는 모든 레벨이 꽉 차 있다. 따라서 노드를 더 추가하려면 레벨을 늘려야 한다. 이렇듯 모든 레벨이 꽉 찬 이진 트리를 가리켜 '포화 이진 트리'라 한다.

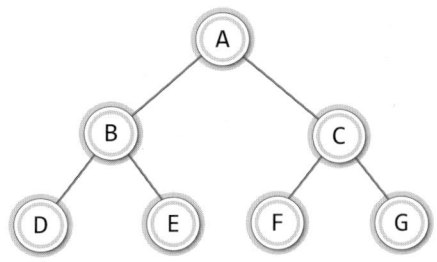

▶ [그림 08-12: 포화 이진 트리]

그럼 위 그림의 포화 이진 트리에서 레벨을 하나 더 늘려서 먼저 H를, 그리고 이어서 I를 추가한 다음 이진 트리를 보자.

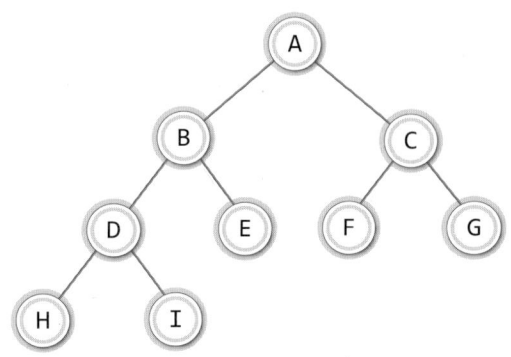

▶ [그림 08-13: 완전 이진 트리]

위의 트리를 가리켜 '완전 이진 트리(complete binary tree)'라 한다. 이는 포화 이진 트리처럼 모든 레벨이 꽉 찬 상태는 아니지만, 차곡차곡 빈 틈 없이 노드가 채워진 이진 트리를 뜻한다. 그리고 여기서 말하는 '차곡차곡 빈 틈 없이 노드가 채워진 상태'가 갖는 의미는 다음과 같다.

"노드가 위에서 아래로, 그리고 왼쪽에서 오른쪽의 순서대로 채워졌다!"

그림 이해를 돕기 위해서 완전 이진 트리가 아닌, 차곡차곡 빈 틈 없이 노드를 채우지 못한 이진 트리를 간단히 보이겠다.

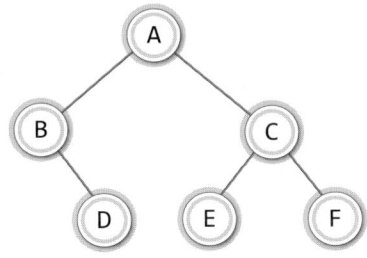

▶ [그림 08-14: 그냥 이진 트리]

위의 트리도 이진 트리의 조건에는 부합한다. 하지만 레벨 2의 가장 왼쪽 위치에 노드가 존재하지 않는다. 즉 빈 틈이 있는 상태이다. 따라서 '이진 트리'이긴 하되 '완전 이진 트리'는 아닌 것이다. 이로써 트리에 대한 개념적인 설명을 마치고 구현에 들어가기로 하겠다.

08-2 이진 트리의 구현

드디어 트리를 구현할 차례가 되었다. 따라서 트리를 대표하는 이진 트리를 구현할 것이다. 그런데 이진 트리는 재귀적인 특성을 지니고 있다. 이는 앞서 보인 이진 트리의 정의에서도 확인할 수 있었다. 이진 트리의 이러한 재귀적인 특성 때문에 이진 트리와 관련된 일부 연산은 재귀호출의 형태를 띤다. 따라서 여러분은 재귀적인 사고에, 그리고 재귀함수의 정의에 어느 정도 익숙한 상태이어야 한다.

☐ 이진 트리의 구현 방법: 배열 기반 or 연결 리스트 기반

이진 트리 역시 배열을 기반으로도, 그리고 연결 리스트를 기반으로도 구현이 가능하다. 그러나 트리를 표현하기에는 연결 리스트가 더 유연하기 때문에 우리가 구현할 대부분의 트리는 연결 리스트를 기반으로 구현할 것이다. 그러나 이진 트리라면, 특히 다음과 같은 특성을 갖는 완전 이진 트리라면 배열 기반의 구현도 고려해 볼만 하다.

"트리가 완성 된 이후부터는 그 트리를 대상으로 매우 빈번한 탐색이 이뤄진다."

배열은 분명 연결 리스트에 비해서 탐색이 매우 용이하고 또 빠르기 때문이다. 따라서 배열을 기반으로 이진 트리를 구성하는 방법을 간단히 소개하고, 이어서 모든 이야기의 초점을 연결 리스트 기반의 이진 트리에 맞추겠다. 그럼 먼저 다음 이진 트리를 보자.

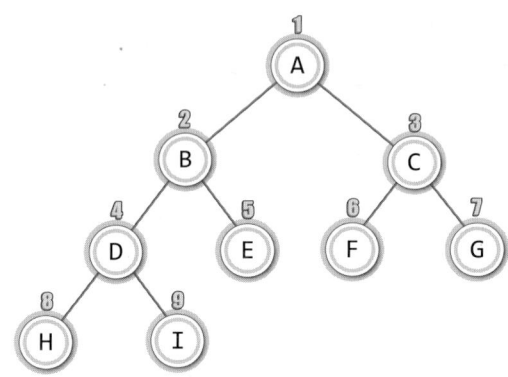

▶ [그림 08-15: 노드 번호가 부여된 이진 트리]

위 그림의 핵심은 노드에 번호가 부여되어 있다는 점이다. 이렇듯 배열을 기반으로 이진 트리를 구현하려면 노드에 고유의 노드 번호를 부여해야 한다. 그렇다면 이 번호가 의미하는 것은 무엇일까? 이는 각 노드의 데이터가 저장되어야 할 배열의 인덱스 값을 의미한다. 그럼 이와 관련해서 다음 그림을 보자.

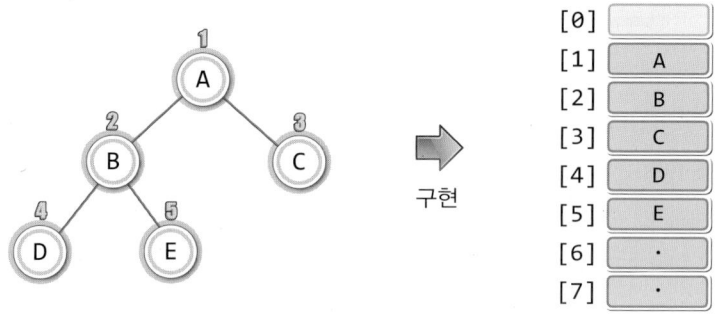

▶ [그림 08-16: 배열 기반 이진 트리]

위 그림에서는 길이가 8인 배열을 선언하여, 노드 번호 1부터 5까지의 노드에 저장된 데이터를 배열에 저장한 결과를 보여준다. 그림에서 데이터가 저장되는 배열의 위치는 노드 번호를 기준으로 결정되었다.

예를 들어서 번호가 1인 루트 노드의 데이터 A는 인덱스가 1인 위치에 저장되었고, 번호가 3인 노드의 데이터 C는 인덱스가 3인 위치에 저장되었다.

"그럼 인덱스가 0인 배열의 요소는 사용하지 않나요?"

사용할 수도 있지만 사용하지 않는 편이 여러모로 구현에 편의를 가져다 주고, 또 실수할 확률도 낮춰주기 때문에 일반적으로 사용하지 않는다.
이로써 배열을 기반으로 하는 이진 트리의 구현이 어떻게 이뤄지는지 대략적인 이해를 갖췄을 것이다. 그럼 이번에는 연결 리스트 기반의 구현 방법을 소개하겠으니, 이와 관련해서 다음 그림을 보자.

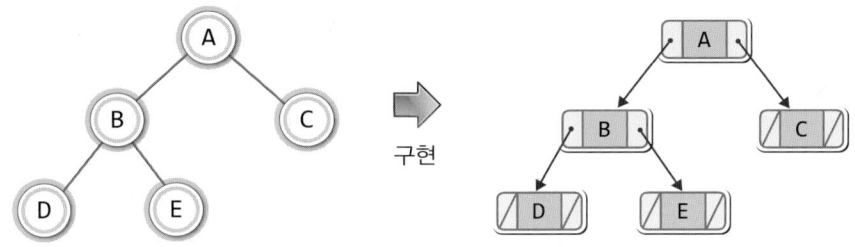

▶ [그림 08-17: 연결 리스트 기반 이진 트리]

그림을 보는 순간! 연결 리스트 기반의 구현 방식이 바로 이해되었을 것이다. 이렇듯 이해가 쉬운 이유는, 연결 리스트를 기반으로 트리를 구현할 경우 연결 리스트의 구성 형태가 트리와 일치하기 때문이다.

"그럼 배열 기반의 트리는 별 의미가 없는 건가요? 신경 쓰지 않아도 되나요?"

그렇지 않다! 완전 이진 트리의 구조를 갖는 '힙(heap)'이라는 자료구조는 배열을 기반으로 구현한다. 힙이 요구하는 바를 만족시키기가 배열이 훨씬 용이하기 때문이다. 힙은 다음 Chapter에서 소개하니 그때 가서 자세한 이야기를 나누기로 하자.

▫ 헤더파일에 정의된 구조체의 이해

우리는 지금까지 ADT를 정의한 다음에 이를 기반으로 헤더파일을 정의하였다. 그리고 그것이 옳은 순서이다. 하지만 이번에는 헤더파일을 먼저 정의하고 나서 ADT를 정의하려고 한다.

"ADT의 정의와 헤더파일의 정의를 바꿔서 진행하는 이유가 뭐죠?"

학습의 편의를 돕기 위한 것이다. 이번 경우에는 ADT를 먼저 보이면 여러분이 혼란스러워 할 요소가 몇 가지 있다. 그래서 아예 헤더파일을 제시한 다음에 이를 바탕으로 부연설명을 먼저 진행하려고 한다. 자! 그럼 이진 트리의 헤더파일을 보이겠다.

✣ BinaryTree.h

```
1.  #ifndef __BINARY_TREE_H__
2.  #define __BINARY_TREE_H__
3.
4.  typedef int BTData;
5.
6.  typedef struct _bTreeNode
7.  {
8.      BTData data;
9.      struct _bTreeNode * left;
10.     struct _bTreeNode * right;
11. } BTreeNode;
12.
13. BTreeNode * MakeBTreeNode(void);
14. BTData GetData(BTreeNode * bt);
15. void SetData(BTreeNode * bt, BTData data);
16.
17. BTreeNode * GetLeftSubTree(BTreeNode * bt);
18. BTreeNode * GetRightSubTree(BTreeNode * bt);
19.
20. void MakeLeftSubTree(BTreeNode * main, BTreeNode * sub);
21. void MakeRightSubTree(BTreeNode * main, BTreeNode * sub);
22.
23. #endif
```

그럼 헤더파일에 대한 이야기를 시작해보자. 다음은 위의 헤더파일에 정의되어 있는 구조체이다.

```
typedef struct _bTreeNode        // 이진 트리의 노드를 표현한 구조체
{
    BTData data;
    struct _bTreeNode * left;
    struct _bTreeNode * right;
} BTreeNode;
```

이것이 헤더파일에 정의되어 있는 유일한 구조체이다. 따라서 앞서 리스트, 스택, 큐를 경험한 우리들은 위의 헤더파일을 보면서 다음과 같이 생각할 수 있다.

"연결 리스트를 기반으로 이진 트리를 구현하니, 노드를 표현한 구조체는 당연히 있어야지! 근데 왜 이 진 트리를 표현한 구조체는 정의하지 않은 거지?"

앞서 Chapter 07에서 리스트 기반의 큐를 구현할 때에는 노드를 표현한 구조체와 큐를 표현한 구조체를 각각 정의하였다. 큐 뿐만 아니라, 스택을 구현할 때에도 그랬다. 때문에 위와 같이 느끼는 것이 당연

하다. 하지만 우리는 다음 사실을 알고 있다.

> "노드가 위치할 수 있는 곳에 노드가 존재하지 않는다면, 공집합(empty set) 노드가 존재하는 것으로 간주한다! 물론 공집합 노드도 이진 트리를 판단하는데 있어서 노드로 인정한다!"

즉 다음 그림에서 보이듯이, 자식 노드가 하나도 없는 노드도 그 자체로 이진 트리이다. 두 개의 공집합 노드를 자식 노드로 두고 있기 때문이다.

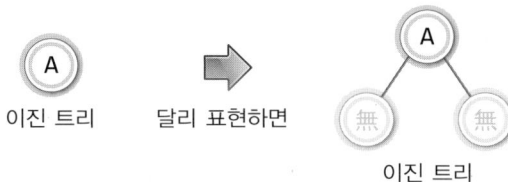

▶ [그림 08-18: 노드도 이진 트리]

마찬가지로 구조체 BTreeNode는 노드를 표현함과 동시에 이진 트리를 표현한 결과가 된다! 따라서 구조체 포인터 변수의 이름은 다음과 같이 선언될 수도 있지만,

    BTreeNode * pnode;

다음과 같이 포인터 변수의 이름에 tree가 들어가도 이상할 것이 없다.

    BTreeNode * ptree;

필자가 말하는 의도가 이해되는가? 변수의 이름을 꼭 위와 같이 선언하겠다는 뜻이 아니다. BTreeNode는 노드의 표현결과일 뿐만 아니라 이진 트리의 표현결과도 된다는 것을 말하려는 것이다.

☐ 헤더파일에 선언된 함수들의 기능

이진 트리의 구현은 의외로 간단하다. 다만 중요한 것은 앞서 설명한 이진 트리의 재귀적인 성향을 이해하는 것이다. 그럼 헤더파일에 선언된 함수의 기능을 설명하겠다. 참고로 이 함수들이 이진 트리를 만드는 도구가 된다.

- BTreeNode * MakeBTreeNode(void);   // 노드의 생성
- BTData GetData(BTreeNode * bt);   // 노드에 저장된 데이터를 반환
- void SetData(BTreeNode * bt, BTData data); // 노드에 데이터를 저장

위의 세 함수는 이름이 의미하듯이 노드의 생성, 데이터의 반환 및 저장에 대한 기능을 제공한다. 특히

노드의 생성을 담당하는 MakeBTreeNode 함수는, 호출되면 다음 형태의 노드를 동적 할당 및 초기화하여 그 주소 값을 반환한다.

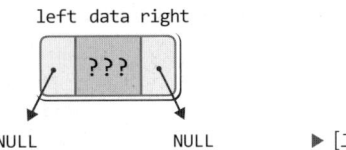

▶ [그림 08-19: 노드의 생성 및 초기화]

위 그림에 표시된 물음표는 쓰레기 값을 의미한다. 즉 데이터가 저장되는 멤버 data를 대상으로는 별도의 초기화를 진행하지 않는다. 그러나 왼쪽 서브 트리, 그리고 오른쪽 서브 트리를 가리키기 위한 멤버 left와 right는 NULL로 초기화된다. 그럼 이어서 다음 두 함수를 보자.

- BTreeNode * GetLeftSubTree(BTreeNode * bt);   // 왼쪽 서브 트리 주소 값 반환
- BTreeNode * GetRightSubTree(BTreeNode * bt);   // 오른쪽 서브 트리 주소 값 반환

위의 두 함수는 각각 인자로 전달된 이진 트리의 왼쪽 서브 트리, 그리고 오른쪽 서브 트리의 루트 노드의 주소 값을 반환하는 함수들이다. 마지막으로 다음 두 함수를 보자.

- void MakeLeftSubTree(BTreeNode * main, BTreeNode * sub);
- void MakeRightSubTree(BTreeNode * main, BTreeNode * sub);

위의 두 함수는 서브 트리의 연결을 담당한다. 첫 번째 함수는 매개변수 sub로 전달된 트리 또는 노드를, 매개변수 main으로 전달된 노드의 왼쪽 서브 트리로 연결한다.
마찬가지로 두 번째 함수는 매개변수 sub로 전달된 트리 또는 노드를, 매개변수 main으로 전달된 노드의 오른쪽 서브 트리로 연결한다. 이렇듯 이 두 함수는 연결을 담당할 뿐, 노드나 트리의 생성을 담당하지는 않는다. 그럼 지금까지 소개한 함수의 이해를 확인하기 위해서 다음 질문에 답을 해보자.

"노드 A, B, C를 생성해서 A를 루트로 하고, B와 C를 각각 A의 왼쪽, 그리고 오른쪽 자식 노드가 되도록 구성하려면 함수의 호출 흐름을 어떻게 가져가야 하는가?"

위의 문장에서 말하는 대로 이진 트리를 구성하기 위한 함수의 호출 흐름은 대략 다음과 같다.

```
int main(void)
{
    BTreeNode * ndA = MakeBTreeNode();      // 노드 A 생성
    BTreeNode * ndB = MakeBTreeNode();      // 노드 B 생성
    BTreeNode * ndC = MakeBTreeNode();      // 노드 C 생성
    . . . .
```

```
        MakeLeftSubTree(ndA, ndB);        // 노드 A의 왼쪽 자식 노드로 노드 B 연결
        MakeRightSubTree(ndA, ndC);       // 노드 A의 오른쪽 자식 노드로 노드 C 연결
        . . . .
}
```

혹시 위의 코드를 보면서 다음과 같이 고민하는 분이 있을지 모르겠다.

"MakeLeftSubTree 함수와 MakeRightSubTree 함수는 서브 트리를 연결하는 함수들인데, 이것을 이용해서 자식 노드를 연결하네요? 그래도 되나요?"

물론이다! 왼쪽 자식 노드를 추가하는 과정과 왼쪽 서브 트리를 추가하는 과정이 무엇이 다르겠는가? 아니! 하나의 노드도 그 자체로 이진 트리 임을 앞서 설명하지 않았는가!
그리고 헤더파일에 선언된 이진 트리 관련 함수들을 보면서 다음과 같은 고민을 하지 않을 수 없다.

"이진 트리는 앞서 소개한 자료구조들과 다르네요. 예를 들어서 연결 리스트의 경우, 정의된 함수를 기반으로 데이터를 저장하면 연결 리스트가 자동으로 생성이 되었는데요."

물론 다를 수밖에 없다. 위에서 소개한 함수들은 이진 트리를 만드는 도구로써 정의된 것들이기 때문이다. 이렇듯 연결 리스트와는 다른 방식으로 함수들이 정의된 이유는 점차 알게 될 것이다. 더불어 데이터의 저장과 삭제가 자료구조의 전부가 아님을 알게 될 것이다.
그럼 다음으로 넘어가기에 앞서 이진 트리의 ADT를 정의하겠다. 이미 모두 설명한 내용이니, 함수에 대한 소개는 간략히 해 두겠다.

 이진 트리 자료구조의 ADT

 Operations:

- BTreeNode * MakeBTreeNode(void);
  - 이진 트리 노드를 생성하여 그 주소 값을 반환한다.

- BTData GetData(BTreeNode * bt);
  - 노드에 저장된 데이터를 반환한다.

- void SetData(BTreeNode * bt, BTData data);
  - 노드에 데이터를 저장한다. data로 전달된 값을 저장한다.

- BTreeNode * GetLeftSubTree(BTreeNode * bt);
  - 왼쪽 서브 트리의 주소 값을 반환한다.

- BTreeNode * GetRightSubTree(BTreeNode * bt);

- 오른쪽 서브 트리의 주소 값을 반환한다.

- void MakeLeftSubTree(BTreeNode * main, BTreeNode * sub);
  - 왼쪽 서브 트리를 연결한다.

- void MakeRightSubTree(BTreeNode * main, BTreeNode * sub);
  - 오른쪽 서브 트리를 연결한다.

이진 트리의 구현

이진 트리의 구현은 의외로 쉽다. 코드도 몇 줄 안 된다. 그래서 필자는 헤더파일에 정의된 구조체, 그리고 이진 트리의 재귀적인 특성을 강조한 것이다. 이것이 이해할 내용의 전부이기 때문이다. 그럼 이어서 코드를 제시하겠다.

✤ BinaryTree.c

```c
1.  #include <stdio.h>
2.  #include <stdlib.h>
3.  #include "BinaryTree.h"
4.
5.  BTreeNode * MakeBTreeNode(void)
6.  {
7.      BTreeNode * nd = (BTreeNode*)malloc(sizeof(BTreeNode));
8.      nd->left = NULL;
9.      nd->right = NULL;
10.     return nd;
11. }
12.
13. BTData GetData(BTreeNode * bt)
14. {
15.     return bt->data;
16. }
17.
18. void SetData(BTreeNode * bt, BTData data)
19. {
20.     bt->data = data;
21. }
22.
23. BTreeNode * GetLeftSubTree(BTreeNode * bt)
24. {
25.     return bt->left;
26. }
```

```
27.
28. BTreeNode * GetRightSubTree(BTreeNode * bt)
29. {
30.     return bt->right;
31. }
32.
33. void MakeLeftSubTree(BTreeNode * main, BTreeNode * sub)
34. {
35.     if(main->left != NULL)
36.         free(main->left);
37.
38.     main->left = sub;
39. }
40.
41. void MakeRightSubTree(BTreeNode * main, BTreeNode * sub)
42. {
43.     if(main->right != NULL)
44.         free(main->right);
45.
46.     main->right = sub;
47. }
```

간단하게나마 언급이 필요한 함수는 MakeLeftSubTree와 MakeRightSubTree 정도이다. 이 두 함수의 다음 특징은 기억해 둘 필요가 있다.

> "왼쪽 또는 오른쪽 서브 트리가 존재한다면, 해당 트리를 삭제하고서 새로운 왼쪽 또는 오른쪽 서브 트리를 연결한다."

이는 함수 구현에 있어서 나름 의미를 부여할 수 있는 선택이다. 그런데 이 방법에는 다음과 같은 문제가 있다.

> "한 번의 free 함수호출이 전부이기 때문에, 삭제할 서브 트리가 하나의 노드로 이뤄져 있다면 문제되지 않지만, 그렇지 않다면 메모리의 누수로 이어진다."

둘 이상의 노드로 이뤄져 있는 서브 트리를 완전히 삭제하려면 서브 트리를 구성하는 모든 노드를 대상으로 free 함수를 호출해야 한다. 즉 모든 노드를 방문해야 하는 것이다. 이렇듯 모든 노드를 방문하는 것을 가리켜 '순회'라 하는데, 이진 트리의 순회는 연결 리스트의 순회와 달리 별도의 방법이 필요하다. 잠시 후에는 서브 트리 전부를 삭제하는데 필요한 '순회'의 방법을 설명할 것이다. 그럼 이진 트리 구성의 예를 보이는 다음 main 함수를 보자.

✤ BinaryTreeMain.c

```c
1.   #include <stdio.h>
2.   #include "BinaryTree.h"
3.
4.   int main(void)
5.   {
6.       BTreeNode * bt1 = MakeBTreeNode();     // 노드 bt1 생성
7.       BTreeNode * bt2 = MakeBTreeNode();     // 노드 bt2 생성
8.       BTreeNode * bt3 = MakeBTreeNode();     // 노드 bt3 생성
9.       BTreeNode * bt4 = MakeBTreeNode();     // 노드 bt4 생성
10.
11.      SetData(bt1, 1);    // bt1에 1 저장
12.      SetData(bt2, 2);    // bt2에 2 저장
13.      SetData(bt3, 3);    // bt3에 3 저장
14.      SetData(bt4, 4);    // bt4에 4 저장
15.
16.      MakeLeftSubTree(bt1, bt2);             // bt2를 bt1의 왼쪽 자식 노드로
17.      MakeRightSubTree(bt1, bt3);            // bt3를 bt1의 오른쪽 자식 노드로
18.      MakeLeftSubTree(bt2, bt4);             // bt4를 bt2의 왼쪽 자식 노드로
19.
20.      // bt1의 왼쪽 자식 노드의 데이터 출력
21.      printf("%d \n", GetData(GetLeftSubTree(bt1)));
22.
23.      // bt1의 왼쪽 자식 노드의 왼쪽 자식 노드의 데이터 출력
24.      printf("%d \n", GetData(GetLeftSubTree(GetLeftSubTree(bt1))));
25.
26.      return 0;
27.  }
```

✤ 실행결과: BinaryTree.h, BinaryTree.c, BinaryTreeMain.c

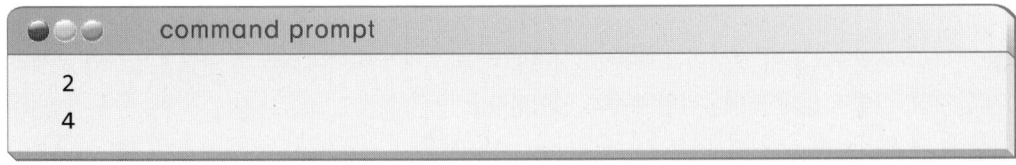

```
command prompt

2
4
```

위 main 함수의 16~18행을 통해서 형성되는 이진 트리의 구조는 다음과 같다.

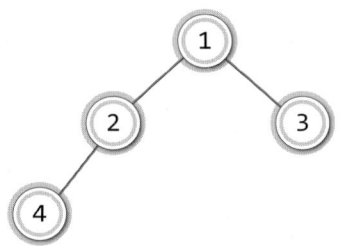

▶ [그림 08-20: 예제에서 구성한 이진 트리]

그리고 실행결과에서 보이듯이, 21행과 24행에서 레벨 1과 레벨 2의 첫 번째 노드에(가장 왼쪽 노드에) 저장된 데이터를 출력하고 있다.

08-3 이진 트리의 순회(Traversal)

앞서 이진 트리의 순회가 필요한 이유를 설명하였으니, 바로 이어서 트리의 순회 방법을 설명하겠다. 참고로 순회의 방법 또한 재귀적이다.

순회의 세 가지 방법

이진 트리를 대상으로 하는 대표적인 순회의 세 가지 방법은 다음과 같다.

- 전위 순회(Preorder Traversal)   루트 노드를 먼저!
- 중위 순회(Inorder Traversal)   루트 노드를 중간에!
- 후위 순회(Postorder Traversal)   루트 노드를 마지막에!

이렇듯 이진 트리를 순회하는 대표적인 방법은 다음 내용을 기준으로 세 가지로 나뉜다.

"루트 노드를 언제 방문하느냐!"

다음과 같은 순서 및 방향으로 순회할 경우, 루트 노드는 중간에 방문이 이뤄지기 때문에 이러한 방식의 순회를 가리켜 '중위 순회'라 한다.

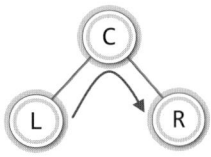

▶ [그림 08-21 : 중위 순회]

유사하게 다음과 같은 순서 및 방향으로 순회할 경우, 루트 노드는 마지막에 방문을 하게 되므로, 이러한 방식의 순회를 가리켜 '후위 순회'라 한다.

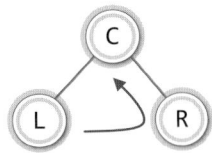

▶ [그림 08-22 : 후위 순회]

끝으로 루트 노드를 먼저 방문하는 방식의 순회를 가리켜 '전위 순회'라 한다.

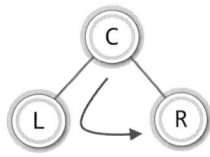

▶ [그림 08-23 : 전위 순회]

이렇듯 순회의 방법은 간단하다. 루트 노드와 이를 부모로 하는 두 자식 노드를 놓고, 한쪽 방향으로 순서대로 방문을 하면 된다.

"그럼 높이가 2 이상인 이진 트리는 어떻게 순회를 하나요?"

그림을 통해 보였듯이 높이가 1인 이진 트리의 순회는 어렵지 않다. 그런데 높이가 2 이상이 되면 조금 당황스럽다. 하지만 이진 트리는 그 구조가 재귀적이다. 따라서 우리가 지금 이야기 한 세 가지 순회의 방법을 재귀적으로 구현만 하면 문제는 해결이 된다.

순회의 재귀적 표현

재귀적인 사고 능력이 뛰어나다면, 조금 전 필자가 다음과 같이 이야기했을 때 여러분의 입에서는 감탄사가 튀어나왔을 것이다.

"세 가지 순회의 방법을 재귀적으로 구현만 하면 문제는 해결이 된다."

물론 감탄사가 튀어나오지 않았어도 괜찮다. 필자 역시 과거에 재귀적인 사고가 부족하여 결과를 놓고 역으로 재귀적인 구성을 이해했으니 말이다. 여러분의 많은 선배들도 그렇게 공부하였으니 걱정하지 않아도 된다.

자! 그럼 중위 순회를 진행하는 함수를 정의해 볼 텐데, 이를 위해서 다음 그림을 관찰하자. 이 그림에서 보이는 이진 트리는 루트 노드를 기준으로 왼쪽과 오른쪽에 서브 트리가 존재하는 가장 일반적인 모델이다.

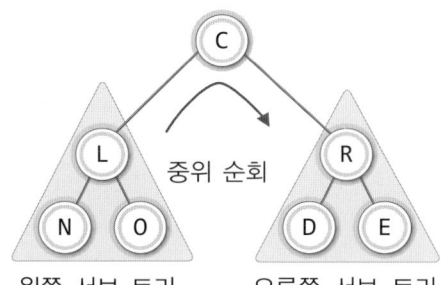

▶ [그림 08-24: 이진 트리의 중위 순회]

위 그림의 이진 트리를 대상으로 중위 순회를 할 경우 순회의 순서는 다음과 같다.

- 1단계   왼쪽 서브 트리의 순회
- 2단계   루트 노드의 방문
- 3단계   오른쪽 서브 트리의 순회

여기서 문제는 1단계와 3단계이다. 어떠한 방법으로 서브 트리를 순회해야 하겠는가? 서브 트리라고 해서 순회의 방법이 달라지는 것은 아니다. 즉, 이들을 대상으로도 중위 순회를 진행하면 된다. 따라서 이진 트리 전체를 순회하는 함수는, 완전하지는 않지만 일단 다음과 같이 정의할 수 있다.

```
void InorderTraverse(BTreeNode * bt)        // 이진 트리 전체를 중위 순회하는 함수
{
    InorderTraverse(bt->left);              // 1단계 왼쪽 서브 트리의 순회
    printf("%d \n", bt->data);              // 2단계 루트 노드의 방문
    InorderTraverse(bt->right);             // 3단계 오른쪽 서브 트리의 순회
}
```

위의 함수에서는 노드의 데이터를 정수라고 가정하였다. 그런데 이 함수에서도 다음 두 가지 의문을 제기할 수 있다.

- 재귀의 탈출 조건이 정의되어 있지 않다!
- 노드의 방문이 그저 데이터의 출력이냐!

노드에 저장된 데이터의 출력으로, 노드의 방문이 이뤄진 것으로 가정한 이유는, 순회의 방법에 초점을 두기 위한 것이니 우선은 재귀의 탈출 조건 구성에 집중을 하자. 그럼 이와 관련해서 다음 그림을 보자.

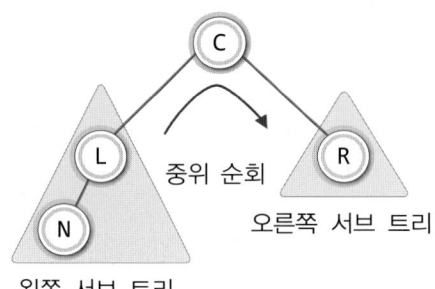

▶ [그림 08-25: 순회의 탈출 조건]

위 그림에서 루트 노드가 L인 왼쪽 서브 트리를 보자. 이 역시 이진 트리이니, 다음의 과정을 거쳐서 순회를 진행하게 된다. 그리고 다시 한번 강조하지만 단말 노드도 이진 트리이다. 그래서 단말 노드를 대상으로도 순회를 진행한다.

- 1단계   왼쪽 서브 트리의 순회   노드 N을 대상으로
- 2단계   루트 노드의 방문   노드 L을 대상으로
- 3단계   오른쪽 서브 트리의 순회   공집합 노드를 대상으로

그런데 위의 3단계에서 우리는 재귀의 탈출조건을 발견할 수 있다. 노드 L의 오른쪽 서브 트리가 NULL이므로 함수에 NULL이 전달되기 때문이다. 따라서 함수는 다음과 같이 정의되어야 한다.

```
void InorderTraverse(BTreeNode * bt)
{
    if(bt == NULL)      // bt가 NULL이면 재귀 탈출!
        return;

    InorderTraverse(bt->left);
    printf("%d \n", bt->data);
    InorderTraverse(bt->right);
}
```

이로써 중위 순회 함수를 완성하였으니, 앞서 구현한 예제 BinaryTreeMain.c에 이 함수를 추가하여 그 결과를 확인해보자.

✤ BinaryTreeTraverseMain.c

```c
1.  #include <stdio.h>
2.  #include "BinaryTree.h"
3.
4.  void InorderTraverse(BTreeNode * bt)
5.  {
6.      if(bt == NULL)        // bt가 NULL이면 재귀 탈출!
7.          return;
8.
9.      InorderTraverse(bt->left);
10.     printf("%d \n", bt->data);
11.     InorderTraverse(bt->right);
12. }
13.
14. int main(void)
15. {
16.     BTreeNode * bt1 = MakeBTreeNode();
17.     BTreeNode * bt2 = MakeBTreeNode();
18.     BTreeNode * bt3 = MakeBTreeNode();
19.     BTreeNode * bt4 = MakeBTreeNode();
20.
21.     SetData(bt1, 1);
22.     SetData(bt2, 2);
23.     SetData(bt3, 3);
24.     SetData(bt4, 4);
25.
26.     MakeLeftSubTree(bt1, bt2);
27.     MakeRightSubTree(bt1, bt3);
28.     MakeLeftSubTree(bt2, bt4);
29.
30.     InorderTraverse(bt1);
31.     return 0;
32. }
```

✤ 실행결과: BinaryTree.h, BinaryTree.c, BinaryTreeTraverseMain.c

```
command prompt
4
2
1
3
```

위와 같은 순서로 출력이 이뤄지면 성공이다! 이는 중위 순회의 노드 방문 순서와 일치하기 때문이다. 이로써 중위 순회 하나를 끝냈지만, 전위 순회와 후위 순회도 끝낸 것이나 다름없다. 노드의 방문 순서가 이들의 유일한 차이점이기 때문이다. 그럼 이어서 전위 순회와 후위 순회를 진행하는 함수를 소개하겠다.

```c
void PreorderTraverse(BTreeNode * bt)        // 전위 순회 함수
{
    if(bt == NULL)
        return;

    printf("%d \n", bt->data);        // 전위 순회이므로 루트 노드 먼저 방문!
    PreorderTraverse(bt->left);
    PreorderTraverse (bt->right);
}

void PostorderTraverse(BTreeNode * bt)       // 후위 순회 함수
{
    if(bt == NULL)
        return;

    PostorderTraverse(bt->left);
    PostorderTraverse(bt->right);
    printf("%d \n", bt->data);        // 후위 순회이므로 루트 노드 나중 방문!
}
```

위에서 보이듯이 중위, 전위, 후위 순회 함수의 유일한 차이점은 루트 노드를 방문하는 문장이 삽입된 위치이다!

노드의 방문 이유! 자유롭게 구성하기!

노드의 방문목적은 데이터의 출력이 전부가 아니다! 방문의 목적은 상황에 따라 달라진다. 따라서 방문했을 때 할 일을 결정할 수 있도록, 앞서 정의한 세 개의 순회 함수를 변경하고자 한다.

"아! 함수 포인터를 사용할 생각이군요!"

여러분은 본서를 통해서 함수 포인터의 활용을 경험한바 있으니 이러한 판단을 내릴 수 있을 것이다. 그럼 먼저 중위 순회 함수를 변경해 보이겠다.

```c
typedef void (*VisitFuncPtr)(BTData data);

void InorderTraverse(BTreeNode * bt, VisitFuncPtr action)
```

```
{
    if(bt == NULL)
        return;

    InorderTraverse(bt->left, action);
    action(bt->data);      // 노드의 방문
    InorderTraverse(bt->right, action);
}
```

함수의 주소 값을 매개변수 action을 통해서 전달받도록 변경하였다. 그리고 이 함수를 기반으로 노드의 방문은 다음과 같이 처리되도록 변경하였다.

```
action(bt->data);         // 노드의 방문
```

즉 매개변수 action에 전달되는 함수의 내용에 따라서 노드의 방문결과가 결정되는 것이다. 그럼 이와 관련해서 완성된 예제를 보이겠다.

❖ BinaryTree2.h

```
1.  #ifndef __BINARY_TREE2_H__
2.  #define __BINARY_TREE2_H__
3.
4.  typedef int BTData;
5.
6.  typedef struct _bTreeNode
7.  {
8.      BTData data;
9.      struct _bTreeNode * left;
10.     struct _bTreeNode * right;
11. } BTreeNode;
12.
13. BTreeNode * MakeBTreeNode(void);
14. BTData GetData(BTreeNode * bt);
15. void SetData(BTreeNode * bt, BTData data);
16.
17. BTreeNode * GetLeftSubTree(BTreeNode * bt);
18. BTreeNode * GetRightSubTree(BTreeNode * bt);
19.
20. void MakeLeftSubTree(BTreeNode * main, BTreeNode * sub);
21. void MakeRightSubTree(BTreeNode * main, BTreeNode * sub);
22.
23. typedef void (*VisitFuncPtr)(BTData data);
24.
25. void PreorderTraverse(BTreeNode * bt, VisitFuncPtr action);
26. void InorderTraverse(BTreeNode * bt, VisitFuncPtr action);
```

```
27.     void PostorderTraverse(BTreeNode * bt, VisitFuncPtr action);
28.
29. #endif
```

이는 앞서 정의한 헤더파일 BinaryTree.h에 전위, 중위, 후위 순회 관련 함수의 선언을 추가한 것이다. 따라서 이 둘의 구분을 목적으로 파일에 별도의 이름을 부여하였다. 마찬가지로 이어서 소개하는 소스파일도 BinaryTree.c에 순회 관련 함수의 정의를 추가한 것이다. 따라서 변경되지 않은 부분에 대해서는 그 내용을 생략하였다.

✤ BinaryTree2.c

```
1.  #include <stdio.h>
2.  #include <stdlib.h>
3.  #include "BinaryTree2.h"
4.
5.  BTreeNode * MakeBTreeNode(void) { . . BinaryTree.c와 동일 . . }
6.
7.  BTData GetData(BTreeNode * bt) { . . 동일 . . }
8.
9.  void SetData(BTreeNode * bt, BTData data) { . . 동일 . . }
10.
11. BTreeNode * GetLeftSubTree(BTreeNode * bt) { . . 동일 . . }
12.
13. BTreeNode * GetRightSubTree(BTreeNode * bt) { . . 동일 . . }
14.
15. void MakeLeftSubTree(BTreeNode * main, BTreeNode * sub) { . . 동일 . . }
16.
17. void MakeRightSubTree(BTreeNode * main, BTreeNode * sub) { . . 동일 . . }
18.
19. void PreorderTraverse(BTreeNode * bt, VisitFuncPtr action)
20. {
21.     if(bt == NULL)
22.         return;
23.
24.     action(bt->data);
25.     PreorderTraverse(bt->left, action);
26.     PreorderTraverse(bt->right, action);
27. }
28.
29. void InorderTraverse(BTreeNode * bt, VisitFuncPtr action)
30. {
31.     if(bt == NULL)
32.         return;
33.
34.     InorderTraverse(bt->left, action);
```

```
35.         action(bt->data);
36.         InorderTraverse(bt->right, action);
37.     }
38.
39.     void PostorderTraverse(BTreeNode * bt, VisitFuncPtr action)
40.     {
41.         if(bt == NULL)
42.             return;
43.
44.         PostorderTraverse(bt->left, action);
45.         PostorderTraverse(bt->right, action);
46.         action(bt->data);
47.     }
```

마지막으로 main 함수를 보이겠다. 그런데 순회 관련 함수의 두 번째 인자로 전달되어 노드 방문의 결과를 결정하는 함수는, 트리를 활용해서 프로그램을 구현하는 프로그래머의 몫이 되어야 한다. 그래서 그러한 의미를 반영하기 위해서, main 함수가 위치한 다음 소스파일에 두 번째 인자로 전달되는 함수를 정의하였다.

✤ BinaryTreeMain2.c

```
1.  #include <stdio.h>
2.  #include "BinaryTree2.h"
3.
4.  void ShowIntData(int data);
5.
6.  int main(void)
7.  {
8.      BTreeNode * bt1 = MakeBTreeNode();
9.      BTreeNode * bt2 = MakeBTreeNode();
10.     BTreeNode * bt3 = MakeBTreeNode();
11.     BTreeNode * bt4 = MakeBTreeNode();
12.     BTreeNode * bt5 = MakeBTreeNode();
13.     BTreeNode * bt6 = MakeBTreeNode();
14.
15.     SetData(bt1, 1);
16.     SetData(bt2, 2);
17.     SetData(bt3, 3);
18.     SetData(bt4, 4);
19.     SetData(bt5, 5);
20.     SetData(bt6, 6);
21.
22.     MakeLeftSubTree(bt1, bt2);
23.     MakeRightSubTree(bt1, bt3);
```

```
24.        MakeLeftSubTree(bt2, bt4);
25.        MakeRightSubTree(bt2, bt5);
26.        MakeRightSubTree(bt3, bt6);
27.
28.        PreorderTraverse(bt1, ShowIntData);
29.        printf("\n");
30.        InorderTraverse(bt1, ShowIntData);
31.        printf("\n");
32.        PostorderTraverse(bt1, ShowIntData);
33.        printf("\n");
34.        return 0;
35. }
36.
37. void ShowIntData(int data)
38. {
39.        printf("%d ", data);
40. }
```

✤ 실행결과: BinaryTree2.h, BinaryTree2.c, BinaryTreeMain2.c

```
command prompt
1 2 4 5 3 6
4 2 5 1 3 6
4 5 2 6 3 1
```

위의 예제에서도, 노드의 방문 결과는 '출력'이다. 따라서 무언가 더 멋진 것을 기대했다면 아쉬울 것이다. 하지만 위의 예제를 바탕으로 실제 필요한 다양한 방문의 목적을 달성할 수 있을 것이다. 그럼 이로써 이진 트리의 기본적인 설명을 마치도록 하겠다.

문제 08-1 [이진 트리의 소멸]

우리가 구현한 이진 트리에는 소멸관련 함수가 정의되어 있지 않다. 때문에 예제에서는 동적으로 할당된 노드를 소멸시키지도 않고 프로그램을 종료하였다. 따라서 이진 트리를 완전히 소멸시키는 함수를 다음과 같이 선언하고 정의하고자 한다!

```
void DeleteTree(BTreeNode * bt);
```

위 함수가 정의되면, 이는 다음과 같이 호출되어야 한다.

```
int main(void)
{
    BTreeNode * bt1 = MakeBTreeNode();
    . . . . .
    DeleteTree(bt1);
    . . . . .
}
```

그리고 위와 같이 DeleteTree 함수가 호출되면, bt1이 가리키는 노드를 루트 노드로 하는 트리 전부가 완전히 소멸되어야 한다. 그럼 앞서 완성한 BinaryTree2.h와 BinaryTree2.c에 위 함수를 선언하고 정의해보자.

[08-4] 수식 트리(Expression Tree)의 구현

이진 트리에 대한 설명에 이어서 이진 트리의 일종인 수식 트리를 설명하고자 한다.

"아! 그럼 이번에는 이진 트리의 활용을 공부하나요?"

그렇게도 볼 수 있지만, 그 이상의 의미를 담는다고 말하고 싶다. 앞에서는 이진 트리를 구성하는데 필요한 도구를 만들지 않았는가? 이번에는 이 도구를 이용하여 이진 트리의 일종인 '수식 트리'를 만들 것이다.

▣ 수식 트리의 이해

이진 트리를 이용해서 수식을 표현해 놓은 것을 가리켜 '수식 트리'라 한다. 즉 수식 트리는 이진 트리와 구분이 되는 별개의 것이 아니다. 그럼 수식 트리에 대한 이야기를 시작하겠다. 먼저 다음 수식을 보자.

    7 + 4 * 2 - 1

우리는 보통 이러한 수식을 컴퓨터가 스스로 알아서 인식할 수 있다고 생각한다. 그도 그럴 것이 다음과 같은 연산문을 작성하는 것이 가능하기 때문이다.

```
int main(void)
{
    int result = 0;
    result = 7 + 4 * 2 - 1;        // 이렇게 문장을 구성할 수 있다는 것은 축복!
    . . . .
}
```

그렇다면 컴파일러는 이러한 수식을 어떻게 처리할까? 여러분도 알다시피 컴파일러는 위의 코드를 실행이 가능한 상태로 만드는 소프트웨어이다. 그런데 그 방법을 인간이 결정하여 컴파일러에게 인식시킨다는 사실을 놓치는 경우가 종종 있다.

컴퓨터의 유연한 판단을 유도하는 것은 쉽지 않다. 때문에 가급적 정해진 일련의 과정을 거쳐서 수식을 인식할 수 있도록 도와야 한다. 그리고 이를 위해서 수식 트리라는 것을 활용한다. 결론은 수식을 수식 트리로 표현하면 컴파일러의 수식해석이 좋아진다는 것이다. 따라서 컴파일러는 수식의 이해를 위해서 수식을 수식 트리로 재 표현한다. 그럼 수식 트리의 예를 보이겠다.

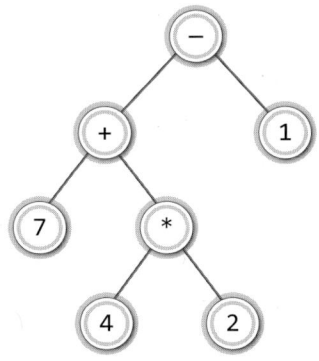

▶ [그림 08-26: 수식 7 + 4 * 2 - 1 의 수식 트리]

위 그림은 앞서 보인 수식을 수식 트리로 표현한 결과이다. 그런데 이를 보면서 다음과 같은 내용이 궁금할 수 있다.

"수식 트리는 중위 표기법을 사용하나요? 아니면 후위 표기법을 사용하나요?"

그런데 수식 트리는 그냥 수식 트리일 뿐이다. 중위 표기법이 수식 표현의 한가지 방법이라면 수식 트리도 이와 대등한, 수식을 표현하는 또 다른 방법일 뿐이다.
그럼 수식 트리의 계산과정을 한 차례 보이도록 하겠다. 수식 트리는, 그리고 수식 트리를 구성하는 모든 서브 트리는 기본적으로 다음의 방식으로 연산이 진행된다.

"루트 노드에 저장된 연산자의 연산을 하되, 두 개의 자식 노드에 저장된 두 피연산자를 대상으로 연산을 한다."

즉, 위의 수식 트리에서는 다음 그림에서 보이듯이 곱셈이 먼저 진행되어 그 결과가 + 연산자의 오른쪽 자식 노드를 대체하게 된다.

▶ [그림 08-27: 수식 트리의 연산과정 1/3]

그리고 이어서 다음 그림에서 보이듯이 + 연산이 진행되고, 그 결과가 - 연산자의 왼쪽 자식 노드를 대체한다.

▶ [그림 08-28: 수식 트리의 연산과정 2/3]

마지막으로 15와 1을 대상으로 - 연산이 진행되어 최종 연산결과인 14를 얻게 된다.

▶ [그림 08-29: 수식 트리의 연산과정 3/3]

이렇듯 수식 트리는 우리가 보아도 연산의 순서가 명확하고, 연산의 과정을 쉽게 파악할 수 있는 이진 트리의 일종이다.

"그럼 이제 우리가 할 일은 수식 트리를 만드는 것인가요? 수식 트리도 만들고 이를 대상으로 연산을 진행하는 함수도 만들어 보는 것 맞죠?"

맞다! 먼저 수식 트리를 구성하는 방법에 대해서 고민할 것이다. 그런데 중위 표기법의 수식을 곧장 수식 트리로 표현하는 것은 복잡하고 힘든 일이다. 하지만 후위 표기법의 수식을 수식 트리로 표현하는 것은 비교적 간단하다. 따라서 다음의 과정을 거쳐서 수식 트리를 만들도록 프로그램을 작성할 것이다.

중위 표기법의 수식 → 후위 표기법의 수식 → 수식 트리

다행히도 우리는 이전에 중위 표기법의 수식을 후위 표기법의 수식으로 바꾸는 함수를 Chapter 06에서 정의한 바 있다. 따라서 실제로 신경 쓸 것은 후위 표기법의 수식을 수식 트리로 바꾸는 일이므로, 이에 관한 프로그램부터 구현해보겠다.

◘ 수식 트리의 구현에 필요한 도구와 헤더파일의 정의

수식 트리를 구현한다고 하면, 수식 트리의 표현에 필요한 모든 것을 일일이 만들어야 한다고 생각하는 경우를 종종 본다. 하지만 그럴 필요 없다. 수식 트리도 이진 트리라 하지 않았는가? 이 이진 트리를 만드는 도구를 이미 만들어 놓았으니 이것을 활용하면 된다. 아니! 이것을 꼭 활용해야 한다. 도구를 만들어 놓고 활용하지 않는 것은 잘못된 것이다. 그리고 수식 트리를 만드는 과정에서 스택을 필요로 하는데, 우리는 스택도 만들어 놓았으니 이것도 그냥 활용하면 된다.

- 수식 트리 구현에 필요한 이진 트리   BinaryTree2.h, BinaryTree2.c
- 수식 트리 구현에 필요한 스택   ListBaseStack.h, ListBaseStack.c

그럼 먼저 수식 트리의 표현을 위한 헤더파일을 소개하겠다. 이를 통해서 구현의 범위를 우선 확인하기로 하겠다.

❖ ExpressionTree.h

```
1.  #ifndef __EXPRESSION_TREE_H__
2.  #define __EXPRESSION_TREE_H__
3.
4.  #include "BinaryTree2.h"
5.
6.  BTreeNode * MakeExpTree(char exp[]);        // 수식 트리 구성
7.  int EvaluateExpTree(BTreeNode * bt);        // 수식 트리 계산
8.
9.  void ShowPrefixTypeExp(BTreeNode * bt);     // 전위 표기법 기반 출력
10. void ShowInfixTypeExp(BTreeNode * bt);      // 중위 표기법 기반 출력
11. void ShowPostfixTypeExp(BTreeNode * bt);    // 후위 표기법 기반 출력
12.
13. #endif
```

위의 헤더파일에 선언된 함수 중에서 핵심이라 할 수 있는 첫 번째 함수는 다음과 같다. 이 함수가 바로 수식 트리를 구성하는 함수이다.

  BTreeNode * MakeExpTree(char exp[]);   // 수식 트리를 구성하는 함수

이 함수는 후위 표기법의 수식을 문자열의 형태로 입력 받으며, 이를 기반으로 수식 트리를 구성하고 그 수식 트리의 주소 값, 정확히 말해서 수식 트리의 루트 노드의 주소 값을 반환한다.
이어서 핵심이 되는 두 번째 함수는 다음과 같다. 이는 인자로 전달된 수식 트리의 수식을 계산하여 그 결과를 반환하는 함수이다.

  int EvaluateExpTree(BTreeNode * bt);   // 수식 트리를 계산하는 함수

마지막으로 수식 트리의 구성을 검증하기 위해서 다음 세 함수를 추가로 정의하고자 한다. 이들은 각각 수식 트리의 수식을 전위, 중위, 후위 표기법으로 출력하는 기능의 함수들이다.

```
void ShowPrefixTypeExp(BTreeNode * bt);      // 전위 표기법의 수식으로 출력
void ShowInfixTypeExp(BTreeNode * bt);       // 중위 표기법의 수식으로 출력
void ShowPostfixTypeExp(BTreeNode * bt);     // 후위 표기법의 수식으로 출력
```

그런데 이들은 트리의 순회와 관련이 있어서 그 구현이 어렵지 않다. 예를 들어서 수식 트리를 후위 순회 하면서 노드에 저장된 데이터를 출력하면 그 결과가 바로 후위 표기법의 수식이 된다.
이로써 구현할 함수들에 대해서 모두 언급하였으니, 가장 핵심이 되는 함수 MakeExpTree를 정의해 보겠다.

❏ 후위 표기법의 수식을 기반으로 수식 트리 구성하기

함수 MakeExpTree의 구현을 위해서 후위 표기법의 수식을 수식 트리로 표현하는 방법을 알아야 한 다. 그럼 이에 대한 설명을 위해서 다음 수식을 보자. 이는 후위 표기법의 수식이다.

```
1 2 + 7 *
```

이어서 위의 수식을 대상으로 만든 수식 트리를 보이겠으니, 여러분 나름대로 수식 트리의 구성 방법을 고민해보기 바란다.

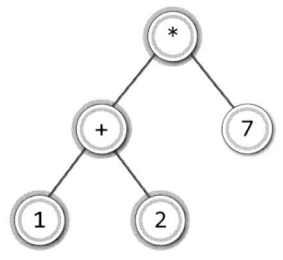

▶ [그림 08-30: 12+7*의 수식 트리]

수식 트리의 구성을 위해서는 후위 표기법의 다음 두 가지 특징을 인지하고 있어야 한다.
- 연산 순서대로 왼쪽에서 오른쪽으로 연산자가 나열된다.
- 해당 연산자의 두 피연산자는 연산자 앞에 나열된다.

그런데 수식 트리에서는 트리의 아래쪽에 위치한 연산자들의 연산이 먼저 진행된다. 때문에 후위 표기법 의 수식에서 먼저 등장하는 피연산자와 연산자를 이용해서 트리의 하단을 만들고, 이를 바탕으로 점진적 으로 트리의 윗부분을 구성해 나가야 한다.

"후위 표기법의 수식에서 앞쪽에 등장하는 피연산자와 연산자를 이용해서 트리의 하단을 만들고, 이를 바탕으로 점진적으로 수식 트리의 윗부분을 구성해 나간다!"

물론 이것이 MakeExpTree 함수의 구현에 있어서 전부는 아니다. 위의 내용을 이해하는 것과 위의 내용대로 수식 트리가 만들어지도록 코드를 작성하는 것은 별개이기 때문이다. 그래서 필자는 수식 트리의 구성과정을 한차례 보이고자 한다.

▶ [그림 08-31: 수식 트리의 구성 1/7]

위의 그림에서는 수식 트리를 만드는데 사용할 수식과 스택을 의미하는 쟁반이 하나 놓여있다. 수식 트리의 구성을 위해서는 스택이 필요하다는 의미이다. 그림 첫 번째 단계를 보이겠다.

▶ [그림 08-32: 수식 트리의 구성 2/7]

수식을 이루는 문자들을 하나씩 처리해 나가야 하는데, 위의 그림에서 보이듯이 문자가 피연산자라면 이를 스택으로 옮긴다.

▶ [그림 08-33: 수식 트리의 구성 3/7]

위의 그림에서 보이듯이 이어서 등장한 두 번째 문자도 피연산자이므로 조건 없이 그냥 스택으로 옮긴다.

"수식 트리의 구성과정에서 피연산자는 무조건 스택으로 옮깁니다!"

여기까지는 신경 쓸 일이 별로 없다. 그러나 이제부터는 다르다. 이어서 등장하는 문자가 연산자이기 때문이다.

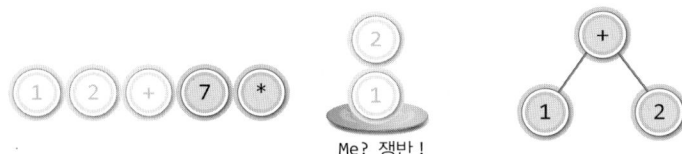

▶ [그림 08-34: 수식 트리의 구성 4/7]

위 그림에서 보이듯이 연산자가 등장하면, 스택에 쌓여있는 두 개의 피연산자를 꺼내어 연산자의 자식 노드로 연결해야 한다. 먼저 꺼내진 피연산자가 오른쪽 자식 노드가 되고, 그 다음에 꺼내진 피연산자가 왼쪽 자식 노드가 됨에 주의하자.

이렇게 해서 수식 트리의 모양새를 갖추었다. 그런데 그 다음의 과정이 참으로 재미있다. 다음 그림에서 보이듯이 만들어진 수식 트리 전부를 스택으로 옮겨야 한다.

▶ [그림 08-35: 수식 트리의 구성 5/7]

이렇듯 트리 전체를 스택으로 옮기는 이유는, 이것이 다른 연산자의 자식 노드가 되어야 하기 때문이다.

"그런데 트리 전체를 어떻게 스택으로 옮기죠?"

의미적으로는 수식 트리 전부를 스택으로 옮기는 것이 되지만, 실제 코드상에서는 + 연산자가 저장된 노드의 주소 값만 스택으로 옮기면 되지 않겠는가? 자식 노드는 연결되어 있으니 말이다. 위 그림에서 스택으로 + 연산자의 노드를 옮긴다고 해서 자식 노드와의 연결이 끊어지는 것은 아니지 않는가! 그럼 다음 단계의 그림을 보자.

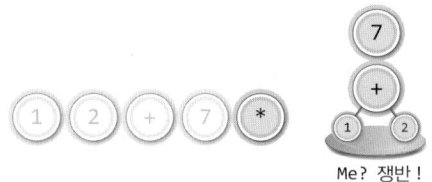

▶ [그림 08-36: 수식 트리의 구성 6/7]

위 그림에서 보이듯이, 이어서 등장한 것이 피연산자이므로 마찬가지로 스택으로 옮긴다. 따라서 현재 스택에는 자식 노드가 될 하나의 노드와 하나의 서브 트리가 존재하는 상황이다. 그럼 이제 마지막 단계를 보이겠다.

▶ [그림 08-37: 수식 트리의 구성 7/7]

위 그림에서는 최종결과를 보여준다. 이어서 등장한 것이 연산자이므로 스택에서 두 개의 노드를(하나의 노드와 하나의 서브 트리를) 꺼내어 각각 오른쪽과 왼쪽의 자식 노드로 연결을 한다.
참고로 이것이 끝이 아니었다면, 아직도 처리해야 할 피연산자와 연산자가 남아 있었다면, 위의 그림에서 만들어진 수식 트리는 다시 스택으로 이동해야 한다. 이제 수식 트리를 구성하는 방법을 이해하였는가? 정리하면 다음과 같다.

- 피연산자를 만나면 무조건 스택으로 옮긴다.
- 연산자를 만나면 스택에서 두 개의 피연산자를 꺼내어 자식 노드로 연결한다.
- 자식 노드를 연결해서 만들어진 트리는 다시 스택으로 옮긴다.

기본 원리는 이것이 전부이다. 다만, 위에서 말하는 스택에 저장되어 있는 두 개의 피연산자는 노드가 될 수도 있고 트리가 될 수도 있다는 사실에만 주의하면 된다.
이제 남은 것은 지금 설명한 논리를 그대로 코드로 옮기는 것이다. 위에서 설명한 흐름을 그대로 코드로 옮겨서 함수를 정의하면 된다는 뜻이다. 그럼 이어서 MakeExpTree 함수의 구현을 여러분께 보이겠다.

```c
#include "ListBaseStack.h"
#include "BinaryTree2.h"
. . . . 몇몇 표준 헤더파일의 선언도 필요합니다. . . .

BTreeNode * MakeExpTree(char exp[])
{
    Stack stack;
    BTreeNode * pnode;

    int expLen = strlen(exp);
    int i;
```

```
        StackInit(&stack);

        for(i=0; i<expLen; i++)
        {
            pnode = MakeBTreeNode();

            if(isdigit(exp[i]))        // 피연산자라면...
            {
                SetData(pnode, exp[i]-'0');     // 문자를 정수로 바꿔서 저장
            }
            else       // 연산자라면...
            {
                MakeRightSubTree(pnode, SPop(&stack));
                MakeLeftSubTree(pnode, SPop(&stack));
                SetData(pnode, exp[i]);
            }

            SPush(&stack, pnode);
        }

        return SPop(&stack);
    }
```

이진 트리도 스택도 앞서 우리가 구현한 것을 활용했기 때문에 간단히 구현할 수 있었다. 만약에 이전 것을 이용하지 않고 처음부터 다시 만들었다면, 이렇게 간단히 결과를 확인할 수 없었을 것이다. 뿐만 아니라, 우리의 이야기도 복잡한 코드 때문에 한참을 돌아가야 했을 것이다.

자! 그럼 우리가 정의한 함수가 제대로 동작하는지 확인할 차례이다. 그런데 아직은 마땅히 확인할 방법이 없다. 그래서 수식 트리를 전위, 중위, 후위 순회하면서 노드에 저장된 데이터를 출력하는 함수를 정의하고, 그 함수의 호출결과를 관찰하는 것으로 MakeExpTree 함수의 검증을 대신하고자 한다.

❏ 수식 트리의 순회

수식 트리의 순회 결과를 통해서도 수식 트리의 장점을 파악할 수 있다. 결론부터 정리하면 다음과 같다.

- 전위 순회하여 데이터를 출력한 결과   전위 표기법의 수식
- 중위 순회하여 데이터를 출력한 결과   중위 표기법의 수식
- 후위 순회하여 데이터를 출력한 결과   후위 표기법의 수식

이렇듯 수식 트리를 구성하면 다양한 표기법으로의 수식 표현이 간단해진다. 자! 그럼 순회하는 코드를

만들어서, 헤더파일에 선언된 다음 함수들을 채워야 하겠는가?

```
void ShowPrefixTypeExp(BTreeNode * bt);      // 전위 표기법의 수식으로 출력
void ShowInfixTypeExp(BTreeNode * bt);       // 중위 표기법의 수식으로 출력
void ShowPostfixTypeExp(BTreeNode * bt);     // 후위 표기법의 수식으로 출력
```

그렇지 않다! 우리가 구현한 이진 트리에는 다음 함수들이 정의되어 있다. 그리고 이 함수들은 순회의 결과를 결정할 수 있도록 앞서 정의하지 않았는가!

```
typedef void (*VisitFuncPtr)(BTData data);
void PreorderTraverse(BTreeNode * bt, VisitFuncPtr action);
void InorderTraverse(BTreeNode * bt, VisitFuncPtr action);
void PostorderTraverse(BTreeNode * bt, VisitFuncPtr action);
```

때문에 답은 간단하다. 먼저 노드에 저장된 데이터를 출력하는 함수를 다음과 같이 정의한다.

```
void ShowNodeData(int data)
{
    if(0<=data && data<=9)
        printf("%d ", data);     // 피연산자 출력
    else
        printf("%c ", data);     // 연산자 출력
}
```

그리고 이를 기반으로 헤더파일에 선언된 함수들을 다음과 같이 채우면 된다. 즉 앞서 구현해 놓은 순회 함수들을 그대로 활용하는 것이다.

```
void ShowPrefixTypeExp(BTreeNode * bt)      // 전위 표기법으로 수식 출력
{
    PreorderTraverse(bt, ShowNodeData);
}

void ShowInfixTypeExp(BTreeNode * bt)       // 중위 표기법으로 수식 출력
{
    InorderTraverse(bt, ShowNodeData);
}

void ShowPostfixTypeExp(BTreeNode * bt)     // 후위 표기법으로 수식 출력
{
    PostorderTraverse(bt, ShowNodeData);
}
```

그럼 지금까지 구현한 내용을 바탕으로 수식 트리의 헤더파일과 소스파일을 제시하고, 이를 테스트하기 위한 main 함수를 소개하겠다. 물론 수식 트리의 헤더파일은 앞서 소개하였고 바뀐 것도 없다. 그러나 다시 한번 이 지면에 싣도록 하겠다. 실행을 위해 필요한 파일들을 정리하면 다음과 같다.

- 이진 트리 관련   BinaryTree2.h, BinaryTree2.c
- 스택 관련   ListBaseStack.h, ListBaseStack.c
- 수식 트리 관련   ExpressionTree.h, ExpressionTree.c
- main 함수 관련   ExpressionMain.c

위에서 이진 트리 관련 파일은 그냥 가져다 쓰면 된다. 그러나 스택 관련 파일에서는 약간의 변경이 필요하다. 스택에 저장되는 대상이 달라졌기 때문에 ListBaseStack.h의 typedef 선언을 다음과 같이 변경해야 한다.

typedef BTreeNode * Data;

이어서 수식 트리 관련 파일과 main 함수를 소개하고 그 실행결과를 보이겠다.

✤ ExpressionTree.h

```
1.   #ifndef __EXPRESSION_TREE_H__
2.   #define __EXPRESSION_TREE_H__
3.
4.   #include "BinaryTree2.h"
5.
6.   BTreeNode * MakeExpTree(char exp[]);
7.   int EvaluateExpTree(BTreeNode * bt);
8.
9.   void ShowPrefixTypeExp(BTreeNode * bt);
10.  void ShowInfixTypeExp(BTreeNode * bt);
11.  void ShowPostfixTypeExp(BTreeNode * bt);
12.
13.  #endif
```

✤ ExpressionTree.c

```
1.   #include <stdio.h>
2.   #include <stdlib.h>
3.   #include <string.h>
4.   #include <ctype.h>
5.   #include "ListBaseStack.h"
6.   #include "BinaryTree2.h"
7.
8.   BTreeNode * MakeExpTree(char exp[])
```

```
9.  {
10.     Stack stack;
11.     BTreeNode * pnode;
12.
13.     int expLen = strlen(exp);
14.     int i;
15.
16.     StackInit(&stack);
17.
18.     for(i=0; i<expLen; i++)
19.     {
20.         pnode = MakeBTreeNode();
21.
22.         if(isdigit(exp[i]))
23.         {
24.             SetData(pnode, exp[i]-'0');
25.         }
26.         else
27.         {
28.             MakeRightSubTree(pnode, SPop(&stack));
29.             MakeLeftSubTree(pnode, SPop(&stack));
30.             SetData(pnode, exp[i]);
31.         }
32.
33.         SPush(&stack, pnode);
34.     }
35.
36.     return SPop(&stack);
37. }
38.
39. int EvaluateExpTree(BTreeNode * bt)
40. {
41.     // 잠시 후에 구현하고 설명할 함수!
42. }
43.
44. void ShowNodeData(int data)
45. {
46.     if(0<=data && data<=9)
47.         printf("%d ", data);
48.     else
49.         printf("%c ", data);
50. }
51.
52. void ShowPrefixTypeExp(BTreeNode * bt)
53. {
54.     PreorderTraverse(bt, ShowNodeData);
55. }
56.
```

```
57.  void ShowInfixTypeExp(BTreeNode * bt)
58.  {
59.      InorderTraverse(bt, ShowNodeData);
60.  }
61.
62.  void ShowPostfixTypeExp(BTreeNode * bt)
63.  {
64.      PostorderTraverse(bt, ShowNodeData);
65.  }
```

✜ ExpressionMain.c

```
1.   #include <stdio.h>
2.   #include "ExpressionTree.h"
3.
4.   int main(void)
5.   {
6.       char exp[] = "12+7*";
7.       BTreeNode * eTree = MakeExpTree(exp);
8.
9.       printf("전위 표기법의 수식: ");
10.      ShowPrefixTypeExp(eTree); printf("\n");
11.
12.      printf("중위 표기법의 수식: ");
13.      ShowInfixTypeExp(eTree); printf("\n");
14.
15.      printf("후위 표기법의 수식: ");
16.      ShowPostfixTypeExp(eTree); printf("\n");
17.
18.      printf("연산의 결과: %d \n", EvaluateExpTree(eTree));
19.
20.      return 0;
21.  }
```

✜ 실행결과: ExpressionMain.c를 포함하여 총 7개의 헤더파일과 소스파일

```
command prompt

전위 표기법의 수식: * + 1 2 7
중위 표기법의 수식: 1 + 2 * 7
후위 표기법의 수식: 1 2 + 7 *
연산의 결과: 21
```

ExpressionMain.c의 18행에서는 우리가 아직 구현하지 않은 함수 EvaluateExpTree를 호출하고 있다. 그러나 곧이어 구현할 함수이기에 삽입해 두었다. 그런데 위의 실행결과를 보면 중위 표기법의 수식이 조금 이상한 것을 알 수 있다. 다음과 같이 출력되어야 정상이기 때문이다.

(1 + 2) * 7

즉 소괄호가 출력되지 않았다. 그렇다면 소괄호가 출력되게 하려면 어떻게 해야 할까? 이에 관한 것을 문제로 제시하여 여러분이 해결할 기회를 드리고자 한다.

문 제 08-2 [중위 표기법의 소괄호]

보통 자료구조 과목에서 중위 표기법의 소괄호 출력까지 신경을 쓰지는 않는다. 순회 자체를 더 중요시하기 때문이다. 하지만 이는 여러분이 궁금해 할 수 있는 부분이다. 그래서 소괄호의 출력을 위한 힌트를 제시하고 문제의 해결을 돕기로 하겠다. 먼저 다음 세 중위 표기법을 보자.

- 3 + 2 * 7
- 3 + (2 * 7)
- (3 + (2 * 7))   연산자의 수만큼 소괄호를 구성하는 방법

셋 다 그 내용이 동일한 수식이다. 따라서 이를 수식 트리로 표현하면 그 결과는 당연히 같을 수밖에 없다. 같지 않다면 잘못된 것이다. 자! 그럼 생각해보자. 위 수식을 표현한 수식 트리 각각을 대상으로 다음과 같이 요청을 한다면,

"이 수식 트리에 담긴 수식을 중위 표기법의 수식으로 출력해라!"

어떻게 출력이 이뤄져야겠는가? 첫 번째 수식을 대상으로 만들어진 수식 트리는 첫 번째 수식을 출력하고, 세 번째 수식을 대상으로 만들어진 수식 트리는 세 번째 수식을 출력하도록 할 수 있겠는가? 불가능하다! 위의 세 수식을 대상으로 만들어진 수식 트리는 그 결과가 모두 동일한데 어떻게 다른 결과를 보이게 할 수 있겠는가! 그래서 우리는 구현에 앞서 중위 표기법의 출력 방식을 먼저 결정해야 한다. 그리고 필자가 추천하는 방식은 다음과 같다.

(3 + (2 * 7))

이 방식의 출력을 추천하는 이유는 연산자의 수와 소괄호 한쌍의 수가 일치하기 때문이며, 이것이 바로 문제해결의 힌트이다. 그리고 이것을 성공하면, 코드를 조금 더 확장해서 여러분의 입맛에 맞는 방식의 출력도 가능하게 할 수 있다.

그럼 앞서 보인 ExpressionTree.c의 ShowInfixTypeExp 함수를 수정하여 소괄호를 포함하는 중위 표기법의 수식을 출력하기 바란다.

수식 트리의 계산

수식 트리에 담겨있는 수식을 계산하는 함수를 정의하라고 하면, 단말 노드가 붙어 있는 서브 트리에서부터 계산을 해야 한다고 생각한다. 하지만 트리는 재귀적인 구조를 띠므로 접근방법을 달리해야 한다. 먼저 다음 함수를 보자.

```c
int EvaluateExpTree(BTreeNode * bt)
{
    int op1, op2;

    op1 = GetData(GetLeftSubTree(bt));      // 첫 번째 피연산자
    op2 = GetData(GetRightSubTree(bt));     // 두 번째 피연산자

    switch(GetData(bt))        // 연산자를 확인하여 연산을 진행
    {
    case '+':
        return op1+op2;
    case '-':
        return op1-op2;
    case '*':
        return op1*op2;
    case '/':
        return op1/op2;
    }

    return 0;
}
```

위의 함수는 두 개의 자식 노드에 담겨있는 두 피연산자를 확인하고, 부모 노드에 저장된 연산자를 확인하여 연산을 진행한다. 따라서 이 함수는 분명 수식 트리의 수식을 계산한다. 다만 자식 노드에, 피연산자가 아닌 서브 트리가 달려있는 경우에 문제가 된다. 그럼 위의 함수를 어떻게 변경해야 할까? 걱정 없다. 위의 함수 EvaluateExpTree가 수식 트리를 계산하는 함수 아닌가? 따라서 다음과 같이 변경하면 서브 트리의 수식을 계산해 낼 것이다.

```c
int EvaluateExpTree(BTreeNode * bt)
{
    int op1, op2;

    op1 = EvaluateExpTree(GetLeftSubTree(bt));      // 왼쪽 서브 트리 계산
    op2 = EvaluateExpTree(GetRightSubTree(bt));     // 오른쪽 서브 트리 계산
```

```
        switch(GetData(bt))
        {
            . . . . 이전과 동일 . . . .
        }

        return 0;
}
```

이렇듯 재귀적으로 정의해 놓으면, 서브 트리의 서브 트리가 존재해도 문제 없다. 이것이 바로 재귀의 위력 아닌가!

"그럴듯해 보이기는 하지만 자식 노드가 단말 노드인 경우에는 문제가 되는데요! 그러니까 피연산자를 얻을 수 없잖아요!"

정확한 판단이다! 게다가 위의 재귀함수에는 탈출조건도 존재하지 않는다. 그럼 이와 관련해서 위 함수의 일부를 구성하는 다음 두 문장을 보자.

```
op1 = EvaluateExpTree(GetLeftSubTree(bt));       // 왼쪽 서브 트리 계산
op2 = EvaluateExpTree(GetRightSubTree(bt));      // 오른쪽 서브 트리 계산
```

보시다시피 서브 트리를 대상으로, 서브 트리의 주소 값을 전달하며 EvaluateExpTree 함수를 호출하고 있다. 따라서 이 함수의 탈출조건은 다음과 같이 정의하면 된다.

"전달된 것이, 서브 트리가 추가로 달려있지 않은 단말 노드의 주소 값이라면, 그 단말 노드에 저장된 피연산자를 반환한다."

수식 트리의 구조를 봐서 알겠지만 단말 노드에는 피연산자 정보가 담기기 마련이다. 따라서 탈출조건을 명시하여 함수를 다음과 같이 완성할 수 있다.

```
int EvaluateExpTree(BTreeNode * bt)
{
    int op1, op2;

    if(GetLeftSubTree(bt)==NULL && GetRightSubTree(bt)==NULL)      // 단말 노드라면
        return GetData(bt);

    op1 = EvaluateExpTree(GetLeftSubTree(bt));
    op2 = EvaluateExpTree(GetRightSubTree(bt));

    switch(GetData(bt))
```

```
        {
        case '+':
            return op1+op2;
        case '-':
            return op1-op2;
        case '*':
            return op1*op2;
        case '/':
            return op1/op2;
        }

        return 0;
    }
```

위의 함수가 위치해야 할 소스파일은 앞서 소개한 ExpressionTree.c이다. 그리고 위 함수의 호출결과도 앞서 보였다.

이로써 이진 트리에 대한 설명을 마치고자 한다. 하지만 이것이 끝이 아니다. 트리에 대한 이야기는 계속 진행이 된다. 따라서 이진 트리와 관련된 내용을 확실히 이해하고 다음으로 넘어가기 바란다. 어쨌든 자료구조의 큰 고비를 또 하나 넘겼다고 생각해도 좋다.

08 프로그래밍 문제의 답안

문제 08-1의 답안

답안의 전체 코드는 본서의 자료실에서 확인하기를 바라며, 본서에서는 DeleteTree 함수의 정의만 신도록 하겠다.

```c
void DeleteTree(BTreeNode * bt)
{
    if(bt == NULL)
        return;

    DeleteTree(bt->left);
    DeleteTree(bt->right);

    printf("del tree data: %d \n", bt->data);
    free(bt);
}
```

트리 전체의 삭제를 위해서도 트리의 순회가 필요하다. 단! 루트 노드가 마지막에 소멸되어야 하기 때문에, 위의 함수에서 보이듯이 반드시 후위 순회의 과정을 통해서 소멸을 진행해야 한다. 이 문제의 핵심은 바로 이것이다! 그리고 위의 함수에서 printf 함수의 호출문장을 삽입한 이유는 노드의 소멸을 콘솔출력의 결과로 확인하기 위함이다.

문제 08-2의 답안

문제의 해결을 위해서 ShowInfixTypeExp 함수를 수정해야 한다. 이전에는 InorderTraverse 함수를 호출하는 형태로 이 함수를 정의했지만, 이 경우에는 순회의 과정에서 소괄호를 출력해야 하기 때문에, 직접 순회하는 코드를 삽입해야 한다. 그럼 결과를 보이겠다.

```c
void ShowInfixTypeExp(BTreeNode * bt)
{
    if(bt == NULL)
        return;

    if(bt->left != NULL || bt->right != NULL)
```

```
            printf(" ( ");

    ShowInfixTypeExp(bt->left);       // 첫 번째 피연산자 출력
    ShowNodeData(bt->data);           // 연산자 출력
    ShowInfixTypeExp(bt->right);      // 두 번째 피연산자 출력

    if(bt->left != NULL || bt->right != NULL)
        printf(" ) ");
}
```

필자가 제시한 힌트를 잘 이해했다면 이 문제는 의외로 쉽게 해결이 된다.

Chapter 09

우선순위 큐(Priority Queue)와 힙(Heap)

[09-1] 우선순위 큐의 이해

우선순위 큐는 그 이름이 의미하듯이 큐와 관련이 있다. 하지만 공부하다 보면 그 관계가 깊지 않다고 느낄지도 모르겠다. 제목만 봐서는 앞서 구현한 '큐'를 확장하는 수준에서 마무리가 될 것 같지만 '큐'의 구현과 '우선순위 큐'의 구현에는 많은 차이가 있기 때문이다.

❏ 우선순위 큐와 우선순위의 이해

기억하고 있겠지만 앞서 공부한 '큐'의 핵심 연산 두 가지는 다음과 같았다.

- enqueue   큐에 데이터를 삽입하는 행위
- dequeue   큐에서 데이터를 꺼내는 행위

이와 마찬가지로 '우선순위 큐'의 핵심 연산 두 가지도 다음과 같다.

- enqueue   우선순위 큐에 데이터를 삽입하는 행위
- dequeue   우선순위 큐에서 데이터를 꺼내는 행위

반면 연산의 결과에는 차이가 있다. 큐는 연산의 결과로, 먼저 들어간 데이터가 먼저 나오지만, 우선순위 큐의 연산결과는 다음과 같다.

"들어간 순서에 상관없이 우선순위가 높은 데이터가 먼저 나온다."

때문에 큐를 가리켜 '줄서기'에 비유한다면, 우선순위 큐는 '응급상황'에 비유할 수 있다. 예를 들어서 병원의 응급실을 생각해보자. 저녁과 새벽시간에 응급실을 찾는 환자는 다음과 같이 크게 두 부류로 나눌 수 있을 것이다.

- 응급상황 1   촌각을 다투는, 생명이 위급한 상황의 환자
- 응급상황 2   촌각을 다투진 않지만 내일까지 기다리기에는 무리인 환자

각종 드라마를 통해서도 보았겠지만, 촌각을 다투는 환자가 응급실에 당도하면 이들부터 치료를 하게 된다. 즉 우선순위가 높은 환자가 먼저 치료를 받는 것이다. 이렇듯 우선순위 큐에서 중요한 것은 우선순위이다.

"우선순위 큐에 저장되는 데이터들은 모두 우선순위를 지녀야 하나요? 그럼 우선순위는 어떻게 결정하나요?"

우선순위를 지녀야 한다기 보다는, 데이터를 근거로 우선순위를 판단할 수 있어야 한다. 물론 우선순위의 판단 근거는 프로그래머가 결정할 일이다. 즉 목적에 맞게 우선순위를 결정하면 된다.

"결국 우선순위의 비교를 위해서는 우선순위 정보가 정수로 표현되어야 하겠네요"

틀린 말은 아니다. 하지만 그렇지 않은 경우도 있다. 데이터가 영단어인 경우, 그리고 이 영단어의 사전편찬순서가 우선순위 정보를 판단하는 기준인 경우를 예로 들 수 있다. 물론 사전편찬순서의 비교를 위해서 영단어를 이루는 문자의 아스키 코드 값을 비교하는 측면에서는 이 역시 우선순위 정보가 정수로 표현되었다고 볼 수 있다.

"그럼 정수의 값이 클수록 우선순위가 높은 건가요? 아니면 낮을수록 높은 건가요?"

이것도 결정하기 나름이다! 우선순위가 높은 데이터에 큰 값을 부여하면 값이 클수록 우선순위가 높은 것이 되고, 반대로 우선순위가 높은 데이터에 작은 값을 부여하면 값이 작을수록 우선순위가 높은 것이 된다.

"우선순위가 같은 데이터가 존재할 수 있나요?"

물론이다! 우선순위가 서로 다른 데이터들만 저장이 된다면, 자료구조로서 활용할 수 있는 범위가 매우 제한적이지 않겠는가?

❏ 우선순위 큐의 구현 방법

우선순위 큐를 구현하는 방법은 다음과 같이 세 가지로 구분할 수 있다.

- 배열을 기반으로 구현하는 방법
- 연결 리스트를 기반으로 구현하는 방법
- 힙(heap)을 이용하는 방법

다음 그림에서 보이는 바와 같이, 배열이나 연결 리스트를 이용하면 우선순위 큐를 매우 간단히 구현할 수 있다. 참고로 다음 그림에서, 저장된 숫자는 데이터인 동시에 우선순위 정보라고 가정하였다. 숫자 1이 가장 높은 우선순위를 뜻하며, 이보다 값이 커질수록 우선순위는 낮아진다고 가정하였다.

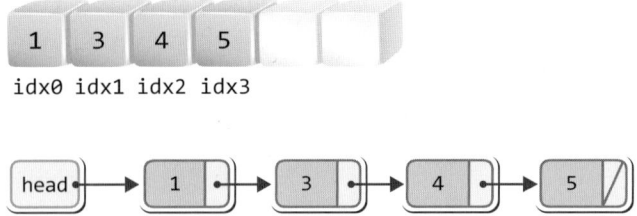

▶ [그림 09-1: 단순 배열과 연결 리스트 기반의 우선순위 큐 모델]

배열의 경우, 데이터의 우선순위가 높을수록 배열의 앞쪽에 데이터를 위치시킨다. 이렇게 하면 우선순위가 높은 데이터를 반환 및 소멸하는 것이 어려운 일이 아니다. 하지만 여러분도 잘 알다시피 다음과 같은 단점이 따른다.

"데이터를 삽입 및 삭제하는 과정에서 데이터를 한 칸씩 뒤로 밀거나 한 칸씩 앞으로 당기는 연산을 수반해야 한다."

이는 배열의 대표적인 단점이다. 하지만 이보다 더 큰 문제는 다음과 같다.

"삽입의 위치를 찾기 위해서 배열에 저장된 모든 데이터와 우선순위의 비교를 진행해야 할 수도 있다."

이는 우선순위가 가장 낮은 데이터를 저장하는 경우에 발생하는 최악의 상황이다. 하지만 최악의 상황이 아니더라도 이와 유사한 좋지 않은 상황은 빈번히 발생한다. 그렇다면 연결 리스트의 경우는 어떨까? 연결 리스트의 경우, 위에서 말한 배열의 첫 번째 단점은 갖지 않는다. 하지만 두 번째 단점은 연결 리스트에도 존재한다.

"삽입의 위치를 찾기 위해서 첫 번째 노드에서부터 시작해서 마지막 노드에 저장된 데이터와 우선순위의 비교를 진행해야 할 수도 있다."

이는 데이터의 수가 적은 경우 큰 단점이 되지 않을 수 있다. 하지만 데이터의 수가 많아지면, 그래서 연결된 노드의 수가 많아지면, 노드의 수에 비례해서 성능을 저하시키는 주원인이 된다. 그래서 우선순위 큐는 단순 배열도 연결 리스트도 아닌 '힙'이라는 자료구조를 이용해서 구현하는 것이 일반적이다.

힙(Heap)의 소개

우선순위 큐의 구현을 위해서 다른 자료구조를 활용한다는 것이 생소하게 느껴질 수 있다. 하지만 우리는 이미 이러한 일을 몇 차례 경험해 왔다. 연결 리스트를 기반으로 스택을 구현한 적이 있지 않은가? 이와 유사하게 힙이라는 자료구조를 이용해서 우선순위 큐를 구현하고자 한다. 그럼 힙에 대해서 간단히, 이해하기 쉽게 정의를 내려보겠다.

"힙은 '이진 트리'이되 '완전 이진 트리'이다. 그리고 모든 노드에 저장된 값은 자식 노드에 저장된 값보다 크거나 같아야 한다. 즉 루트 노드에 저장된 값이 가장 커야 한다."

위에서 말하는 '값'은 말 그대로 '값'이 될 수도 있고, 우선순위 큐에서 말하는 '우선순위'가 될 수도 있다. 그런데 우리는 힙을 기반으로 우선순위 큐를 구현할 계획을 갖고 있으니, 위 문장의 '값'은 '우선순위'가 된다. 그럼 위의 문장에서 말하는 형태의 이진 트리를 그림으로 그려 보이겠다.

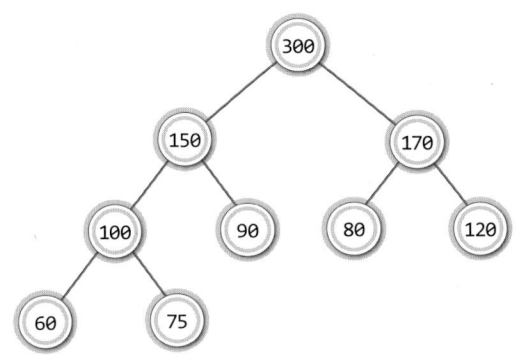

▶ [그림 09-2: 최대 힙(max heap)]

위와 같이 루트 노드로 올라갈수록 저장된 값이 커지는 완전 이진 트리를 가리켜 '최대 힙(max heap)'이라 한다. 반면 다음 그림과 같이 루트 노드로 올라갈수록 저장된 값이 작아지는 완전 이진 트리를 가리켜 '최소 힙(min heap)'이라 한다.

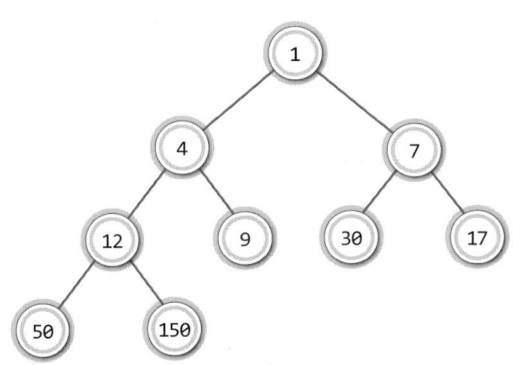

▶ [그림 09-3: 최소 힙(min heap)]

이렇듯 힙은 루트 노드에 우선순위가 가장 높은 데이터를 위치시킬 수 있는 자료구조이니, 이를 기반으로 하면 우선순위 큐를 간단히 구현할 수 있지 않겠는가! 참고로 위의 두 그림에서 보이듯이, 힙은 무엇인가를 쌓아 놓은 더미와 흡사하다 하여 지어진 이름이다. 영단어 heap은 '무엇인가를 차곡차곡 쌓아 올린 더미'라는 뜻을 지닌다.

[09-2] 힙의 구현과 우선순위 큐의 완성

힙의 구현은 곧 우선순위 큐의 완성으로 이어진다. 따라서 힙과 우선순위 큐를 동일하게 인식하는 경향이 매우 강하다. 하지만 이는 정확하지 않은 것이니, 우선순위 큐와 힙을 어느 정도는 구분할 수 있으면 좋겠다. 힙은 우선순위 큐의 구현에 딱 어울리는, 완전 이진 트리의 일종이라는 사실을 기억하기 바란다.

■ 힙에서의 데이터 저장과정

힙을 구현하고 이를 기반으로 우선순위 큐를 구현하고자 한다. 그런데 힙의 구현을 위해서는 데이터의 저장과 삭제의 방법을 먼저 알아야 한다. 따라서 먼저 데이터의 저장과정을 '최소 힙'을 기준으로 설명하고자 한다.

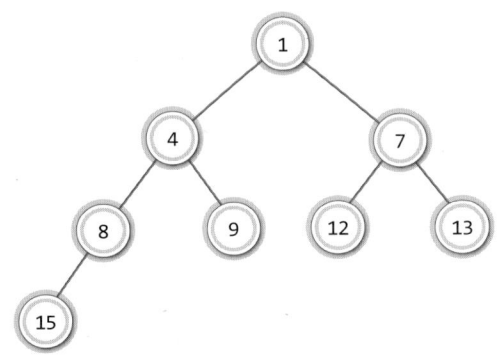

▶ [그림 09-4: 데이터 추가 직전의 힙]

위 그림에 쓰여있는 숫자를 데이터 겸 우선순위라 하자! 그리고 숫자가 작을수록 우선순위가 높다고 가정하자. 그렇다면 위의 그림은 우선순위 관점에서 힙이 맞다! 완전 이진 트리이면서, 어느 위치에서든 다음 식이 성립하기 때문이다.

  자식 노드 데이터의 우선순위 ≤ 부모 노드 데이터의 우선순위

그럼 위 그림의 상황에서 3을 저장한다고 가정해보자. 물론 저장한 이후에도 트리의 우선순위 관계를 유지시키는 것이 관건이다. 그런데 이것이 생각보다 쉽지 않다. 딱 보는 순간 문제의 해결을 위한 알고리즘이 떠오르지는 않을 것이다. 따라서 필자가 먼저 전략을 제시하겠다.

  "새로운 데이터는 우선순위가 제일 낮다는 가정하에서 '마지막 위치'에 저장합니다. 그리고는 부모 노

드와 우선순위를 비교해서 위치가 바뀌어야 한다면 바꿔줍니다. 바뀐 다음에도 계속해서 부모 노드와 비교합니다. 제대로 된 위치를 찾을 때까지 말이지요."

위의 문장에서 말하는 '마지막 위치'는 노드를 추가한 이후에도 완전 이진 트리가 유지되는, 마지막 레벨의 가장 오른쪽 위치를 뜻한다. 앞으로도 필자는 이 위치를 '마지막 위치'로 표현하겠으니 기억해 두기 바란다. 자! 그럼 숫자 3을 추가하기 위한 첫 번째 단계를 보이겠다.

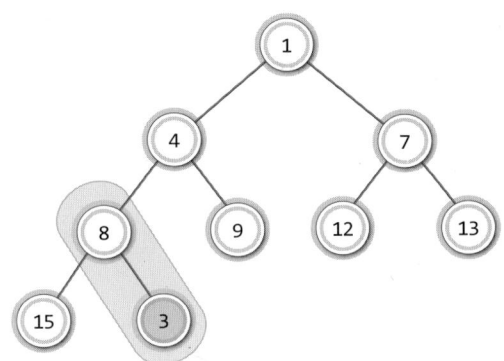

▶ [그림 09-5: 데이터 추가의 과정 1/3]

위 그림과 같이, 마지막 위치에 노드를 추가하고 부모 노드와 우선순위를 비교한다. 그 결과 이 둘은 서로 위치가 바뀌어야 한다. 따라서 다음 그림과 같이 두 노드의 위치를 바꾼 다음에, 이어서 다시 부모 노드와의 비교를 진행한다.

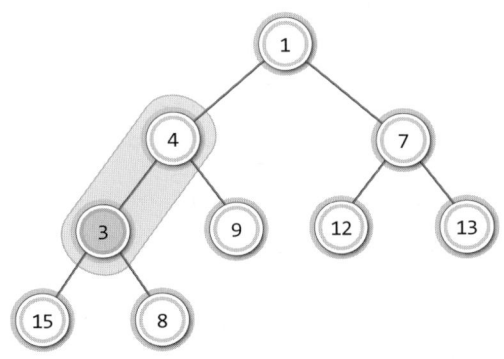

▶ [그림 09-6: 데이터 추가의 과정 2/3]

이번에도 부모 노드의 우선순위가 낮으니, 다음 그림과 같이 두 노드를 바꾼 다음에, 마지막으로 루트 노드와의 비교를 진행해야 한다.

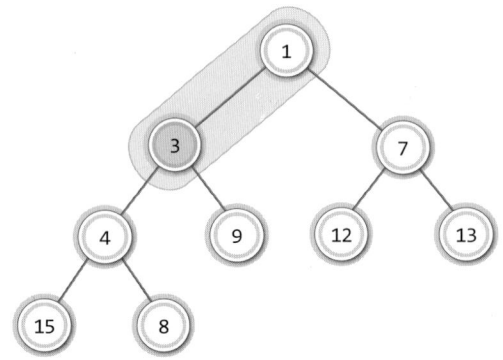

▶ [그림 09-7: 데이터 추가의 과정 3/3]

그런데 이번에는 부모 노드보다 우선순위가 높지 않으니, 이로써 숫자 3은 자신의 위치를 찾은 셈이다. 이제 위 그림의 우선순위를 관찰하자. 이 그림이 숫자 3을 추가한 최종결과인데, 여전히 힙의 조건을 만족하고 있음을 알 수 있다.

이렇듯 데이터의 추가과정은 마지막 위치에 데이터를 두고서 부모 노드와의 비교를 통해 자신의 위치를 찾아가는 매우 단순한 방식이다.

❏ 힙에서의 데이터 삭제과정

이번에는 삽입보다 어려울 것으로 생각되는, 하지만 실제로는 삽입과 비슷한 '삭제의 과정'을 고민할 차례이다. 그런데 그에 앞서 무엇을 삭제할 것인지 생각해보자. 우리는 우선순위 큐의 구현을 위해서 힙을 활용할 계획을 갖고 있다. 그런데 우선순위 큐의 삭제는 '가장 높은 우선순위의 데이터 삭제'를 의미하므로, 우리는 힙을 대상으로 다음 내용을 고민해야 한다.

"힙에서 루트 노드를 어떻게 삭제할 것인가?"

물론 루트 노드를 삭제하는 것은 어렵지 않다. 문제는 삭제 후에도 힙의 구조를 유지해야 한다는데 있다. 즉 우리가 고민해야 할 문제의 본질은 다음과 같다.

"힙에서 루트 노드를 삭제한 다음에 이 부분을 어떻게 채울 것인가?"

다음 그림을 보면서, 이 문제를 어떻게 해결할 것인지 그 해결책을 여러분이 먼저 고민해 보지 않겠는가? 앞서 보인 삽입의 방법에서 힌트는 얻을 수 있으니 말이다.

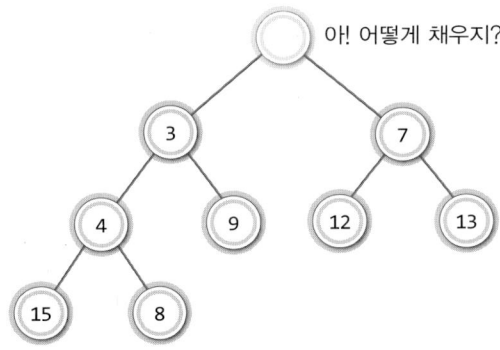

▶ [그림 09-8: 어떻게 채울 것인가?]

그럼 이어서 이 문제의 전통적인 해결책을 설명하겠다. 참고로 아래의 문장에서 말하는 '마지막 노드'는 완전 이진 트리에서 마지막 레벨의 가장 오른쪽에 위치한 노드를 뜻한다.

> "마지막 노드를 루트 노드의 자리로 옮긴 다음에, 자식 노드와의 비교를 통해서 제자리를 찾아가게 한다."

제자리를 찾아가게 한다는 점에서 삽입의 방법과 유사한 방법이라는 느낌이 든다. 그럼 위의 문장에서 말하는 해결책을 따라가보겠다. 일단 첫 번째 단계로 힙의 마지막 노드를 루트 노드의 위치로 이동시킨다.

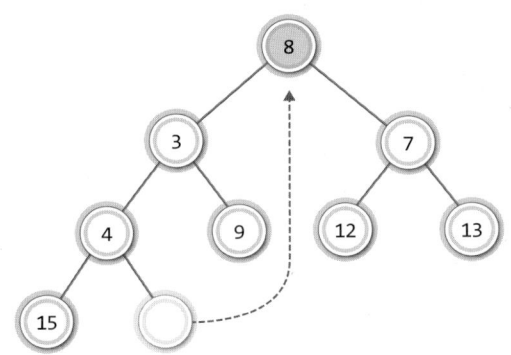

▶ [그림 09-9: 빈 공간 채우는 과정 1/3]

이어서 노드를 삽입할 때와 유사하게, 비교의 과정을 통해서 8이 제 위치를 찾게끔 한다. 즉 다음 그림에서 보이듯이 두 개의 자식 노드 중 우선순위가 높은 3이 저장된 왼쪽 자식 노드와 8이 저장된 노드를 교환한다. 물론 이 과정에서 오른쪽 자식 노드의 우선순위가 높다면, 오른쪽 자식 노드와 교환해야 한다.

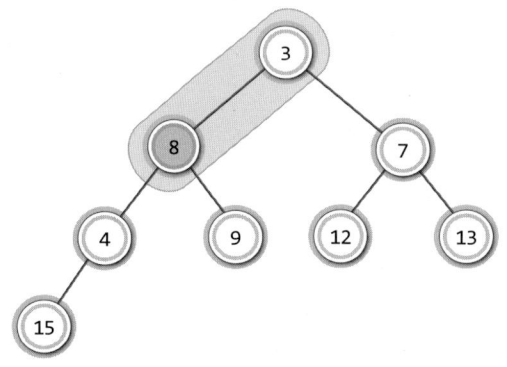

▶ [그림 09-10: 빈 공간 채우는 과정 2/3]

참고로 우선순위가 낮은 자식 노드와 교환하면 안 되는 이유는, 그렇게 했을 경우 힙의 기본 조건이 무너지기 때문이다. 이어서 숫자 8은 자식 노드와 비교를 진행한다. 4와 9 중에서 우선순위가 높은 4와 비교를 진행한다. 그 결과 4가 8보다 우선순위가 높으니 다음 그림과 같이 교환을 진행한다.

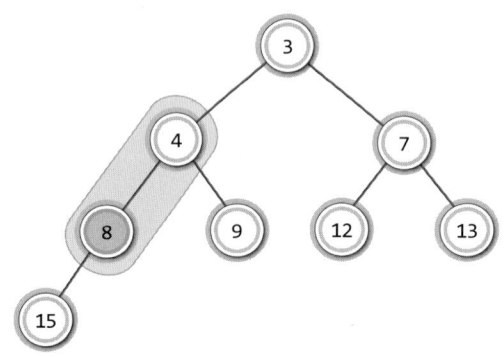

▶ [그림 09-11: 빈 공간 채우는 과정 3/3]

위 그림에서 8이 저장된 노드도 자식 노드가 존재하는 관계로 비교를 진행해야 한다. 그러나 우선순위가 8이 높은 관계로 이 상태에서 빈 공간을 채우는 과정은 마무리가 된다.

❏ 삽입과 삭제의 과정에서 보인 성능의 평가

힙에 대한 이론적인 설명이 일단락되었으니 다음 질문에 답을 해보자.

"우선순위 큐의 구현에 있어서 단순 배열이나 연결 리스트보다 힙이 더 적합한 이유는 어디에 있는가?"

앞서 언급한, 데이터의 우선순위가 높을수록 데이터를 배열의 앞쪽에 위치시키는 방식으로 구현한 우선순위 큐의 성능은 다음과 같이 정리할 수 있다.

- 배열 기반 데이터 저장의 시간 복잡도 $O(n)$
- 배열 기반 데이터 삭제의 시간 복잡도 $O(1)$

우선순위가 낮은 데이터를 배열에 저장하는 경우, 배열에 저장된 모든 데이터와의 우선순위 비교과정을 거쳐야 하므로 데이터 저장의 시간 복잡도는 $O(n)$이 되고, 삭제의 과정에서는 맨 앞에 저장된 데이터를 삭제하면 되기 때문에, 이 경우의 시간 복잡도는 $O(1)$이 된다. 이와 유사하게, 앞서 언급한 연결 리스트 기반의 우선순위 큐의 성능도 다음과 같이 정리할 수 있다.

- 연결 리스트 기반 데이터 저장의 시간 복잡도 $O(n)$
- 연결 리스트 기반 데이터 삭제의 시간 복잡도 $O(1)$

우선순위가 높을수록, 데이터를 연결 리스트의 앞 부분에 배치하는 방식이므로 배열의 경우와 다를 바가 없다. 하지만 힙의 경우는 어떤가? 삽입이나 삭제의 경우 동반되는 비교연산은 주로 부모 노드와 자식 노드 사이에서 일어난다. 그리고 이것이 의미하는 바는 다음과 같다.

"힙을 기반으로 하면 트리의 높이에 해당하는 수만큼만 비교연산을 진행하면 됩니다."

이는 트리의 높이가 하나 늘어날 때마다 비교연산의 횟수가 하나 증가한다는 뜻이므로, 힙의 성능은 다음과 같이 정리할 수 있다.

- 힙 기반 데이터 저장의 시간 복잡도 $O(log_2 n)$
- 힙 기반 데이터 삭제의 시간 복잡도 $O(log_2 n)$

힙은 완전 이진 트리이므로, 힙에 저장할 수 있는 데이터의 수는 트리의 높이가 하나 늘 때마다 두 배씩 증가한다. 때문에 데이터의 수가 두 배 늘 때마다, 비교연산의 횟수는 1회 증가한다. 바로 이 사실을 근거로 위의 결론을 내릴 수 있다. 참고로 힙의 시간 복잡도가 위와 같다는 사실은 다음 Chapter를 공부하는 데에도 필요한 내용이니, 가급적 이해하고 넘어가기 바란다.

이로써 우선순위 큐의 구현에 있어서 배열보다도 연결 리스트보다도 힙이 어울리는 이유를 객관적으로 정리하였다. 알고리즘의 성능에 있어서 $O(n)$와 $O(log_2 n)$의 차가 얼마나 큰지는 앞서 Chapter 01에서 언급하였으니 재차 언급하지 않겠다.

힙의 구현에 어울리는 것은 연결 리스트? 아니면 배열?

우선순위 큐의 구현에 어울리는 것은 힙으로 결론이 났으니, 이제는 힙의 구현방법에 대해서 고민해야 한다. 그런데 힙은 트리이다. 앞서 트리를 구현하는 방법에는 '배열'을 이용하는 방법과 '연결 리스트'를 이용하는 방법이 있음을 설명하였으니, 배열과 연결 리스트 중 하나를 선택해야 한다.

"앞서 연결 리스트를 기반으로 트리를 구현하였으니, 당연히 연결 리스트를 힙의 구현 도구로 선택해야겠죠?"

나름 근거 있는 판단이다. 하지만 우리의 생각과 달리 완전 이진 트리의 구조를 갖고 또 그 구조를 유지해야 하는 '힙'은 배열을 기반으로 구현해야 한다. 실제로 힙의 구현은 배열을 기반으로 구현하는 것이 원칙으로 여겨지고 있는데, 그 이유는 다음과 같다.

"연결 리스트를 기반으로 힙을 구현하면, 새로운 노드를 힙의 '마지막 위치'에 추가하는 것이 쉽지 않다."

사소한 이유 같고, 그래서 연결 리스트를 기반으로도 쉽게 해결 가능한 문제처럼 보이지만, 이는 결코 간단한 문제가 아니다. 하지만 배열 기반의 힙이라면 이는 매우 간단한 문제가 된다. 그래서 힙과 같이, 새로운 노드를 추가한 이후에도 완전 이진 트리를 유지해야 하는 경우에는 연결 리스트가 아닌 배열을 기반으로 트리를 구현해야 한다.

▣ 배열을 기반으로 힙을 구현하는데 필요한 지식들

앞서 Chapter 08에서 배열을 기반으로 트리를 구성하는 방법을 조금 언급하였다. 그 때 언급한 내용을 정리하면 다음과 같다.

"노드에 고유의 번호를 부여한다. 그리고 그 번호가 각 노드의 데이터가 저장 될 배열의 인덱스 값이 된다."

위의 문장에서 말하는 바를 설명하는 그림은 다음과 같다. 앞서 한번 보인 그림이지만, 복습을 겸하여 한 번 더 보이겠다.

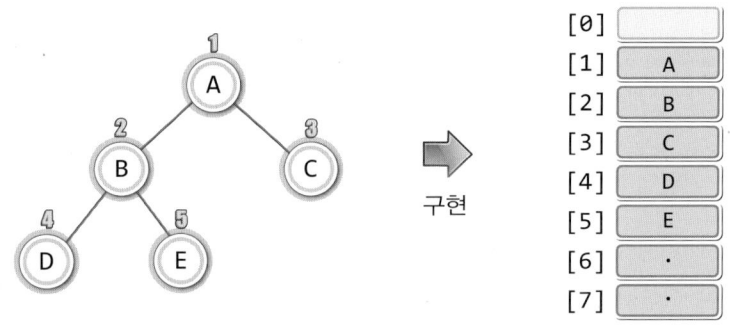

▶ [그림 09-12: 배열 기반 이진 트리]

위 그림에서 보이듯이, 구현의 편의를 위해서 인덱스가 0인 위치의 배열 요소는 사용하지 않는다는 사실도 앞서 언급하였다. 자! 그럼 배열을 기반으로 힙을 구현하기 위해서 무엇을 더 알아야 할까?

"왼쪽 그리고 오른쪽 자식 노드의 인덱스 값을 얻는 방법, 그리고 부모 노드의 인덱스 값을 얻는 방법"

자식 노드의 인덱스 값을 얻는 방법은 데이터의 삭제를 위해서, 부모 노드의 인덱스 값을 얻는 방법은 데이터의 추가를 위해서 필요하다. 그럼 이 두 가지 방법을 소개하겠다.

- 왼쪽 자식 노드의 인덱스 값　　　　부모 노드의 인덱스 값 × 2
- 오른쪽 자식 노드의 인덱스 값　　　부모 노드의 인덱스 값 × 2 + 1
- 부모 노드의 인덱스 값　　　　　　자식 노드의 인덱스 값 ÷ 2

의외로 간단하다. 이진 트리는 레벨이 증가함에 따라서 추가할 수 있는 자식 노드의 수가 두 배씩 증가하는 구조다 보니, 2를 나누고 곱하는 방식으로 부모 노드와 자식 노드의 인덱스 값을 구할 수 있다. 실제로 위의 식이 맞는지 앞서 보인 그림을 대상으로 확인하기 바란다. 그리고 한가지 주의할 점은, 부모 노드의 인덱스 값을 구하기 위한 나눗셈 연산은 정수형 나눗셈이라는 점이다. 즉 5를 2로 나누었을 때의 결과는 2.5가 아니라 2가 되어야 한다.

원리 이해 중심의 힙 구현: 헤더파일의 소개

우선 좋은 모델은 아니나 우리가 이해하기 용이한 방식으로 힙을 구현해 보겠다. 그리고 이어서 이 모델을 보다 합리적인 형태로 변경하기로 하겠다. 자! 그럼 먼저 힙을 위한 헤더파일을 소개하겠다.

❖ SimpleHeap.h

```
1.  #ifndef __SIMPLE_HEAP_H__
2.  #define __SIMPLE_HEAP_H__
3.
4.  #define TRUE     1
5.  #define FALSE    0
6.
7.  #define HEAP_LEN    100
8.
9.  typedef char HData;
10. typedef int Priority;
11.
12. typedef struct _heapElem
13. {
14.     Priority pr;      // 값이 작을수록 높은 우선순위
15.     HData data;
16. } HeapElem;
17.
18. typedef struct _heap
19. {
20.     int numOfData;
21.     HeapElem heapArr[HEAP_LEN];
22. } Heap;
23.
24. void HeapInit(Heap * ph);
```

```
25.    int HIsEmpty(Heap * ph);
26.
27.    void HInsert(Heap * ph, HData data, Priority pr);
28.    HData HDelete(Heap * ph);
29.
30.    #endif
```

사실 위의 헤더파일은 순수한 힙의 구현을 위한 헤더파일이 아닌, 우선순위 큐의 구현을 염두에 두고 정의한 헤더파일이다. 그리고 이 사실은 다음 구조체의 정의에서 느낄 수 있다.

```
typedef struct _heapElem
{
    Priority pr;        // 값이 작을수록 높은 우선순위
    HData data;
} HeapElem;
```

이는 힙에 저장될 데이터의 모델을 정의한 구조체이다. 그런데 이 구조체는 우선순위 정보를 별도로 담을 수 있도록 정의되어 있다. 이는 우선순위 큐의 구현을 고려했다는 뜻이다. 따라서 위의 헤더파일에 선언된 HDelete 함수는 우선순위 큐와 마찬가지로, 데이터의 삽입 순서에 상관없이 우선순위에 근거하여 삭제가 이뤄지도록 정의할 것이다.

원리 이해 중심의 힙 구현: HDelete 함수에 대한 설명 중심으로

이어서 헤더파일에 선언된 함수들의 정의를 보이겠다. 그런데 이를 보기에 앞서 다음 사실들을 정리하고 기억할 필요가 있다.

- 힙은 완전 이진 트리이다.
- 힙의 구현은 배열을 기반으로 하며 인덱스가 0인 요소는 비워둔다.
- 따라서 힙에 저장된 노드의 개수와 마지막 노드의 고유번호는 일치한다.
- 노드의 고유번호가 노드가 저장되는 배열의 인덱스 값이 된다.
- 우선순위를 나타내는 정수 값이 작을수록 높은 우선순위를 나타낸다고 가정한다.

이 중에서 힙에 저장된 노드의 개수와 마지막 노드의 고유번호가 일치한다는 사실을 제외하면 나머지는 앞서 언급한 것들이다. 그리고 노드의 개수와 마지막 노드의 고유번호가 일치하는 이유는 여러분도 잘 알 것이다. 그럼 이제 아래의 코드를 분석하기 바란다. 물론 이어서 필자가 설명을 더할 것이다.

✤ SimpleHeap.c

```
1.   #include "SimpleHeap.h"
2.
3.   void HeapInit(Heap * ph)         // 힙의 초기화
4.   {
5.       ph->numOfData = 0;
6.   }
7.
8.   int HIsEmpty(Heap * ph)          // 힙이 비었는지 확인
9.   {
10.      if(ph->numOfData == 0)
11.          return TRUE;
12.      else
13.          return FALSE;
14.  }
15.
16.  int GetParentIDX(int idx)        // 부모 노드의 인덱스 값 반환
17.  {
18.      return idx/2;
19.  }
20.
21.  int GetLChildIDX(int idx)        // 왼쪽 자식 노드의 인덱스 값 반환
22.  {
23.      return idx*2;
24.  }
25.
26.  int GetRChildIDX(int idx)        // 오른쪽 자식 노드의 인덱스 값 반환
27.  {
28.      return GetLChildIDX(idx)+1;
29.  }
30.
31.  // 두 개의 자식 노드 중 높은 우선순위의 자식 노드 인덱스 값 반환
32.  int GetHiPriChildIDX(Heap * ph, int idx)
33.  {
34.      if(GetLChildIDX(idx) > ph->numOfData)
35.          return 0;
36.      else if(GetLChildIDX(idx) == ph->numOfData)
37.          return GetLChildIDX(idx);
38.      else
39.      {
40.          if(ph->heapArr[GetLChildIDX(idx)].pr
41.              > ph->heapArr[GetRChildIDX(idx)].pr)
42.              return GetRChildIDX(idx);
43.          else
44.              return GetLChildIDX(idx);
45.      }
```

```
46.  }
47.
48.  // 힙에 데이터 저장
49.  void HInsert(Heap * ph, HData data, Priority pr)
50.  {
51.      int idx = ph->numOfData+1;
52.      HeapElem nelem = {pr, data};
53.
54.      while(idx != 1)
55.      {
56.          if(pr < (ph->heapArr[GetParentIDX(idx)].pr))
57.          {
58.              ph->heapArr[idx] = ph->heapArr[GetParentIDX(idx)];
59.              idx = GetParentIDX(idx);
60.          }
61.          else
62.              break;
63.      }
64.
65.      ph->heapArr[idx] = nelem;
66.      ph->numOfData += 1;
67.  }
68.
69.  // 힙에서 데이터 삭제
70.  HData HDelete(Heap * ph)
71.  {
72.      HData retData = (ph->heapArr[1]).data;
73.      HeapElem lastElem = ph->heapArr[ph->numOfData];
74.
75.      int parentIdx = 1;
76.      int childIdx;
77.
78.      while(childIdx = GetHiPriChildIDX(ph, parentIdx))
79.      {
80.          if(lastElem.pr <= ph->heapArr[childIdx].pr)
81.              break;
82.          ph->heapArr[parentIdx] = ph->heapArr[childIdx];
83.          parentIdx = childIdx;
84.      }
85.
86.      ph->heapArr[parentIdx] = lastElem;
87.      ph->numOfData -= 1;
88.      return retData;
89.  }
```

위의 소스파일에는 헤더파일에 선언된 함수의 구현을 돕는 유용한 함수들이 다수 정의되어 있는데, 이 중에서 GetHiPriChildIDX 함수의 구현에 대한 설명이 필요할 것 같다. 우선 이 함수의 기능 및 역할을 정리해보겠다.

> "함수 GetHiPriChildIDX에 노드의 인덱스 값을 전달하면, 이 노드의 두 자식 노드 중에서 우선순위가 높은 것의 인덱스 값을 반환한다."

> "함수 GetHiPriChildIDX는 인자로 전달된 노드에 자식 노드가 없으면 0을 반환하고, 자식 노드가 하나인 경우에는 그 노드의 인덱스 값을 반환한다."

이제 GetHiPriChildIDX 함수가 힙의 구현에 있어서, 어떤 상황에서 호출될지 짐작할 수 있을 것이다. 그럼 이번에는 이 함수를 다시 한번 보이면서 주석을 통한 설명을 진행하겠다.

```
int GetHiPriChildIDX(Heap * ph, int idx)
{
    // 자식 노드가 존재하지 않는다면,
    if(GetLChildIDX(idx) > ph->numOfData)
        return 0;

    // 자식 노드가 왼쪽 자식 노드 하나만 존재한다면,
    else if(GetLChildIDX(idx) == ph->numOfData)
        return GetLChildIDX(idx);

    // 자식 노드가 둘 다 존재한다면,
    else
    {
        // 오른쪽 자식 노드의 우선순위가 높다면,
        if(ph->heapArr[GetLChildIDX(idx)].pr > ph->heapArr[GetRChildIDX(idx)].pr)
            return GetRChildIDX(idx);         // 오른쪽 자식 노드의 인덱스 값 반환

        // 왼쪽 자식 노드의 우선순위가 높다면,
        else
            return GetLChildIDX(idx);         // 왼쪽 자식 노드의 인덱스 값 반환
    }
}
```

위의 함수에서는 자식 노드가 하나도 존재하지 않는 상황을 다음의 연산문을 통해서 확인하고 있는데 이 부분이 잘 이해되지 않을 수 있다.

```
if(GetLChildIDX(idx) > ph->numOfData)         // 자식 노드가 없다면 TRUE
    return 0;
```

힙은 완전 이진 트리이므로 오른쪽 자식 노드만 존재하는 상황은 발생하지 않는다. 따라서 왼쪽 자식 노드가 없다면 자식 노드가 존재하지 않는 것으로 판단할 수 있다. 그리고 힙은 완전 이진 트리이므로 다음과 같은 특성이 있다.

> "자식 노드가 하나도 존재하지 않는 노드는 단말 노드입니다."

그런데 단말 노드의 왼쪽 자식 노드의 인덱스 값은 힙에 저장된 노드의 수를 넘어선다. 단말 노드의 왼쪽 자식 노드는 존재하지 않으니 말이다. 그래서 위의 연산문으로 자식 노드의 유무를 확인할 수 있는 것이다. 그럼 이번에는 자식 노드가 하나만 존재하는 경우를 판단하기 위한 다음 연산문을 보자. 위의 설명을 잘 이해했다면 이 연산문도 이해가 될 것이다.

```
else if(GetLChildIDX(idx) == ph->numOfData)    // 자식 노드가 하나라면 TRUE
    return GetLChildIDX(idx);
```

반복되는 말이지만, 힙은 완전 이진 트리이므로 하나뿐인 자식 노드는 다음의 특징을 갖는다.

> "하나뿐인 자식 노드는 왼쪽 자식 노드이다. 그리고 힙의 마지막 노드이다."

따라서 위의 연산문을 통해서 자식 노드가 하나인 상황을 판별할 수 있는 것이다. 만약에 필자의 지금 이 설명이 이해되지 않는다면 [그림 09-11]을 참고하기 바란다. 도움이 될 것이다.

그럼 지금 설명한 GetHiPriChildIDX 함수와 관련이 있는 HDelete 함수를 소개하겠다. 참고로 HInsert 함수를 소개하는 것이 먼저라고 생각할 수 있지만, 앞서 우리는 삽입과 삭제의 방법을 모두 정리했으므로 순서에 연연할 필요가 없다.
혹시 HDelete 함수를 분석해 보았는가? 그렇다면 [그림 09-8]에서부터 [그림 09-11]까지 소개한 삭제의 방법과 HDelete 함수의 구현 내용에 차이가 있어서 조금 당황했을 수도 있다. 하지만 이 정도의 변화는 '사실상 같은 것'으로 간주된다. 여기서 말하는 약간의 변화는 다음 수준의 변화이기 때문이다.

> "이곳에 잠시 저장해 봤자 곧 다른 곳으로 이동을 시켜야 하니, 조금 있다가 그 다른 곳에 그냥 저장을 하자."

그럼 HDelete 함수의 구현 부를 보기 이전에, 앞서 그림을 통해 설명한 노드의 삭제과정을 다시 한번 관찰하자. 그리하여 다음 사실을 파악하기 바란다.

> "힙의 마지막 노드를 루트 노드의 위치에 올린 다음에, 자식 노드와의 비교과정을 거치면서 아래로 내린다. 자신의 위치를 찾을 때까지 내린다."

따라서 우리는 다음과 같이 판단할 수 있다.

> "루트 노드로 올려진 마지막 노드는 자신의 위치를 찾을 때까지 아래로 이동하면서 자신의 위치를 찾아간다. 하지만 이러한 빈번한 이동을 코드에 그대로 담을 필요는 없다. 최종 목적지가 결정되면 단 번에 그리로 옮기면 된다."

앞서 보인 HDelete 함수는 이러한 생각을 반영하여 구현하였다. 때문에 그림을 통해서 설명한 삭제의 방법과 차이가 있다고 생각할 수 있지만 사실은 같은 것이다. 그럼 이어서 구현의 이해를 돕는 주석을 포함하여 HDelete 함수를 다시 한번 보이겠다.

```c
HData HDelete(Heap * ph)
{
    HData retData = (ph->heapArr[1]).data;      // 반환을 위해서 삭제할 데이터 저장
    HeapElem lastElem = ph->heapArr[ph->numOfData];    // 힙의 마지막 노드 저장

    // 아래의 변수 parentIdx에는 마지막 노드가 저장될 위치정보가 담긴다.
    int parentIdx = 1;    // 루트 노드가 위치해야 할 인덱스 값 저장
    int childIdx;

    // 루트 노드의 우선순위가 높은 자식 노드를 시작으로 반복문 시작
    while(childIdx = GetHiPriChildIDX(ph, parentIdx))
    {
        if(lastElem.pr <= ph->heapArr[childIdx].pr)    // 마지막 노드와 우선순위 비교
            break;       // 마지막 노드의 우선순위가 높으면 반복문 탈출!

        // 마지막 노드보다 우선순위 높으니, 비교대상 노드의 위치를 한 레벨 올림
        ph->heapArr[parentIdx] = ph->heapArr[childIdx];
        parentIdx = childIdx;       // 마지막 노드가 저장될 위치정보를 한 레벨 내림
    }      // 반복문 탈출하면 parentIdx에는 마지막 노드의 위치정보가 저장됨

    ph->heapArr[parentIdx] = lastElem;     // 마지막 노드 최종 저장
    ph->numOfData -= 1;
    return retData;
}
```

위의 함수에서 다음 사실만 파악하면 앞서 그림을 통해 설명한 삭제의 과정과 '사실상 같은 것'이 아니라 '그냥 같은 것'임을 알 수 있을 것이다.

"함수 HDelete에서는 마지막 노드가 있어야 할 위치를 parentIdx에 저장된 인덱스 값을 갱신해가며 찾아가고 있다."

HDelete 함수가 호출되면서 변수 parentIdx는 1로 초기화된다. 그런데 1은 루트 노드의 인덱스 값이므로, 변수 parentIdx가 1로 초기화 된 이 상황을 마지막 노드를 루트 노드로 옮긴 상황으로 간주할 수 있다.
그리고 while 반복문의 끝에 위치한 다음 두 문장의 실행은, 루트 노드로 옮겨진 마지막 노드와 우선순위가 높은 자식 노드와의 교환이 이뤄지는 상황으로 간주할 수 있다.

```
    // childIdx에 위치한 노드를 부모 노드의 위치로 올림, 실제로 올린다.
    ph->heapArr[parentIdx] = ph->heapArr[childIdx];

    // parentIdx에 위치한 노드를 자식 노드의 위치로 내림, 실제로 내리진 않는다.
    parentIdx = childIdx;
```

이렇듯 올릴 땐 실제로 올리고, 내릴 땐 실제로 내리지 않으면서 그 위치정보만 갱신하는 이유를 재차 설명할 필요는 없을 것이다.

❏ 원리 이해 중심의 힙 구현: HInsert 함수에 대한 설명 중심으로

HDelete 함수의 정의를 이해하였는가? 특히 앞서 설명한 삭제의 과정과 사실상 같은 것임을 설명할 수 있을 정도가 되었는가? 그렇다면 HInsert 함수는 쉽게 이해할 수 있다. 유사한 성격의 함수이기 때문이다. 그럼 앞서 설명한 삽입의 과정을 정리해 보겠다.

> "새로운 데이터는 우선순위가 제일 낮다는 가정하에서 '마지막 위치'에 저장합니다. 그리고는 우선순위의 비교를 통해서 자신의 위치를 찾을 때까지 위로 올립니다."

HDelete 함수를 구현할 때와 마찬가지로 HInsert 함수를 구현할 때에도, 새로운 데이터가 담긴 노드를 이리저리 이동시킬 필요가 없다. 새로운 노드가 있어야 할 위치의 인덱스 값만 유지를 해도 된다. 그럼 주석을 포함한 함수의 정의를 보이겠다.

```
void HInsert(Heap * ph, HData data, Priority pr)
{
    int idx = ph->numOfData+1;      // 새 노드가 저장될 인덱스 값을 idx에 저장
    HeapElem nelem = {pr, data};    // 새 노드의 생성 및 초기화

    // 새 노드가 저장될 위치가 루트 노드의 위치가 아니라면 while문 반복
    while(idx != 1)
    {
        // 새 노드와 부모 노드의 우선순위 비교
        if(pr < (ph->heapArr[GetParentIDX(idx)].pr))    // 새 노드의 우선순위 높다면
        {
            // 부모 노드를 한 레벨 내림, 실제로 내림
            ph->heapArr[idx] = ph->heapArr[GetParentIDX(idx)];

            // 새 노드를 한 레벨 올림, 실제로 올리지는 않고 인덱스 값만 갱신
            idx = GetParentIDX(idx);
        }
        else        // 새 노드의 우선순위가 높지 않다면
```

```
            break;
    }

    ph->heapArr[idx] = nelem;      // 새 노드를 배열에 저장
    ph->numOfData += 1;
}
```

위의 함수에서도 새로운 노드가 저장되어야 할 위치 정보를 변수 idx를 통해서 계속 갱신해 나가고 있다. 따라서 앞서 그림을 통해서 설명한 노드의 삽입과정을 그대로 코드로 옮긴 것으로 볼 수 있다.

❏ 완성한 힙의 실행을 위한 main 함수! 그리고 반성!

완성된 힙의 테스트를 위한 main 함수와 그 실행결과를 보이겠다. 그리고 나서 개선할 부분에 대해 논의하고자 한다.

❖ SimpleHeapMain.c

```
1.  #include <stdio.h>
2.  #include "SimpleHeap.h"
3.
4.  int main(void)
5.  {
6.      Heap heap;
7.      HeapInit(&heap);                    // 힙의 초기화
8.
9.      HInsert(&heap, 'A', 1);             // 문자 'A'를 최고의 우선순위로 저장
10.     HInsert(&heap, 'B', 2);             // 문자 'B'를 두 번째 우선순위로 저장
11.     HInsert(&heap, 'C', 3);             // 문자 'C'를 세 번째 우선순위로 저장
12.     printf("%c \n", HDelete(&heap));
13.
14.     HInsert(&heap, 'A', 1);             // 문자 'A' 한 번 더 저장!
15.     HInsert(&heap, 'B', 2);             // 문자 'B' 한 번 더 저장!
16.     HInsert(&heap, 'C', 3);             // 문자 'C' 한 번 더 저장!
17.     printf("%c \n", HDelete(&heap));
18.
19.     while(!HIsEmpty(&heap))
20.         printf("%c \n", HDelete(&heap));
21.
22.     return 0;
23. }
```

✤ 실행결과: SimpleHeap.h, SimpleHeap.c, SimpleHeapMain.c

```
command prompt
A
A
B
B
C
C
```

실행결과는 우선순위가 높은 문자들이 먼저 꺼내졌음을 증명하고 있다. 그렇다면 우리가 구현한 위의 힙은 좋은 평가를 받을만한 수준일까? 우리가 구현한 힙이 딱 어울릴만한 상황에서는 좋은 평가를 기대할 수도 있다. 하지만 일반적인 상황에서도 좋은 평가를 기대하기에는 몇 가지 부족한 점이 존재한다. 그리고 그 부족한 점을 다음 구조체의 정의에서 우선 발견할 수 있다.

```
typedef struct _heapElem
{
    Priority pr;       // typedef int Priority
    HData data;        // typedef char HData
} HeapElem;
```

위의 구조체는 힙을 이루는 노드를 표현한 것인데, 이 구조체의 멤버로 우선순위 정보를 담는 변수가 선언되어 있다. 바로 이것이 문제로 지적될 수 있는 부분이다. 그럼 이번에는 문제로 지적될 수 있는 또 다른 함수의 선언을 보이겠다.

```
void HInsert(Heap * ph, HData data, Priority pr);      // 우선순위 정보도 넘겨라!
```

이러한 함수의 선언이 뜻하는 바는 다음과 같다. 함수가 다음과 같이 이야기하는 것과 다름이 없다.

 "데이터를 입력하기 전에 너희가 알아서 우선순위를 결정하고 그 값을 전달해줘야 해!"

그러면 우리는 다음과 같이 항변해야 한다. 그렇지 않고 그냥 순응하고 받아들이는 것은 문제가 있다.

 "우선순위라는 것이 데이터를 기준으로 결정되는 경우가 대부분인데, 우선순위의 결정 기준을 알려달라는 것도 아니고, 우선순위를 직접 결정해서 알려달라고? 그것도 숫자로? 이거 매우 불편하겠는데!"

위와 같은 불만의 등장은 당연한 것이다. 그럼 이러한 종류의 불만을 근본적으로 해결하기 위해서는 우리가 구현한 힙을 어떻게 바꿔야 하는 것일까?

제법 쓸만한 수준의 힙 구현: 힙의 변경

앞서 구현한 힙의 문제점을 이해하였는가? 그럼 그 문제의 해결을 위한 요구사항을 다음 한 문장으로 정리할 수 있다.

"프로그래머가 우선순위의 판단 기준을 힙에 설정할 수 있어야 합니다."

프로그래머가 우선순위의 판단 기준을 힙에 설정할 수 있다는 것은, 힙의 적용 범위와 활용 방법이 넓어짐을 의미한다. 따라서 필자는 앞서 힙의 구현을 위한 구조체를 다음과 같이 정의하였는데,

```
typedef struct _heapElem
{
    Priority pr;
    HData data;
} HeapElem;

typedef struct _heap
{
    int numOfData;
    HeapElem heapArr[HEAP_LEN];
} Heap;
```

우선순위의 판단 기준을 힙에 설정할 수 있어야 한다는 요구사항을 만족하기 위해서, 이 둘을 다음과 같이 하나의 구조체로 대신하고자 한다.

```
typedef struct _heap
{
    PriorityComp * comp;     // typedef int (*PriorityComp)(HData d1, HData d2);
    int numOfData;
    HData heapArr[HEAP_LEN];  // typedef char HData;
} Heap;
```

가장 큰 변화는 구조체 HeapElem이 사라진 점이다. HeapElem은 데이터와 우선순위를 하나로 묶기 위한 구조체였는데, 이 중에서 우선순위를 저장하는 멤버를 완전히 없앴기 때문에 더 이상 HeapElem이 존재할 이유가 사라진 것이다. 대신에 구조체 Heap에는 다음 멤버가 추가되었다.

```
PriorityComp * comp;     // typedef int (*PriorityComp)(HData d1, HData d2);
```

이는 함수 포인터 변수이다. 두 개의 데이터를 대상으로 우선순위의 높고 낮음을 판단하는 함수를 등록하기 위한 포인터 변수이다. 물론 여기에 등록할 함수는 프로그래머가 직접 정의해야 한다. 따라서 이 함수를 정의하는 방법에 대한 가이드라인이 제시되어야 한다. 이에 필자가 여러분을 대신해서 다음과 같이 가

이드라인을 작성하였다.

- PriorityComp의 typedef 선언은 다음과 같다.
    ```
    typedef int (*PriorityComp)(HData d1, HData d2);
    ```
- 첫 번째 인자의 우선순위가 높다면, 0보다 큰 값이 반환되도록 정의한다.
- 두 번째 인자의 우선순위가 높다면, 0보다 작은 값이 반환되도록 정의한다.
- 첫 번째, 두 번째 인자의 우선순위가 동일하다면, 0이 반환되도록 정의한다.

위의 typedef 선언은 함수의 반환형과 매개변수의 선언을 어떻게 해야 하는지 알려준다. 이제 프로그래머는 위의 내용을 근거로, 데이터간 우선순위의 비교에 사용될 함수를 정의해서 힙에 등록해야 한다. 따라서 힙의 초기화 함수는 다음과 같이 수정되어야 한다.

```
void HeapInit(Heap * ph, PriorityComp pc)
{
    ph->numOfData = 0;
    ph->comp = pc;          // 우선순위 비교에 사용되는 함수의 등록
}
```

더불어, HInsert 함수를 호출하면서 우선순위 정보를 직접 전달하지 않기 때문에 이 함수의 원형도 다음과 같이 변경되어야 한다.

```
void HInsert(Heap * ph, HData data);
```

이렇게 변경되면, 프로그래머는 우선순위 값을 직접 계산할 필요가 없다. 그저 요구대로 우선순위를 비교하는, 기준이 되는 함수만 정의해서 등록하면 된다.

제법 쓸만한 수준의 힙 구현: 힙의 변경사항 완성하기

앞서 지적한 변경사항을 토대로 나머지 부분을 변경하는 일만 남았다. 실제 변경해야 하는 함수는 먼저 소개한 HeapInit 함수를 제외하고 다음 세 함수가 전부이다.

- int GetHiPriChildIDX(Heap * ph, int idx);
- void HInsert(Heap * ph, HData data);
- HData HDelete(Heap * ph);

변경 포인트는 우선순위의 비교를 위해서 사용된, 대소 비교 연산자가 존재하는 문장들이다. 그럼 이어서 변경된 힙의 헤더파일과 소스파일을 소개하겠다.

❖ UsefulHeap.h

```
1.  #ifndef __USEFUL_HEAP_H__
2.  #define __USEFUL_HEAP_H__
3.
4.  #define TRUE     1
5.  #define FALSE    0
6.
7.  #define HEAP_LEN   100
8.
9.  typedef char HData;
10. typedef int (*PriorityComp)(HData d1, HData d2);
11.
12. typedef struct _heap
13. {
14.     PriorityComp * comp;
15.     int numOfData;
16.     HData heapArr[HEAP_LEN];
17. } Heap;
18.
19. void HeapInit(Heap * ph, PriorityComp pc);
20. int HIsEmpty(Heap * ph);
21.
22. void HInsert(Heap * ph, HData data);
23. HData HDelete(Heap * ph);
24.
25. #endif
```

이어서 소스파일을 소개할 텐데, 변경되지 않은 함수의 몸체 부분은 생략하였다. 그리고 변경된 문장의 경우, 변경 이전의 문장도 함께 싣고 이를 주석 처리하여 구분을 도왔다.

❖ UsefulHeap.c

```
1.  #include "UsefulHeap.h"
2.
3.  void HeapInit(Heap * ph, PriorityComp pc)
4.  {
5.      ph->numOfData = 0;
6.      ph->comp = pc;
7.  }
8.
9.  int HIsEmpty(Heap * ph) { . . 동일 . . }
10.
11. int GetParentIDX(int idx) { . . 동일 . . }
12.
```

```
13. int GetLChildIDX(int idx) { . . 동일 . . }
14.
15. int GetRChildIDX(int idx) { . . 동일 . . }
16.
17. int GetHiPriChildIDX(Heap * ph, int idx)
18. {
19.     if(GetLChildIDX(idx) > ph->numOfData)
20.         return 0;
21.
22.     else if(GetLChildIDX(idx) == ph->numOfData)
23.         return GetLChildIDX(idx);
24.
25.     else
26.     {
27.     //  if(ph->heapArr[GetLChildIDX(idx)].pr
28.     //             > ph->heapArr[GetRChildIDX(idx)].pr)
29.         if(ph->comp(ph->heapArr[GetLChildIDX(idx)],
30.                     ph->heapArr[GetRChildIDX(idx)]) < 0)
31.             return GetRChildIDX(idx);
32.         else
33.             return GetLChildIDX(idx);
34.     }
35. }
36.
37. void HInsert(Heap * ph, HData data)
38. {
39.     int idx = ph->numOfData+1;
40.
41.     while(idx != 1)
42.     {
43.     //  if(pr < (ph->heapArr[GetParentIDX(idx)].pr))
44.         if(ph->comp(data, ph->heapArr[GetParentIDX(idx)]) > 0)
45.         {
46.             ph->heapArr[idx] = ph->heapArr[GetParentIDX(idx)];
47.             idx = GetParentIDX(idx);
48.         }
49.         else
50.         {
51.             break;
52.         }
53.     }
54.
55.     ph->heapArr[idx] = data;
56.     ph->numOfData += 1;
57. }
58.
59. HData HDelete(Heap * ph)
```

```
60.    {
61.        HData retData = ph->heapArr[1];
62.        HData lastElem = ph->heapArr[ph->numOfData];
63.
64.        int parentIdx = 1;
65.        int childIdx;
66.
67.        while(childIdx = GetHiPriChildIDX(ph, parentIdx))
68.        {
69.            //  if(lastElem.pr <= ph->heapArr[childIdx].pr)
70.            if(ph->comp(lastElem, ph->heapArr[childIdx]) >= 0)
71.                break;
72.
73.            ph->heapArr[parentIdx] = ph->heapArr[childIdx];
74.            parentIdx = childIdx;
75.        }
76.
77.        ph->heapArr[parentIdx] = lastElem;
78.        ph->numOfData -= 1;
79.        return retData;
80.    }
```

마지막으로 main 함수와 그 실행결과를 소개하겠다. 여기서 주목할 것은 우선순위 비교에 사용되는 함수를 직접 정의하고 이를 힙에 등록하는 부분이다.

✤ UsefulHeapMain.c

```
1.  #include <stdio.h>
2.  #include "UsefulHeap.h"
3.
4.  int DataPriorityComp(char ch1, char ch2)       // 우선순위 비교함수
5.  {
6.      return ch2-ch1;
7.  //  return ch1-ch2;
8.  }
9.
10. int main(void)
11. {
12.     Heap heap;
13.     HeapInit(&heap, DataPriorityComp);          // 우선순위 비교함수 등록
14.
15.     HInsert(&heap, 'A');
16.     HInsert(&heap, 'B');
17.     HInsert(&heap, 'C');
18.     printf("%c \n", HDelete(&heap));
```

```
19.
20.     HInsert(&heap, 'A');
21.     HInsert(&heap, 'B');
22.     HInsert(&heap, 'C');
23.     printf("%c \n", HDelete(&heap));
24.
25.     while(!HIsEmpty(&heap))
26.         printf("%c \n", HDelete(&heap));
27.
28.     return 0;
29. }
```

✤ 실행결과: UsefulHeap.h, UsefulHeap.c, UsefulHeapMain.c

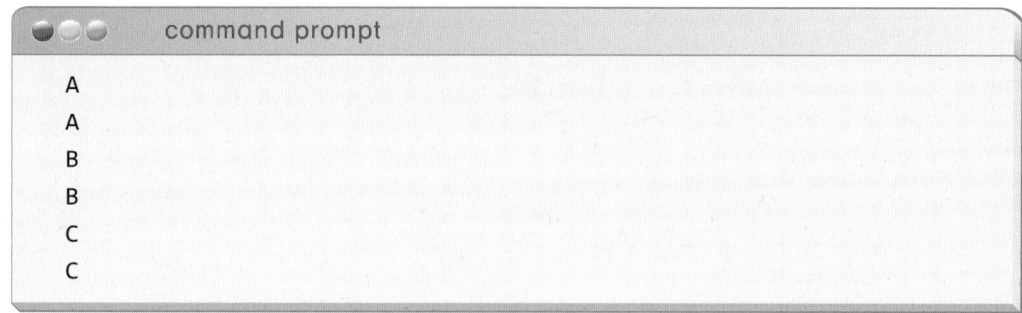

위의 소스파일에서 정의되어 있는 다음 함수를 보자.

```
int DataPriorityComp(char ch1, char ch2)
{
    return ch2-ch1;       // return ch1-ch2으로 변경하여 실행결과 확인하자.
}
```

이 함수는 첫 번째 인자로 전달된 문자의 아스키 코드 값이 작을 때 0보다 큰 값을 반환하도록 정의되었다. 그런데 이 함수를 정의하는 기준을 앞서 다음과 같이 결정하였다.

- 첫 번째 인자의 우선순위가 높다면, 0보다 큰 값이 반환되도록 정의한다.
- 두 번째 인자의 우선순위가 높다면, 0보다 작은 값이 반환되도록 정의한다.
- 첫 번째, 두 번째 인자의 우선순위가 동일하다면, 0이 반환되도록 정의한다.

따라서 이 함수의 우선순위 판단 기준은 다음과 같음을 알 수 있다.

"아스키 코드 값이 작은 문자의 우선순위가 더 높다!"

그런데 알파벳의 아스키 코드 값은 문자 'A'를 시작으로 문자 'Z'까지 1씩 증가하므로, 문자 'A'의 우선순위가 제일 높고 문자 'Z'의 우선순위가 제일 낮은 셈이다. 그리고 이러한 사실은 예제의 실행결과에서도 보여주고 있다.

제법 쓸만한 수준의 힙을 이용한 우선순위 큐의 구현

힙을 완성하였으니 이를 기반으로 우선순위 큐를 구현할 차례이다. 그런데 앞서 말했듯이 우선순위 큐를 고려하여 힙을 구현했기 때문에 사실상 우선순위 큐를 구현한 것이나 다름없다. 실제로 힙의 HInsert, HDelete 함수의 호출결과는 우선순위 큐의 enqueue, dequeue 연산결과와 일치한다. 상황이 이렇다 보니 이야기의 시작은 우선순위 큐로 하지만 힙을 구현하고 끝내는 경우를 종종 본다. 그래도 우리는 마무리를 하기로 하겠다. 먼저 우선순위 큐의 ADT를 정의하고 나서, 앞서 구현한 힙을 활용하여 우선순위 큐를 완성해 보겠다. 큰 의미를 부여하기는 어렵겠지만 말이다.

 우선순위 큐 자료구조의 ADT

Operations:

- void PQueueInit(PQueue * ppq, PriorityComp pc);
  - 우선순위 큐의 초기화를 진행한다.
  - 우선순위 큐 생성 후 제일 먼저 호출되어야 하는 함수이다.

- int PQIsEmpty(PQueue * ppq);
  - 우선순위 큐가 빈 경우 TRUE(1)을, 그렇지 않은 경우 FALSE(0)을 반환한다.

- void PEnqueue(PQueue * ppq, PQData data);
  - 우선순위 큐에 데이터를 저장한다. 매개변수 data로 전달된 값을 저장한다.

- PQData PDequeue(PQueue * ppq);
  - 우선순위가 가장 높은 데이터를 삭제한다.
  - 삭제된 데이터는 반환된다.
  - 본 함수의 호출을 위해서는 데이터가 하나 이상 존재함이 보장되어야 한다.

이어서 힙을 기반으로 구현한 우선순위 큐의 헤더파일과 소스파일, 그리고 main 함수까지 소개하면서 우선순위 큐와 힙에 대한 이야기를 마무리하겠다.

✤ PriorityQueue.h

```
1.  #ifndef __PRIORITY_QUEUE_H__
2.  #define __PRIORITY_QUEUE_H__
3.
4.  #include "UsefulHeap.h"
5.
6.  typedef Heap PQueue;
7.  typedef HData PQData;
8.
9.  void PQueueInit(PQueue * ppq, PriorityComp pc);
10. int PQIsEmpty(PQueue * ppq);
11.
12. void PEnqueue(PQueue * ppq, PQData data);
13. PQData PDequeue(PQueue * ppq);
14.
15. #endif
```

✤ PriorityQueue.c

```
1.  #include "PriorityQueue.h"
2.  #include "UsefulHeap.h"
3.
4.  void PQueueInit(PQueue * ppq, PriorityComp pc)
5.  {
6.      HeapInit(ppq, pc);
7.  }
8.
9.  int PQIsEmpty(PQueue * ppq)
10. {
11.     return HIsEmpty(ppq);
12. }
13.
14. void PEnqueue(PQueue * ppq, PQData data)
15. {
16.     HInsert(ppq, data);
17. }
18.
19. PQData PDequeue(PQueue * ppq)
20. {
21.     return HDelete(ppq);
22. }
```

✤ PriorityQueueMain.c

```
1.   #include <stdio.h>
2.   #include "PriorityQueue.h"
3.
4.   int DataPriorityComp(char ch1, char ch2)
5.   {
6.       return ch2-ch1;
7.   }
8.
9.   int main(void)
10.  {
11.      PQueue pq;
12.      PQueueInit(&pq, DataPriorityComp);
13.
14.      PEnqueue(&pq, 'A');
15.      PEnqueue(&pq, 'B');
16.      PEnqueue(&pq, 'C');
17.      printf("%c \n", PDequeue(&pq));
18.
19.      PEnqueue(&pq, 'A');
20.      PEnqueue(&pq, 'B');
21.      PEnqueue(&pq, 'C');
22.      printf("%c \n", PDequeue(&pq));
23.
24.      while(!PQIsEmpty(&pq))
25.          printf("%c \n", PDequeue(&pq));
26.
27.      return 0;
28.  }
```

✤ 실행결과: UsefulHeap.h, UsefulHeap.c, PriorityQueue.h, PriorityQueue.c, PriorityQueueMain.c

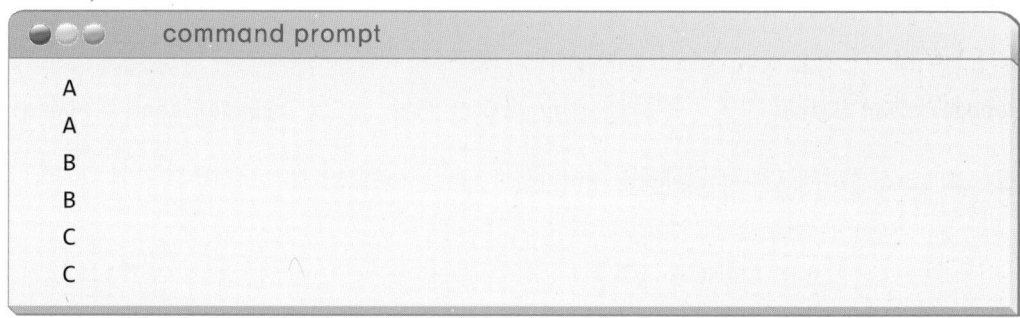

문제 09-1 [우선순위 큐의 활용]

우선순위 큐를 이용해서 다수의 문자열을 저장하고, 저장된 문자열을 꺼내어 출력하는 프로그램을 작성해보자. 단 힙에 저장되는 문자열은 길이가 짧을수록 우선순위가 높다고 가정한다.

[09]   프로그래밍 문제의 답안

❏ 문제 09-1의 답안

본 문제는 앞서 구현한 힙과 이를 기반으로 구현된 우선순위 큐를 이용해서 해결해야 한다. 따라서 다음 네 개의 파일을 하나의 프로젝트 안에 담아야 한다.

- 힙의 구현결과   UsefulHeap.h, UsefulHeap.c
- 우선순위 큐의 구현결과   PriorityQueue.h, PriorityQueue.c

그리고 우선순위 큐의 저장 대상이 문자열인 관계로 헤더파일 UsefulHeap.h의 typedef 선언을 다음과 같이 변경해야 한다.

    typedef char HData;   (변경된 typedef 선언) ▶   typedef char * HData;

마지막으로 main 함수를 담은 소스파일을 제시하겠다. 여기서 중요한 것은 우선순위 큐에 등록할 '우선순위 비교함수의 정의'이다.

✣ PQStringMain.c

```c
1.  #include <stdio.h>
2.  #include <string.h>
3.  #include "PriorityQueue.h"
4.
5.  int DataPriorityComp(char * str1, char * str2)
6.  {
7.      return strlen(str2) - strlen(str1);
8.  }
9.
10. int main(void)
11. {
12.     PQueue pq;
13.     PQueueInit(&pq, DataPriorityComp);
14.
15.     PEnqueue(&pq, "Good morning");
16.     PEnqueue(&pq, "I am a boy");
17.     PEnqueue(&pq, "Priority Queue");
18.     PEnqueue(&pq, "Do you like coffee");
19.     PEnqueue(&pq, "I am so happy");
20.
21.     while(!PQIsEmpty(&pq))
22.         printf("%s \n", PDequeue(&pq));
23.
24.     return 0;
25. }
```

Chapter 10

정렬(Sorting)

[10-1] 단순한 정렬 알고리즘

이번 Chapter에서는 각종 정렬 알고리즘을 소개하고자 한다. 그런데 이번 Chapter에서 소개하는 알고리즘을 코드 레벨에서 분석만 한다면 지루할 수 있다. 이보다는 각각의 알고리즘이 갖는 특징에 관심을 두고 공부하는 것이 기억에도 오래 남고 더 의미가 있을 것이다.

■ 버블 정렬(Bubble Sort): 이해와 구현

버블 정렬은 정렬의 대명사로 알려져 있는, 이미 여러분이 알고 있을만한 정렬방법이다. 그만큼 이해하기도 구현하기도 쉽다. 물론 이해와 구현이 쉬운 만큼 성능에는 아쉬움이 있다. 그림 3, 2, 4, 1이 순서대로 저장된 다음 그림의 배열을 '오름차순(값이 클수록 뒤에 위치시키는 방법)'으로 정렬하는 과정을 보이면서 버블 정렬의 과정을 소개하겠다. 다음 그림에서는 버블 정렬의 첫 번째 단계를 보이고 있다.

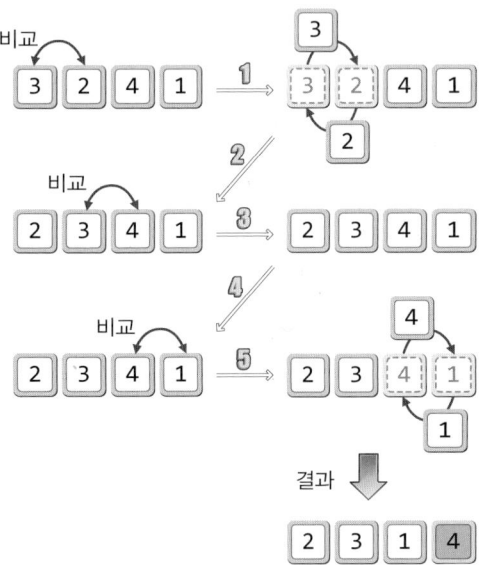

▶ [그림 10-1: 버블 정렬의 과정 1/3]

위 그림에서 보이듯이, 버블 정렬은 인접한 두 개의 데이터를 비교해가면서 정렬을 진행하는 방식이다. 두 데이터를 비교하여, 정렬순서상 위치가 바뀌어야 하는 경우에 두 데이터의 위치를 바꿔나간다. 즉 위 그림에서 보이는 작업은 다음과 같이 말할 수 있다.

"정렬의 우선순위가 가장 낮은, 제일 큰 값을 맨 뒤로 보내기!"

따라서 위의 과정을 한차례 진행했다고 해서 정렬이 완료되는 것이 아니다. 그럼 이어서 무엇을 해야 할까? '두 번째로 큰 값을 맨 뒤에서 한 칸 앞으로 보내기'를 해야 한다. 다음 그림에서 보이듯이 말이다.

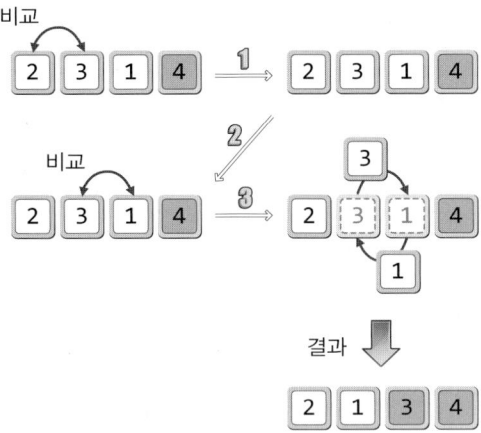

▶ [그림 10-2: 버블 정렬의 과정 2/3]

위 그림에서는 정렬이 완료된, 배열의 끝에 위치한 데이터를 제외하고 나머지를 대상으로 비교와 교환을 진행하였다. 그 결과 두 번째로 큰 값이 맨 뒤에서 한 칸 앞에 위치하게 되었다. 이로써 두 개의 데이터만 더 정렬을 하면 완전히 정렬된 상태가 된다. 그림 다음 단계를 진행해보자.

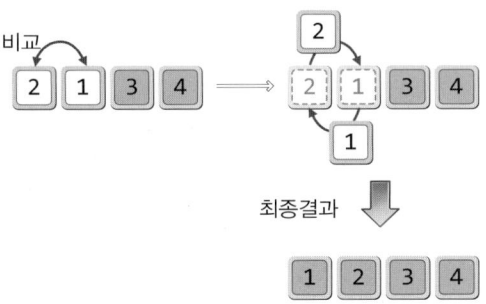

▶ [그림 10-3: 버블 정렬의 과정 3/3]

위 그림에서 보이듯이 2와 1의 위치를 바꿈으로써 정렬이 완료되었다. 그런데 왜 이름이 버블 정렬일까? 앞에서부터 순서대로 비교하고 교환하는 일련의 과정이 거품이 일어나는 모습에 비유되어 버블 정렬이라 이름 지어진 것이다. 그럼 이어서 버블 정렬의 구현의 예를 보이겠다.

✤ BubbleSort.c

```c
1.  #include <stdio.h>
2.
3.  void BubbleSort(int arr[], int n)
4.  {
5.      int i, j;
6.      int temp;
7.
8.      for(i=0; i<n-1; i++)
9.      {
10.         for(j=0; j<(n-i)-1; j++)
11.         {
12.             if(arr[j] > arr[j+1])
13.             {
14.                 // 데이터의 교환 /////
15.                 temp = arr[j];
16.                 arr[j] = arr[j+1];
17.                 arr[j+1] = temp;
18.             }
19.         }
20.     }
21. }
22.
23. int main(void)
24. {
25.     int arr[4] = {3, 2, 4, 1};
26.     int i;
27.
28.     BubbleSort(arr, sizeof(arr)/sizeof(int));
29.
30.     for(i=0; i<4; i++)
31.         printf("%d ", arr[i]);
32.
33.     printf("\n");
34.     return 0;
35. }
```

✤ 실행결과: BubbleSort.c

```
command prompt

1 2 3 4
```

위의 코드에서는 버블 정렬을 구성하는 두 for문의 반복조건이 핵심이다. 따라서 바깥쪽 for문의 반복조건과 안쪽 for문의 반복조건에 대해서 대략적인 이해가 아니라 정확한 이해가 필요하다.

버블 정렬(Bubble Sort): 성능평가

정렬 알고리즘의 성능은 다음 두 가지를 근거로 판단하는 것이 일반적이다. '비교연산'과 데이터의 이동을 위한 '대입연산'이 정렬과정의 핵심연산이기 때문이다.

- 비교의 횟수   두 데이터간의 비교연산의 횟수
- 이동의 횟수   위치의 변경을 위한 데이터의 이동횟수

실제로 시간 복잡도에 대한 빅-오를 결정하는 기준은 '비교의 횟수'이다. 하지만 '이동의 횟수'까지 살펴보면 동일한 빅-오의 복잡도를 갖는 알고리즘간의 세밀한 비교가 가능하다. 버블 정렬의 비교횟수는 다음 반복문 안에 위치한 if문의 실행 횟수를 기준으로 계산할 수 있다.

```
for(i=0; i<n-1; i++)
{
    for(j=0; j<(n-i)-1; j++)
    {
        if(arr[j] > arr[j+1]) { . . . . }    // 비교연산이 발생하는 장소
    }
}
```

하지만 이 경우는 [그림 10-1] ~ [그림 10-3]에서 보인 알고리즘의 동작 방식을 근거로 비교의 횟수를 계산하는 것이 훨씬 간단하다. 앞서 우리는 배열에 담긴 4개의 데이터를 3단계에 걸쳐서 정렬하지 않았는가? 그 때 단계별로 진행된 비교의 횟수를 더한 결과는 3+2+1이었다. 이렇듯 버블 정렬에서 데이터의 수가 n개일 때 진행이 되는 비교의 횟수는 다음과 같다.

$(n-1) + (n-2) + . . . + 2 + 1$

그리고 이는 고등학교 때 배운 등차수열의 합에 해당하므로 다음과 같이 정리가 된다.

$$\sum_{i=1}^{n-1} i = \frac{n(n-1)}{2} = \frac{n^2-n}{2}$$

따라서 버블 정렬의 비교연산에 대한 빅-오는 최악의 경우와 최선의 경우 구분 없이 다음과 같다.

$O(n^2)$

단순히 보면 반복문이 중첩되어 있을 뿐인데, 이렇듯 실제 활용하기 부담스러운 정도의 성능을 보인다. 그렇다면 데이터의 이동횟수(교환횟수)는 어떨까? 이는 최선의 경우와 최악의 경우가 구분이 된다. 데이

터가 이미 정렬되어 있는 상태라면 데이터의 이동이(교환이) 한 번도 일어나지 않지만, 반대로 정렬기준의 역순으로 저장된 상태라면 비교의 횟수와 이동의 횟수가(교환의 횟수가) 일치하기 때문이다. 따라서 데이터 이동연산에 대한 빅-오는 최악의 경우를 기준으로 하여 다음과 같이 판단한다.

$$O(n^2)$$

사실 최악의 경우, 버블 정렬의 데이터 이동횟수는 비교횟수보다 3배 더 많다. 값의 교환 과정에서 대입연산이 3회 진행되기 때문이다. 하지만 빅-오를 판단하는 과정에서는 이를 무시한다.

선택 정렬(Selection Sort): 이해와 구현

이번에 소개하는 선택 정렬은 버블 정렬보다도 쉽고 간단한 알고리즘이다. 다음 그림에서 1, 2, 4, 3이 나란히 저장된 배열의 오름차순 정렬과정을 보이는데, 이 그림만 봐도 이해할 수 있을 정도로 간단하다.

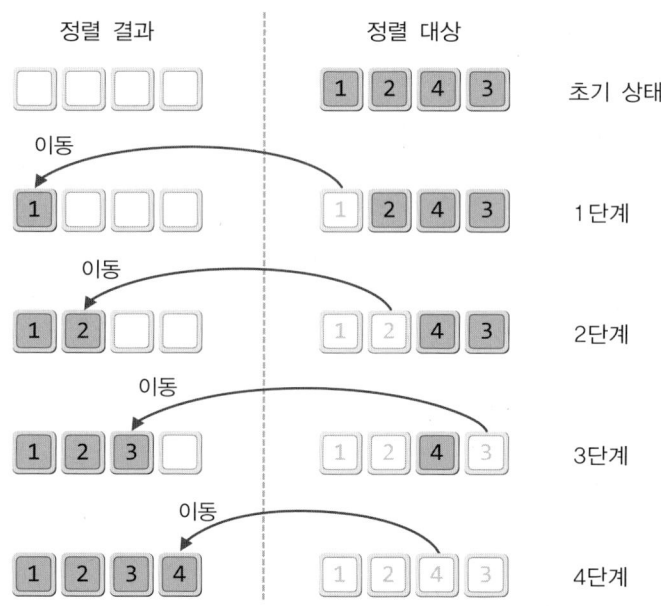

▶ [그림 10-4: 선택 정렬의 과정]

위 그림에서 보이듯이 선택 정렬은 정렬순서에 맞게 하나씩 선택해서 옮기는, 옮기면서 정렬이 되게 하는 알고리즘이다.

"그럼 선택 정렬은 정렬결과를 담을 별도의 메모리 공간이 필요하겠네요."

위 그림에서 보이는 대로 진행을 한다면 별도의 메모리 공간이 필요하다. 하지만 데이터를 하나 옮길 때마다 공간이 하나씩 비게 된다는 사실을 기반으로, 다음 그림에서 보이는 바와 같이 알고리즘을 개선시키면 별도의 메모리 공간을 마련할 필요가 없다. 그림 3, 4, 2, 1의 정렬과정을 보이는 다음 그림을 보자.

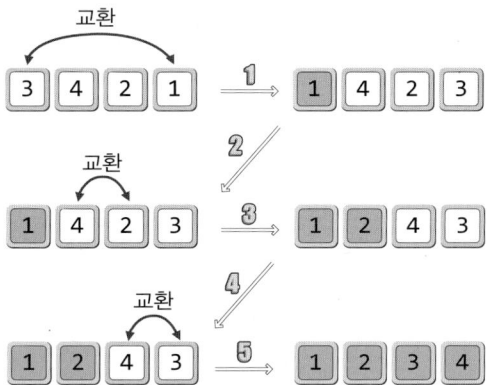

▶ [그림 10-5: 개선된 선택 정렬의 과정]

위의 그림에서는 '교환'이라는 표현을 사용하고 있지만, 의미상 적절한 표현은 아니다. 따라서 다음과 같이 이해할 필요가 있다.

"정렬순서상 가장 앞서는 것을 선택해서 가장 왼쪽으로 이동시키고, 원래 그 자리에 있던 데이터는 빈 자리에 가져다 놓는다."

그래! 결론적으로는 교환이 맞다. 하지만 '빈 자리를 활용하는 과정에서 비롯된 교환'이란 사실을 이해하기 바란다. 그렇지 않으면 [그림 10-4]와 [그림 10-5]에서 보인 두 알고리즘은 서로 다른 알고리즘처럼 느껴질 수 있으니 말이다. 그럼 이어서 선택 정렬의 구현의 예를 보이되, 개선된 선택 정렬의 예를 보이겠다.

❖ SelectionSort.c

```
1.  #include <stdio.h>
2.
3.  void SelSort(int arr[], int n)
4.  {
5.      int i, j;
6.      int maxIdx;
7.      int temp;
8.
9.      for(i=0; i<n-1; i++)
10.     {
11.         maxIdx = i;
12.
13.         for(j=i+1; j<n; j++)        // 최솟값 탐색
```

```
14.         {
15.             if(arr[j] < arr[maxIdx])
16.                 maxIdx = j;
17.         }
18.
19.         // 교 환 ///////
20.         temp = arr[i];
21.         arr[i] = arr[maxIdx];
22.         arr[maxIdx] = temp;
23.     }
24. }
25.
26. int main(void)
27. {
28.     int arr[4] = {3, 4, 2, 1};
29.     int i;
30.
31.     SelSort(arr, sizeof(arr)/sizeof(int));
32.
33.     for(i=0; i<4; i++)
34.         printf("%d ", arr[i]);
35.
36.     printf("\n");
37.     return 0;
38. }
```

✤ 실행결과: SelectionSort.c

```
command prompt

1 2 3 4
```

선택 정렬(Selection Sort): 성능평가

선택 정렬의 코드만 봐도 버블 정렬과 성능상 큰 차이가 없음을 알 수 있다. 그럼 비교횟수의 확인을 위해서 선택 정렬의 일부인 다음 반복문을 보자.

```
for(i=0; i<n-1; i++)
{
    maxIdx = i;
```

```
        for(j=i+1; j<n; j++)
        {
            if(arr[j] < arr[maxIdx])     // 선택 정렬의 비교연산
                maxIdx = j;
        }
        . . . . .
}
```

위의 코드에서 바깥쪽 for문의 i가 0일 때 안쪽 for문의 j는 1부터 $n-1$까지 증가하여 선택 정렬의 비교연산은 $n-1$회 진행된다. 그리고 바깥쪽 for문의 i가 1일 때는 안쪽 for문의 j가 2부터 $n-1$까지 증가하여 선택 정렬의 비교연산은 $n-2$회 실행된다. 즉 비교연산의 횟수는 다음과 같이 정리가 가능하다.

$(n-1) + (n-2) + . . . + 2 + 1$

그런데 이는 버블 정렬의 경우와 똑같다! 따라서 선택 정렬의 빅-오 역시 최악의 경우와 최선의 경우 구분 없이 다음과 같다.

$O(n^2)$

언뜻 생각하기엔 버블 정렬보다 나은 성능을 보장할 것처럼 보였는데, 비교횟수를 기준으로 보면 차이가 없음을 알 수 있다. 그렇다면 데이터의 이동횟수도 버블 정렬과 차이가 없을까? 아니다 여기에는 제법 차이가 있다.
버블 정렬이나 선택 정렬이나 데이터의 교환을 위한 세 번의 대입연산이 다음과 같은 유형으로 진행된다.

```
temp = A;
A = B;
B = temp;
```

하지만 존재하는 위치가 다르다. 버블 정렬의 경우에는 안쪽 for문에 속해있다. 반면 선택 정렬의 경우에는 바깥쪽 for문에 속해있다. 때문에 선택 정렬의 경우 $n-1$회의 교환이 이뤄지므로 데이터의 이동횟수는 이의 세 배인 $3(n-1)$이 된다. 따라서 선택 정렬의 데이터 이동연산에 대한(대입연산에 대한) 빅-오는, 최악의 경우와 최선의 경우 구분 없이 다음과 같다.

$O(n)$

최악의 경우를 놓고 보면 버블 정렬보다 선택 정렬에 좋은 성능을 기대할 수 있겠지만, 버블 정렬은 최선의 경우에 단 한 번의 데이터 이동도 발생하지 않는다는 점과, 실제로 데이터들이 늘 최악의 상황으로 배치되지는 않는다는 사실을 감안하면, 이 둘의 우열을 가리는 것은 무의미하다고 할 수 있다.

삽입 정렬(Insertion Sort): 이해와 구현

이번에 소개하는 삽입 정렬은 보는 관점에 따라서 별도의 메모리를 필요로 하지 않는 '개선된 선택 정렬'과 유사하다고 느낄 수 있다. 하지만 전혀 다른 방법으로 정렬을 이뤄나간다. 이와 관련해서 다음 그림을 보자.

▶ [그림 10-6: 삽입 정렬의 원리]

위 그림의 배열은 정렬이 완료된 부분과 완료되지 않은 부분으로 나뉘어 있다. 이렇듯 삽입 정렬은 정렬 대상을 두 부분으로 나눠서, 정렬 안 된 부분에 있는 데이터를 정렬 된 부분의 특정 위치에 '삽입'해 가면서 정렬을 진행하는 알고리즘이다. 그림 다음 그림을 통해서 5, 3, 2, 4, 1의 오름차순 정렬과정을 보이겠다.

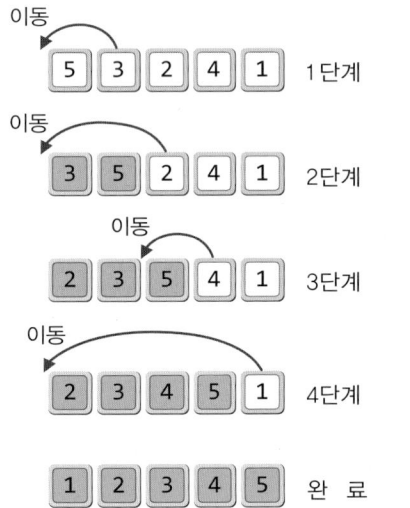

▶ [그림 10-7: 삽입 정렬의 과정]

위 그림의 가장 윗부분에서 보이듯이, 첫 번째 데이터와 두 번째 데이터를 비교하여, 정렬된 상태가 되도록 두 번째 데이터를 옮기면서 정렬은 시작된다. 그리고 이로 인해서 첫 번째 데이터와 두 번째 데이터가 정렬이 완료된 영역을 형성하게 된다.
이어서 세 번째, 네 번째 데이터가 정렬이 완료된 영역으로 삽입이 되면서 정렬을 이어 나간다. 물론 정렬된 상태로 삽입하기 위해서는 특정위치를 비워야 하고, 비우기 위해서는 데이터들을 한 칸씩 뒤로 미는 연산을 수행해야 한다. 참고로 구현에 도움이 될만한 말 몇 마디를 하면 다음과 같다.

"정렬이 완료된 영역의 다음에 위치한 데이터가 그 다음 정렬대상이다."

"삽입할 위치를 발견하고 데이터를 한 칸씩 뒤로 밀수도 있지만, 데이터를 한 칸씩 뒤로 밀면서 삽입할 위치를 찾을 수도 있다."

위에서 언급한 '데이터를 한 칸씩 뒤로 밀면서 삽입할 위치를 찾는다'는 것이 의미하는 바를 그림을 통해서 설명하겠다. 이 그림에서는 숫자 3을 정렬이 완료된 영역으로 옮기는 과정을 보이고 있다.

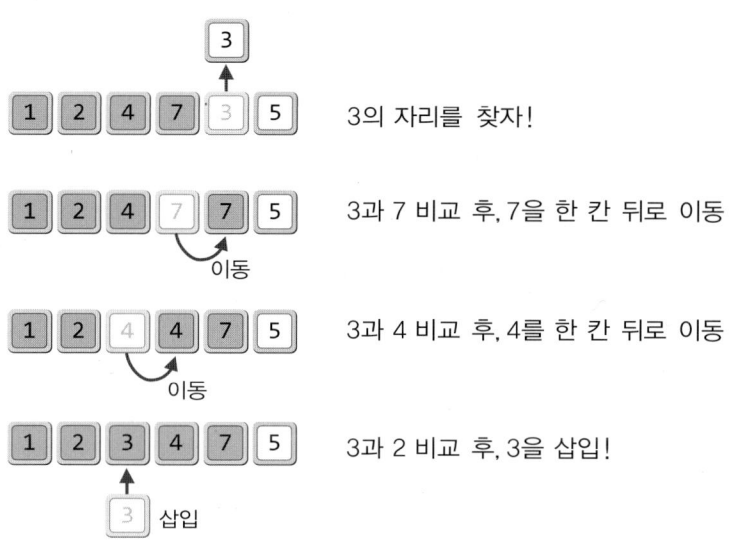

▶ [그림 10-8: 데이터 삽입 위치 찾기, 그리고 삽입!]

위 그림에서 보이듯이, 삽입위치를 찾는 과정과 삽입을 위한 공간마련의 과정을 구분할 필요가 없다. 어차피 정렬된 영역에서 삽입의 위치를 찾는 것이니, 삽입위치를 찾으면서 삽입을 위한 공간의 마련을 병행할 수 있는 것이다. 그럼 이어서 삽입 정렬의 구현의 예를 보이겠다.

❖ InsertionSort.c

```
1.  #include <stdio.h>
2.
3.  void InserSort(int arr[], int n)
4.  {
5.      int i, j;
6.      int insData;
7.
8.      for(i=1; i<n; i++)
9.      {
10.         insData = arr[i];      // 정렬대상을 insData에 저장
11.
12.         for(j=i-1; j>=0 ; j--)
13.         {
```

```
14.            if(arr[j] > insData)
15.                arr[j+1] = arr[j];      // 비교대상 한 칸 뒤로 밀기
16.            else
17.                break;        // 삽입위치 찾았으니 탈출!
18.        }
19.
20.        arr[j+1] = insData;              // 찾은 위치에 정렬대상 삽입!
21.    }
22. }
23.
24. int main(void)
25. {
26.     int arr[5] = {5, 3, 2, 4, 1};
27.     int i;
28.
29.     InserSort(arr, sizeof(arr)/sizeof(int));
30.
31.     for(i=0; i<5; i++)
32.         printf("%d ", arr[i]);
33.
34.     printf("\n");
35.     return 0;
36. }
```

✦ 실행결과: InsertionSort.c

```
command prompt

1 2 3 4 5
```

삽입 정렬(Insertion Sort): 성능평가

삽입 정렬은 정렬대상의 대부분이 이미 정렬되어 있는 경우 매우 빠르게 동작한다. 그럼 삽입 정렬의 성능평가를 위해서 다음 반복문을 살펴보자.

```
for(i=1; i<n; i++)
{
    . . . .
    for(j=i-1; j>=0 ; j--)
    {
        if(arr[j] > insData)      // 데이터간 비교연산!
```

```
            arr[j+1] = arr[j];    // 데이터 이동의 핵심연산!
        else
            break;
    }
    . . . .
}
```

정렬대상이 완전히 정렬된 상태라면, 안쪽 for문의 if…else문의 조건은 항상 '거짓'이 되어 break문을 실행하게 된다. 따라서 데이터의 이동도 발생하지 않고 if…else문의 조건비교도 바깥쪽 for문의 반복횟수 이상 진행되지 않는다.

하지만 최악의 경우를 고려하면, 이 역시 앞서 보인 두 정렬들과 다를 바 없다. 최악의 경우 안쪽 for문의 if…else문의 조건은 항상 '참'이 되어 break문을 단 한 번도 실행하지 않는다. 따라서 바깥쪽 for문의 반복횟수와 안쪽 for문의 반복횟수를 곱한 수만큼 비교연산도, 이동연산도 진행이 되므로, 이를 근거로 비교연산과 이동연산에 대한 빅-오가 다음과 같음을 쉽게 추측할 수 있다.

$O(n^2)$

이러한 추측이 만족스럽지 않다면 다음과 같이 안쪽 for문에 속한 if…else문의 실행횟수에 대한 식을 세워서 정확히 계산을 진행하면 된다.

$1 + 2 + 3 + . . . + (n-2) + (n-1)$

이 역시 등차수열의 합에 해당하니, 그리고 이 경우에 대한 빅-오의 계산과정을 앞서 보였으니(당시에는 위의 식이 역으로 전개되어 있었다) 더 이상의 설명은 필요 없을 것이다.

10-2 복잡하지만 효율적인 정렬 알고리즘

앞서 소개한 단순한 정렬 알고리즘들도 정렬대상의 수가 적은 경우 효율적으로 사용할 수 있어서 나름의 의미를 지닌다. 하지만 정렬대상의 수가 적지 않은 경우에는 보다 만족스러운 결과를 보장하는 알고리즘이 필요하다. 이번에 소개하는 알고리즘들이 바로 그러한 알고리즘들이다.

힙 정렬(Heap Sort): 이해와 구현

10-2의 제목이 '복잡하지만~'으로 시작하다 보니, 어려운 알고리즘을 소개하는 것으로 오해할 수 있을 것 같다. 그러나 앞서 소개한 알고리즘들보다 상대적으로 복잡하기 때문에 '복잡하지만~'으로 시작한 것일 뿐, 실제로 공부해보면 어려운 알고리즘은 아니라고 느낄 것이다. 오히려 기발한 정렬방식에 나름 재미를 느끼지 않을까, 필자 개인적으로는 그렇게 생각한다.

이번에 소개하는 '힙 정렬'은 힙을 이용한 정렬방식으로 여러분이 앞서 힙을 제대로 공부했다면 별도로 더 공부할 것이 없는 알고리즘이다. 이는 힙의 다음 특성을 활용하여 정렬하는 알고리즘이다.

"힙의 루트 노드에 저장된 값이 가장 커야 한다."

물론 이는 '최대 힙(max heap)'의 특징이다. 하지만 우리는 다음 특징을 갖도록 힙을 구성할 수도 있다.

"힙의 루트 노드에 저장된 값이 정렬순서상 가장 앞선다."

그럼 이어서 예제를 보이겠다. 이 예제만 보아도 힙 정렬을 쉽게 이해할 수 있다.

❖ HeapSort.c

```
1.  #include <stdio.h>
2.  #include "UsefulHeap.h"
3.
4.  int PriComp(int n1, int n2)
5.  {
6.      return n2-n1;        // 오름차순 정렬을 위한 문장
7.  //  return n1-n2;
8.  }
9.
10. void HeapSort(int arr[], int n, PriorityComp pc)
11. {
12.     Heap heap;
13.     int i;
```

```
14.
15.     HeapInit(&heap, pc);
16.
17.     // 정렬대상을 가지고 힙을 구성한다.
18.     for(i=0; i<n; i++)
19.         HInsert(&heap, arr[i]);
20.
21.     // 순서대로 하나씩 꺼내서 정렬을 완성한다.
22.     for(i=0; i<n; i++)
23.         arr[i] = HDelete(&heap);
24. }
25.
26. int main(void)
27. {
28.     int arr[4] = {3, 4, 2, 1};
29.     int i;
30.
31.     HeapSort(arr, sizeof(arr)/sizeof(int), PriComp);
32.
33.     for(i=0; i<4; i++)
34.         printf("%d ", arr[i]);
35.
36.     printf("\n");
37.     return 0;
38. }
```

✤ 실행결과: UsefulHeap.h, UsefulHeap.c, HeapSort.c

```
command prompt

1 2 3 4
```

위 예제의 실행을 위해서는 앞서 Chapter 09에서 구현한 다음 두 개의 파일과 함께 컴파일을 해야 한다.

- UsefulHeap.h   '제법 쓸만한 수준의 힙'이라 이름 붙였던 힙의 헤더파일
- UsefulHeap.c   '제법 쓸만한 수준의 힙'이라 이름 붙였던 힙의 소스파일

그리고 컴파일에 앞서 헤더파일 UsefulHeap.h의 typedef 선언을 다음과 같이 변경해야 한다.

```
typedef int HData;
```

자! 그럼 예제에 대해서 설명하겠다. 다음은 힙 정렬의 원리를 설명하기 위한, 힙 정렬을 구현한 함수의 일부이다.

```
void HeapSort(int arr[], int n, PriorityComp pc)    // 힙 정렬 구현 함수
{
    . . . .
    // 힙 정렬 단계 1: 데이터를 모두 힙에 넣는다.
    for(i=0; i<n; i++)
        HInsert(&heap, arr[i]);

    // 힙 정렬 단계 2: 힙에서 다시 데이터를 꺼낸다.
    for(i=0; i<n; i++)
        arr[i] = HDelete(&heap);
}
```

보시다시피 정렬의 대상인 데이터들을 힙에 넣었다가 꺼내는 것이 전부이다. 그럼에도 불구하고 정렬이 완료되는 이유는, 꺼낼 때 힙의 루트 노드에 저장된 데이터가 반환되기 때문이다.

그리고 이미 잘 알고 있겠지만 위 함수와 달리 오름차순이 아닌 내림차순 정렬을 진행하고자 한다면 4행에 정의된, 그리하여 15행의 인자로 전달된 함수의 정의를 다음과 같이 변경하면 된다.

```
int PriComp(int n1, int n2)
{
    return n1-n2;    // 내림차순 정렬을 위한 반환 값의 계산
}
```

지금까지 보였듯이 힙은 저장의 목적 이외에 정렬의 도구로도 사용이 될 수 있다. 그리고 그 성능은 예상과 달리 만족스러운 편이다.

❏ 힙 정렬(Heap Sort): 성능평가

언뜻 보면 저장된 데이터를 죄다 힙에 넣었다가 다시 꺼내기 때문에 성능상 이점이 별로 없어 보이지만, 힙 정렬은 지금까지 소개한 정렬들 중 가장 좋은 성능을 보이는 알고리즘이다. 앞서 Chapter 09에서는 비교연산의 횟수를 근거로 하여 힙의 데이터 저장 및 삭제의 시간 복잡도를 다음과 같이 계산한바 있다.

- 힙의 데이터 저장 시간 복잡도 $O(log_2 n)$
- 힙의 데이터 삭제 시간 복잡도 $O(log_2 n)$

따라서 삽입과 삭제를 하나의 연산으로 묶는다면, 이 연산에 대한 시간 복잡도는 다음과 같이 결론 내릴 수 있다.

$O(2log_2n)$

하지만 숫자 2는 빅-오에서 무시할만한 수준이므로 삽입과 삭제를 하나의 연산으로 묶는다 해도, 이 연산에 대한 시간 복잡도는 여전히 다음과 같다.

$O(log_2n)$

그럼 정렬과정에 대한 시간 복잡도는 어떻게 될까? 정렬대상의 수가 n개라면, 총 n개의 데이터를 삽입 및 삭제해야 하므로 위의 빅-오에 n을 곱해야 한다.

$O(nlog_2n)$

여러분이 보기에 $nlog_2n$과 n^2에는 별 차이가 없다고 생각할지 모르겠다. 하지만 n에 몇몇 숫자만 넣어도 그 차이를 바로 알 수 있다.

n	10	100	1,000	3,000	5,000
n^2	100	10,000	1,000,000	9,000,000	25,000,000
$nlog_2n$	66	664	19,931	34,652	61,438

[표 10-1: n^2과 $nlog_2n$의 차이]

위의 표에서 보이듯이, $nlog_2n$과 n^2에는 큰 차이가 있다. 참고로 말하자면 $O(n^2)$의 성능을 보이는 알고리즘을 $O(nlog_2n)$의 성능을 보이도록 개선한다면, 이는 낮은 성능으로 인하여 현실적으로 활용하기 어려운 알고리즘을 활용이 가능한 수준으로 개선한 결과로도 평가 받을 수 있다.

병합 정렬(Merge Sort): 이해와 구현

이번에 소개하는 병합 정렬은 '분할 정복(divide and conquer)'이라는 알고리즘 디자인 기법에 근거하여 만들어진 정렬 방법이다. 분할 정복이란, 말 그대로 복잡한 문제를 복잡하지 않은 문제로 '분할(divide)'하여 '정복(conquer)'하는 방법이다. 단 분할해서 정복했으니 정복한 후에는 '결합(combine)'의 과정을 거쳐야 한다. 즉 다음 3단계를 거치도록 알고리즘을 디자인 하는 것이 분할 정복법이다.

- 1단계 분할(Divide)   해결이 용이한 단계까지 문제를 분할해 나간다.
- 2단계 정복(Conquer)   해결이 용이한 수준까지 분할된 문제를 해결한다.
- 3단계 결합(Combine)   분할해서 해결한 결과를 결합하여 마무리한다.

그럼 이 방법을 근거로 어떻게 병합 정렬 알고리즘이 디자인되었을까? 기본 원리는 다음과 같다.

"8개의 데이터를 동시에 정렬하는 것보다, 이를 둘로 나눠서 4개의 데이터를 정렬하는 것이 쉽고, 또 이들 각각을 다시 한번 둘로 나눠서 2개의 데이터를 정렬하는 것이 더 쉽다."

따라서 기본적인 정렬의 방식은 다음과 같이 설명할 수 있다.

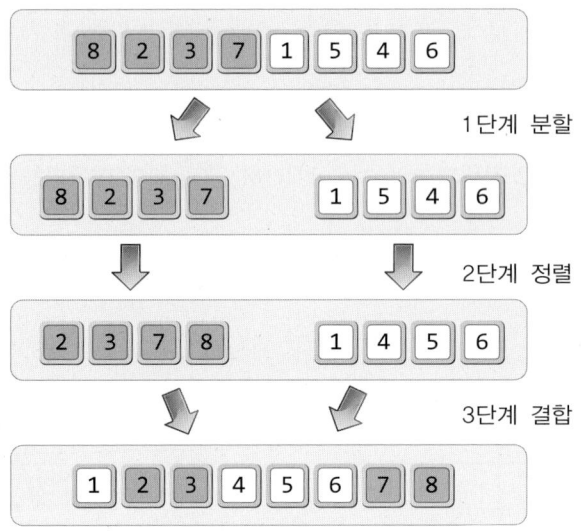

▶ [그림 10-9: 병합 정렬의 기본 원리]

위 그림에서는 오름차순 정렬을 기준으로 병합 정렬의 기본 원리를 설명하고 있다. 그래서 8개의 데이터를 둘로 나눈 것이 전부이지만, 실제로는 훨씬 더 작게 분할을 해야 한다.

"그렇겠죠. 2개의 데이터만 남을 때까지 분할을 하면, if문 하나로 간단히 정렬할 수 있을 테니 말이죠."

여러분도 이와 같이 생각하지 않았는가? 이는 과거 자료구조를 공부할 당시 병합 정렬에 대한 필자의 생각이었다. 하지만 필자의 생각은 보기 좋게 빗나갔다.

"병합 정렬은 데이터가 1개만 남을 때까지 분할을 해나간다. 데이터가 2개만 남아도 정렬을 할 필요가 있지만, 데이터가 1개만 남으면 그 조차 불필요해지기 때문이다."

그리고 그제서야 이름이 병합 정렬인 이유를 알게 되었다. 언뜻 보면 병합 정렬은 나누는 것이 핵심인 것처럼 보인다. 물론 나누는 것이 핵심은 맞다. 하지만 실제 정렬은 나눈 것을 병합하는 과정에서 이뤄진다. 그래서 이름이 병합 정렬인 것이다. 그럼 이번에는 그림을 통해서 병합 정렬의 과정 전체를 보이겠다.

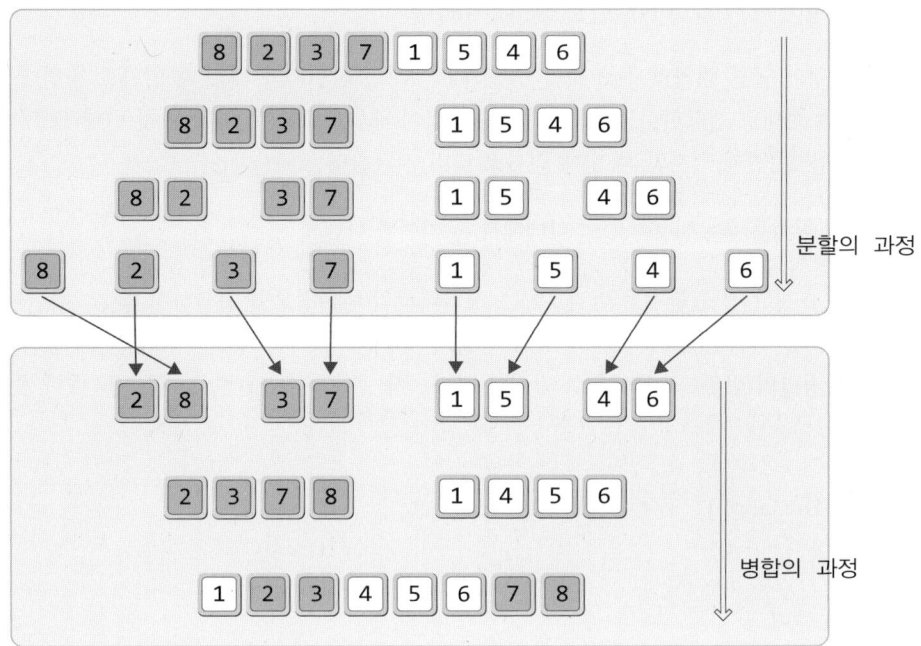

▶ [그림 10-10: 병합 정렬의 예]

위 그림에서 보이듯이 우선은 분할의 과정을 거친다. 전체 데이터를 둘로 나누는 과정을, 데이터가 하나씩 구분이 될 때까지 진행을 한다. 그림에서는 총 8개의 데이터가 존재하므로 둘로 나누는 과정을 3회 진행하면 데이터가 하나씩 구분이 된다. 이렇듯 분할을 할 때에는 정렬을 고려하지 않고 그저 분할만 하면 된다.

분할이 완료되었다면 이제 병합을 진행할 차례이다. 위 그림에서 보이듯이, 우선 나뉘었던 둘을 하나로 묶는다. 8과 2가 원래 하나였으니, 이 둘을 하나로 묶는다. 단, 그냥 묶는 것이 아니라 정렬순서를 고려해서 묶는다. 그리고 그 다음 단계에서는 원래 한 덩이였던 2와 8, 그리고 3과 7을 정렬기준을 고려하여 하나로 묶는다. 이렇듯 분할이 총 3회 진행되었으니, 묶는 과정도 총 3회에 걸쳐 진행된다. 그리고 그 결과 정렬이 완료된다.

그럼 지금까지 설명한 병합 정렬과 관련해서 필자가 질문을 하나 하고자 한다. 이 질문은 이어지는 병합 정렬의 구현에 도움이 될듯하여 제시하는 것이니, 위 그림을 보고 다음 질문에 답을 해보자.

"분할의 과정에서 하나씩 구분이 될 때까지 둘로 나누는 과정을 반복하는 이유는 무엇인가? 처음부터 하나씩 구분을 해버리면 더 간단하지 않겠는가?"

답을 하였는가? '재귀적 구현을 위한 것'이라고 답을 했다면 정답이다! 사실 [그림 10-10]의 내용은 병합 정렬의 이해에 도움을 줄 뿐, 실질적인 구현과는 거리가 있다. 오히려 [그림 10-9]의 내용이 실질적인 구현에는 더 가깝다고 할 수 있다. 그럼 병합 정렬의 구현 방식에 대해 설명하겠다. 병합 정렬을 진행하는 함수의 이름을 MergeSort라 하면, 이 함수는 다음과 같이 선언이 된다.

```
void MergeSort(int arr[], int left, int right);
```

첫 번째 인자로 정렬대상이 담긴 배열의 주소 값을 전달하고, 두 번째 인자와 세 번째 인자로 정렬대상의 범위정보를 인덱스 값의 형태로 전달한다. 그러니까 정렬대상이 배열 전체라면 배열의 첫 번째 요소와 마지막 요소의 인덱스 값을 두 번째 인자와 세 번째 인자로 각각 전달한다.

"이전에 소개한 정렬 함수들과는 원형의 선언 형태에서 좀 차이가 나네요."

좋은 지적이다! 이전에 소개한 정렬 함수들의 경우에는 정렬대상의 범위정보를 전달하지 않고, 대신에 정렬될 데이터의 개수 정보를 전달하였다. 하지만 병합 정렬의 경우는 다르다. 정렬의 대상을 계속해서 반으로 나눠가기 때문에 정렬의 범위를 지정할 수 있어야 한다. 자! 그럼 MergeSort 함수를 대략적으로 구현해 보이겠다.

```
void MergeSort(int arr[], int left, int right)
{
    int mid;

    if(left < right)      // left가 작다는 것은 더 나눌 수 있다는 뜻!
    {
        // 중간지점을 계산한다.
        mid = (left+right) / 2;

        // 둘로 나눠서 각각을 정렬한다.
        MergeSort(arr, left, mid);        // left~mid에 위치한 데이터 정렬!
        MergeSort(arr, mid+1, right);     // mid+1~right에 위치한 데이터 정렬!

        // 정렬된 두 배열을 병합한다.
        MergeTwoArea(arr, left, mid, right);
    }
}
```

위의 MergeSort 함수는 앞서 보인 [그림 10-9]의 내용을 그대로 구현한 결과이다. 다만 재귀적으로 구현하여, 데이터가 하나씩 구분이 될 때까지 쪼개서 MergeSort 함수를 호출하도록 정의했을 뿐이다. 그럼 위 함수의 마지막에 삽입된 다음 문장에 대해서 논의해보자.

```
MergeTwoArea(arr, left, mid, right);
```

이는 두 번의 MergeSort 함수호출의 결과로 정렬된 두 영역을 하나로 묶기 위한 함수 호출이다. 따라서 위의 문장이 의미하는 바는 다음과 같이 이해할 수 있다.

"배열 arr의 left ~ mid까지, 그리고 mid+1 ~ right까지 각각 정렬이 되어 있으니, 이를 하나의 정렬된 상태로 묶어서 배열 arr에 저장해라!"

두 개의 배열에 정렬된 상태로 저장된 데이터들을 정렬된 하나의 덩어리로 묶을 수 있다면, 위의 MergeTwoArea 함수는 쉽게 구현할 수 있을 것이다. 자! 그럼 병합 정렬의 완성된 코드를 제시하겠다.

✤ MergeSort.c

```
1.  #include <stdio.h>
2.  #include <stdlib.h>
3.
4.  void MergeTwoArea(int arr[], int left, int mid, int right)
5.  {
6.      int fIdx = left;
7.      int rIdx = mid+1;
8.      int i;
9.
10.     int * sortArr = (int*)malloc(sizeof(int)*(right+1));
11.     int sIdx = left;
12.
13.     while(fIdx <= mid && rIdx <= right)
14.     {
15.         if(arr[fIdx] <= arr[rIdx])
16.             sortArr[sIdx] = arr[fIdx++];
17.         else
18.             sortArr[sIdx] = arr[rIdx++];
19.
20.         sIdx++;
21.     }
22.
23.     if(fIdx > mid)
24.     {
25.         for(i=rIdx; i <= right; i++, sIdx++)
26.             sortArr[sIdx] = arr[i];
27.     }
28.     else
29.     {
30.         for(i=fIdx; i <= mid; i++, sIdx++)
31.             sortArr[sIdx] = arr[i];
32.     }
33.
34.     for(i=left; i <= right; i++)
35.         arr[i] = sortArr[i];
36.
37.     free(sortArr);
38. }
39.
40. void MergeSort(int arr[], int left, int right)
```

```
41. {
42.     int mid;
43.
44.     if(left < right)
45.     {
46.         // 중간 지점을 계산한다.
47.         mid = (left+right) / 2;
48.
49.         // 둘로 나눠서 각각을 정렬한다.
50.         MergeSort(arr, left, mid);
51.         MergeSort(arr, mid+1, right);
52.
53.         // 정렬된 두 배열을 병합한다.
54.         MergeTwoArea(arr, left, mid, right);
55.     }
56. }
57.
58. int main(void)
59. {
60.     int arr[7] = {3, 2, 4, 1, 7, 6, 5};
61.     int i;
62.
63.     // 배열 arr의 전체 영역 정렬
64.     MergeSort(arr, 0, sizeof(arr)/sizeof(int)-1);
65.
66.     for(i=0; i<7; i++)
67.         printf("%d ", arr[i]);
68.
69.     printf("\n");
70.     return 0;
71. }
```

✤ 실행결과: MergeSort.c

```
command prompt

1 2 3 4 5 6 7
```

의외로 MergeTwoArea 함수의 구현이 간단하지 않다. 그래서 이 함수의 정의에 대해서 부연 설명을 하고자 한다.

```
void MergeTwoArea(int arr[], int left, int mid, int right)
{
    . . . .
    // 병합 한 결과를 담을 배열 sortArr의 동적 할당!
    int * sortArr = (int*)malloc(sizeof(int)*(right+1));
    . . . .
    while(fIdx<=mid && rIdx<=right)
    {
        // 병합 할 두 영역의 데이터들을 비교하여,
        // 정렬순서대로 sortArr에 하나씩 옮겨 담는다.
    }

    if(fIdx > mid)      // 배열의 앞부분이 모두 sortArr에 옮겨졌다면,
    {
        // 배열의 뒷부분에 남은 데이터들을 sortArr에 그대로 옮긴다.
    }
    else        // 배열의 뒷부분이 모두 sortArr에 옮겨졌다면,
    {
        // 배열의 앞부분에 남은 데이터들을 sortArr에 그대로 옮긴다.
    }
    . . . .
    free(sortArr);
}
```

먼저 위 함수에 삽입된 while문의 반복조건을 이해해야 한다.

```
while(fIdx<=mid && rIdx<=right)
{
    // 병합 할 두 영역의 데이터들을 비교하여,
    // 정렬순서대로 sortArr에 하나씩 옮겨 담는다.
}
```

위의 while문에서 보이는 fIdx와 rIdx에는 각각 병합할 두 영역의 첫 번째 위치정보가 담긴다. 물론 위치정보는 인덱스 값이다. 그리고 이 두 변수의 값을 증가시켜 가면서 두 영역의 데이터들을 비교해 나가게 된다. 그런데 여러분도 알다시피 병합할 두 영역이라는 것이 하나의 배열 안에 함께 존재한다. 따라서 fIdx는 배열의 앞쪽 영역을 가리키게 되고, rIdx는 배열의 뒤쪽 영역을 가리키게 되는데, 배열의 앞과 뒤를 구분하는 기준은 변수 mid에 저장되어 있다. mid+1의 위치서부터 뒤쪽 영역이 시작되기 때문이다. 자! 그럼 다음 그림의 상황을 관찰하자.

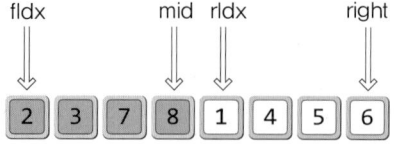

▶ [그림 10-11: 초기 상태]

위 그림은 두 영역을 합치기 직전의 상태를 보여준다. 이 그림에서 fIdx와 rIdx가 가리키는 위치에 주목하자. 이 둘에 저장된 값은 하나씩 증가하면서 다음과 같이 값의 비교를 진행하게 된다.

- 2와 1 비교   비교연산 후 1을 sortArr로 이동, 그리고 rIdx의 값 1 증가
- 2와 4 비교   비교연산 후 2를 sortArr로 이동, 그리고 fIdx의 값 1 증가
- 3과 4 비교   비교연산 후 3을 sortArr로 이동, 그리고 fIdx의 값 1 증가
- 7과 4 비교   비교연산 후 4를 sortArr로 이동, 그리고 rIdx의 값 1 증가
- 7과 5 비교   비교연산 후 5를 sortArr로 이동, 그리고 rIdx의 값 1 증가
- 7과 6 비교   비교연산 후 6을 sortArr로 이동, 그리고 rIdx의 값 1 증가

이러한 과정을 거쳐서 마지막으로 7과 6의 비교가 끝나면, 다음 그림에서 보이듯이 rIdx는 right를 넘어서는 위치를 가리키게 되어 더 이상의 비교가 무의미하게 된다.

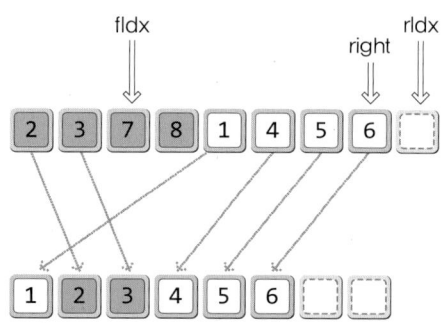

▶ [그림 10-12: 비교 완료 상태]

이렇듯 두 영역을 비교하다 보면, 한 영역의 데이터들이 모두 옮겨져서 더 이상 비교가 불가능한 상황에 이르게 된다. 위 그림에서 보이듯이 rIdx가 right보다 커지는 경우는 배열의 뒤쪽 영역의 데이터들이 모두 옮겨진 상황이다. 유사하게 fIdx가 mid보다 커지는 경우는 배열의 앞쪽 영역의 데이터들이 모두 옮겨진 상황이다. 자! 그럼 이제 다음 while문의 반복조건이 의미하는 바를 알 수 있을 것이다.

```
while(fIdx<=mid && rIdx<=right) { . . . . }
```

이는 배열의 앞쪽 영역에도, 배열의 뒤쪽 영역에도 비교의 대상이 남아있는 상황에서 반복조건이 '참'임을

의미한다. 그럼 위의 while문을 빠져 나온 뒤에 할 일은 무엇인가? 어느 영역의 데이터가 남아 있는지 확인하여 이를 그대로 옮기면 그만이다. 남아 있는 데이터들은 정렬의 우선순위가 낮은 데이터들이기 때문이다. 그래서 다음과 같이 if~else문이 등장하는 것이다.

```
if(fIdx > mid)      // 배열의 앞부분이 모두 sortArr에 옮겨졌다면,
{
    // 배열의 뒷부분에 남은 데이터들을 sortArr에 그대로 옮긴다.
}
else    // 배열의 뒷부분이 모두 sortArr에 옮겨졌다면,
{
    // 배열의 앞부분에 남은 데이터들을 sortArr에 그대로 옮긴다.
}
```

이 정도면 비교적 병합 정렬의 구현 내용을 상세히 설명한 편이니, 여러분 모두 이해하는데 부담이 없었으면 좋겠다.

병합 정렬(Merge Sort): 성능평가

병합 정렬의 성능평가를 위해서, 비교연산의 횟수와 이동연산의(대입연산의) 횟수를 계산해 보겠다. 그런데 병합 정렬의 성능은 MergeSort 함수가 아닌, MergeTwoArea 함수를 기준으로 계산해야 한다. 코드를 봐서 알겠지만, 비교연산과 이동연산이 실제 정렬을 진행하는 MergeTwoArea 함수를 중심으로 진행되기 때문이다. 자! 그럼 비교연산의 중심에 있는 다음 반복문을 관찰하자.

```
while(fIdx<=mid && rIdx<=right)
{
    if(arr[fIdx] <= arr[rIdx])      // 핵심이 되는 비교연산!
        sortArr[sIdx] = arr[fIdx++];
    else
        sortArr[sIdx] = arr[rIdx++];

    sIdx++;
}
```

정렬의 우선순위를 비교하는 비교연산이 중심이므로, 위에서 핵심이라고 지적한 비교연산을 중심으로 비교연산의 횟수를 계산하면 된다. 그럼 이와 관련해서 다음 그림을 보자. 이는 앞서 보인 [그림 10-10]에서 병합 과정만을 떼어놓은 그림이다.

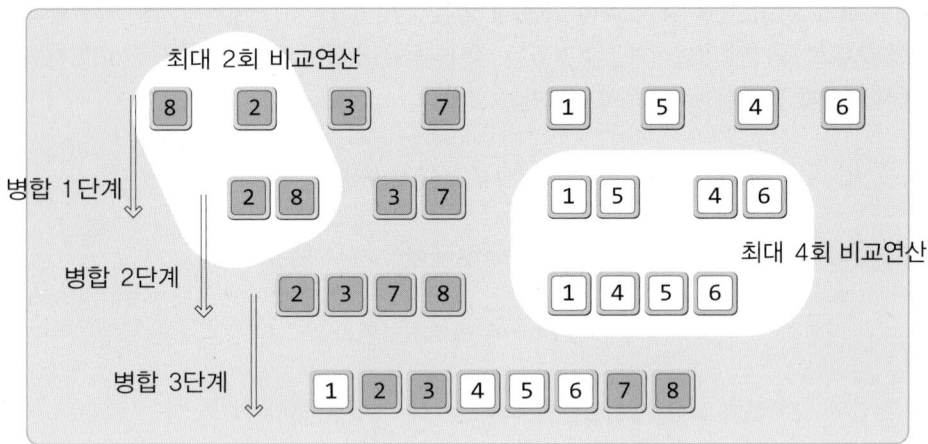

▶ [그림 10-13: 병합 과정에서의 비교연산 횟수]

위 그림에서 하나와 하나가 모여서 둘이 될 때, 비교연산은 최대 2회 진행이 된다. 예를 들어서 8과 2를 하나로 뭉친다고 가정해 보자. 그러면 8과 2를 비교해야 한다. 바로 앞서 핵심이라고 지적한 비교연산이 이때 일어난다.

"그럼 비교연산의 횟수는 2가 아니라 1이잖아요!"

맞다! 그러나 계산의 편의를 위해서 MergeTwoArea 함수의 while문 이후에 등장하는 if~else문에서의 비교연산 횟수를 포함시켜서 그 수를 2라 하겠다.

"그렇게 해도 괜찮나요? 조금 전에는 while문 내에 위치한 비교연산이 핵심이라면서요."

괜찮다! 실제로 비교연산이 2회 진행되니 말이다. 물론 while문 내에 위치한 비교연산의 횟수만을 고려해서 비교연산이 1회 진행된다고 결정해도 된다. 어쨌든 이는 빅-오를 구하는데 있어서 그 결과에 영향을 미치지 않는다.
이렇듯 비교연산의 횟수를 2회로 결정하면, 앞서 보인 그림의 병합 1단계에서 진행되는 비교연산의 횟수는 총 8회이다.
그렇다면 둘과 둘이 모여서 넷이 될 때, 최대 비교연산의 횟수는 어떻게 되는가? 이 상황에서 최대 비교연산의 횟수, 그러니까 최악의 경우 비교연산의 횟수는 4이다. 예를 들어서 1과 5, 그리고 4와 6을 하나의 덩어리로 뭉치는 경우를 생각해보자. 이 경우에는 다음과 같이 비교가 진행된다.

- 1과 4를 대상으로 비교연산 후 1을 sortArr로 이동
- 5와 4를 대상으로 비교연산 후 4를 sortArr로 이동
- 5와 6을 대상으로 비교연산 후 5를 sortArr로 이동
- 마지막으로 남은 6을 sortArr로 이동하기 위한 if~else문에서의 비교연산

이렇듯 마지막에 하나의 데이터가 남을 때까지 비교연산이 진행되는 경우에 비교연산의 횟수는 최대가 되며 그 수는 4이다. 따라서 앞서 보인 그림의 병합 2단계에서 진행이 되는 비교연산의 횟수는 총 8회이다. 자! 이쯤 되면 다음 사실을 파악했으리라 믿는다.

"정렬의 대상인 데이터의 수가 n개 일 때, 각 병합의 단계마다 최대 n번의 비교연산이 진행된다."

따라서 데이터의 수가 n개 일 때, 병합 정렬에서 진행되는 최대 비교연산의 횟수는 다음과 같다.

$n\,log_2 n$

혹시 위 식에서 $log_2 n$이 어떻게 등장했는지 궁금한가? 그럼 다시 [그림 10-13]을 보자. 데이터의 수가 8개 일 때 병합의 과정은 3회 진행이 되었다. 마찬가지로 데이터의 수가 16개 일 때 병합의 과정은 4회 진행이 된다. 즉 데이터의 수 n과 그에 따른 병합 과정의 횟수 k에는 다음 식이 성립한다.

$k = log_2 n$

따라서 병합 정렬의 비교연산에 대한 빅-오는 다음과 같다.

$O(n\,log_2 n)$

그럼 이번에는 이동연산에 대해서 이야기해 보자. 이동연산의 관점에서 MergeTwoArea 함수를 정리하면 다음과 같다.

```
void MergeTwoArea(int arr[], int left, int mid, int right)
{
    . . . .
    // 임시 배열 생성! 이 영역에 병합 결과를 정렬하여 저장!
    int * sortArr = (int*)malloc(sizeof(int)*(right+1));
    . . . .
    
    while(fIdx<=mid && rIdx<=right)
    {
        // 배열 sortArr에 데이터를 정렬하며 이동!
    }
    
    if(fIdx > mid)
    {
        // 배열 sortArr에 나머지 데이터 이동!
    }
    else
    {
        // 배열 sortArr에 나머지 데이터 이동!
```

```
        }

        // 임시 배열에 저장된 데이터 전부를 이동!
        for(i=left; i<=right; i++)
            arr[i] = sortArr[i];
        . . . .
}
```

위의 코드를 보면 데이터의 이동이 발생하는 이유 두 가지가 다음과 같음을 알 수 있다.

- 임시 배열에 데이터를 병합하는 과정에서 한 번!
- 임시 배열에 저장된 데이터 전부를 원위치로 옮기는 과정에서 한 번!

따라서 다음 그림에서 보이듯이, 각각의 상황에서 비교연산 횟수의 두 배에 해당하는 이동연산이 이뤄진다.

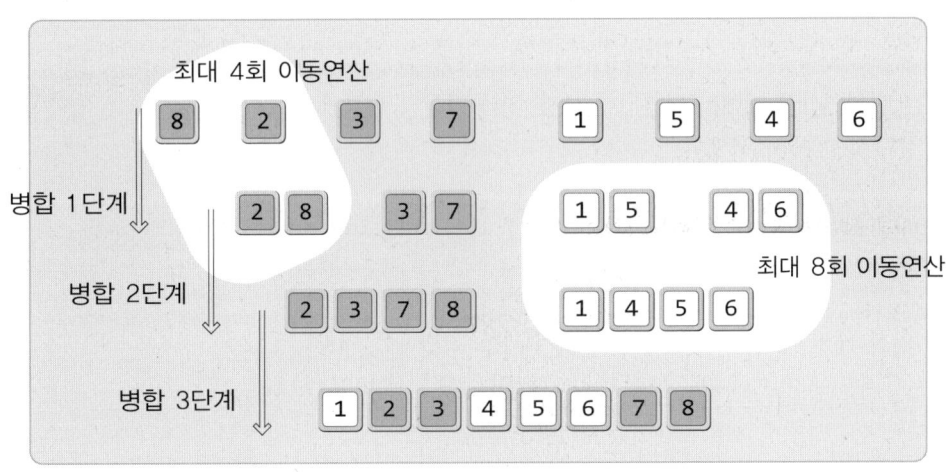

▶ [그림 10-14: 병합 과정에서의 이동연산 횟수]

따라서 병합 정렬의 이동연산 횟수는 최악, 평균, 최선의 경우에 상관없이 다음과 같다.

$2n\log_2 n$

하지만 빅-오에서 숫자 2는 무시할 수 있으므로, 병합 정렬의 이동연산에 대한 빅-오는 다음과 같다.

$O(n\log_2 n)$

즉, 병합 정렬의 비교연산과 이동연산의 빅-오는 $n\log_2 n$으로 정리가 된다. 참고로 병합 정렬에는 임시 메모리가 필요하다는 단점이 있다. 하지만 이는 정렬의 대상이 배열이 아닌 연결 리스트일 경우 단점이 되지 않기 때문에, 연결 리스트의 경우에는 병합 정렬에서 그만큼 더 좋은 성능을 기대할 수 있다.

퀵 정렬(Quick Sort): 이해와 구현

이번에 소개하는 퀵 정렬도 앞서 소개한 병합 정렬과 마찬가지로 '분할 정복(divide and conquer)'에 근거하여 만들어진 정렬 방법이다. 실제로 퀵 정렬 역시 정렬대상을 반씩 줄여나가는 과정을 포함한다.

"이름에 퀵(quick) 자가 들어가는 걸 보면 제법 빠른 정렬기법인가 보죠? 그럼 그만큼 이해하기 어렵겠네요."

아니다! 퀵 정렬은 병합 정렬보다 수월하게 공부할 수 있다. 퀵 정렬의 코드가 병합 정렬보다 간결한 이유도 있지만, 이미 병합 정렬을 공부했다는 것도 이유가 된다. 그리고 퀵 정렬은 그 이름이 의미하듯이 평균적으로 매우 빠른 정렬의 속도를 보이는 알고리즘이다.

자! 그럼 이어서 몇몇 그림을 통해서 퀵 정렬의 기본 원리를 오름차순 정렬을 기준으로 설명하겠다. 참고로 퀵 정렬은 글보다 그림으로 이해하는 편이 낫다. 글로는 이해하기도 설명하기도 난해한 부분이 없지 않기 때문이다.

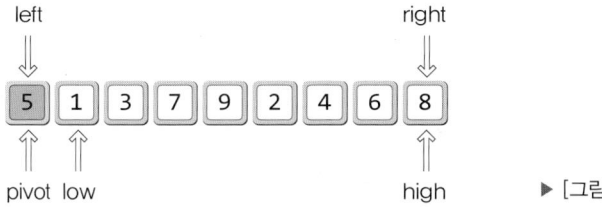

▶ [그림 10-15: 퀵 정렬의 대상]

위 그림에서는 퀵 정렬의 대상이 되는 배열을 보이고 있다. 필자는 이 배열의 4개 지점에 이름을 부여하였다. 그리고 그 이름은 구현과정에서 실제로 사용할 이름이다. 그 중 left와 right가 의미하는 바는 각각 다음과 같다.

- left   정렬대상의 가장 왼쪽 지점을 가리키는 이름
- right   정렬대상의 가장 오른쪽 지점을 가리키는 이름

이어서 low와 high에 대해서 설명할 차례인데, 그에 앞서 '피벗(pivot)'에 대한 최소한의 소개가 필요하다. 우선 피벗의 사전적 의미를 소개하겠다.

- pivot   피벗이라 발음하고 중심점, 중심축의 의미를 담고 있다.

즉 피벗은 정렬을 진행하는데 필요한 일종의 '기준'이라 할 수 있다. 때문에 정렬의 진행을 위해서는 피벗

이라는 것을 지정해야 한다.

피벗에 대해서는 일단 이 정도만 알고 있기로 하고 다시 위의 그림을 보자. 위의 그림에서는 가장 왼쪽에 위치한, 색이 칠해져 있는 숫자 5를 피벗으로 정하고 있다. 물론 다른 데이터를 피벗으로 둘 수도 있는데, 이에 대한 논의는 퀵 정렬을 이해한 다음으로 미루겠다. 따라서 다음과 같이 단순한 결정을 하겠다.

"우리는 가장 왼쪽에 위치한 데이터를 퀵 정렬에 필요한 피벗으로 정한다."

다시 한번 말하지만 이는 우리의 결정일 뿐이다. 자 그림 이어서 low와 high가 의미하는 바를 설명하겠다.

- low   피벗을 제외한 가장 왼쪽에 위치한 지점을 가리키는 이름
- high   피벗을 제외한 가장 오른쪽에 위치한 지점을 가리키는 이름

결과적으로 right와 high는 같은 위치를 가리킨다. 하지만 피벗을 가장 왼쪽 데이터가 아닌 가장 오른쪽 데이터로 결정한다면 이야긴 달라진다. 자! 이제 본격적으로 퀵 정렬의 과정을 보여야 하는데, 이때에는 low와 high가 중요한 역할을 한다.

▶ [그림 10-16: 퀵 정렬의 기본 1/5]

위 그림에서 보이듯이 low는 오른쪽으로, high는 왼쪽으로 이동시킨다. 이때 이동의 기준은 다음과 같다.

- low의 오른쪽 방향 이동   피벗보다 큰 값을 만날 때까지
- high의 왼쪽 방향 이동   피벗보다 작은 값을 만날 때까지

물론 이는 오름차순 정렬의 경우를 대상으로 한 설명이다. 따라서 이를 일반화한다면 다음과 같이 정리해야 한다.

- low의 오른쪽 방향 이동   피벗보다 정렬의 우선순위가 낮은 데이터를 만날 때까지
- high의 왼쪽 방향 이동   피벗보다 정렬의 우선순위가 높은 데이터를 만날 때까지

여기서 low와 high의 이동은 완전히 별개이다. 서로 사이 좋게 한 칸씩 왼쪽으로, 그리고 오른쪽으로 이동을 한다거나 할 필요가 없다.

그리하여 위 그림의 상황에서 low는 7이 저장된 위치에 머물고, high는 4가 저장된 위치에 머물게 된다. 이렇게 해서 low와 high는 각각 7과 4를 가리키게 되는데, 이때 이 둘이 가리키는 데이터를 서로 교환하여 다음의 상태가 되게 한다.

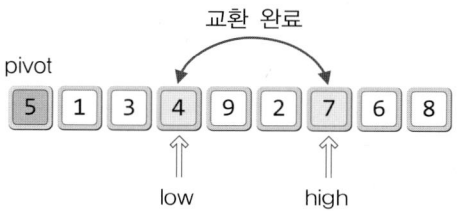

▶ [그림 10-17: 퀵 정렬의 기본 2/5]

지금 하는 일이 무슨 의미가 있는지 모르기 때문에 답답하겠지만 조금만 더 따라오자. 곧 결과를 알게 되니 말이다.

자! 7과 4의 교환 후에도 계속해서 low는 오른쪽으로, high는 왼쪽으로 이동한다. 마찬가지로 low는 피벗보다 큰 값을 찾고, high는 피벗보다 작은 값을 찾는다. 따라서 low와 high는 각각 9와 2를 가리키게 되고, 이번에도 이 둘을 교환하여 다음 그림의 상태가 되게 한다.

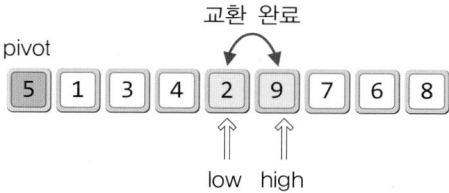

▶ [그림 10-18: 퀵 정렬의 기본 3/5]

교환 후에도 low는 피벗보다 큰 값을 찾을 때까지 오른쪽으로, high는 피벗보다 작은 값을 찾을 때까지 왼쪽으로 이동해 나간다. 그러면 결국에는 다음과 같이 low와 high가 가리키는 위치가 교차되는 상황이 발생한다.

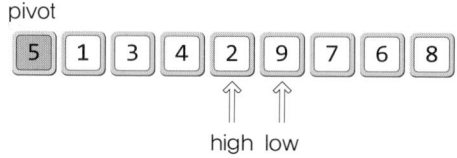

▶ [그림 10-19: 퀵 정렬의 기본 4/5]

이때는 low와 high가 가리키는 값을 교환하지 않는다. 이 상황은 low와 high의 이동 및 교환의 과정이 완료되었음을 의미하기 때문이다. 따라서 이번에는 다음 그림에서 보이듯이 피벗과 high가 가리키는 데이터를 서로 교환하여 다음 그림의 상태가 되게 한다.

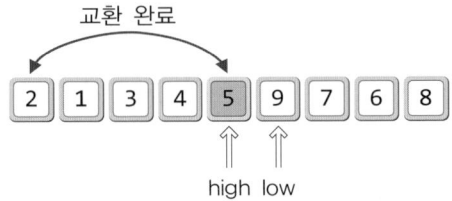

▶ [그림 10-20: 퀵 정렬의 기본 5/5]

지금까지 설명한 내용이 퀵 정렬의 핵심연산이라 할 수 있다. 이를 제외하면 이어서 설명하는 과정은 병합 정렬과 유사하다 느낄 것이다.

"근데 뭘 했기에 이것이 퀵 정렬의 핵심연산이라 할 수 있는 건가요?"

아직 눈치채지 못했다면 피벗의 값과 그 위치를 눈 여겨보자. 피벗이었던 5가 정렬되었을 때의 제 위치를 찾지 않았는가! 피벗의 왼편에는 피벗보다 작은 값들이 위치하고, 피벗의 오른편에는 피벗보다 큰 값들이 위치하고 있으니 말이다.

이로써 피벗이었던 숫자 5는 홀로 정렬이 완성되었다. 그럼 병합 정렬을 경험한 여러분이니, 다음 단계가 다음과 같이 진행되어야 함을 짐작할 수 있을 것이다.

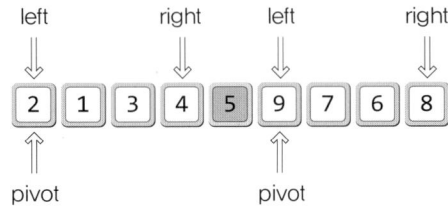

▶ [그림 10-21: 퀵 정렬의 재귀적 구성]

위 그림에서 보이듯이, 제자리를 찾은 5를 기준으로 왼쪽 영역과 오른쪽 영역을 대상으로 지금 설명한 과정을 반복하게 된다. 그러면 왼쪽 영역의 피벗인 2와 오른쪽 영역의 피벗인 9가 제 자리를 찾을 것이다. 그리고 또 이어서, 제자리를 찾은 2를 기준으로 나뉘는 왼쪽 영역과 오른쪽 영역을 대상으로, 제 자리를 찾은 9의 왼쪽 영역과 오른쪽 영역을 대상으로, 퀵 정렬의 기본과정을 반복해 나간다.

그렇다면 이 과정은 언제까지 진행이 되어야 하겠는가? left와 right가 각각 정렬대상의 시작과 끝을 의미하므로 다음 상황에 놓이게 될 때 더 이상 정렬할 대상이 없다는 의미가 된다.

    left > right   left와 right가 교차되는 상황!

이로써 퀵 정렬의 기본원리를 모두 설명하였으니, [그림 10-16]부터 [그림 10-20]까지의 일을 담당하는 함수를 보이겠다. 이는 병합 정렬에서 보인 두 배열을 합하는 MergeTwoArea 함수에 비하면 간단한 편이다.

```c
void Swap(int arr[], int idx1, int idx2)
{
    int temp = arr[idx1];
    arr[idx1] = arr[idx2];
    arr[idx2] = temp;
}

int Partition(int arr[], int left, int right)
{
    int pivot = arr[left];    // 피벗의 위치는 가장 왼쪽!
    int low = left+1;
    int high = right;

    while(low <= high)        // 교차되지 않을 때까지 반복
    {
        // 피벗보다 큰 값을 찾는 과정
        while(pivot > arr[low])
            low++;            // low를 오른쪽으로 이동

        // 피벗보다 작은 값을 찾는 과정
        while(pivot < arr[high])
            high--;           // high를 왼쪽으로 이동

        // 교차되지 않은 상태라면 Swap 실행
        if(low <= high)
            Swap(arr, low, high);
    }

    Swap(arr, left, high);    // 피벗과 high가 가리키는 대상 교환
    return high;              // 옮겨진 피벗의 위치정보 반환
}
```

사소한 것이지만 위 함수의 이름이 Partition인 것에 주목하자. 이 함수가 반환하는 값은 제 자리를 찾은 피벗의 인덱스 값이다. 그리고 이 값을 기준으로 정렬의 대상은 왼쪽 영역과 오른쪽 영역으로 나뉘게 된다. 때문에 함수의 이름이 Partition이라 해도 무리가 없다. 참고로 Partition은 퀵 정렬의 교과서적인 이름이다. 하지만 여러분은 더 멋진 이름을 지을 수 있을 것이다. 그럼 이어서 다음 함수를 보자. 이는 [그림 10-21]에서 보인 바를 구현한 것이다.

```c
void QuickSort(int arr[], int left, int right)
{
    if(left <= right)
```

```
    {
        int pivot = Partition(arr, left, right);    // 둘로 나눠서
        QuickSort(arr, left, pivot-1);              // 왼쪽 영역을 정렬
        QuickSort(arr, pivot+1, right);             // 오른쪽 영역을 정렬
    }
}
```

반으로 나눠서 각각의 정렬을 위해 재귀적인 형태의 함수호출을 보이고 있다. 그리고 위 함수에서 보이는 재귀의 반복조건인 left <= right 에 대해서는 앞서 설명한 내용이다. 그럼 이어서 main 함수와 그 실행결과를 보이겠다.

❖ QuickSort.c

```c
1.  #include <stdio.h>
2.
3.  void Swap(int arr[], int idx1, int idx2)
4.  {
5.      // 앞서 소개한 바와 동일
6.  }
7.
8.  int Partition(int arr[], int left, int right)
9.  {
10.     // 앞서 소개한 바와 동일
11. }
12.
13. void QuickSort(int arr[], int left, int right)
14. {
15.     // 앞서 소개한 바와 동일
16. }
17.
18. int main(void)
19. {
20.     int arr[7] = {3, 2, 4, 1, 7, 6, 5};
21. //  int arr[3] = {3, 3, 3};
22.
23.     int len = sizeof(arr) / sizeof(int);
24.     int i;
25.
26.     QuickSort(arr, 0, sizeof(arr)/sizeof(int)-1);
27.
28.     for(i=0; i<len; i++)
29.         printf("%d ", arr[i]);
30.
31.     printf("\n");
32.     return 0;
33. }
```

✤ 실행결과: QuickSort.c

위의 결과를 확인하였는가? 그럼 이번에는 20행을 주석처리하고 대신에 21행의 주석을 해제하여 예제를 실행해보자. 정상적이라면 3이 세 번 출력되어야 한다. 하지만 여러분은 납득할만한 실행결과를 확인할 수 없을 것이다. 코드의 버그로 인해서 Partition 함수를 빠져 나오지 못하기 때문이다. 문제가 되는 부분은 다음과 같다.

```
int Partition(int arr[], int left, int right)
{
    . . . .
    while(low <= high)          // 항상 '참'일 수밖에 없는 상황!
    {
        while(pivot > arr[low])     // 문제가 되는 지점!
            low++;

        while(pivot < arr[high])    // 문제가 되는 지점!
            high--;

        . . . .
    }
    . . . .
}
```

우선 3이 세 개인 배열을 정렬한다면 언제나 다음 식이 성립한다.

```
pivot == arr[low] == arr[high]
```

때문에 문제가 되는 지점의 while 조건은 항상 '거짓'이 되어 low는 증가의 기회를, high는 감소의 기회를 얻지 못한다. 따라서 바깥쪽의 while문을 빠져 나가지 못하는 문제가 발생한다. 때문에 이 부분은 다음과 같이 변경되어야 한다.

```
int Partition(int arr[], int left, int right)
{
    . . . .
    while(low <= high)
```

```
    {
        while(pivot >= arr[low] && low <= right)
            low++;

        while(pivot <= arr[high] && high >= (left+1))
            high--;
        . . . .
    }
    . . . .
}
```

우선 > 연산자와 < 연산자를 각각 >= 연산자와 <= 연산자로 바꿔 놓았다. 때문에 3이 세 개 저장된 상황에서도 이 두 연산의 결과는 '참'이 되어 low와 high는 각각 증가와 감소의 기회를 얻고, 이로 인해서 low와 high는 결국 역전이 된다. 하지만 이것이 수정의 전부라면 low와 high가 배열의 정렬 범위를 넘어서는 문제가 발생한다. 따라서 경계검사를 위한 연산을 다음과 같이 추가한 것이다.

```
while( . . . . && low <= right)
    low++;

while( . . . . && high >= (left+1))
    high--;
```

위의 코드에서 left에 1을 더하여 high와 경계검사를 진행한 이유는 가장 왼쪽에 위치하는 피벗을 제외시키기 위함이다.

필자가 지금 설명한 이것은 퀵 정렬을 구현하는데 있어서 너무도 쉽게 놓치는 부분이다. 때문에 위 예제 21행의 배열을 대상으로 퀵 정렬을 진행하면 오류를 보이는 경우가 많다. 그래서 이러한 문제점을 강조하기 위해서, 더불어서 여러분의 이해를 돕기 위해서 설명을 구분하였다.

마지막으로 피벗의 선택에 대해서 논의해보자. 앞서 우리는 가장 왼쪽에 위치한 데이터를 피벗으로 결정하였는데, 실은 전체 데이터를 기준으로 중간에 해당하는 값을 피벗으로 결정할 때 좋은 성능을 보인다. 그 이유는 다음과 같다.

"피벗이 중간에 해당하는 값일 경우, 정렬대상은 균등하게 나뉜다."

이해를 돕기 위해서 극단적인 예를 들어보겠다. 다음의 순서대로 저장되어 있는 배열이 있다고 가정해보자.

pivot
| 1 | 2 | 3 | 4 | 5 | 6 | 7 | 8 | 9 |

▶ [그림 10-22: 퀵 정렬 최악의 경우]

그리고 피벗은 가장 왼쪽에 위치한 데이터로 결정한다고 더불어 가정하자. 그림 위의 배열은 결코 둘로 나뉘지 않는다. 즉 1에서부터 시작해서 9의 앞에 있는 8까지 순서대로 피벗이 되어 정렬의 과정을 거치게 된다.

반면 다음과 같이 저장되어 있는 배열의 경우에는 그나마 적절한 분배가 이뤄져서 총 5개의 피벗이 정렬 과정에서 선택된다.

```
pivot
 5  9  6  7  3  2  8  1  4
```
▶ [그림 10-23: 퀵 정렬 괜찮은 경우]

정렬의 과정에서 선택되는 피벗의 수는 앞서 정의한 Partition 함수의 호출횟수를 의미한다. 그리고 Partition 함수의 호출횟수가 많다는 것은 그만큼 데이터의 비교 및 이동의 횟수가 증가함을 뜻한다. 즉 좋은 성능을 보이려면 최대한 중간 값에 가까운 피벗이 지속적으로 선택되어야 한다. 그리고 이를 위해서 다음과 같은 방법이 사용된다.

  "정렬대상에서 세 개의 데이터를 추출한다. 그리고 그 중에서 중간 값에 해당하는 것을 피벗으로 선택한다."

단순히 생각해도 이 방법을 사용하면 중간에 가까운 값을 선택할 확률이 높아짐을 알 수 있다. 물론 이런 과정을 거치려면 그에 따른 연산이 필요하지만, 그래도 특정 위치의 값을 무조건 피벗으로 결정하는 것보다 좋은 성능을 보인다고 알려져 있다.

참고로 세 개의 데이터를 추출하는 방법에도 여러 가지가 있다. 단순히 맨 앞에 위치한 세 개의 데이터를 추출하는 방법도 있고, 조금 더 신경을 써서 가장 왼쪽과 가장 오른쪽, 그리고 중간에 위치한 데이터를 추출하는 방법도 있다. 어쨌든 중간 값에 가까운 피벗을 선택하는 방법은 지극히 상식적인 수준에서 결정된다.

퀵 정렬(Quick Sort): 성능평가

먼저 퀵 정렬의 비교연산 횟수를 살펴보기 위해서, 앞서 보인 다음 그림을 다시 한번 관찰하자.

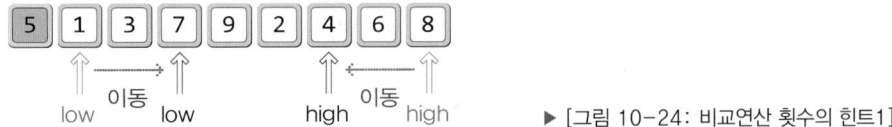
▶ [그림 10-24: 비교연산 횟수의 힌트1]

위 그림에서 보이듯이 피벗이 결정되면 low는 오른쪽으로 high는 왼쪽으로 이동을 시작한다. 그리고 그 이동은 low와 high가 역전될 때까지 진행된다. 그런데 이동의 과정에서 피벗과의 비교를 매번 수반하므로, 하나의 피벗이 제 자리를 찾아가는 과정에서 발생하는 비교연산의 횟수는, 데이터의 수에 해당하는 n이라 할 수 있다.

물론 피벗으로 인해서 n보다 하나 적은 수의 비교연산이 이뤄지지만 이는 무시할 수 있다. 그리고 이러한 비교연산의 횟수는 다음과 같이 정렬의 범위가 분할된 상태에서도 마찬가지이다.

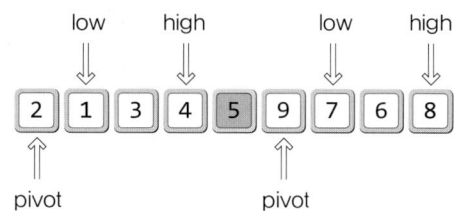

▶ [그림 10-25: 비교연산 횟수의 힌트2]

위 그림에서와 같이 반으로 나뉜 상태에서 각각의 low와 high가 각각의 방향으로 이동을 하는데, 이때에도 비교연산이 진행이 되니, 비교연산의 횟수는 데이터의 수에 해당하는 n이라 할 수 있다. 물론 피벗과 이미 자리를 잡은 숫자 5로 인해서, 이는 실제 비교연산의 횟수와 차이가 있지만, 데이터의 수가 많은 경우를 가정하여 이 역시 무시할 수 있다.

그럼 이제 분할이 몇 단계에 걸쳐서 이뤄지는가에 관심을 두어야 한다. 이를 위해서 총 31개의 데이터를 대상으로 퀵 정렬을 진행한다고 가정해보자. 피벗이 항상 중간 값으로 결정되는 이상적인 경우를 가정하면, 처음에 15개씩 둘로 나뉠 것이며, 이어서 이들 각각은 다시 7개씩 둘로 나뉠 것이다. 즉 이러한 나뉨의 과정은 다음과 같이 진행이 된다.

- 31개의 데이터는 15개씩 둘로 나뉘어 총 2 조각이 된다.   1차 나뉨
- 이어서 각각 7개씩 둘로 나뉘어 총 4 조각이 된다.   2차 나뉨
- 이어서 각각 3개씩 둘로 나뉘어 총 8 조각이 된다.   3차 나뉨
- 이어서 각각 1개씩 둘로 나뉘어 총 16 조각이 된다.   4차 나뉨

필자가 이것을 통해서 무엇을 말하려고 하는지 알겠는가? 둘로 나뉘는 횟수를 k라 할 때, 데이터의 수 n과의 관계가 다음과 같음을 말하려는 것이다.

$k = log_2 n$

따라서 퀵 정렬에서의 비교연산 횟수는 $nlog_2n$이고, 이로 인해 비교연산의 빅-오는 다음과 같다고 결론 내릴 수 있다.

$O(nlog_2n)$

그런데 이 결론을 보면서 다음과 같이 반문하는 분들도 있을 것이다.

"저것은 최선의 경우에 대한 빅-오잖아요. 최악의 경우에 대한 빅-오를 구해야 하는 것 아닌가요?"

예리한 지적이다! 그런데 퀵 정렬의 경우에는 약간의 예외를 둔다. 이유는 앞서 언급한 '중간에 가까운 피벗을 선택하는 방법'을 적용함으로써, 늘 최선의 경우를 보이는 것은 아니지만 최선의 경우에 가까운 성능을 평균적으로 보이기 때문이다. 따라서 이는 최선의 경우가 아닌 평균의 경우에 대한 빅-오로 보기도 한다.

그래도 최악의 경우에 대한 빅-오를 계산해보자. 답이 딱! 나오니 말이다. [그림 10-22]에서 이미 최악의 경우를 보였다. 그 그림에서와 같이 이미 데이터들이 정렬되어 있는 상태인데다가 피벗이 가장 작은 값으로 결정되는 상황에서는, 둘로 나뉘는 횟수 k와 데이터의 수 n과의 관계가 다음과 같다.

$$k = n$$

따라서 최악의 경우의 비교연산 횟수에 대한 빅-오는 다음과 같다.

$$O(n^2)$$

이는 단순한 정렬 알고리즘에서나 볼 수 있는 빅-오이다! 하지만 걱정하지 말자. 아무도 이 결과를 기준으로 퀵 정렬을 평가하지는 않으니 말이다. 실제로 퀵 정렬은 $O(nlog_2n)$의 복잡도를 갖는 다른 정렬 알고리즘과 비교했을 때에도 평균적으로 제일 빠른 것으로 알려져 있다. 그리고 그 이유를 퀵 정렬의 데이터 이동횟수가 상대적으로 적고, 병합 정렬과 같이 별도의 메모리 공간을 요구하지 않는다는 사실에서 찾을 수 있다.

정리하면, 퀵 정렬은 시간 복잡도가 $O(nlog_2n)$인 알고리즘이다. 하지만 데이터의 이동이 데이터의 비교에 비해 현저히 적게 일어나고, 별도의 메모리 공간을 요구하지 않으므로 동일한 빅-오를 갖는 다른 정렬 알고리즘 중에서 평균적으로 가장 빠른 정렬속도를 보이는 알고리즘이다.

문제 10-1 [median of three]

Question

앞서 구현한 퀵 정렬의 Partition 함수에 다음과 같이 출력문을 삽입하면 선택된 피벗이 무엇인지, 그리고 정렬과정에서 몇 개의 피벗이 선택되었는지 확인할 수 있다.

```c
int Partition(int arr[], int left, int right)
{
    int pivot = arr[left];      // 피벗의 위치는 가장 왼쪽!
    int low = left+1;
    int high = right;
    
    printf("피벗: %d \n", pivot);      // 피벗의 확인을 위해서 추가할 문장!
    
    . . . .
```

    }

선택된 피벗의 수는 정렬의 효율을 가늠하는 기준이 된다. 그럼 위와 같이 피벗의 확인을 위한 문장을 삽입한 다음에 다음 배열을 대상으로 정렬을 진행해보자.

    int arr[15] = {1, 2, 3, 4, 5, 6, 7, 8, 9, 10, 11, 12, 13, 14, 15};

여러분도 알다시피 이는 최악의 상황을 연출한 것이다. 앞서 가장 왼쪽에 위치한 값을 무조건 피벗으로 결정하도록 구현했기 때문이다. 실제 실행결과를 보면 총 14개의 피벗이 선택되었음을 확인할 수 있다. 말 그대로 최악이다! 따라서 우리는 최악의 상황을 면하기 위해서 피벗의 선택방법을 다음과 같이 바꿔보고자 한다.

> "정렬대상의 가장 왼쪽, 가장 오른쪽, 그리고 중간에 위치한 값을 추출해서 이 중에서 중간에 해당하는 값을 피벗으로 결정한다."

이는 앞서 필자가 언급한 '중간 값 고르기'에 해당한다. 이제 여러분은 위의 방식대로 피벗이 결정되도록 예제를 변경해야 한다. 그래서 위의 배열을 대상으로 정렬을 진행했을 때 선택되는 피벗의 수를 확인해보자.

기수 정렬(Radix Sort): 이해1

퀵 정렬까지 알고 나니까 그 나름의 만족감에 더 이상의 정렬 알고리즘에는 관심이 가지 않는다는 말을 몇 번인가 들은 적이 있다. 충분히 그럴 수 있다고 생각한다. 하지만 이번에 소개하는 알고리즘은 다음과 같은 특징이 있기에 여러분이 관심을 가질 것으로 생각한다.

> "기수 정렬은 정렬순서상 앞서고 뒤섬의 판단을 위한 비교연산을 하지 않는다."

비교연산은 정렬 알고리즘의 핵심이라 할 수 있다. 특히 두 데이터 간의 정렬순서상 우선순위를 판단하기 위한 비교연산은 핵심중의 핵심이다. 때문에 앞서 소개한 모든 정렬 알고리즘들은 이 연산을 포함하고 있다. 뿐만 아니라 알고리즘의 복잡도도 이 연산을 근거로 판단해왔다. 그런데 이런 유형의 비교연산을 하지 않고서도 정렬을 할 수 있다니! 관심을 끌만하지 않은가?

관심을 끌만한 내용은 이뿐만이 아니다. 정렬 알고리즘의 이론상 성능의 한계는 $O(nlog_2 n)$으로 알려져 있는데, 기수 정렬은 이러한 한계를 넘어설 수 있는 유일한 알고리즘이다.

물론 이렇게 좋은 점만 있는 것은 아니다. 다른 알고리즘에는 없는 단점도 있다. 그것은 바로 '적용할 수 있는 범위가 제한적'이라는 것이다. 예를 들어서 다음 문장이 말하는 바는 기수 정렬로 해결할 수 있다.

> "배열에 저장된 1, 7, 9, 5, 2, 6을 오름차순으로 정렬하라!"

반면 다음 문장이 말하는 바는 기수 정렬로 해결할 수 없다.

"배열에 저장된 21, -9, 125, 8, -136, 45를 오름차순으로 정렬하라!"

차이가 무엇인지 알겠는가? 예를 하나 더 들어보겠다. 먼저 기수 정렬로 해결할 수 있는 요구사항이다.

"영단어 red, why, zoo, box를 사전편찬 순서대로 정렬하여라!"

반면 다음 문장이 말하는 바는 기수 정렬로 해결할 수 없다.

"영단어 professionalism, few, hydroxyproline, simple을 사전편찬 순서대로 정렬하여라!"

이제 감이 왔을 것이다. 문제는 '데이터의 길이'이다. 길이가 같은 데이터들을 대상으로는 정렬이 가능하지만, 길이가 같지 않은 데이터들을 대상으로는 정렬이 불가능하다. 물론 정렬의 대상 및 기준에 따라서 특정 알고리즘을 적용하여 길이가 다른 데이터들을 정렬할 수도 있다. 하지만 이 역시 가능한 경우가 매우 제한적이다.

"그럼 0이상 99이하의 값들 조차도 정렬대상이 될 수 없다는 뜻인가요?"

물론 그렇지는 않다. -999 이상 +999 이하의 값들도 기수 정렬의 대상이 될 수 있다. 하지만 이러한 경우 데이터의 가공을 위한 별도의 알고리즘을 고민해야 한다. 뿐만 아니라 별도의 알고리즘 적용으로 인한 효율의 문제도 고민해야 한다. 별도의 알고리즘을 고민하고 효율의 문제를 감수하면서까지 기수 정렬을 사용할 이유가 있겠는가? 앞서 말했던 '정렬이 불가능하다'는 것이 의미하는 바는 바로 이것이다. 자! 그럼 지금껏 필자가 궁금증을 불러일으키려고 노력한 기수 정렬의 원리를 설명하겠으니 이와 관련해서 다음 그림을 보자. 이 그림에서는 한 자리 정수의 정렬과정을 보이고 있다.

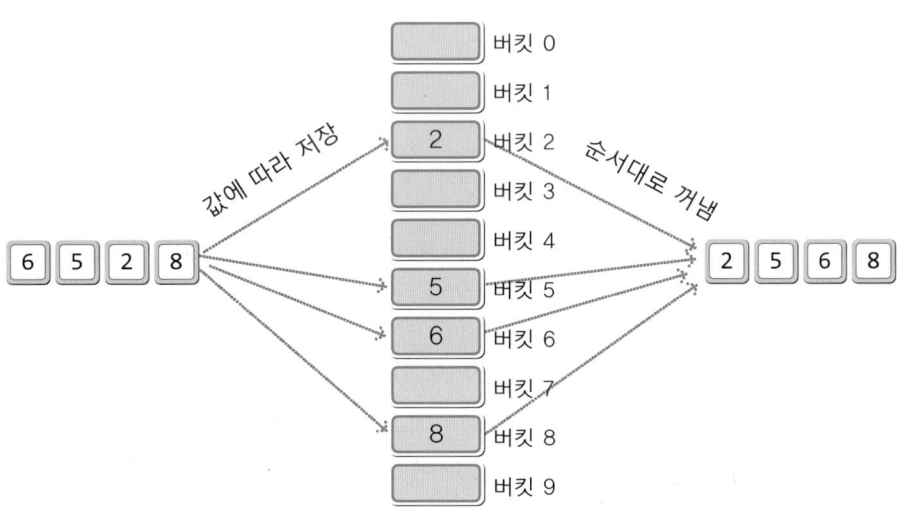

▶ [그림 10-26: 기수 정렬의 원리]

위 그림에서는 10진수 정수의 정렬과정을 보이고 있다. 이렇듯 10진수 정수의 정렬을 위해서는 총 열 개의 '버킷(양동이)'가 필요하다. 버킷은 0부터 9까지 순서대로 이름이 메겨져 있다. 그리고 정렬대상은 값에 해당하는 버킷으로 이동을 한다.

버킷으로의 이동이 끝났다면 이제 남은 일은 무엇인가? 버킷 0에 저장된 것부터 시작해서 버킷 9에 저장된 것까지 순서대로 꺼내서 차례로 나열만 하면 된다. 간단하지 않은가? 사실 당연하다고도 생각할 수 있을 것이다. 그런데 이것이 바로 기수 정렬의 기본 원리이다.

보다 진지한 이야기의 시작에 앞서 잠시 기수 정렬에 대해서 정리를 하고자 한다. '기수(radix)'란 주어진 데이터를 구성하는 기본 요소를 의미한다. 예를 들어서 2진수는 0과 1의 조합으로 데이터를 표현하니 2진수의 기수는 0과 1이다. 유사하게 10진수는 0부터 9까지의 숫자 조합으로 데이터를 표현하니 0부터 9까지의 숫자가 10진수의 기수가 된다. 그런데 위 그림에서는 기수의 개수만큼 버킷을 마련해서 정렬을 진행하고 있지 않은가? 따라서 기수 정렬은 다음과 같이 정의할 수 있다.

"데이터를 구성하는 기본 요소, 즉 기수를 이용해서 정렬을 진행하는 방식"

이렇듯 기수 정렬은 기수를 이용한 정렬방식이기 때문에 세 자릿수 정수들을 정렬할 때에도, 이들이 10진수 정수라면, 버킷은 기수의 개수인 열 개가 필요하다. 그리고 이는 다섯 자리 정수들이라 해도 마찬가지이다. 그럼 생각해보자. 영단어를 정렬해야 한다면, 그것도 아스키 코드의 특수문자를 포함하는 영단어라면 총 몇 개의 버킷이 필요하겠는가? 이 질문을 통해서 간단하게나마 기수 정렬의 단점을 이해할 수 있을 것이다.

❏ 기수 정렬(Radix Sort): 이해2

보다 깊이 있는 이해를 위해서, 그리고 기수 정렬의 구현을 목적으로 다음 세 자릿수 정수들을 대상으로 기수 정렬을 진행해 보겠다. 물론 이번에도 오름차순으로 정렬을 한다. 그런데 한가지 주의할 사실은 이들이 5진수로 표현되었다는 것이다. 이는 다섯 개의 버킷만을 가지고 기수 정렬의 과정을 보이기 위함이다.

134, 224, 232, 122

지금부터 보이는 방법을 가리켜 'LSD 기수 정렬'이라 한다. LSD는 Least Significant Digit의 약자로 '덜 중요한 자릿수'에서부터 정렬을 진행해 나간다는 의미를 담고 있다. 쉽게 말하면 첫 번째 자릿수부터 시작해서 정렬을 진행해 나간다는 의미이다. 그럼 LSD 기수 정렬의 첫 번째 과정을 보이겠다.

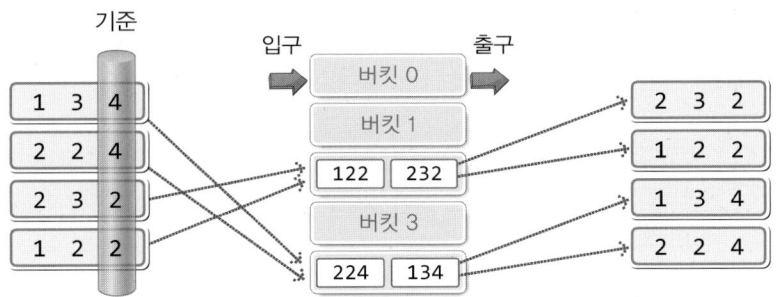

▶ [그림 10-27: 기수 정렬의 과정 1/3]

위 그림에서 보이듯이 첫 번째 자릿수를 기준으로 하여 134와 224를 순서대로 버킷 4에 넣고, 이어서 232와 122를 버킷 2에 넣는다. 이제 할 일은 버킷 0에서부터 시작해서 데이터를 꺼내는 것인데, 하나의 버킷에 둘 이상의 데이터가 존재하는 경우 들어간 순서대로 꺼내면 된다. 그리하여 232, 122, 134, 224의 순으로 데이터들은 정렬이 된다.
이제 이들을 대상으로 두 번째 자릿수를 기준으로 정렬을 진행할 차례이다. 그리고 그 과정을 다음 그림에서 보이고 있다.

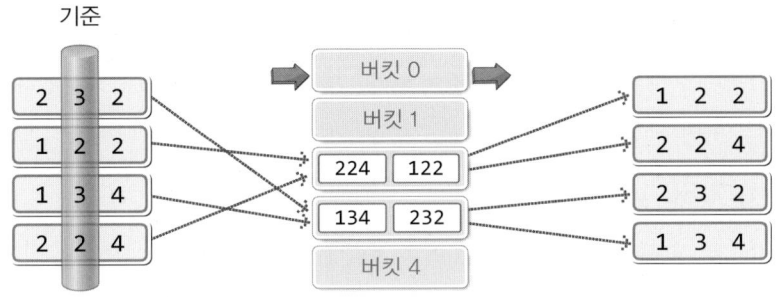

▶ [그림 10-28: 기수 정렬의 과정 2/3]

위 그림에서 보이듯이 첫 번째 과정과 두 번째 과정의 유일한 차이점은 두 번째 자릿수가 정렬의 기준이라는 점이다. 그럼 이어서 마지막 과정을 진행해 보겠다. 마지막 과정에서는 두 번째 과정의 진행결과를 대상으로 세 번째 자릿수를 기준으로 정렬을 진행한다.

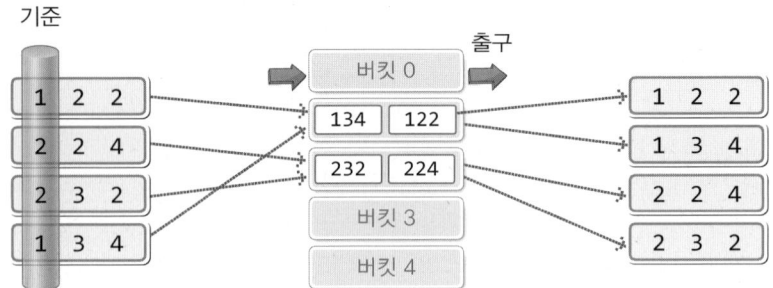

▶ [그림 10-29: 기수 정렬의 과정 3/3]

이로써 오름차순으로의 정렬이 완료되었다. 그런데 지금 설명한 이 방법이 간단하긴 하지만 익숙지는 않을 것이다. 왜냐하면 우리는 수의 대소를 비교할 때 큰 자릿수부터 비교하는데 익숙하기 때문이다. 예를 들어서 324와 421의 대소를 비교할 때, 가장 큰 자릿수인 3과 4만을 보고선 421이 크다고 바로 판단을 해버린다. 그런데 위에서 보인 방법은 작은 자릿수에서부터 대소 비교를 진행한다. 대소 비교에 있어서 가장 영향력이 작은 자릿수부터 비교를 하는 것이다. 때문에 이 방법에는 다음과 같은 단점이 있다.

"작은 자릿수에서 시작해서 가장 큰 자릿수까지 모두 비교를 해야 값의 대소를 판단할 수 있다. 비교 중간에 대소를 판단하는 것은 불가능하다."

가장 영향력이 큰 자릿수를 마지막에 비교하니 마지막까지 결과를 알 수 없는 것이 이 방법의 단점이다. 하지만! 이러한 단점이 프로그래밍을 하는데 있어서는 장점이 된다. 그 이유는 잠시 후에 소개하겠다.

기수 정렬(Radix Sort): LSD vs. MSD

이번에는 LSD와 반대의 방향으로 정렬을 진행하는 MSD 기수 정렬에 대해서 소개하고자 한다. 이를 위해서 앞서 진행한 정렬의 결과를 정리해 보이겠다.

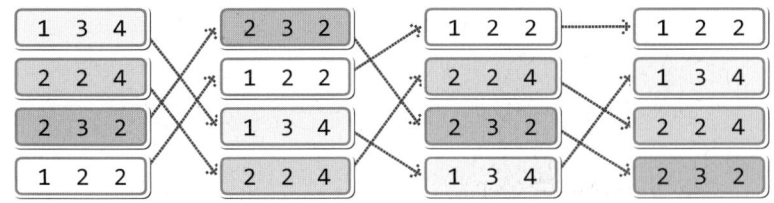

▶ [그림 10-30: LSD 기수 정렬의 과정과 결과]

이어서 소개할 'MSD 기수 정렬'의 MSD는 Most Significant Digit의 약자로써 가장 중요한 자릿수, 다시 말해서 가장 큰 자릿수에서부터 정렬이 진행된다는 의미를 담고 있다.

"그럼 LSD와 방향만 다르고 정렬의 과정은 같다고 보면 되나요?"

안타깝게도 그렇지가 않다! 그럼 이를 확인하기 위해서 LSD 방식으로 정렬을 진행하되 진행 방향만 바꿔보겠다. 큰 자릿수에서부터 정렬을 진행하되, 제일 작은 자릿수까지 정렬을 진행하겠다는 뜻이다.

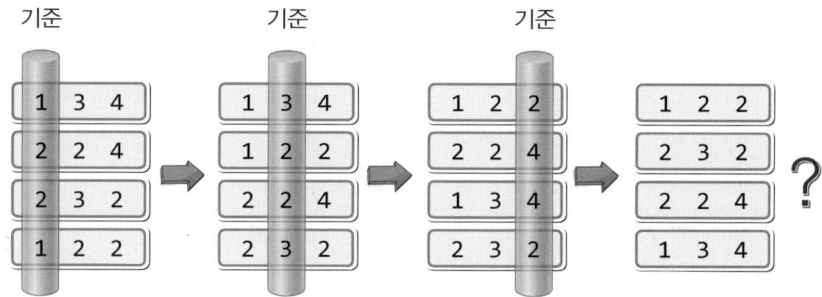

▶ [그림 10-31: MSD를 흉내 낸 잘못된 정렬의 결과]

우리는 위 그림이 보여주는 잘못된 결과를 통해서 MSD 방식을 짐작할 수 있다. MSD는 가장 큰 자릿수에서부터 정렬이 시작된다. 따라서 LSD와 달리 첫 번째 과정만 거쳐도 대략적인 정렬의 결과가 눈에 보인다. 그리고 이는 단계를 거듭하면서부터 더 확실해진다.

즉 LSD는 마지막에 가서 정렬순서를 판단하는 방식인 반면, MSD는 점진적으로 정렬을 완성해가는 방식이다. 때문에 MSD 방식의 가장 큰 장점은 다음과 같다.

"반드시 끝까지 가지 않아도 된다. 중간에 정렬이 완료될 수도 있다."

이렇듯 마지막까지 비교를 하지 않아도 되니, 성능적 측면에서 이점을 기대할 수 있다. 하지만 다음과 같은 단점이 존재한다.

"모든 데이터에 일괄적인 과정을 거치게 할 수 없습니다."

잘못된 결과를 보이는 위의 그림을 보자. 224와 232의 정렬순서는 이미 두 번째 과정에서 판별이 났다. 두 번째 자릿수인 2가 3보다 앞서기 때문이다. 그리고 그 결과는 세 번째 자릿수에 영향을 받지 않는다. 따라서 여기서 멈췄어야 했다! 멈추지 않고 마지막 단계까지 진행을 했기 때문에 잘못된 결과를 초래한 것이다.

이러한 오류를 범하지 않으려면, MSD 방식에서는 중간에 데이터를 점검해야 한다. 정렬대상의 일부는 다음 단계로 넘어가되 일부는 넘어가면 안 되는 상황도 빈번히 등장하기 때문이다. 따라서 구현의 난이도가 LSD에 비해서 상대적으로 높다. 게다가 중간에 데이터를 점검해야 하므로 성능의 이점도 반감될 수 있다.

기수 정렬(Radix Sort): LSD 기준 구현

일반적으로 '기수 정렬'이라 하면 LSD 방식을 기준으로 이야기한다. 이는 앞서 말한 '구현의 편의성'이 가장 큰 이유일 것이다.

"성능은 MSD 방식이 월등하지 않은가요?"

그렇지 않다! 우선 LSD와 MSD의 빅-오는 같다. 물론 MSD의 경우 정렬의 과정이 단축될 수 있어서 성능의 향상을 조금이라도 기대할 수 있지만, 모든 데이터에 일괄적인 과정을 거치게 할 수 없기 때문에 추가적인 연산과 별도의 메모리가 요구된다. 따라서 일반적인 상황이라면 굳이 MSD 방식을 고집할 이유가 없다. 따라서 우리도 LSD 방식의 기수 정렬을 구현하기로 하겠다.

양의 정수라면 그 길이에 상관없이 정렬의 대상에 포함시킬 수 있는 기수 정렬을 구현하고자 한다. 그런데 이는 어렵지 않다. 예를 들어서 다음 두 정수를 정렬한다고 가정해보자.

42, 715

LSD 방식이니 처음에는 2와 5를 가지고, 두 번째에는 4와 1을 가지고 정렬의 과정을 진행해야 한다. 즉 처음에는 2와 5를 추출할 수 있어야 하고, 두 번째에는 4와 1을 추출할 수 있어야 한다. 그리고 마지막으로 42로부터 0을, 715로부터 7을 추출해서 정렬의 마지막 과정을 진행할 수 있으면 된다. 그럼 첫 번째 자리 숫자부터 세 번째 자리 숫자까지의 추출방법을 정리해 보겠다.

- NUM으로부터 첫 번째 자리 숫자 추출   NUM / 1 % 10
- NUM으로부터 두 번째 자리 숫자 추출   NUM / 10 % 10
- NUM으로부터 세 번째 자리 숫자 추출   NUM / 100 % 10

어렵지 않은 수식이다. 그리고 수식간 규칙도 단순하다. 특히 세 번째 자리 숫자의 추출을 위해서 NUM에 42를 넣으면 그 결과로 0이 추출됨에 주목하기 바란다. 그럼 이어서 위의 수식을 바탕으로 한 기수 정렬의 예를 보이겠다. 참고로 버킷은 그 구조가 큐에 해당하기 때문에 아래의 구현에서는 앞서 우리가 구현한 '연결 리스트 기반의 큐'를 활용하였다.

❖ RadixSort.c

```
1.   #include <stdio.h>
2.   #include "ListBaseQueue.h"
3.
4.   #define BUCKET_NUM     10
5.
6.   void RadixSort(int arr[], int num, int maxLen)
7.   {
8.       // 매개변수 maxLen에는 정렬대상 중 가장 긴 데이터의 길이 정보가 전달
9.       Queue buckets[BUCKET_NUM];
10.      int bi;
```

```
11.     int pos;
12.     int di;
13.     int divfac = 1;
14.     int radix;
15.
16.     // 총 10개의 버킷 초기화
17.     for(bi=0; bi<BUCKET_NUM; bi++)
18.         QueueInit(&buckets[bi]);
19.
20.     // 가장 긴 데이터의 길이만큼 반복
21.     for(pos=0; pos<maxLen; pos++)
22.     {
23.         // 정렬대상의 수만큼 반복
24.         for(di=0; di<num; di++)
25.         {
26.             // N번째 자리의 숫자 추출
27.             radix = (arr[di] / divfac) % 10;
28.
29.             // 추출한 숫자를 근거로 버킷에 데이터 저장
30.             Enqueue(&buckets[radix], arr[di]);
31.         }
32.
33.         // 버킷 수만큼 반복
34.         for(bi=0, di=0; bi<BUCKET_NUM; bi++)
35.         {
36.             // 버킷에 저장된 것 순서대로 다 꺼내서 다시 arr에 저장
37.             while(!QIsEmpty(&buckets[bi]))
38.                 arr[di++] = Dequeue(&buckets[bi]);
39.         }
40.
41.         // N번째 자리의 숫자 추출을 위한 피제수의 증가
42.         divfac *= 10;
43.     }
44. }
45.
46. int main(void)
47. {
48.     int arr[7] = {13, 212, 14, 7141, 10987, 6, 15};
49.
50.     int len = sizeof(arr) / sizeof(int);
51.     int i;
52.
53.     RadixSort(arr, len, 5);
54.
55.     for(i=0; i<len; i++)
56.         printf("%d ", arr[i]);
57.
```

```
58.         printf("\n");
59.         return 0;
60.    }
```

✤ 실행결과: ListBaseQueue.h, ListBaseQueue.c, RadixSort.c

```
command prompt

 6 13 14 15 212 7141 10987
```

위의 함수 RadixSort는 길이가 가장 긴 데이터의 길이 정보를 전달받도록 정의하였다. 물론 함수 내에서 길이 정보를 직접 계산하도록 구현할 수도 있지만, 그렇게 되면 불필요한 연산을 수반할 수 있어서 위와 같이 정의하였다. 그리고 위 함수는 앞서 설명한 방법을 그대로 반영해서 정의하였으니, 코드에 대한 설명은 주석으로 마무리하겠다.

☐ 기수 정렬(Radix Sort): 성능평가

기수 정렬은 비교연산이 핵심이 아니다. 오히려 버킷으로의 데이터 삽입과 추출이 핵심이다. 따라서 이 정렬의 시간 복잡도는 삽입과 추출의 빈도수를 대상으로 결정해야 한다. 이를 위해서 RadixSort 함수를 다음과 같이 정리하였다. 물론 빅-오의 계산을 위해서 주석도 일부 변경하였다.

```
void RadixSort(int arr[], int num, int maxLen)
{
    . . . .
    // 가장 긴 데이터의 길이만큼 반복
    for(pos=0; pos<maxLen; pos++)
    {
        // 정렬대상의 수만큼 버킷에 데이터 삽입
        for(di=0; di<num; di++)
        {
            // 버킷으로의 데이터 삽입 진행
        }

        // 정렬대상의 수만큼 버킷으로부터 데이터 추출
        for(bi=0, di=0; bi<BUCKET_NUM; bi++)
        {
            // 버킷으로부터의 데이터 추출 진행
```

```
        }
        ....
    }
}
```

위에서 버킷을 대상으로 하는 데이터의 삽입과 추출을 한 쌍의 연산으로 묶으면, 이 한 쌍의 연산이 수행되는 횟수는 다음과 같다.

$maxLen \times num$

따라서 정렬대상의 수가 n이고, 모든 정렬대상의 길이가 l이라 할 때, 시간 복잡도에 대한 기수 정렬의 빅-오는 다음과 같다.

$O(ln)$

물론 이는 $O(n)$으로 보아도 된다. 그리고 이로써 기수 정렬은 $O(nlog_2n)$인 퀵 정렬보다 뛰어난 $O(n)$의 성능을 보임을 확인하였다. 물론 적용 가능한 대상이 제한적이라는 단점이 있지만 말이다.

[10] 프로그래밍 문제의 답안

❏ 문제 10-1의 답안

쉽게 구현한 분들도 있으시겠지만 고민스러운 부분이 없지 않았을 것이다. 필자는 중간 값을 결정하는 함수를 다음과 같이 정의해서 사용하였다.

```
int MedianOfThree(int arr[], int left, int right)
{
    int samples[3] = {left, (left+right)/2, right};    // 인덱스 값으로 배열을 구성
```

```
        if(arr[samples[0]] > arr[samples[1]])
            Swap(samples, 0, 1);

        if(arr[samples[1]] > arr[samples[2]])
            Swap(samples, 1, 2);

        if(arr[samples[0]] > arr[samples[1]])
            Swap(samples, 0, 1);

        return samples[1];
    }
```

위의 함수는 중간 값을 갖는 요소의 인덱스 값을 반환한다. 참고로 위의 함수에는 총 세 개의 if문이 포함되어 있는데, 이는 버블 정렬을 위한 것이다. 세 개의 데이터를 정렬하기 위해서는 세 개의 if문이면 충분하기 때문에 굳이 for문을 사용하지 않았다.

중간 값을 구하는 문제가 해결되었으니, 가급적 구현해 놓은 코드를 변경하지 않고 퀵 정렬을 진행할 수 있는 방법을 찾을 차례이다. 그리고 이를 위해서 필자는 다음과 같은 방법을 사용하기로 결정하였다(이것을 이 문제의 핵심으로도 볼 수 있다).

> "피벗을 선택했다면, 이를 가장 왼쪽에 있는 데이터와 교환한다. 다시 말해서 피벗을 가장 왼쪽으로 이동시킨다!"

우리가 구현해 놓은 코드는 피벗이 가장 왼쪽에 위치하는 상황에서 동작한다. 따라서 이를 수정하지 않기 위해서 위와 같은 방법을 택하였다. 그리고 이를 위해서 다음과 같이 코드를 추가 및 변경하였다.

```
    int Partition(int arr[], int left, int right)
    {
        int pIdx = MedianOfThree(arr, left, right);     // 피벗을 선택!
        int pivot = arr[pIdx];

        int low = left+1;
        int high = right;

        Swap(arr, left, pIdx);          // 피벗을 가장 왼쪽으로 이동

        printf("피벗: %d \n", pivot);    // 피벗의 확인을 위한 문장
        . . . .
    }
```

이렇게 구현을 완료하고 문제에서 언급한 배열을 대상으로 정렬을 진행하면, 선택되는 피벗의 수가 반으로 줄은 것을 확인할 수 있다.

Chapter 11

탐색(Search) 1

[11-1] 탐색의 이해와 보간 탐색

이제 '탐색'을 이야기할 차례이다. 하지만 정렬을 소개할 때와 달리 여기서는 단순히 탐색의 방법만을 열거하지 않는다.

☐ 탐색의 이해

이번 이야기의 주제는 탐색! 다시 말해서 '데이터를 찾는 방법'이다. 따라서 오래 전에 소개한 '순차 탐색(linear search)'이나 '이진 탐색(binary search)'과 같은 탐색 알고리즘의 소개가 주를 이룰 것으로 생각하기 쉽다. 하지만 필자는 먼저 밝히고 시작하고자 한다. 다음 사실을 말이다.

"Chapter 11의 탐색은 Chapter 08에서 소개한 트리의 뒷이야기에 해당합니다."

굳이 따지자면 탐색은 알고리즘보다 자료구조에 더 가까운 주제이다. 이유는 다음과 같다.

"효율적인 탐색을 위해서는 '어떻게 찾을까'만을 고민해서는 안 된다. 그보다는 '효율적인 탐색을 위한 저장방법이 무엇일까'를 우선 고민해야 한다."

그런데 효율적인 탐색이 가능한 대표적인 저장방법은 '트리'이다. 때문에 지금부터 시작할 탐색에 관한 이야기의 대부분은 트리의 연장선상에 놓여있다.

"그럼 효율적인 탐색이 가능한 트리를 공부하는 거군요. 공부할 때도 트리는 좀 어려웠는데 이번에도 쉽지만은 않겠네요."

부인하지 않겠다! 쉽지만은 않은 것이 사실이니 말이다. 하지만 트리를 잘 이해했다면 많이 부담스럽지는 않을 것이다. 다시 말해서 트리에 대한 이해가 부족하다면 트리를 다시 한번 공부해야 이어서 소개하는 내용을 어렵지 않게 공부할 수 있다.

참고로 다음 Chapter에서 소개하는 '테이블과 해쉬'도 탐색과 관련 있는 내용이다. 뿐만 아니라 앞서 소개한 정렬도 탐색을 목적으로 하는 경우가 대부분일 만큼 탐색은 자료구조에서, 아니 컴퓨터 공학에서 매우 중요한 위치를 차지하고 있다.

☐ 보간 탐색(Interpolation Search)

본격적인 시작에 앞서 '보간 탐색(interpolation search)' 알고리즘을 소개하고자 한다. 우리는 앞서 Chapter 01과 02에서 다음 두 가지 탐색 알고리즘을 접하였다.

- 정렬되지 않은 대상을 기반으로 하는 탐색　　　　　순차 탐색
- 정렬된 대상을 기반으로 하는 탐색　　　　　　　　이진 탐색

이 중에서 이진 탐색은 중앙에 위치한 데이터를 탐색한 후, 이를 기준으로 탐색대상을 반씩 줄여나가면서 탐색을 진행하는 알고리즘이다. 찾는 대상이 중앙에 위치하건 맨 앞에 위치하건 그에 상관하지 않고 일관되게 반씩 줄여가면서 탐색을 진행해 나간다.
때문에 찾는 대상의 위치에 따라서 탐색의 효율에 차이가 발생한다. 그러나 이번에 소개하는 보간 탐색은 이러한 이진 탐색의 비효율성을 개선시킨 알고리즘이다. 개선의 원리는 다음과 같다.

> "이진 탐색처럼 그냥 중앙에서 탐색을 시작하지 말고, 탐색대상이 앞쪽에 위치해 있으면 앞쪽에서 탐색을 시작하자!"

예를 들어서 오름차순으로 정렬된 배열을 대상으로 앞쪽에 위치한 데이터를 찾고자 할 때, 이진 탐색과 보간 탐색의 첫 번째 탐색위치는 다음과 같이 차이가 난다.

▶ [그림 11-1: 보간 탐색 vs. 이진 탐색]

위 그림에서는 정수 12를 찾을 때의 첫 번째 탐색위치를 보여준다. 이진 탐색은 값에 상관없이 탐색위치를 결정하지만, 보간 탐색은 그 값이 상대적으로 앞에 위치한다고 판단을 하면 앞쪽에서 탐색을 진행한다. 따라서 '데이터'와 데이터가 저장된 위치의 '인덱스 값'이 직선의 형태로 비례하면(선형의 형태로 비례하면), 보간 탐색의 경우 단번에 데이터를 찾기도 한다. 위 그림의 경우와 같이 말이다. 단번에 찾지 못하더라도 탐색의 위치가, 찾는 데이터와 가깝기 때문에 탐색대상을 줄이는 속도가 이진 탐색보다 뛰어나다.

지금까지 설명한, 이러한 보간 탐색의 특성 때문에 보간 탐색은 전화번호부나 사전에 비유된다. 예를 들어서 '김정수'라는 사람의 전화번호를 찾을 때 이진 탐색의 경우처럼 전화번호부의 중심부를 펼치는 사람은 없지 않은가! 이때는 전화번호부의 인덱스를 보고 'ㄱ'에 해당하는 앞쪽에서 찾기 마련이다.
이제 고민해야 할 것은 보간 탐색의 탐색위치를 결정하는 방법이다. 이는 지극히 수학적이긴 하지만 이해하기 어렵지는 않다. 이에 대한 설명을 위해서 다음 그림을 보자.

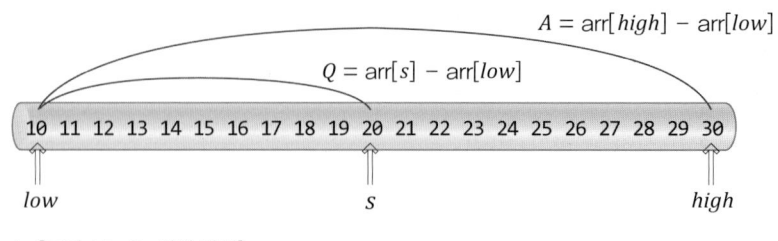

▶ [그림 11-2: 비례 관계]

위 그림에서 *low*와 *high*는 탐색대상의 시작과 끝에 해당하는 인덱스 값이고, *s*는 찾는 데이터가 저장된 위치의 인덱스 값이다. 그런데 보간 탐색은 데이터의 값과 그 데이터가 저장된 위치의 인덱스 값이 비례 한다고 가정하기 때문에, 위 그림을 근거로 다음의 비례식을 구성한다.

$$A : Q = (high-low) : (s-low)$$

이 식에서 *s*는 찾고자 하는 데이터의 인덱스 값이므로, 위의 비례식을 *s*에 대한 식으로 다음과 같이 정리 해야 한다.

$$s = \frac{Q}{A}(high-low)+low$$

그리고 찾는 데이터의 값 *arr[s]*를 *x*라 하면, 위의 식은 최종적으로 다음과 같이 정리가 된다.

$$s = \frac{x-arr[low]}{arr[high]-arr[low]}(high-low)+low$$

이로써 찾는 값을 *x*에 삽입하여 탐색위치 *s*를 구하는 식이 완성되었다. 이 식은 단순하지만 나눗셈 연산 이 들어간다는 사실에 주목해야 한다. 특히 오차율을 최소화하기 위해서 정수형 나눗셈이 아닌 실수형 나 눗셈을 진행한다는 사실에 더 주목할 필요가 있다. 이는 보간 탐색의 단점이기 때문이다.

이로써 보간 탐색 알고리즘의 구현에 필요한 대부분의 설명이 끝났다. 여기까지 이해했다면 구현은 별 것 아니다. 이진 탐색과 보간 탐색의 유일한 차이점이 무엇인지 잘 생각해본다면 필자의 도움 없이도 구현할 수 있을 것이다.

☐ 탐색 키(Search Key)와 탐색 데이터(Search Data)

보간 탐색의 구현에 앞서 필자가 꼭 하고픈 말이 있다. 이는 탐색 전반에 걸쳐서 여러분이 기억해야 할 사 실이다. 그럼 이와 관련해서 구조체 하나를 정의해 보이겠다.

```
typedef int Key;        // 탐색 키에 대한 typedef 선언
```

```
typedef double Data;            // 탐색 데이터에 대한 typedef 선언

typedef struct item
{
    Key searchKey;              // 탐색 키(search key)
    Data searchData;            // 탐색 데이터(search data)
} Item;
```

위에 정의된 구조체 Item의 멤버는 '탐색 키'와 '탐색 데이터'로 이뤄져 있다. 일반적으로 우리가 자료구조를 공부하는 동안에는 다음 문장이 말하는 방식으로의 탐색이 진행된다고 생각하기가 쉽다.

"다음 배열에서 숫자 3을 찾아야지!"

하지만 생각해보자! 이미 숫자 3을 가지고 있으면서 숫자 3을 찾는다니! 여기에는 숫자 3이 배열 안에 있는지 없는지 확인하는 것 이상의 의미가 없지 않은가! 따라서 다음 문장이 말하는 방식으로의 탐색이 의미 있는 탐색이라 할 수 있다.

"사번이 7인 직원의 정보를 찾아야지!"

이때 사번이 '탐색 키(search key)'가 되고, 직원의 정보가 '탐색 데이터(search data)'가 된다. 때문에 일반적인 상황에서는 위의 구조체 정의에서 보이듯이 탐색 키와 탐색 데이터를 묶는 형태의 구조체를 정의하게 되고, 앞서 보인 정렬이나 지금 이야기하는 탐색이나 그 탐색의 대상을 탐색 키에 맞추게 된다.

"그럼 지금까지 무조건 정수를 대상으로 정렬과 탐색을 진행한 이유는 무엇인가요?"

알고리즘 자체에 집중할 수 있도록 하기 위함이다. 탐색 키와 탐색 데이터의 구분 없이 그 대상을 정수로 두었기 때문에 설명은 명료해졌고 소스코드는 상대적으로 단순해졌다. 따라서 필자는 앞으로도 정수를 대상으로 탐색과 관련된 이야기를 진행할 것이다. 그리고 그렇게 설명을 하더라도 위에서 정의한 유형의 구조체를 대상으로 예제를 확장할 수 있을 거라 믿는다. 이는 어려운 일이 절대 아니다. 그리고 탐색 키와 관련해서 다음 사실도 꼭 기억하기 바란다.

"탐색 키는 그 값이 고유해야 합니다!"

이는 컴퓨터 공학에서 말하는 '키'의 기본 개념이다. 즉 키에는 그 값이 유일하다는 의미가 담겨 있고 NULL과 같은 값이 채워질 수 없다는 의미도 담겨 있다. 따라서 다음과 같은 질문은 잘못된 것이다.

"찾고자 하는 키의 값이 두 개 이상 존재할 때는 무엇을 찾아야 하나요?"

물론 다음과 같이 생각하는 분들도 있다. 아니 이렇게 생각하는 분들을 자주 접해왔다.

"예외라는 것이 항상 있지 않습니까? 동일한 키의 값을 갖는 경우가 없다고 못 박는 것은 이러한 예외를 고려하지 않은 것 아닌가요?"

이러한 예외의 상황이 연출되었다면, 그 상황에서의 키는 더 이상 키라 할 수 없다. 따라서 이 경우에는 키가 될 수 있는 대상을 잘못 선택한 결과로 판단해야 옳다. 그리고 필자의 경험상 우리가 예외라고 판단하는 상황의 대부분은 그저 판단의 잘못일 뿐 예외가 아니었다.

보간 탐색의 구현

앞서 설명하였지만 이론적으로 보간 탐색과 이진 탐색의 유일한 차이점은 탐색의 대상을 선정하는 방법에 있다. 따라서 보간 탐색의 구현을 위해서 Chapter 02에서 소개한 이진 탐색을 다시 한번 보이겠다.

✦ **RecursiveBinarySearch.c**

```c
1.   #include <stdio.h>
2.
3.   int BSearchRecur(int ar[], int first, int last, int target)
4.   {
5.       int mid;
6.       if(first > last)
7.           return -1;
8.
9.       mid = (first+last) / 2;
10.
11.      if(ar[mid] == target)
12.          return mid;
13.      else if(target < ar[mid])
14.          return BSearchRecur(ar, first, mid-1, target);
15.      else
16.          return BSearchRecur(ar, mid+1, last, target);
17.  }
18.
19.  int main(void)
20.  {
21.      . . . . . .
22.      return 0;
23.  }
```

위 예제의 BSearchRecur 함수는 9행에 위치한 다음 문장을 통해서 탐색의 위치를 계산한다.

　　mid = (first+last) / 2;

그런데 이진 탐색과 보간 탐색의 유일한 차이점은 탐색의 대상을 선택하는 방법에 있으니, 이를 다음과 같이 바꾸면, 이로써 보간 탐색의 구현은 완료가 된다.

　　mid = ((double)(target-ar[first]) / (ar[last]-ar[first]) * (last-first)) + first;

위의 문장에서는 나눗셈의 피연산자를 double형으로 형 변환하여, 모든 연산들이 실수형으로 진행되어 오차가 최소화되도록 하였다. 그리고 이 문장은 앞서 보인 다음 수식을 단순히 코드로 옮긴 것에 지나지 않는다. 위 문장의 target이 아래 수식의 x에 해당하고, 위 문장의 mid가 아래 수식의 s에 해당한다.

$$s = \frac{x - arr[low]}{arr[high] - arr[low]} (high - low) + low$$

때문에 식을 바꾼 이 시점에서 변수의 이름 mid는 그 이름을 달리해야 한다(더 이상 mid가 중간을 가리키지 않으므로). 하지만 이 문장을 제외하고는 바뀌는 부분이 없다는 것을 강조하기 위해서 그 이름을 변경하지 않을 테니 이와 관련해서 오해 없기 바라겠다.

✢ InterpolSearch.c

```
1.  #include <stdio.h>
2.
3.  int ISearch(int ar[], int first, int last, int target)
4.  {
5.      int mid;
6.
7.      if(first > last)
8.          return -1;     // -1의 반환은 탐색의 실패를 의미
9.
10.     // 이진 탐색과의 차이점을 반영한 문장
11.     mid = ((double)(target-ar[first]) / (ar[last]-ar[first]) *
12.             (last-first)) + first;
13.
14.     if(ar[mid] == target)
15.         return mid;            // 탐색된 타겟의 인덱스 값 반환
16.     else if(target < ar[mid])
17.         return ISearch(ar, first, mid-1, target);
18.     else
19.         return ISearch(ar, mid+1, last, target);
20. }
21.
22. int main(void)
23. {
24.     int arr[] = {1, 3, 5, 7, 9};
25.     int idx;
26.
27.     idx = ISearch(arr, 0, sizeof(arr)/sizeof(int)-1, 7);
28.     if(idx == -1)
29.         printf("탐색 실패 \n");
30.     else
31.         printf("타겟 저장 인덱스: %d \n", idx);
32.
```

```
33.     idx = ISearch(arr, 0, sizeof(arr)/sizeof(int)-1, 10);
34.     if(idx == -1)
35.         printf("탐색 실패 \n");
36.     else
37.         printf("타겟 저장 인덱스: %d \n", idx);
38.
39.     return 0;
40. }
```

✤ 실행결과: InterpolSearch.c

```
command prompt
타겟 저장 인덱스: 3
탐색 실패
```

실행결과를 보면 배열에 저장된 7은 찾고 배열에 저장되지 않은 10은 찾지 못함을 확인할 수 있다. 따라서 위의 함수 ISearch는 보간 탐색을 제대로 구현한 것처럼 보인다. 하지만 약간의 문제가 있다. 문제의 확인을 위해서 다음 main 함수를 대상으로 ISearch 함수의 호출결과를 확인해보자.

```
int main(void)
{
    int arr[] = {1, 3, 5, 7, 9};
    int idx;

    // 배열에 저장되어 있지 않은 2를 찾기 위해서 ISearch 함수를 호출한다.
    idx = ISearch(arr, 0, sizeof(arr)/sizeof(int)-1, 2);
    if(idx == -1)
        printf("탐색 실패 \n");
    else
        printf("타겟 저장 인덱스: %d \n", idx);

    return 0;
}
```

실행해 보았는가? 그렇다면 위의 main 함수를 대상으로는 ISearch 함수가 제대로 동작하지 않음을 확인하였을 것이다. 문제는 ISearch 함수의 다음 탈출조건을 만족시키지 못해서 발생한 것이다.

```
if(first > last)
    return -1;    // -1의 반환은 탐색의 실패를 의미
```

위의 탈출조건을 만족시키지 못하는 상황에 대한 설명은 잠시 뒤로 미뤄두기로 하고 결론부터 말하겠다. ISearch 함수의 탈출조건은 다음과 같이 바꿔야 한다.

```
if(ar[first]>target || ar[last]<target)
    return -1;
```

탐색대상이 존재하지 않는 경우, ISearch 함수가 재귀적으로 호출됨에 따라 target에 저장된 값은 first와 last가 가리키는 값의 범위를 넘어서게 된다. 조금 쉽게 말해서, target에 저장된 값이 first가 가리키는 값보다 작거나 last가 가리키는 값보다 커지게 된다.
그리고 그 이유는 단순하다. 정렬된 탐색대상의 범위를 좁혀가면서 정렬을 진행해 나가기 때문이다. first와 last가 target을 향해서 점점 좁혀가지 않는가! 따라서 이러한 특성을 기반으로 위와 같이 탈출조건을 구성해야 한다.

☐ 탈출조건을 만족하지 않는 이유

먼저 탈출조건이 만족되지 않는 상황에 대해서 예를 들겠다. 다음과 같이 ISearch 함수가 호출되었다고 가정해보자.

```
int main(void)
{
    int arr[] = {1, 3, 5, 7, 9};
    . . . .
    ISearch(arr, 1, 4, 2);    // 배열 arr의 인덱스 1~4 범위 내에서 숫자 2 탐색
    . . . .
}
```

위와 같이 ISearch 함수가 호출되는 상황은 필요에 의해서 만들 수도 있지만, 재귀함수의 호출과정에서 만들어질 수도 있다. 그럼 이를 대상으로 탐색위치를 계산하는 다음 문장에 값을 대입해보자. 참고로 first와 last는 각각 1과 4이고 target은 2이다.

```
mid = ((double)(target-ar[first]) / (ar[last]-ar[first]) * (last-first)) + first;
```

대입해 보았는가? 그렇다면 mid에 0이 저장됨을 확인하였을 것이다. 그리고 이는 지극히 정상적이다. 인덱스 1~4의 범위 내에서 최댓값과 최솟값은 각각 3과 9이다. 그런데 타겟은 2이다. 즉, 그 값이 탐색범위 내에 위치하지 못할 만큼 작다. 그러니 가장 왼쪽에 있는 값과 비교를 하라는 의미로 0을 반환하는 것이 타당하지 않겠는가? 즉 여기까지는 문제가 없어 보인다. 아니 문제가 없다! 하지만 이 결과가 다음

문장과 결합되면서 문제가 된다.

```
if(ar[mid] == target)
    return mid;
else if(target < ar[mid])
    return ISearch(ar, first, mid-1, target);
else
    return ISearch(ar, mid+1, last, target);    // 이 문장이 실행된다.
```

조건에 의해서 마지막 else 구문의 ISearch 함수 호출문이 실행된다. 그리고 그 결과 다시 한번 다음과 같이 ISearch 함수에 인자가 전달된다.

```
ISearch(arr, 1, 4, 2);     // 이전 호출문과 인자의 전달이 동일하다!
```

이렇듯 함수의 전달인자는 ISearch 함수의 탈출조건을 만족하지 못하면서, 동일한 전달인자를 가지고 또 다시 ISearch 함수를 호출하는 것이 문제이다. 그래서 위의 예제에서는 '탐색대상이 존재하지 않을 경우, 탐색대상의 값은 탐색범위의 값을 넘어선다'는 사실을 근거로 탈출조건을 다음과 같이 수정해야 한다.

```
if(ar[first]>target || ar[last]<target)
    return -1;
```

참고로 탐색대상이 존재하지 않을 경우 target에 저장된 값이 first와 last가 가리키는 값의 범위를 넘어선다는 사실이 이해되지 않는다면, 탐색대상이 존재하지 않는 값을 target에 대입하고 first와 last 의 변화를 추적해보자. 한번만 추적해보면 이해할 수 있을 것이다.

11-2 이진 탐색 트리

보간 탐색으로 워밍업을 하였으니, 이제 '탐색에 효율적인 자료구조'를 시작할 차례이다. 참고로 이번에 설명하는 '이진 탐색 트리'는 앞서 소개한 '이진 트리'의 일종이다. 때문에 이진 트리에 대한 이해가 반드시 선행되어야 한다.

이진 탐색 트리의 이해

이진 트리의 구조를 보면, 트리는 탐색에 효율적이라는 사실을 쉽게 알 수 있다. 이진 트리에 저장된 데이터의 수가 10억 개 수준에 이른다 해도 트리의 높이는 30을 넘지 않기 때문이다. 그렇다면 이것이 탐색에 있어서 어떤 의미를 지니겠는가?

예를 들어서 연결 리스트에 10억 개의 데이터가 저장되어 있다고 가정해보자. 그리고 여러분이 찾는 데이터가 이 리스트의 정중앙에 위치한다는 정보를 얻었다고 가정하자. 이는 분명 유용한 정보이다. 하지만 이러한 정보를 가지고 있음에도 불구하고 데이터에 이르기 위해서는 약 5억 개의 노드를 지나야 한다. 반면 이진 트리의 경우에는 위치를 알고 있다면, 다시 말해서 데이터에 이르는 길을 알고 있다면 루트 노드에서부터 단말 노드에 이르기까지 총 30개의 노드를 지나는 과정에서 원하는 데이터를 찾을 수 있다. 물론 여기에는 다음과 같은 가정이 존재한다.

> "이진 트리는 단말 노드에 이르는 길의 갈래가 매우 많다. 따라서 찾는 데이터가 존재하는 제대로 된 길을 선택할 수 있어야 한다."

자! 그럼 이번에 소개하는 '이진 탐색 트리'는 어떠한 특성의 트리인지 대략 짐작이 가능할 것이다. 여러분의 짐작대로 이진 탐색 트리는 다음과 같은 특성을 지닌다.

> "이진 탐색 트리에는 데이터를 저장하는 규칙이 있다. 그리고 그 규칙은 특정 데이터의 위치를 찾는데 사용할 수 있다."

쉽게 말해서 '이진 트리'에 '데이터의 저장 규칙'을 더해놓은 것이 '이진 탐색 트리'이다. 그럼 이어서 이진 탐색 트리가 되기 위한 조건을 나열하겠다. 참고로 '탐색 키'는 정수라 가정하였으며, 이러한 탐색 키를 간단히 키(key)로 표현하였다.

- 이진 탐색 트리의 노드에 저장된 키(key)는 유일하다.
- 루트 노드의 키가 왼쪽 서브 트리를 구성하는 어떠한 노드의 키보다 크다.
- 루트 노드의 키가 오른쪽 서브 트리를 구성하는 어떠한 노드의 키보다 작다.
- 왼쪽과 오른쪽 서브 트리도 이진 탐색 트리이다.

앞서 '키(key)'에는 유일하다는 의미가 포함되어 있음을 언급하였다. 그럼 위의 조건을 만족하는 트리의 예를 그림으로 보이겠다.

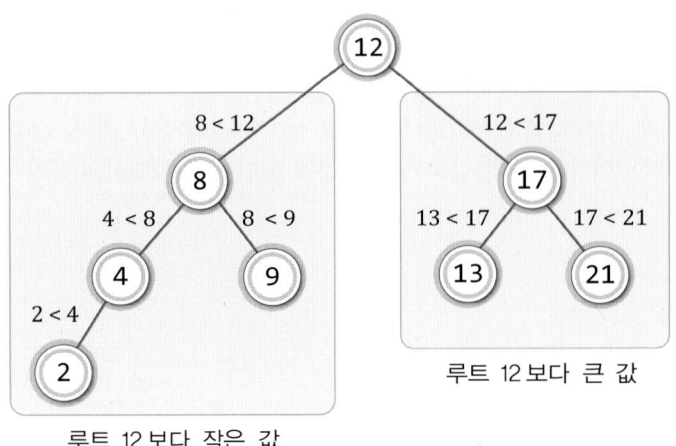

▶ [그림 11-3: 이진 탐색 트리의 예]

위 그림에서 보이듯이 루트 노드의 왼쪽 서브 트리에 저장된 값들은 12보다 작고, 오른쪽 서브 트리에 저장된 값들은 12보다 크다. 그런데 위의 그림을 통해서 다음 수식이 어디서나 만족함을 알 수 있다.

왼쪽 자식 노드의 키 < 부모 노드의 키 < 오른쪽 자식 노드의 키

그리고 이 수식이 이진 탐색 트리의 구현에 더 직접적으로 도움이 되는 결론이다! 그럼 위 그림의 이진 탐색 트리를 대상으로 숫자 10을 저장한다고 가정해보자. 그러면 루트 노드를 시작으로 하여 다음의 과정을 거쳐서 저장될 위치를 결정하게 된다.

- 1단계   10 < 12 이므로 왼쪽 자식 노드로 이동
- 2단계   10 > 8 이므로 오른쪽 자식 노드로 이동
- 3단계   10 > 9 이므로 오른쪽 자식 노드로 이동
- 4단계   오른쪽에 아무것도 없으니 그 위치에 저장!

따라서 숫자 10은 다음 그림에서 보이듯이 숫자 9의 오른쪽 자식 노드로 저장이 된다.

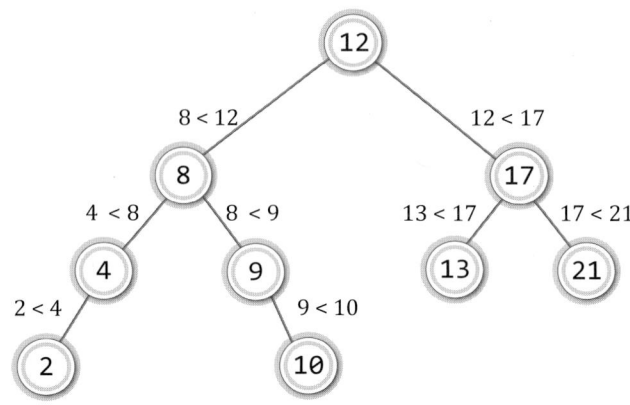

▶ [그림 11-4: 데이터 추가 후의 이진 탐색 트리]

이렇듯 이진 탐색 트리는 '작으면 왼쪽으로, 크면 오른쪽으로'라는 원칙을 기준으로 데이터를 삽입한다. 따라서 탐색의 과정에서도 이를 그대로 따르면 된다. 찾는 키의 값이 비교대상보다 작으면 왼쪽 자식 노드로, 찾는 키의 값이 비교대상보다 크면 오른쪽 자식 노드로 이동하는 것이다. 때문에 이진 탐색 트리는 탐색의 과정에서 길을 잃을 일이 없다. 그리고 몇 단계 지나지 않아서 탐색 대상을 찾을 수 있다. 그러니 탐색의 효율은 두말할 필요가 없지 않겠는가!

문 제 11-1 [이진 탐색 트리의 조건]

필자가 앞서 이진 탐색 트리가 되기 위한 조건을 다음과 같이 정리하였다.

- 이진 탐색 트리의 노드에 저장된 키(key)는 유일하다.
- 루트 노드의 키가 왼쪽 서브 트리를 구성하는 어떠한 노드의 키보다 크다.
- 루트 노드의 키가 오른쪽 서브 트리를 구성하는 어떠한 노드의 키보다 작다.
- 왼쪽과 오른쪽 서브 트리도 이진 탐색 트리이다.

그리고 이진 탐색 트리는 다음의 수식을 어느 위치에서든 항상 만족함을 이어서 소개하였다.

　　왼쪽 자식 노드의 키 < 부모 노드의 키 < 오른쪽 자식 노드의 키

이진 탐색 트리가 항상 만족하는 조건과 이진 탐색 트리가 되기 위한 조건은 다른것이다. 그럼에도 불구하고 여러분 입장에서는 이진 탐색 트리가 되기 위한 조건들보다, 이진 탐색 트리가 만족하는 위의 수식이 더 쉽게 와닿았을 것이다. 따라서 이진 탐색 트리가 되기 위한 조건중 두 번째와 세 번째것을 다음과 같이 바꾸는 것이 훨씬 더 명확하다고 생각할 수 있다.

- 부모 노드의 키가 왼쪽 자식 노드의 키보다 크다.
- 부모 노드의 키가 오른쪽 자식 노드의 키보다 작다.

하지만 이렇게 대체하는 것은 불가능하다. 이는 모든 이진 탐색 트리가 만족하는 조건이긴 하지만, 이진 탐색 트리만 만족하는 조건은 아니기 때문이다. 자! 그럼 위의 두가지 조건을 만족하지만 이진 탐색 트리가 아닌 '이진 트리의 예'를 직접 제시해보지 않겠는가?

이진 탐색 트리의 헤더파일

우리는 이진 트리의 구현경험을 갖고 있다. 따라서 필자가 설명한 내용을 바탕으로 삽입과 탐색이 가능한 수준의 이진 탐색 트리를 구현할 수 있다. 그런데 구현에 앞서 먼저 구현방법을 결정해야 한다. 필자는 다음 두 가지 중 한 가지 방법을 선택하려 한다.

- 구현 방법 1
이전에 구현한 이진 트리를 참조하여 처음부터 완전히 다시 구현을 한다.

- 구현 방법 2
이진 탐색 트리도 이진 트리이니, 이전에 구현한 이진 트리를 활용하여 구현한다.

각각의 방법마다 장점이 있다. 첫 번째 방법을 이용하면, 앞서 공부한 이진 트리의 이해 없이 코드를 바로 분석할 수 있다(이것이 옳은 방법인지는 모르겠다). 그리고 이전에 경험했던 이진 트리를 코드 레벨에서 다시 한번 복습할 수 있다는 장점도 있다. 반면 두 번째 방법에는 다음과 같은 장점이 있다.

"이진 탐색 트리가 이진 트리의 확장이라는 사실을 코드 레벨에서 확인할 수 있다."

"앞서 구현한 이진 트리를 점검하는 기회가 된다. 이진 트리의 ADT를 통해서 정의한 함수들이 기능적으로 부족하다면 이에 대한 반성 및 개선의 기회가 된다."

"이진 트리를 활용한 이진 탐색 트리의 구현을 경험하는 것은, 좋은 프로그래밍 모델을 경험하는 기회도 된다."

사실 이전에도 이진 트리를 활용하여 이진 트리의 일종인 '수식 트리'를 구현한 경험이 있다. 그때 활용한 방법을 이번에도 선택하는 것뿐이다. 그리고 이 방법이 우리가 흔히 말하는 '프로그래밍을 구조적으로 잘 하는 사람'들이 선택하는 방법이다. 그러니 당연히 이 방법을 선택해야 하지 않겠는가! 그럼 이진 탐색 트리의 구현에 활용할 이진 트리를 결정하겠다.

- BinaryTree2.h   Chapter 08에서 정의한 헤더파일
- BinaryTree2.c   Chapter 08에서 구현한 소스파일

시간이 지났으니 이 둘에 대해서 기억이 나지 않을 수도 있다. 그렇다고 소스파일을 열어보는 행동은 하지 말자. 헤더파일에 선언된 함수들만 보고도 이진 탐색 트리를 구현할 수 있어야 하고, 또 그것이 가능한 수준으로 우리는 이진 트리를 구현했으니 말이다. 그럼 필자가 헤더파일 BinaryTree2.h에 선언된 함수들에 대해서 간단히 설명을 하겠다.

- BTreeNode * MakeBTreeNode(void);
    노드를 동적으로 할당해서 그 노드의 주소 값을 반환한다.
- BTData GetData(BTreeNode * bt);
    노드에 저장된 데이터를 반환한다.
- void SetData(BTreeNode * bt, BTData data);
    인자로 전달된 데이터를 노드에 저장한다.
- BTreeNode * GetLeftSubTree(BTreeNode * bt);
    인자로 전달된 노드의 왼쪽 자식 노드의 주소 값을 반환한다.
- BTreeNode * GetRightSubTree(BTreeNode * bt);
    인자로 전달된 노드의 오른쪽 자식 노드의 주소 값을 반환한다.
- void MakeLeftSubTree(BTreeNode * main, BTreeNode * sub);
    인자로 전달된 노드의 왼쪽 자식 노드를 교체한다.
- void MakeRightSubTree(BTreeNode * main, BTreeNode * sub);
    인자로 전달된 노드의 오른쪽 자식 노드를 교체한다.

위 함수들을 보면서 앞서 Chapter 08에서 필자가 다음과 같이 했던 말이 기억나지 않았는가?

"위에서 소개한 함수들은 이진 트리를 만드는 도구로써 정의된 것이다. 도구인 이 함수들을 이용해서 이진 트리를 구성해야 하는 것이지, 이진 트리가 자동으로 만들어지는 것이 아니다."

그럼 위의 도구를 이용해서 이진 트리의 일종인 이진 탐색 트리를 구현해보자. 그리고 그 첫 번째 단계로 헤더파일을 정의하겠다.

✤ BinarySearchTree.h

```
1.  #ifndef __BINARY_SEARCH_TREE_H__
2.  #define __BINARY_SEARCH_TREE_H__
3.
4.  #include "BinaryTree2.h"
```

```
5.
6.  typedef BTData BSTData;
7.
8.  // BST의 생성 및 초기화
9.  void BSTMakeAndInit(BTreeNode ** pRoot);
10.
11. // 노드에 저장된 데이터 반환
12. BSTData BSTGetNodeData(BTreeNode * bst);
13.
14. // BST를 대상으로 데이터 저장(노드의 생성과정 포함)
15. void BSTInsert(BTreeNode ** pRoot, BSTData data);
16.
17. // BST를 대상으로 데이터 탐색
18. BTreeNode * BSTSearch(BTreeNode * bst, BSTData target);
19.
20. #endif
```

이진 탐색 트리의 핵심 연산 세 가지는 다른 자료구조들과 마찬가지로 삽입, 삭제 그리고 탐색이다. 그런데 삭제는 별도로 고민해야 할 문제이기 때문에, 우선 삽입과 탐색에 대한 함수를 각각 다음과 같이 정의하고자 한다.

- 삽입   void BSTInsert(BTreeNode ** pRoot, BSTData data) { . . . }
- 탐색   BTreeNode * BSTSearch(BTreeNode * bst, BSTData target) { . . . }

그럼 간단한 main 함수를 통해서 위의 두 함수와 헤더파일에 선언된 또 다른 두 함수의 사용방법을 보이도록 하겠다.

```
int main(void)
{
    BTreeNode * bstRoot;        // bstRoot는 BST의 루트 노드를 가리킨다.
    BTreeNode * sNode;

    BSTMakeAndInit(&bstRoot);   // Binary Search Tree의 생성 및 초기화

    BSTInsert(&bstRoot, 1);     // bstRoot에 1을 저장
    BSTInsert(&bstRoot, 2);     // bstRoot에 2를 저장
    BSTInsert(&bstRoot, 3);     // bstRoot에 3을 저장

    // 탐색! 1이 저장된 노드를 찾아서!
    sNode = BSTSearch(bstRoot, 1);
```

```
    if(sNode == NULL)
        printf("탐색 실패 \n");
    else
        printf("탐색에 성공한 키의 값: %d \n", BSTGetNodeData(sNode));
    return 0;
}
```

위의 main 함수에서 보이듯이 다음과 같이 BSTMakeAndInit 함수가 호출되고 나면, 이진 탐색 트리의 생성 및 초기화가 완료된 것으로 간주한다.

```
BSTMakeAndInit(&bstRoot);            // Binary Search Tree의 생성 및 초기화
```

이때부터 bstRoot는 생성된 이진 탐색 트리를 지칭하는 이름이 된다. 그래서 트리에 데이터를 추가할 때는 다음과 같이 함수를 호출한다.

```
BSTInsert(&bstRoot, 1);              // bstRoot에 1을 저장
```

위 문장에서 보이듯이, 이진 탐색 트리에 데이터를 저장하기 위해서 직접 노드를 생성할 필요가 없다. 노드의 생성과 위치의 선정 및 저장은 BSTInsert 함수 내에서 이뤄지기 때문이다. 그리고 다음 문장에서 보이듯이 데이터의 탐색도 유사한 방식으로 진행된다.

```
sNode = BSTSearch(bstRoot, 1);       // bstRoot에 저장된 1을 탐색
```

탐색의 결과, 목표한 대상을 찾았다면 이를 저장하고 있는 노드의 주소 값이 반환된다. 그리고 main 함수에서 보였듯이 BSTGetNodeData 함수를 통해서 노드에 저장된 값을 얻을 수도 있다.

❏ 이진 탐색 트리의 구현: 삽입과 탐색

이진 탐색 트리의 삽입과 탐색은 어렵지 않다. 앞서 설명한 내용만으로도 삽입과 탐색의 구현을 위한 논리는 이미 머릿속에 세워졌을 거라 생각한다. 그럼 몇몇 사례를 통해서 그 과정을 보이겠다. 먼저 세 개의 노드로 구성된 트리에 숫자 11과 10의 추가과정을 순서대로 보이겠다.

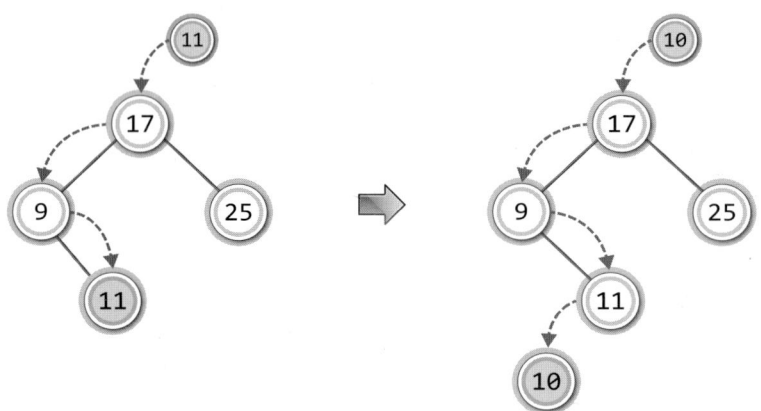

▶ [그림 11-5: 이진 탐색 트리 대상의 11과 10의 저장과정]

위 그림을 통해서 '비교대상보다 값이 작으면 왼쪽 자식 노드로, 값이 크면 오른쪽 자식 노드로 이동한다' 는 기본적인 사실 이외에 강조하고픈 것이 하나 더 있는데, 그것은 다음과 같다.

"비교대상이 없을 때까지 내려간다. 그리고 비교대상이 없는 그 위치가 새 데이터가 저장될 위치이다."

위 그림에 이어서 29와 22를 저장하는 예를 하나 더 보이겠으니, 이를 기반으로 위의 내용을 다시 한번 확인하기 바란다.

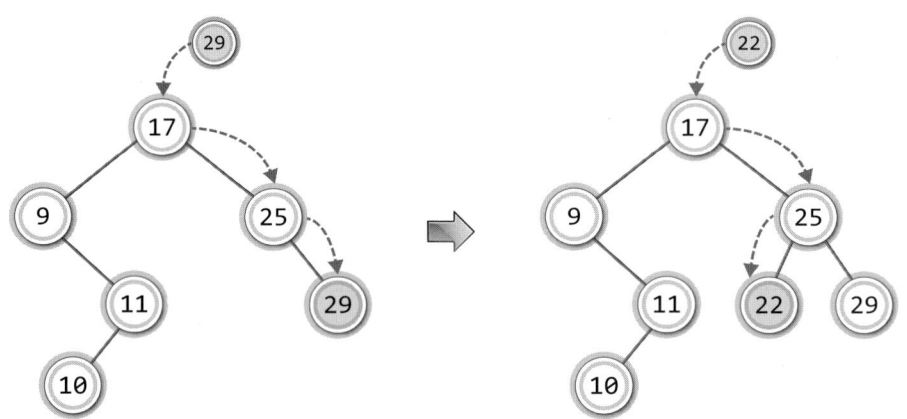

▶ [그림 11-6: 이진 탐색 트리 대상의 29와 22의 저장과정]

이제 충분히 이해가 되었을 테니, 새 데이터의 저장을 담당하는 BSTInsert 함수를 보이도록 하겠다. 참 고로 이는 지금껏 설명한 과정을 그대로 코드로 옮긴 결과이다.

```c
void BSTInsert(BTreeNode ** pRoot, BSTData data)
{
    BTreeNode * pNode = NULL;        // parent node
    BTreeNode * cNode = *pRoot;      // current node
    BTreeNode * nNode = NULL;        // new node

    // 새로운 노드가(새 데이터가 담긴 노드가) 추가될 위치를 찾는다.
    while(cNode != NULL)
    {
        if(data == GetData(cNode))
            return;     // 데이터의(키의) 중복을 허용하지 않음

        pNode = cNode;

        if(GetData(cNode) > data)
            cNode = GetLeftSubTree(cNode);
        else
            cNode = GetRightSubTree(cNode);
    }

    // pNode의 자식 노드로 추가할 새 노드의 생성
    nNode = MakeBTreeNode();      // 새 노드의 생성
    SetData(nNode, data);         // 새 노드에 데이터 저장

    // pNode의 자식 노드로 새 노드를 추가
    if(pNode != NULL)    // 새 노드가 루트 노드가 아니라면,
    {
        if(data < GetData(pNode))
            MakeLeftSubTree(pNode, nNode);
        else
            MakeRightSubTree(pNode, nNode);
    }
    else    // 새 노드가 루트 노드라면,
    {
        *pRoot = nNode;
    }
}
```

주석 이외의 내용을 조금 더 언급하겠다. 먼저 앞 부분에 등장하는 다음 while문을 주목하자. 이 while문이 하는 일은 저장할 값의 크기에 따라 왼쪽 또는 오른쪽 자식 노드로 이동을 하면서 새 노드의 저장위치를 찾는 것이다.

```
while(cNode != NULL) { . . 저장 위치 찾기 . . }
```

따라서 이 while문을 빠져나오면 cNode에는 새 노드가(새 데이터가 저장된 노드가) 저장될 위치정보가 담긴다. 그런데 이 위치에 노드를 저장하기 위해 필요한 것은, 이 위치를 자식으로 하는 부모 노드의 주소 값이다(부모 노드에 자식 노드의 주소 값이 저장되므로). 실제로 이어지는 if~else 구문에서 부모 노드의 주소 값이 담긴 pNode를 기반으로 자식 노드를 추가하고 있지 않은가! 그래서 pNode를 통해서 부모 노드의 주소 값을 유지하는 것이다.

이어서 탐색을 담당하는 BSTSearch 함수를 보이겠다. 탐색의 과정은 삽입의 과정을 근거로 하기에 별도의 설명이 필요 없을 것이다.

```
BTreeNode * BSTSearch(BTreeNode * bst, BSTData target)
{
    BTreeNode * cNode = bst;        // current node
    BSTData cd;                     // current data

    while(cNode != NULL)
    {
        cd = GetData(cNode);

        if(target == cd)
            return cNode;
        else if(target < cd)
            cNode = GetLeftSubTree(cNode);
        else
            cNode = GetRightSubTree(cNode);
    }

    return NULL;     // 탐색대상이 저장되어 있지 않음.
}
```

위 함수에 삽입된 while문에서도 비교대상의 노드보다 값이 작으면 왼쪽 자식 노드로, 값이 크면 오른쪽 자식 노드로 이동하고 있다. 그리고 이렇게 이동을 하면, 탐색을 위한 길을 제대로 가는 것이다. 그럼에도 불구하고 더 이상 이동할 자식 노드가 없다면(NULL을 만났다면), 이는 찾는 데이터가 존재하지 않는 상황이다. 그래서 이를 바탕으로 while문의 탈출조건이 구성되어 있다.

이렇게 해서 이진 탐색 트리의 삽입과 탐색에 대한 설명이 끝이 났다. 하지만 여기까지가 이진 탐색 트리의 반에 해당한다. 아직 삭제에 대해서 설명하지 않았기 때문이다. 그래도 여기까지의 구현내용을 바탕으로 main 함수를 구성해보겠다.

✤ BinarySearchTree.c

```c
1.  #include <stdio.h>
2.  #include "BinaryTree2.h"
3.  #include "BinarySearchTree.h"
4.
5.  void BSTMakeAndInit(BTreeNode ** pRoot)
6.  {
7.      *pRoot = NULL;
8.  }
9.
10. BSTData BSTGetNodeData(BTreeNode * bst)
11. {
12.     return GetData(bst);
13. }
14.
15. void BSTInsert(BTreeNode ** pRoot, BSTData data)
16. {
17.     // 위에서 소개하였으니 생략합니다.
18. }
19.
20. BTreeNode * BSTSearch(BTreeNode * bst, BSTData target)
21. {
22.     // 위에서 소개하였으니 생략합니다.
23. }
```

✤ BinarySearchTreeMain.c

```c
1.  #include <stdio.h>
2.  #include "BinarySearchTree.h"
3.
4.  int main(void)
5.  {
6.      BTreeNode * bstRoot;
7.      BTreeNode * sNode;     // search node
8.
9.      BSTMakeAndInit(&bstRoot);
10.
11.     BSTInsert(&bstRoot, 9);
12.     BSTInsert(&bstRoot, 1);
13.     BSTInsert(&bstRoot, 6);
14.     BSTInsert(&bstRoot, 2);
15.     BSTInsert(&bstRoot, 8);
16.     BSTInsert(&bstRoot, 3);
17.     BSTInsert(&bstRoot, 5);
```

```
18.
19.     sNode = BSTSearch(bstRoot, 1);
20.     if(sNode == NULL)
21.         printf("탐색 실패 \n");
22.     else
23.         printf("탐색에 성공한 키의 값: %d \n", BSTGetNodeData(sNode));
24.
25.     sNode = BSTSearch(bstRoot, 4);
26.     if(sNode == NULL)
27.         printf("탐색 실패 \n");
28.     else
29.         printf("탐색에 성공한 키의 값: %d \n", BSTGetNodeData(sNode));
30.
31.     sNode = BSTSearch(bstRoot, 6);
32.     if(sNode == NULL)
33.         printf("탐색 실패 \n");
34.     else
35.         printf("탐색에 성공한 키의 값: %d \n", BSTGetNodeData(sNode));
36.
37.     sNode = BSTSearch(bstRoot, 7);
38.     if(sNode == NULL)
39.         printf("탐색 실패 \n");
40.     else
41.         printf("탐색에 성공한 키의 값: %d \n", BSTGetNodeData(sNode));
42.
43.     return 0;
44. }
```

✤ 실행결과: BinaryTree2.h, BinaryTree2.c, BinarySearchTree.h, BinarySearchTree.c, BinarySearchTreeMain.c

```
탐색에 성공한 키의 값: 1
탐색 실패
탐색에 성공한 키의 값: 6
탐색 실패
```

위의 main 함수에서는 이진 탐색 트리에 다수의 값을 저장한 다음에, 그 값의 저장유무를 확인하는 수준에서 마무리하고 있다. 하지만 잠시 후에는 트리의 '순회'를 통해서 트리에 저장된 값을 전반적으로 확인해볼 것이다.

이진 탐색 트리의 삭제구현: 삭제에 대한 이론적 설명과 구현 일부

필자가 이진 탐색 트리의 삭제과정이 단순하지 않음을, 의도한 것은 아니지만 몇 차례 내비친 것 같다. 사실 이진 탐색 트리의 삭제는 단순하지 않다. 때문에 자료구조를 공부하면서 이 이상 진도를 나가지 못하는 경우도 많이 보아왔다. 하지만 포기할 정도로 어려운 것은 아니다. 자! 그럼 다음 그림을 통해서 삭제의 과정이 복잡한 이유부터 알아보자.

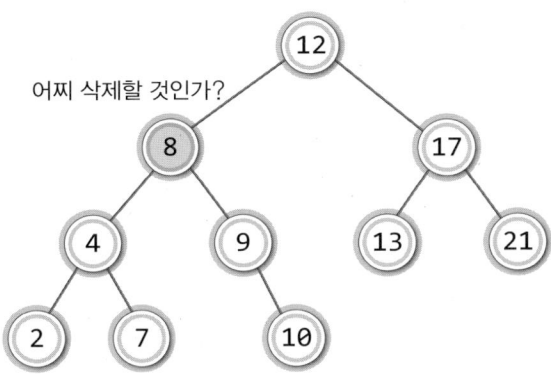

▶ [그림 11-7: 이진 탐색 트리에서 삭제가 어려운 이유]

위 그림의 이진 탐색 트리에서 8이 담긴 노드를 삭제한다고 가정해보자. 이 상황에서 그냥 이 노드만 삭제하면 그만인가? 아니다! 그 자리를 누군가 대신 채워야만 이진 탐색 트리가 유지된다. 즉 이진 탐색 트리의 삭제가 어려운 이유는 다음과 같다.

> "이진 탐색 트리에서 임의의 노드를 삭제하는 경우, 삭제 후에도 이진 탐색 트리가 유지되도록 빈 자리를 채워야 한다."

물론 모든 삭제의 경우에 있어서 이 문제를 고민해야 하는 것은 아니다. 삭제 대상이 단말 노드라면 그 노드만 삭제하면 그만이다. 하지만 단말 노드가 아니라면 위에서 말한 것처럼 삭제할 노드를 무엇으로 대신할지 고민해야 한다. 그럼 이진 탐색 트리의 삭제에 대한 경우의 수를 정리해 보겠다.

- 상황 1   삭제할 노드가 단말 노드인 경우
- 상황 2   삭제할 노드가 하나의 자식 노드를(하나의 서브 트리를) 갖는 경우
- 상황 3   삭제할 노드가 두 개의 자식 노드를(두 개의 서브 트리를) 갖는 경우

이렇듯 삭제에 대한 경우의 수는 세 가지이다. 하지만 구현방법에 따라서, 삭제 대상이 루트 노드인 경우와 그렇지 않은 경우를 나눠야 하기 때문에 삭제에 대한 경우의 수는 최대 여섯 가지로 구분할 수도 있다. 그럼 상황 별 삭제방법에 대해 이야기하겠다. 먼저 단말 노드를 삭제하는 '상황 1'에서의 삭제방법을 그림을 통해 보이겠다.

▶ [그림 11-8: 단말 노드의 삭제방법]

위 그림에서 보이듯이 '상황 1'에서는 삭제 대상인 단말 노드를 삭제하는 것으로 삭제의 과정이 완료된다. 따라서 다음과 같이 코드를 구성하면 된다.

```
// dNode와 pNode는 각각 삭제할 노드와 이의 부모 노드를 가리키는 포인터 변수
if(삭제할 노드가 단말 노드이다!)
{
    if(GetLeftSubTree(pNode) == dNode)    // 삭제할 노드가 왼쪽 자식 노드라면,
        RemoveLeftSubTree(pNode);         // 왼쪽 자식 노드 트리에서 제거
    else                                  // 삭제할 노드가 오른쪽 자식 노드라면,
        RemoveRightSubTree(pNode);        // 오른쪽 자식 노드 트리에서 제거
}
```

위에서 호출하고 있는 Remove~로 시작하는 두 함수는 아직 정의한바 없는 함수들인데, 이들에 대해서는 잠시 후에 선언 및 정의하기로 하고, 우선 각각의 함수호출이 의미하는 바만 간단히 정리하겠다.

- RemoveLeftSubTree(pNode)   pNode가 가리키는 노드의 왼쪽 자식 노드 트리에서 제거
- RemoveRightSubTree(pNode)   pNode가 가리키는 노드의 오른쪽 자식 노드 트리에서 제거

그리고 GetLeftSubTree 함수는 BinaryTree2.h에 선언된 함수이니 위의 코드가 어떠한 흐름으로 구성되었는지는 이해할 수 있을 것이다.

이어서 '상황 2'에서의 삭제방법을 소개하겠다. 그런데 이 역시 어렵지 않다. 다음 그림에서 보이듯이 부모 노드와 자식 노드를 연결하는 작업만 추가하면 된다.

▶ [그림 11-9: 하나의 자식 노드 또는 서브 트리를 갖는 노드의 삭제방법]

이렇듯 '상황 2'에서는 부모 노드와 자식 노드를 연결하는 것이 관건이다. 하지만 여기에도 한가지 주의할 사항이 있다.

"위 그림의 왼쪽 트리에서, 10이 저장된 노드가 왼쪽 자식 노드이건 오른쪽 자식 노드이건, 이에 상관없이 10이 저장된 노드는 8이 저장된 노드의 오른쪽 자식 노드가 되어야 한다."

이유가 무엇인가? 이는 10이 저장된 노드가 9가 저장된 노드를 대신하는 관계이기 때문이다. 그러니까 그냥 9가 저장된 노드를 대신한다고 생각하면 된다. 그리고 이러한 이유 때문에 아래에서 보이는 '상황 2'를 처리하는 코드에는 두 개의 if~else문이 등장한다.

```
// dNode와 pNode는 각각 삭제할 노드와 이의 부모 노드를 가리키는 포인터 변수
if(삭제할 노드가 하나의 자식 노드를 지닌다!)
{
    BTreeNode * dcNode;         // 삭제 대상의 자식 노드를 가리키는 포인터 변수

    // 삭제 대상의 자식 노드를 찾는다.
    if(GetLeftSubTree(dNode) != NULL)           // 자식 노드가 왼쪽에 있다면,
        dcNode = GetLeftSubTree(dNode);
    else                                        // 자식 노드가 오른쪽에 있다면,
        dcNode = GetRightSubTree(dNode);

    // 삭제 대상의 부모 노드와 자식 노드를 연결한다.
    if(GetLeftSubTree(pNode) == dNode)          // 삭제 대상이 왼쪽 자식 노드이면,
        ChangeLeftSubTree(pNode, dcNode);          // 왼쪽으로 연결
    else                                        // 삭제 대상이 오른쪽 자식 노드이면,
        ChangeRightSubTree(pNode, dcNode);         // 오른쪽으로 연결
}
```

위의 코드에도 BinaryTree2.h와 BinaryTree2.c에 선언 및 정의되지 않은 함수가 호출되고 있는데

그 둘은 다음과 같다.

- **ChangeLeftSubTree**   MakeLeftSubTree 함수와 유사한 함수
- **ChangeRightSubTree**   MakeRightSubTree 함수와 유사한 함수

이들에 대해서도 잠시 후에 별도로 정의하고 설명한다. 그러니 일단은 왼쪽 자식 노드(왼쪽 서브 트리)와 오른쪽 자식 노드(오른쪽 서브 트리)를 교체하는 함수 정도로 이해하기 바란다. 참고로 조금만 더 언급하면, 위의 두 함수와 BinaryTree2.h에 선언된 Make~로 시작하는 두 함수와의 유일한 차이점은, 기존 자식 노드의 메모리 소멸 과정을 동반하느냐 동반하지 않느냐에 있다.

이제 마지막으로 '상황 3'에서의 삭제방법을 이야기할 차례이다. 따라서 다음 그림을 보면서 삭제로 인해 비는 위치를 무엇으로 채울지 고민해보기 바란다.

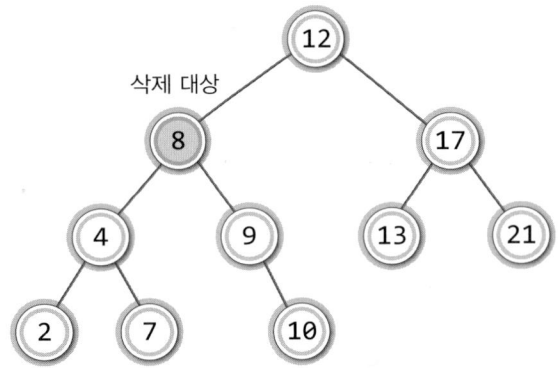

▶ [그림 11-10: 두 개의 자식 노드 또는 서브 트리를 갖는 노드의 삭제]

위의 트리에서 8을 삭제하는 경우 이를 대체할 후보로 다음 두 개의 노드를 꼽을 수 있다.

- 8이 저장된 노드의 왼쪽 서브 트리에서 가장 큰 값인 7을 저장한 노드
- 8이 저장된 노드의 오른쪽 서브 트리에서 가장 작은 값인 9를 저장한 노드

위 그림에서 삭제 대상을 7 또는 9를 저장한 노드로 각각 대체했을 때의 결과는 다음과 같다. 이 그림에서 대체 후에도 이진 탐색 트리가 유지됨에 주목하자.

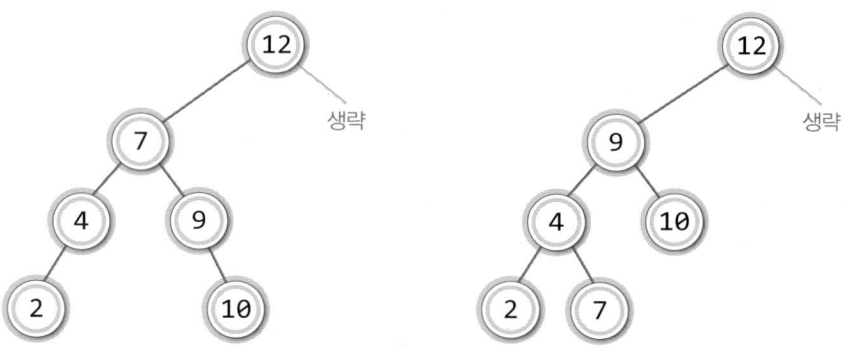

▶ [그림 11-11: 대체 후에도 유지되는 이진 탐색 트리]

이렇듯 삭제할 노드의 왼쪽 서브 트리에서 가장 큰 값이나, 삭제할 노드의 오른쪽 서브 트리에서 가장 작은 값을 저장한 노드로 대체하면 된다. 물론 서브 트리에서 가장 큰 값이나 가장 작은 값을 저장한 노드를 찾는 것은 어렵지 않은데, 다음 그림을 통해서 그 방법을 보이겠다.

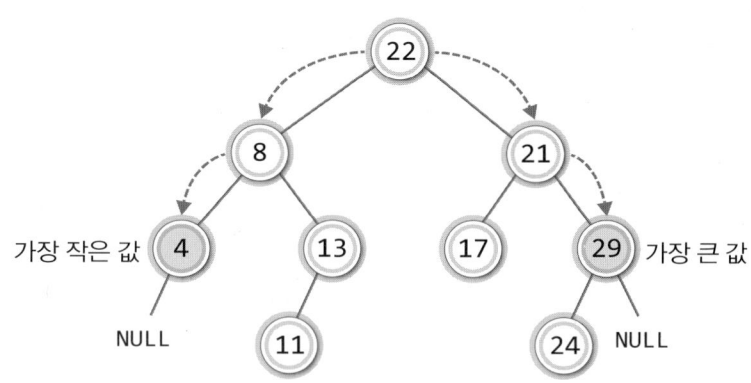

▶ [그림 11-12: 이진 탐색 트리의 가장 작은 값과 가장 큰 값]

위 그림에서 보이듯이 가장 큰 값을 찾을 때는 NULL을 만날 때까지 계속해서 오른쪽 자식 노드로 이동하면 되고, 가장 작은 값을 찾을 때는 NULL을 만날 때까지 계속해서 왼쪽 자식 노드로 이동하면 된다.

다시 본론으로 돌아와서 '상황 3'에서는 삭제 대상을 '왼쪽 서브 트리에서 가장 큰 값을 저장한 노드'나 '오른쪽 서브 트리에서 가장 작은 값을 저장한 노드'로 대체하면 된다. 어느 것으로 대체해도 이진 탐색 트리의 유지에는 지장이 없으므로 우리는 다음의 방법을 선택하기로 하겠다.

 "삭제할 노드의 오른쪽 서브 트리에서 가장 작은 값을 지니는 노드를 찾아서 이것으로 삭제할 노드를 대체한다."

자! 그럼 위의 내용을 기준으로, 앞서 보인 이진 탐색 트리의 삭제 전과 후의 모습을 보면서 삭제의 방법을 고민해보겠다.

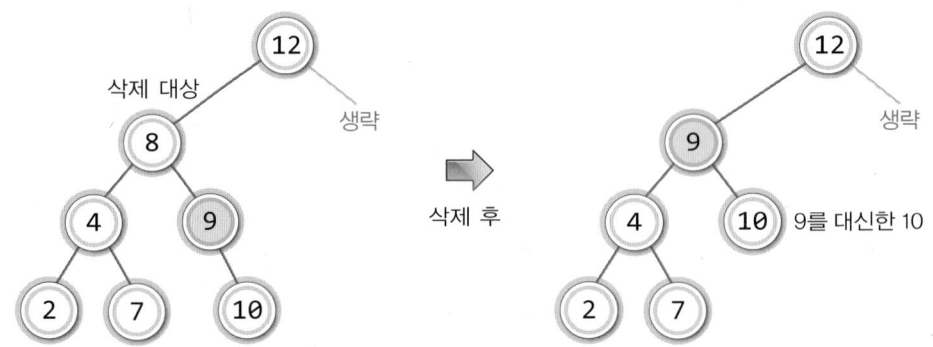

▶ [그림 11-13: 두 개의 자식 노드를 갖는 노드의 삭제]

위 그림에서 보이는 삭제의 결과를 이루기 위해 해야 할 일은 다음과 같다.

"삭제가 되는 8이 저장된 노드를 9가 저장된 노드로 대체한다. 그리고 이로 인해서 생기는 빈 자리는 9가 저장된 노드의 자식 노드로 대체한다."

그리고 이를 위해서 필자는 다음의 방법을 적용하고자 한다.

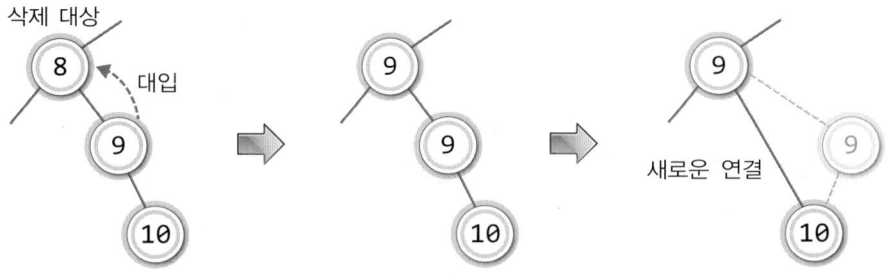

▶ [그림 11-14: 두 개의 자식 노드를 갖는 노드의 삭제과정]

위 그림에서는 8이 저장된 노드의 위치에 9가 저장된 노드를 가져다 놓지 않고, 값의 대입을 통해 노드의 교체를 대신하고 있다. 우선 이 방법이 여러모로 편리하다. 이 방법을 사용할 경우, 삭제 대상인 8이 저장된 노드의 부모 노드와 자식 노드의 연결을 유지하기 위해서 별도의 코드를 삽입할 필요가 없기 때문이다.

"그럼 위 그림에서 제안하는 방법과 달리, 10이 저장된 노드의 값도 부모 노드에 그냥 대입해버리면 간단한 것 아닌가요? 새로운 연결을 구성할 필요 없이요?"

멋진 생각이다. 하지만 10을 저장하고 있는 자식 노드의 값을 단순히 대입만하면 문제가 발생할 수 있는데, 그 이유는 다음과 같다.

> "10을 저장하고 있는 자식 노드가 단말 노드가 아닌 경우를 생각해야 한다. 단말 노드가 아니라면 단순 대입으로 노드의 대체를 대신할 수 없다."

이것이 무엇을 말하는지 이해하리라 믿는다. 이해되지 않으면 10이 저장된 노드에 자식 노드를 하나 붙여보자! 그러면 이해가 될 것이다. 그럼 지금까지 설명한 내용을 바탕으로 '상황 3'에서의 삭제과정을 정리해 보겠다. 참고로 이는 [그림 11-14]에서 설명한 바를 글로 정리한 것뿐이다.

- 단계 1   삭제할 노드를 대체할 노드를 찾는다.
- 단계 2   대체할 노드에 저장된 값을 삭제할 노드에 대입한다.
- 단계 3   대체할 노드의 부모 노드와 자식 노드를 연결한다.

그럼 위의 세 단계를 코드로 옮겨보자. 생각보다 코드가 조금 긴 편이다. 하지만 우리가 그림을 통해서 한 이야기를 코드로 옮긴 것뿐이니 천천히 살펴서 이해하자.

```c
// dNode와 pNode는 각각 삭제할 노드와 이의 부모 노드를 가리키는 포인터 변수
if(삭제할 노드가 두 개의 자식 노드를 지닌다)
{
    BTreeNode * mNode = GetRightSubTree(dNode);    // mNode는 대체 노드 가리킴
    BTreeNode * mpNode = dNode;         // mpNode는 대체 노드의 부모 노드 가리킴
    . . . .

    // 단계 1. 삭제 대상의 대체 노드를 찾는다.
    while(GetLeftSubTree(mNode) != NULL)
    {
        mpNode = mNode;
        mNode = GetLeftSubTree(mNode);
    }

    // 단계 2. 대체할 노드에 저장된 값을 삭제할 노드에 대입한다.
    SetData(dNode, GetData(mNode));

    // 단계 3. 대체할 노드의 부모 노드와 자식 노드를 연결한다.
    if(GetLeftSubTree(mpNode) == mNode)          // 대체할 노드가 왼쪽 자식 노드라면
    {
        // 대체할 노드의 자식 노드를 부모 노드의 왼쪽에 연결
        ChangeLeftSubTree(mpNode, GetRightSubTree(mNode));
```

```
            }
            else        // 대체할 노드가 오른쪽 자식 노드라면
            {
                // 대체할 노드의 자식 노드를 부모 노드의 오른쪽에 연결
                ChangeRightSubTree(mpNode, GetRightSubTree(mNode));
            }
            . . . .
    }
```

위의 코드는 잠시 후에 보일 실제구현의 결과와 약간의 차이가 있지만, 위의 코드를 이해했다면 이로써 이진 탐색 트리에서의 삭제와 그 구현을 대부분 이해한 것으로 볼 수 있다.

"그런데 단계 3에 해당하는 코드가 조금 잘못된 것 같은데요. GetRightSubTree 함수를 호출하는 부분이요."

위의 문장에서 이상하다고 언급한 부분은 다음과 같다.

```
if(GetLeftSubTree(mpNode) == mNode)
{
    // 대체할 노드의 자식 노드를 부모 노드의 왼쪽에 연결
    ChangeLeftSubTree(mpNode, GetRightSubTree(mNode));
}
else
{
    // 대체할 노드의 자식 노드를 부모 노드의 오른쪽에 연결
    ChangeRightSubTree(mpNode, GetRightSubTree(mNode));
}
```

GetRightSubTree 함수가 두 번 호출되었으니, 아무래도 이 중 하나는 GetLeftSubTree 함수의 호출로 대체해야 뭔가 짝이 맞을 것 같은 생각이 들 수 있다. 하지만 이는 잘못되지 않았다. 대체할 노드의 자식 노드는 항상 오른쪽에(오른쪽 자식 노드로) 존재하기 때문이다. 그 이유가 무엇인지 알겠는가? 앞서 했던 다음 결정이 바로 그 이유이다.

"삭제할 노드의 오른쪽 서브 트리에서 가장 작은 값을 지니는 노드를 찾아서 이것으로 삭제할 노드를 대체한다."

가장 작은 값을 지니는 노드를 찾으려면 NULL을 만날 때까지 왼쪽 자식 노드로 계속해서 이동해야 한다. 그러니 자식 노드가 있다면 그것은 오른쪽 자식 노드가 아니겠는가!

◻ 이진 탐색 트리의 삭제구현: 삭제의 구현을 위한 이진 트리의 확장

삭제를 포함한 이진 탐색 트리의 완성을 위해서 우선 BinaryTree2.h와 BinaryTree2.c에 다음 네 개의 함수를 추가로 선언 및 정의하고자 한다.

```
// 왼쪽 자식 노드를 트리에서 제거, 제거된 노드의 주소 값이 반환된다.
• BTreeNode * RemoveLeftSubTree(BTreeNode * bt);

// 오른쪽 자식 노드를 트리에서 제거, 제거된 노드의 주소 값이 반환된다.
• BTreeNode * RemoveRightSubTree(BTreeNode * bt);

// 메모리 소멸을 수반하지 않고 main의 왼쪽 자식 노드를 변경한다.
• void ChangeLeftSubTree(BTreeNode * main, BTreeNode * sub);

// 메모리 소멸을 수반하지 않고 main의 오른쪽 자식 노드를 변경한다.
• void ChangeRightSubTree(BTreeNode * main, BTreeNode * sub);
```

앞서 우리는 이진 트리의 구성과 관련된 기본적인 기능을 BinaryTree2.c에 담았다. 그리고 이를 이용해서 이미 '수식 트리'를 구현한바 있다. 하지만 이진 탐색 트리의 구현을 위한 충분한 도구가 되지는 못한다. 그 이유 두 가지는 다음과 같다.

- 노드의 제거에 대한 기능이 정의되지 않았다.
- MakeLeftSubTree, MakeRightSubTree 함수는 교체되는 노드의 소멸까지 진행한다.

위의 내용에 대한 부연설명을 위해서 MakeLeftSubTree 함수를 보이겠다.

```c
void MakeLeftSubTree(BTreeNode * main, BTreeNode * sub)
{
    if(main->left != NULL)
        free(main->left);      // 메모리의 소멸까지 진행한다!

    main->left = sub;
}
```

위의 함수에서는 main이 가리키는 노드의 왼쪽 자식 노드가 존재하는 상황이라면 이에 대한 메모리의 해제를 진행한다. 따라서 왼쪽 자식 노드의 교체를 목적으로는 어울리지 않는다. 그래서 자식 노드의 단순 교체를 목적으로 다음 두 함수를 추가로 정의하였다.

```
// 메모리의 소멸을 수반하지 않고 main의 왼쪽 자식 노드를 변경한다.
```

```c
void ChangeLeftSubTree(BTreeNode * main, BTreeNode * sub)
{
    main->left = sub;
}

// 메모리의 소멸을 수반하지 않고 main의 오른쪽 자식 노드를 변경한다.
void ChangeRightSubTree(BTreeNode * main, BTreeNode * sub)
{
    main->right = sub;
}
```

그리고 당시에는 이진 트리의 구성에 초점을 맞췄기 때문에 삭제에 대한 기능을 정의하지 않았다. 그런데 이진 탐색 트리에서는 삭제에 대한 논의가 빠질 수 없기 때문에 삭제와 관련된 다음 두 함수를 추가로 정의하였다.

```c
// 왼쪽 자식 노드 제거, 제거된 노드의 주소 값이 반환된다.
BTreeNode * RemoveLeftSubTree(BTreeNode * bt)
{
    BTreeNode * delNode;

    if(bt != NULL) {
        delNode = bt->left;
        bt->left = NULL;
    }
    return delNode;
}

// 오른쪽 자식 노드 제거, 제거된 노드의 주소 값이 반환된다.
BTreeNode * RemoveRightSubTree(BTreeNode * bt)
{
    BTreeNode * delNode;

    if(bt != NULL) {
        delNode = bt->right;
        bt->right = NULL;
    }
    return delNode;
}
```

보통 '삭제' 또는 '제거'라고 하면 반드시 메모리의 해제까지 담당해야 하는 것으로 오해하는 경우가 많다. 하지만 '삭제'와 '메모리의 해제'는 별개의 것이다. 삭제과정에서 메모리의 해제를 포함하는 경우도 있지만, 반드시 필요한 것은 아니며 오히려 포함해서는 안 되는 경우도 존재한다.

솔직히 말하면 삭제과정에서 메모리의 해제를 포함하지 않는 것이 더 일반적이다. 그래서 위의 두 함수도 단순히 왼쪽 자식 노드(왼쪽 서브 트리)와 오른쪽 자식 노드(오른쪽 서브 트리)를 트리에서 제거할 뿐, 메모리의 해제까지 이뤄지도록 정의하지 않았다. 대신에 주소 값의 반환을 통해서 메모리의 해제에 대한 책임을 함수를 호출한 영역으로 넘기고 있다.

그럼 새롭게 정의된 위의 네 함수는 어디에 넣어야겠는가? 우리는 이진 트리를 구성하기 위한 도구를 다음 두 파일에 담아 두었다. 그리고 이 도구를 이용해서 이진 탐색 트리를 구성하였다.

- BinaryTree2.h, BinaryTree2.c

그런데 함수의 성격을 보아 알겠지만, 앞서 보인 네 함수는 이진 트리의 구성에 관련된 도구의 일부이다. 따라서 위의 두 파일에 추가하는 것이 옳다. 그래서 위의 두 파일에 네 개의 함수를 추가한 결과로 파일의 이름을 다음과 같이 변경하고자 한다.

- BinaryTree3.h, BinaryTree3.c

혹자는 처음부터 네 개의 함수를 추가하는 것이 좋지 않았겠냐고 물을지도 모르겠다. 하지만 처음부터 필요로 할 모든 것을 완벽히 예측해서 도구를 만드는 것은 쉽지 않다. 그리고 그것이 옳은 것만은 아니다. 오히려 필요에 따라서 도구를 확장하고 수정해 나가는 것이 현명한 방법이다. 그래서 그 과정을 여러분과 함께 경험하고자 한 것이다.

그럼 다음으로 넘어가기에 앞서 정리 차원에서 BinaryTree3.h와 BinaryTree3.c를 보이도록 하겠다. 단 지면을 아끼기 위해서 한 줄에 표시해도 무리 없는 함수나 문장은 한 줄에 표시를 하고, 코드를 보기 좋게 하는 공백도 가급적 줄여서 싣도록 하겠다.

✢ BinaryTree3.h

```
1.  #ifndef __BINARY_TREE3_H__
2.  #define __BINARY_TREE3_H__
3.
4.  typedef int BTData;
5.
6.  typedef struct _bTreeNode
7.  {
8.      BTData data;
9.      struct _bTreeNode * left;
10.     struct _bTreeNode * right;
11. } BTreeNode;
12.
13. BTreeNode * MakeBTreeNode(void);
14. BTData GetData(BTreeNode * bt);
15. void SetData(BTreeNode * bt, BTData data);
16.
17. BTreeNode * GetLeftSubTree(BTreeNode * bt);
```

```
18.     BTreeNode * GetRightSubTree(BTreeNode * bt);
19.
20.     void MakeLeftSubTree(BTreeNode * main, BTreeNode * sub);
21.     void MakeRightSubTree(BTreeNode * main, BTreeNode * sub);
22.
23.     typedef void (*VisitFuncPtr)(BTData data);
24.
25.     void PreorderTraverse(BTreeNode * bt, VisitFuncPtr action);
26.     void InorderTraverse(BTreeNode * bt, VisitFuncPtr action);
27.     void PostorderTraverse(BTreeNode * bt, VisitFuncPtr action);
28.
29.     BTreeNode * RemoveLeftSubTree(BTreeNode * bt);
30.     BTreeNode * RemoveRightSubTree(BTreeNode * bt);
31.     void ChangeLeftSubTree(BTreeNode * main, BTreeNode * sub);
32.     void ChangeRightSubTree(BTreeNode * main, BTreeNode * sub);
33.
34.     #endif
```

✤ BinaryTree3.c

```
1.      #include <stdio.h>
2.      #include <stdlib.h>
3.      #include "BinaryTree3.h"
4.
5.      BTreeNode * MakeBTreeNode(void)
6.      {
7.          BTreeNode * nd = (BTreeNode*)malloc(sizeof(BTreeNode));
8.          nd->left = NULL;
9.          nd->right = NULL;
10.         return nd;
11.     }
12.
13.     BTData GetData(BTreeNode * bt) { return bt->data; }
14.
15.     void SetData(BTreeNode * bt, BTData data) { bt->data = data; }
16.
17.     BTreeNode * GetLeftSubTree(BTreeNode * bt) { return bt->left; }
18.
19.     BTreeNode * GetRightSubTree(BTreeNode * bt) { return bt->right; }
20.
21.     void MakeLeftSubTree(BTreeNode * main, BTreeNode * sub)
22.     {
23.         if(main->left != NULL)
24.             free(main->left);
25.         main->left = sub;
26.     }
```

```
27.
28. void MakeRightSubTree(BTreeNode * main, BTreeNode * sub)
29. {
30.     if(main->right != NULL)
31.         free(main->right);
32.     main->right = sub;
33. }
34.
35. void PreorderTraverse(BTreeNode * bt, VisitFuncPtr action)
36. {
37.     if(bt == NULL)
38.         return;
39.     action(bt->data);
40.     PreorderTraverse(bt->left, action);
41.     PreorderTraverse(bt->right, action);
42. }
43.
44. void InorderTraverse(BTreeNode * bt, VisitFuncPtr action)
45. {
46.     if(bt == NULL)
47.         return;
48.     InorderTraverse(bt->left, action);
49.     action(bt->data);
50.     InorderTraverse(bt->right, action);
51. }
52.
53. void PostorderTraverse(BTreeNode * bt, VisitFuncPtr action)
54. {
55.     if(bt == NULL)
56.         return;
57.     PostorderTraverse(bt->left, action);
58.     PostorderTraverse(bt->right, action);
59.     action(bt->data);
60. }
61.
62. BTreeNode * RemoveLeftSubTree(BTreeNode * bt)
63. {
64.     BTreeNode * delNode;
65.
66.     if(bt != NULL) {
67.         delNode = bt->left;
68.         bt->left = NULL;
69.     }
70.     return delNode;
71. }
72.
73. BTreeNode * RemoveRightSubTree(BTreeNode * bt)
```

```
74. {
75.     BTreeNode * delNode;
76.
77.     if(bt != NULL) {
78.         delNode = bt->right;
79.         bt->right = NULL;
80.     }
81.     return delNode;
82. }
83.
84. void ChangeLeftSubTree(BTreeNode * main, BTreeNode * sub)
85. {
86.     main->left = sub;
87. }
88.
89. void ChangeRightSubTree(BTreeNode * main, BTreeNode * sub)
90. {
91.     main->right = sub;
92. }
```

무리해서 위의 내용을 실은 이유는, 이어서 보이는 이진 탐색 트리의 완전한 구현결과를 분석하는데 편의를 제공하기 위함이다.

이진 탐색 트리의 삭제구현: 완전한 구현

이번에는 삭제기능을 추가한 이진 탐색 트리의 완전한 구현결과를 보이기 위해서 다음 두 개의 파일을 여러분께 보이겠다.

- BinarySearchTree2.h   이진 탐색 트리의 헤더파일
- BinarySearchTree2.c   이진 탐색 트리의 소스파일

위의 두 파일은 앞서 소개한 BinarySearchTree.h와 BinarySearchTree.c를 확장한 결과이다. 당시에는 없었던 '노드의 삭제'와 더불어 '트리에 저장된 모든 데이터의 출력'을 위해 정의된 함수가 추가되었다. 그럼 헤더파일을 먼저 보이겠다.

✣ BinarySearchTree2.h

```
1. #ifndef __BINARY_SEARCH_TREE2_H__
2. #define __BINARY_SEARCH_TREE2_H__
3.
4. #include "BinaryTree3.h"
5.
```

```
6.  typedef BTData BSTData;
7.
8.  // 이진 탐색 트리의 생성 및 초기화
9.  void BSTMakeAndInit(BTreeNode ** pRoot);
10.
11. // 노드에 저장된 데이터 반환
12. BSTData BSTGetNodeData(BTreeNode * bst);
13.
14. // 이진 탐색 트리를 대상으로 데이터 저장(노드의 생성과정 포함)
15. void BSTInsert(BTreeNode ** pRoot, BSTData data);
16.
17. // 이진 탐색 트리를 대상으로 데이터 탐색
18. BTreeNode * BSTSearch(BTreeNode * bst, BSTData target);
19.
20. // 트리에서 노드를 제거하고 제거된 노드의 주소 값을 반환한다.
21. BTreeNode * BSTRemove(BTreeNode ** pRoot, BSTData target);
22.
23. // 이진 탐색 트리에 저장된 모든 노드의 데이터를 출력한다.
24. void BSTShowAll(BTreeNode * bst);
25.
26. #endif
```

이어서 헤더파일에 선언된 함수들의 정의를 보일 차례인데, 양이 적지 않은 관계로 새로 추가된 두 함수의 정의만을 보이고자 하니, 전체코드를 보고 싶다면 본서의 소스코드를 다운받아서 BinarySearchTree2.c를 열어보기 바란다. 자! 그럼 노드의 삭제를 담당하는 함수를 보자.

```
BTreeNode * BSTRemove(BTreeNode ** pRoot, BSTData target)
{
    // 삭제 대상이 루트 노드인 경우를 별도로 고려해야 한다.
    BTreeNode * pVRoot = MakeBTreeNode();   // 가상 루트 노드
    BTreeNode * pNode = pVRoot;             // parent node
    BTreeNode * cNode = *pRoot;             // current node
    BTreeNode * dNode;                      // delete node

    // 루트 노드를 pVRoot가 가리키는 노드의 오른쪽 자식 노드가 되게 한다.
    ChangeRightSubTree(pVRoot, *pRoot);

    // 삭제 대상인 노드를 탐색
    while(cNode != NULL && GetData(cNode) != target)
    {
        pNode = cNode;
```

```c
            if(target < GetData(cNode))
                cNode = GetLeftSubTree(cNode);
            else
                cNode = GetRightSubTree(cNode);
        }

        if(cNode == NULL)        // 삭제 대상이 존재하지 않는다면,
            return NULL;

        dNode = cNode;           // 삭제 대상을 dNode가 가리키게 한다.

        // 첫 번째 경우: 삭제 대상이 단말 노드인 경우
        if(GetLeftSubTree(dNode) == NULL && GetRightSubTree(dNode) == NULL)
        {
            if(GetLeftSubTree(pNode) == dNode)
                RemoveLeftSubTree(pNode);
            else
                RemoveRightSubTree(pNode);
        }

        // 두 번째 경우: 삭제 대상이 하나의 자식 노드를 갖는 경우
        else if(GetLeftSubTree(dNode) == NULL || GetRightSubTree(dNode) == NULL)
        {
            BTreeNode * dcNode;         // 삭제 대상의 자식 노드 가리킴

            if(GetLeftSubTree(dNode) != NULL)
                dcNode = GetLeftSubTree(dNode);
            else
                dcNode = GetRightSubTree(dNode);

            if(GetLeftSubTree(pNode) == dNode)
                ChangeLeftSubTree(pNode, dcNode);
            else
                ChangeRightSubTree(pNode, dcNode);
        }

        // 세 번째 경우: 두 개의 자식 노드를 모두 갖는 경우
        else
        {
            BTreeNode * mNode = GetRightSubTree(dNode);      // 대체 노드 가리킴
```

```
        BTreeNode * mpNode = dNode;        // 대체 노드의 부모 노드 가리킴
        int delData;

        // 삭제 대상의 대체 노드를 찾는다.
        while(GetLeftSubTree(mNode) != NULL)
        {
            mpNode = mNode;
            mNode = GetLeftSubTree(mNode);
        }

        // 대체 노드에 저장된 값을 삭제할 노드에 대입한다.
        delData = GetData(dNode);            // 대입 전 데이터 백업
        SetData(dNode, GetData(mNode));      // 대입!

        // 대체 노드의 부모 노드와 자식 노드를 연결한다.
        if(GetLeftSubTree(mpNode) == mNode)
            ChangeLeftSubTree(mpNode, GetRightSubTree(mNode));
        else
            ChangeRightSubTree(mpNode, GetRightSubTree(mNode));

        dNode = mNode;
        SetData(dNode, delData);      // 백업 데이터 복원
    }

    // 삭제된 노드가 루트 노드인 경우에 대한 추가적인 처리
    if(GetRightSubTree(pVRoot) != *pRoot)
        *pRoot = GetRightSubTree(pVRoot);    // 루트 노드의 변경을 반영

    free(pVRoot);          // 가상 루트 노드의 소멸
    return dNode;          // 삭제 대상의 반환
}
```

이진 탐색 트리의 삭제에 대한 세 가지 경우의 수를 if…else if…else문으로 묶어 놓은 것이 눈에 들어올 것이다. 따라서 필자는 그 이외의 부분에 대해서 추가로 설명하고자 한다. 먼저 다음 포인터 변수의 선언과 그 참조관계를 살펴보자.

```
BTreeNode * BSTRemove(BTreeNode ** pRoot, BSTData target)
{
    BTreeNode * pVRoot = MakeBTreeNode();
    BTreeNode * pNode = pVRoot;
    BTreeNode * cNode = *pRoot;
```

```
        BTreeNode * dNode;

        ChangeRightSubTree(pVRoot, *pRoot);
        . . . .
    }
```

위의 함수가 다음과 같이 호출되었다고 가정하자. 그러면 첫 번째 매개변수인 pRoot에는 '루트 노드를 가리키는 포인터 변수의 주소 값'이 담기게 된다.

```
        BSTRemove(&bstRoot, 7);         // bstRoot에 루트 노드의 주소 값이 담겨 있다.
```

그리고 인자 전달에 이어서 ChangeRightSubTree 함수의 호출까지 실행되면, 다음의 상태가 된다.

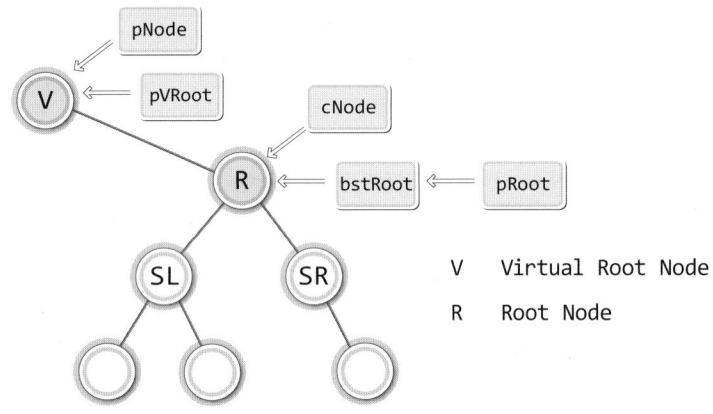

▶ [그림 11-15: 가상 루트 노드 중심의 구성]

위 그림에서 보이듯이 V라는 노드를 하나 생성해서, 실제 루트 노드인 R이 V의 오른쪽 자식 노드가 되게 하고 있다. 이렇듯 가상 루트 노드를 둔 이유는 다음과 같다.

"삭제할 노드가 루트 노드인 경우의 예외적인 삭제흐름을 일반화하기 위함이다."

그럼 위 문장이 의미하는 바를 설명하겠다. 앞서 우리는 삭제할 노드가 '단말 노드인 경우', '자식 노드를 하나 갖는 경우' 그리고 '자식 노드를 두 개 갖는 경우'로 구분하였다. 그런데 삭제할 단말 노드는 루트 노드일 수 있다. 마찬가지로 자식 노드를 하나 또는 두 개 갖는 노드도 루트 노드일 수 있다. 그런데 이렇듯 삭제 대상이 루트 노드인 경우 삭제의 방법을 조금 달리해야 한다.

"루트 노드를 삭제하는 경우에는 뭐가 달라지는 거죠?"

위 그림을 보면 cNode가 가리키는 노드의 부모 노드를 pNode가 가리키고 있는데, 이 관계는 삭제과정

내내 유지되어야 한다. 이렇듯 cNode와 pNode의 관계를 유지해야 하는 이유는 다음과 같다.

"삭제할 노드를 cNode가 가리키게 되는데, 삭제의 과정에서는 cNode의 부모와 자식을 연결시키는 과정이 등장하는 경우가 있습니다. 때문에 cNode의 부모 노드를 언제든 가리키고 있어야 하지요."

삭제의 과정에서 삭제할 노드의 부모와 자식을 연결시키는 경우가 있음을 기억할 것이다. 그런데 문제는 루트 노드에 부모 노드가 존재하지 않는다는데 있다. 따라서 루트 노드의 삭제과정은 조금 달라질 수밖에 없다. 하지만 위에서 보이듯이 가상의 루트 노드를 둔다면, 루트 노드를 삭제하는 경우에도 위 함수의 if…else if…else 구문을 그대로 활용할 수 있다.

그럼 이어서 ChangeRightSubTree 함수호출에 이어서 등장하는 다음 반복문을 보자. 이 반복문을 통해서 삭제의 대상을 찾는 과정이 진행된다.

```
// 삭제 대상을 저장한 노드 탐색
while(cNode != NULL && GetData(cNode) != target)
{
    pNode = cNode;      // pNode가 삭제 대상의 부모 노드를 가리키기 위해서

    if(target < GetData(cNode))
        cNode = GetLeftSubTree(cNode);
    else
        cNode = GetRightSubTree(cNode);
}
```

위의 반복문을 보면서 다음과 같은 생각을 잠깐이나마 했을지 모르겠다. 사실 이러한 생각을 했다는 것 자체가 매우 긍정적이라고 필자는 생각한다.

"노드의 탐색을 위한 BSTSearch 함수가 정의되어 있는데, 왜 이 함수를 사용하지 않고 별도로 반복문을 구성한 거지?"

위의 반복문을 실행하게 되면 cNode는 삭제할 노드를 가리키게 되는데, 이것이 전부라면 위의 반복문을 대신해서 다음과 같이 문장을 구성해도 된다.

cNode = BSTSearch(*pRoot, target);

하지만 이렇게 해서는 cNode의 부모 노드를 pNode가 가리키게 할 수 없다. 즉 pNode가 가리키는 대상의 갱신을 위해서 별도의 반복문을 구성해야 한다.

그럼 삭제과정의 마지막을 담당하는, if…else if…else 구문 뒤에 등장하는 다음 if문에 대해서 설명하겠다.

```
        // 삭제된 노드가 루트 노드인 경우에 대한 추가적인 처리
        if(GetRightSubTree(pVRoot) != *pRoot)
            *pRoot = GetRightSubTree(pVRoot);
```

삭제 대상이 루트 노드인 경우, 루트 노드는 다른 노드로 대체되기도 한다. 이렇듯 루트 노드가 대체되고 나면, 매개변수인 pRoot가 가리키는 포인터 변수는([그림 11-15]의 bstRoot는) 더 이상 이진 탐색 트리의 루트 노드를 가리키지 않게 된다. 하지만 삭제 연산 후에도 이 포인터 변수는 루트 노드를 가리켜야 한다. 바로 이 때문에 마지막 부분에서 위의 문장을 삽입한 것이다.
이 정도면 아주 소소한 것을 제외하고는 대부분을 설명했다고 생각한다. 그러니 이해되지 않는 부분이 있다면, 삭제의 과정 전부를 다시 한번 정리하기 바란다.

이제 새로 추가된 두 번째 함수를 여러분께 보이겠다. 이는 이진 탐색 트리에 저장된 모든 데이터를 출력하기 위해 정의된 함수인데, 이진 트리의 InorderTraverse 함수를 활용한 형태이니 별도의 설명은 생략하겠다.

```
void ShowIntData(int data)
{
    printf("%d ", data);
}

void BSTShowAll(BTreeNode * bst)
{
    InorderTraverse(bst, ShowIntData);        // 중위 순회
}
```

위의 함수와 같이, 이진 탐색 트리를 대상으로 중위 순회를 할 경우, 정렬된 순서로 데이터를 참조 및 출력할 수 있다. 중위 순회의 방법은 여러분도 알고 있으니 실제로 그러한지 그림을 그려서 확인하기 바란다.
자! 마지막으로 완성된 이진 탐색 트리의 확인을 위한 main 함수를 소개하겠다. 그리고 이로써 이진 탐색 트리에 대한 길었던 이야기를 마무리하고자 한다.

✣ BinarySearchTreeDelMain.c

```
1.  #include <stdio.h>
2.  #include <stdlib.h>
3.  #include "BinarySearchTree2.h"
4.
5.  int main(void)
6.  {
7.      BTreeNode * bstRoot;
8.      BTreeNode * sNode;
9.
```

```
10.     BSTMakeAndInit(&bstRoot);
11.
12.     BSTInsert(&bstRoot, 5);     BSTInsert(&bstRoot, 8);
13.     BSTInsert(&bstRoot, 1);     BSTInsert(&bstRoot, 6);
14.     BSTInsert(&bstRoot, 4);     BSTInsert(&bstRoot, 9);
15.     BSTInsert(&bstRoot, 3);     BSTInsert(&bstRoot, 2);
16.     BSTInsert(&bstRoot, 7);
17.
18.     BSTShowAll(bstRoot); printf("\n");
19.     sNode = BSTRemove(&bstRoot, 3);
20.     free(sNode);
21.
22.     BSTShowAll(bstRoot); printf("\n");
23.     sNode = BSTRemove(&bstRoot, 8);
24.     free(sNode);
25.
26.     BSTShowAll(bstRoot); printf("\n");
27.     sNode = BSTRemove(&bstRoot, 1);
28.     free(sNode);
29.
30.     BSTShowAll(bstRoot); printf("\n");
31.     sNode = BSTRemove(&bstRoot, 6);
32.     free(sNode);
33.
34.     BSTShowAll(bstRoot); printf("\n");
35.     return 0;
36. }
```

✤ 실행결과: BinaryTree3와 BinarySearchTree2의 헤더 및 소스파일, BinarySearchTreeDelMain.c

```
command prompt

1 2 3 4 5 6 7 8 9
1 2 4 5 6 7 8 9
1 2 4 5 6 7 9
2 4 5 6 7 9
2 4 5 7 9
```

이로써 이진 탐색 트리에 대한 이야기는 끝이 났지만, 아직 '탐색'에 대한 이야기는 끝나지 않았다. 본래 탐색이라는 제목으로 하나의 Chapter를 만들려고 했지만 내용이 길어져 이를 두 개의 Chapter로 분리하였다. 즉 다음 Chapter에서도 탐색에 관한 이야기는 계속 이어진다.

11 프로그래밍 문제의 답안

문제 11-1의 답안

다음 그림에서 보이는 이진 탐색 트리는 문제에서 제시한 다음 두 가지를 어느 위치에서건 모두 만족한다.

- 부모 노드의 키가 왼쪽 자식 노드의 키보다 크다.
- 부모 노드의 키가 오른쪽 자식 노드의 키보다 작다.

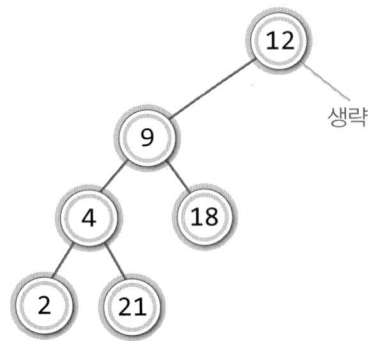

▶ [그림 11-16: 이진 탐색 트리가 아닌 이진 트리의 예]

하지만 루트 노드인 12보다 큰 값이 왼쪽 서브 트리에 두 개나 존재한다. 때문에 이는 이진 탐색 트리가 될 수 없다.

Chapter 12

탐색(Search) 2

12-1 균형 잡힌 이진 탐색 트리: AVL 트리의 이해

앞서 Chapter 11에서 소개한 이진 탐색 트리는 그 자체만으로도 매력적이지만, 그럼에도 불구하고 나름의 단점을 지니고 있다. 따라서 이번에는 이진 탐색 트리의 단점을 개선한 또 다른 이진 탐색 트리를 소개하고자 한다.

■ 이진 탐색 트리의 문제점과 AVL 트리

이진 탐색 트리의 탐색 연산은 $O(log_2n)$의 시간 복잡도를 가진다. 트리의 높이를 하나씩 더해갈수록 추가할 수 있는 노드의 수가 두 배씩 증가하므로, 이진 탐색 트리의 빅-오는 별도의 계산을 거치지 않고서도 이렇듯 쉽게 판단이 가능하다. 그런데 이러한 이진 탐색 트리는 균형이 맞지 않을수록 $O(n)$에 가까운 시간 복잡도를 보인다. 이와 관련해서 다음 그림을 보자.

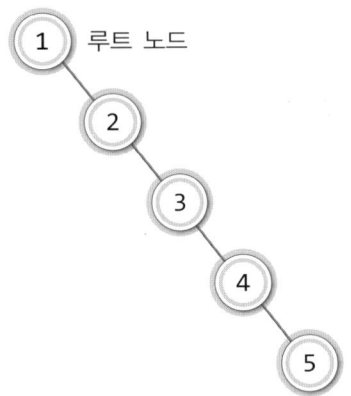

▶ [그림 12-1: 불균형한 이진 탐색 트리]

위의 그림에서는 1부터 5까지의 정수가 순서대로 저장되었을 때의 이진 탐색 트리를 보여준다. 이는 분명 이진 탐색 트리의 조건을 만족한다. 그럼에도 불구하고 노드의 수에 가까운 높이를 형성했다. 반면 1부터 5까지의 정수를 순서대로 저장하되 3만 제일 먼저 저장을 해도 결과는 다음과 같이 달라진다.

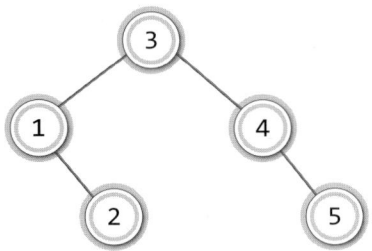

▶ [그림 12-2: 제법 균형이 잡힌 이진 탐색 트리]

위 그림에서 보이듯이, 저장 순서만 조금 바꿨더니 루트 노드를 기준으로 어느 정도 균형이 잡혔고 트리의 높이도 반으로 줄었다. 이렇듯 앞서 구현한 이진 탐색 트리는 저장 순서에 따라 탐색의 성능에 큰 차이를 보인다. 그리고 이것이 바로 이진 탐색 트리의 단점이다!
이러한 이진 탐색 트리의 단점을 해결한 트리를 가리켜 '균형 잡힌 이진 트리'라 하며, 그 종류는 대략 다음과 같다.

- AVL 트리
- 2-3 트리
- 2-3-4 트리
- Red-Black 트리
- B 트리

이 중에서 하나를 선택하여 우리가 구현한 '이진 탐색 트리'가 자동으로 균형을 잡을 수 있도록 개선해보고자 한다. 그리고 그러한 목적으로 필자는 AVL 트리를 선택하였다!

자동으로 균형을 잡는 AVL 트리와 균형 인수(Balance Factor)

AVL 트리는 G. M. Adelson-Velskii와 E. M. Landis에 의해 1960년대에 고안되었다. 그래서 트리의 이름도 이들의 이름을 따서 정해졌다. AVL 트리는 노드가 추가될 때, 그리고 삭제될 때 트리의 균형상태를 파악해서 스스로 그 구조를 변경하여 균형을 잡는 멋진 트리이다.
AVL 트리에서는 균형의 정도를 표현하기 위해서 '균형 인수(Balance Factor)'라는 것을 사용하는데, 이 균형 인수는 다음과 같이 계산된다.

균형 인수 = 왼쪽 서브 트리의 높이 - 오른쪽 서브 트리의 높이

그림 다음 그림에서 보이는 두 이진 트리의 각 노드 별 균형 인수를 확인해보자. 노드 위에 적힌 숫자가 '균형 인수'이다.

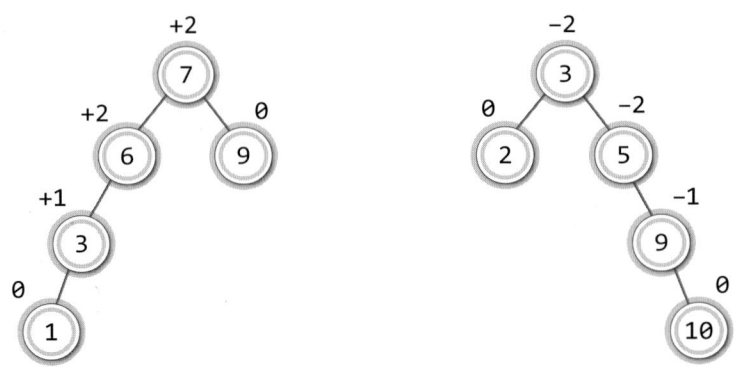

▶ [그림 12-3: 균형 인수(Balance Factor)]

균형 인수에 대해 알았으니, AVL 트리의 리밸런싱(rebalancing) 시기를 짐작할 수 있을 것이다(이후부터 '균형을 잡기 위한 트리 구조의 재조정'을 가리켜 '리밸런싱'이라 하겠다). 균형 인수의 절댓값이 크면 클수록 그만큼 트리의 균형이 무너진 상태이다. 따라서 AVL 트리는 균형 인수의 절댓값이 2 이상인 경우에 균형을 잡기 위한 트리의 재조정을 진행한다.

리밸런싱이 필요한 첫 번째 상태와 LL회전

AVL 트리의 균형이 무너지는 상태는 4가지로 정리가 된다. 그리고 각 상태 별 리밸런싱 방법에도 차이가 있다. 그 중 첫 번째 상태는 다음과 같다.

▶ [그림 12-4: LL회전의 방법과 그 결과]

위 그림의 왼편을 보면 루트 노드의 균형 인수가 +2이다. 이렇듯 균형 인수 +2가 연출된 이 상황을 다음과 같이 표현할 수 있다.

"5가 저장된 노드의 왼쪽에 3이 저장된 자식 노드가 하나 존재하고, 그 자식 노드의 왼쪽에 1이 저장된 자식 노드가 또 하나 존재한다."

사실 이는 매우 엉성한 표현이다. 하지만 이 엉성한 표현을 다시 보자. 그럼 다음 사실을 알 수 있다.

"핵심은 자식 노드 두 개가 왼쪽으로 연이어 연결되어서 균형 인수 +2가 연출되었다는 것이다!"

따라서 균형 인수 +2가 연출된 이 상태를 가리켜 'Left Left 상태' 줄여서 'LL상태'라 한다. 그리고 이러한 LL상태에서 발생한 불균형의 해소를 위해 등장한 리밸런싱 방법을 가리켜 'LL회전'이라 한다. 즉 LL회전이란 왼쪽으로 두 번 돌리는 회전을 의미하는 것이 아니고, LL상태에서 균형을 잡기 위해 필요한 회전을 의미하는 것이다.

위 그림의 오른편에서는 LL회전의 방법과 그 결과를 보이고 있다. LL회전의 핵심은 균형 인수가 +2인 노드를 균형 인수가 +1인 노드의 오른쪽 자식 노드가 되게 하는데 있다. 그럼 다음 그림을 대상으로 LL회전의 방법을 코드로 정리해 보겠다.

▶ [그림 12-5: LL회전의 결과]

위 그림에서 보이듯이 pNode와 cNode가, 각각 균형 인수가 +2인 노드와 그 자식 노드를 가리킨다고 가정하면, Chapter 11에서 완성한 BinaryTree3.c에 정의된 함수를 도구로 하여 다음 한 문장으로 LL회전을 완성할 수 있다.

```
ChangeRightSubTree(cNode, pNode);
```

하지만 다음 그림에서 보이는 LL상태까지 고려한다면 위의 한 문장만으로는 부족하다. 사실 다음 그림은 LL상태를 일반화한 것이다.

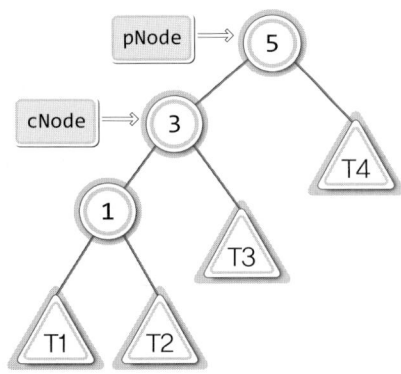

▶ [그림 12-6: LL상태의 일반화]

위 그림의 T1, T2, T3, T4를 높이가 동일한 서브 트리라고 가정해보자. 그렇다면 이들은 5가 저장된 노드와 3이 저장된 노드의 균형 인수에 영향을 미치지 않는다. 때문에 이 그림의 구조 역시 LL상태에 해당한다. 그리고 T1, T2, T3, T4를 NULL로 치환하면, 이는 앞서 보인 LL상태가 된다. 때문에 이는 LL상태를 일반화한 것으로 볼 수 있다.

그림 위의 상태에서 LL회전을 위해 추가로 고민해야 할 것은 무엇인가? 그것은 T3이다. 사실 T1, T2 그리고 T4는 고민하지 않아도 된다. 이들은 이들의 부모 노드가 이동을 하면서 늘 붙어 다니기 때문이다. 그리고 붙어 다닌다고 해서 문제가 되지도 않는다. 하지만 T3는 다르다. T3의 부모 노드는 루트 노드가 될 분이시다. 따라서 T3는 그 자리를 다른 노드에게 양보해야 한다. 위 그림을 기준으로 본다면 5가 저장된 노드에게 양보해야 한다.
그림 T3는 어디로 가야 하는가? 5가 저장된 노드에게 자리를 양보하고 나면 남는 자리가 보인다. 그것은 5가 저장된 노드의 왼쪽 자식 노드의 위치이며, 이 자리로 이동했을 때에도 여전히 이진 탐색 트리의 기준에 부합한다. 그림 회전의 결과를 보이겠다.

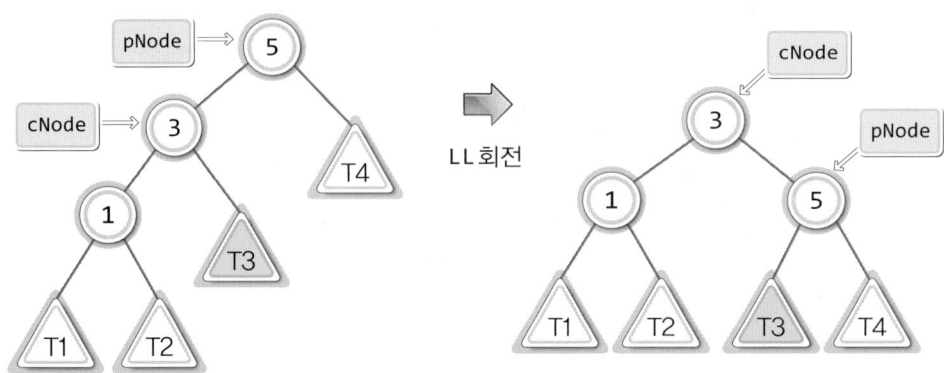

▶ [그림 12-7: 일반화된 LL상태와 이의 균형을 위한 LL회전]

위 그림에서 보이듯이 cNode가 가리키는 노드의 오른쪽 서브 트리를 pNode가 가리키는 노드의 왼쪽 서브 트리로 옮기기 위해서는 다음 문장을 실행해야 한다.

```
ChangeLeftSubTree(pNode, GetRightSubTree(cNode));
```

정리하면, LL회전을 위해서는 다음 두 문장을 순서대로 실행해야 한다.

```
ChangeLeftSubTree(pNode, GetRightSubTree(cNode));
ChangeRightSubTree(cNode, pNode);
```

LL회전과 관련하여 위의 두 문장이 필요한 이유와 각각의 역할을 이해했다면, 잠시 후에 보이는 LL회전을 담당하는 함수는 이해한 것이나 다름이 없다.

리밸런싱이 필요한 두 번째 상태와 RR회전

LL상태와 LL회전에 대해서 이야기했으니, 이번에 설명하는 RR상태와 RR회전에 대해서는 쉽게 이야기를 풀어갈 수 있다.

"RR상태와 LL상태의 차이점, 그리고 RR회전과 LL회전의 유일한 차이점은 방향 아닌가요?"

그렇다! 유일한 차이점은 방향이다. LL상태가 왼쪽으로 길게 늘어진 모습을 보인다면, RR상태는 오른쪽으로 길게 늘어진 모습을 보인다. 그리고 LL회전이 LL상태를 균형잡기 위한 회전을 의미한다면, RR회전은 RR상태를 균형잡기 위한 회전을 의미한다.

참고로 [그림 12-7]에서 보인 회전을 가리켜 '오른쪽 회전'이라 한다. 5가 저장된 노드가 오른쪽 방향으로 회전한 모습을 보이기 때문이다. 실제로 3이 저장된 노드를 중심으로 5가 저장된 노드는 오른쪽 방향으로 회전을 하였다. 그럼 이어서, 일반화된 RR상태와 이를 균형잡기 위한 RR회전을 보이겠으니, 이를 [그림 12-7]과 비교하여 이해하기 바란다.

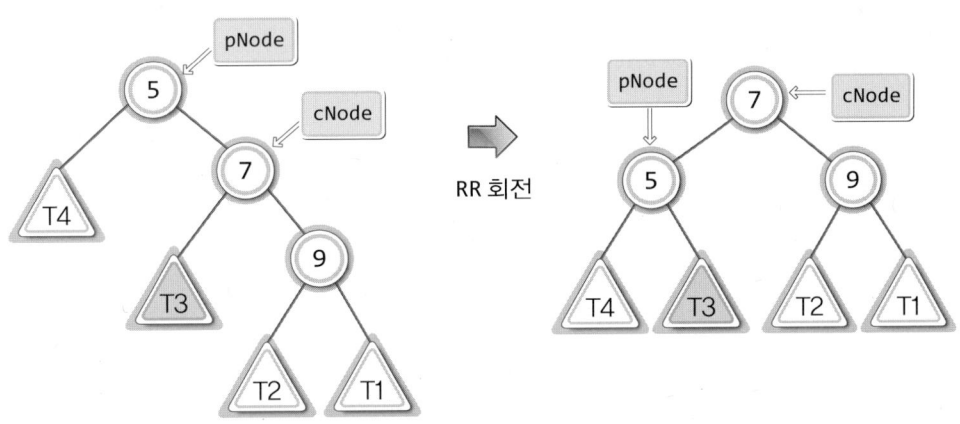

▶ [그림 12-8: 일반화된 RR상태와 이의 균형을 위한 RR회전]

위 그림에서 주목할 것 두 가지는 다음과 같다.

- 5가 저장된 노드가 7이 저장된 노드의 왼쪽 자식 노드가 되었다.
- T3는 5가 저장된 노드의 오른쪽 서브 트리가 되었다.

이를 pNode와 cNode를 기준으로 다시 표현하면 다음과 같다. 단 아래에서는 간략한 표현을 위해서 pNode가 가리키는 노드를 'PN'으로, cNode가 가리키는 노드를 'CN'으로 줄여서 표현하였다.

- PN을 CN의 왼쪽 자식 노드가 되게 한다.   연산 1
- CN의 왼쪽 서브 트리를 PN의 오른쪽 서브 트리가 되게 한다.   연산 2

그럼 이 둘을 수행하는 두 개의 문장을 구성해보겠다.

```
ChangeRightSubTree(pNode, GetLeftSubTree(cNode));      연산 2
ChangeLeftSubTree(cNode, pNode);                       연산 1
```

CN의 왼쪽 서브 트리의 이동이 우선이기 때문에, 코드를 작성하는 과정에서는 위와 같이 연산 2가 선행되어야 한다. 그렇지 않으면 연산 1에 의해서 CN의 왼쪽 서브 트리의 주소 값을 잃게 된다.

리밸런싱이 필요한 세 번째 상태와 LR회전

위의 소제목에서 LR회전이라는 이름을 접했을 때, 대략 다음 정도의 내용은 짐작했을 것이다.

"LR회전이란 LR상태에서의 리밸런싱을 위한 회전방법이겠군!"

게다가 조금 더 나아가서 다음과 같은 예측도 해볼 수 있다.

"LL상태는 자식 노드가 왼쪽으로 연이어 두 개 달린 상태를 뜻하니, LR상태는 자식 노드가 왼쪽으로 하나, 그리고 이어서 오른쪽으로 하나 달린 상태를 뜻하는 거겠군!"

필자가 조금 어설프게 표현했지만, 이 두 가지의 예측내용은 모두 옳다. 즉 LR상태는 다음과 같은 상태를 뜻한다.

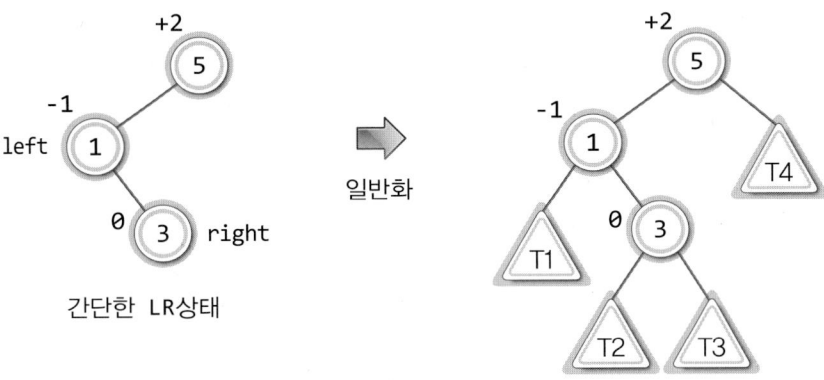

▶ [그림 12-9: 간단한 LR상태와 일반화된 LR상태]

그리고 LR회전은 이러한 상태에서의 리밸런싱 방법을 뜻한다. 그렇다면 LR회전은 어떻게 해야 하는 것일까?

LR상태는 앞서 보인 LL상태나 RR상태보다 균형을 잡기가 복잡하다. 한 번의 회전으로 균형을 잡을 수 없기 때문이다. 따라서 다음과 같은 방법을 취해야 한다.

"LR상태를 한 번의 회전으로 균형이 잡히는 LL상태나 RR상태로 일단 바꾼다."

여러분도 알다시피 LL상태나 RR상태로 바꾸고 나면, 이후의 리밸런싱 과정은 비교적 단순하다. 그렇다면 어떻게 LL상태나 RR상태로 바꿀 수 있을까? 결론부터 말하겠다!

"LR상태는 RR회전을 통해서 LL상태가 되게 할 수 있다."

이는 RR회전의 부수적인 효과를 이용한 것으로 볼 수 있는데, 이에 대한 설명을 위해서 앞서 보인 RR회전의 결과를 다시 한번 관찰하자.

▶ [그림 12-10: 단순한 RR회전의 결과]

위의 그림에서 9가 저장된 노드를 NULL로 치환하면 다음의 상태가 된다.

▶ [그림 12-11: NULL을 포함하는 RR회전의 결과]

실제로 위 그림의 상황에서도 RR회전이 가능하다. 물론 이러한 형태의 RR회전은 균형을 잡기 위한 트리 구조의 재조정과는 거리가 있다. 하지만 RR회전을 통해서 5와 7이 저장된 두 노드의 관계를 다음과 같이 바꿔놓을 수 있다.

▶ [그림 12-12: RR회전의 부수적인 효과]

위 그림에서 보이듯이 부모 노드와 자식 노드의 관계가 바뀌었다. 더불어서 오른쪽으로 형성되었던 부모와 자식의 관계가 왼쪽으로 바뀌었다. 그리고 이것이 바로 RR회전을 통해서 우리가 얻을 수 있는 부수적인 효과이다. 그럼 다시 본론으로 돌아와서 다음 그림을 보자.

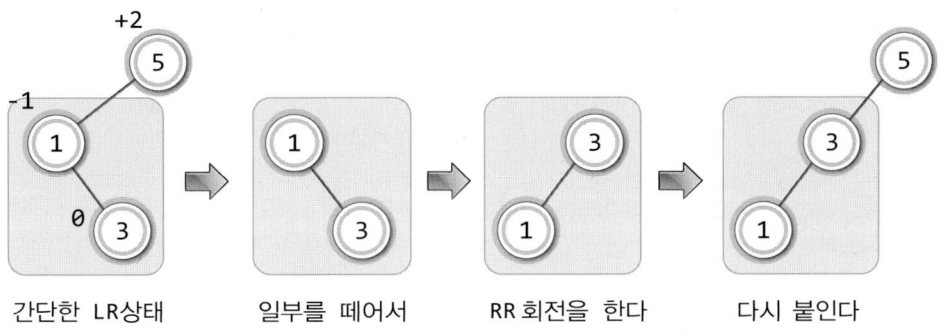

▶ [그림 12-13: LR상태를 LL상태로 바꾸는 과정]

위 그림은 앞서 설명한 RR회전의 부수적인 효과를 이용하여, LR상태를 LL상태로 바꾸는 과정을 보여준다. 물론 이렇게 바뀐 LL상태도 이진 탐색 트리의 기본 조건을 만족한다. 따라서 이제 남은 것은 위의 결과를 대상으로 LL회전을 시켜서 트리의 균형을 잡는 일이다. 그리고 그 과정을 정리하면 다음과 같다.

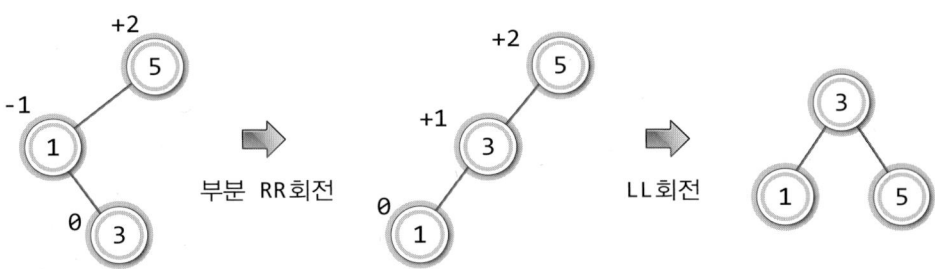

▶ [그림 12-14: LR회전의 전체적인 과정]

위 그림에서 보이듯이 LR회전은 부분적 RR회전과 LL회전의 조합으로 이뤄진다. 실제로 잠시 후에 보일 LR회전을 담당하는 함수는, 내부적으로 RR회전을 담당하는 함수와 LL회전을 담당하는 함수를 호출한다. 그리고 이 사실만 알고 있어도 LR회전을 담당하는 함수는 쉽게 이해할 수 있다. 따라서 LR회전과 관련된 코드는 잠시 후에 확인하기로 하겠다. 일단은 지금까지 설명한 내용을 이해한 것만으로도 충분하다.

❏ 리밸런싱이 필요한 네 번째 상태와 RL회전

이미 예상하고 있겠지만, 리밸런싱이 필요한 마지막 상태인 RL상태는 다음 그림에서 보이듯이 자식 노드가 연결된 방향이 LR상태와 반대일 뿐이다.

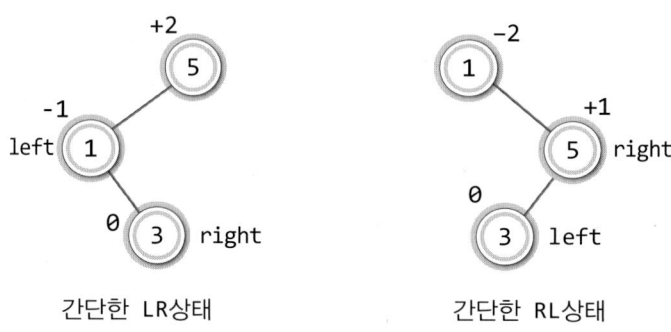

▶ [그림 12-15: LR상태와 RL상태의 비교]

이렇듯 LR상태와 RL상태는 방향의 차이만 있기 때문에, RL회전은 부분적 LL회전과 RR회전의 조합으로 이뤄진다는 사실을 쉽게 알 수 있다.

- LR회전   부분적 RR회전에 이어서 LL회전을 진행한다.
- RL회전   부분적 LL회전에 이어서 RR회전을 진행한다.

그림 앞서 LR회전을 설명할 때와 동일한 순서대로 먼저 LL회전의 부수적인 효과를 설명하기 위해서 다음 그림을 보이겠다.

▶ [그림 12-16: 단순한 LL회전의 결과]

위 그림에서 1이 저장된 노드를 NULL로 치환한 결과는 다음과 같다.

▶ [그림 12-17: NULL을 포함하는 LL회전의 결과]

위 그림에서 보이는 LL회전의 부수적인 효과를 정리하면 다음과 같다. 그림에서는 LL회전은 부모 노드와 자식 노드의 관계를 뒤바꾸며, 왼쪽으로 형성되었던 부모와 자식의 관계를 오른쪽으로 바꿔줌을 보이고 있다.

▶ [그림 12-18: LL회전의 부수적인 효과]

그림 이번에는 RL상태의 트리를, 한 번의 회전으로 균형을 잡을 수 있는 RR상태로 바꾸는 과정을 보이겠다.

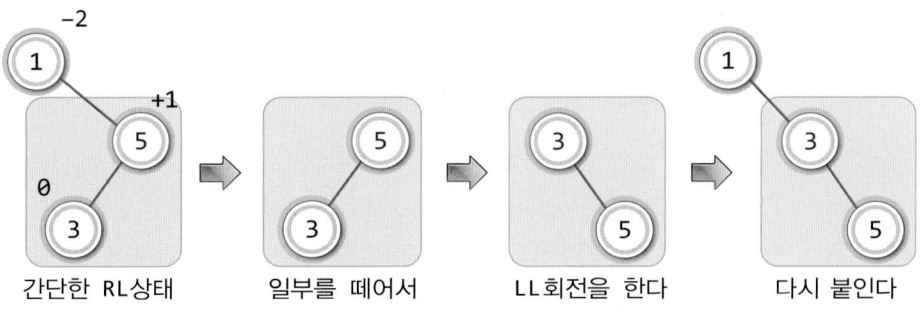

▶ [그림 12-19: RL상태를 RR상태로 바꾸는 과정]

마지막으로 RL회전의 전체과정을 보이겠으니, 앞서 보인 LR회전의 전체과정과 비교하여 이 둘의 차이점을 정리해두기 바란다.

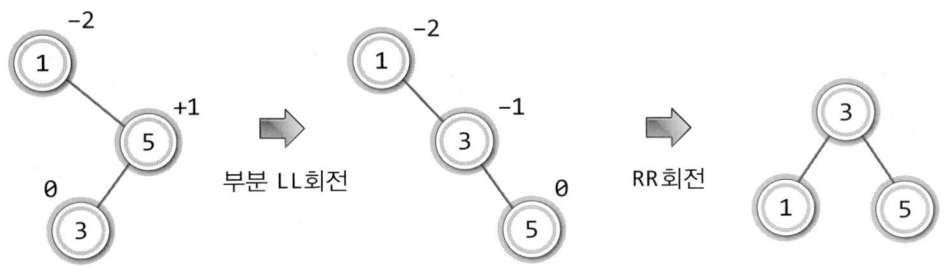

▶ [그림 12-20: RL회전의 전체적인 과정]

앞서 설명한 LR회전과 마찬가지로, 위 그림의 내용을 완전히 이해했다면, 잠시 후에 보이는 RL회전을 담당하는 함수는 쉽게 이해할 수 있을 것이다.

[12-2] 균형 잡힌 이진 탐색 트리: AVL 트리의 구현

AVL 트리의 '이론적 설명'과 '구현'을 구분한 이유는 AVL 트리의 이론적인 이해만으로도 의미가 있기 때문이다. 만약에 시간이 부족하거나 더 이상의 코드분석이 부담스럽다면, AVL 트리의 이론적인 이해에 만족하고 다음 Chapter로 넘어가도 괜찮다. 궁금한 마음에 언젠가는 AVL 트리의 구현 내용도 보고 싶을 테니, 그때 가서 확인해도 좋다.

❑ AVL 트리를 어떻게 구현할 것인가?

AVL 트리도 이진 탐색 트리이므로, 이진 탐색 트리의 구현결과인 다음 파일들을 확장하여 AVL 트리를 구현하고자 한다.

- BinaryTree3.h   이진 트리의 헤더파일
- BinaryTree3.c   이진 트리를 구성하는데 필요한 도구들의 모임

- BinarySearchTree2.h   이진 탐색 트리의 헤더파일
- BinarySearchTree2.c   이진 탐색 트리의 구현

위의 파일들 중 BinarySearchTree2.c는 이진 탐색 트리의 구현결과에 해당하는데, 이 파일에서도 이진 트리의 구성을 위해서 BinaryTree3.c에 정의된 함수들을 호출한다. 그럼 AVL 트리의 구현과 관련된 필자의 자문자답을 통해서 변경의 범위를 언급하겠다.

"AVL 트리의 구현을 위해서 BinaryTree3.c를 변경해야 하나요?"

BinaryTree3.c에 담긴 것은 이진 트리를 구성하는 도구들이다. 그리고 파일의 이름에 포함되어 있는 숫자 3이 의미하듯이, 이 도구는 두 차례에 걸쳐서 그 기능이 확장되어 왔다. 이렇게 확장된 기능이 여전히 부족하다면 또 한번 확장을 해야겠지만, AVL 트리의 구현에는 부족함이 없다. 따라서 BinaryTree3.c는 변경하지 않는다.

"그럼 BinarySearchTree2.c는 변경해야 하나요?"

사실 BinarySearchTree2.c에 담겨있는 '이진 탐색 트리'에 리밸런싱 기능만 추가하면, 이것이 바로 AVL 트리가 된다. 즉, 이 파일에 담긴 이진 탐색 트리에 리밸런싱 기능을 추가하여 AVL 트리를 구현할 수 있으니, 다음 전략을 취하기로 하겠다.

"BinarySearchTree2.c에 리밸런싱 기능을 추가하여, 파일의 이름을 BinarySearchTree3.c로 변경하자!"

참고로 리밸런싱 기능을 추가하겠다는 것은 리밸런싱에 필요한 함수를 추가로 정의하겠다는 의미가 아니다. 노드의 추가 및 삭제 시 자동으로 리밸런싱이 진행되도록 그 기능을 확장하겠다는 의미이다.

끝으로 필자는 다음 두 파일을 추가로 생성하여, 리밸런싱을 진행하는데 필요한 도구들을 선언하고 정의할 생각이다.

- AVLRebalance.h   리밸런싱 관련 함수들의 선언
- AVLRebalance.c   리밸런싱 관련 함수들의 정의

따라서 BinarySearchTree3.c에 담길 AVL 트리는 위의 파일에 정의된 리밸런싱 도구를 이용해서 리밸런싱을 진행하는 형태가 된다. 그리고 이렇게 리밸런싱 도구를 별도의 파일로 구분해 놓으면, 코드를 분석하는 여러분의 입장에서도 도움이 되리라 생각한다.

AVL 트리의 구현을 위한 BinarySearchTree2.c의 확장 포인트

루트 노드를 기준으로 왼쪽과 오른쪽의 균형이 잘 잡혀있는 이진 탐색 트리가 있다. 이 트리의 균형이 깨지는, 다시 말해서 루트 노드의 균형 인수의 절댓값이 1을 넘어가는 상황은 언제 발생하겠는가? 탐색의 과정에서 발생하겠는가? 물론 아니다. 균형이 깨지는 상황은 노드의 삽입과 삭제의 과정에서 발생한다. 따라서 BinarySearchTree2.c의 이진 탐색 트리를 AVL 트리가 되게 하기 위해서 확장해야 하는 두 함수는 다음과 같다.

- BSTInsert 함수   트리에 노드를 추가
- BSTRemove 함수   트리에서 노드를 제거

따라서 트리의 균형을 재조정하는 함수의 이름을 Rebalance라 했을 때, 위에서 언급한 두 함수는 대략 다음과 같은 방식으로 확장되어야 한다.

```
void BSTInsert(BTreeNode ** pRoot, BSTData data)
{
    . . . .
    Rebalance(pRoot);     // 노드 추가 후 리밸런싱!
}

BTreeNode * BSTRemove(BTreeNode ** pRoot, BSTData target)
{
    . . . .
    Rebalance(pRoot);     // 노드 제거 후 리밸런싱!
    return dNode;
}
```

위의 Rebalance 함수 호출문을 보면, 인자로 루트 노드의 정보를 전달함을 알 수 있다. 이는 트리의 불균형 여부를 루트 노드를 기준으로 확인해야 하기 때문이다. 실제로 우리는 균형의 재조정이 필요한지 살펴보고 리밸런싱을 진행하는 Rebalance 함수를 정의할 계획이다.

리밸런싱에 필요한 도구들의 정의: 균형을 이루고 있는가?

그럼 먼저 리밸런싱에 필요한 도구들을 살펴보자. 리밸런싱에 앞서 고민해야 할 것은 다음과 같다.

"이거 리밸런싱이 필요한 불균형 상태야?"

물론 불균형의 여부는 '루트 노드'를 기준으로 판단한다. 따라서 위의 질문에 답을 하기 위해서는 다음 질문에 답을 할 수 있어야 한다.

"왼쪽 서브 트리의 높이는 어떻게 되나요? 그리고 오른쪽 서브 트리의 높이는요?"

루트 노드의 왼쪽 서브 트리의 높이와 오른쪽 서브 트리의 높이를 확인해서 그 차를 계산해야 불균형 여부를 확인할 수 있기 때문이다. 따라서 리밸런싱에 필요한 첫 번째 도구로 다음 함수를 정의하였다.

```c
// 트리의 높이를 계산하여 반환
int GetHeight(BTreeNode * bst)
{
    int leftH;      // left height
    int rightH;     // right height

    if(bst == NULL)
        return 0;

    leftH = GetHeight(GetLeftSubTree(bst));      // 왼쪽 서브 트리 높이 계산
    rightH = GetHeight(GetRightSubTree(bst));    // 오른쪽 서브 트리 높이 계산

    // 큰 값의 높이를 반환한다.
    if(leftH > rightH)
        return leftH + 1;
    else
        return rightH + 1;
}
```

트리는 단말 노드의 수만큼 경로가 나뉘기 때문에, 그리고 트리의 높이는 그 중에서 가장 깊이 뻗은 경로를 기준으로 결정되기 때문에 위와 같이 재귀적인 형태로 정의해야 한다.

위 함수는 GetHeight 함수가 호출될 때마다 높이를 1씩 더해가는 구조로 정의되어 있다. 그리고 동일한 레벨에서의 왼쪽 서브 트리와 오른쪽 서브 트리의 높이를 비교하여 큰 값이 반환되도록 정의되어 있다. 따라서 트리의 모든 경로 중에서 가장 깊이 뻗은 경로의 높이를 반환하게 된다.

자! 이렇게 해서 이진 트리의 높이를 계산하는 도구가 마련되었다. 하지만 균형 인수를 계산해서 반환하는 도구가 있다면 보다 사용하기 편리할 것이다. 따라서 다음 함수를 정의하였다.

```c
// 두 서브 트리의 '높이의 차(균형 인수)'를 반환
int GetHeightDiff(BTreeNode * bst)
{
    int lsh;    // left sub tree height
    int rsh;    // right sub tree height

    if(bst == NULL)
```

```
        return 0;

    lsh = GetHeight(GetLeftSubTree(bst));      // 왼쪽 서브 트리의 높이
    rsh = GetHeight(GetRightSubTree(bst));     // 오른쪽 서브 트리의 높이
    return lsh - rsh;        // 균형 인수 계산결과 반환
}
```

왼쪽 서브 트리의 높이와 오른쪽 서브 트리의 높이를 구하여 그 차를 반환하는 매우 간단한 함수이다. 그럼에도 불구하고 매우 유용하게 사용할 수 있다. 이로써 불균형의 여부를 판단하는데 필요한 도구는 모두 마련되었다.

❏ 리밸런싱에 필요한 도구들의 정의: LL회전, RR회전

리밸런싱에 필요한 도구에서 회전관련 함수가 빠질 수 없다. 그런데 이는 앞서 이론적으로 설명한 내용을 근거로 구현하면 된다. 따라서 이어서 소개하는 함수의 정의를 쉽게 이해할 수 있을 것이다. 그럼 먼저 LL회전을 담당하는 함수부터 보이겠다.

```
BTreeNode * RotateLL(BTreeNode * bst)       // LL회전을 담당하는 함수
{
    BTreeNode * pNode;        // parent node
    BTreeNode * cNode;        // child node

    // pNode와 cNode가 LL회전을 위해 적절한 위치를 가리키게 한다.
    pNode = bst;
    cNode = GetLeftSubTree(pNode);

    // 실제 LL회전을 담당하는 두 개의 문장
    ChangeLeftSubTree(pNode, GetRightSubTree(cNode));
    ChangeRightSubTree(cNode, pNode);

    // LL회전으로 인해서 변경된 루트 노드의 주소 값 반환
    return cNode;
}
```

위 함수는 다음과 같은 LL상태에서 호출된다. 그리고 호출될 때에는 5가 저장된 노드의 주소 값이 인자로 전달된다.

▶ [그림 12-21: RotateLL 함수의 연산결과와 반환 값]

실제 LL회전을 담당하는 두 개의 문장에 대해서는 앞서 설명하였으니, 이에 대해서는 추가로 언급하지 않겠다. 대신 다음 마지막 문장에 주목을 하자.

　　return cNode;

위의 그림에서도 보이듯이 LL회전이 완료되고 나면, 루트 노드가(위 그림상에서의 루트 노드가) 바뀌게 된다. 따라서 변경된 루트 노드의 정보를 반환해야 한다(이렇게 반환된 정보가 어떻게 활용되는지 잠시 후에 확인할 수 있다). 그래서 cNode에 저장된 값을 반환하는 것이다. 그럼 이어서 RR회전을 담당하는 함수를 보이겠다.

```
BTreeNode * RotateRR(BTreeNode * bst)    // RR회전을 담당하는 함수
{
    BTreeNode * pNode;        // parent node
    BTreeNode * cNode;        // child node

    // pNode와 cNode가 RR회전을 위해 적절한 위치를 가리키게 한다.
    pNode = bst;
    cNode = GetRightSubTree(pNode);

    // 실제 RR회전을 담당하는 두 개의 문장
    ChangeRightSubTree(pNode, GetLeftSubTree(cNode));
    ChangeLeftSubTree(cNode, pNode);

    // RR회전으로 인해서 변경된 루트 노드의 주소 값 반환
    return cNode;
}
```

위의 함수는 RotateLL 함수와 큰 차이가 없다. Left 관련 함수를 대신해서 Right 관련 함수를, 그리

고 Right 관련 함수를 대신해서 Left 관련 함수를 호출한 것이 유일한 차이점이다. 이렇듯 방향에 관해서만 차이를 보이는 이유는 앞서 설명하였으니, 이 정도로 설명을 마무리하겠다.

리밸런싱에 필요한 도구들의 정의: LR회전, RL회전

앞서 LR회전과 RL회전에 대해서 각각 다음과 같이 정리를 하였으니, 다음 내용이 코드로 어떻게 표현되는지를 확인하면 된다.

- LR회전   부분적 RR회전에 이어서 LL회전을 진행한다.
- RL회전   부분적 LL회전에 이어서 RR회전을 진행한다.

그럼 먼저 LR회전을 담당하는 함수의 구현을 보이겠다.

```c
BTreeNode * RotateLR(BTreeNode * bst)        // LR회전을 담당하는 함수
{
    BTreeNode * pNode;        // parent node
    BTreeNode * cNode;        // child node

    // pNode와 cNode가 LR회전을 위해 적절한 위치를 가리키게 한다.
    pNode = bst;
    cNode = GetLeftSubTree(pNode);

    // 실제 LR회전을 담당하는 두 개의 문장
    ChangeLeftSubTree(pNode, RotateRR(cNode));    // 부분적 RR회전
    return RotateLL(pNode);                       // LL회전
}
```

위의 코드에서 부분적 RR회전을 담당하는 문장은 다음과 같다.

```c
ChangeLeftSubTree(pNode, RotateRR(cNode));        // 부분적 RR회전
```

우선 RotateRR 함수를 호출하면서 cNode를 전달함에 주목하자. cNode가 가리키는 위치는 다음과 같다.

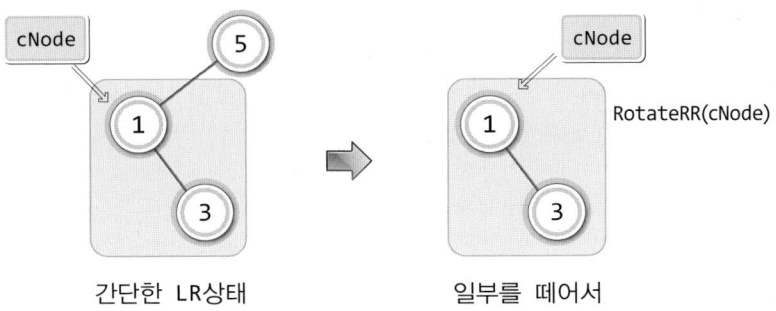

▶ [그림 12-22: LR회전에서의 부분적 RR회전 1/2]

위 그림에서 보이듯이 RotateRR 함수의 호출을 통해서 1이 저장된 노드(5가 저장된 루트 노드의 왼쪽 자식 노드)를 중심으로 RR회전을 진행한다. 이렇듯 '일부를 떼어서 회전을 진행한다'라는 것은, 루트 노드가 아닌 1이 저장된 노드의 주소 값을 인자로 RotateRR 함수를 호출함을 의미한다.

RotateRR 함수의 호출이 완료되면 아래 그림에서 3이 저장된 노드의 주소 값이 반환된다. 그리고 이 주소 값을 두 번째 인자로 하여 ChangeLeftSubTree 함수를 호출하여 LL상태가 되게 한다.

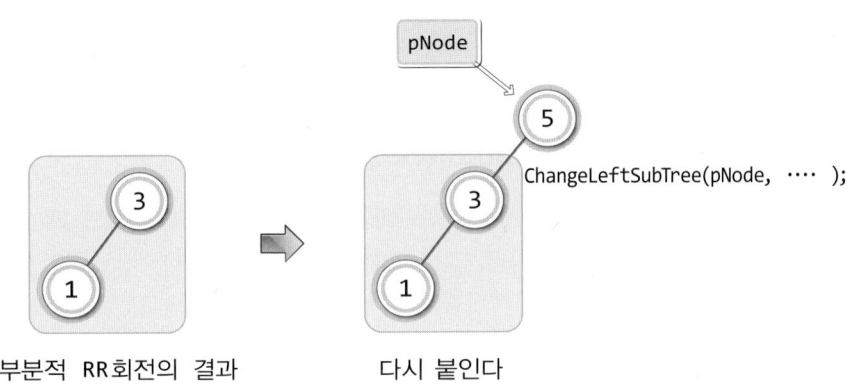

▶ [그림 12-23: LR회전에서의 부분적 RR회전 2/2]

위 그림에서 '다시 붙인다'라는 것은 ChangeLeftSubTree 함수를 호출하면서, RotateRR 함수의 반환 값을 두 번째 인자로 전달하는 것을 의미한다.

이렇게 해서 LR회전의 첫 번째 단계인 부분적 RR회전이 완료되었으니, 이제 남은 것은 LL회전이다. 그리고 이를 담당하는 것은 다음 문장이다.

```
return RotateLL(pNode);
```

RotateLR 함수의 반환 값으로, RotateLL 함수의 반환 값을 반환하는 이유는 앞서 설명하였다. 이는 LR회전의 결과로 바뀌게 된 루트 노드의 주소 값을 반환하기 위함이다.

그럼 마지막으로 RL회전을 담당하는 함수의 구현을 보일 텐데, 이는 RotateLR 함수와 방향 및 회전의 순서에서만 차이를 보이니, 함수의 구현을 보이면서 설명을 마무리하고자 한다.

```
BTreeNode * RotateRL(BTreeNode * bst)
{
    BTreeNode * pNode;       // parent node
    BTreeNode * cNode;       // child node

    // pNode와 cNode가 RL회전을 위해 적절한 위치를 가리키게 한다.
    pNode = bst;
    cNode = GetRightSubTree(pNode);

    // 실제 RL회전을 담당하는 두 개의 문장
    ChangeRightSubTree(pNode, RotateLL(cNode));    // 부분적 LL회전
    return RotateRR(pNode);                        // RR회전
}
```

이로써 회전에 필요한 도구도 모두 마련이 되었다. 따라서 남은 것은 적절한 시기에 적절한 도구를 선택하여 활용하는 것뿐이다.

리밸런싱에 필요한 도구들의 정의: Rebalance 함수

기본적인 도구는 모두 마련이 되었다. 불균형 여부를 판단하는 도구도 만들었고, 상태에 따른 회전 도구도 만들었으니 말이다. 그런데 이렇게 많은 도구를 그냥 던져주기만 하면 사용하기가 쉽지 않다. 따라서 도구의 사용순서 및 사용시기를 모두 담은 도구 하나를 더 만들고자 한다. 그리고 그 도구는 다음과 같다.

```
BTreeNode * Rebalance(BTreeNode ** pRoot)
{
    int hDiff = GetHeightDiff(*pRoot);       // 균형 인수 계산

    // 균형 인수가 +2 이상이면 LL상태 또는 LR상태이다.
    if(hDiff > 1)      // 왼쪽 서브 트리 방향으로 높이가 2 이상 크다면,
    {
        if(GetHeightDiff(GetLeftSubTree(*pRoot)) > 0)
            *pRoot = RotateLL(*pRoot);
        else
            *pRoot = RotateLR(*pRoot);
    }
```

```
            // 균형 인수가 -2 이하이면 RR상태 또는 RL상태이다.
            if(hDiff < -1)              // 오른쪽 서브 트리 방향으로 2 이상 크다면,
            {
                if(GetHeightDiff(GetRightSubTree(*pRoot)) < 0)
                    *pRoot = RotateRR(*pRoot);
                else
                    *pRoot = RotateRL(*pRoot);
            }

            return *pRoot;
    }
```

위의 함수와 관련해서, 루트 노드의 균형 인수가 +2 이상이면 LL상태 또는 LR상태이고, -2 이하이면 RR상태 또는 RL상태인 것은 알고 있을 것이다. 그럼 LL상태와 LR상태의 그림을 보면서 이 둘의 구분 방법을 정리해보자.

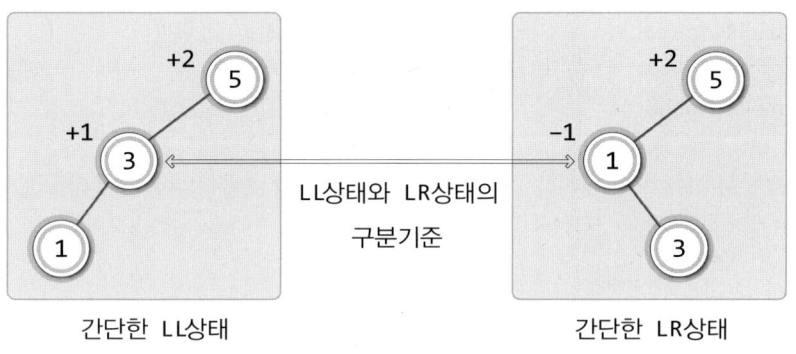

▶ [그림 12-24: LL상태와 LR상태를 구분하는 기준]

위 그림에서 LL상태와 LR상태를 구분하는 기준은 3과 1을 저장하고 있는 노드에 있다. 이 노드의 균형 인수가 0보다 크면(그림에서는 +1) LL상태이고, 0보다 작으면(그림에서는 -1) LR상태임을 이 그림에서 확인할 수 있다. 따라서 LL상태와 LR상태를 구분하는 코드는 다음과 같이 작성해야 한다.

```
    if(GetHeightDiff(GetLeftSubTree(*pRoot)) > 0)    // LL상태라면,
        *pRoot = RotateLL(*pRoot);                   // LL회전을 진행한다.
    else                                             // LR상태라면,
        *pRoot = RotateLR(*pRoot);                   // LR회전을 진행한다.
```

그럼 이번에는 RR상태와 RL상태의 그림을 보면서, 이 둘의 구분방법도 정리해보자.

▶ [그림 12-25: RR상태와 RL상태를 구분하는 기준]

위 그림에서 RR상태와 RL상태를 구분하는 기준은 3과 5를 저장하고 있는 노드에 있다. 이 노드의 균형 인수가 0보다 작으면(그림에서는 -1) RR상태이고, 0보다 크면(그림에서는 +1) RL상태임을 이 그림에서 확인할 수 있다. 따라서 RR상태와 RL상태를 구분하는 코드는 다음과 같이 작성해야 한다.

```
if(GetHeightDiff(GetRightSubTree(*pRoot)) < 0)   // RR상태라면,
    *pRoot = RotateRR(*pRoot);                   // RR회전을 진행한다.
else                                             // RL상태라면,
    *pRoot = RotateRL(*pRoot);                   // RL회전을 진행한다.
```

이제 Rebalance 함수의 흐름이 이해가 될 것이다. 참고로 회전관련 함수의 호출이 다음의 형태를 보이고,

```
*pRoot = RotateXX(*pRoot);
```

Rebalance 함수의 마지막 문장이 다음과 같음에 주목을 하자.

```
return *pRoot;
```

이렇듯 회전관련 함수도, Rebalance 함수도 루트 노드의 주소 값 정보를 반환하는 이유는 회전의 과정에서 루트 노드가 변경될 수 있기 때문이다. 따라서 Rebalance 함수를 호출할 때에는 루트 노드의 변경을 대비해서, 이 함수가 반환하는 값을 루트 노드를 가리키는 포인터 변수에 저장해야 한다.

리밸런싱의 도구 AVLRebalance.h, AVLRebalance.c

이번에는 리밸런싱 도구를 담고 있는 헤더파일과 소스파일을 보이고자 하는데, 그 양이 적지 않으니 함수의 몸체는 생략을 하겠다. 앞서 모두 보였으니 말이다.

♣ AVLRebalance.c

```
1.  #include <stdio.h>
2.  #include "BinaryTree3.h"
3.
4.  // LL회전
5.  BTreeNode * RotateLL(BTreeNode * bst) { . . . 이전과 동일합니다 . . . }
6.
7.  // RR회전
8.  BTreeNode * RotateRR(BTreeNode * bst) { . . . 이전과 동일합니다 . . . }
9.
10. // RL회전
11. BTreeNode * RotateRL(BTreeNode * bst) { . . . 이전과 동일합니다 . . . }
12.
13. // LR회전
14. BTreeNode * RotateLR(BTreeNode * bst) { . . . 이전과 동일합니다 . . . }
15.
16. // 트리의 높이를 계산하여 반환
17. int GetHeight(BTreeNode * bst) { . . . 이전과 동일합니다 . . . }
18.
19. // 두 서브 트리의 높이의 차를 반환
20. int GetHeightDiff(BTreeNode * bst) { . . . 이전과 동일합니다 . . . }
21.
22. // 트리의 균형을 잡는다.
23. BTreeNode * Rebalance(BTreeNode ** pRoot) { . . . 이전과 동일합니다 . . . }
```

이제 헤더파일을 보일 차례인데, 여러분은 어떠한 함수들의 선언을 헤더파일에 담아야 한다고 생각하는가? 필자는 Rebalance 함수의 선언만 담으면 된다고 생각한다.

♣ AVLRebalance.h

```
1.  #ifndef __AVL_REBALANCE_H__
2.  #define __AVL_REBALANCE_H__
3.
4.  #include "BinaryTree3.h"
5.
6.  // 트리의 균형을 잡는다.
7.  BTreeNode * Rebalance(BTreeNode ** pRoot);
8.
9.  #endif
```

위에서 보이듯이 Rebalance 함수의 선언 하나만을 헤더파일에 담았다. 소스파일에 정의된 모든 함수의 선언을 헤더파일에 담는 것은 오히려 혼란을 가중시킬 수 있어서 좋지 못하기 때문이다. 물론 필요에 따라서 몇몇 함수의 선언을 추가할 수도 있겠지만 지금으로서는 저것 하나만으로 충분한 상황이다.

❏ AVL 트리를 담고 있는 BinarySearchTree3.h, BinarySearchTree3.c

Rebalance 함수의 호출시기를 앞서 언급하였는데, 당시에는 함수의 호출위치에 초점을 맞춰서 다음과 같이 소개하였다.

```
void BSTInsert(BTreeNode ** pRoot, BSTData data)
{
    . . . .
    Rebalance(pRoot);      // 노드 추가 후 리밸런싱!
}

BTreeNode * BSTRemove(BTreeNode ** pRoot, BSTData target)
{
    . . . .
    Rebalance(pRoot);      // 노드 제거 후 리밸런싱!
    return dNode;
}
```

하지만 Rebalance 함수에 대해서, 특히 반환되는 값에 대해서 알았으니, 루트 노드가 변경되는 것을 대비해서 함수의 호출 문장을 다음과 같이 수정해야 한다.

```
void BSTInsert(BTreeNode ** pRoot, BSTData data)
{
    . . . .
    *pRoot = Rebalance(pRoot);      // 노드 추가 후 리밸런싱!
}

BTreeNode * BSTRemove(BTreeNode ** pRoot, BSTData target)
{
    . . . .
    *pRoot = Rebalance(pRoot);      // 노드 제거 후 리밸런싱!
    return dNode;
}
```

헤더파일을 포함하는 #include문의 변화를 제외하고는 위에서 보이는 Rebalance 함수의 호출문 추가가 BinarySearchTree2.c에서의 유일한 변화이다. 이러한 변화는 BinarySearchTree3.c에서 확인할 수 있다. 그리고 BinarySearchTree3.h는 BinarySearchTree2.h와 완전히 똑같다. 다만 소스파일의 이름을 따라서 이름만 바꾼 것이다.

☐ AVL 트리가 리밸런싱을 제대로 하고 있는가?

이제 마지막으로 AVL 트리가 리밸런싱을 제대로 하는지 확인할 차례이다. 그리고 이를 목적으로 다음과 같이 main 함수를 작성하였다.

✤ AVLTreeMain.c

```
1.  #include <stdio.h>
2.  #include "BinaryTree3.h"    // 트리의 구조를 확인하기 위해서
3.  #include "BinarySearchTree3.h"
4.
5.  int main(void)
6.  {
7.      BTreeNode * avlRoot;
8.      BTreeNode * clNode;         // current left node
9.      BTreeNode * crNode;         // current right node
10.     BSTMakeAndInit(&avlRoot);
11.
12.     BSTInsert(&avlRoot, 1);
13.     BSTInsert(&avlRoot, 2);
14.     BSTInsert(&avlRoot, 3);
15.     BSTInsert(&avlRoot, 4);
16.     BSTInsert(&avlRoot, 5);
17.     BSTInsert(&avlRoot, 6);
18.     BSTInsert(&avlRoot, 7);
19.     BSTInsert(&avlRoot, 8);
20.     BSTInsert(&avlRoot, 9);
21.
22.     printf("루트 노드: %d \n", GetData(avlRoot));
23.
24.     clNode = GetLeftSubTree(avlRoot);
25.     crNode = GetRightSubTree(avlRoot);
26.     printf("왼쪽1: %d, 오른쪽1: %d \n", GetData(clNode), GetData(crNode));
27.
28.     clNode = GetLeftSubTree(clNode);
29.     crNode = GetRightSubTree(crNode);
30.     printf("왼쪽2: %d, 오른쪽2: %d \n", GetData(clNode), GetData(crNode));
31.
32.     clNode = GetLeftSubTree(clNode);
33.     crNode = GetRightSubTree(crNode);
34.     printf("왼쪽3: %d, 오른쪽3: %d \n", GetData(clNode), GetData(crNode));
35.
```

```
36.        clNode = GetLeftSubTree(clNode);
37.        crNode = GetRightSubTree(crNode);
38.        printf("왼쪽4: %d, 오른쪽4: %d \n", GetData(clNode), GetData(crNode));
39.        return 0;
40. }
```

✤ 실행결과:BinaryTree3.h, BinaryTree3.c, BinarySearchTree3.h, BinarySearchTree3.c,
　　　　　AVLRebalance.h, AVLRebalance.c, AVLTreeMain.c

```
command prompt

루트 노드: 5
왼쪽1: 4, 오른쪽1: 6
왼쪽2: 3, 오른쪽2: 7
왼쪽3: 2, 오른쪽3: 8
왼쪽4: 1, 오른쪽4: 9
```

위의 main 함수에서는 1부터 9까지 순서대로 값을 저장하고 있다. 따라서 리밸런싱을 하지 않는다면 오른쪽 방향으로만 노드가 추가되는 비대칭 구조의 트리가 형성된다. 하지만 출력결과는 5를 루트 노드로 하여 균형이 잡혀있음을 보여주고 있다.

사실 위의 main 함수를 통해서는 RR회전의 결과만 확인할 수 있다. 따라서 다음과 같이 main 함수를 구성하여 LR상태에서의 리밸런싱도 확인할 필요가 있다.

```
int main(void)        // LR상태의 연출
{
    . . . .
    BSTInsert(&avlRoot, 5);
    BSTInsert(&avlRoot, 2);
    BSTInsert(&avlRoot, 3);

    printf("루트 노드: %d \n", GetData(avlRoot));
    clNode = GetLeftSubTree(avlRoot);
    crNode = GetRightSubTree(avlRoot);
    printf("왼쪽: %d, 오른쪽: %d \n", GetData(clNode), GetData(crNode));
    . . . .
}
```

유사하게 다음과 같이 main 함수를 구성하여 RL상태에서의 리밸런싱도 확인할 수 있다.

```
int main(void)      // RL상태의 연출
{
    . . . .
    BSTInsert(&avlRoot, 2);
    BSTInsert(&avlRoot, 7);
    BSTInsert(&avlRoot, 4);

    printf("루트 노드: %d \n", GetData(avlRoot));
    clNode = GetLeftSubTree(avlRoot);
    crNode = GetRightSubTree(avlRoot);
    printf("왼쪽: %d, 오른쪽: %d \n", GetData(clNode), GetData(crNode));
    . . . .
}
```

이로써 참으로 길었던 탐색에 대한 소개를 마치기로 하겠다. 비록 본서의 내용이 완전히 끝난 것은 아니지만, 트리와 관련이 있는 이야기가 어느 정도 마무리되었기 때문에 큰 의미가 있다고 말씀드리고 싶다.

> 본문에서 언급한 것과 달리 위의 실행결과는 완전히 균형이 잡히지 않았음을 보이고 있습니다. 모든 상황에서 완전히 균형을 잡는 형태로 한 차례의 확장이 더 필요한데 이에 대한 내용이 빠져 있습니다. 그래서 별도의 문서로 배포하고 있으며, 이는 오렌지미디어의 열혈 자료구조 자료실에서 확인하실 수 있습니다. 학습에 불편을 드려서 죄송합니다. 이후에는 더 확인하고 신중하게 집필에 임하겠습니다.
>
> 저자 윤성우 드림

Chapter 13

테이블(Table)과 해쉬(Hash)

13-1 빠른 탐색을 보이는 해쉬 테이블

이번에 소개하는 내용도 탐색과 관련이 있다는 점에서 Chapter 11과 12의 연장으로 볼 수 있다. 하지만 트리와 관련된 어떠한 것도 언급하지 않는다는 점에서 구분이 된다. 솔직히 말하면 이번에 소개하는 내용은 어렵지 않으니 긴장을 조금 풀어도 좋다.

■ 테이블(Table) 자료구조의 이해

앞서 소개한 AVL 트리는 탐색과 관련하여 매우 만족스러운 성능을 보였다. 하지만 탐색 키의 비교 과정을 거치면서 찾는 대상에 가까워지는 방식이기 때문에, 원하는 바를 '단번에' 찾아내는 방식이라고 말하기는 어렵다. 때문에 상황에 따라서는 이러한 AVL 트리의 성능에 만족하지 못할 수도 있다. 그리고 이러한 상황에서 도입을 검토할 수 있는 자료구조가 바로 '테이블'이다.

"그럼 테이블을 이용하면 탐색대상을 단번에 찾을 수 있나요?"

AVL 트리의 탐색 연산이 $O(log_2 n)$의 시간 복잡도를 보이는 반면, 테이블 자료구조의 탐색 연산은 $O(1)$의 시간 복잡도를 보이니, 테이블의 탐색성능을 표현하는데 있어서 '단번에'라는 표현을 써도 괜찮지 않겠는가! 참고로 테이블의 탐색원리를 이해하면 테이블의 시간 복잡도가 $O(1)$인 이유를 바로 알 수 있다. 자! 그럼 그림을 통해서 테이블 자료구조를 여러분께 소개하겠다.

사번 : key	직원 : value
99001	양현석 부장
99002	한상현 차장
99003	이현진 과장
99004	이수진 사원

▶ [그림 13-1 : 테이블 자료구조의 소개]

위의 그림에서 보이는 것은 문서편집 과정에서 한번 정도는 만들어 봤을법한 '표'이다. 그리고 이것이 바로 '테이블'이다(아시다시피 표를 영어로 테이블이라 한다). 하지만 자료구조의 관점에서 모든 표를 가리켜 테이블이라 하지는 않는다. 표에 저장된 데이터의 형태가 다음과 같을 때에만 테이블로 구분 짓는다.

"저장되는 데이터는 키(key)와 값(value)이 하나의 쌍을 이룬다."

이렇듯 테이블에 저장되는 모든 데이터들은 이를 구분하는 '키'가 있어야 하고, 이 키는 데이터를 구분하는 기준이 되기 때문에 중복이 되어서는 안 된다. 정리하면, 테이블에는 키와 관련해서 다음의 조건이 존재한다.

"키(key)가 존재하지 않는 '값'은 저장할 수 없다. 그리고 모든 키는 중복되지 않는다."

이렇듯 테이블의 핵심은, 키와 값이 하나의 쌍을 이루어 저장되는 데이터의 유형에 있다. 그리고 이러한 테이블 자료구조는 현실세계에서도 쉽게 찾을 수 있다. 가장 쉽게 찾을 수 있는 것은 다세대 주택이나 아파트의 우편함이다.

우편함의 경우 '호수'가 '키'가 되고, 우편함에 들어있는 '우편물'이 '값'이 된다. 실제로 아파트의 우편함에서 특정 호수의 우편물은 '단번에' 찾아내지 않는가? 이것이 바로 테이블의 특징이다.

어느 정도 테이블이라는 자료구조를 이해하였을 것이다. 때문에 필자도 기본적인 설명을 여기서 멈추고 싶기는 한데 한가지 예를 더 들어야 한다는 책임감이 든다. 사실 이 예는 여러분에게 혼란을 줄 수 있다. 하지만 동시에 테이블에 대한 정확한 이해를 돕는 예이기도 하기 때문에 그냥 지나칠 수 없다. 그것은 바로 '사전(dictionary)'이다.

"사전이요? 사전은 단번에 원하는 단어를 찾지는 못하잖아요."

옳은 지적이다! 우리는 사전에서 단번에 원하는 단어를 찾지 못한다. 그럼에도 불구하고 사전이 테이블의 예인 이유는 무엇일까?

사전에서 우리가 원하는 단어를 단번에 찾지 못하는 이유는, 사전에 담긴 내용이 워낙 방대해서 여러 페이지에 걸쳐서 나눠 담았기 때문이다. 지금 사전을 가지고 있다면 아무 곳이나 펼쳐보자. 그렇다면 그 페이지 안에 담겨있는 단어들 중에서는 원하는 것을 '단번에' 찾을 수 있을 것이다. 만약에 사전에 담긴 단어의 수가 1,000개 정도이고, 그 내용을 커다란 전지 한 장에 모두 담는다면 단번에 찾을 수 있지 않겠는가?

"근데 사전은 표의 형태를 취하지도 않잖아요."

줄이 그어져야만 표라 할 수 있는 것은 아니다. 사전의 경우 단어가 키가 되고, 그 단어에 대한 설명 또는 내용이 값이 된다. 따라서 얼마든지 표로 구성할 수 있다. 작은 지면에 많은 것을 담으려다 보니 줄이 생략되었고, 일반적인 표처럼 깔끔한 편집상태를 보이지 않을 뿐이다. 특히 자료구조의 관점에서 줄과 깔끔한 편집상태는 테이블을 판단하는데 아무런 상관이 없다. 이러한 이유로 자료구조의 '테이블'은 '사전구조'라고도 불린다. 더불어 '맵(map)'이라 불리기도 한다.

❏ 배열을 기반으로 하는 테이블

그럼 배열을 기반으로 누구나 쉽게 이해할 수 있는 간단한 예제를 작성하여, 테이블 자료구조를 코드상에서 보이도록 하겠다.

❖ UnderstandTable.c

```c
1.  #include <stdio.h>
2.
3.  typedef struct _empInfo
4.  {
5.      int empNum;          // 직원의 고유번호
6.      int age;             // 직원의 나이
7.  } EmpInfo;
8.
9.  int main(void)
10. {
11.     EmpInfo empInfoArr[1000];
12.     EmpInfo ei;
13.     int eNum;
14.
15.     printf("사번과 나이 입력: ");
16.     scanf("%d %d", &(ei.empNum), &(ei.age));
17.     empInfoArr[ei.empNum] = ei;       // 단번에 저장!
18.
19.     printf("확인하고픈 직원의 사번 입력: ");
20.     scanf("%d", &eNum);
21.
22.     ei = empInfoArr[eNum];            // 단번에 탐색!
23.     printf("사번 %d, 나이 %d \n", ei.empNum, ei.age);
24.     return 0;
25. }
```

❖ 실행결과: UnderstandTable.c

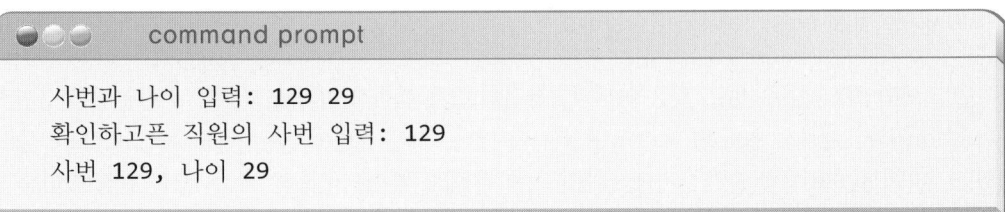

저장과 탐색의 원리만 확인할 수 있도록 main 함수를 간단히 작성하였다. 그럼 3행에 선언된 다음 구조체를 관찰하자.

```
typedef struct _empInfo
{
    int empNum;      // 직원의 고유번호: key
    int age;         // 직원의 나이: value
} EmpInfo;
```

이는 키와 값을 하나의 쌍으로 묶기 위해서 정의된 구조체이다. 즉, 필자는 직원의 고유번호를 키로 결정하였다. 그럼 이어서 이 구조체를 기반으로 하는 다음 배열 선언을 보자.

```
EmpInfo empInfoArr[1000];         // 직원들의 정보를 저장하기 위해 선언된 배열
```

이 배열을 가리켜 '테이블'이라 하기엔 많은 것이 부족해 보인다. 이것이 테이블이라 할 수 있으려면 다음 조건을 만족해야 하기 때문이다. 다시 말해서 다음 조건만 만족한다면 이렇듯 단순한 배열도 테이블, 또는 테이블의 일부라 할 수 있다.

"키를 결정하였다면, 이를 기반으로 데이터를 단번에 찾을 수 있어야 한다."

즉 테이블에서 의미하는 키는 데이터를 찾는 도구가 되어야 한다. 그것도 단번에 찾을 수 있는 도구가 되어야 한다. 따라서 필자는 다음과 같은 코드를 예제에서 작성하였다.

- 저장   empInfoArr[ei.empNum] = ei;
- 탐색   ei = empInfoArr[eNum];

이 두 개의 문장을 통해서 알 수 있는 사실은 다음과 같다.

"직원의 고유번호를 인덱스 값으로 하여, 그 위치에 데이터를 저장한다."

이렇듯 '키의 값은 저장위치'라는 관계를 형성하여, 단번에 데이터를 저장하고 단번에 데이터를 탐색할 수 있게 하였다. 따라서 위의 배열은 테이블의 구현결과라 할 수 있다.

"그럼 직원 고유번호의 범위가 100000~999999라면 어떻게 해야 하나요? 위와 같은 방식으로 테이블을 구성하려면 매우 큰 배열이 필요하겠죠?"

문제점을 정확히 지적하였다! 이러한 문제점은 앞서 보인 테이블의 예에서 테이블의 핵심인 '해쉬'와 관련된 내용이 빠졌기 때문에 등장한 것이다.

▫ 테이블에 의미를 부여하는 해쉬 함수와 충돌문제

예제에서 보인 테이블과 관련하여 지적한 문제점 두 가지를 정리하면 다음과 같다.

"직원 고유번호의 범위가 배열의 인덱스 값으로 사용하기에 적당하지 않다."

"직원 고유번호의 범위를 수용할 수 있는 매우 큰 배열이 필요하다."

이 두 가지 문제를 동시에 해결해주는 것이 바로 '해쉬 함수'이다. 그럼 해쉬 함수의 소개를 위해서 앞서 보인 예제를 재 구현하되, 다음과 같은 가정을 추가하겠다.

"직원의 고유번호는 입사 년도 네 자리와 입사순서 네 자리로 구성된다."

예를 들어서 2012년에, 그리고 이 회사에 세 번째로 입사한 직원의 고유번호는 20120003이 되고, 뒤를 이어서 같은 해에 입사한 직원의 고유번호는 20120004가 된다.

이렇듯 입사순서를 네 자리로 구성한 것을 보면 직원의 수가 언젠가는 천명을 넘어설 수 있다는 생각을 한 모양인데, 이는 먼 훗날의 이야기이고 실제로는 백 명 이상을 채용할지도 의문인 상황이다. 따라서 배열 길이의 최소화를 위해 노력한다는 가정하에 예제를 재 구현하였다.

✣ TableHashFunction.c

```c
1.  #include <stdio.h>
2.
3.  typedef struct _empInfo
4.  {
5.      int empNum;         // 직원의 고유번호
6.      int age;            // 직원의 나이
7.  } EmpInfo;
8.
9.  int GetHashValue(int empNum)
10. {
11.     return empNum % 100;
12. }
13.
14. int main(void)
15. {
16.     EmpInfo empInfoArr[100];
17.
18.     EmpInfo emp1={20120003, 42};
19.     EmpInfo emp2={20130012, 33};
20.     EmpInfo emp3={20170049, 27};
21.
22.     EmpInfo r1, r2, r3;
23.
24.     // 키를 인덱스 값으로 이용해서 저장
25.     empInfoArr[GetHashValue(emp1.empNum)] = emp1;
```

```
26.     empInfoArr[GetHashValue(emp2.empNum)] = emp2;
27.     empInfoArr[GetHashValue(emp3.empNum)] = emp3;
28.
29.     // 키를 인덱스 값으로 이용해서 탐색
30.     r1 = empInfoArr[GetHashValue(20120003)];
31.     r2 = empInfoArr[GetHashValue(20130012)];
32.     r3 = empInfoArr[GetHashValue(20170049)];
33.
34.     // 탐색 결과 확인
35.     printf("사번 %d, 나이 %d \n", r1.empNum, r1.age);
36.     printf("사번 %d, 나이 %d \n", r2.empNum, r2.age);
37.     printf("사번 %d, 나이 %d \n", r3.empNum, r3.age);
38.     return 0;
39. }
```

✤ 실행결과: TableHashFunction.c

```
command prompt

사번 20120003, 나이 42
사번 20130012, 나이 33
사번 20170049, 나이 27
```

위의 예제에서는 길이가 100인 배열을 선언하였다. 직원의 수가 100명을 넘길 경우를 고려하지 않은 것이다. 그리고 데이터의 저장위치를 결정하는데 있어서 직원의 고유번호를 활용하되, 다음 함수를 이용해서 가공의 과정을 거쳤다.

```
int GetHashValue(int empNum)
{
    return empNum % 100;
}
```

위의 함수에서 100으로 % 연산을 하는 것은 다음의 의미를 지닌다.

"여덟 자리의 수로 이뤄진 직원의 고유번호를 두 자리의 수로 변경한다."

실제로는 앞의 숫자 여섯 개를 잘라낸 것이지만 이것도 변경의 일종이다. 그럼 100으로 나눠서 그 나머지를 취하는 이 연산을 함수 $f(x)$라 하자. 그러면 이 함수의 기능은 다음과 같이 표현할 수 있다.

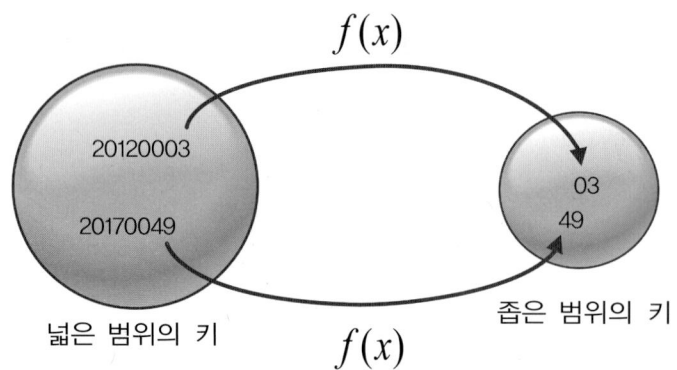

▶ [그림 13-2: 해쉬 함수와 해쉬 값]

위 그림에서 보이는 $f(x)$를 가리켜 '해쉬 함수(hash function)'라 한다. 그리고 이러한 해쉬 함수는 넓은 범위의 키를 좁은 범위의 키로 변경하는 역할을 한다. 실제로 위의 예제에서는 해쉬 함수와 관련해서 흔히 거론되는 % 연산자를 이용하여 여덟 자리의 키를 두 자리의 키로 바꾸었다.

그럼 이어서 위 예제의 문제점을 생각해보자. 상황은 이렇다! 직원의 수가 100명을 넘어선 것이다! 그리하여 직원번호 20210103이 형성되었고 이로 인해 다음과 같은 문제가 발생하였다.

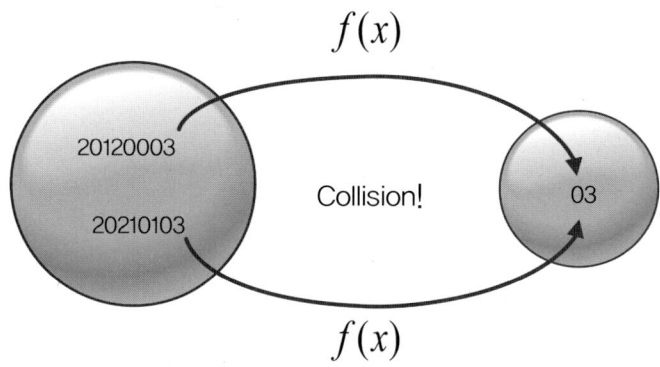

▶ [그림 13-3: 충돌(collision)의 발생]

위 그림에서 보이듯이 서로 다른 두 개의 키가 해쉬 함수를 통과하였는데, 그 결과가 03으로 모두 동일하다. 이러한 상황을 가리켜 '충돌(collision)'이라 하는데, 이러한 충돌은 배열의 길이를 늘리는 등의 방법으로 피해야 할 상황이 아니다.

배열의 길이를 늘리는 방법으로 충돌을 완전히 피할 수 있을지 의문도 들지만, 완전히 피할 수 있다 하더라도 매우 비합리적인 방법일 수밖에 없다. 때문에 충돌은 피해야 하는 상황이 아니라 '해결해야 하는 상황'인 것이다.

우리는 아직 해쉬 함수에 대한 이야기도 다하지 않았으니, 충돌의 해결방법에 대한 언급은 잠시 뒤로 미뤄두겠다. 참고로 충돌의 해결방법에 따라서 테이블의 구조가 달라지는 경우가 있을 정도로 충돌의 해결방법은 테이블에 있어서 큰 의미를 갖는다.

❏ 어느 정도 갖춰진 테이블과 해쉬의 구현의 예

앞서 예제를 통해서 테이블과 해쉬 함수의 구현을 간단히 보였지만, 테이블의 구현사례로는 부족한 감이 없지 않다. 따라서 어느 정도 모습을 갖춰서 다시 한번 구현하고자 한다. 그럼 먼저 테이블에 저장할 대상에 대한 헤더파일과 소스파일을 보이겠다.

♣ Person.h

```c
1.  #ifndef __PERSON_H__
2.  #define __PERSON_H__
3.
4.  #define STR_LEN 50
5.
6.  typedef struct _person
7.  {
8.      int ssn;                    // 주민등록번호
9.      char name[STR_LEN];         // 이 름
10.     char addr[STR_LEN];         // 주 소
11. } Person;
12.
13. int GetSSN(Person * p);
14. void ShowPerInfo(Person * p);
15. Person * MakePersonData(int ssn, char * name, char * addr);
16.
17. #endif
```

♣ Person.c

```c
1.  #include <stdio.h>
2.  #include <stdlib.h>
3.  #include <string.h>
4.  #include "Person.h"
5.
6.  int GetSSN(Person * p)
7.  {
```

```
8.        return p->ssn;
9.    }
10.
11.   void ShowPerInfo(Person * p)
12.   {
13.       printf("주민등록번호: %d \n", p->ssn);
14.       printf("이름: %s \n", p->name);
15.       printf("주소: %s \n\n", p->addr);
16.   }
17.
18.   Person * MakePersonData(int ssn, char * name, char * addr)
19.   {
20.       Person * newP = (Person*)malloc(sizeof(Person));
21.       newP->ssn = ssn;
22.       strcpy(newP->name, name);
23.       strcpy(newP->addr, addr);
24.       return newP;
25.   }
```

위의 헤더파일에 정의된 Person 구조체의 변수가(정확히는 구조체 변수의 주소 값이) 테이블에 저장될 '값'이다. 그리고 그 중에서 구조체의 멤버 ssn, 즉 주민등록번호를 '키'로 결정하였다. 따라서 키를 별도로 추출하는데 사용하기 위해서 GetSSN 함수를 정의하였다. 그리고 Person 구조체 변수의 생성 및 초기화의 편의를 위해서 MakePersonData 함수도 정의하였다.

이어서 테이블의 구현과 관련이 있는 파일들을 소개하겠다. 첫 번째로 소개하는 헤더파일은 테이블의 슬롯(이에 대해서 아직 설명하지 않았음)을 정의한 헤더파일이다.

❖ Slot.h

```
1.    #ifndef __SLOT_H__
2.    #define __SLOT_H__
3.
4.    #include "Person.h"
5.
6.    typedef int Key;         // 주민등록번호
7.    typedef Person * Value;
8.
9.    enum SlotStatus {EMPTY, DELETED, INUSE};
10.
11.   typedef struct _slot
12.   {
13.       Key key;
14.       Value val;
15.       enum SlotStatus status;
```

```
16. } Slot;
17.
18. #endif
```

위에서 보인 구조체 Slot을 통해서 짐작했겠지만, 슬롯이란 '테이블을 이루는, 데이터를 저장할 수 있는 각각의 공간'을 의미한다. 그리고 위의 typedef 선언에서도 보이듯이 키와 값은 다음과 같이 결정하였다.

- 키   주민등록번호
- 값   Person 구조체 변수의 주소 값

그리고 enum 선언을 통해서 슬롯의 상태를 나타내는 상수 EMPTY, DELETED, INUSE가 정의되었고, 이를 기반으로 다음과 같이 Slot 구조체의 멤버를 선언하였다.

```
enum SlotStatus status;            // 슬롯의 상태를 나타내는 멤버
```

슬롯의 상태를 나타내는 상수 각각이 의미하는 바는 다음과 같다.

- EMPTY   이 슬롯에는 데이터가 저장된바 없다.
- DELETED   이 슬롯에는 데이터가 저장된바 있으나 현재는 비워진 상태다.
- INUSE   이 슬롯에는 현재 유효한 데이터가 저장되어 있다.

이 중에서 EMPTY와 INUSE의 필요성은 이해되지만, DELETED의 필요성에는 의문이 생길 것이다. 사실 잠시 후에 보일 테이블의 구현결과만 놓고 본다면 DELETED는 우리에게 불필요하다. 그러나 보편적으로 슬롯의 상태는 위와 같이 세 가지로 구분한다는 사실을 알고 있을 필요가 있어서 DELETED를 추가하였다. 이것이 필요한 이유는 '충돌'의 해결책을 소개하면서 같이 소개하겠다. 그럼 이어서 테이블의 실질적인 구현에 해당하는 헤더파일과 소스파일을 보이겠다.

❖ Table.h

```
1.  #ifndef __TABLE_H__
2.  #define __TABLE_H__
3.
4.  #include "Slot.h"
5.
6.  #define MAX_TBL     100
7.
8.  typedef int (*HashFunc)(Key k);
9.
10. typedef struct _table
11. {
12.     Slot tbl[MAX_TBL];
```

```
13.      HashFunc * hf;
14. } Table;
15.
16. // 테이블의 초기화
17. void TBLInit(Table * pt, HashFunc * f);
18.
19. // 테이블에 키와 값을 저장
20. void TBLInsert(Table * pt, Key k, Value v);
21.
22. // 키를 근거로 테이블에서 데이터 삭제
23. Value TBLDelete(Table * pt, Key k);
24.
25. // 키를 근거로 테이블에서 데이터 탐색
26. Value TBLSearch(Table * pt, Key k);
27.
28. #endif
```

✤ Table.c

```
1.  #include <stdio.h>
2.  #include <stdlib.h>
3.  #include "Table.h"
4.
5.  void TBLInit(Table * pt, HashFunc * f)
6.  {
7.      int i;
8.
9.      // 모든 슬롯 초기화
10.     for(i=0; i<MAX_TBL; i++)
11.         (pt->tbl[i]).status = EMPTY;
12.
13.     pt->hf = f;      // 해쉬 함수 등록
14. }
15.
16. void TBLInsert(Table * pt, Key k, Value v)
17. {
18.     int hv = pt->hf(k);
19.     pt->tbl[hv].val = v;
20.     pt->tbl[hv].key = k;
21.     pt->tbl[hv].status = INUSE;
22. }
23.
24. Value TBLDelete(Table * pt, Key k)
25. {
26.     int hv = pt->hf(k);
```

```
27.
28.     if((pt->tbl[hv]).status != INUSE)
29.     {
30.         return NULL;
31.     }
32.     else
33.     {
34.         (pt->tbl[hv]).status = DELETED;
35.         return (pt->tbl[hv]).val;       // 소멸 대상의 값 반환
36.     }
37. }
38.
39. Value TBLSearch(Table * pt, Key k)
40. {
41.     int hv = pt->hf(k);
42.
43.     if((pt->tbl[hv]).status != INUSE)
44.         return NULL;
45.     else
46.         return (pt->tbl[hv]).val;       // 탐색 대상의 값 반환
47. }
```

직접 정의한 해쉬 함수를 등록하도록 디자인되었다는 사실과 Slot의 배열로 테이블을 구성하였다는 사실에만 주목을 하면 나머지는 쉽게 이해할 수 있다. 그럼 이어서 위의 테이블을 대상으로 하는 main 함수를 소개하겠다.

♣ SimpleHashMain.c

```
1.  #include <stdio.h>
2.  #include <stdlib.h>
3.  #include "Person.h"
4.  #include "Table.h"
5.
6.  int MyHashFunc(int k)
7.  {
8.      return k % 100;
9.  }
10.
11. int main(void)
12. {
13.     Table myTbl;
14.     Person * np;
15.     Person * sp;
16.     Person * rp;
```

```
17.
18.     TBLInit(&myTbl, MyHashFunc);
19.
20.     // 데이터 입력
21.     np = MakePersonData(20120003, "Lee", "Seoul");
22.     TBLInsert(&myTbl, GetSSN(np), np);
23.
24.     np = MakePersonData(20130012, "KIM", "Jeju");
25.     TBLInsert(&myTbl, GetSSN(np), np);
26.
27.     np = MakePersonData(20170049, "HAN", "Kangwon");
28.     TBLInsert(&myTbl, GetSSN(np), np);
29.
30.     // 데이터 탐색
31.     sp = TBLSearch(&myTbl, 20120003);
32.     if(sp != NULL)
33.         ShowPerInfo(sp);
34.
35.     sp = TBLSearch(&myTbl, 20130012);
36.     if(sp != NULL)
37.         ShowPerInfo(sp);
38.
39.     sp = TBLSearch(&myTbl, 20170049);
40.     if(sp != NULL)
41.         ShowPerInfo(sp);
42.
43.     // 데이터 삭제
44.     rp = TBLDelete(&myTbl, 20120003);
45.     if(rp != NULL)
46.         free(rp);
47.
48.     rp = TBLDelete(&myTbl, 20130012);
49.     if(rp != NULL)
50.         free(rp);
51.
52.     rp = TBLDelete(&myTbl, 20170049);
53.     if(rp != NULL)
54.         free(rp);
55.
56.     return 0;
57. }
```

✤ 실행결과: Person.h, Person.c, Slot.h, Table.h, Table.c, SimpleHashMain.c

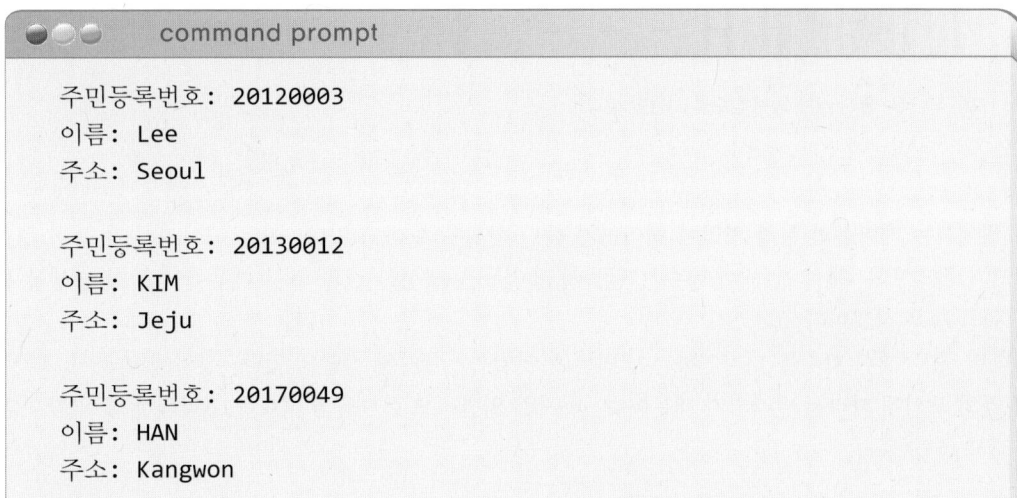

이로써 우리가 모델로 삼을 수 있는 테이블의 구현이 완료되었다. 물론 위의 테이블 구현은 '충돌'에 대한 해결책을 담고 있지 않다. 따라서 잠시 후에는 이 예제에 충돌에 대한 해결책까지 담을 예정이다.

좋은 해쉬 함수의 조건

좋은 해쉬 함수의 조건을 언급하기에 앞서 좋은 해쉬 함수를 사용한 결과와 좋지 않은 해쉬 함수를 사용한 결과를 비교해 보이겠다. 먼저 좋은 해쉬 함수를 사용한 결과는 다음과 같다.

▶ [그림 13-4: 좋은 해쉬 함수를 사용한 결과]

위 그림은 테이블의 메모리 상황을 표현한 것이다. 그림에서 검은 영역은 데이터가 채워진 슬롯을 의미하고, 반대로 흰 영역은 빈 슬롯을 의미한다. 이 그림을 보면 데이터가 테이블의 전체 영역에 고루 분포되어 있음을 알 수 있다. 이렇듯 고루 분포된다는 것은 그만큼 '충돌'이 발생할 확률이 낮다는 것을 의미한다. 충돌의 해결책이 마련되어 있다 하더라도 충돌이 덜 발생해야 데이터의 저장, 삭제 및 탐색의 효율을 높일 수 있다. 때문에 좋은 해쉬 함수는 '충돌을 덜 일으키는 해쉬 함수'라고도 말할 수 있다. 반면 다음 그림에서는 좋지 못한 해쉬 함수의 사용결과를 보이고 있다.

▶ [그림 13-5: 좋지 않은 해쉬 함수를 사용한 결과]

위 그림에서는 테이블의 특정 영역에 데이터가 몰린 상황을 보이고 있다. 이는 해쉬 함수가 특정 영역에 데이터가 몰리도록 '해쉬 값(해쉬 함수가 만들어 낸 값)'을 생성한 결과이다. 때문에 충돌이 발생할 확률이 그만큼 높은 상황이다.

그렇다면 좋은 해쉬 함수를 디자인하는 방법은 무엇일까? 여기에 정답은 없다. 상황에 따라서, 다시 말해서 키의 특성에 따라서 달라지기 때문이다. 하지만 일반적으로 다음의 사항을 고려해서 해쉬 함수를 정의하라고 조언한다.

"좋은 해쉬 함수는 키의 일부분을 참조하여 해쉬 값을 만들지 않고, 키 전체를 참조하여 해쉬 값을 만들어 낸다."

아무래도 적은 수의 데이터를 조합하여(키의 일부분을 조합하여) 해쉬 값을 생성하는 것보다 많은 수의 데이터를 조합하여(키 전부를 조합하여) 해쉬 값을 생성했을 때, 보다 다양한 값의 생성을 기대할 수 있을 것이다. 위의 조언은 바로 이런 단순한 사실을 근거로 한 것이다.

▣ 자릿수 선택(Digit Selection) 방법과 자릿수 폴딩(Digit Folding) 방법

좋은 해쉬 함수의 디자인 방법은 키의 특성에 따라 달라진다. 때문에 해쉬 함수의 디자인에 있어서 절대적인 방법은 존재하지 않는다. 다만 위의 조언, 키 전체를 참조하는 방법과 관련하여 다양한 방법이 소개되고 있는데, 그 중 하나는 다음과 같다.

"여덟 자리의 수로 이뤄진 키에서 다양한 해쉬 값 생성에 도움을 주는 네 자리의 수를 뽑아서 해쉬 값을 생성한다."

키의 특정 위치에서 중복의 비율이 높거나, 아예 공통으로 들어가는 값이 있다면, 이를 제외한 나머지를 가지고 해쉬 값을 생성하는 지극히 상식적인 방법이다. 그리고 이와 유사한 방법으로 '비트 추출 방법'이라는 것이 있다. 이는 탐색 키의 비트 열에서 일부를 추출 및 조합하는 방법이다.

이어서 소개할 방법의 이름은 '자릿수 폴딩'이다. 폴딩은 '접는다'는 뜻이 있다. 그럼 다음 그림에서 보이듯이 숫자를 종이에 쓴 다음에 이를 삼등분 하여 접어보자.

| 2 7 | 3 4 | 1 9 |

▶ [그림 13-6: 자릿수 폴딩을 위한 종이 접기]

그러면 27과 34와 19가 겹치게 된다. 이렇게 겹친 두 자릿수 숫자를 모두 더하면 그 결과는 80이 되는데, 이를 해쉬 값이라 하면 이는 여섯 자리의 숫자를 모두 반영하여 얻은 결과라 할 수 있다. 이렇듯 폴딩은 종이를 접듯이 숫자를 겹치게 하여 더한 결과를 해쉬 값으로 결정하는 방법이다.

이외에도 키를 제곱하여 그 중 일부를 추출하는 방법, 폴딩의 과정에서 덧셈 대신 XOR 연산을 하는 방법, 그리고 둘 이상의 방법을 조합하는 방법 등 통계적으로 넓은 분포를 보이는 다양한 방법들이 소개되고 있는데, 해쉬 함수를 디자인할 때에는 이러한 방법들보다 키의 특성과 저장공간의 크기를 고려하는 것이 우선이다.

13-2 충돌(Collision) 문제의 해결책

테이블의 핵심주제라 할 수 있는 충돌 문제를 고민할 차례가 왔다. 그런데 이 충돌의 해결책이란 것이 우리가 생각하는 수준을 크게 벗어나지 않는다. 예를 들어서 충돌이 발생하면, 충돌이 발생한 그 자리를 대신해서 빈 자리를 찾아야 한다. 다만 빈 자리를 찾는 방법에 따라서 해결책이 구분될 뿐이다.

선형 조사법(Linear Probing)과 이차 조사법(Quadratic Probing)

충돌이 발생했을 때 그 옆자리가 비었는지 살펴보고, 비었을 경우 그 자리에 대신 저장하는 것이 바로 '선형 조사법'이다. 예를 들어서 다음과 같이 정의된 해쉬 함수 $f(x)$가 있고 테이블의 내부 저장소가 배열이라고 가정해보자.

- 해쉬 함수　　　　　key % 7

그러면 키가 9인 데이터는 해쉬 값이 2이므로 다음과 같이 인덱스가 2인 위치에 저장이 된다.

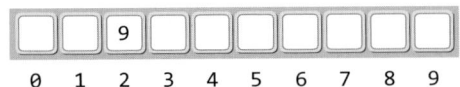

▶ [그림 13-7: 키가 9인 데이터의 저장 결과]

이어서 키가 2인 데이터가 등장했다고 가정해보자. 이 경우 해쉬 값이 2이기 때문에 앞서 저장한 키가 9인 데이터와 충돌이 발생한다. 이렇듯 충돌이 발생했을 때 인덱스 값이 3인 바로 옆자리를 살피는 것이 선형 조사법이다. 따라서 키가 2인 데이터의 저장결과는 다음과 같다.

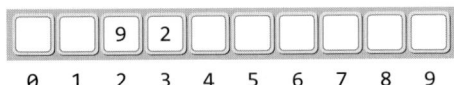

▶ [그림 13-8: 키가 2인 데이터의 저장 결과]

물론 옆자리가 비어있지 않을 경우, 한 칸 더 이동을 해서 자리를 살피게 된다. 정리하면, k의 키에서 충돌 발생시 선형 조사법의 조사 순서는(빈자리 찾는 순서는) 다음과 같이 전개가 된다.

$f(k)+1 \rightarrow f(k)+2 \rightarrow f(k)+3 \rightarrow f(k)+4 \cdots$

그런데 이러한 선형 조사법은 충돌의 횟수가 증가함에 따라서 '클러스터(cluster) 현상', 쉬운 표현으로 '특정 영역에 데이터가 집중적으로 몰리는 현상'이 발생한다는 단점이 있다. 그리고 이러한 클러스터 현상은 충돌의 확률을 높이는 직접적인 원인이 된다. 그렇다면 이러한 선형 조사법의 단점은 어떻게 극복하면 되겠는가?

"좀 멀리서 빈 공간을 찾으면 되지 않을까요?"

좋은 생각이다! 그리고 이러한 생각을 근거로 탄생한 것이 '이차 조사법'이다. 충돌 발생시 이차 조사법의 조사 순서는 다음과 같이 전개가 된다.

$f(k)+1^2 \rightarrow f(k)+2^2 \rightarrow f(k)+3^2 \rightarrow f(k)+4^2 \cdots$

이를 선형 조사법의 조사 순서와 비교하면 그 차이를 쉽게 알 수 있다. 선형 조사법은 충돌 발생시 n칸 옆의 슬롯을 검사한다면, 이차 조사법은 n^2칸 옆의 슬롯을 검사한다. 이렇듯 좀 멀리서 빈 공간을 찾으려는 노력이 이차 조사법에는 담겨 있다. 물론 이차 조사법에도 나름의 문제가 있는데, 이는 잠시 후 '이중 해쉬'를 소개하면서 언급하기로 하겠다.

이번에는 슬롯의 상태 정보를 별도로 관리해야 하는 이유에 대해서 언급하겠다. 이를 위해 앞서 보인 [그림 13-8]을 보자. 이 그림에서는 선형 조사법이 사용되었고, 키가 2인 상황에서의 충돌 해결 결과를 보이고 있다. 바로 이 상황에서 키가 9인 데이터를 삭제해보자. 그러면 다음의 상황에 놓이게 된다(이 그림에서는 슬롯의 상태 정보를 포함하였다).

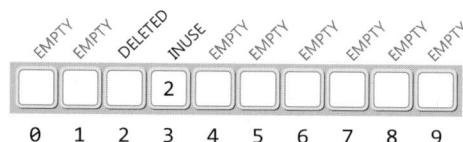

▶ [그림 13-9: 키가 9인 데이터의 삭제 결과]

위의 그림에 표시된 슬롯의 상태 EMPTY, DELETED, INUSE가 의미하는 바는 다음과 같다(이는 앞서 한차례 소개하였다).

- EMPTY   이 슬롯에는 데이터가 저장된바 없다.
- DELETED   이 슬롯에는 데이터가 저장된바 있으나 현재는 비워진 상태다.
- INUSE   이 슬롯에는 현재 유효한 데이터가 저장되어 있다.

위의 그림에서 주목할 것은 데이터가 삭제된 슬롯의 상태 정보를 DELETED로 두어, EMPTY와 구분하였다는 것이다. 이렇듯 EMPTY가 아닌 DELETED로 두어야 하는 이유는 키가 2인 데이터의 탐색과정을 살펴보면 알 수 있다.

키가 2인 데이터의 탐색을 진행하기 위해서는 %7의 해쉬 함수를 거친다. 그리고 그 결과로 얻은 2를 인덱스 값으로 하여 탐색을 진행하게 된다. 만약에 그 위치의 슬롯 상태가 EMPTY라면, 데이터가 존재하지 않는다고 판단하여 탐색을 종료하게 된다. 그 옆자리는 확인도 하지 않은 채 말이다. 반면 DELETED 상태임을 확인한다면 충돌이 발생했음을 의심하여 선형 조사법에 근거한 탐색의 과정을 진행해야 한다. 따라서 우리는 다음 두 가지 사실을 추가로 정리해야 한다.

"선형, 이차 조사법과 같은 충돌의 해결책을 적용하기 위해서는 슬롯의 상태에 DELETED를 포함시켜야 한다."

"선형, 이차 조사법을 적용하였다면, 탐색의 과정에서도 이를 근거로 충돌을 의심하는 탐색의 과정을 포함시켜야 한다."

이렇듯 슬롯의 DELETED 상태는 충돌의 해결책과 관련이 있다. 그래서 앞서 보인 예제에서, 당시에는 불필요했던 슬롯의 상태 중 하나인 DELETED를 포함시켰던 것이다.

이중 해쉬(Double Hash)

비록 충돌의 해결 방식을 소스코드상에서 확인하지는 않았지만, '아! 이렇게 구현하면 되겠구나'라는 정도의 느낌은 받았을 것이다. 일단은 그 정도로 만족하고 이야기를 이어나가자. 앞서 소개한 이차 조사법은 선형 조사법의 문제점을 어느 정도 해결하였지만, 그래도 문제가 전혀 없는 것은 아니다. 이차 조사법의 문제점으로 지적되는 사항은 다음과 같다.

"해쉬 값이 같으면, 충돌 발생시 빈 슬롯을 찾기 위해서 접근하는 위치가 늘 동일하다."

예를 들어서 해쉬 값을 기준으로 $f(k)$에서 충돌이 발생한다면, 다시 말해서 해쉬 값 $f(k)$가 같다면, k가 다르더라도 다음의 순서대로 일정하게 빈 슬롯을 찾게 된다.

- 첫 번째 관찰위치 $f(k)+1^2$: 한 칸 옆의 슬롯
- 두 번째 관찰위치 $f(k)+2^2$: 네 칸 옆의 슬롯
- 세 번째 관찰위치 $f(k)+3^2$: 아홉 칸 옆의 슬롯
- 네 번째 관찰위치 $f(k)+4^2$: 열여섯 칸 옆의 슬롯

이렇듯 해쉬 값이 같을 경우, 빈 슬롯을 찾아서 접근하는 위치가 동일하기 때문에, 선형 조사법보다는 낫지만, 접근이 진행되는 슬롯을 중심으로 클러스터 현상이 발생할 확률은 여전히 높을 수밖에 없다. 그렇다면! 이러한 단점은 어떻게 극복해야 하겠는가?

"이중 조사법은 좀 멀리서 빈 공간을 찾긴 하지만, 그 빈 공간을 선택하는 방식이 한 칸, 네 칸, 아홉 칸... 이런 식으로 규칙적이잖아요. 이걸 좀 불규칙하게 구성하면 될 것 같은데요."

필자의 짐작이지만 실제로 이렇게 생각하지 않았는가? 이러한 여러분의 생각을 반영한 것이 '이중 해쉬' 방법이다. 이는 두 개의 해쉬 함수를 사용하기 때문에 붙여진 이름이다.

이중 해쉬 방법에서는 두 개의 해쉬 함수를 마련한다. 하나는 앞서 보인 것과 마찬가지로 키를 근거로 저장위치를 결정하기 위한 것이다. 반면 다른 하나는 충돌이 발생했을 때, 몇 칸 뒤에 위치한 슬롯을 살펴볼지 그 거리를 결정하기 위한 것이다.

- 1차 해쉬 함수   키를 근거로 저장위치를 결정하기 위한 것
- 2차 해쉬 함수   충돌 발생시 몇 칸 뒤를 살필지 결정하기 위한 것

그럼 확실한 이해를 위해서 이중 해쉬의 두 해쉬 함수를 정의해보겠다. 먼저 배열을 저장소로 하는 테이

블이 존재한다고 가정하자. 그리고 이 테이블의 해쉬 함수는 다음과 같이 정의되어 있다고 본다면, 이는 이중 해쉬의 관점에서 1차 해쉬 함수가 된다.

- 1차 해쉬 함수 $h1(k) = k \% 15$

이렇게 이중 해쉬의 1차 해쉬 함수가 결정되면, 다음 식을 근거로 이중 해쉬의 2차 해쉬 함수를 결정하게 된다.

- 2차 해쉬 함수 $h2(k) = 1 + (k \% c)$

위의 식은 처음 보면 당황스럽다. 하지만 필자의 설명을 통해서 쉽게 이해할 수 있다. 그리고 위의 2차 해쉬 함수식이 절대적인 것은 아니지만 일반적인 형태라고는 할 수 있다. 그럼 2차 해쉬 함수의 상수 c를 결정하기 위해서 위의 두 해쉬 함수를 나란히 놓아보겠다.

- 1차 해쉬 함수 $h1(k) = k \% 15$
- 2차 해쉬 함수 $h2(k) = 1 + (k \% c)$

1차 해쉬 함수를 %15로 결정한 것으로 보아, 배열의 길이가 15라고 예상해 볼 수 있다. 이런 경우 c는 15보다 작은, 그러면서도 소수(prime number) 중 하나로 결정하게 된다. 따라서 다음과 같이 1차 해쉬 함수와 2차 해쉬 함수를 결정할 수 있다.

- 1차 해쉬 함수 $h1(k) = k \% 15$
- 2차 해쉬 함수 $h2(k) = 1 + (k \% 7)$

필자는 c를 7로 결정하였는데, 이와 다른 값으로 결정해도 무리가 없다. 그럼 2차 해쉬 함수를 결정하는 일반적인 형태가 다음과 같은 이유에 대해서 생각해보자.

    $h2(k) = 1 + (k \% c)$

먼저 1을 더하는 이유는 2차 해쉬 값이 0이 되는 것을 막기 위해서이다. 충돌 발생 이후에 다른 자리를 살피는 상황에서 2차 해쉬 값이 0이 되면 안되지 않겠는가? 그럼 1차 해쉬 함수인 %15를 근거로, 15보다 작은 소수로 c를 결정하는 이유는 무엇일까?
15보다 작은 값으로 결정하는 이유는, 가급적 2차 해쉬 값이 1차 해쉬 값을 넘어서지 않게 하기 위함이다. 예를 들어서 1차 해쉬의 최대 값이 14인데 2차 해쉬의 최대 값이 32라면 빈 자리를 찾아서 몇 바퀴를 돌아야 할지 모르는 일 아니겠는가?
그렇다면 소수로 결정하는 이유는 무엇일까? 이는 소수를 선택했을 때 클러스터 현상의 발생 확률을 현저히 낮춘다는 통계를 근거로 한 것이다.
그럼 마지막으로 2차 해쉬 함수의 활용에 대한 예를 하나 들겠다. 앞서 정의한 1차 해쉬 함수에 세 개의 키 3, 18, 33을 적용하여 해쉬 값을 구하면 다음과 같다.

- h1(3) = 3 % 15 = 3
- h1(18) = 18 % 15 = 3
- h1(33) = 33 % 15 = 3

때문에 키가 3, 18, 33인 데이터를 순서대로 저장하면, 키가 18인 데이터를 저장할 때, 그리고 키가 33인 데이터를 저장할 때 충돌이 발생한다. 따라서 이 두 개의 키를 대상으로 2차 해쉬 값을 계산해보겠다.

- h2(18) = 1+18 % 7 = 5
- h2(33) = 1+33 % 7 = 6

위에서 보이듯이 1차 해쉬 값이 같아도 2차 해쉬 값은 다르다. 그리고 이 2차 해쉬 값을 근거로 빈 슬롯을 찾는 과정은 각각 다음과 같이 전개가 된다.

- h2(18) → h2(18)+5×1 → h2(18)+5×2 → h2(18)+5×3 . . .
- h2(33) → h2(33)+6×1 → h2(33)+6×2 → h2(33)+6×3 . . .

이렇듯 2차 해쉬 값의 크기만큼 건너 뛰면서 빈 슬롯을 찾게 되므로, 키가 다르면 건너 뛰는 길이도 달라진다. 따라서 클러스터(cluster) 현상의 발생 확률을 현저히 낮출 수 있다. 참고로 실제로도 이중 해쉬는 이상적인 충돌 해결책으로 알려져 있다.

체이닝(Chaining)

이번에 소개할 충돌 해결책은 앞서 소개한 방법들과 해결방식이 근본적으로 다르다. 앞서 소개한 유형의 방법들을 가리켜 '열린 어드레싱 방법(open addressing method)'이라 하는데, 이는 충돌이 발생하면 다른 자리에 대신 저장한다는 의미가 담겨 있다. 반면 이번에 소개하는 유형의 방법을 가리켜 '닫힌 어드레싱 방법(closed addressing method)'이라 한다. 그리고 여기에는 무슨 일이 있어도 자신의 자리에 저장을 한다는 의미가 담겨 있다.

"무슨 일이 있어도 자신의 자리에 저장을 한다는 것은 충돌이 발생해도 자신의 자리에 들어가겠다는 의미인가요?"

그렇다! 그런 의미이다. 그런데 그것이 어떻게 가능할 수 있을까? 자리를 여러 개 마련하는 수밖에 별다른 방법이 없지 않겠는가? 여러 개의 자리를 마련하는 방법으로는 배열을 이용하는 방법과 연결 리스트를 이용하는 방법이 있는데, 다음 그림은 배열을 이용하는 방법을 보여준다.

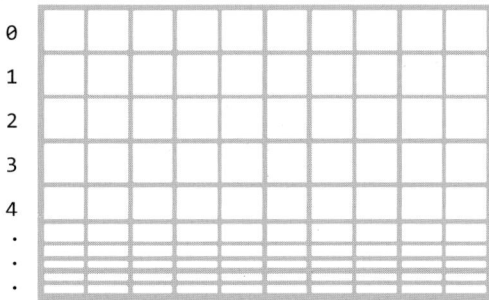

▶ [그림 13-10: 배열 기반 닫힌 어드레싱 모델]

위 그림에서 보이듯이 2차원 배열을 구성해서, 해쉬 값 별로 다수의 슬롯을 마련할 수 있다. 하지만 이는 닫힌 어드레싱 방법 중에서 흔히 거론되는 방법이 아니다. 충돌이 발생하지 않을 경우 메모리 낭비가 심하고, 또 충돌의 최대 횟수를 결정해야 하는 부담도 있기 때문이다. 따라서 '체이닝'이라는, 다음 그림에서 보이듯이 연결 리스트를 이용해서 슬롯을 연결하는 방법이 닫힌 어드레싱 방법을 대표한다.

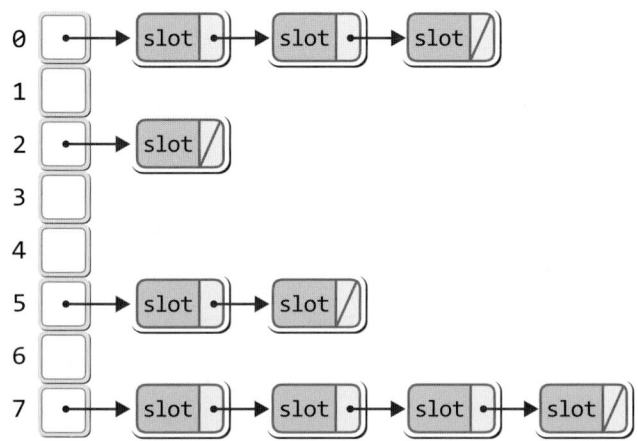

▶ [그림 13-11: 체이닝 기반의 테이블]

위 그림에서 보이듯이, 슬롯을 생성하여 연결 리스트의 모델로 연결해나가는 방식으로 충돌 문제를 해결하는 것이 '체이닝' 방법이다.

위의 그림을 보면서 짐작할 수 있겠지만, 체이닝 방법을 적용하면 하나의 해쉬 값에 다수의 슬롯을 둘 수 있다. 따라서 탐색을 위해서는 동일한 해쉬 값으로 묶여있는 연결된 슬롯을 모두 조사해야 한다는 불편이 따른다. 하지만 해쉬 함수를 잘 정의한다면, 그래서 충돌의 확률이 높지 않다면 연결된 슬롯의 길이는 부담스러운 정도가 아닐 것이다.

충돌 문제의 해결을 위한 체이닝의 구현

우리는 충돌의 해결책 중 하나인 '체이닝'을 구현하고자 한다. 다만 다음 파일들로 이뤄져 있는, 앞서 구현한 테이블을 변경하는(확장하는) 형태로 구현하기로 하겠다.

- Person.h, Person.c   슬롯에 저장할 데이터 관련 헤더 및 소스파일
- Slot.h, Table.h, Table.c   테이블 관련 헤더 및 소스파일

그리고 동일한 해쉬 값의 슬롯을 연결 리스트로 연결하기 위해서, Chapter 04에서 구현한 다음 연결 리스트를 활용하기로 하겠다.

- DLinkedList.h, DLinkedList.c   연결 리스트의 구현결과

위의 연결 리스트를 활용하기 위해서 Chapter 04에서 보인 DLinkedListMain.c의 main 함수를 확인하여 연결 리스트 기반의 데이터 조회와 삭제의 방법을 정리해 두기 바란다.

자! 그럼 앞서 구현한 테이블의 예에서, 변함이 없는 Person.h와 Person.c를 제외한 나머지 파일들에 대해서 소개를 시작하겠다. 먼저 다음 헤더파일을 소개한다.

❖ Slot2.h

```
1.  #ifndef __SLOT2_H__
2.  #define __SLOT2_H__
3.
4.  #include "Person.h"
5.
6.  typedef int Key;
7.  typedef Person * Value;
8.
9.  typedef struct _slot
10. {
11.     Key key;
12.     Value val;
13. } Slot;
14.
15. #endif
```

위의 헤더파일은 앞서 보인 Slot.h를 변경한 것이다. 어떠한 차이가 있는지 확인하였는가?

"슬롯의 상태 정보를 표시하기 위한 enum 선언과 관련 구조체의 멤버가 사라졌습니다."

열린 어드레싱 방법을 택하는 경우에는 슬롯의 상태 정보를 표시해야 하지만, 닫힌 어드레싱 방법을 택하는 경우에는 슬롯의 상태 정보를 표시할 필요가 없다. 따라서 그에 대한 선언들을 생략하였다. 이어서 Table2.h를 소개하겠다.

✤ Table2.h

```
1.  #ifndef __TABLE2_H__
2.  #define __TABLE2_H__
3.
4.  #include "Slot2.h"
5.  #include "DLinkedList.h"
6.
7.  #define MAX_TBL     100
8.
9.  typedef int (*HashFunc)(Key k);
10.
11. typedef struct _table
12. {
13.     List tbl[MAX_TBL];
14.     HashFunc * hf;
15. } Table;
16.
17. void TBLInit(Table * pt, HashFunc * f);
18. void TBLInsert(Table * pt, Key k, Value v);
19. Value TBLDelete(Table * pt, Key k);
20. Value TBLSearch(Table * pt, Key k);
21.
22. #endif
```

이전에 보인 Table.h와의 가장 큰 차이점은, 테이블의 저장소였던 Slot형 배열을 List형 배열로 바꾸었다는 점이다. 이를 위해서 헤더파일 DLinkedList.h를 포함하는 선언문도 추가하였다. 이로써 배열의 각 요소가 연결 리스트로 이뤄진 셈이 되었다.

자! 여기까지는 기본적인 수준의 변경이었다. 하지만 이즈음에서 연결 리스트와 구조체 Slot의 관계를 고민해야 한다. 우리가 고민해 볼 수 있는 모델 두 가지 중 하나는 다음과 같다. 이는 구조체 Slot을 연결 리스트의 노드로 활용하는 방안이다.

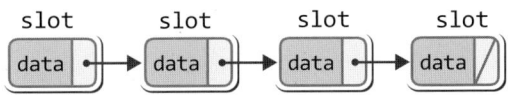

▶ [그림 13-12: 슬롯을 연결 리스트의 노드로 활용]

이 방법은 기존에 구현해 놓은 리스트 자료구조를 활용하지 않고, 리스트 자료구조와 관련된 코드를 직접 새로 작성하는 경우에 생각해 볼 수 있는 방법이다. 물론 이 방법을 택하려면 구조체 Slot을 다음과 같이 정의해야 한다.

```c
typedef struct _slot            // 구조체 Slot이 연결 리스트의 노드 역할을 겸하는 구조
{
    Key key;
    Value val;
    struct _slot * next;        // 다음 노드를 가리키는 포인터 변수
} Slot;
```

또 다른 방법으로 다음 그림에서 보이듯이 슬롯과 노드를 엄연히 구분하는, 보다 좋은 구조로 알려져 있는 방법이 있다.

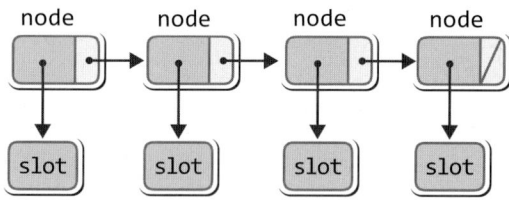

▶ [그림 13-13: 슬롯과 노드를 구분하는 방법1]

이는 노드에 슬롯의 주소 값을 저장하는 형태이다. 따라서 노드에 저장할 데이터의 형을 결정하는 typedef 선언문을 다음과 같이 추가해야 한다.

```c
typedef Slot * Data;            // 노드에 저장할 데이터는 Slot형 변수의 주소 값이다!

typedef struct _node
{
    Data data;
    struct _node * next;
} Node;
```

위와 유사한 방법으로, 다음과 같이 슬롯이 노드의 멤버가 되게 하는 수도 있다. 물론 이 방법도 슬롯과 노드를 구분하는 방법임에는 틀림이 없다.

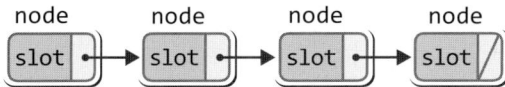

▶ [그림 13-14: 슬롯과 노드를 구분하는 방법2]

위의 그림만 보고선 슬롯과 노드가 구분되지 않는다고 생각할 수 있다. 하지만 구분된 것으로 보는 것이 옳고, 이는 코드상에서 확인할 수 있다. 그리고 위의 방법으로 구현하기 위해서는 노드가 저장할 데이터의 형을 결정하는 typedef 선언문을 다음과 같이 작성해야 한다.

```
typedef Slot Data;        // 노드에 저장할 데이터는 Slot형 변수이다!

typedef struct _node
{
    Data data;
    struct _node * next;
} Node;
```

이렇게 해서 필자는 체이닝의 구현을 위한 다음 두 가지 방법을 여러분께 소개하였다.

- 슬롯이 연결 리스트의 노드 역할을 하게 하는 방법
- 연결 리스트의 노드와 슬롯을 구분하는 방법

이 중에서 노드와 슬롯을 구분하는 방법을 선택하면, 연결 리스트 관련 코드와 테이블 관련 코드의 구분이 용이하기 때문에 필자 개인적으로 이 방법을 선호하고 추천한다. 그리고 이 방법을 선택해야 앞서 구현한 연결 리스트를 활용할 수 있다.

자! 그럼 다시 본론으로 돌아와서 [그림 13-14]에서 보이는 구조로 테이블을 구현하기로 하겠다. 이를 위해 연결 리스트의 헤더파일을 열어서 typedef 선언을 다음과 같이 변경해야 한다.

❖ DLinkedList.h

```
1.  #ifndef __D_LINKED_LIST_H__
2.  #define __D_LINKED_LIST_H__
3.
4.  #include "Slot2.h"      // 추가된 헤더파일 선언문
5.
6.  . . . . 중간 생략 . . . .
7.
8.  typedef Slot LData;     // 변경된 typedef 선언문
9.
10. typedef struct _node
```

```
11.     {
12.         LData data;
13.         struct _node * next;
14.     } Node;
15.
16.     typedef struct _linkedList
17.     {
18.         Node * head;
19.         Node * cur;
20.         Node * before;
21.         int numOfData;
22.         int (*comp)(LData d1, LData d2);
23.     } LinkedList;
24.
25.     . . . . 이하 생략 . . . .
```

이제 남은 것은 헤더파일 Table2.h에 선언된 함수의 정의를 보는 것이다. 우리가 활용한 연결 리스트의 활용방법을 충분히 숙지했다면, 이어서 보이는 함수의 정의는 쉽게 이해할 수 있을 것이다.

♣ Table2.c

```
1.   #include <stdio.h>
2.   #include <stdlib.h>
3.   #include "Table2.h"
4.   #include "DLinkedList.h"
5.
6.   void TBLInit(Table * pt, HashFunc * f)
7.   {
8.       int i;
9.
10.      for(i=0; i<MAX_TBL; i++)
11.          ListInit(&(pt->tbl[i]));
12.
13.      pt->hf = f;
14.  }
15.
16.  void TBLInsert(Table * pt, Key k, Value v)
17.  {
18.      int hv = pt->hf(k);
19.      Slot ns = {k, v};
20.
21.      if(TBLSearch(pt, k) != NULL)      // 키가 중복되었다면
22.      {
23.          printf("키 중복 오류 발생 \n");
24.          return;
```

```
25.        }
26.        else
27.        {
28.            LInsert(&(pt->tbl[hv]), ns);
29.        }
30. }
31.
32. Value TBLDelete(Table * pt, Key k)
33. {
34.     int hv = pt->hf(k);
35.     Slot cSlot;
36.
37.     if(LFirst(&(pt->tbl[hv]), &cSlot))
38.     {
39.         if(cSlot.key == k)
40.         {
41.             LRemove(&(pt->tbl[hv]));
42.             return cSlot.val;
43.         }
44.         else
45.         {
46.             while(LNext(&(pt->tbl[hv]), &cSlot))
47.             {
48.                 if(cSlot.key == k)
49.                 {
50.                     LRemove(&(pt->tbl[hv]));
51.                     return cSlot.val;
52.                 }
53.             }
54.         }
55.     }
56.
57.     return NULL;
58. }
59.
60. Value TBLSearch(Table * pt, Key k)
61. {
62.     int hv = pt->hf(k);
63.     Slot cSlot;
64.
65.     if(LFirst(&(pt->tbl[hv]), &cSlot))
66.     {
67.         if(cSlot.key == k)
68.         {
69.             return cSlot.val;
70.         }
71.         else
```

```
72.         {
73.             while(LNext(&(pt->tbl[hv]), &cSlot))
74.             {
75.                 if(cSlot.key == k)
76.                     return cSlot.val;
77.             }
78.         }
79.     }
80.
81.     return NULL;
82. }
```

연결 리스트의 탐색과정에서 처음에는 LFirst, 그 다음부터는 LNext 함수를 호출한다는 사실과 LRemove 함수가 호출되었을 때, 앞서 LFirst 또는 LNext 호출 시 반환된 값이 삭제된다는 사실만 기억해도 위의 코드는 쉽게 이해할 수 있다. 그럼 마지막으로 main 함수를 소개하겠다.

✤ ChainedTableMain.c

```
1.  #include <stdio.h>
2.  #include <stdlib.h>
3.  #include "Person.h"
4.  #include "Table2.h"
5.
6.  int MyHashFunc(int k)
7.  {
8.      return k % 100;
9.  }
10.
11. int main(void)
12. {
13.     Table myTbl;
14.     Person * np;
15.     Person * sp;
16.     Person * rp;
17.
18.     TBLInit(&myTbl, MyHashFunc);
19.
20.     // 데이터 입력 ///////
21.     np = MakePersonData(900254, "Lee", "Seoul");
22.     TBLInsert(&myTbl, GetSSN(np), np);
23.
24.     np = MakePersonData(900139, "KIM", "Jeju");
25.     TBLInsert(&myTbl, GetSSN(np), np);
26.
```

```
27.     np = MakePersonData(900827, "HAN", "Kangwon");
28.     TBLInsert(&myTbl, GetSSN(np), np);
29.
30.     // 데이터 탐색 ///////
31.     sp = TBLSearch(&myTbl, 900254);
32.     if(sp != NULL)
33.         ShowPerInfo(sp);
34.
35.     sp = TBLSearch(&myTbl, 900139);
36.     if(sp != NULL)
37.         ShowPerInfo(sp);
38.
39.     sp = TBLSearch(&myTbl, 900827);
40.     if(sp != NULL)
41.         ShowPerInfo(sp);
42.
43.     // 데이터 삭제 ///////
44.     rp = TBLDelete(&myTbl, 900254);
45.     if(rp != NULL)
46.         free(rp);
47.
48.     rp = TBLDelete(&myTbl, 900139);
49.     if(rp != NULL)
50.         free(rp);
51.
52.     rp = TBLDelete(&myTbl, 900827);
53.     if(rp != NULL)
54.         free(rp);
55.
56.     return 0;
57. }
```

✤ 실행결과: ChainedTableMain.c 외 7개의 헤더 및 소스파일

```
command prompt

주민등록번호: 900254
이름: Lee
주소: Seoul

주민등록번호: 900139
이름: KIM
주소: Jeju
```

```
주민등록번호: 900827
이름: HAN
주소: Kangwon
```

다음은 위의 실행결과를 확인하기 위해서 하나의 프로젝트 안에 포함해야 할 파일의 이름들이다. 이는 혹여라도 혼란스러울까 걱정되어 정리한 것이다.

- Person.h, Person.c
- Slot2.h
- Table2.h, Table2.c
- DLinkedList.h, DLinkedList.c
- ChainedTableMain.c

이로써 테이블과 해쉬에 대한 설명을 마치고자 한다. 하지만 다음으로 넘어가기에 앞서 우리가 정의한 테이블 관련 함수에 대한 필자의 생각을 여러분께 말하고자 한다.

❑ 우리가 구현한 테이블과 관련해서 반성할 점

지금부터 필자가 말하는 것은 사소한 것으로 생각할 수 있다. 코드의 흐름만을 중시한다면 더욱 그렇게 생각할 수 있다. 게다가 자료구조와는 거리가 있는 이야기이다. 하지만 한번은 생각해볼 문제이다. 앞서 테이블 관련 삭제와 탐색 관련 함수를 다음과 같이 정의하였다.

```c
Value TBLDelete(Table * pt, Key k)
{
    ....
    return NULL;      // 삭제할 대상이 존재하지 않는 경우
}

Value TBLSearch(Table * pt, Key k)
{
    ....
    return NULL;      // 찾는 대상이 존재하지 않는 경우
}
```

위에서 보이듯이 삭제 또는 탐색의 결과로 값을 반환하도록 함수를 정의하였다. 그리고 삭제 또는 탐색의

대상을 찾지 못하면 NULL을 반환하도록 정의하였다. 그런데 이 NULL의 반환이 문제가 되지 않기 위해서는 다음과 같은 가정이 필요하다.

> "반환되는 값, 테이블에 저장되는 값은 메모리의 주소 값이라고 가정합니다. 달리 말해서 Value는 포인터 형으로 선언된다고 가정합니다."

NULL은 일반적으로 '의미 없는 주소 값'을 뜻할 때 사용된다. 그런데 NULL은 그 자체로 정수 0이기 때문에 다른 용도로 사용할 경우, 0이라는 의미를 지니는 데이터로 오해할 수 있다. 실제로 위의 두 함수가 반환하는 값이 int형 데이터라면 이러한 오해는 피할 수 없다. 물론 필자는 앞서 예제에서 다음과 같이 Value를 포인터 형으로 선언하였다.

```
typedef Person * Value;
```

따라서 문제가 되지는 않았지만, 우리가 구현한 테이블의 이러한 특성을 알고 있을 필요가 있다. 그렇다면 이러한 제약을(Value가 포인터 형으로 선언되어야 한다는 제약을) 없애기 위해서는 어떻게 해야 하겠는가? 일반적으로 함수를 정의할 때에는 다음 두 가지를 고민해야 한다.

- 함수호출을 통해서 얻고자 하는 데이터를 어떻게 전달할 것인가?
- 함수호출의 성공여부를 어떻게 전달할 것인가?

위의 두 함수 TBLDelete와 TBLSearch는 이 두 가지 질문에 대한 답변을 함수의 반환 값 하나에 담으려 한 경우이다. 이를 반환 값 하나에 담아도 괜찮은 경우도 있지만 그렇지 않은 경우도 있다. 예를 들어서 Value가 포인터 형이어야 한다는 제약사항을 없애기 위해서는 위의 두 가지 답변을 듣는 경로를 다음과 같이 나누어야 한다.

```
int TBLDelete(Table * pt, Key k, Value * pv)
{
    . . . .
    return FALSE;        // 삭제할 대상이 존재하지 않는 경우
}

int TBLSearch(Table * pt, Key k, Value * pv)
{
    . . . .
    return FALSE;        // 찾는 대상이 존재하지 않는 경우
}
```

이는 Value가 포인터 형이어야 한다는 제약사항을 없앨 목적으로 다시 정의한 함수이다. 위의 함수 정의만 봐도 알겠지만, 반환 값을 통해서 함수호출의 성공여부를, 매개변수를 통해서 삭제 또는 탐색 대상의 값을 얻도록 정의하였다. 그리고 이로써 Value는 주소 값이어야 한다는 제약사항도 소멸되었다.

"그럼 앞서 정의한 함수를 변경해야 하나요?"

그럴 필요까지는 없다고 생각한다. Value가 포인터 형으로 정의되어야 한다는 제약사항만 두면(이 제약은 실제로 의미가 있다) 문제가 없기 때문이다.

Chapter 14

그래프(Graph)

[14-1] 그래프의 이해와 종류

필자 역시 학창시절에 한 학기에 걸쳐서 자료구조를 공부한바 있지만, 당시에는 그래프에 대한 이해가 부족하였다. 그러나 이후에 다양한 경험과 기회를 통해서 그 부족한 이해를 채울 수 있었다. 만약에 여러분이 실무경험이 없는 학생이라면, 그럼에도 불구하고 이번 Chapter의 내용까지 완전히 이해한다면 여러분은 과거의 필자보다 앞서는 것이다. 그러니 힘을 내어 마지막을 멋지게 장식하기 바란다.

■ 그래프의 역사와 이야깃거리

요즘은 인터넷에서도 버스와 지하철의 노선도를 확인할 수 있다. 뿐만 아니라 출발지와 목적지를 정하면, 그에 맞는 최적의 경로를 알 수도 있다. 이러한 프로그램의 구현에 사용되는 것이 바로 그래프 알고리즘이다.

그래프 알고리즘은 수학자 '오일러(Euler)'에 의해 고안되었다. 오일러는 1736년도에 그 유명한 '쾨니히스베르크의 다리 문제'를 풀기 위해서 그래프 이론을 사용하였다고 한다. 이렇듯 그래프 이론은 그 역사가 수백 년에 이른다. 하지만 컴퓨터 분야에서 알고리즘으로 활용하기 시작한지는 얼마 되지 않았다. 그림 간단히 쾨니히스베르크의 다리 문제가 무엇인지 살펴보자.

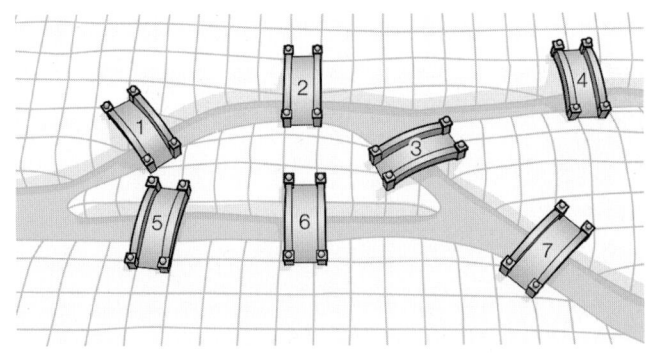

▶ [그림 14-1: 쾨니히스베르크의 다리 문제]

위의 그림을 보고서 다음 질문에 답을 하는 것이 쾨니히스베르크의 다리 문제이다.

"모든 다리를 한 번씩만 건너서 처음 출발했던 장소로 돌아올 수 있는가?"

몇 번 시도해보면 불가능함을 느낄 것이다. 실제로 위 그림의 다리를 한 번씩만 건너서 처음 출발했던 장소로 돌아오는 것은 불가능하다. 이것이 가능하기 위한 필요충분 조건이 다음과 같은데 위의 다리는 이를 만족시키지 못하기 때문이다.

"정점 별로 연결된 간선의 수가 모두 짝수이어야, 간선을 한 번씩만 지나서 처음 출발했던 정점으로 돌아올 수 있다."

아직 그래프 관련 용어를 소개하지 않았기 때문에 '정점'과 '간선'의 의미를 알지 못할 것이다. 그럼 다음 그림을 보자. 이는 앞서 보인 쾨니히스베르크의 다리를 간략화 한 것으로 이 그림을 통해서 정점과 간선이 의미하는 바를 짐작할 수 있을 것이다.

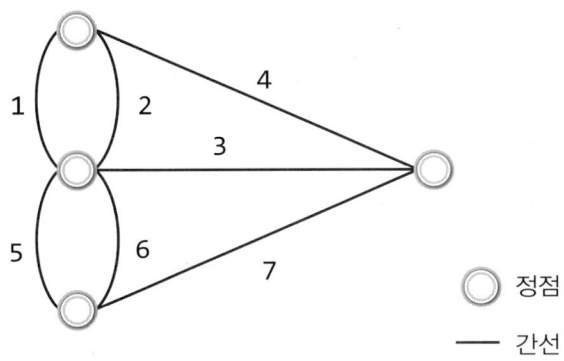

▶ [그림 14-2: 다리 문제의 간략화]

위 그림에서 간선은 다리를 의미하고 정점은 다리가 연결하는, 강으로 구분이 되는 땅을 의미한다. 그럼 정점 별로 연결된 간선의 수를 세어보자. 그러면 정점 별로 연결된 간선의 수가 모두 짝수가 아님을 알 수 있을 것이다. 이렇듯 정점 별로 연결된 간선의 수가 모두 짝수가 아니기 때문에 쾨니히스베르크의 다리에서는 처음 출발한 장소로 돌아오지 못하는 것이다.

이렇게 해서 그래프에 대해 간단히 소개를 하였는데, 이러한 그래프 이론 자체는 실생활과 관련이 있어서 어렵지 않게 느껴질 것이다. 하지만 우리는 이론에서 끝나는 것이 아니라 이를 구현까지 해야 하기 때문에 그 과정에서 약간의 어려움을 느낄 수 있다. 그럼 본격적으로 그래프에 대한 이야기를 시작해보자.

그래프의 이해와 종류

다음 그림을 보자. 이는 5학년 3반 어린이 친구들의 비상연락망 구조를 표현한 그래프이다.

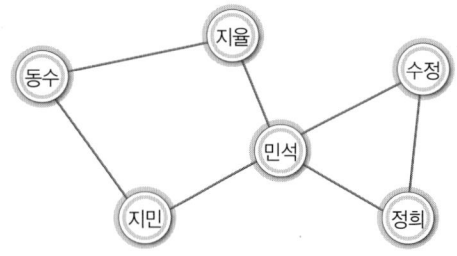

▶ [그림 14-3: 무방향 그래프의 예]

위 그림에서는 학생의 이름이 정점이고, 이를 연결하는 선이 간선이다. 이렇듯 '정점(vertex)'은 연결의 대상이 되는 개체 또는 위치를 의미하고, '간선(edge)'은 이들 사이의 연결을 의미한다. 그리고 위의 그림은 학생들의 관계를 정점과 간선을 이용해서 표현했기 때문에 그래프라 할 수 있다.

위의 그래프에는 방향성이 빠져 있다(누가 누구에게 연락을 해야 하는지에 대한 정보가 빠져있다). 따라서 위의 상태에서 처음 연락을 받은 것이 '지민'이라면, '지민'은 '동수'와 '민석'에게 연락할 것이고, 이로 인해서 '지율'은 '동수'와 '민석'에게 동시에 연락을 받을 수도 있는 상태가 된다. 이는 다소 비효율적인 방법처럼 보이지만, 대신에 중간에 연락이 끊겨서 다수의 사람이 연락을 받지 못할 확률은 매우 낮아진다. 이렇듯 연결 관계에 있어서 방향성이 없는 그래프를 가리켜 '무방향 그래프(undirected graph)'라 한다. 그럼 이번에는 위의 그래프에 방향성을 부여해보겠다.

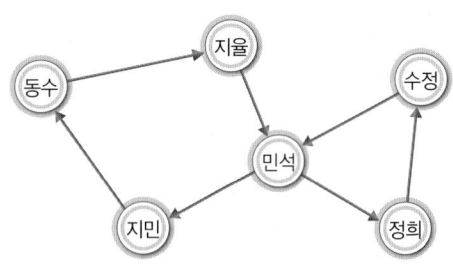

▶ [그림 14-4: 방향 그래프의 예]

위 그래프의 간선에는 방향정보가 포함되어 있다. 따라서 '민석'이 처음 연락을 받으면, 방향에 따라 '민석'은 '지민'과 '정희'에게 연락을 취해야 한다. 그리고 '민석'은 다시 '지율'과 '수정'에게 연락을 받음으로 인해서 연락이 완전히 전달되었음을 확인할 수 있다. 이렇듯 간선에 방향정보가 포함된 그래프를 가리켜 '방향 그래프(directed graph)' 또는 '다이그래프(digraph)'라 한다.

그리고 이러한 '무방향 그래프'와 '방향 그래프'는 간선의 연결형태에 따라서 '완전 그래프(complete graph)'로 구분이 된다. 다음 그림에서 보이는 것이 완전 그래프의 예이다.

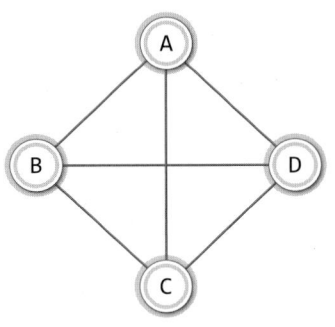 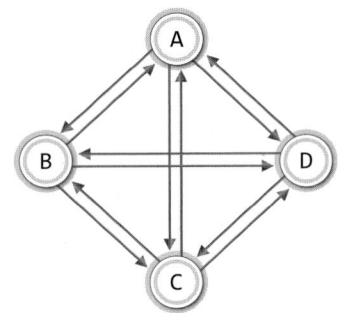

▶ [그림 14-5: 완전 그래프]

이렇듯 완전 그래프란 '각각의 정점에서 다른 모든 정점을 연결한 그래프'를 뜻한다. 때문에 정점의 수가 동일한 완전 그래프라 하더라도, 방향 그래프의 간선의 수는 무방향 그래프의 간선의 수에 두 배가 된다.

가중치 그래프(Weight Graph)와 부분 그래프(Sub Graph)

다음 그림에서 보이듯이 간선에 가중치 정보를 두어서 그래프를 구성할 수도 있다. 그리고 이러한 유형의 그래프를 가리켜 '가중치 그래프'라 한다.

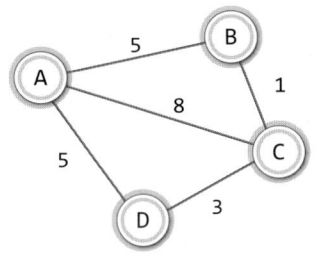 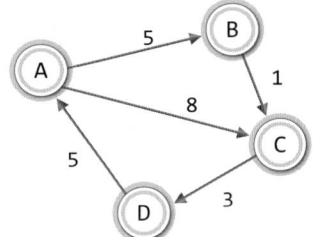

▶ [그림 14-6: 가중치 그래프]

가중치는 두 정점 사이의 거리라던가 두 정점을 이동하는데 걸리는 시간과 같은 정보가 될 수 있다. 예를 들어서 위 그래프에서 A에서 C로 이동하는 가장 빠른 길을 찾는다면, 그리고 가중치가 이동에 걸리는 시간을 의미한다면 그 결과는 다음과 같다.

    정점 A → 정점 B → 정점 C

그리고 '부분 집합'과 유사한 개념으로 '부분 그래프'라는 것이 있다. 부분 집합이 원 집합의 일부 원소로 이루어진 집합인 것처럼, 부분 그래프는 원 그래프의 일부 정점 및 간선으로 이뤄진 그래프를 뜻한다. 그림 [그림 14-6]의 무방향 그래프를 대상으로 부분 그래프의 예를 보이겠다.

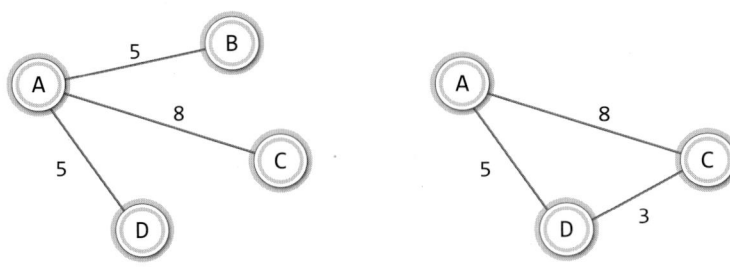

▶ [그림 14-7: 부분 그래프의 예]

위의 그림에서는 두 개만 보였지만, 이것 외에도 원 그래프를 구성하는 정점과 간선의 일부로 이뤄진 그래프는 모두 부분 그래프가 된다.

그래프의 집합 표현

그래프는 정점과 간선의 집합이다. 따라서 집합의 표기법을 이용해서 표현할 수 있다. 먼저 다음 그림의 무방향 그래프를 집합의 표기법으로 표현해 보겠다.

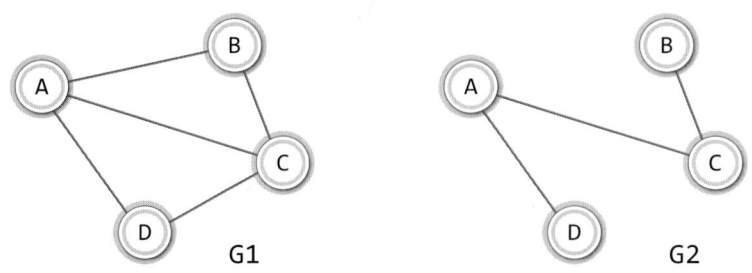

▶ [그림 14-8: 집합 표기의 예를 위한 무방향 그래프]

그래프는 정점과 간선으로 이루어지므로, 다음과 같이 정점의 집합과 간선의 집합으로 나누어서 표현을 한다.

- 그래프 G의 정점 집합　　　　　　V(G)로 표시함
- 그래프 G의 간선 집합　　　　　　E(G)로 표시함

그리고 무방향 그래프에서 정점 A와 정점 B를 연결하는 간선을 (A, B)로 표시한다. 따라서 위 그림의 두 그래프를 집합으로 표현하면 각각 다음과 같다.

- V(G1) = {A, B, C, D}   E(G1) = {(A, B), (A, C), (A, D), (B, C), (C, D)}
- V(G2) = {A, B, C, D}   E(G2) = {(A, C), (A, D), (B, C)}

물론 무방향 그래프의 간선에는 방향성이 없으므로 (A, B)와 (B, A)는 같은 간선을 나타낸다. 그럼 이어서 다음 그림을 대상으로 방향 그래프의 집합 표현법을 설명하겠다.

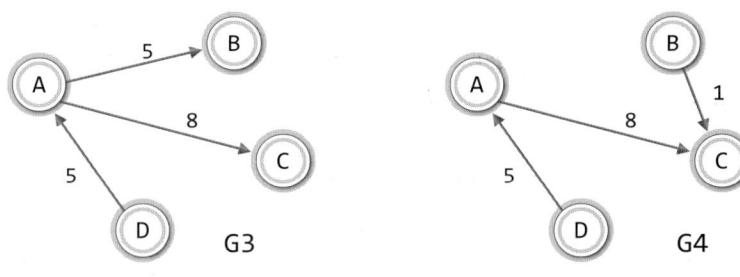

▶ [그림 14-9: 집합 표기의 예를 위한 방향 그래프]

무방향 그래프의 집합 표현과의 유일한 차이점은 방향성이 있는 간선의 표시법에 있다. 위 그림을 보면 두 그래프 모두 정점 A가 정점 C를 가리키는데, 이러한 간선은 다음과 같이 표현한다.

정점 A가 정점 C를 가리키는 간선   <A, C>

따라서 위 그림의 두 그래프는 각각 다음과 같이 표현이 된다.

- V(G3) = {A, B, C, D}   E(G3) = {<A, B>, <A, C>, <D, A>}
- V(G4) = {A, B, C, D}   E(G4) = {<A, C>, <B, C>, <D, A>}

이로써 그래프의 종류, 용어 및 표기법에 대한 설명을 마무리 하겠다. 참고로 지금까지 설명한 내용 중 일부가 그래프의 구현과 관련이 없어 보여도 그래프의 표현과 관련된 것이니 기본적으로 알고 있어야 한다.

그래프의 ADT

이제 그래프의 구현을 고민할 차례이다. 그리고 이를 위해서 그래프의 ADT를 우선 정의할 생각이다. 그런데 혹시 다음과 같이 모든 유형의 그래프를 생성할 수 있고, 또 그 구조에 유연성을 부여할 수 있는 형태의 ADT를 기대하는가?

"그래프를 생성 및 초기화 할 때 간선의 방향성 여부를 선택할 수 있고, 가중치의 부여 여부도 선택할 수 있다. 뿐만 아니라, 이후에는 얼마든지 그리고 언제든지 정점과 간선을 삽입하고 삭제할 수 있다."

그래프의 구성이 최종목표라면 이 정도의 ADT를 기대할만하다. 하지만 그래프의 구성이 실질적인 목표는 아니다. 논의해야 할 대부분의 주제는 그 다음에 있다. 따라서 그래프의 구성을 위한 ADT는 필요한 만큼 제한적으로 정의를 한다. 구성 이후의 주제에 더 관심을 두어야 하기 때문이다. 따라서 다음과 같은 수준으로 ADT를 정의하고자 한다.

 그래프 자료구조의 ADT

✔ Operations:

- void GraphInit(UALGraph * pg, int nv);
  - 그래프의 초기화를 진행한다.
  - 두 번째 인자로 정점의 수를 전달한다.

- void GraphDestroy(UALGraph * pg);
  - 그래프 초기화 과정에서 할당한 리소스를 반환한다.

- void AddEdge(UALGraph * pg, int fromV, int toV);
  - 매개변수 fromV와 toV로 전달된 정점을 연결하는 간선을 그래프에 추가한다.

- void ShowGraphEdgeInfo(UALGraph * pg);
  - 그래프의 간선정보를 출력한다.

위의 ADT에서 보이듯이 그래프의 초기화 과정에서 정점의 수를 결정하도록 정의하였다. 뿐만 아니라 간선을 추가는 하되 삭제는 불가능하도록 정의하였다. 하지만 이 정도로도 그래프의 구성 이후의 주제를 논의하기에는 충분하다. 실제로 응용 프로그램을 개발하는 경우에도 이 정도의 수준에서 그래프를 구성하는 경우가 흔하다.

"그럼 정점에 이름을 어떻게 부여 하나요? AddEdge 함수의 두 번째, 세 번째 인자로 무엇을 전달해야 하나요?"

잠시 후에 보이겠지만, 필자는 그래프의 헤더파일에 다음과 같이 열거형 상수를 선언할 것이다.

enum {A, B, C, D, E, F, G, H, I, J};   // 정점의 이름

이는 정점의 이름을 상수화한 것이다. 따라서 GraphInit 함수의 두 번째 인자로 5가 전달되면 정점 A,

B, C, D, E로 이뤄진 그래프가 형성되게 할 것이다. 그리고 이 상수들이 AddEdge 함수의 인자로 전달될 수 있게 할 것이다. 물론 실제 프로그램의 개발에 활용한다면, 다음과 같이 의미 있는 이름을 부여해야 옳다.

```
enum {SEOUL, INCHEON, DAEGU, BUSAN, KWANGJU};          // 의미 있는 정점의 이름
```

그럼 이어서 헤더파일을 정의해야 하는데, 그에 앞서 그래프의 구현방법부터 논의를 하자. 구현방법에 따라서 헤더파일의 내용도 달라지기 때문이다.

▢ 그래프를 구현하는 두 가지 방법

그래프를 구현하는 방법도 배열을 이용하는 방법과 연결 리스트를 이용하는 방법으로 나뉜다. 하지만 그래프에서는 이들 각각을 다음과 같이 표현한다.

- 인접 행렬(adjacent matrix) 기반 그래프   정방 행렬을 활용
- 인접 리스트(adjacent list) 기반 그래프   연결 리스트를 활용

정방 행렬은 가로세로의 길이가 같은 행렬을 의미하는데, 이러한 행렬은 2차원 배열로 표현한다. 즉 위에서 말하는 정방 행렬은 2차원 배열을 뜻하는 것이다. 그럼 먼저 인접 행렬을 기반으로 하는, 무방향 그래프의 표현방법을 보이겠다.

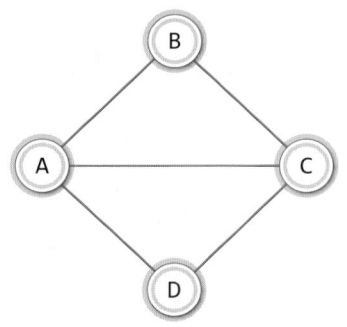

	A	B	C	D
A	0	1	1	1
B	1	0	1	0
C	1	1	0	1
D	1	0	1	0

▶ [그림 14-10: 무방향 그래프의 인접 행렬 표현]

위 그림에서 보이듯이 정점이 4개이면 가로세로의 길이가 4인 2차원 배열을 선언한다. 그리고 두 정점이 연결되어 있으면 1로, 연결되어 있지 않으면 0으로 표시한다.

단, 간선에 방향성이 없기 때문에 하나의 간선에 대해서 두 개의 지점을 1로 표시해야 한다. 예를 들어서 [m][n]인 지점이 1로 표시되면, [n][m]인 지점도 1로 표시되어야 한다. 때문에 행렬은 대각선을 기준으로 대칭을 이룬다. 그럼 이번에는 방향 그래프의 인접 행렬 표현방법을 보겠다.

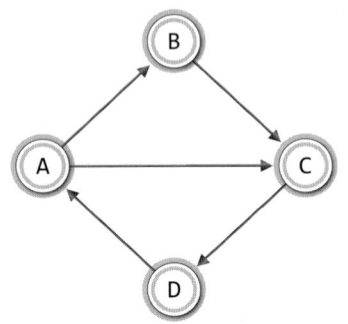

▶ [그림 14-11: 방향 그래프의 인접 행렬 표현]

위 그림에서 보이듯이, A에서 B로 향하는 간선의 표시를 위해서 [0][1]인 위치를 1로 표시하였다. 그리고 이것이 전부이다. 때문에 무방향 그래프와 달리 대칭을 이루지 않는다.

이번에는 인접 리스트 기반의 그래프 표현방법을 살펴보자. 먼저 무방향 그래프의 표현방법을 보이겠다.

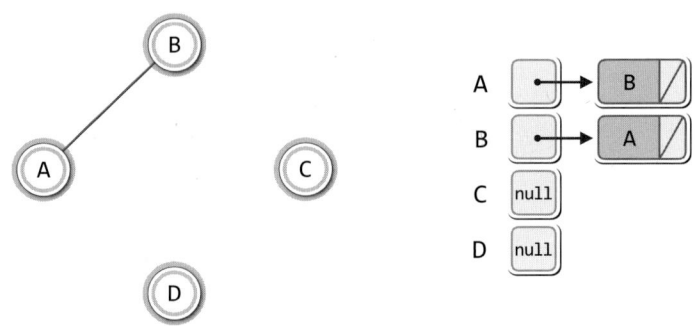

▶ [그림 14-12: 무방향 그래프의 인접 리스트 표현 1/2]

위 그림은 총 네 개의 정점과 하나의 간선으로 이뤄진 그래프의 표현결과를 보이고 있다. 위 그림에서 보이듯이 각각의 정점은 자신과 연결된 정점의 정보를 담기 위해서 하나의 연결 리스트를 갖는다. 그리고 각각의 정점에 연결된 간선의 정보는 각각의 연결 리스트에 담아야 한다. 그럼 이번에는 위의 그래프에서 두 개의 간선을 더 추가한 결과를 보이겠다.

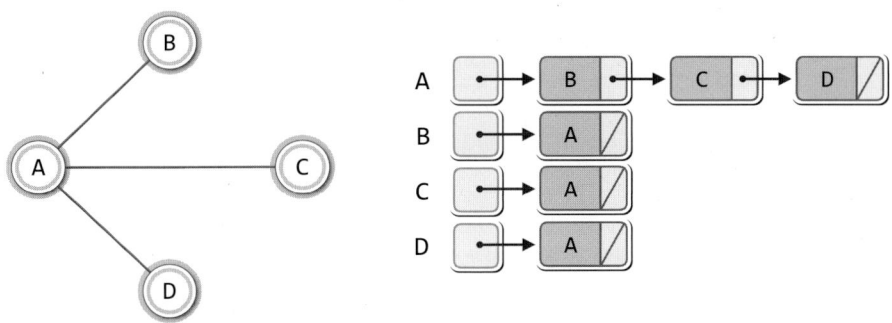

▶ [그림 14-13: 무방향 그래프의 인접 리스트 표현 2/2]

이제 마지막으로 인접 리스트를 기반으로 한 방향 그래프의 표현방법을 보이겠다. 방향 그래프에서는 각 정점 별로 가리키는 정점의 정보만을 연결 리스트에 담는다. 때문에 무방향 그래프에 비해서 추가되는 노드의 수가 반으로 준다.

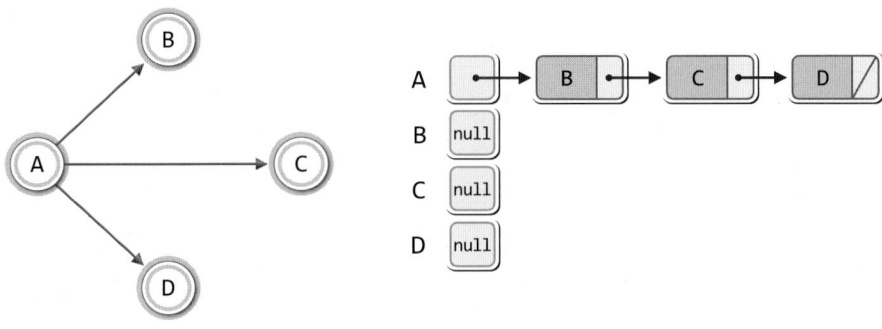

▶ [그림 14-14: 방향 그래프의 인접 리스트 표현]

위의 그래프에서는 정점 A가 정점 B, C, D를 가리킨다. 때문에 점점 A의 연결 리스트에만 노드의 정보가 추가되었다.

지금까지 그래프의 표현방법을 보였는데, 어려운 내용은 없었고 일부는 여러분이 예상 가능한 수준의 방법이었을 것이다. 실제로 그래프의 구성을 위한 코드의 작성도 어려운 일은 아니다. 그래프의 구성이 최종 목표가 아닌 만큼 그래프의 구성은 어렵지 않다!

14-2 인접 리스트 기반의 그래프 구현

그래프를 구현할 차례이다! 그런데 본서에서는 인접 리스트 기반의 구현방법을 보이고자 한다. 하지만 인접 리스트를 기반으로 구현할 줄 안다면 인접 행렬 기반의 구현도 문제되지 않을 것이다.

■ 헤더파일의 정의

그래프의 구현 관점에서 무방향 그래프와 방향 그래프의 유일한 차이점은 연결 리스트에 추가하는 노드의 수에 있기 때문에, 이 둘의 구현방법에는 차이가 없다고 볼 수 있다. 그러나 굳이 따지자면 무방향 그래프의 구현이 조금 더 복잡하다 할 수 있다. 연결 리스트에 추가해야 하는 노드의 수가 방향 그래프에 비해 두 배 더 많기 때문이다. 따라서 조금 더 복잡한 무방향 그래프의 구현을 보이고자 한다. 그럼 먼저 헤더파일을 보이겠다.

❖ ALGraph.h

```
1.   #ifndef __AL_GRAPH__
2.   #define __AL_GRAPH__
3.
4.   #include "DLinkedList.h"        // 연결 리스트를 가져다 쓴다!
5.
6.   // 정점의 이름을 상수화
7.   enum {A, B, C, D, E, F, G, H, I, J};
8.
9.   typedef struct _ual
10.  {
11.      int numV;               // 정점의 수
12.      int numE;               // 간선의 수
13.      List * adjList;         // 간선의 정보
14.  } ALGraph;
15.
16.  // 그래프의 초기화
17.  void GraphInit(ALGraph * pg, int nv);
18.
19.  // 그래프의 리소스 해제
20.  void GraphDestroy(ALGraph * pg);
21.
22.  // 간선의 추가
23.  void AddEdge(ALGraph * pg, int fromV, int toV);
24.
```

```
25. // 간선의 정보 출력
26. void ShowGraphEdgeInfo(ALGraph * pg);
27.
28. #endif
```

인접 리스트의 핵심은 연결 리스트이다. 그래서 우리가 구현한 연결 리스트를 가져다 쓰기 위해서 헤더파일 DLinkedList.h의 #include문을 포함시켰다. 그리고 위에서 이미 설명한바 있지만 정점의 이름은 다음과 같이 상수화하였다.

   enum {A, B, C, D, E, F, G, H, I, J};   // 정점의 이름을 상수화!

필요한 정점의 수가 열 개를 넘으면 이름을 더 추가하면 되고, 또한 프로그램의 성격에 따라서 이름도 바꿀 수 있다. 그럼 위에 선언된 함수들을 기반으로 그래프를 구성하는 main 함수와 그 실행결과를 보이겠으니, 이를 통해서 위에 선언된 함수들이 어떻게 사용되는지 이해하기 바란다.

❖ ALGraphMain.c

```
1.  #include <stdio.h>
2.  #include "ALGraph.h"
3.
4.  int main(void)
5.  {
6.      ALGraph graph;              // 그래프의 생성
7.      GraphInit(&graph, 5);       // 그래프의 초기화
8.
9.      AddEdge(&graph, A, B);      // 정점 A와 B를 연결
10.     AddEdge(&graph, A, D);      // 정점 A와 D를 연결
11.     AddEdge(&graph, B, C);      // 정점 B와 C를 연결
12.     AddEdge(&graph, C, D);      // 정점 C와 D를 연결
13.     AddEdge(&graph, D, E);      // 정점 D와 E를 연결
14.     AddEdge(&graph, E, A);      // 정점 E와 A를 연결
15.
16.     ShowGraphEdgeInfo(&graph);  // 그래프의 간선정보 출력
17.     GraphDestroy(&graph);       // 그래프의 리소스 소멸
18.     return 0;
19. }
```

❖ 실행결과: ALGraph.h, ALGraph.c, ALGraphMain.c, DLinkedList.h, DLinkedList.c

```
●●●                 command prompt

A와 연결된 정점: B D E
```

```
B와 연결된 정점: A C
C와 연결된 정점: B D
D와 연결된 정점: A C E
E와 연결된 정점: A D
```

위의 main 함수에서 보이듯이 그래프의 생성 및 초기화는 다음 두 문장에 의해서 이뤄진다.

```
ALGraph graph;              // 그래프의 생성
GraphInit(&graph, 5);       // 그래프의 초기화, 5개의 정점을 생성
```

특히 GraphInit 함수의 호출문에서 두 번째 인자로 5를 전달하였는데, 이는 정점의 수를 의미한다. 즉 위의 두 문장으로 인해서 5개의 정점으로 이뤄진 그래프가 형성되는 것이다. 그리고 이때 생성되는 정점의 이름은 각각 A, B, C, D, E가 되도록 그래프를 구현할 것이다.

이제 9~14행을 보자. AddEdge 함수의 호출을 통해서 총 6개의 간선을 추가하는데, 이 과정에서 정점의 이름을 인자로 전달하고 있다. 그리고 이렇게 해서 형성되는 그래프는 다음과 같다.

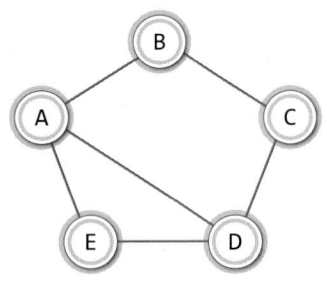

▶ [그림 14-15: 예제에서 생성한 그래프]

이제 실제로 위의 그래프가 형성되었는지 확인할 차례이다. 그래서 예제에서 ShowGraphEdgeInfo 함수를 호출하였다. 이 함수는 각각의 정점에 연결된 정점들의 정보를 출력해준다. 따라서 출력결과를 통해서 그래프의 구조를 유추할 수 있다.

마지막으로 GraphDestroy 함수를 호출하고 있는데, 이는 GraphInit 함수가 호출되면서 할당된 별도의 메모리를 소멸하기 위한 것이다.

그래프의 구현

먼저 GraphInit 함수를 보자. 이 함수를 보면 구현의 방식이 전체적으로 머릿속에 그려질 것이다. 참고

로 아래의 함수에서 생성하는 연결 리스트는 DLinkedList.h와 DLinkedList.c에 선언 및 정의된 연결 리스트이다.

```c
void GraphInit(ALGraph * pg, int nv)        // 그래프의 초기화
{
    int i;

    // 정점의 수에 해당하는 길이의 리스트 배열을 생성한다.
    pg->adjList = (List*)malloc(sizeof(List)*nv);    // 간선정보를 저장할 리스트 생성

    pg->numV = nv;       // 정점의 수는 nv에 저장된 값으로 결정
    pg->numE = 0;        // 초기의 간선 수는 0개

    // 정점의 수만큼 생성된 리스트들을 초기화한다.
    for(i=0; i<nv; i++)
    {
        ListInit(&(pg->adjList[i]));
        SetSortRule(&(pg->adjList[i]), WhoIsPrecede);
    }
}
```

주석을 통해서 쉽게 이해할 수 있는 내용들이니 다음 문장을 삽입한 이유 정도만 언급하겠다.

```c
SetSortRule(&(pg->adjList[i]), WhoIsPrecede);        // 리스트의 정렬기준을 설정
```

생성된 연결 리스트에 정렬기준을 설정하고 있는데, 사실 이는 그래프의 표현에 있어서 불필요한 것이다. 다만 필자는 출력의 형태를 보기 좋게 하고 싶었다. 그래서 알파벳 순으로의 출력을 유도하기 위해서 정렬기준을 설정한 것뿐이다.

위의 함수를 보았으니 GraphDestroy 함수가 필요한 이유가 무엇인지, 이 함수 내에서 어떠한 일을 해야 하는지 판단할 수 있을 것이다.

```c
void GraphDestroy(ALGraph * pg)        // 그래프 리소스의 해제
{
    if(pg->adjList != NULL)
        free(pg->adjList);             // 동적으로 할당된 연결 리스트의 소멸
}
```

이제 간선의 추가를 담당하는 AddEdge 함수를 보자. 이 함수의 정의를 통해서 간선의 이름이 지니는 상수 값의 의미도 함께 파악을 하자.

```c
void AddEdge(ALGraph * pg, int fromV, int toV)        // fromV, toV 연결하는 간선 추가
{
    // 정점 fromV의 연결 리스트에 정점 toV의 정보 추가
    LInsert(&(pg->adjList[fromV]), toV);

    // 정점 toV의 연결 리스트에 정점 fromV의 정보 추가
    LInsert(&(pg->adjList[toV]), fromV);
    pg->numE += 1;
}
```

무방향 그래프의 간선을 추가하는 것이므로 위의 함수에서는 LInsert 함수를 두 번 호출하였다. 만약에 구현하는 것이 방향 그래프였다면, LInsert 함수의 호출은 한번이면 충분했을 것이다.

그리고 연결 리스트를 지정하는 인덱스 값으로 fromV와 toV가 사용되었음에 주목하자! 예를 들어서 fromV와 toV로 각각 A와 B가 전달되면, LInsert 함수의 호출형태는 다음과 같아진다.

```c
LInsert(&(pg->adjList[A]), B);
LInsert(&(pg->adjList[B]), A);
```

이렇듯 정점의 이름이 바로 사용될 수 있는 이유는, 정점의 이름이 의미하는 바가 상수이고, 그 값이 0에서부터 시작해서 1씩 증가하기 때문이다. 그럼 마지막으로 소스파일 전체를 보이면서 그래프의 구현에 대한 언급을 마무리 하겠다.

✤ ALGraph.c

```c
1.  #include <stdio.h>
2.  #include <stdlib.h>
3.  #include "ALGraph.h"
4.  #include "DLinkedList.h"
5.
6.  int WhoIsPrecede(int data1, int data2);
7.
8.  // 그래프의 초기화
9.  void GraphInit(ALGraph * pg, int nv)
10. {
11.     int i;
12.
13.     pg->adjList = (List*)malloc(sizeof(List)*nv);
14.     pg->numV = nv;
15.     pg->numE = 0;       // 초기의 간선 수는 0개
16.
17.     for(i=0; i<nv; i++)
18.     {
19.         ListInit(&(pg->adjList[i]));
```

```
20.            SetSortRule(&(pg->adjList[i]), WhoIsPrecede);
21.        }
22. }
23.
24. // 그래프 리소스의 해제
25. void GraphDestroy(ALGraph * pg)
26. {
27.     if(pg->adjList != NULL)
28.         free(pg->adjList);
29. }
30.
31. // 간선의 추가
32. void AddEdge(ALGraph * pg, int fromV, int toV)
33. {
34.     LInsert(&(pg->adjList[fromV]), toV);
35.     LInsert(&(pg->adjList[toV]), fromV);
36.     pg->numE += 1;
37. }
38.
39. // 간선의 정보 출력
40. void ShowGraphEdgeInfo(ALGraph * pg)
41. {
42.     int i;
43.     int vx;
44.
45.     for(i=0; i<pg->numV; i++)
46.     {
47.         printf("%c와 연결된 정점: ", i + 65);
48.
49.         if(LFirst(&(pg->adjList[i]), &vx))
50.         {
51.             printf("%c ", vx + 65);
52.
53.             while(LNext(&(pg->adjList[i]), &vx))
54.                 printf("%c ", vx + 65);
55.         }
56.         printf("\n");
57.     }
58. }
59.
60. int WhoIsPrecede(int data1, int data2)
61. {
62.     if(data1 < data2)
63.         return 0;
64.     else
65.         return 1;
66. }
```

위에 정의된 함수 ShowGraphEdgeInfo는 쉽게 이해할 수 있을 것이다. 문자의 출력을 위해서 65를 더하여 출력한 것 이외에 별도로 설명할 게 없으니 말이다. 그리고 main 함수와 그 실행결과는 앞서 소개하였으니 여기서는 생략하겠다.

14-3 그래프의 탐색

되돌아보면 탐색의 과정이 간단한 자료구조도 있었고 간단하지 않은 자료구조도 있었다. 그렇다면 그래프의 탐색과정은 어떻겠는가? 질문을 달리하여, 모든 정점을 돌아다니려면 어떻게 해야겠는가?

☐ 깊이 우선 탐색(Depth First Search: DFS)

연결 리스트는 노드의 연결 방향이 명확하기 때문에 탐색을 진행하는 것이 어렵지 않다. 반면 트리는 노드의 연결 방향이 일정치 않기 때문에 탐색을 진행하는 것이 복잡한 편이다. 하지만 이진 탐색 트리의 경우 노드의 연결에 규칙이 있기 때문에 비교적 간단한 편이라 할 수 있다. 이름 그대로 탐색을 고려하여 디자인 된 트리가 아닌가?

그렇다면 그래프의 탐색은 어떨까? 지금껏 소개한 그 어떤 자료구조보다도 탐색이 복잡한 편이다. 그래프는 정점의 구성뿐만 아니라, 간선의 연결에도 규칙이 존재하지 않기 때문이다. 그래서 그래프의 탐색을 위한, 다시 말해서 그래프의 모든 정점을 돌아다니기 위한 별도의 알고리즘 두 가지를 소개하고자 하는데, 그 두 가지는 다음과 같다.

- 깊이 우선 탐색   Depth First Search: DFS
- 너비 우선 탐색   Breadth First Search: BFS

이 두 가지 방법의 원리를 글로 설명하는 것은 이해에 별로 도움이 되지 않으니, 다음 그림을 대상으로 '깊이 우선 탐색'의 방법을 먼저 설명하겠다. 참고로 아래의 그림은 5학년 3반 어린이들의 비상연락망이다.

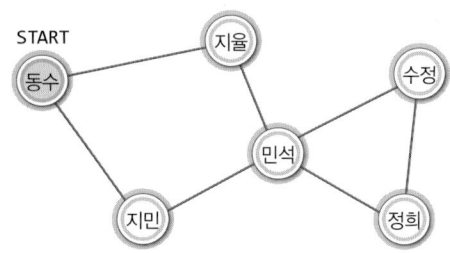

▶ [그림 14-16: DFS의 과정 1/4]

지금부터 설명하는 것은 DFS 방법이다. 하지만 잠시 이런 사실을 잊어도 좋다. 자! 그럼 시작한다! 현재 '동수'에게 비상 메시지가 전달되었다. 따라서 '동수'를 시작으로 메시지가 전달되어야 하는데, '동수'의 생각은 다음과 같다.

"비상연락망을 보면 내가 지민과 지율에게 연락하는 것으로 되어있네. 우선 지민에게만 연락하자! 연락이 돌다 보면 지율에게도 연락이 갈 테니까."

이렇듯 한 사람에게만 연락한다는(메시지를 전달한다는) 생각을 모든 사람이 동일하게 가지고 있다고 가정하면, 메시지는 다음과 같은 과정을 거쳐서 '수정'에게까지 전달된다.

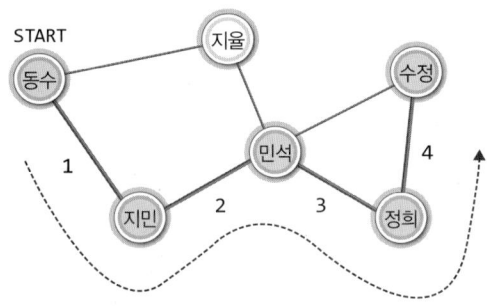

▶ [그림 14-17: DFS의 과정 2/4]

이것이 바로 DFS의 탐색방법이다. 그래프에는 여러 갈래의 길이 있는데, DFS의 이름이 의미하듯이 한 길을 깊이 파고드는 것이다. 참고로 위의 그림에서 '민석'은 '정희'가 아닌 '지율'이나 '수정'에게 메시지를 전달할 수도 있다. 이 상황에서 누구에게 메시지를 전달해도 문제가 되지 않는다. DFS 알고리즘은 어떠한 선택을 하건 잘 동작하며, 누구를 우선 선택할 것인지에 대한 기준은 구현하는 이가 결정해도 되는 단순한 문제이다.

위의 그림을 보면 '동수'에서 시작한 메시지가 '수정'에게까지 전달되었다. 그런데 '수정'과 연결되어 있는 '민석'은 이미 메시지를 받은 상태이다. 이에 '수정'은 자신에게 연락을 준 '정희'에게 전화를 걸어서 다음과 같이 이야기한다.

> "나랑 연결된 애들은 다 연락을 받았어. 그러니까 너랑 연결된 애들 중에서 연락 못 받은 애가 있으면 그리로 연락을 줘!"

그런데 '정희'도 더 이상 연락을 취할 사람이 없다. 그래서 자신에게 연락을 준 '민석'에게 전화를 걸어서 '수정'과 똑같이 이야기한다. 그래서 '민석'은 아직 연락을 받지 못한 '지율'에게 연락을 한다. 따라서 '수정' 이후의 메시지 전달과정은 다음과 같다.

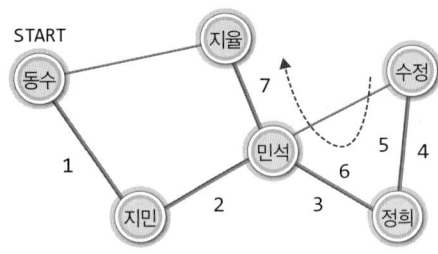

▶ [그림 14-18: DFS의 과정 3/4]

이로써 모든 사람이 연락을 받았다. 하지만 이것이 끝이 아니다. 연락을 처음 취한 '동수'에게 다시 연락이 가야 모든 사람이 연락을 받았다고 확신할 수 있다. 다음 그림과 같이 '동수'와 연결된 또 다른 누군가가 있는 상황을 생각해 보면 이를 이해할 수 있을 것이다.

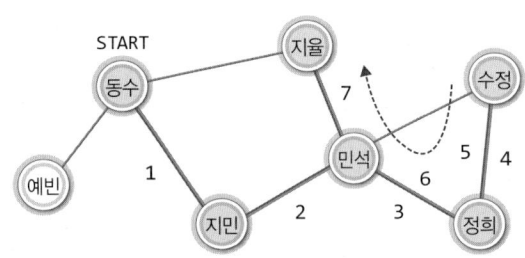

▶ [그림 14-19: 시작점으로 가야 하는 이유]

때문에 '지율'에서부터 시작해서 자신에게 연락을 준 사람에게 전화를 걸어 다음과 같이 이야기하는 과정을 계속한다.

"나랑 연결된 애들은 다 연락을 받았어. 그러니까 너랑 연결된 애들 중에서 연락 못 받은 애가 있으면 그리로 연락을 줘!"

그리하여 다음 그림에서 보이는 과정을 거쳐서 결국에는 시작점인 '동수'에서 끝이 난다!

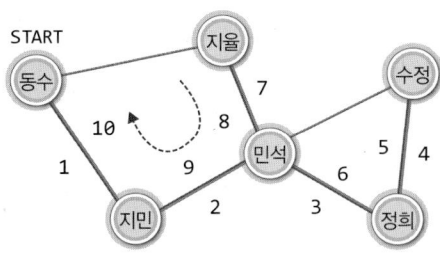

▶ [그림 14-20: DFS의 과정 4/4]

지금까지 설명한 '동수'에서 시작해서 '동수'에서 끝나는 메시지의 전달과정을 하나의 그림으로 정리하면 다음과 같다.

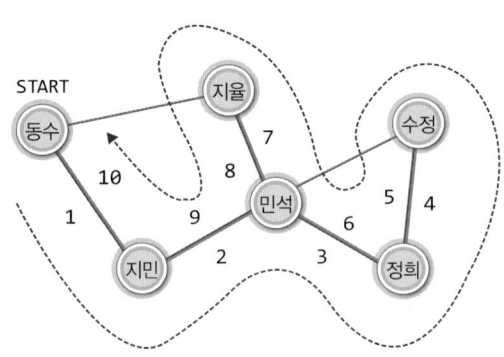

▶ [그림 14-21: DFS의 전체과정]

지금까지 설명한 DFS의 핵심 세 가지를 비상연락망에 빗대어 정리하면 다음과 같다.

- 한 사람에게만 연락을 한다.
- 연락할 사람이 없으면, 자신에게 연락한 사람에게 이를 알린다.
- 처음 연락을 시작한 사람의 위치에서 연락은 끝이 난다.

이로써 DFS에 대한 이론적인 설명을 다하였는데, 이를 잘 이해했다면 이어서 설명하는 BFS의 이해는 한결 쉬울 것이다.

문제 14-1 [DFS의 탐색과정]

다음 그림을 대상으로 DFS의 탐색과정을 보이기 바란다. 이때 되돌아오는 과정까지 나열해야 하며 시작이 '수정'이니 끝도 '수정'에서 나야한다.

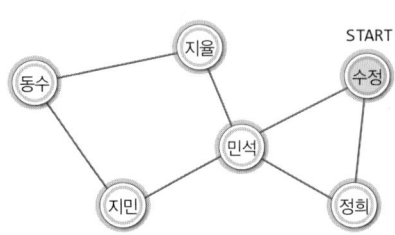

물론 이 그림은 앞서 보인 것과 동일한 그림이다. 하지만 시작 위치가 달라졌으며, 여기에 다음의 제약사항까지 추가하고자 한다.

"이름의 사전편찬순을 기준으로 연락 대상을 결정합니다!"

예를 들어서 '동수'의 연락 대상은 '지민'과 '지율'이다. 이때 '동수'는 '지민'에게 연락을 취한다. '지민'의 이름이 사전편찬순서상 앞서기 때문이다.

자! 그럼 탐색을 시작해보자! 참고로 DFS의 구현을 위해서는 DFS의 원리를 잘 이해하고 있어야 한다. 이에 DFS의 탐색과 관련된 문제를 여러분에게 제시한 것이다.

❏ 너비 우선 탐색(Breadth First Search: BFS)

DFS가 한 사람에게 연락을 취하는 방식이라면, BFS는 자신에게 연결된 모든 사람에게 연락을 취하는 방식이다. 그럼 다음 그림을 대상으로 BFS에 대한 설명을 시작하겠다.

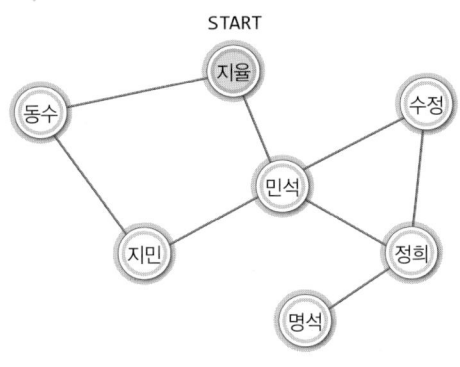

▶ [그림 14-22: BFS의 과정 1/5]

BFS의 B는 Breadth의 약자로 '폭' 또는 '너비'를 뜻하는데, BFS에서 말하는 '폭'의 의미를 조금 풀어서 설명하면 다음과 같다.

"한 사람을 기준으로 메시지를 전달하는 사람의 수(폭)"

그리고 BFS는 위에서 말하는 '폭'을 우선시하는(넓히는) 방식이다. 다시 말해서, 한 사람을 기준으로 자신에게 연결된 모든 사람에게 메시지를 전달하는 방식이다. 따라서 위 그림에서 '지율'은 자신과 연결된 '동수'와 '민석' 두 사람 모두에게 연락을 취한다.

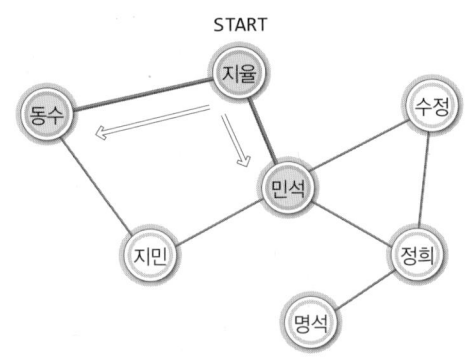

▶ [그림 14-23: BFS의 과정 2/5]

마찬가지로 '동수'와 '민석'도 자신에게 연결된 모든 사람에게 연락을 취한다. 이때 이 두 사람 중 누가 먼저 연락을 취하느냐에 대한 문제는 신경 쓰지 않아도 된다. 물론 누가 먼저 연락을 취하느냐에 따라서 연락의 흐름에는 차이가 날 수 있지만, BFS 알고리즘의 관점에서 이는 문제가 되지 않는다(어떠한 선택을 하건 BFS는 잘 동작한다). 따라서 우리는 순서를 다음과 같이 결정하기로 하겠다. 참고로 이는 어디까지나 BFS의 특징을 부각시키기 위한 선택일 뿐이다.

"동수가 먼저 주변인에게 연락을 취하고, 이어서 민석이 주변인에게 연락을 취한다."

그리하여 다음 그림에서 보이듯이 '동수'가 먼저 주변인에게 연락을 취하였다.

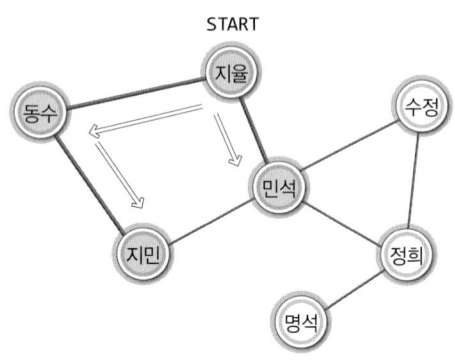

▶ [그림 14-24: BFS의 과정 3/5]

그림 이어서 '동수'에게 연락을 받은 '지민'이 연락을 취해야 할까? 그러면 기다리던 '민석'이 화낼 것이다. '동수' 다음에 '민석'의 차례가 아닌가! 따라서 다음 그림과 같이 '민석'이 연락을 취한다.

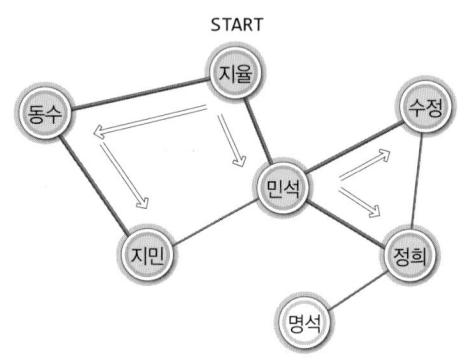

▶ [그림 14-25: BFS의 과정 4/5]

위 그림의 상황에서 연락을 받기는 했지만, 연락을 취하지는 않은 사람은 '지민', '수정', '정희' 이 세 사람이다. 따라서 이 세 사람 모두 연락을 취할 기회를 갖는다. 그러나 '지민'과 '수정'의 주변 사람은 모두 연락을 받았으니, 다음 그림에서 보이듯이 '정희'만 '명석'에게 연락을 취하면 된다.

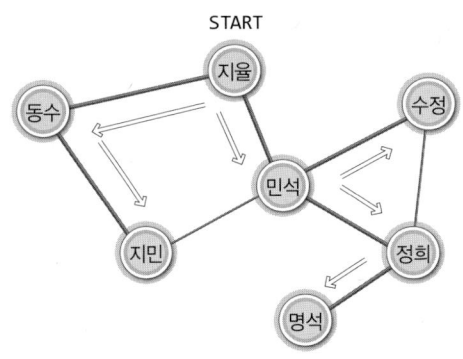

▶ [그림 14-26: BFS의 과정 5/5]

그럼 이것으로 끝일까? 아니다! '명석'은 연락을 받기만 했을 뿐 연락을 취하지는 못했다. 따라서 '명석'이 연락을 취할 기회를 가지면서 BFS는 끝이 난다. 이렇듯 '명석'이 기회를 갖지 않으면, 다음과 같은 상황에서는 문제가 발생한다.

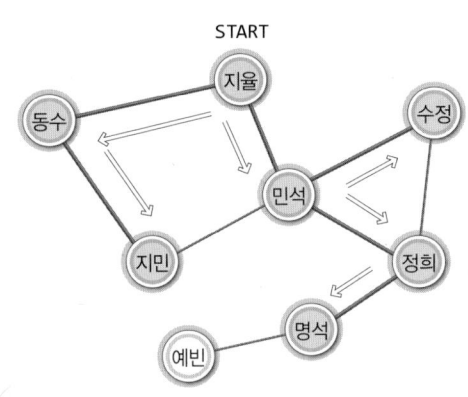

▶ [그림 14-27: 마지막까지 기회를 주는 이유]

우리는 주변에서 소문을 듣기도 하고 또 내기도 한다. 지금까지 설명한 BFS가 '소문'에 비유할 수 있다는 생각이 들지 않는가? 부디 좋은 소문과 행복한 소식만이 BFS의 방식으로 전달되었으면 좋겠다.
반면 DFS는 비밀 이야기에 비유할 수 있을 것 같다. '너한테만 하는 이야기인데'로 시작했는데, 결국엔 주변 사람이 다 알고 있지 않았던가? 이는 물론 어린 시절의 경험에 빗대어 한 이야기이니 오해 없기 바란다.

깊이 우선 탐색의 구현 모델

이제 DFS의 구현방법을 고민할 차례이다. 따라서 [그림 14-16] ~ [그림 14-20]의 내용을 바탕으로 DFS의 구현방법을 설명하겠다. 그림 첫 번째 단계로 다음 그림을 보자.

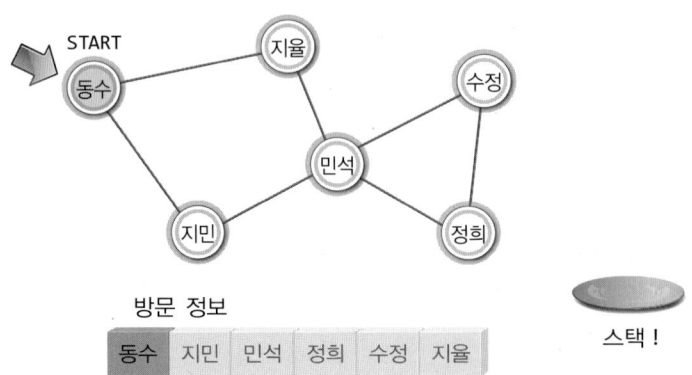

▶ [그림 14-28: DFS의 구현 1/7]

위의 그림에서 말하는, DFS의 구현을 위해서 필요한 것 두 가지는 다음과 같다.

- 스택   경로 정보의 추적을 목적으로 한다.
- 배열   방문 정보의 기록을 목적으로 한다.

DFS에서는 갔던 길을 되돌아 오는 상황이 존재한다. 그리고 이를 위해서 필요한 것이 스택이다. 위 그림에서 보이듯이 시작과 동시에 '동수'는 방문의 상태가 된다. 따라서 '동수'를 방문한 상태로 표시해 두었다. 이어서 다음 단계를 보자. 다음 단계에서는 '지민'에게 방문을 한다. 그리고 그 결과는 다음과 같다.

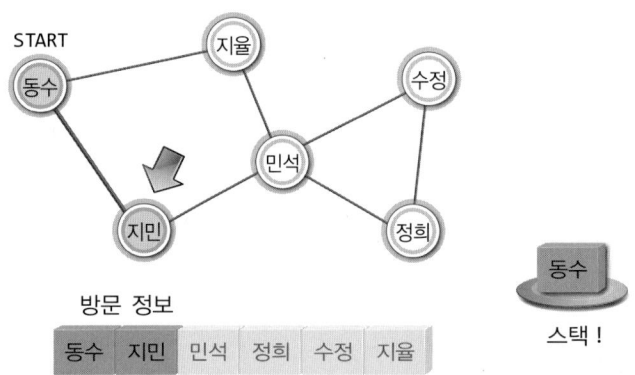

▶ [그림 14-29: DFS의 구현 2/7]

위 그림에서 가장 중요한 사실은 다음과 같다.

"동수를 떠나서 지민에게 방문할 때, 떠나는 동수의 이름을(정보를) 스택으로 옮긴다."

이렇듯 방문한 정점을 떠날 때에는 떠나는 정점의 정보를 스택에 쌓아야 한다. 따라서 '동수'를 시작으로 '수정'까지 방문한 결과는 다음과 같다.

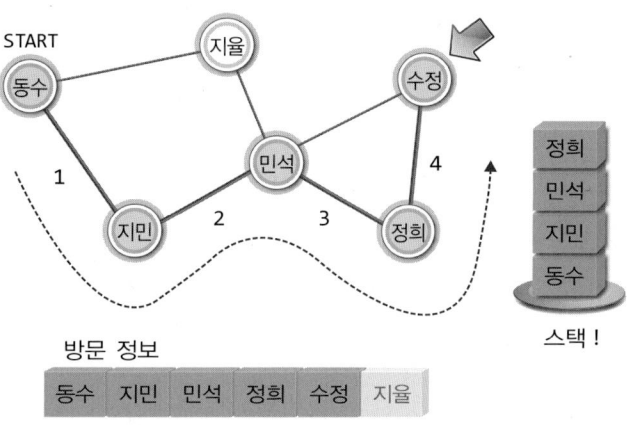

▶ [그림 14-30: DFS의 구현 3/7]

이제! '수정'의 차례인데, '수정'과 연결된 사람들이 모두 연락을 받았으니, 자신에게 연락한 사람에게 연락의 기회를 넘겨야 한다. 그렇다면 자신에게 연락한 사람의 정보를 어디서 찾을 수 있겠는가? 그렇다! 스택이다! 스택의 맨 위에 쌓인 사람의 이름이 그 대상이 된다.

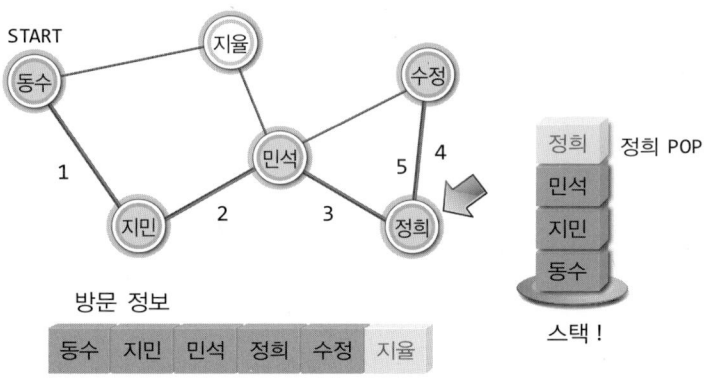

▶ [그림 14-31: DFS의 구현 4/7]

위 그림에서 보이듯이 '수정'에서 '정희'에게 되돌아왔다. 하지만 '정희' 역시 연결된 모든 이에게 연락을 취했으니, 이번에도 스택에서 이름을 하나 꺼내어 해당 이름의 사람에게 연락의 기회를 넘긴다. 다음 그림에서 보이듯이 말이다.

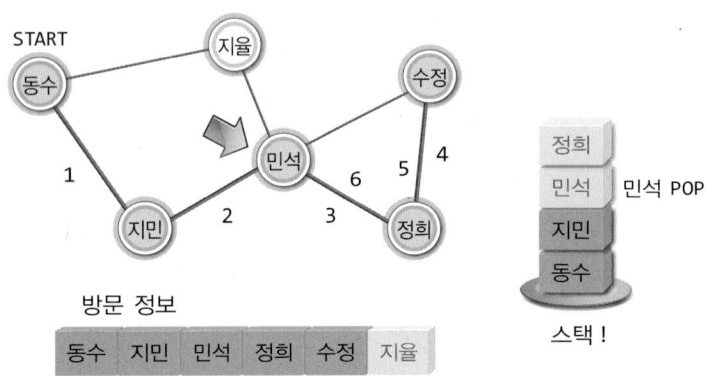

▶ [그림 14-32: DFS의 구현 5/7]

위 그림에서 보이듯이 현재 '민석'에게 연락의 기회가 되돌아왔다. 그런데 '민석'은 연락할 대상이 있다. 따라서 그 연락 대상인 '지율'에게 연락을 취하여 다음의 상태가 되게 한다.

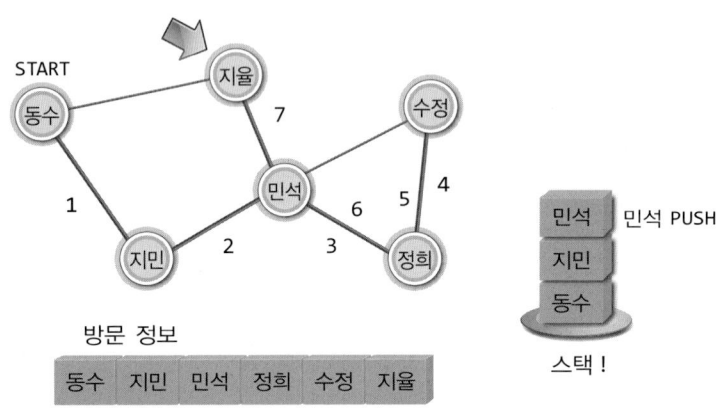

▶ [그림 14-33: DFS의 구현 6/7]

위 그림에서 '민석'의 이름이 다시 스택으로 옮겨진 것에 주목하자! '민석'은 '지율'에게 연락을 취한 것이지 되돌아 간 것이 아니다. 때문에 '민석'의 이름은 다시 스택으로 옮겨져야 한다.

이제 남은 것은 시작점인 '동수'에게 돌아가는 일이다. 하지만 이 과정을 별도로 고민하지 않아도 된다. 지금껏 해왔듯이 연락할 대상이 없으면 스택에서 정점의 정보를 꺼내서 이동을 하면 되니 말이다.

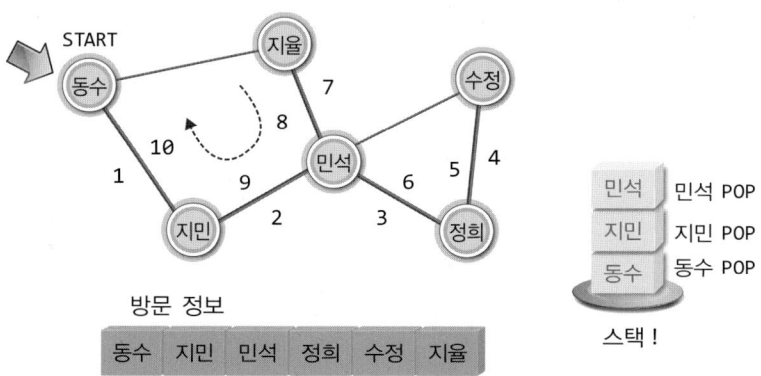

▶ [그림 14-34: DFS의 구현 7/7]

이렇듯 DFS 알고리즘의 요구대로 정점을 이동하는데 있어서 스택은 매우 중요한 역할을 한다. 때문에 DFS 알고리즘은 스택의 용도를 이해하는 것이 전부라 해도 과언이 아니다.

깊이 우선 탐색의 실제 구현

앞서 구현한 그래프 관련 두 개의 파일은 ALGraph.h, ALGraph.c이다. 이 두 파일에 다음 함수의 선언과 정의를 추가하여 그 이름을 각각 ALGraphDFS.h, ALGraphDFS.c라 하자. 이는 DFS 알고리즘을 근거로 그래프의 모든 정점 정보를 출력하는 함수이다.

```
void DFShowGraphVertex(ALGraph * pg, int startV);      // 그래프의 정점 정보 출력
```

위 함수의 두 번째 인자를 통해서 시작위치를 지정한다. 그러면 그 정점을 시작으로 하여 모든 정점을 거치면서 정점의 이름을 출력한다. 그림 예제의 실행을 위해서 필요한 파일들을 정리해보겠다.

- ALGraphDFS.h, ALGraphDFS.c   그래프 관련
- ArrayBaseStack.h, ArrayBaseStack.c   스택 관련(Chapter 06에서 구현)
- DLinkedList.h, DLinkedList.c   연결 리스트 관련(Chapter 04에서 구현)
- DFSMain.c   main 함수 관련

이 중에서 DFShowGraphVertex 함수의 선언이 추가된 헤더파일 ALGraphDFS.h를 먼저 보이겠다.

✣ ALGraphDFS.h

```
1.  #ifndef __AL_GRAPH_DFS__
2.  #define __AL_GRAPH_DFS__
3.
```

```
4.  #include "DLinkedList.h"      // 연결 리스트를 가져다 쓴다!
5.
6.  // 정점의 이름들을 상수화
7.  enum {A, B, C, D, E, F, G, H, I, J};
8.
9.  typedef struct _ual
10. {
11.     int numV;                 // 정점의 수
12.     int numE;                 // 간선의 수
13.     List * adjList;           // 간선의 정보
14.     int * visitInfo;
15. } ALGraph;
16.
17. // 그래프의 초기화
18. void GraphInit(ALGraph * pg, int nv);
19.
20. // 그래프의 리소스 해제
21. void GraphDestroy(ALGraph * pg);
22.
23. // 간선의 추가
24. void AddEdge(ALGraph * pg, int fromV, int toV);
25.
26. // 간선의 정보 출력
27. void ShowGraphEdgeInfo(ALGraph * pg);
28.
29. // 정점의 정보 출력: Depth First Search 기반
30. void DFShowGraphVertex(ALGraph * pg, int startV);
31.
32. #endif
```

앞서 소개한 ALGraph.h에 정의된, 그래프를 표현한 구조체는 다음과 같았다.

```
typedef struct _ual
{
    int numV;              // 정점의 수
    int numE;              // 간선의 수
    List * adjList;        // 간선의 정보
} ALGraph;
```

하지만 위의 헤더파일에서는 다음과 같이 구조체에 멤버가 하나 더 추가되었다.

```
typedef struct _ual
{
    int numV;
```

```
        int numE;
        List * adjList;
        int * visitInfo;             // 새로 추가된 멤버
} ALGraph;
```

이렇듯 visitInfo라는 이름의 멤버를 추가한 이유는 DFS 기반의 탐색과정에서 탐색이 진행된 정점의 정보를 담기 위함이다. 때문에 ALGraphDFS.c에 정의된 다음 두 함수에는 이와 관련된 문장이 추가된다.

- GraphInit   visitInfo 관련 초기화를 함께 진행
- GraphDestroy   visitInfo 관련 리소스의 해제도 함께 진행

함수에 추가된 문장들을 구분하여 보이겠으니, 이를 통해서 visitInfo가 가리키는 대상이 무엇인지 살펴보기 바란다.

```
void GraphInit(ALGraph * pg, int nv)        // 그래프의 초기화
{
    . . . .
    // 정점의 수를 길이로 하여 배열을 할당
    pg->visitInfo = (int *)malloc(sizeof(int) * pg->numV);

    // 배열의 모든 요소를 0으로 초기화!
    memset(pg->visitInfo, 0, sizeof(int) * pg->numV);
}

void GraphDestroy(ALGraph * pg)             // 그래프의 리소스 해제
{
    . . . .
    // 할당된 배열의 소멸!
    if(pg->visitInfo != NULL)
        free(pg->visitInfo);
}
```

정리하면 visitInfo가 가리키는 것은 들렀던 정점의 정보를 담기 위한 배열이고, 이를 동적으로 할당했다가 소멸하는 문장이 추가된 것이다. 그럼 이어서 핵심이라 할 수 있는, 새로 추가된 두 함수를 소개하겠다.

- void DFShowGraphVertex(ALGraph * pg, int startV);   // 그래프의 정정 정보 출력
- int VisitVertex(ALGraph * pg, int visitV);   // 정점의 방문을 진행

이 중에서 VisitVertex 함수는 헤더파일에 선언된 함수가 아니다. 이 함수는 정점의 방문을 목적으로

다음과 같이 정의되었으며 DFShowGraphVertex 함수 내에서 호출이 이뤄지는 함수이다.

```c
// 두 번째 매개변수로 전달된 이름의 정점에 방문!
int VisitVertex(ALGraph * pg, int visitV)
{
    if(pg->visitInfo[visitV] == 0)      // visitV에 처음 방문일 때 '참'인 if문
    {
        pg->visitInfo[visitV] = 1;      // visitV에 방문한 것으로 기록
        printf("%c ", visitV + 65);     // 방문한 정점의 이름을 출력
        return TRUE;        // 방문 성공!
    }
    return FALSE;       // 방문 실패!
}
```

위 함수에서 보이듯이, 방문이 이뤄지면 해당 정점의 이름을 인덱스 값으로 하는 배열의 요소에 1을 저장하여 방문이 이뤄졌음을 기록하고, 또 방문한 정점의 이름을 출력한다. 그럼 이어서 DFShowGraphVertex 함수를 보일 텐데, 코드에 대한 1차적인 설명은 주석을 통해서 진행하겠다.

```c
// DFS 기반으로 정의된 함수: 정점의 정보 출력
void DFShowGraphVertex(ALGraph * pg, int startV)
{
    Stack stack;
    int visitV = startV;
    int nextV;

    StackInit(&stack);           // DFS를 위한 스택의 초기화
    VisitVertex(pg, visitV);     // 시작 정점을 방문
    SPush(&stack, visitV);       // 시작 정점의 정보를 스택으로!

    // visitV에 담긴 정점과 연결된 정점의 방문을 시도하는 while문
    while(LFirst(&(pg->adjList[visitV]), &nextV) == TRUE)
    {
        // visitV와 연결된 정점의 정보가 nextV에 담긴 상태에서 이하를 진행
        int visitFlag = FALSE;

        if(VisitVertex(pg, nextV) == TRUE)      // 방문에 성공했다면,
        {
            SPush(&stack, visitV);      // visitV에 담긴 정점의 정보를 PUSH!
            visitV = nextV;
            visitFlag = TRUE;
```

```
            }
            else    // 방문에 성공하지 못했다면, 연결된 다른 정점들을 찾는다.
            {
                while(LNext(&(pg->adjList[visitV]), &nextV) == TRUE)
                {
                    if(VisitVertex(pg, nextV) == TRUE)
                    {
                        SPush(&stack, visitV);
                        visitV = nextV;
                        visitFlag = TRUE;
                        break;
                    }
                }
            }

            if(visitFlag == FALSE)           // 추가로 방문한 정점이 없었다면
            {
                // 스택이 비면 탐색의 시작점으로 되돌아 온 것!
                if(SIsEmpty(&stack) == TRUE)     // 시작점으로 되돌아왔음!
                    break;
                else
                    visitV = SPop(&stack);       // 길을 되돌아 간다.
            }
        }

        // 이후의 탐색을 위해서 탐색 정보 초기화
        memset(pg->visitInfo, 0, sizeof(int) * pg->numV);
}
```

위 함수의 정의가 이해되지 않는다면 반복문과 기타 제어문을 중심으로 함수를 설명하는 아래의 내용을 관찰하자!

```
void DFShowGraphVertex(ALGraph * pg, int startV)
{
    • 함수의 앞 부분에서 시작 정점의 방문이 이뤄진다.

    • 아래의 while문에서 모든 정점의 방문이 이뤄진다.
    while(LFirst(&(pg->adjList[visitV]), &nextV) == TRUE)
    {
        • 위의 LFirst 함수호출을 통해서 visitV에 연결된 정점 하나를 얻는다.
        • 이렇게 해서 얻은 정점의 정보는 nextV에 저장된다.
```

```
            • nextV에 담긴 정점의 정보를 가지고 방문을 시도한다.
            if(VisitVertex(pg, nextV) == TRUE)
            {
                • nextV의 방문에 성공했으니, visitV의 정보는 스택에 PUSH!
                • nextV에 담긴 정보를 visitV에 담고서 while문 다시 시작
                • while문을 다시 시작하는 것은 또 다른 정점의 방문을 시도하는 것!
            }
            • LFirst 함수호출을 통해서 얻은 정점의 방문에 실패한 경우 else 구문 실행
            else
            {
                • 아래의 while문은 visitV에 연결된 정점을 찾을 때까지 반복한다.
                while(LNext(&(pg->adjList[visitV]), &nextV) == TRUE)
                {
                    • 위의 LNext 함수호출을 통해서 visitV에 연결된 정점 하나를 얻는다.
                    • 이렇게 해서 얻은 정점의 정보는 nextV에 저장된다.

                    • nextV에 담긴 정점의 정보를 가지고 방문을 시도한다.
                    if(VisitVertex(pg, nextV) == TRUE)
                    {
                        • nextV의 방문에 성공했으니, visitV의 정보는 스택에 PUSH!
                        • nextV에 담긴 정보를 visitV에 담고서 Break!
                    }
                }

                • 정점 방문에 실패했다면 그에 따른 처리를 진행한다.
                if(visitFlag == FALSE)
                {
                    • 길을 되돌아 가거나 시작 위치로 되돌아와서 프로그램을 종료하거나!
                }
            }
        }
    }
```

이로써 함수 DFShowGraphVertex에 대한 설명도 다하였으니, 아직도 이해가 되지 않는 부분이 있다면 그림을 통해서 설명한 DFS의 과정을 다시 한번 확인하기 바란다.

이제 DFShowGraphVertex 함수의 정의를 포함하는 소스파일 전부를 제시할 차례인데, 그 양이 적지 않으니 중복된 부분과 주석은 생략을 하겠다. 그리고 이어서 main 함수와 그 실행결과도 함께 보이겠다.

✤ ALGraphDFS.c

```
1.   #include <stdio.h>
2.   #include <stdlib.h>
3.   #include <string.h>
4.   #include "ALGraphDFS.h"
5.   #include "DLinkedList.h"
6.   #include "ArrayBaseStack.h"
7.
8.   int WhoIsPrecede(int data1, int data2);
9.
10.  void GraphInit(ALGraph * pg, int nv)
11.  {
12.      . . . . ALGraph.c의 GraphInit과 동일한 부분은 생략 . . . .
13.
14.      pg->visitInfo= (int *)malloc(sizeof(int) * pg->numV);
15.      memset(pg->visitInfo, 0, sizeof(int) * pg->numV);
16.  }
17.
18.  void GraphDestroy(ALGraph * pg)
19.  {
20.      . . . . ALGraph.c의 GraphDestroy와 동일한 부분은 생략 . . . .
21.
22.      if(pg->visitInfo != NULL)
23.          free(pg->visitInfo);
24.  }
25.
26.  void AddEdge(ALGraph * pg, int fromV, int toV)
27.  {
28.      . . . . ALGraph.c와 동일 . . . .
29.  }
30.
31.  void ShowGraphEdgeInfo(ALGraph * pg)
32.  {
33.      . . . . ALGraph.c와 동일 . . . .
34.  }
35.
36.  int WhoIsPrecede(int data1, int data2)
37.  {
38.      . . . . ALGraph.c와 동일 . . . .
39.  }
40.
41.  int VisitVertex(ALGraph * pg, int visitV)
42.  {
43.      if(pg->visitInfo[visitV] == 0)
44.      {
45.          pg->visitInfo[visitV] = 1;
```

```
46.            printf("%c ", visitV + 65);
47.            return TRUE;
48.        }
49.    return FALSE;
50. }
51.
52. void DFShowGraphVertex(ALGraph * pg, int startV)
53. {
54.     Stack stack;
55.     int visitV = startV;
56.     int nextV;
57.
58.     StackInit(&stack);
59.     VisitVertex(pg, visitV);
60.     SPush(&stack, visitV);
61.
62.     while(LFirst(&(pg->adjList[visitV]), &nextV) == TRUE)
63.     {
64.         int visitFlag = FALSE;
65.
66.         if(VisitVertex(pg, nextV) == TRUE)
67.         {
68.             SPush(&stack, visitV);
69.             visitV = nextV;
70.             visitFlag = TRUE;
71.         }
72.         else
73.         {
74.             while(LNext(&(pg->adjList[visitV]), &nextV) == TRUE)
75.             {
76.                 if(VisitVertex(pg, nextV) == TRUE)
77.                 {
78.                     SPush(&stack, visitV);
79.                     visitV = nextV;
80.                     visitFlag = TRUE;
81.                     break;
82.                 }
83.             }
84.         }
85.
86.         if(visitFlag == FALSE)
87.         {
88.             if(SIsEmpty(&stack) == TRUE)
89.                 break;
90.             else
91.                 visitV = SPop(&stack);
92.         }
```

```
93.     }
94.
95.     memset(pg->visitInfo, 0, sizeof(int) * pg->numV);
96. }
```

✤ DFSMain.c

```
1.  #include <stdio.h>
2.  #include "ALGraphDFS.h"
3.
4.  int main(void)
5.  {
6.      ALGraph graph;
7.      GraphInit(&graph, 7);
8.
9.      AddEdge(&graph, A, B);
10.     AddEdge(&graph, A, D);
11.     AddEdge(&graph, B, C);
12.     AddEdge(&graph, D, C);
13.     AddEdge(&graph, D, E);
14.     AddEdge(&graph, E, F);
15.     AddEdge(&graph, E, G);
16.
17.     ShowGraphEdgeInfo(&graph);
18.
19.     DFShowGraphVertex(&graph, A); printf("\n");
20.     DFShowGraphVertex(&graph, C); printf("\n");
21.     DFShowGraphVertex(&graph, E); printf("\n");
22.     DFShowGraphVertex(&graph, G); printf("\n");
23.
24.     GraphDestroy(&graph);
25.     return 0;
26. }
```

✤ 실행결과: DFS와 관련된 7개의 소스파일과 헤더파일

```
command prompt

A와 연결된 정점: B D
B와 연결된 정점: A C
C와 연결된 정점: B D
D와 연결된 정점: A C E
E와 연결된 정점: D F G
```

```
F와 연결된 정점: E
G와 연결된 정점: E
A B C D E F G
C B A D E F G
E D A B C F G
G E D A B C F
```

위의 실행결과는 어디서 시작을 하건 모든 정점에 방문함을 보이고 있다. 그리고 위의 실행결과를 참조하여 main 함수에서 형성한 그래프의 모습을 그려볼 수 있으니, DFS를 기반으로 한 정점의 방문에 문제가 없었는지 대략적으로나마 검토가 가능하다.

문 제 14-2 [DFS의 구현 결과에서 정점을 방문하는 기준]

Question

우리는 앞서 다음의 파일로 구성된 DFS의 구현 결과를 확인하였다.

- ALGraphDFS.h, ALGraphDFS.c   그래프 관련
- ArrayBaseStack.h, ArrayBaseStack.c   스택 관련
- DLinkedList.h, DLinkedList.c   연결 리스트 관련
- DFSMain.c   main 함수 관련

다음 그림의 상황에서 정점 Q가 연락을 받았고, 정점 Q와 연결된 모든 정점이 연락을 받지못한 상황이라면, 앞서 구현한 DFS 예제에서는 정점 A에게 연락을 취하게 된다.

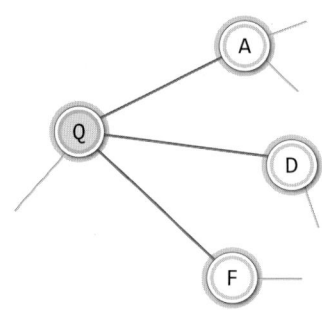

그렇다면 D도 F도 아닌 A에게 연락을 취하는 이유는 무엇인지 말해보자. 그리고 그와는 반대의 결정을 하도록, 예를 들어서 A가 아닌 F에게 연락을 취하는 결정을 하도록 예제를 수정해보자.

너비 우선 탐색의 구현 모델

이제 BFS의 구현방법을 고민할 차례이다. DFS의 구현방법을 고민할 때와 유사하게 그림을 통해서 BFS의 구현방법을 설명하겠다. 첫 번째 단계로 다음 그림을 보자!

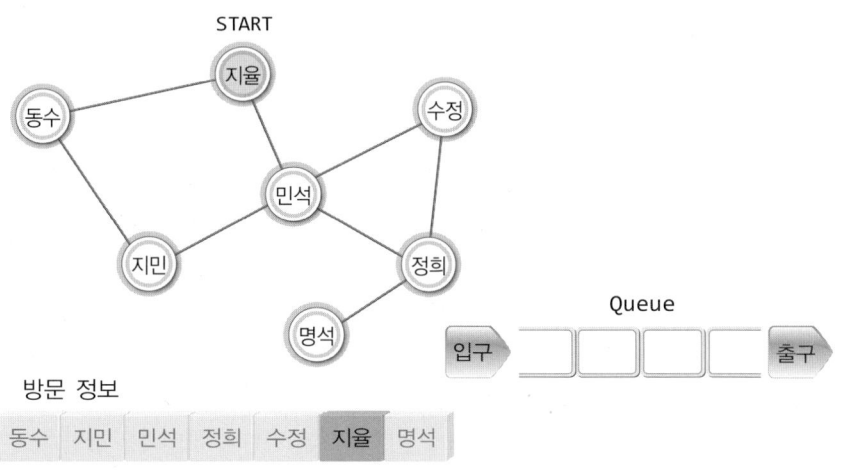

▶ [그림 14-35: BFS의 구현 1/5]

위의 그림에서 말하는, BFS의 구현을 위해서 필요한 것 두 가지는 다음과 같다.

- 큐   방문 차례의 기록을 목적으로 한다.
- 배열   방문 정보의 기록을 목적으로 한다.

이어지는 설명의 과정을 통해서 큐가 어떠한 의미를 갖는지 파악하기 바란다. 그림 다음 단계를 보자. 다음 단계에서 연락을 받은 두 사람의 이름이(정보가) 큐에 순서대로 들어간다.

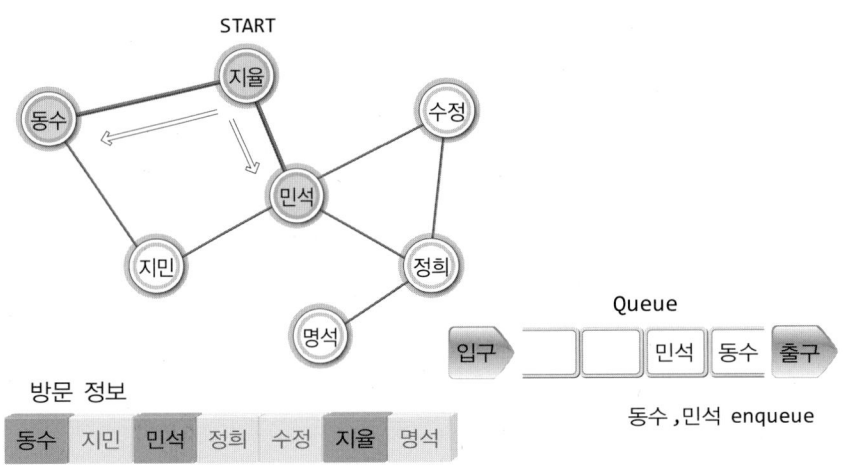

▶ [그림 14-36: BFS의 구현 2/5]

이제 큐에서 이름을 하나 꺼낸다. 그리고 그 이름의 정점에 연결된 모든 사람에게 연락을 취한다.

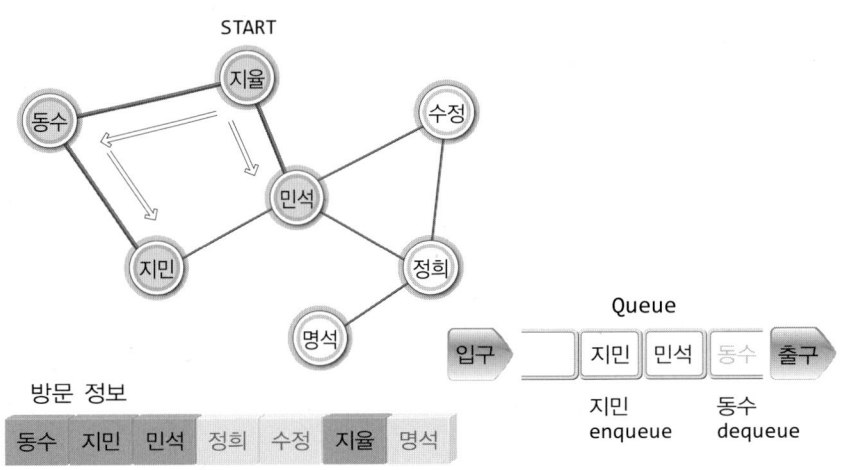

▶ [그림 14-37: BFS의 구현 3/5]

위 그림에서 보이듯이 큐에서 꺼낸 이름은 '동수'이니, '동수'를 기준으로 연락을 취하게 된다. 그리고 이 때 연락을 받은 '지민'의 이름은 큐에 들어간다. 이쯤 되면 BFS에 있어서 큐의 역할을 파악했을 것이다. 정리하면, BFS에 있어서 큐는 연락을 취할 정점의 순서를 기록하기 위한 것이다. 그림 이어서 다음 과정을 보자.

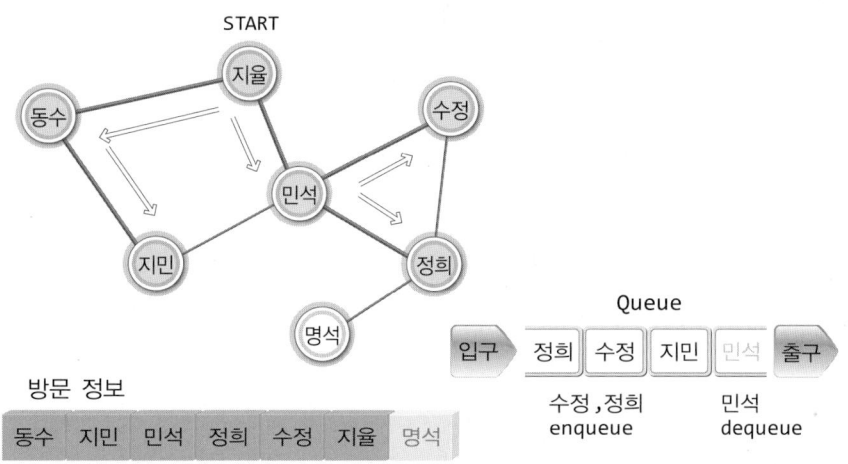

▶ [그림 14-38: BFS의 구현 4/5]

큐에서 꺼낸 이름이 '민석'이니 '민석'과 연결된 '수정'과 '정희'에게 연락을 취하고 이들의 이름을 큐에 저장한다.

이제 큐에서 차례대로 '지민'과 '수정'의 이름을 꺼내게 된다. 하지만 이 두 사람은 더 이상 연락을 취할 대상이 없으니, '정희'의 이름까지 꺼내어 다음과 같이 '명석'에게 연락을 취하게 된다.

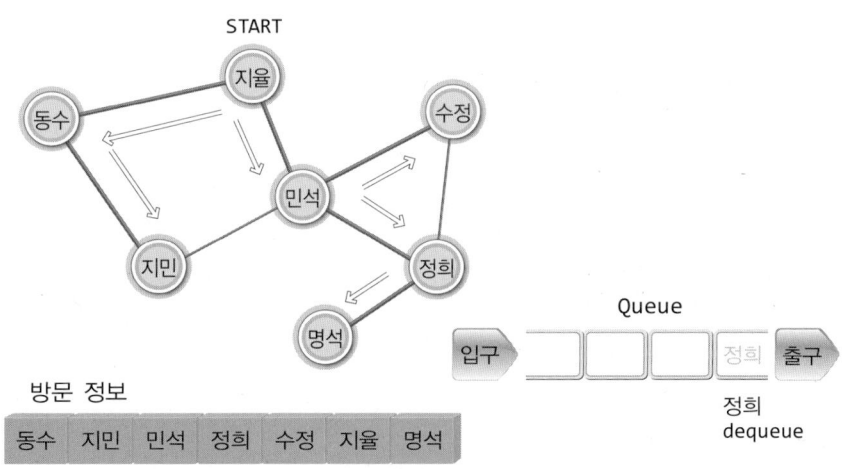

▶ [그림 14-39: BFS의 구현 5/5]

이것으로 끝인가? 아니다! '명석'에게 연락이 닿았으니 '명석'의 이름이 큐에 들어가야 한다. 그리고는 다시 꺼내어 '명석'이 연락을 취할 대상이 없는지 살펴봐야 한다. 그래야 완전히 끝나는 것이다. 이점을 꼭 기억하기 바란다!

너비 우선 탐색의 실제 구현

앞서 구현한 DFS의 예에서 DFS의 구현결과를 다음 함수 하나를 통해서 보였다.

    void DFShowGraphVertex(ALGraph * pg, int startV);   // DFS의 구현결과

마찬가지로 BFS의 예를 다음 함수 하나에 담고자 한다.

    void BFShowGraphVertex(ALGraph * pg, int startV);   // BFS의 구현결과

이 함수도 그래프를 구성하는 모든 정점의 정보를 출력하는 함수이다. BFS를 기반으로 한다는 점만 다를 뿐이다. 뿐만 아니라 이 함수 역시 앞서 정의한 VisitVertex 함수를 활용한다. 때문에 그냥 위 함수의 선언과 정의를 각각 ALGraphDFS.h와 ALGraphDFS.c에 추가해서 결과를 확인할 수도 있다. 하지만 이를 구분하도록 하겠다. 즉 BFS의 예제는 다음의 파일들로 구성하고자 한다.

- ALGraphBFS.h, ALGraphBFS.c   그래프 관련
- CircularQueue.h, CircularQueue.c   큐 관련(Chapter 07에서 구현)
- DLinkedList.h, DLinkedList.c   연결 리스트 관련
- BFSMain.c   main 함수 관련

앞서 소개한 ALGraph.h와 ALGraph.c에 함수 BFShowGraphVertex의 선언과 정의를 포함시켜 놓은 것이 ALGraphBFS.h와 ALGraphBFS.c이다. 물론 ALGraphBFS.c에는 VisitVertex 함수도 포함된다. 그럼 이 두 파일의 내용을 보이겠다.

✤ ALGraphBFS.h

```
1.  #ifndef __AL_GRAPH_BFS__
2.  #define __AL_GRAPH_BFS__
3.
4.  #include "DLinkedList.h"
5.
6.  enum {A, B, C, D, E, F, G, H, I, J};        // 정점의 이름들을 상수화
7.
8.  typedef struct _ual
9.  {
10.     int numV;               // 정점의 수
11.     int numE;               // 간선의 수
12.     List * adjList;         // 간선의 정보
```

```
13.     int * visitInfo;
14. } ALGraph;
15.
16. // 그래프의 초기화
17. void GraphInit(ALGraph * pg, int nv);
18.
19. // 그래프의 리소스 해제
20. void GraphDestroy(ALGraph * pg);
21.
22. // 간선의 추가
23. void AddEdge(ALGraph * pg, int fromV, int toV);
24.
25. // 그래프의 간선 정보 출력
26. void ShowGraphEdgeInfo(ALGraph * pg);
27.
28. // BFS 기반 그래프의 정점 정보 출력
29. void BFShowGraphVertex(ALGraph * pg, int startV);
30.
31. #endif
```

❖ ALGraphBFS.c

```
1.  #include <stdio.h>
2.  #include <stdlib.h>
3.  #include <string.h>
4.  #include "ALGraphBFS.h"
5.  #include "DLinkedList.h"
6.  #include "CircularQueue.h"
7.
8.  int WhoIsPrecede(int data1, int data2);
9.
10. void GraphInit(ALGraph * pg, int nv)
11. {
12.     . . . . ALGraphDFS.c와 동일합니다. . . .
13. }
14.
15. void GraphDestroy(ALGraph * pg)
16. {
17.     . . . . ALGraphDFS.c와 동일합니다. . . .
18. }
19.
20. void AddEdge(ALGraph * pg, int fromV, int toV)
21. {
22.     . . . . ALGraphDFS.c와 동일합니다. . . .
23. }
```

```
24.
25. void ShowGraphEdgeInfo(ALGraph * pg)
26. {
27.         . . . . ALGraphDFS.c와 동일합니다. . . .
28. }
29.
30. int WhoIsPrecede(int data1, int data2)
31. {
32.         . . . . ALGraphDFS.c와 동일합니다. . . .
33. }
34.
35. int VisitVertex(ALGraph * pg, int visitV)
36. {
37.         . . . . ALGraphDFS.c와 동일합니다. . . .
38. }
39.
40. void BFShowGraphVertex(ALGraph * pg, int startV)
41. {
42.     Queue queue;
43.     int visitV = startV;
44.     int nextV;
45.
46.     QueueInit(&queue);
47.
48.     VisitVertex(pg, visitV);
49.
50.     while(LFirst(&(pg->adjList[visitV]), &nextV) == TRUE)
51.     {
52.         if(VisitVertex(pg, nextV) == TRUE)
53.             Enqueue(&queue, nextV);
54.
55.         while(LNext(&(pg->adjList[visitV]), &nextV) == TRUE)
56.         {
57.             if(VisitVertex(pg, nextV) == TRUE)
58.                 Enqueue(&queue, nextV);
59.         }
60.
61.         if(QIsEmpty(&queue) == TRUE)
62.             break;
63.         else
64.             visitV = Dequeue(&queue);
65.     }
66.
67.     memset(pg->visitInfo, 0, sizeof(int) * pg->numV);
68. }
```

위에서 설명이 필요한 것은 BFShowGraphVertex 함수 하나이다. 그런데 앞서 유사한 성격의 함수를 소개하였으니, 이번에는 주석을 충분히 다는 것으로 설명을 마무리하고자 한다. 이 정도의 주석이면 이해하는데 부담이 없을 것이다.

```c
void BFShowGraphVertex(ALGraph * pg, int startV)
{
    Queue queue;
    int visitV = startV;
    int nextV;

    QueueInit(&queue);
    VisitVertex(pg, visitV);        // 시작 정점을 탐색한다.

    // 아래의 while문에서는 visitV와 연결된 모든 정점에 방문한다.
    while(LFirst(&(pg->adjList[visitV]), &nextV) == TRUE)
    {
        if(VisitVertex(pg, nextV) == TRUE)
            Enqueue(&queue, nextV);        // nextV에 방문했으니 큐에 저장

        while(LNext(&(pg->adjList[visitV]), &nextV) == TRUE)
        {
            if(VisitVertex(pg, nextV) == TRUE)
                Enqueue(&queue, nextV);    // nextV에 방문했으니 큐에 저장
        }

        if(QIsEmpty(&queue) == TRUE)       // 큐가 비면 BFS 종료
            break;
        else
            visitV = Dequeue(&queue);      // 큐에서 하나 꺼내어 while문 다시 시작
    }

    memset(pg->visitInfo, 0, sizeof(int) * pg->numV);      // 탐색 정보 초기화
}
```

비록 내용은 다르지만 코드의 성격은 상당부분 DFShowGraphVertex 함수와 유사하다. 때문에 그림으로 설명한 BFS의 구현방법을 이해했다면 위의 코드는 쉽게 읽힐 것이다. 그럼 이어서 main 함수와 그 실행결과를 보이면서 그래프의 탐색에 대한 이야기를 마무리하겠다.

✤ BFSMain.c

```c
1.   #include <stdio.h>
2.   #include "ALGraphBFS.h"
3.
4.   int main(void)
5.   {
6.       ALGraph graph;
7.       GraphInit(&graph, 7);
8.
9.       AddEdge(&graph, A, B);
10.      AddEdge(&graph, A, D);
11.      AddEdge(&graph, B, C);
12.      AddEdge(&graph, D, C);
13.      AddEdge(&graph, D, E);
14.      AddEdge(&graph, E, F);
15.      AddEdge(&graph, E, G);
16.
17.      ShowGraphEdgeInfo(&graph);
18.      BFShowGraphVertex(&graph, A); printf("\n");
19.      BFShowGraphVertex(&graph, C); printf("\n");
20.      BFShowGraphVertex(&graph, E); printf("\n");
21.      BFShowGraphVertex(&graph, G); printf("\n");
22.
23.      GraphDestroy(&graph);
24.      return 0;
25.  }
```

✤ 실행결과: BFS와 관련된 7개의 소스파일과 헤더파일

```
command prompt

A와 연결된 정점: B D
B와 연결된 정점: A C
C와 연결된 정점: B D
D와 연결된 정점: A C E
E와 연결된 정점: D F G
F와 연결된 정점: E
G와 연결된 정점: E
A B D C E F G
C B D A E F G
E D F G A C B
G E D F A C B
```

14-4 최소 비용 신장 트리

본서의 마지막 이야기도 트리로 끝을 맺는다. 잊을만하니까 등장하는 트리! 그런데 그래프를 이야기하는 중간에 왜 트리를 언급하는 것일까? 사실 트리는 그래프의 한 유형이다.

◻ 사이클(Cycle)을 형성하지 않는 그래프

다음 그래프를 보고서 정점 B에서 정점 D에 이르는 모든 '경로(path)'를 찾아서 열거해보자.

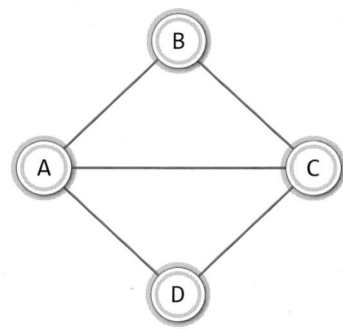

▶ [그림 14-40: 그래프의 경로]

정점 B에서 정점 D에 이르는 경로는 총 4개이며 이는 다음과 같다.

- B - A - D
- B - C - D
- B - A - C - D   조금 돌아가는 경로
- B - C - A - D   조금 돌아가는 경로

이렇듯 두 개의 정점을 잇는 간선을 순서대로 나열한 것을 가리켜 '경로'라 한다. 즉 위의 네 경로는 '정점 B에서 정점 D에 이르는 경로'가 된다. 그리고 위의 네 경로와 같이 동일한 간선을 중복하여 포함하지 않는 경로를 가리켜 '단순 경로(simple path)'라 한다. 참고로 정점 B에서 정점 D에 이르는 경로 중 단순 경로가 아닌 예를 들면 다음과 같다.

    B - A - C - B - A - D   B와 A를 잇는 간선이 두 번 포함됨

그럼 다음 질문에 답을 해보자.

"위 그림의 그래프를 대상으로 구성한 경로 A-B-C-A는 단순 경로인가요?"

정점 A가 두 번 등장하지만 단순 경로가 맞다. 중복된 간선이 포함되지 않았기 때문이다. 즉, 이는 경로의 시작과 끝이 같은 단순 경로이다. 그리고 이렇듯 단순 경로이면서 시작과 끝이 같은 경로를 가리켜 '사이클(cycle)'이라 한다. 사이클은 그림을 통해서 더 쉽게 이해할 수 있다.

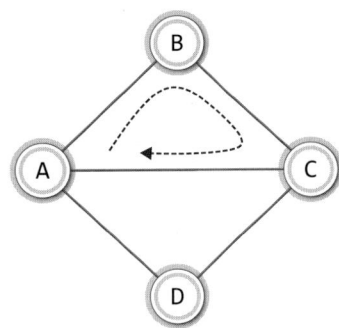

▶ [그림 14-41: 그래프의 사이클]

그렇다면 지금껏 경로, 단순 경로, 사이클에 대해서 소개한 이유는 무엇일까? 우리가 이번에 공부할, 그리고 구성할 그래프는 다음 그림의 예와 같이 사이클을 형성하지 않는 그래프이기 때문이다.

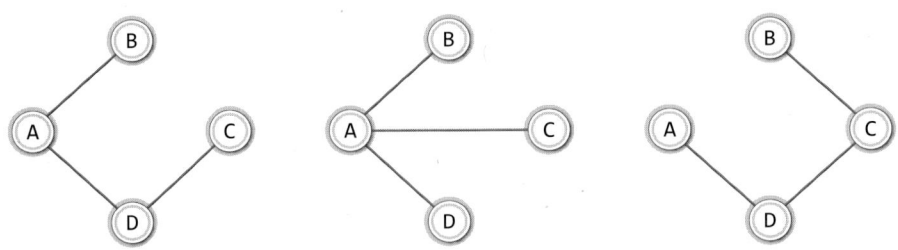

▶ [그림 14-42: 사이클을 형성하지 않는 그래프]

그런데 위의 그래프들에서 트리의 냄새가 나지 않는가? 사실 이들은 그래프이자 트리이다. 이점이 이해되지 않는 분을 위해서 위의 그래프들을 90°~180° 정도 회전시켜 보겠다.

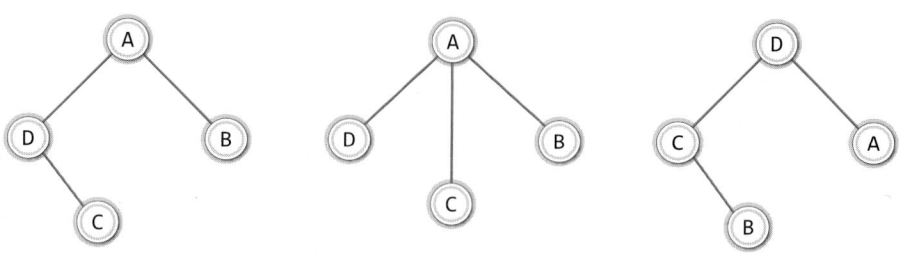

▶ [그림 14-43: 사이클을 형성하지 않는 그래프와 트리]

이렇듯 회전시켜놓으니 트리의 형태가 눈에 들어올 것이다. 물론 중간에 위치한 그래프는 이진 트리는 아니지만 그래도 트리의 일종이다. 그리고 위 그림과 같이 사이클을 형성하지 않는 그래프들을 가리켜 '신장 트리(spanning tree)'라 한다.

최소 비용 신장 트리의 이해와 적용

앞서 설명한 사이클을 형성하지 않는 그래프, 다시 말해서 신장 트리의 특징 두 가지는 다음과 같다.

- 그래프의 모든 정점이 간선에 의해서 하나로 연결되어 있다.
- 그래프 내에서 사이클을 형성하지 않는다.

물론 다음과 같이 가중치 그래프를 대상으로도, 그리고 그림으로 보이지는 않았지만 간선에 방향성이 부여된 방향 그래프를 대상으로도 신장 트리를 구성할 수 있다.

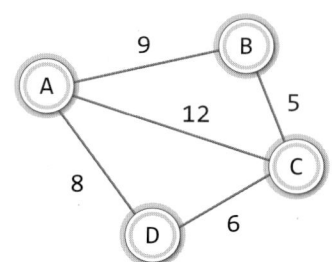

▶ [그림 14-44: 가중치 무방향 그래프]

그리고 신장 트리의 모든 간선의 가중치 합이 최소인 그래프를 가리켜 '최소 비용 신장 트리(minimum cost spanning tree)' 또는 '최소 신장 트리(minimum spanning tree)'라 한다. 즉 위 그래프의 최소 비용 신장 트리는 다음의 형태가 된다.

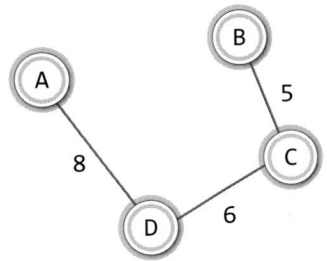

▶ [그림 14-45: 최소 비용 신장 트리]

이렇듯 줄여서 MST라 표현되는 '최소 비용 신장 트리'는 개념적으로 간단하다. 그리고 이쯤 되면 MST가 어떠한 형태로 활용될 수 있을지 짐작할 수 있을 것이다.

필자가 예를 하나 들겠다. 강원, 경기, 경북, 울산, 전북을 직선으로 연결하는 물류에 특화된 도로를 건설한다고 가정해보자. 그렇다면 다음과 같은, 모든 지역이 직선으로 연결된 이상적인 환경을 기대할 수 있다.

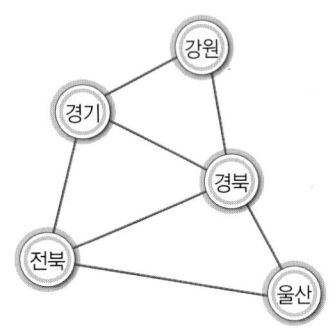

▶ [그림 14-46: 도로 건설 프로젝트 1/2]

하지만 직선으로 연결하는 도로의 건설에는 비용이 많이 드니, 다음 조건을 만족하는 형태로 도로를 건설하기로 결정하였다고 가정하자.

"다섯 개의 지역이 모두 연결되게 하되, 그 거리를 최소화하는 형태로 도로를 건설한다."

그리고 이를 목적으로 지역간 직선거리를 조사하여 위의 그림을 다음과 같이 완성하였다.

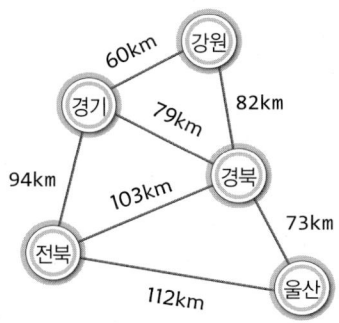

▶ [그림 14-47: 도로 건설 프로젝트 2/2]

이로써 우리에게 익숙한 무방향 가중치 그래프가 완성되었다. 따라서 이제 할 일은 위 그래프를 대상으로 최소 비용 신장 트리를 구성하는 것이다. 그러면 원하는 답을 얻을 수 있다. 그리고 그 결과는 다음과 같을 것으로 필자는 예상한다.

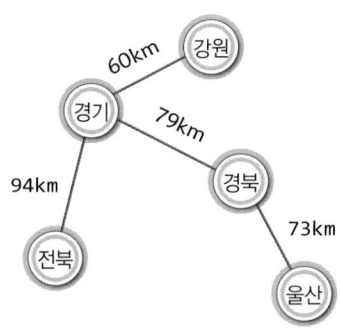

▶ [그림 14-48: 도로 건설을 위한 최소 비용 신장 트리]

잠시 후에 소개하는 최소 비용 신장 트리를 구성하는 알고리즘을 알고 나면 필자의 예상이 맞는지 틀리는지 판단할 수 있다. 참고로 최소 비용 신장 트리의 구성은 위에서 보인 예와 성격이 유사한 전기회로의 구성이나 네트워크의 구축과 관련된 문제의 답이 된다.

최소 비용 신장 트리의 구성을 위한 크루스칼 알고리즘1

최소 비용 신장 트리의 구성에 사용되는 대표적인 알고리즘 두 가지는 다음과 같다.

- 크루스칼(Kruskal) 알고리즘

    가중치를 기준으로 간선을 정렬한 후에 MST가 될 때까지 간선을 하나씩 선택 또는 삭제해 나가는 방식

- **프림(Prim) 알고리즘**

  하나의 정점을 시작으로 MST가 될 때까지 트리를 확장해 나가는 방식

물론 이 두 가지 이외에도 다른 알고리즘이 더 있다. 하지만 지금 여러분에게는 하나의 알고리즘을 정확히 이해하고 이를 구현까지 경험하는 것이 더 의미 있고 또 필요하다. 따라서 필자는 이 두 가지 중에서 MST를 보다 더 대표하는 크루스칼 알고리즘을 선택하여 설명하고 또 구현까지 진행하고자 한다.

그럼 크루스칼 알고리즘에 대한 설명을 시작하겠다. 위에서는 이 알고리즘을 다음과 같이 설명하고 있다.

"가중치를 기준으로 간선을 정렬한 후에 MST가 될 때까지 간선을 하나씩 선택 또는 삭제해 나가는 방식"

지금은 이 문장이 의미하는 바가 이해되지 않을 것이다. 그러니 '가중치를 기준으로 간선을 정렬한다'라는 사실에만 주목하기 바란다. 이것이 크루스칼 알고리즘의 핵심이니 말이다. 그럼 이와 관련해서 다음 그림을 보자.

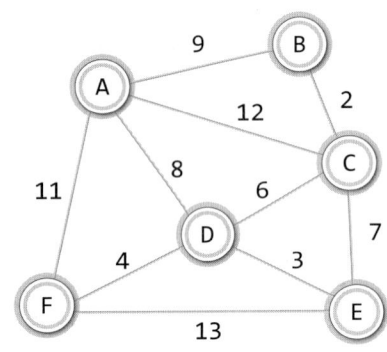

2, 3, 4, 6, 7, 8, 9, 11, 12, 13

가중치의 오름차순 정렬

▶ [그림 14-49: 크루스칼 알고리즘 1의 1/4]

위의 그래프를 크루스칼 알고리즘을 활용하여 MST가 되게 하려 한다. 그래서 가중치를 기준으로 간선을 오름차순으로 정렬하였다. 간선의 가중치가 중복되지 않기 때문에 위의 그림에서는 가중치 정보만을 오름차순으로 정렬해 놓았다.

이제 조심스럽게 가중치가 낮은 간선들을 하나씩 추가해보자. 낮은 가중치의 간선을 하나씩 추가하다 보면 어느 순간 MST가 되지 않겠는가? 그래서 다음과 같이 첫 번째 단계를 진행하였다.

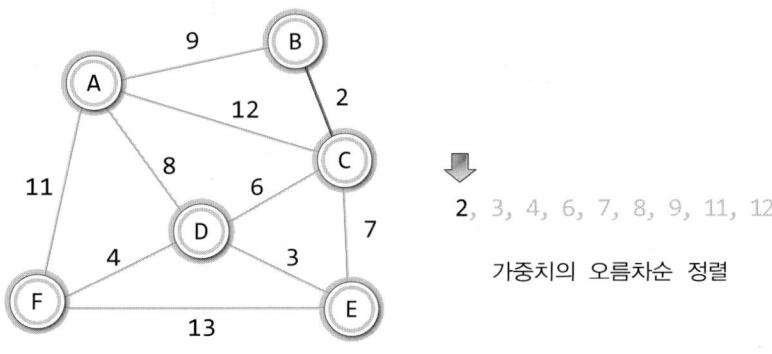

▶ [그림 14-50: 크루스칼 알고리즘 1의 2/4]

이어서 다음 그림에서 보이듯이 정렬 순서대로 가중치가 3, 4, 6인 간선도 추가하였다.

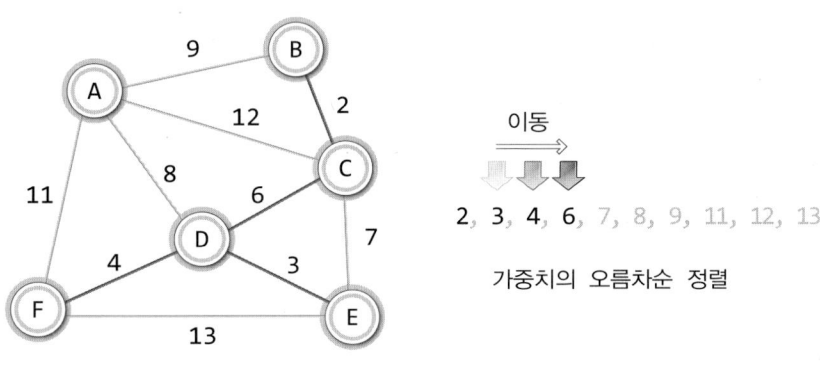

▶ [그림 14-51: 크루스칼 알고리즘 1의 3/4]

이제 위의 상태에서 가중치가 7인 간선을 추가할 차례이다. 그런데 이를 그래프에 추가하면 다음과 같은 문제가 발생한다.

"그래프 내에 사이클이 형성됩니다."

정점 D와 C와 E를 연결하는 사이클이 형성된다. 그런데 MST에는 사이클이 형성되면 안되기 때문에 가중치가 7인, 정점 C와 E를 연결하는 간선은 그래프에 추가하지 않는다. 그럼 가중치가 8인 다음 간선으로 넘어가자. 그리고 이를 추가해도 그래프 내에서 사이클이 형성되지 않으니 다음 그림과 같이 이를 그래프에 추가한다.

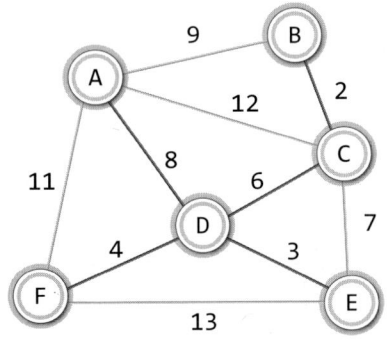

▶ [그림 14-52: 크루스칼 알고리즘 1의 4/4]

이로써 추가된 간선의 수가 정점의 수보다 하나 적은 다섯 개가 되었다. 따라서 더 이상 간선을 추가하지 않아도 된다. 왜냐하면 MST는 다음의 특성을 지니는데 위의 그래프는 이를 만족하기 때문이다.

간선의 수 + 1 = 정점의 수

위 식에 대한 증명은 필요 없을 것 같다. 네 개의 정점을 대상으로 MST를 구성한다고 할 때 세 개의 간선이 필요한 것을 증명할 필요가 있겠는가? 그럼 최종 결과를 보이겠다.

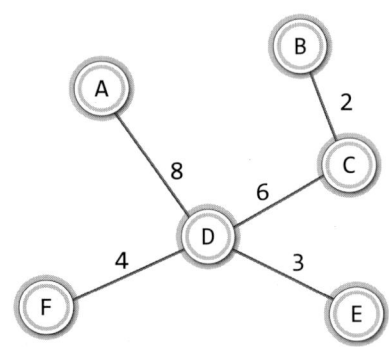

▶ [그림 14-53: 크루스칼 알고리즘의 적용 결과인 MST]

지금까지 설명한 크루스칼 알고리즘의 흐름에 있어서 핵심이 되는 사항은 다음과 같다.

- 가중치를 기준으로 간선을 오름차순으로 정렬한다.
- 낮은 가중치의 간선부터 시작해서 하나씩 그래프에 추가한다.
- 사이클을 형성하는 간선은 추가하지 않는다.
- 간선의 수가 정점의 수보다 하나 적을 때 MST는 완성된다.

앞서 언급했듯이 크루스칼 알고리즘의 핵심은 가중치를 기준으로 간선을 정렬한다는데 있다. 하지만 반드시 오름차순으로 정렬해야 하는 것은 아니다. 크루스칼 알고리즘에는 내림차순으로 정렬된 상황에서 적용할 수 있는 모델도 있으니 말이다.

최소 비용 신장 트리의 구성을 위한 크루스칼 알고리즘2

간선을 내림차순으로 정렬하면 낮은 가중치의 간선을 하나씩 추가하는 방식이 아니라, 높은 가중치의 간선을 하나씩 빼는 방식으로 알고리즘이 전개된다. 때문에 크루스칼 알고리즘을 두 가지로 구분하기도 한다. 그럼 다음 그림을 시작으로 크루스칼 알고리즘의 또 다른 적용 모델을 소개하겠다.

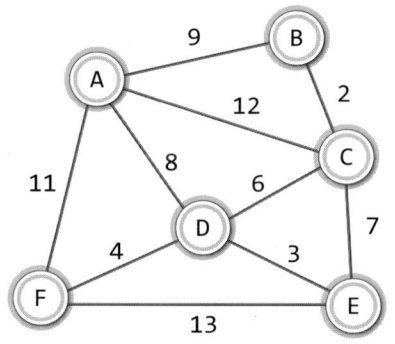

13, 12, 11, 9, 8, 7, 6, 4, 3, 2

가중치의 내림차순 정렬

▶ [그림 14-54: 크루스칼 알고리즘 2의 1/4]

쉽게 생각하자. 내림차순으로 정렬되었으니, 앞쪽에 위치한 높은 가중치의 간선들을 하나씩 빼내어 어느 순간에 MST가 되게 하는 것이 핵심이다. 그림 첫 번째 단계를 보이겠다.

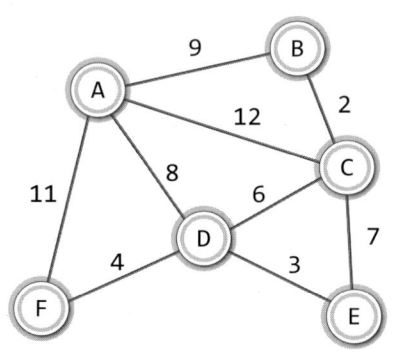

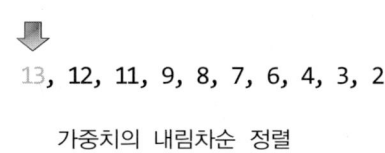

13, 12, 11, 9, 8, 7, 6, 4, 3, 2

가중치의 내림차순 정렬

▶ [그림 14-55: 크루스칼 알고리즘 2의 2/4]

위 그림에서 보이듯이 가중치가 13인, 제일 높은 가중치의 간선이 삭제되었다. 이렇듯 정렬 순서대로 간선을 하나씩 제거해 나간다. 그러면 이어서 가중치가 12, 11, 9인 간선이 순서대로 삭제되어 다음의 상태가 된다.

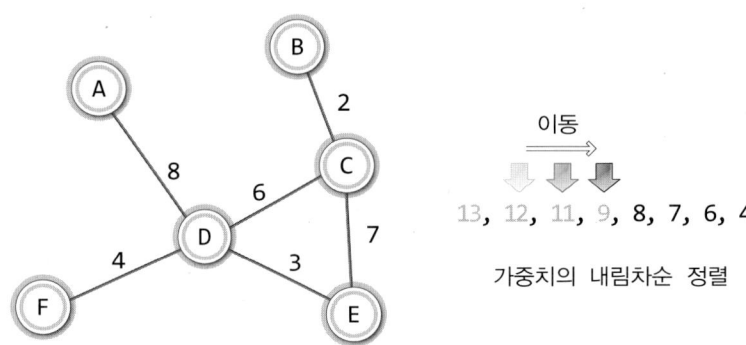

▶ [그림 14-56: 크루스칼 알고리즘 2의 3/4]

이어서 가중치가 8인 간선을 삭제할 차례이다. 그런데 이 간선을 삭제하면 다음과 같은 문제가 발생하기 때문에 삭제하지 않는다.

"가중치가 8인 간선을 삭제하면 정점 A와 정점 D는 어떠한 경로를 통해서든 닿지 않습니다."

MST의 모든 정점은 간선에 의해서 하나로 연결되어야 하기 때문에 이러한 경우에는 간선을 삭제하지 않는다. 그리고 이를 통해서 다음과 같은 결론을 내릴 수 있다.

"두 정점이 다른 경로를 통해서도 연결되어 있는 경우에만 해당 간선을 삭제할 수 있다."

그럼 다음 순서로 가중치가 7인 간선을 삭제할 수 있겠는가? 삭제할 수 있다! 삭제를 해도 정점 C와 정점 E는 C-D-E를 잇는 경로로 연결되기 때문이다. 즉 가중치가 7인 간선이 삭제되어 다음의 상태가 된다.

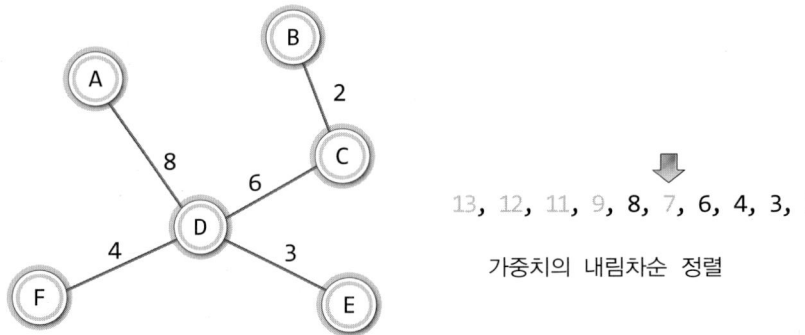

▶ [그림 14-57: 크루스칼 알고리즘 2의 4/4]

이로써 MST가 완성되었다. 정점의 수가 간선의 수보다 하나 더 많은 상황이니 MST가 완성되었음에 의심이 필요 없다. 그럼 두 번째 크루스칼 알고리즘의 핵심을 정리해보겠다.

- 가중치를 기준으로 간선을 내림차순으로 정렬한다.
- 높은 가중치의 간선부터 시작해서 하나씩 그래프에서 제거한다.
- 두 정점을 연결하는 다른 경로가 없을 경우 해당 간선은 제거하지 않는다.
- 간선의 수가 정점의 수보다 하나 적을 때 MST는 완성된다.

이로써 크루스칼 알고리즘의 이론적인 설명을 다하였다. 따라서 [그림 14-48]에서 보인 필자의 예상이 맞는지 틀리는지 직접 판단할 수 있을 것이다. 크루스칼 알고리즘을 구현하지 않아도 이는 충분히 판단할 수 있다.

크루스칼 알고리즘의 구현을 위한 계획

이전에 구현한 것들을 최대한 활용하여 크루스칼 알고리즘을 구현하고자 한다. 우리가 구현할 크루스칼 알고리즘은 다음과 같다.

"가중치를 기준으로 간선을 내림차순으로 정렬한 다음 높은 가중치의 간선부터 시작해서 하나씩 그래프에서 제거하는 방식"

이를 위해서 DFS의 구현결과인 다음 파일들을 활용하고자 한다.

- DLinkedList.h, DLinkedList.c   연결 리스트
- ArrayBaseStack.h, ArrayBaseStack.c   배열 기반 스택
- ALGraphDFS.h, ALGraphDFS.c   깊이 우선 탐색을 포함하는 그래프

이 중에서 ALGraphDFS.h와 ALGraphDFS.c에 담겨있는 대표적인 기능 둘은 다음과 같다.

- 그래프의 구성
- DFS 기반의 정점 정보 출력

크루스칼 알고리즘의 구현을 위해서는 먼저 그래프를 구성해야 하기 때문에 이는 유용하게 활용이 된다. 하지만 가중치 그래프를 구성해야 하기 때문에 ALGraphDFS.h와 ALGraphDFS.c을 활용은 하되 많은 부분 수정해야 한다. 그래서 이 두 파일을 수정하고 확장하여 이름을 다음과 같이 변경하기로 하겠다.

- ALGraphKruskal.h   ALGraphDFS.h을 수정하고 확장한 헤더파일
- ALGraphKruskal.c   ALGraphDFS.c를 수정하고 확장한 소스파일

실질적인 크루스칼 알고리즘의 구현결과는 위의 소스파일에서 확인할 수 있다. 그리고 크루스칼 알고리

즘의 구현을 위해서는 다음 질문에 답을 하는 함수를 먼저 준비해 둬야 한다.

"이 간선을 삭제한 후에도 이 간선에 의해 연결된 두 정점을 연결하는 경로가 있는가?"

이를 위해서 DFS 알고리즘을 활용할 생각이다. DFS의 구현결과였던 DFShowGraphVertex 함수를 확장하여 위의 질문에 답을 할 수 있도록 할 것이다.

그리고 크루스칼 알고리즘의 구현을 위해서는 가중치를 기준으로 간선을 정렬할 수 있어야 하는데, 이를 위해서 우선순위 큐를 활용할 생각이다. 물론 다음 네 개의 파일로 이뤄진 우선순위 큐를 Chapter 09에서 구현한바 있으니 이를 그대로 활용하겠다.

- PriorityQueue.h, PriorityQueue.c   우선순위 큐
- UsefulHeap.h, UsefulHeap.c   우선순위 큐의 기반이 되는 힙

그리고 가중치 그래프의 표현을 위해서는 가중치가 포함된 간선의 정보를 담을 수 있어야 한다. 따라서 이와 관련된 구조체의 정의를 위해서 다음 헤더파일을 추가하고자 한다.

- ALEdge.h   가중치가 포함된 간선의 표현을 위한 구조체 정의

정리하면, 크루스칼 알고리즘의 구현을 위해서는 다음 파일들을 하나의 프로젝트로 묶어야 한다.

- DLinkedList.h, DLinkedList.c   연결 리스트
- ArrayBaseStack.h, ArrayBaseStack.c   배열 기반 스택
- ALGraphKruskal.h, ALGraphKruskal.c   크루스칼 알고리즘 기반의 그래프
- PriorityQueue.h, PriorityQueue.c   우선순위 큐
- UsefulHeap.h, UsefulHeap.c   우선순위 큐의 기반이 되는 힙
- ALEdge.h   가중치가 포함된 간선의 표현을 위한 구조체

연결 리스트에서 시작해서 트리와 관련이 있는 우선순위 큐까지 모아서 크루스칼 알고리즘을 구현하는 형태라는 사실에 여러분이 매력을 느끼길 바란다.

크루스칼 알고리즘의 구현

제일 먼저 추가되는 헤더파일인 ALEdge.h을 보이겠다. 여기에는 가중치가 포함된 간선을 표현한 구조체의 정의가 담겨 있다.

✤ ALEdge.h

```
1.  #ifndef __AL_EDGE__
2.  #define __AL_EDGE__
3.
```

```
4.  typedef struct _edge
5.  {
6.      int v1;            // 간선이 연결하는 첫 번째 정점
7.      int v2;            // 간선이 연결하는 두 번째 정점
8.      int weight;        // 간선의 가중치
9.  } Edge;
10.
11. #endif
```

사실 이 구조체의 목적은 '간선 정보의 저장'이 아니다. 이 구조체가 아니더라도 간선이 연결하는 두 정점의 정보는 저장이 되도록 그래프를 구현하지 않았는가! 이 구조체의 실질적인 목적은 다음과 같다.

"간선의 가중치 정보 저장"

이렇듯 간선의 가중치 정보를 별도로 저장하는 이유는, 이 정보를 대상으로 크루스칼 알고리즘의 핵심인 가중치 기반의 정렬을 진행하기 위함이다. 따라서 위 구조체를 중심으로 관련 있는 주변 코드를 분석하면 크루스칼 알고리즘의 구현결과를 쉽게 이해할 수 있다. 이어서 다음 헤더파일을 관찰하자.

✤ ALGraphKruskal.h

```
1.  #ifndef __AL_GRAPH_KRUSKAL__
2.  #define __AL_GRAPH_KRUSKAL__
3.
4.  #include "DLinkedList.h"
5.  #include "PriorityQueue.h"
6.  #include "ALEdge.h"
7.
8.  enum {A, B, C, D, E, F, G, H, I, J};
9.
10. typedef struct _ual
11. {
12.     int numV;
13.     int numE;
14.     List * adjList;
15.     int * visitInfo;
16.     PQueue pqueue;      // 간선의 가중치 정보 저장
17. } ALGraph;
18.
19. // 이전 함수의 정의와 차이가 있음
20. void GraphInit(ALGraph * pg, int nv);
21.
22. // 이전 함수와 동일함
23. void GraphDestroy(ALGraph * pg);
24.
```

```
25.     // 이전 함수의 선언 및 정의와 차이가 있음
26.     void AddEdge(ALGraph * pg, int fromV, int toV, int weight);
27.
28.     // 이전 함수와 동일함
29.     void ShowGraphEdgeInfo(ALGraph * pg);
30.
31.     // 이전 함수와 동일함
32.     void DFShowGraphVertex(ALGraph * pg, int startV);
33.
34.     // 새로 추가된 함수
35.     void ConKruskalMST(ALGraph * pg);         // 최소 비용 신장 트리의 구성
36.
37.     // 새로 추가된 함수
38.     void ShowGraphEdgeWeightInfo(ALGraph * pg);        // 가중치 정보 출력
39.
40.     #endif
```

이는 ALGraphDFS.h를 수정 및 확장한 결과이다. 당시에도 구조체 ALGraph가 정의되어 있었다. 하지만 위의 헤더파일에서는 멤버가 하나 추가되었다.

```
typedef struct _ual
{
    int numV;
    int numE;
    List * adjList;
    int * visitInfo;
    PQueue pqueue;       // 간선의 가중치 정보 저장
} ALGraph;
```

우선순위 큐가 멤버로 추가되었다. 이는 간선의 가중치 정보를 나타내는 구조체인 Edge의 변수를 저장하기 위한 것이다. 이로 인해서 GraphInit 함수에는 우선순위 큐의 초기화를 위한 문장을 하나 추가해야 한다.

```
void GraphInit(ALGraph * pg, int nv)
{
    . . . . 여기까지는 ALGraphDFS.c의 GraphInit 함수와 동일 . . . .

    // 우선순위 큐의 초기화
    PQueueInit(&(pg->pqueue), PQWeightComp);        // 추가된 문장
}
```

그리고 우선순위 큐의 우선순위 비교기준인, PQueueInit 함수의 인자로 전달된 PQWeightComp 함

수는 다음과 같이 정의하였다(만약에 이 함수의 정의가 이해되지 않는다면 Chapter 09를 참조하자).

```
int PQWeightComp(Edge d1, Edge d2)
{
    return d1.weight - d2.weight;
}
```

첫 번째 인자로 전달된 간선의 가중치가 클 때 양수가 반환되도록 정의되었다. 따라서 가중치를 기준으로 내림차순으로 간선의 정보를 꺼낼 수 있게 되었다. 그렇다! 이는 크루스칼 알고리즘의 구현을 위한 것이다.

이어서 간선을 추가할 때 호출하는 AddEdge 함수를 보이겠다. 간선에 가중치 정보가 포함되었기 때문에 이 함수는 다음과 같이 변경되었다.

```
void AddEdge(ALGraph * pg, int fromV, int toV, int weight)
{
    Edge edge = {fromV, toV, weight};        // 간선의 가중치 정보를 담음

    LInsert(&(pg->adjList[fromV]), toV);
    LInsert(&(pg->adjList[toV]), fromV);
    pg->numE += 1;

    // 간선의 가중치 정보를 우선순위 큐에 저장
    PEnqueue(&(pg->pqueue), edge);
}
```

이렇듯 AddEdge 함수에는 간선의 가중치 정보를 우선순위 큐에 담는 문장이 추가되었고 가중치 정보가 더불어 전달되도록 매개변수의 수도 하나 늘었다. 물론 우선순위 큐의 저장 대상이 구조체 Edge의 변수이므로 UsefulHeap.h에 다음 #include문을 포함시키고,

```
#include "ALEdge.h"        // UsefulHeap.h에 추가할 선언문
```

typedef 선언도 다음과 같이 변경해야 한다.

```
typedef Edge HData;
```

이제 남은 것은 크루스칼 알고리즘의 실질적인 구현결과인 다음 함수를 관찰하는 것이다.

```
void ConKruskalMST(ALGraph * pg);        // 최소 비용 신장 트리를 구성하는 함수
```

이 함수를 호출하면서 그래프의 주소 값을 전달하면, 전달된 주소 값의 그래프는 최소 비용 신장 트리가 된다.

크루스칼 알고리즘을 담은 함수의 정의

의외로 ConKruskalMST 함수의 정의는 간단하다. 하지만 이 함수의 구현을 돕는 함수가 추가로 정의되어야 한다. 먼저 ConKruskalMST 함수를 보이겠다.

```c
void ConKruskalMST(ALGraph * pg)         // 크루스칼 알고리즘 기반 MST의 구성
{
    Edge recvEdge[20];     // 복원할 간선의 정보 저장
    Edge edge;
    int eidx = 0;
    int i;

    // MST를 형성할 때까지 아래의 while문을 반복
    while(pg->numE+1 > pg->numV)          // MST 간선의 수 + 1 == 정점의 수
    {
        edge = PDequeue(&(pg->pqueue));
        RemoveEdge(pg, edge.v1, edge.v2);

        if(!IsConnVertex(pg, edge.v1, edge.v2))
        {
            RecoverEdge(pg, edge.v1, edge.v2, edge.weight);
            recvEdge[eidx++] = edge;
        }
    }

    // 우선순위 큐에서 삭제된 간선의 정보를 회복
    for(i=0; i<eidx; i++)
        PEnqueue(&(pg->pqueue), recvEdge[i]);
}
```

위 함수에서는 아직 소개하지 않은 함수를 호출하고 있는데, 이들의 기능을 정리하면 다음과 같다.

- RemoveEdge   그래프에서 간선을 삭제한다.
- IsConnVertex   두 정점이 연결되어 있는지 확인한다.
- RecoverEdge   삭제된 간선을 다시 삽입한다.

이들의 정의는 잠시 후에 보이기로 하고, ConKruskalMST 함수의 핵심에 해당하는 while문을 우선 설명하겠다.

```c
void ConKruskalMST(ALGraph * pg)
```

```
    {
        . . . .
        // MST가 형성될 때까지 아래의 while문을 반복
        while(pg->numE+1 > pg->numV)
        {
            // 우선순위 큐에서 가중치가 제일 높은 간선의 정보를 꺼낸다.
            edge = PDequeue(&(pg->pqueue));

            // 우선순위 큐에서 꺼낸 간선을 실제로 그래프에서 삭제한다.
            RemoveEdge(pg, edge.v1, edge.v2);

            // 간선을 삭제하고 나서도 두 정점을 연결하는 경로가 있는지 확인한다.
            if(!IsConnVertex(pg, edge.v1, edge.v2))
            {
                // 경로가 없다면 삭제한 간선을 복원한다.
                RecoverEdge(pg, edge.v1, edge.v2, edge.weight);

                // 복원한 간선의 정보를 별도로 저장한다.
                recvEdge[eidx++] = edge;
            }
        }
        . . . .
    }
```

위의 코드에서 복원한 간선의 정보를 우선순위 큐에 넣지 않고 별도로 저장하는 이유는 다음과 같다.

"우선순위 큐에 다시 넣으면 PDequeue 함수 호출 시 다시 꺼내게 된다."

크루스칼 알고리즘에서는 한번 검토가 이뤄진 간선은 재검토하지 않는다. 따라서 복원된 간선을 우선순위 큐에 다시 넣으면 안 된다. 그리고 이렇게 별도로 저장한 간선의 정보는 반복문을 빠져나간 후에 다음과 같이 우선순위 큐에 다시 넣는다.

```
    // 삭제된 간선의 정보를 우선순위 큐에 다시 저장하기 위한 반복문
    for(i=0; i<eidx; i++)
        PEnqueue(&(pg->pqueue), recvEdge[i]);
```

때문에 위의 반복문까지 실행이 되면 우선순위 큐에는 MST를 이루는 간선의 정보만 남게 된다. 그리고 이렇게 우선순위 큐에 남은 간선의 가중치 정보를 출력하기 위해서 다음 함수도 선언 및 정의하였다.

```
    void ShowGraphEdgeWeightInfo(ALGraph * pg)         // 간선의 가중치 정보 출력
    {
```

```
        PQueue copyPQ = pg->pqueue;
        Edge edge;

        while(!PQIsEmpty(&copyPQ))
        {
            edge = PDequeue(&copyPQ);
            printf("(%c-%c), w:%d \n", edge.v1+65, edge.v2+65, edge.weight);
        }
    }
```

크루스칼 알고리즘을 완성하는 함수들의 정의

이제 남은 것은 RemoveEdge, IsConnVertex, RecoverEdge 함수의 정의를 확인하는 일이다. 그럼 먼저 간선의 삭제를 담당하는 함수를 보이겠다.

```
    void RemoveEdge(ALGraph * pg, int fromV, int toV)        // 간선의 소멸
    {
        RemoveWayEdge(pg, fromV, toV);
        RemoveWayEdge(pg, toV, fromV);
        (pg->numE)--;
    }

    void RemoveWayEdge(ALGraph * pg, int fromV, int toV)     // 한쪽 방향의 간선 소멸
    {
        int edge;

        if(LFirst(&(pg->adjList[fromV]), &edge))
        {
            if(edge == toV) {
                LRemove(&(pg->adjList[fromV]));
                return;
            }

            while(LNext(&(pg->adjList[fromV]), &edge))
            {
                if(edge == toV) {
                    LRemove(&(pg->adjList[fromV]));
                    return;
                }
            }
```

            }
        }

우리가 구현한 그래프가 무방향 그래프이다 보니 소멸시킬 간선의 정보가 두 개이다. 그래서 각각의 소멸을 위한 RemoveWayEdge 함수를 정의하고 RemoveEdge 함수가 이를 두 번 호출하는 형태로 정의하였다. 그럼 이어서 RecoverEdge 함수를 보이겠다.

```c
void RecoverEdge(ALGraph * pg, int fromV, int toV, int weight)
{
    LInsert(&(pg->adjList[fromV]), toV);
    LInsert(&(pg->adjList[toV]), fromV);
    (pg->numE)++;
}
```

이는 분명 AddEdge 함수와 다르다. 위의 함수들은 어디까지나 ConKruskalMST 함수를 위해서 정의한, ConKruskalMST 함수를 돕는 함수일 뿐이다. 간선의 삽입과 삭제의 과정에서 해당 간선의 가중치 정보를 고려하지 않은 점에서 이를 알 수 있다.

마지막으로 두 정점의 연결을 확인하는 IsConnVertex 함수를 보일 차례인데, 이 함수는 앞서 소개한 DFShowGraphVertex 함수를 수정한 결과이다. DFS 알고리즘을 이용하면 임의의 정점을 시작으로 그래프 전체를 돌아다닐 수 있지 않은가? 따라서 DFShowGraphVertex 함수를 조금 수정하면 두 정점을 연결하는 경로가 있는지 확인할 수 있다.

지금껏 필자의 수다가 많았으니 IsConnVertex 함수의 설명은 변경된 부분에 대한 주석으로 대신하겠다. 사실 여러분에게 필요한 것은 설명이 아니라 DFShowGraphVertex 함수와의 비교이다!

```c
// 인자로 전달된 두 정점이 연결되어 있다면 TRUE, 그렇지 않다면 FALSE 반환
int IsConnVertex(ALGraph * pg, int v1, int v2)
{
    Stack stack;
    int visitV = v1;
    int nextV;

    StackInit(&stack);
    VisitVertex(pg, visitV);
    SPush(&stack, visitV);

    while(LFirst(&(pg->adjList[visitV]), &nextV) == TRUE)
    {
        int visitFlag = FALSE;
```

```c
            // 정점을 돌아다니는 도중에 목표를 찾는다면 TRUE를 반환한다.
            if(nextV == v2) {
                // 함수가 반환하기 전에 초기화를 진행한다.
                memset(pg->visitInfo, 0, sizeof(int) * pg->numV);
                return TRUE;       // 목표를 찾았으니 TRUE를 반환!
            }

            if(VisitVertex(pg, nextV) == TRUE)
            {
                SPush(&stack, visitV);
                visitV = nextV;
                visitFlag = TRUE;
            }
            else
            {
                while(LNext(&(pg->adjList[visitV]), &nextV) == TRUE)
                {
                    // 정점을 돌아다니는 도중에 목표를 찾는다면 TRUE를 반환한다.
                    if(nextV == v2) {
                        // 함수가 반환하기 전에 초기화를 진행한다.
                        memset(pg->visitInfo, 0, sizeof(int) * pg->numV);
                        return TRUE;       // 목표를 찾았으니 TRUE를 반환!
                    }

                    if(VisitVertex(pg, nextV) == TRUE) {
                        SPush(&stack, visitV);
                        visitV = nextV;
                        visitFlag = TRUE;
                        break;
                    }
                }
            }

            if(visitFlag == FALSE)
            {
                if(SIsEmpty(&stack) == TRUE)
                    break;
                else
                    visitV = SPop(&stack);
            }
        }
```

```
        memset(pg->visitInfo, 0, sizeof(int) * pg->numV);
        return FALSE;       // 여기까지 왔다는 것은 목표를 찾지 못했다는 것!
}
```

그럼 구현결과의 확인을 위한 main 함수와 그 실행결과를 보이겠다.

♧ KruskalMain.c

```
1.  #include <stdio.h>
2.  #include "ALGraphKruskal.h"
3.
4.  int main(void)
5.  {
6.      ALGraph graph;
7.      GraphInit(&graph, 6);       // 정점 A, B, C, D, E, F, G 생성
8.
9.      AddEdge(&graph, A, B, 9);
10.     AddEdge(&graph, B, C, 2);
11.     AddEdge(&graph, A, C, 12);
12.     AddEdge(&graph, A, D, 8);
13.     AddEdge(&graph, D, C, 6);
14.     AddEdge(&graph, A, F, 11);
15.     AddEdge(&graph, F, D, 4);
16.     AddEdge(&graph, D, E, 3);
17.     AddEdge(&graph, E, C, 7);
18.     AddEdge(&graph, F, E, 13);
19.
20.     ConKruskalMST(&graph);      // MST로 변환
21.     ShowGraphEdgeInfo(&graph);
22.     ShowGraphEdgeWeightInfo(&graph);
23.
24.     GraphDestroy(&graph);
25.     return 0;
26. }
```

♧ 실행결과: KruskalMain.c와 MST의 구현결과인 11개의 파일

```
command prompt
    A와 연결된 정점: D
    B와 연결된 정점: C
    C와 연결된 정점: B D
    D와 연결된 정점: A C E F
    E와 연결된 정점: D
```

```
F와 연결된 정점: D
(A-D), w:8
(D-C), w:6
(F-D), w:4
(D-E), w:3
(B-C), w:2
```

위의 main 함수에서는 [그림 14-54]의 그래프를 구성하였다. 그리고 이를 대상으로 MST를 구성하였다. 출력결과를 보면 예제에서 구성한 MST가 [그림 14-57]과 일치함을 알 수 있다. 그리고 출력결과에 대해서 한가지 더 말하자면, 앞서 구현한 DFS, BFS 관련 예제를 작성하면서 다음 함수를 정의한바 있다.

```c
int VisitVertex(ALGraph * pg, int visitV)
{
    if(pg->visitInfo[visitV] == 0)
    {
        pg->visitInfo[visitV] = 1;
        printf("%c ", visitV + 65);        // MST 예제에서는 주석처리 되었음!
        return TRUE;
    }
    return FALSE;
}
```

당시에는 방문한 정점의 이름을 출력하기 위해서 위와 같이 printf 함수 호출문을 추가하였는데, MST 관련 예제에서는 이 문장을 주석처리 하였다. 그리고 전체 코드는 다운로드 받아서 확인하길 바라며, 이것으로 자료구조에 대한 필자의 설명에 끝을 맺겠다. 여기까지 공부하느라 고생하신 여러분 모두에게 축하의 말씀을 드린다.

14 프로그래밍 문제의 답안

문제 14-1의 답안

DFS 기반의 탐색과정을 몇 개의 그림으로 나눠서 보이겠다. 먼저 첫 번째 과정을 보이겠다.

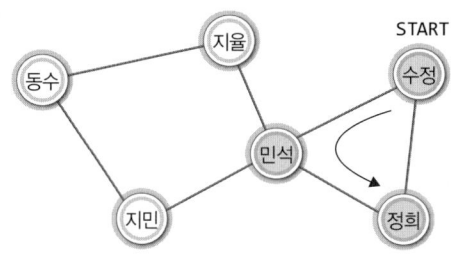

위 그림에서 보이듯이 이름의 사전편찬순을 고려하여 다음의 방향으로 연락이 진행된다.

　　수정 → 민석 → 정희

그런데 '정희'는 연락을 취할 대상이 없으니 '민석'에게 되돌아가 다음의 순서로 연락을 이어간다.

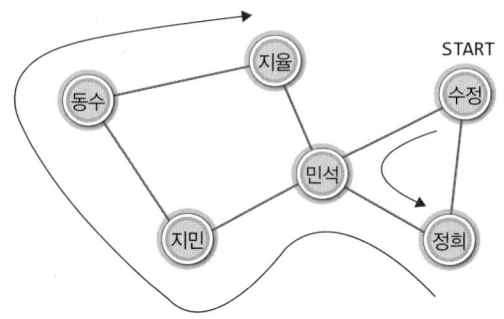

위 그림에서 보이는 '정희'에서부터 시작하는 연락의 흐름은 다음과 같다. 물론 '정희'에서 '민석'으로의 이동은 '되돌아감'이다.

　　정희 → 민석 → 지민 → 동수 → 지율

이로써 모든 사람이 연락을 받았다. 하지만 다음의 과정을 거쳐서 '수정'에서 탐색은 끝이 난다.

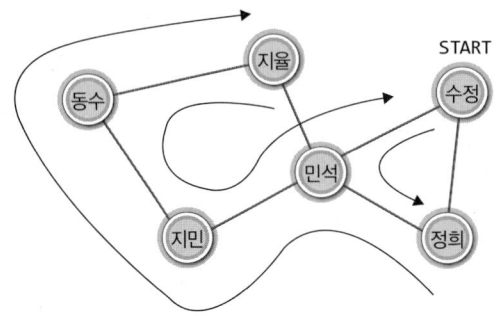

위 그림에서 보이는 '수정'으로 향하는, '수정'으로 되돌아가는 순서는 다음과 같다.

지율 → 동수 → 지민 → 민석 → 수정

문제 14-2의 답안

소스파일 ALGraphDFS.c와 관련된, DFS 기반 탐색이 추가된 그래프에서는 연결 리스트를 활용하는데, 이 연결 리스트의 정렬 기준이 알파벳 순으로 결정되어 있다. 이는 ALGraphDFS.c의 다음 함수를 통해 알 수 있다.

```
int WhoIsPrecede(int data1, int data2)
{
    if(data1 > data2)
        return 0;
    else
        return 1;
}
```

때문에 알파벳 순으로 정점을 방문하게 된다. 따라서 이의 변경을 통해서 탐색의 순서를 바꿀 수 있다. 예를 들어서 다음과 같이 함수를 변경하면, 알파벳의 역순으로 정점을 방문하게 된다.

```
int WhoIsPrecede(int data1, int data2)
{
    if(data1 < data2)
        return 0;
    else
        return 1;
}
```

Index

찾아보기

ㄱ	
가중치 그래프(Weight Graph)	535
간선(edge)	293, 533, 534
결합(Combine)	389
경로(path)	577
계산기	219
계층적 관계(Hierarchical Relationship)	290
공간 복잡도(space complexity)	17
공집합(empty set)	296
균형 인수(Balance Factor)	469
균형 잡힌 이진 탐색 트리	468
균형 잡힌 이진 트리	469
그래프	532
근사치(approximation)	34
기수(radix)	414
기수 정렬(Radix Sort)	412, 414, 416
깊이 우선 탐색(Depth First Search)	548

ㄴ	
내부 노드(internal node)	293
너비 우선 탐색(Breadth First Search)	548, 552
노드(node)	111, 293
노드 번호	300
높이(height)	297

ㄷ	
단말 노드(terminal node)	293
단순 경로(simple path)	577
단순 연결 리스트	122
닫힌 어드레싱 방법(closed addressing method)	518
더미 노드(Dummy Node)	125, 126
덱(Deque)	278

ㄹ	
레벨(level)	297
로그 식	16
로그형 빅-오	37
루트 노드(root node)	293
리밸런싱(rebalancing)	470

ㅁ	
마지막 노드	347
마지막 위치	345
맵(map)	499
무방향 그래프(undirected graph)	534

ㅂ	
방향 그래프(directed graph)	534
배열 기반 리스트	128
버블 정렬(Bubble Sort)	374
버킷	414
변형된 원형 연결 리스트	160
병합 정렬(Merge Sort)	389
보간 탐색(Interpolation Search)	424
부모 노드(parent node)	294
부분 그래프(Sub Graph)	535
부분적 LL회전	478
부분적 RR회전	477
분할(Divide)	389
분할 정복(divide and conquer)	389, 401
비단말 노드(noninternal node)	293
비선형구조	13
비선형 자료구조	13
빅-오	34
빅-오 표기법(Big-Oh Notation)	34

ㅅ	
사이클(Cycle)	577, 578
사전구조	499
삽입 정렬(Insertion Sort)	382
상수형 빅-오	37

서브 트리(Sub Tree)	294
선입선출	252
선택 정렬(Selection Sort)	378
선형(linear)	13
선형구조	13
선형로그형 빅-오	37
선형 빅-오	37
선형 자료구조	13
선형 조사법(Linear Probing)	513
수식 트리(Expression Tree)	320
순차 탐색(Linear Search)	19
순회	307, 328
스택(Stack)	204
슬롯	506, 507
시간 복잡도(time complexity)	17
시뮬레이션(simulation)	272
신장 트리(spanning tree)	579

ㅇ	
알고리즘	15
양방향 연결 리스트(doubly linked list)	178
연결 기반 리스트	128
연결 리스트	106
열린 어드레싱 방법 (open addressing method)	518
완전 그래프(complete graph)	534
완전 이진 트리 (Complete Binary Tree)	297, 298
우선순위	340
우선순위 큐	340
원형 연결 리스트 (Circular Linked List)	158
원형 큐(circular queue)	256
의사 결정 트리(decision tree)	292
이중 연결 리스트	178
이중 해쉬(Double Hash)	516
이진 탐색(Binary Search)	24
이진 탐색 알고리즘	61

이진 탐색 트리	433
이진 트리(Binary Tree)	294, 295
이차 조사법(Quadratic Probing)	513
인접 리스트(adjacent list) 기반 그래프	539
인접 행렬(adjacent matrix) 기반 그래프	539
잎사귀 노드(leaf node)	293

ㅈ	
자료구조(Data Structure)	12, 13, 15
자릿수 선택(Digit Selection)	512
자릿수 폴딩(Digit Folding)	512
자식 노드(child node)	294
재귀함수	50
전위 순회(Preorder Traversal)	309, 328
전위 표기법(prefix notation)	220
정렬 알고리즘	374
정복(Conquer)	389
정점(vertex)	533, 534
조상 노드	294
중위 순회(Inorder Traversal)	309, 328
중위 표기법(infix notation)	220
지수 식	16
지수형 빅-오	38

ㅊ	
체이닝(Chaining)	518
최대 힙(max heap)	343
최선의 경우(best case)	21
최소 비용 신장 트리	577
최소 비용 신장 트리 (minimum cost spanning tree)	579
최소 신장 트리 (minimum spanning tree)	579
최소 힙(min heap)	343
최악의 경우(worst case)	21, 22
추상 자료형(Abstract Data Type)	74

충돌(collision)	504, 513

ㅋ	
퀵 정렬(Quick Sort)	401
큐잉 이론(queuing theory)	272
크루스칼(Kruskal) 알고리즘	581
클러스터(cluster) 현상	514

ㅌ	
탐색	424
탐색 데이터(Search Data)	426
탐색 키(Search Key)	426
테이블(Table)	498
트리(Tree)	290

ㅍ	
팩토리얼(factorial)	53
포화 이진 트리(Full Binary Tree)	297, 298
평균적인 경우(average case)	21, 22
프림(Prim) 알고리즘	582
피벗(pivot)	401
피보나치 수열(Fibonacci Sequence)	56

ㅎ	
하노이 타워	64
해쉬 값	512
해쉬 테이블	498
해쉬 함수(hash function)	502, 504, 511
형제 노드(sibling node)	294
후손 노드	294
후위 순회(Postorder Traversal)	309, 328
후위 표기법(postfix notation)	220
후입선출	204
힙(heap)	341, 342
힙 정렬(Heap Sort)	386

A	
Abstract Data Type	74
ADT	74
ArrayList	128
approximation	34
average case	21, 22
AVL 트리	468

B	
Balance Factor	469
best case	21
BFS	548, 552
Big-Oh Notation	34
Binary Search	24
Binary Tree	294, 295
Breadth First Search	548, 552
Bubble Sort	374

C	
Chaining	518
child node	294
Circular Linked List	158
circular queue	256
closed addressing method	518
cluster 현상	514
collision	504, 513
Combine	389
Complete Binary Tree	297, 298
complete graph	534
conquer	389
Cycle	577, 578

D	
Data Structure	12
decision tree	292
Depth First Search	548
Deque	278
dequeue	252, 340

DFS	548
Digit Folding	512
Digit Selection	512
digraph	534
directed graph	534
Divide	389
divide and conquer	389, 401
Double Hash	516
doubly linked list	178
Dummy Node	125, 126

E	
edge	293, 534
empty set	296
enqueue	252, 340
Expression Tree	320

F	
factorial	53
Fibonacci Sequence	56
FIFO	252
Full Binary Tree	297

G	

H	
hash function	504
heap	341, 342
Heap Sort	386
height	297
Hierarchical Relationship	290

I	
Interpolation Search	424
infix notation	220
Inorder Traversal	309
Insertion Sort	382
internal node	293

K	

L	
LCount	80
leaf node	293
Left Left 상태	471
level	297
LFirst	80
LIFO	204
linear	13
Linear Probing	513
Linear Search	19
LinkedList	128
LInsert	80
List	83
ListInit	80, 83
LL상태	471
LL회전	470, 484
LR상태	474
LR회전	474, 486
LNext	80
LRemove	80, 84
LSD	414
LSD 기수 정렬	414

M	
map	499
max heap	343
Merge Sort	389
min heap	343
minimum spanning tree	579
minimum cost spanning tree	579
MSD	416
MSD 기수 정렬	416
MST	580

N	
node	293

noninternal node	293

O	
open addressing method	518

P	
parent node	294
path	577
peek	205
pivot	401
pop	205, 208
postfix notation	220
Postorder Traversal	309
prefix nonation	220
Preorder Traversal	309
push	205, 208

Q	
Quadratic Probing	513
queuing theory	272
Quick Sort	401

R	
radix	414
Radix Sort	412, 416
rebalancing	470
Reverse Polish Notation	231
root node	293
RL상태	477
RL회전	477, 486
RR상태	473
RR회전	473, 484

S	
Search Data	426
Search Key	426
selection Sort	378
sibling node	294

simple path	577
simulation	272
space complexity	17
spanning tree	579
Stack	204
Sub Graph	535
Sub Tree	294

T	
Table	498
terminal node	293
time complexity	17
Tree	290

U	
undirected graph	534

V	
vertex	534

W	
Weight Graph	535
worst case	21, 22

기타	
1차 해쉬 함수	516
2차 해쉬 함수	516